Hans Corsten, Ralf Gössinger
Dienstleistungsmanagement

Weitere empfehlenswerte Titel

Externes Rechnungswesen, 6. Auflage
Bieg, Kußmaul, Waschbusch, 2012
978-3-486-71396-1

Production Planning and Control. Basics and Concepts
Buzacott, Corsten, Gössinger, Schneider, 2013
978-3-486-72247-5

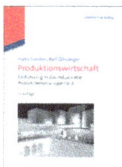

Produktionswirtschaft. Einführung in das industrielle
Produktionsmanagement, 13. Auflage
Corsten, Gössinger, 2012
978-3-486-70569-0

Betriebswirtschaftliche Steuerlehre, 7. Auflage
Kußmaul, 2013
978-3-486-72069-3

Hans Corsten, Ralf Gössinger

Dienstleistungsmanagement

—

6., vollständig überarbeitete und aktualisierte Auflage

DE GRUYTER
OLDENBOURG

ISBN 978-3-486-72068-6

Library of Congress Cataloging-in-Publication Data
A CIP catalog record for this book has been applied for at the Library of Congress.

Bibliografische Information der Deutschen Nationalbibliothek
Die Deutsche Nationalbibliothek verzeichnet diese Publikation in der Deutschen
Nationalbibliografie; detaillierte bibliografische Daten sind im Internet über
http://dnb.dnb.de abrufbar.

© 2015 Walter de Gruyter GmbH, Berlin/Boston
Coverabbildung: Fatih Dommez/thinkstockphotos
Druck und Bindung: CPI books GmbH, Leck
♾ Gedruckt auf säurefreiem Papier
Printed in Germany

www.degruyter.com

Vorwort zur sechsten Auflage

Das Dienstleistungsmanagement war und ist Gegenstand unterschiedlicher betriebswirtschaftlicher Disziplinen, wobei die Schwerpunkte in der Dienstleistungsproduktion und im Dienstleistungsmarketing zu sehen sind. Ein zentraler und integrierender Aspekt ist dabei, dass Dienstleistungen zwischen Anbieter und Nachfrager interaktiv erbracht werden, was in der Bezeichnung Prosumer (Producer und Consumer) deutlich zum Ausdruck kommt.

Das vorliegende Lehrbuch wurde grundlegend überarbeitet und wesentlich erweitert. Bei der Gliederung des Buches erfolgte ein Wechsel von einer funktionsorientierten zu einer problemorientierten Betrachtung, um Parallelen der unterschiedlichen betriebswirtschaftlichen Forschungsstränge besser herausstellen, die Gestaltungsprobleme des Dienstleistungsmanagements systematisch durchdringen und darauf aufbauend Lösungsansätze präsentieren zu können. Die Änderungen erstrecken sich über das gesamte Buch:

- **Kapitel 1:** Neben der Überarbeitung der terminologischen Grundlagen wurde das statistische Material aktualisiert.

- **Kapitel 2:** Der Aspekt der Kundenintegration wurde aus der Perspektive unterschiedlicher betriebswirtschaftlicher Disziplinen analysiert, und es wurden neuere Formen der Wertschöpfungskonfiguration aufgenommen.

- **Kapitel 3:** Die wettbewerbsstrategischen Überlegungen wurden grundlegend überarbeitet und neu strukturiert.

- **Kapitel 4:** Die Leistungsgestaltung wurde vollständig überarbeitet und neu strukturiert. Insbesondere wurden die Preisbildung vollkommen neu gestaltet und der Problembereich des Revenue Managements modelltheoretisch hinterlegt.

- **Kapitel 5:** Bei der Gestaltung des Leistungspotentials wurden die Komplexe Gestaltung der Leistungstiefe, Lieferantenauswahl und Kapazitätsgestaltung überarbeitet und um neuere Ansätze ergänzt.

- **Kapitel 6:** Im Kontext der Prozessgestaltung wurde der Problembereich der Produktivität vollkommen neu gestaltet, wobei insbesondere die Fragestellung der Produktivitätsmessung um neuere Entwicklungen der Data Envelopment Analysis ergänzt wurde. Aspekte der prozessualen Produktivitätsgestaltung schließen das Werk ab.

Danken möchten wir Herrn Dipl.-Wirtsch.-Ing. Christian Dost für die redaktionelle Unterstützung, sowie Frau Carmen Kranz für die gewohnt sorgfältige Unterstützung im Rahmen der drucktechnischen Aufbereitung. Herrn Dr. Stefan Giesen vom De Gruyter Oldenbourg Verlag danken wir für die harmonische Zusammenarbeit.

Kaiserslautern/Dortmund im August 2015   Hans Corsten und Ralf Gössinger

Vorwort zur ersten Auflage

Die Lehrbücher zur Allgemeinen Betriebswirtschaftslehre konzentrieren sich auf die Verhältnisse der industriellen Unternehmung: „Spötter sagen nicht ganz zu Unrecht, daß die Wissenschaftler bei ihren Untersuchungen und Beschreibungen zwar von 'Betrieb' oder 'Unternehmung' schlechthin sprechen, in Wirklichkeit aber nur eine Textil- oder Maschinenfabrik in Form einer AG vor Augen haben, mithin also nur einen sehr engen Ausschnitt aus der verwirrenden Vielfalt der Gesamterscheinungen betrachten" (Berekoven 1974, S. 11). Dienstleistungsunternehmungen wurden hingegen primär im Rahmen von Wirtschaftszweiglehren, wie etwa der Bankbetriebslehre, Versicherungsbetriebslehre und der Handelsbetriebslehre, analysiert.

Demgegenüber liegen Arbeiten, die sich in genereller Form mit den Problemen der Dienstleistungsunternehmungen beschäftigen und von dem Bestreben getragen sind, Gemeinsamkeiten aller Dienstleistungsunternehmungen herauszuarbeiten, nur vereinzelt vor. Herauszustellen sind in diesem Zusammenhang die Arbeiten von Berekoven und Maleri, die sich Anfang der siebziger Jahre bereits dieser Problematik annahmen. Neben diesen allgemeinen Arbeiten traten dann Ende der siebziger und Anfang der achtziger Jahre Arbeiten zu einzelnen Funktionsbereichen hinzu. So erschienen neben einzelnen Arbeiten zum Dienstleistungsmarketing (Meyer 1983, Scheuch 1982) insbesondere Arbeiten zu produktionswirtschaftlichen und -theoretischen Fragestellungen (Altenburger 1980, Corsten 1985c, Gerhardt 1987, Haak 1982, Herzig 1975). Der Schwerpunkt in der vorliegenden betriebswirtschaftlichen Literatur liegt damit eindeutig auf produktionswirtschaftlichen und -theoretischen Fragestellungen. Die Betonung dieses Bereiches im deutschsprachigen Raum ist nicht zuletzt ein Verdienst von Werner Kern, der mit seiner Forderung nach einer funktionsorientierten Betrachtung der Produktion mehrere Arbeiten auf diesem Gebiet initiierte und betreute. In diesem Zusammenhang ist ferner das von ihm herausgegebene Handwörterbuch der Produktionswirtschaft als eine Grundlage für diese Forschungsrichtung zu nennen.

Das vorliegende Buch hat die Aufgabe, einen Überblick über die betriebswirtschaftlichen Erkenntnisse für Dienstleistungsunternehmungen zu geben. Dabei erfolgt eine

Beschränkung auf die drei Funktionen Beschaffung, Produktion und Absatz. Eine Beschränkung auf diese Funktionen ist darin begründet, daß es zum heutigen Zeitpunkt einerseits kaum möglich sein dürfte, eine umfassende Betriebswirtschaftslehre für Dienstleistungsunternehmungen zu schreiben, weil sich die Forschung auf diesem Gebiet erst in den Anfängen befindet, und anderseits in diesen Funktionsbereichen bisher die interessantesten Erkenntnisse gewonnen wurden.

Grundlage für dieses Buch ist eine vom Verfasser an der Technischen Universität Braunschweig gehaltene Vorlesung zu Dienstleistungsökonomie. Der Inhalt dieses Buches entspricht in etwa dem Lehrstoff einer sich über zwei Semester erstreckenden zweistündigen Lehrveranstaltung.

Zu besonderem Dank bin ich meiner Frau verpflichtet, die mit Korrekturlesen und der Anfertigung von Zeichnungen viele Stunden ihrer Freizeit verbracht hat. Darüber hinaus verdanke ich ihr eine Fülle kritischer Hinweise.

Ferner gilt mein Dank dem Oldenbourg Verlag für die Aufnahme des Buches in sein Verlagsprogramm und Herrn Dipl.-Volkswirt M. Weigert für die wohlwollende Zusammenarbeit.

Hans Corsten

Inhaltsverzeichnis

1 Grundlagen

1.1 Ökonomische Bedeutung der Dienstleistungen

1.1.1 Ansätze zur Erfassung des sektoralen Strukturwandels

Die Struktur einer Volkswirtschaft unterliegt im Rahmen der ökonomischen Entwicklung ständigen Veränderungen, mit der Konsequenz, dass sich die Relationen der einzelnen Teilbereiche untereinander und/oder zur gesamten Volkswirtschaft verschieben. Zur Erfassung dieser strukturellen Veränderungen (**intersektorale Strukturwandlungen**) werden in der Literatur die drei folgenden Ansätze vorgestellt:

- Zyklentheorien,
- Stufentheorien und
- Sektorentheorien.

Ziel der **Zyklentheorien** ist es, die gemeinsamen Bestimmungsgründe für längerfristige intersektorale Strukturänderungen und Konjunkturschwankungen herauszuarbeiten. Ausgangspunkt bilden dabei die sogenannten **Kondratieff-Wellen**, die einen Zeitraum von 50 bis 60 Jahren umfassen und deren Entstehung und Ablauf auf der Grundlage von **Innovationstheorien** zu erklären versucht wird. Damit wird das unternehmerische Verhalten zum entscheidenden Faktor des volkswirtschaftlichen Strukturwandels. Der Ursprung der Kondratieff-Wellen liegt in der Hervorbringung von Basisinnovationen, worunter richtungsändernde Abweichungen von der bisher üblichen Arbeitsweise oder Technologie zu verstehen sind (Basis- unterscheiden sich von sogenannten Verbesserungsinnovationen durch den Neuheitsgrad). **Zyklentheorien** stellen folglich den Versuch dar, schubweise auftretende Disproportionalitäten der volkswirtschaftlichen Struktur aufzudecken und zu erklären. Dabei geben sie zwar Hinweise auf Strukturbrüche oder strukturelle Krisen, jedoch vermögen sie den ständig ablaufenden intersektoralen Strukturwandel nicht zu erfassen. Primäres Verdienst dieser Theorien ist es somit, auf die bedeutsame Rolle der Innovationen im Rahmen des Strukturwandels hingewiesen zu haben. Sie sind jedoch mit den beiden folgenden Problemen verbunden:

- es werden lediglich die Ereignisse nach erfolgtem Anstoß analysiert und nicht Art und Richtung der Anstöße selbst, mit der Konsequenz, dass sich auf dieser Grundlage keine zukunftsorientierten Leitlinien ableiten lassen;
- es lassen sich nur Verläufe für einzelne Produkte ableiten, nicht hingegen für Wirtschaftszweige, die einem solchen Musterverlauf nicht unterliegen.

Demgegenüber ist es das Ziel der Stufentheorien, universell gültige Entwicklungs-
gesetze für eine Volkswirtschaft aufzustellen. Nach Auffassung der Stufentheoretiker
durchläuft jede Volkswirtschaft zeitlich aufeinanderfolgende Stufen oder Stadien,
und zwar ausgehend von einem Urzustand bis hin zum Stadium der Reife (vgl. z. B.
Stavenhagen 1969, S. 629 f.). Als methodisches Instrument dient dabei die histori-
sche Beschreibung. Die nach einer durchlaufenen Stufenfolge erreichte Endstufe ist
dadurch charakterisiert, dass der tertiäre Sektor einer Volkswirtschaft, gemessen an
dem Produktionsoutput und an der Beschäftigung, dominant sein soll. Da jede der zu
durchlaufenden Stufen durch dominante Produktionssektoren oder Produktionstech-
niken charakterisierbar ist, geben Stufentheorien Auskunft über den intersektoralen
Strukturwandel. Das Hauptproblem dieses Ansatzes ist darin zu sehen, dass er zwar
die Entwicklungsprozesse erfasst und systematisiert, die Ursachen für die jeweiligen
Entwicklungen hingegen nicht in die Betrachtung aufnimmt und folglich für eine
Prognose der wirtschaftlichen Entwicklung nicht geeignet ist.

Im Rahmen der Sektorentheorien stellt die Drei-Sektoren-Theorie den bekanntesten
Ansatz dar, wobei zwischen

- primärem,
- sekundärem und
- tertiärem Sektor

zu unterscheiden ist. Dabei wird unterstellt, dass die langfristigen Entwicklungsprozesse hinsichtlich der Produktion und der Beschäftigung charakteristische Veränderungen aufweisen, wobei eine Verlagerung der Beschäftigung vom primären über
den sekundären hin zum tertiären Sektor als unausweichlich erachtet wird. Zur Begründung dieser Veränderungen werden

- die Nachfragehypothese und
- die Produktivitäts- oder Angebotshypothese

angeführt. Die Nachfragehypothese geht dabei von der Überlegung aus, dass sich
bei steigendem Pro-Kopf-Einkommen die Nachfrage nach Gütern des Grundbedarfs
hin zu höherwertigen Konsumgütern und schließlich zu den Dienstleistungen
schwerpunktmäßig verlagert, d. h., es liegt das Engel-Schwabe'sche-Gesetz zugrunde, nach dem mit zunehmendem Pro-Kopf-Verbrauch bestimmte Güter Sättigungs-
tendenzen aufweisen (vgl. Gerstenberger 1987, S. 38). Demgegenüber geht die Angebotshypothese von der Überlegung aus, dass die aufgrund höherer Arbeitsproduk-
tivitätszuwächse im sekundären Sektor freigesetzten Arbeitskräfte im tertiären Sektor
aufgenommen werden können und damit die Gesamtbeschäftigung mindestens stabil

bleibt. Nachfrage- und Angebotshypothese führen in dieser Sichtweise zusammen zu einer gleichgewichtigen Strukturverlagerung der Beschäftigten hin zum tertiären Sektor. Dies setzt jedoch voraus, dass die im industriellen Sektor freigesetzten Arbeitskräfte im tertiären Sektor eingesetzt werden können, eine Voraussetzung, die real nicht erfüllt ist.

Nach Fourastié (1954) lässt sich die Entwicklung einer Volkswirtschaft von einem ursprünglichen, als agrarischen Zustand (primäre Zivilisation) bezeichneten Ausgangspunkt über eine Übergangsphase (Industrialisierungsphase) bis hin zu einem künftigen Zustand, den er als tertiäre Zivilisation bezeichnet, beschreiben. Abbildung 1.1-1 gibt diesen Entwicklungsprozess wieder.

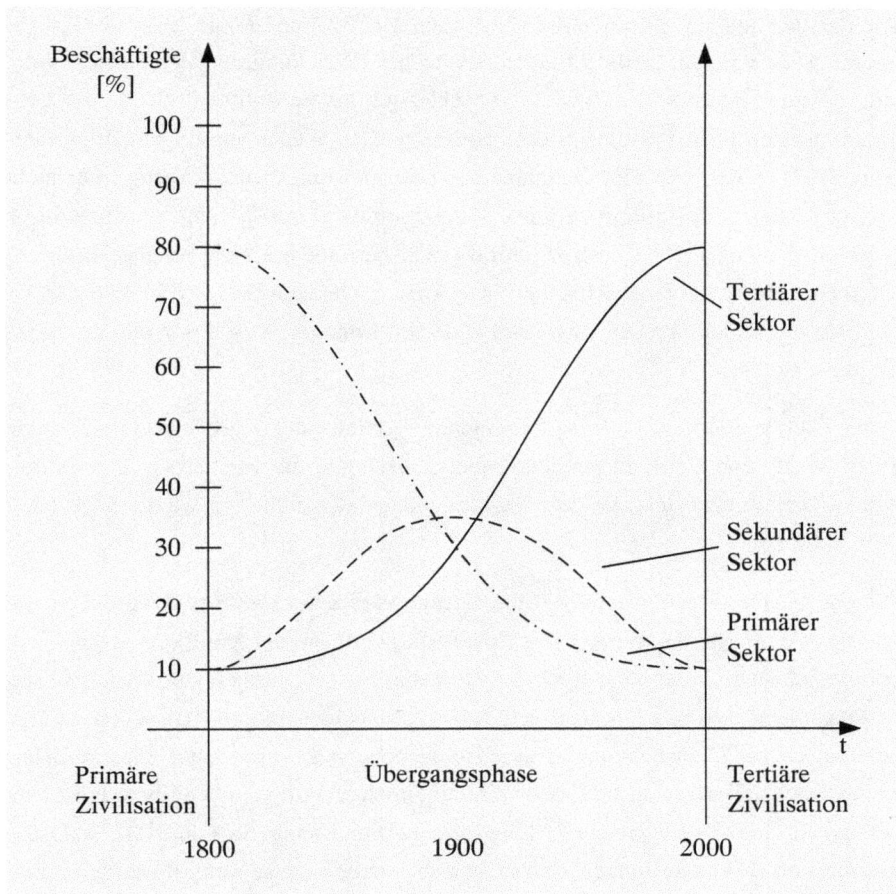

Abb. 1.1-1:   Entwicklungsprozess der Sektoren nach Fourastié auf der Grundlage der Beschäftigten

Im tertiären Sektor sieht Fourastié die „große Hoffnung des 20. Jahrhunderts", wobei die beiden folgenden Aspekte relevant sind (vgl. Häußermann/Siebel 1995, S. 34 f.):

- Die erste Hoffnung sieht er darin, dass eine Höherentwicklung der menschlichen Lebensweise zugunsten bequemerer, urbanisierter Lebensumstände, bessere Arbeitsbedingungen und eine Befriedigung „höherer Bedürfnisse" möglich werden.
- Die zweite Hoffnung resultiert aus der Überzeugung, dass krisenhafte Phänomene, wie etwa die Arbeitslosigkeit, durch die Expansion des tertiären Sektors bewältigt werden können und zu einer ökonomischen und politischen Stabilität beitragen.

Als Ursachen hierfür sieht Fourastié einerseits die starken Bedürfnisse nach „Tertiären" und anderseits die geringen Produktivitätsfortschritte bei den verbrauchsbezogenen Dienstleistungen, weil im tertiären Sektor der technische Fortschritt im Vergleich zu den anderen Sektoren am niedrigsten sei. Während Fourastié in der Expansion der Dienstleistungen die Möglichkeit für die Erreichung der Vollbeschäftigung sieht, erachtet Baumol (1967) diese Einschätzung als zu optimistisch, da die konsumorientierten Dienstleistungen eher ein begrenztes Wachstum zeigen. Auch Gershuny (1981) sieht zwar eine Zunahme der Dienstleistungsbeschäftigung, aber nicht die von Fourastié postulierte parallele Zunahme des Dienstleistungskonsums durch die privaten Haushalte, sondern er führt diese insbesondere auf die produktionsorientierten Dienstleistungen zurück, eine Einschätzung, die auch Bell (1979) teilt, der vor allem auf die Bedeutung des Wissens und der Informationen für das Produktionssystem hinweist.

Neben Fourastié sind als weitere bedeutende Vertreter der **Drei-Sektoren-Theorie** Fisher, Wolfe und Clark zu nennen. Tabelle 1.1-1 gibt die von diesen Autoren gewählten Einteilungen und die dabei zugrundeliegenden Kriterien wieder (vgl. Klatt 1959, S. 27 f.).

Während Fisher als Kriterium die **Einkommenselastizität der Nachfrage** zugrunde legt, zieht Wolfe die **Dominanz des Produktionsfaktors** als Kriterium heran. Nach Wolfe zeichnet sich dann der tertiäre Sektor durch eine Dominanz der persönlichen Leistungsträger aus, d. h., es liegt eine hohe Arbeitsintensität vor. Diese vermeintliche Regel, dass Dienstleistungen durch eine hohe Arbeitsintensität charakterisiert seien, verliert jedoch mehr und mehr ihre allgemeine Gültigkeit (vgl. bereits Schertler/Popp 1983, S. 15). Es erscheint hingegen eher realistisch, dass eine Art „Industrialisierung der Dienstleistungen" einsetzt, insbesondere dann, wenn die Möglichkeiten der modernen Technik beachtet werden (vgl. z. B. Corsten 1985c und 2007). Die Arbeitsintensität ist damit nicht für eine allgemeine Abgrenzung des tertiären Sektors geeignet, zumal es sich hierbei nicht um ein zeitinvariantes Kriterium handelt.

Vertreter	Fisher	Fourastié	Wolfe	Clark
Kriterium	Einkommens-elastizität der Nachfrage	Technischer Fortschritt	Produktionsbe-grenzende Beding-ungen des domi-nanten Faktors	Veränderung der Arbeitskräftever-teilung / Güterart
Primärer Sektor	Unelastische Nachfrage $v < 0,5$	Mittlerer Technischer Fortschritt	Produktionsbe-grenzungen durch natürliches Wachs-tum. Dominanz: Produktionsfaktor Boden	Abnahme der Arbeitskräfte / materielle Güter der natürlichen Produktion
Sekundärer Sektor	Weniger starke Nachfrage $0,5 \leq v \leq 1$	Hoher Technischer Fortschritt	Produktionsbe-grenzungen durch mechanische Faktoren. Dominanz: Produktionsfaktor Kapital	Zunächst Zunahme, dann Abnahme der Arbeitskräfte / materielle Güter der industriellen Pro-duktion
Tertiärer Sektor	Elastische Nachfrage $v > 1$	Geringer Technischer Fortschritt	Produktionsbegren-zungen durch geistige Kapazität. Dominanz: Produktionsfaktor menschliche Arbeitsleistung	Stetige Zunahme der Arbeitskräfte / immaterielle Güter

Tab. 1.1-1:   Gegenüberstellung unterschiedlicher Kriterien zur Sektorenbildung

Fourastié legt demgegenüber die **Intensität des technischen Fortschritts** und die damit verbundenen Produktivitätssteigerungen zugrunde, wobei er als technischen Fortschritt die Steigerung des Produktionsvolumens je Rohstoff- oder Arbeitszeitein-heit bezeichnet. Wesentlich erscheint dabei, dass er eine tätigkeitsbezogene Betrach-tungsweise zugrunde legt und zwischen primären, sekundären und tertiären Berufen unterscheidet, d. h., die Angestellten des sekundären Sektors werden dem tertiären und die Arbeiter dem sekundären Sektor zugeschlagen (vgl. zu dieser Vorgehenswei-se auch Engelter 1979, S. 27 f.; Rasmussen 1977, S. 54). Für eine fundierte Prüfung dieser These wäre es erforderlich, Statistiken mit funktionaler Gliederung zur Verfü-gung zu haben, die nicht erhoben werden, d. h., das vorliegende statistische Material reicht für eine solch differenzierte Betrachtung nicht aus. Obwohl Clark und Fouras-tié unterschiedliche Vorgehensweisen im Rahmen der Bildung der Sektoren ein-schlagen, gelangen sie im Ergebnis zur gleichen Zuordnung der unterschiedlichen Wirtschaftsbereiche zu den Sektoren:

- **Primärer Sektor**: Land- und Forstwirtschaft, einschließlich Jagd und Fischerei;
- **Sekundärer Sektor**: Bergbau, verarbeitende Industrie und Versorgungsbetriebe (Elektrizität, Gas, Wasser);
- **Tertiärer Sektor**: Bauindustrie, private und öffentliche Dienstleistungen (Verteilung, Handel, Transport, Banken, Versicherung, öffentliche Verwaltung).

Die Vorgehensweise der Sektortheoretiker wird in der Literatur kritisch diskutiert, wobei sich in einer systematisierenden Betrachtung drei **Kritikschwerpunkte** herausarbeiten lassen:

- unscharfe Abgrenzung des Dienstleistungssektors,
- hohes Aggregationsniveau und
- institutionelle Gliederung.

Die von den unterschiedlichen Autoren der Sektorenbildung zugrunde gelegten **Einteilungskriterien** sind in zweifacher Hinsicht problematisch:

- Die Zuordnungskriterien sind mehrdeutig und erlauben folglich keine eindeutige Zuordnung einzelner Wirtschaftsaktivitäten zu den jeweiligen Sektoren. So tätigt Fourastié z. B. keine Aussage darüber, wann ein niedriger, mittlerer oder hoher technischer Fortschritt vorliegt.
- Die Zuordnung einzelner Zweige kann im Zeitablauf variieren, d. h., sie ist nicht zeitinvariant. Aus diesem Grunde wird in diesem Zusammenhang auch von einer „gleitenden Sektorabgrenzung" gesprochen.

Neben diesen Problembereichen ist ferner auf die **residuale Abgrenzung** des tertiären Sektors hinzuweisen, d. h., alle Wirtschaftsbereiche, die weder dem primären noch dem sekundären Sektor zugeordnet werden können, werden zum „Sammelposten" tertiärer Sektor zusammengefasst und dies häufig ohne nähere Begründung. Kaufer (1980, S. 12) nimmt in diesem Zusammenhang eine Erweiterung auf vier Sektoren vor. Während im Sektor 3 Handel und Verkehr zusammengefasst werden, umfasst Sektor 4 die sonstigen Bereiche. Damit wird zwar die unbestimmte Größe, das Residuum, reduziert, das grundsätzliche Problem der residualen Erfassung aber nicht gelöst, sondern lediglich auf den vierten Sektor verlagert.

Bedingt durch das hohe **Aggregationsniveau** der Sektorentheorien werden strukturelle Veränderungen innerhalb der einzelnen Sektoren, die als intrastrukturelle Veränderungen bezeichnet werden, nicht berücksichtigt. Dies hat zur Konsequenz, dass durch die Aggregation teilweise höchst heterogener Bereiche mit der Sektorentheorie lediglich grobe charakteristische Entwicklungslinien einer Volkswirtschaft erfasst werden können.

Bei einer **institutionellen Gliederung** erfolgt die Zuordnung der einzelnen Unternehmungen zu den jeweiligen Sektoren nach dem überwiegenden ökonomischen Zweck oder dem bestimmenden Output der Produktion. Bei dieser institutionell ausgerichteten Vorgehensweise wird vernachlässigt, dass Dienstleistungen nicht ausschließlich im tertiären Sektor, sondern ebenfalls in den beiden anderen Sektoren erbracht werden. So werden in einer Industrieunternehmung etwa in den Subsystemen betriebliches Ausbildungswesen, Forschung und Entwicklung, Marktforschung und Rechtsberatung Dienstleistungen erbracht, die bei einer institutionellen Ausrichtung dem sekundären Sektor zugerechnet werden. Diese Vorgehensweise geht mit den folgenden Konsequenzen einher:

- Überträgt eine Unternehmung eine bisher selbst erbrachte Dienstleistung auf eine externe Dienstleistungsunternehmung (Outsourcing), dann geht dieser Vorgang mit dem Effekt einher, dass der tertiäre Sektor zunimmt, obwohl nach wie vor die gleichen Funktionen erfüllt werden. Bei einer Wiedereingliederung der Dienstleistung in die Unternehmung ergibt sich dann eine entsprechende Schrumpfung des tertiären Sektors.

- Die gleichen Überlegungen gelten ebenfalls für die privaten Haushalte, wenn diese bisher extern erworbene Dienstleistungen in ihrer Freizeit selbst erstellen, et vice versa.

- Es werden materielle Güter produziert und verkauft, die einzelne Dienstleistungen überflüssig machen oder aber ihren Einsatz zumindest reduzieren. So werden etwa im Bereich der Mikroelektronik Produkte entwickelt, die im geringen Umfang Wartungs- und Reparaturleistungen erforderlich machen. Hierdurch übernimmt der Produzent des Sachgutes Dienstleistungen, die vorher von anderen Unternehmungen erbracht wurden, mit der Folge, dass der Dienstleistungssektor schrumpft, während sich die Produktion materieller Güter wertmäßig erhöht.

Darüber hinaus sei angemerkt, dass auch im tertiären Sektor Funktionen anfallen, die z. B. dem sekundären Sektor zuzurechnen sind. Dass diese Zuordnungsprobleme nicht nur ein akademisches Phänomen sind, wird deutlich, wenn Schätzungen davon ausgehen, dass etwa zwei Drittel der in der Industrie Beschäftigten Dienstleistungen erbringen und damit dafür sorgen, dass die Sachgüter produziert und verkauft werden können. Darüber hinaus ist zu beachten, dass sich viele materielle Güter in ihrer Qualität und ihrem Nutzen kaum noch hinreichend unterscheiden, so dass Dienstleistungen ein entsprechendes Differenzierungspotential eröffnen. Dies bedeutet, dass nicht mehr das Sachgut, sondern zunehmend die mit diesem im Verbund angebotenen Dienstleistungen über den Markterfolg entscheiden.

Eine isolierte Betrachtung der einzelnen Sektoren ist ferner dann problematisch, wenn Dienstleistungen und Sachgüter in einer komplementären Beziehung stehen. Auf dieser Grundlage kann zwischen induziertem und autonomem Wachstum des tertiären Sektors unterschieden werden. Dabei kann ein **induziertes Wachstum** auch durch den tertiären Sektor hervorgerufen werden, wenn z. B. durch Mechanisierungs- und Automatisierungstendenzen im tertiären Sektor Produktionsausweitungen im sekundären Sektor induziert werden. Es existieren somit enge Wechselwirkungen zwischen den Sektoren.

Während die dargestellten Erklärungsansätze makroökonomisch ausgerichtet sind, ist die „Theorie der industriellen Dienstleistung" (vgl. Albach 1989, S. 399 ff.), die auf der **Auslagerungsthese** basiert, ein Gedanke, der bereits im Rahmen der Kritik an der Sektorentheorie aufgegriffen wurde, mikroökonomisch ausgerichtet. Ausgangspunkt dieser Überlegung ist, dass der zunehmende Wettbewerbsdruck die Industrieunternehmungen zwinge, Dienstleistungen auf günstigere externe Anbieter zu verlagern (vgl. z. B. Meyer/Meyer 1990, S. 131 f.) und eine Konzentration auf Kernkompetenzen erfolgen müsse: „Die Entwicklung des Dienstleistungssektors ist sozusagen das Ergebnis des 'Angebotsdrucks', der von dem verschärften Wettbewerb in dem industriellen Sektor der Wirtschaft erzeugt wird." (Albach 1989, S. 399). Anders als bei Reichwald/Möslein (1995, S. 331) wird die „Theorie der Leistungstiefenoptimierung auf der Basis der Neuen Institutionenökonomik" (Picot 1991, S. 346 ff.) nicht als ein eigenständiger Erklärungsansatz für die zunehmende Tertiarisierung der Wirtschaft aufgefasst, sondern in diesem Ansatz wird lediglich eine spezifische Interpretation der Auslagerungsthese, und zwar auf der Grundlage der Transaktionskostentheorie gesehen. So arbeitet Picot (1991) dann auch die Merkmale heraus, die für eine Auslagerung oder Eigenerstellung (Make or Buy) sprechen, wobei er zwischen Spezifität, strategischer Bedeutung, Unsicherheit und Häufigkeit unterscheidet und zu der folgenden generalisierenden Aussage gelangt: „Nur bei sehr hoher Spezifität einer Leistung ist ihre integrierte, interne Koordination im Sinne von Eigenerstellung geboten. Mit zunehmender Standardisierung einer Leistung sind losere, marktorientierte Einbindungsformen bis hin zum klassischen Fremdbezug überlegen." (Picot 1991, S. 349).

1.1.2 Der tertiäre Sektor in der amtlichen Statistik

Im Rahmen der amtlichen Statistik in der Bundesrepublik Deutschland werden die Dienstleistungen auf der Grundlage einer institutionell ausgerichteten **Wirtschafts-zweigsystematik** erfasst. Produziert eine Unternehmung sowohl Sachgüter als auch Dienstleistungen, dann wird die Zuordnung nach dem überwiegenden Output der Produktion vorgenommen. Die amtliche Statistik unterscheidet die folgenden Wirtschaftsbereiche (letzte Änderungen 2008):

A Land- und Forstwirtschaft

B Fischerei und Fischzucht

                                                    Primärer Sektor

C Bergbau und Gewinnung von Steinen und Erden

D Verarbeitendes Gewerbe

E Energie- und Wasserversorgung, Entsorgung u. ä.

                                                    Sekundärer Sektor

F Baugewerbe

G Handel, Instandhaltung und Reparatur von Kfz

H Gastgewerbe

I Verkehr, Lagerei, Information und Kommunikation

J Kreditinstitute und Versicherungsgewerbe

K Grundstückswesen, Vermietung, Unternehmensdienstleister

                                                    Tertiärer Sektor

L Öffentliche Verwaltung, Verteidigung, Sozialversicherung

M Erziehung und Unterricht

N Gesundheits-, Veterinär- und Sozialwesen

O Erbringung von sonstigen öffentlichen und persönlichen Dienstleistungen

P Private Haushalte

Um die Bedeutung des tertiären Sektors für die gesamtwirtschaftliche Produktion empirisch zu belegen, werden die Indikatoren Erwerbstätige und Bruttowertschöpfung herangezogen. Tabelle 1.1-2 gibt einen Überblick über die Entwicklung der Erwerbstätigen in den drei Sektoren.

Jahr \ Sektor	Primärer Sektor	Sekundärer Sektor	Tertiärer Sektor
1849/58	54,60	25,20	20,20
1900/04	38,00	36,80	25,20
1925	31,50	40,10	28,40
1950/54	21,60	43,50	34,90
1955/59[1]	16,50	46,80	36,70
1960	13,74	47,95	38,31
1970	8,52	48,90	42,59
1975[2]	6,60	45,80	46,90
1980	5,20	43,44	51,36
1990	3,49	39,71	56,80
2000	2,40	28,90	68,70
2005	2,20	25,90	71,90
2010	1,63	24,60	73,77
2012	1,61	24,74	73,66

1)	Die Angaben von 1849 - 1959 schließen die Energie- und Wasserversorgung in den tertiären Sektor ein.
2)	In diesem Jahr ergibt die Addition der Prozentwerte keine 100 %, weil für einen Anteil zwischen 0,6 - 1,2 % keine Angaben vorliegen.
Quellen:	Statistisches Bundesamt: Statistische Jahrbücher

Tab. 1.1-2:   Sektorenentwicklung in der Bundesrepublik Deutschland auf der Grundlage der Erwerbstätigen

Dieses Zahlenmaterial belegt den vollzogenen Strukturwandel zugunsten des sekundären und tertiären Sektors, wobei der tertiäre Sektor seit dem Jahr 1975 einen höheren Anteil der Erwerbstätigen aufweist als der sekundäre.

Als weiterer Indikator zur Erfassung der ökonomischen Bedeutung des tertiären Sektors ist die Bruttowertschöpfung zu nennen. Tabelle 1.1-3 gibt die Entwicklung dieses Indikators für den Zeitraum von 1960 bis 2012 wieder, wobei sich die Daten bis 1990 auf das frühere Bundesgebiet beziehen.

Die Tabelle zeigt, dass

- sich der primäre Sektor bei etwa 1 % stabilisiert,

- der sekundäre Sektor bei etwa 25 % liegt und

- der tertiäre Sektor etwa 73 % aufweist.

Jahr / Sektor	1960		1970		1980		1990		2004		2008		2010		2012	
	abs.[1]	i.H.	abs.	i.H.	abs.	i.H.	abs.	i.H.	abs.	i.H.	abs.	i.H.	abs.	i.H.	abs.	i.H.
Primärer Sektor	11,14	2,30	12,90	1,72	14,96	1,51	18,63	1,49	21,90	1,10	19,96	0,89	17,80	0,80	23,30	0,99
Sekundärer Sektor	231,87	47,91	369,29	49,24	439,73	44,46	495,16	39,72	584,81	29,26	659,51	29,49	665,30	29,70	724,20	30,62
Tertiärer Sektor	240,98	49,79	367,68	49,03	534,30	54,02	732,16	58,79	1.391,65	69,64	1.556,78	69,62	1.553,50	69,50	1.617,50	68,39
Gesamt	483,99	100,00	749,87	99,99	988,99	99,99	1.245,95	100,00	1.998,36	100,00	2.236,25	100,00	2.236,60	100,00	2.365,00	100,00

1) in Mrd., Quellen: Statistisches Bundesamt: Statistische Jahrbücher

Tab. 1.1-3: Sektorenentwicklung auf der Basis der Bruttowertschöpfung

Für eine differenziertere Betrachtung der Entwicklung des tertiären Sektors wäre es erforderlich, diesen Sektor weiter aufzuspalten (intrasektorale Entwicklung). Vor dem Hintergrund, dass die einzelnen Bereiche in diesem Sektor in der amtlichen Statistik wiederholt umgestellt wurden, wird hierauf verzichtet. Als Grund für die inhaltlichen Umstellungen werden insbesondere Abgrenzungsschwierigkeiten zwischen den Gruppen angeführt.

Es bleibt festzuhalten, dass in der Bundesrepublik Deutschland der sektorale Wandel sowohl nach der Bruttowertschöpfung als auch auf der Basis der Erwerbstätigen bestätigt wird und der tertiäre Sektor nach beiden Kriterien der stärkste Sektor ist.

Im europäischen Vergleich zeigen sich erhebliche strukturelle Unterschiede, auf der Grundlage der Erwerbstätigen in v. H., wie Abbildung 1.1-2 beispielhaft verdeutlicht.

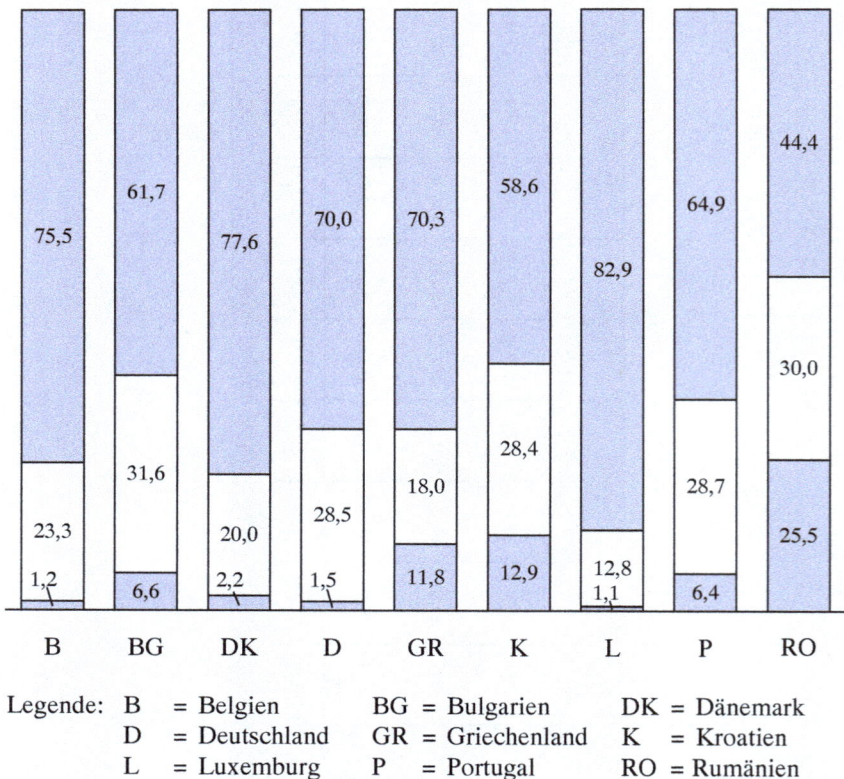

Abb. 1.1-2:   Struktureller Vergleich ausgewählter europäischer Staaten (Basis 2011)

Diese Gegenüberstellung zeigt, dass

- Luxemburg mit 82,9 % eine Spitzenposition im tertiären Sektor einnimmt und
- die europäischen Staaten hinsichtlich ihrer Struktur ein heterogenes Erscheinungsbild aufweisen.

Im außereuropäischen Vergleich zeigen sich im

- afrikanischen Gebiet (z. B. Ägypten 31,7 % und Tansania 74,6 %) und
- im asiatischen Teil der Welt (z. B. Bangladesch 48,1 %, Indonesien 40,3 %, Pakistan 44,7 %, Thailand 42,5 % und Vietnam 57,9 %)

ausgeprägte primäre Sektoren.

Da der amtlichen Statistik eine institutionelle Betrachtung zugrunde liegt, vernachlässigt sie, dass Dienstleistungen ein sektorübergreifendes Phänomen darstellen. Im Rahmen der volkswirtschaftlichen Gesamtrechnung erfolgt eine systematische Unterschätzung dieses Sektors. Diese Tendenz wird weiterhin dadurch verstärkt, dass Güter, die nicht auf dem Markt angeboten oder unentgeltlich zur Verfügung gestellt werden, zu Herstellungskosten bewertet werden. Diese Vorgehensweise, nicht für den Markt bestimmte Dienstleistungen mit ihren Herstellungskosten zu bewerten, wird als inputorientierter Ansatz bezeichnet.

Um diese Probleme abzuschwächen, wurden in der Literatur unterschiedliche Lösungsvorschläge unterbreitet. Aufbauend auf den Gedanken von Fourastié, der das Problem der institutionellen Vorgehensweise bereits erkannt hatte, schlägt Engelter (1979, S. 27) vor, die Angestellten aller Sektoren mit vorwiegend intellektuellen Dienstleistungen zum Aggregat „white-collar"-Arbeiter zusammenzufassen, die dann mit den vorwiegend manuell Dienstleistenden die „tertiär Tätigen" ergeben. Das Residuum „nicht-tertiär Tätige" besteht dann aus der Gruppe der Industriearbeiter und der Gruppe der Landarbeiter. Diese Vorgehensweise vernachlässigt, dass eine Vielzahl der **Berufe** i. d. R. unterschiedliche Tätigkeitsgruppen umfasst. Ferner ist dabei zu beachten, dass nicht von traditionellen Berufsbezeichnungen ausgegangen werden darf, weil sich deren Inhalte, d. h. die konkret zu vollziehenden Tätigkeiten, nicht zwingend aus ihrer Bezeichnung ergeben und sich die Inhalte im Laufe der Zeit teilweise in erheblichem Umfang ändern können (vgl. Simon 1987, S. 51). Aus diesem Grunde erscheint es wesentlich, von den Tätigkeiten oder Funktionen, die ein Mitarbeiter vollziehen soll, auszugehen. Eine solche Analyse erstreckt sich damit nicht auf das Leistungsergebnis, sondern setzt an den durchzuführenden **Tätigkeiten** an (vgl. hierzu bereits Rasmussen 1977, S. 54). Als indirekte Möglichkeit zur Erfassung der unternehmungsinternen Dienstleistungen wird vorgeschlagen, an den Kosten der zu

ihrer Erbringung benötigten Produktionsfaktoren anzusetzen. Dazu wäre es erforderlich, dass die Unternehmungen ihre Kostenstellen so bildeten, dass jeweils eine
Dienstleistungsart (z. B. Verwaltung, Verkauf, Forschung und Entwicklung) je Kostenstelle erbracht würde. Ein Problem derartiger Kostenstrukturanalysen ist in der
Schlüsselung der Gemeinkosten zu sehen (vgl. Lützel 1987, S. 30). Bedingt durch
diese Schwachstelle können von einer solchen Vorgehensweise nur tendenzielle
Aussagen erwartet werden. Um das hierfür erforderliche statistische Material zu erhalten, wäre jedoch eine Verfeinerung der Kostenstrukturerhebungen notwendig.
Picot (1979, S. 1151 ff.) versucht mit Hilfe des Kostenstruktureffektes den Wandel
zur Dienstleistungsgesellschaft auf einzelwirtschaftlicher Ebene zu belegen. In diesem Zusammenhang arbeitet er sechs Faktoren heraus, die für diese Entwicklung aus
der Sicht der Unternehmung relevant sind:

- Die Mechanisierung und Automatisierung ging mit einer Substitution menschlicher Arbeitskraft in der Sachgüterproduktion einher. Ferner erfordern solche Pro-
  duktionsbedingungen zunehmend qualifizierte Planungs-, Informations- und Kon-
  trollfunktionen.

- Die Unternehmungsumwelt zeichnet sich durch eine gestiegene Komplexität und
  Dynamik aus, die erhebliche Informationsversorgungs-, Planungs- und Kontrollaktivitäten bedingen.

- Die Veränderungen der nicht marktlichen Umweltbedingungen, z. B. das Rechts-
  system, führen zu einer Ausweitung unternehmungsinterner oder -externer Dienstleistungen.

- Eine zunehmende Unternehmungsgröße erfordert einen steigenden Koordinations-
  und Kommunikationsaufwand, wobei eventuell als gegenläufige Tendenz hierzu
  eine bessere Auslastung der Verwaltungsbereiche eintreten kann.

- Veränderte Stellung des Eigentums in der Unternehmung.

- Selbstverstärkungseffekt, womit der Einfluss neuer Verwaltungstechnologien,
  z. B. in Form von Informations- und Kommunikationstechnologien, gemeint ist,
  da die Gefahr besteht, dass die Ansprüche an die Verwaltung erheblich wachsen
  können. Der Einfluss derartiger Verwaltungstechnologien auf den Umfang der
  Verwaltungsbereiche ist jedoch nur wenig erforscht.

Abschließend bleibt damit festzustellen, dass die statistische Situation zur Erfassung
des tertiären Sektors eher unbefriedigend ist. Es stellt sich die Frage, welche Faktoren für eine Weiterentwicklung der Statistik in diesem Bereich relevant sind. In der
Literatur werden hierzu die folgenden Vorschläge unterbreitet:

- Einbeziehung weiterer Dienstleistungsbereiche in die vierjährliche freiwillige
  Kostenstrukturerhebung unter Mitwirkung der Verbände und Kammern.

- Umstellung der Umsatzsteuerstatistik auf einen jährlichen Turnus.

- Einführung einer umfassenden Unternehmungsbestandsstatistik.

- Einführung einer neuen Dienstleistungsstichprobe. In diesem Zusammenhang sind insbesondere konzeptionelle Fragen zu klären, die mit der Heterogenität der Dienstleistungsunternehmungen zusammenhängen.

- Erhebung statistischer Angaben über unternehmungsinterne Dienstleistungen, d. h. Dienstleistungen in funktionaler Abgrenzung. Hierfür ist es erforderlich, die Beschäftigten nach Funktionsbereichen in der Unternehmung einzuteilen und die Löhne und Gehälter zu erfassen.

Hinsichtlich der ökonomischen Bedeutung von Dienstleistungen ist damit festzustellen, dass zwar generelle Einigkeit dahingehend besteht, dass der Dienstleistungssektor stark gestiegen ist und sowohl nach dem Indikator „Bruttowertschöpfung" als auch „Erwerbstätige" der bedeutendste Sektor ist, jedoch das Ausmaß der Bedeutung dieses Sektors umstritten ist.

1.2 Terminologische und systematisierende Grundlagen

Bevor auf den Begriff der Dienstleistungen eingegangen wird, erscheint es zunächst angezeigt, sich über den **Gutscharakter** der Dienstleistungen Klarheit zu verschaffen. In den Wirtschaftswissenschaften werden alle Mittel, die Bedürfnisse des Menschen direkt oder indirekt befriedigen, als Güter bezeichnet (vgl. z. B. Blum 1992, S. 2). Charakteristisches Merkmal eines Gutes ist folglich seine **Fähigkeit zur Nutzenstiftung**. Im Gegensatz zu einem freien Gut, das mengenmäßig praktisch unbegrenzt zur Verfügung steht, wird von einem knappen oder wirtschaftlichen Gut dann gesprochen, wenn das Angebot an einem Gut kleiner ist als die Sättigungsmenge der Nachfrage nach diesem Gut. Freie Güter haben folglich keinen Preis. Der ökonomische Wert eines Gutes ergibt sich aus den Komponenten Nutzen und Knappheit.

Auch wenn zum heutigen Zeitpunkt der Gutscharakter der Dienstleistungen allgemein anerkannt ist (vgl. bereits Berekoven 1974, S. 58), sei erwähnt, dass es der Volkswirtschaftslehre lange Zeit nicht gelang, den Begriff der Dienstleistungen von anderen Objekten abzugrenzen. Ein Grund hierfür war die enge Auslegung des Gutsbegriffes durch die Klassiker (vgl. Stavenhagen 1969, S. 53 ff.). So waren für Adam Smith lediglich materielle Gegenstände in der Lage, die Bedürfnisse der Wirtschaftssubjekte zu befriedigen, woraus unmittelbar resultierte, dass Dienstleistungen nicht als produktive Werte anerkannt wurden. Auch im marxistischen Gedankengut wird nur dann von produktiver Arbeit gesprochen, wenn sie zur Schaffung „produktiver" Güter beiträgt. Nur im produktiven Bereich wird dann auch Nationaleinkommen erzeugt, und dieses schafft die materielle Voraussetzung für die Existenz der unpro-

duktiven Bereiche, d. h., die unproduktiven Bereiche schaffen selbst kein Nationaleinkommen, sondern verbrauchen es nur (vgl. hierzu Corsten 1988c, S. 15 f.).

Das Verdienst, den Produktivitätsbegriff „entmaterialisiert" zu haben, kommt Jean
Baptiste Say zu. Er charakterisierte Dienstleistungen als **produktive Leistungen** und
unterstrich damit deren ökonomischen Wert. Den Gesamtkomplex der Güter unter-
teilte Say dann in materielle und immaterielle, wobei er die Dienstleistungen den
immateriellen Gütern zuordnete.

Damit ist es notwendig, die Dienstleistungen in eine allgemeine **Gütersystematik**
einzuordnen. Auch wenn die Begriffe immaterielle Güter und Dienstleistungen häufig synonym verwendet werden, erscheint eine Trennung angezeigt, weil durch eine
synonyme Verwendung der Komplex der immateriellen Güter unzulänglich eingeengt wird.

Auf der Basis der in der Literatur vorgestellten Ansätze (vgl. z. B. Blum 1992, S. 2
f.; Chmielewicz 1967, S. 85 ff.; Corsten 1988c, S. 17) lässt sich die in Abbildung
1.2-1 dargestellte Systematik entwickeln.

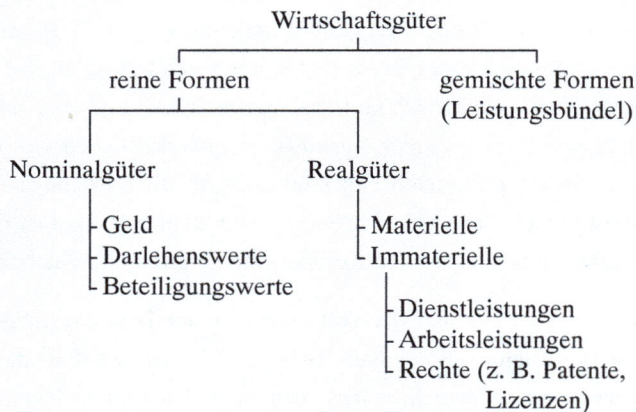

```
                           Wirtschaftsgüter
              ┌──────────────────┴──────────────────┐
         reine Formen                          gemischte Formen
                                               (Leistungsbündel)
       ┌──────────┴──────────┐
  Nominalgüter            Realgüter
   ├ Geld                  ├ Materielle
   ├ Darlehenswerte        └ Immaterielle
   └ Beteiligungswerte
                              ├ Dienstleistungen
                              ├ Arbeitsleistungen
                              └ Rechte (z. B. Patente,
                                 Lizenzen)
```

Abb. 1.2-1:   Gütersystematik

Diese Einordnung bedingt einige Abgrenzungen:

- Umstritten ist die Unterscheidung zwischen Dienstleistungen und Arbeitsleistungen. Aus einer produktionstheoretischen Sicht ist der Unterschied darin zu sehen,
  dass Arbeitsleistungen einen **kausalen**, Dienstleistungen hingegen einen **finalen**
  Charakter aufweisen. Dabei ist aber zu beachten, dass Dienstleistungen sowohl als

Input als auch als Output in Produktionsprozessen auftreten können. Ein Unterschied zwischen den Inputfaktoren Dienstleistungen und Arbeitsleistungen ist dann darin zu sehen, dass Arbeitsleistungen als Input originäre Produktionsfaktoren, Dienstleistungen hingegen derivative Produktionsfaktoren darstellen, d. h., sie sind ein Ergebnis eines anderen Kombinationsprozesses.

- Unter Rechten sind Berechtigungen, Befugnisse oder Ansprüche zu verstehen, die einer natürlichen oder juristischen Person durch Rechtsordnung zuerkannt werden. Damit stellt das **Recht** selbst keine Dienstleistung dar, aber es kann zur Durchsetzung dieses Anspruches die Dienstleistung eines Juristen in Anspruch genommen werden.

- **Informationen**, die teilweise als eigenständige Güterkategorie angeführt werden, werden in dieser Systematik zu den Dienstleistungen gerechnet und deshalb nicht gesondert aufgeführt. Dabei können Informationen als Input, Output und auch als prozesssteuernde Komponente auftreten.

Nach dem Kriterium „Träger des Angebotes" lassen sich private und öffentliche Güter unterscheiden, wobei letztere dadurch charakterisiert sind, dass einerseits das Ausschlussprinzip nicht greift (Free-rider-Problem) und anderseits keine Nutzungskonkurrenz zwischen den Konsumenten (Non-rivalness-Problem) gegeben ist (vgl. z. B. Blum 1992, S. 4). Sämtliche in Abbildung 1.2-1 skizzierten Güterarten können sowohl privater als auch öffentlicher Natur sein, so dass dieser Aspekt, dem auch für die weiteren Überlegungen keine besondere Relevanz zukommt, in dieser Gütersystematik vernachlässigt werden kann.

1.2.1 Zum Begriff der Dienstleistungen

Der Dienstleistungsbegriff hat in der Literatur vielfältige definitorische Abgrenzungen erfahren, wobei sich die vorhandenen **Definitionsvorschläge in drei Gruppen** einteilen lassen:

- Der Dienstleistungsbegriff wird über eine beispielbasierte Aufzählung präzisiert (sogenannte enumerative Definition).

- Der Dienstleistungsbegriff wird über eine Negativdefinition zu den Sachgütern abgegrenzt.

- Der Dienstleistungsbegriff wird auf der Grundlage konstitutiver (wesensbestimmender) Merkmale explizit definiert, wobei zwischen

-- potentialorientierten,

-- prozessorientierten und

-- ergebnisorientierten

Definitionen unterschieden werden kann.

Definitionen, in Form von Realdefinitionen (vgl. hierzu z. B. Schanz 1975, S. 34 ff.), obliegen die beiden folgenden Aufgaben (vgl. z. B. Pawlowski 1980, S. 83):

- Sie sollen den Gegenstandsbereich abgrenzen.
- Sie sollen Merkmale festlegen, die es ermöglichen, ein empirisch beobachtetes Phänomen dem Gegenstandsbereich zuzuordnen (konstitutive oder wesensbestimmende Merkmale).

Vor diesem Hintergrund sind **enumerative Definitionen** abzulehnen, weil sie keine Merkmale herausarbeiten, auf deren Grundlage entschieden werden kann, ob in einem konkreten Fall, der nicht enumeriert wurde, eine Dienstleistung vorliegt oder nicht (vgl. Corsten 1985, S. 172 ff.; Judd 1964, S. 58 f. hebt hervor, dass eine Aufzählung der Aktivitäten, die Dienstleistungen seien, nie abschließend sein könne). Damit wird implizit unterstellt, dass es eine intuitive Vorstellung darüber gäbe, was eine Dienstleistung sei. **Negativdefinitionen** stellen letztlich eine wissenschaftliche Verlegenheitslösung dar, weil hierdurch die Dienstleistungen als „Restklasse" den materiellen Gütern gegenübergestellt werden. Die weiteren Ausführungen konzentrieren sich deshalb auf die Ansätze der dritten Gruppe, deren Ziel es ist, den Wesenskern des Phänomens Dienstleistungen mit Hilfe einzelner Merkmale herauszuarbeiten.

Bei einer **potentialorientierten Definition** wird die Dienstleistung als menschliche oder maschinelle Leistungsfähigkeit interpretiert, mit der dann am Nachfrager oder an dessen Verfügungsobjekt eine gewollte Änderung bewirkt oder ein Zustand erhalten werden soll (vgl. Meyer 1984, S. 198). Absatzobjekt ist folglich die Leistungsfähigkeit des Anbieters. Aus dieser Betrachtung resultiert die Immaterialität der Dienstleistung als konstitutives Element, weil die Dienstleistung in dieser Sichtweise ein **Leistungsversprechen** darstellt, das Gegenstand eines jeden Leistungsvertrages zwischen Dienstleistungsanbieter und -nachfrager ist. Dies geht mit der Konsequenz einher, dass der Nachfrager nicht davon ausgehen kann, dass das erwartete Ergebnis mit Sicherheit eintritt, d. h., Dienstleistungen sind durch ein relativ hohes Kaufrisiko gekennzeichnet (vgl. Zeithaml 1981, S. 188; Stauss 1994, S. 236).

Demgegenüber beziehen **prozessorientierte Definitionen** die Zeitraumbezogenheit, d. h. die zu vollziehende Tätigkeit, in die Überlegungen mit ein. Es handelt sich dabei um Dienstleistungen, die um des Vorganghaften, also um des Prozesscharakters, selbst willen begehrt werden (vgl. Berekoven 1974, S. 25). Dienstleistungen sind demnach „... der Bedarfsdeckung Dritter dienende Prozesse mit materiellen und/oder immateriellen Wirkungen, deren Vollzug und deren Inanspruchnahme einen synchronen Kontakt zwischen Leistungsgeber und Leistungsnehmer bzw. deren Objekten von der Bedarfsdeckung her erfordert." (Berekoven 1983, S. 23; vgl. ferner Scheuch/Hasenauer 1969, S. 131). In dieser Sichtweise wird die partielle Simultaneität von Produktion und Absatz, die auch als **uno-actu-Prinzip** bezeichnet wird, hervorgehoben. Beispiele hierfür sind Konzert- und Theateraufführungen, Massagen und Vorlesungen an Universitäten und Fachhochschulen. Teilweise wird in diesem Zusammenhang gefordert, dass zwischen dem Anbieter und dem Nachfrager ein zeitlich und räumlich synchroner Kontakt gegeben sein muss. Die Unzweckmäßigkeit dieser engen Auffassung zeigt sich dann, wenn die Möglichkeiten des „Distanzkaufs" oder einer telefonischen Beratung berücksichtigt werden. Ebenfalls erscheint eine Reduzierung auf persönliche Interaktionsprozesse als zu eng, da hierdurch sachbezogene Dienstleistungen (mechanisierte und automatisierte Dienstleistungen) außer Acht gelassen werden. Aus der Interpretation der Dienstleistung als Prozess folgt notwendigerweise, dass auch hierbei die Immaterialität ein charakteristisches Merkmal der Dienstleistung ist, weil letztlich jede Verrichtung immaterieller Natur ist.

In einer **ergebnisorientierten Betrachtung** wird die Dienstleistung als ein immaterielles Ergebnis einer dienstleistenden Tätigkeit verstanden. Als Ergebnisse werden Dienstleistungen häufig an den durch sie bewirkten Veränderungen an Personen oder Objekten sichtbar. Ein zentrales Problem im Rahmen dieser Betrachtung ist das Auftreten materieller Trägermedien, und zwar in der Form von Papier, elektronischen Speichern etc. Die Dienstleistung manifestiert sich somit auf einer Trägersubstanz, die dann Objekt weiterer Dienstleistungen werden kann. Sie stellt gleichzeitig die Basis für die Verbreitung der Leistung dar. Die meisten Autoren sehen im Auftreten derartiger Trägermedien keinen Grund, den Dienstleistungen ihren immateriellen Charakter abzusprechen. So führt etwa Maleri (1994, S. 89) aus: „Auch beim Menschen selbst bedarf es für die Rezipierung und Speicherung immaterieller Leistungen chemisch-physikalischer Voraussetzungen, wie sie besonders bei der Gehirntätigkeit als Funktionselement neurologisch nachweisbar sind." Damit wird deutlich, dass das Begriffspaar „materiell - immateriell" idealtypisch ist. Viele Produkte weisen aber sowohl materielle als auch immaterielle Komponenten auf, wie dies in Abbildung 1.2-2 veranschaulicht ist (vgl. Hilke 1989, S. 8).

Diese Abbildung zeigt u.a. die folgenden Aspekte auf:

- Es existiert keine reine Sachleistung, d. h., es ist nicht möglich, eine Sachleistung ohne jegliche Dienstleistung abzusetzen.
- Es existiert eine Absatzleistung, die ausschließlich Dienstleistung ist (z. B. psychotherapeutische Beratung).

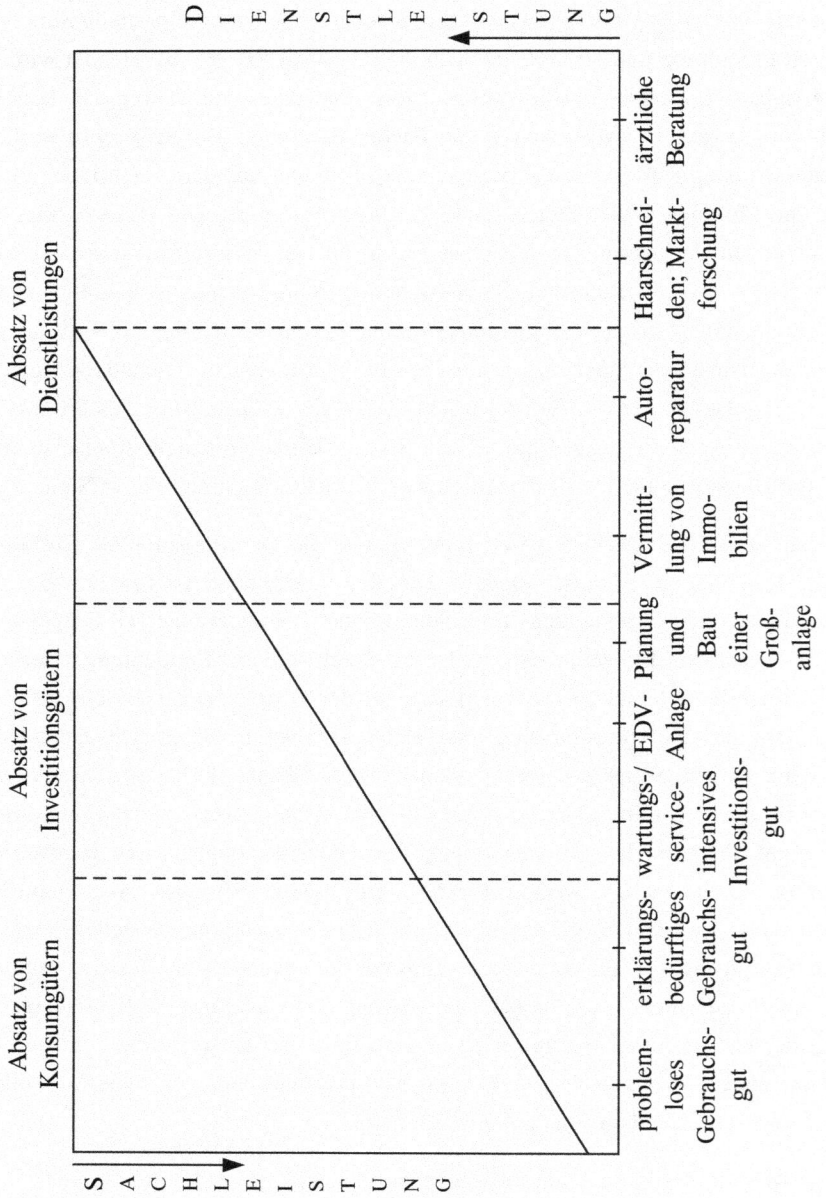

Abb. 1.2-2:   Marketing-Verbund-Kasten

Auch wenn die Zuordnung der einzelnen Beispiele in diesem Verbundkasten sicherlich nicht einer gewissen Willkür entbehrt, so zeigt sie doch die grundsätzliche Problematik der Leistungsbündel auf.

Treten materielle **Trägermedien** auf, z. B. in der Form von Papier oder elektronischen Datenträgern, dann wird auch von **Veredelung** in der Form der Multiplikation gesprochen (vgl. Meyer 1983, S. 119 ff.). Hierunter ist die Vervielfältigung eines Originals und damit die Erstellung vieler gleicher Objekte dieses Original zu verstehen. Dieser Prozess lässt sich dann in einen

- Speicherungs- und einen
- Multiplikationsprozess

zerlegen. Damit wird es möglich, eine Dienstleistung in beliebigen Reproduktionsprozessen an einen oder mehrere externe(n) Faktor(en) abzugeben. So weisen Müller/Nickel (1984, S. 733) darauf hin, dass ein Trägermedium, das immer materieller Natur ist, eine konstitutive Komponente des Informationsproduktes sei. In einer differenzierenden Betrachtung versucht David (1986, S. 8) auf der Grundlage der Kriterien

- Wertverhältnis,
- Vervielfältigungsgedanke und
- eigenständige wirtschaftliche Bedeutung des körperlichen Gegenstandes

zwischen materiellen und immateriellen Gütern zu unterscheiden.

Nach dem Kriterium „**Wertverhältnis**" erfolgt die Zuordnung eines Gutes nach dem dominanten Anteil der materiellen oder immateriellen Komponenten. Dazu bietet es sich an, den Wert der materiellen und immateriellen Komponenten in Bezug zum Gesamtwert des Produktes zu erfassen, wie dies aus der folgenden Abbildung 1.2-3 hervorgeht (vgl. Haak 1982, S. 91 ff.).

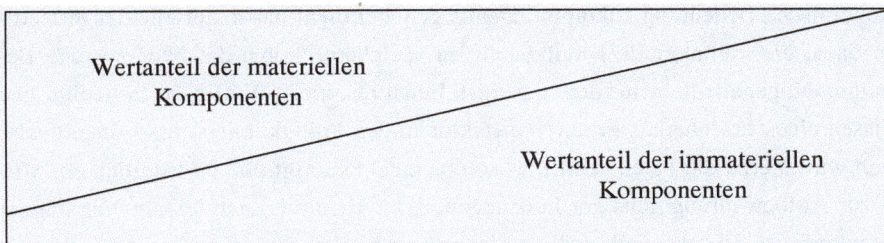

Abb. 1.2-3:   Produkte als Leistungsbündel materieller und immaterieller Komponenten

Voraussetzung einer solchen Vorgehensweise ist es, dass es möglich ist, den materiellen und immateriellen Komponenten ihren Wert zuzuordnen, so dass sich die Frage nach der Wertaufteilung stellt. In der Literatur werden hierzu die drei folgenden Wege vorgeschlagen, die der Ermittlung des Wertes der materiellen Teile dienen sollen:

- Wert des Trägers,
- Kosten des Datenträgermaterials und ggf. des Duplizierens und
- Produktionskosten für den körperlichen Gegenstand.

Durch Subtraktion dieser Werte von dem Gesamtwert des Produktes soll sich dann der Wert der geistigen Leistung ergeben. Vergegenwärtigen wir uns, dass alles, was nicht auf rein manuelle menschliche Arbeitsleistungen und auf naturgegebene Güter zurückgeführt werden kann, den Wert der geistigen Leistung ausmachen könnte, dann wird die Problematik einer solchen Wertbestimmung evident. Damit bleibt festzustellen, dass es im Einzelfall nicht nur schwierig, sondern i. d. R. unmöglich sein dürfte, den Wert der jeweiligen Komponenten mit Hilfe dieser Vorgehensweise zu erfassen.

Dieser Vorgehensweise ist entgegenzuhalten, dass von einem Patent eine Vielzahl von Lizenzen vergeben werden kann, diese Lizenzen jedoch als immaterielles Gut charakterisiert werden. Ferner werden Buchmanuskripte als immaterielle und Bücher als materielle Güter klassifiziert. Als Abgrenzungskriterium dient dabei die **Vervielfältigung**. Daraus ergibt sich, dass die alleinige Heranziehung des Kriteriums „Vervielfältigung" nicht als ein hinreichendes Abgrenzungskriterium betrachtet werden kann.

Als drittes Kriterium wird die **eigenständige wirtschaftliche Bedeutung des körperlichen Gegenstandes** angeführt. „Eigenständig" heißt in diesem Zusammenhang, dass die Bedeutung des materiellen Gegenstandes über die reine Trägerfunktion hinausgeht. Bei materiellen Gütern bedeutet dies, dass der körperliche Gegenstand dazu dient, das Gut funktionsfähig (-gerecht) zu machen und ihm damit eine eigenständige ökonomische Bedeutung zukommt. Demgegenüber dient das materielle Trägermedium dazu, die immaterielle Komponente zu speichern, wobei die ökonomische Bedeutung hingegen allein aus dem geistigen Inhalt resultiert. Wird z. B. das technische Wissen eines Patentes als Produktionsfaktor in den Produktionsprozess eingebracht, dann wird hierzu die Patentschrift als solche nicht benötigt. Sie ist lediglich ein Mittel zur Aufbewahrung geistiger Leistungen, d. h., nicht die unmittelbare Nutzung ist der intendierte Zweck, sondern die Aufbewahrung.

Eine ähnliche Vorgehensweise schlägt Gerhardt (1987, S. 87 ff.) ein, wenn er zwischen eindeutigen und nicht-eindeutigen Dienstleistungsprozessen differenziert. Die **nicht-eindeutigen Dienstleistungen** sind dadurch charakterisiert, dass eine gedankliche Trennung zwischen dem immateriellen Output und dem Trägermedium nicht möglich ist, d. h., der immaterielle Output bildet mit dem Trägermedium eine unauflösbare Einheit. Demgegenüber ist bei den **eindeutigen Dienstleistungsprozessen**, wie etwa einem Buchungsvorgang, eine Trennung des erstellten immateriellen Outputs von dem Trägermedium möglich, denn das erstellte materielle Objekt ist lediglich Trägermedium der Dienstleistung, d. h., es ist nur das materielle Objekt des Materialisierungsvorganges der Dienstleistung. Der kognitive Vorgang der Formulierung eines Buchungssatzes entsteht losgelöst von dem entsprechenden Trägermedium, so dass aus seiner Sicht die Dienstleistung von dem materiellen Trägermedium auf der gedanklichen Ebene trennbar ist (dabei bleibt jedoch unberücksichtigt, dass auch die Gehirnzelle letztlich ein materielles Trägermedium ist). Das materielle Trägermedium wird folglich ausschließlich im Rahmen des Materialisierungsvorganges der Dienstleistung relevant und ist nicht gleichzeitig Aktionsobjekt des Dienstleistungsvorganges.

In einer **ergebnisorientierten Definition** kann an den Wirkungen der Leistung, d. h. an ihren **Nutzenstiftungen** (zum Nutzen und seinen Erscheinungsformen vgl. z. B. Balderjahn/Scholderer 2007, S. 23 ff.; Read 2007, S. 46 ff.), angesetzt werden, wobei folgende Aspekte zu unterscheiden sind:

- Erhaltung und Wiederherstellung von Merkmalen und deren Ausprägungen bei existenten Gütern oder an einer Person,
- Schaffung und
- Vernichtung.

Die **Erhaltung** und **Wiederherstellung**, bei der positiv auf bestimmte Merkmale von Gütern oder auf Eigenschaften einer Person eingewirkt wird, sollen getrennt für Dienstleistungen an einem Sachgut und für Dienstleistungen an einer Person skizziert werden. Lässt sich ein Gut durch zwei Merkmale charakterisieren, dann lassen sich die Kombinationen der möglichen Merkmalsausprägungen in einem Koordinatensystem erfassen, das als **Charakteristikraum** bezeichnet wird (vgl. Zweifel 1987, S. 5 ff.).

Merkmal 1

A"

A

A'

Indifferenzkurve
(Ergebnisse einer
Dienstleistung, die der
Nachfrager als gleich-
wertig betrachtet)

C

B

Merkmal 2

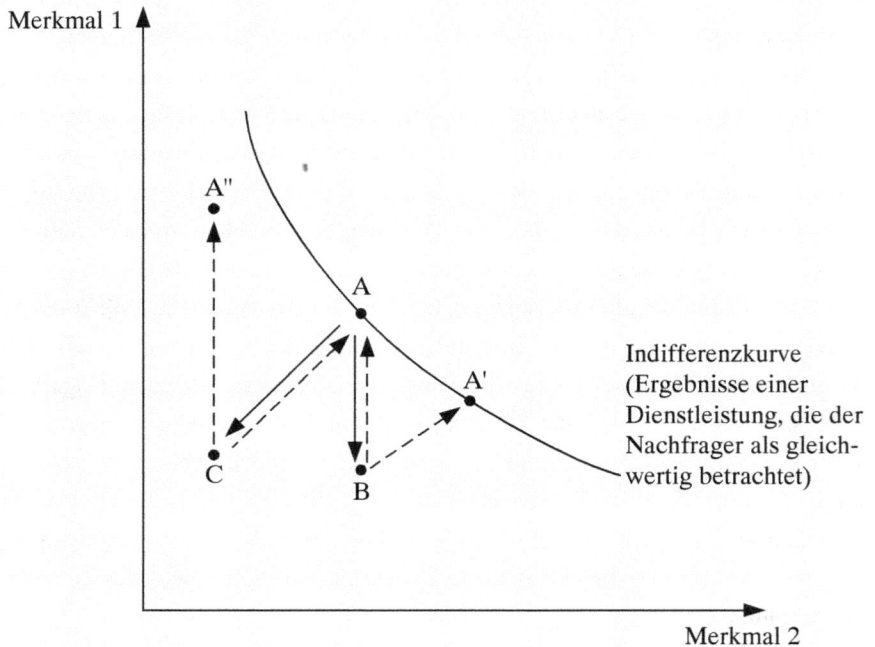

Abb. 1.2-4:   Charakteristikraum einer sachbezogenen Dienstleistung

Punkt A beschreibt die Merkmalsausprägungen eines Gutes. Tritt eine Verschlechterung der Merkmalsausprägungen des Gutes ein (z. B. Punkte C oder B), dann ist es
das Ziel der Dienstleistung, den ursprünglichen Zustand A wiederherzustellen oder
bei einer Erhaltungsleistung diesen Punkt nicht zu verlassen. Steht ein Nachfrager
hingegen unterschiedlichen Merkmalsausprägungen innerhalb eines Bereiches indif-
ferent gegenüber, dann lassen sich diese Merkmalskombinationen mit Hilfe einer Indifferenzkurve erfassen. Punkte A und A' wären dann für den Nachfrager adäquate
Ergebnisse der Dienstleistung, d. h., alle auf dieser Indifferenzkurve befindlichen
Punkte geben Ergebnisse wieder, die durch den Nachfrager als äquivalent angesehen
werden. Demgegenüber werden Ergebnisse unterhalb dieser Indifferenzkurve (z. B.
Punkt A") nicht als eine angemessene Leistung akzeptiert. Ist es hingegen nicht
möglich, die ursprünglichen Merkmalsausprägungen wiederherzustellen, dann bleibt
dem Nachfrager die Alternative, entweder eine schlechtere Merkmalskombination zu
akzeptieren oder auf die Dienstleistung zu verzichten.

Werden hingegen Dienstleistungen nicht an einem Gut, sondern an einer Person erbracht (personenbezogene Dienstleistungen), dann obliegt ihnen die Aufgabe, per-

sönliche Eigenschaften eines Individuums zu erhalten oder zu verbessern, wobei der Output dieser personenbezogenen Dienstleistung von dem qualitativen und quantitativen Eigenbeitrag des Nachfragers abhängt. Gesundheit, Unterhaltung oder generell die Aufnahme von Informationen durch Personen sind Beispiele für Veränderungen persönlicher Eigenschaften, die nur durch einen Eigeninput des Nachfragers zustande kommen. Dieser Sachverhalt sei am Beispiel einer Informationsdienstleistung erklärt, wobei, wie aus Abbildung 1.2-5 ersichtlich, der Charakteristikraum durch die Eigenschaften

- Raschheit der Problemlösung und
- Fähigkeit der Problemerkennung

erfasst wird.

Punkt A_1 stellt den Ausgangspunkt eines Individuums 1 dar. Nach erfolgreichem Abschluss eines Lehrgangs sei die erreichte Eigenschaftskombination durch den Punkt B_1 beschrieben. Durch weitere Schulungen sei es ihm möglich, den Punkt C_1 zu erreichen. Denkbar wäre jedoch auch, dass das Individuum den Punkt C_1' über B_1' erreicht und auch mit dieser Ausprägung zufrieden ist (Indifferenzkurve). Es ist jedoch davon auszugehen, dass der Nachfrager nur dann mit der Dienstleistung zufrieden ist, wenn er bei mindestens einer Eigenschaft eine positive Veränderung erfährt oder durch die Dienstleistung eine negative Veränderung verhindert wird. Die gleiche Dienstleistung kann hingegen bei einem anderen Individuum 2 zu einer völlig anderen Eigenschaftsausprägung führen ($A_2 \rightarrow B_2 \rightarrow C_2$). Diese unterschiedlichen Dienstleistungsergebnisse sind insbesondere darauf zurückzuführen, dass der Eigeninput des jeweiligen Nachfragers quantitativ und qualitativ unterschiedlich ist, d. h., das Dienstleistungsergebnis wird bei personenbezogenen Dienstleistungen nicht nur durch den Anbieter, sondern auch durch den Nachfrager beeinflusst.

Während sich die Neuschaffung einer Dienstleistung als Positionierung in diesem Charakteristikraum erfassen lässt, liegt bei der Eliminierung einer Dienstleistung eine Bewegung hin zum Koordinatenursprung vor.

Die bisher diskutierten Definitionsansätze zeigen, dass insbesondere die Merkmale Immaterialität und die Integration des externen Produktionsfaktors von zentraler Bedeutung sind.

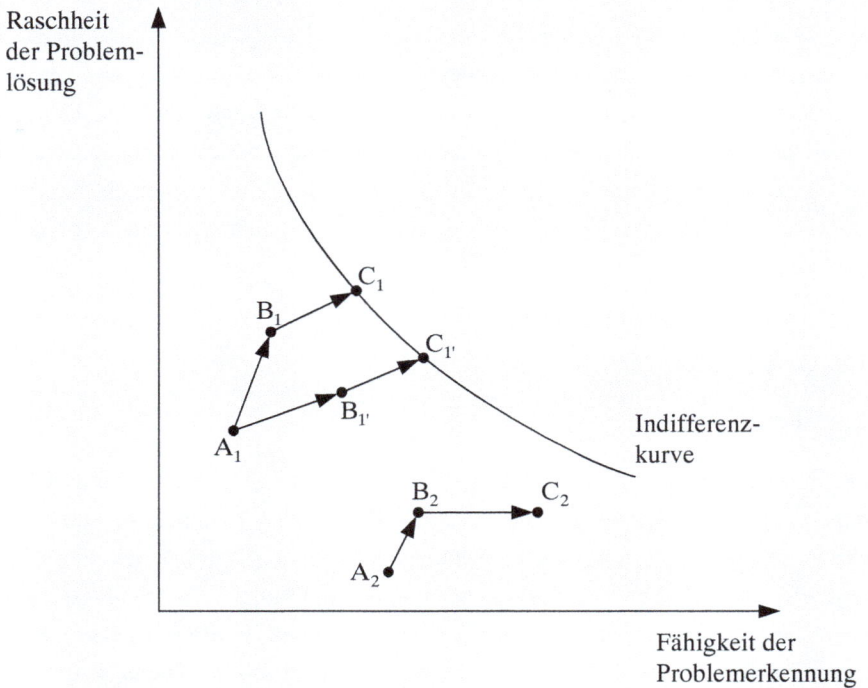

Abb. 1.2-5:   Charakteristikraum einer personenbezogenen Dienstleistung

Das Kriterium der **Immaterialität** wird insbesondere in einer ergebnisorientierten Betrachtung der Dienstleistungen kontrovers diskutiert. Weitere Merkmale wie z. B. mangelnde Lagerfähigkeit oder Standortgebundenheit lassen sich letztlich auf dieses Merkmal zurückführen (vgl. Corsten 1985). Zusammenfassend stellt Hentschel (1992, S. 24 f.) hierzu fest: „Die Kritiker dieser Auffassung argumentieren, ..., i. d. R. an Beispielen und verweisen auf die Stofflichkeit bestimmter Leistungsresultate (,abgeschnittene Haare, ausgetauschte Lichtmaschine, amputiertes Bein'). Die Befürworter, ..., ziehen sich in ihrer Entgegnung auf den abstrakten - und damit automatisch immateriellen - Kernnutzen als Leistungsergebnis zurück (,Wohlbefinden, Funktionsfähigkeit, Lebensrettung') oder messen den materiellen Bestandteilen lediglich den Stellenwert untergeordneter Trägermedien zu." Zur Überwindung dieses Zustandes schlägt Hentschel (1992, S. 25) dann einen pragmatischen Weg vor: Da es aus Marketingsicht weniger darauf ankomme, stoffliche Veränderungen zu finden, sondern ob der Nachfrager nach dem Transaktionsabschluss etwas „Greifbares" erhält, verwendet er an Stelle des Adjektivs „immateriell" den Anglizismus „intangible", da dieser sowohl eine physische als auch eine intellektuelle Dimension aufweist.

Folglich umfasst „intangible" einerseits die Sachverhalte, nicht gesehen, gefühlt oder geschmeckt werden zu können und anderseits Phänomene, die nicht einfach definiert, beschrieben oder geistig erfassbar sind. Die Integration des externen Produktionsfaktors impliziert eine **partielle Simultaneität** von Produktion und Absatz (partielle Kontaktnotwendigkeit), da dieser Kontakt nur im Rahmen der Endkombination und nicht in der Vorkombination notwendig ist (vgl. Berekoven 1974, S. 59; Corsten 1984, S. 263 ff.). Einigkeit herrscht in der Literatur darüber, dass die Kundenintegration für Fragen des Dienstleistungsmanagements von zentraler Bedeutung ist. Diese Mitwirkung bezieht sich auf alle Phasen eines Wertschöpfungsprozesses (vgl. z. B. Homburg/Garbe 1996, S. 262):

- **Spezifikationsphase** (Festlegung der Leistungsmerkmale durch Anbieter und Nachfrager);

- **Erstellungs-/Nutzungsphase**, Koproduktion; Aufteilung der Teilleistungen auf Anbieter und Nachfrager;

- **Nachkaufphase** (Kommunikation mit dem Anbieter und mit anderen Kunden).

Die **Kundenintegration** durchzieht letztlich einen Großteil der im Rahmen des Dienstleistungsmanagements thematisierten Fragestellungen und sie kann als ein **verbindendes Element** der unterschiedlichen Strömungen der Dienstleistungsforschung herausgestellt werden.

Wird für beide Merkmale ein Kontinuum aufgespannt, dann lassen sich Dienstleistungen in einem zweidimensionalen Ansatz durch das Kontinuum völlig tangibel bis völlig intangibel und das Kontinuum Kontaktintensität begrenzt durch kontaktintensiv (z. B. Mediziner) und kontaktextensiv (z. B. Zustellservice) positionieren (zu einem Beispiel vgl. Hentschel 1992, S. 27). In dieser Sichtweise kann damit ein Versuch gesehen werden, die Dichotomie zwischen Sachleistungen und Dienstleistungen zu überwinden. So betonen etwa Préel und de la Rochefordière (1988, S. 210), dass die Zukunft nicht im „entweder - oder", sondern in der Verbindung dieser Güterarten liege. Dieser Gedanke wurde mit unterschiedlichen Intentionen in der Literatur vorgestellt:

- Grundlegend ist dafür der zweidimensionale Ansatz von Meyer (1983, S. 137) mit den Kriterien „Integrationsintensität des externen Faktors" und „Materialität", die jeweils in dem Spektrum „gering bis stark" schwanken können. Damit eröffnete er eine Möglichkeit, Sach- und Dienstleistungen zu positionieren.

- Der Arbeitskreis „Marketing in der Investitionsgüter-Industrie" (1975, S. 758) stellt mit dem Konzept des „Systems Selling" auf Leistungsbündel ab.

- Der Verbundkasten (vgl. Haak 1982, S. 91; Hilke 1989, S. 8; Shostack 1977, S. 74 ff.) zielt darauf ab, Produkte mit unterschiedlichen Anteilen an materiellen und immateriellen Komponenten in einem Kontinuum zu positionieren. Bressand (1986, S. 78) spricht in diesem Zusammenhang von Verbundsystemen und führt den Begriff Compack (**Com**plex **pack**age) hierfür in die Literatur ein.

Werden diese Überlegungen beachtet und insbesondere der zweidimensionale Ansatz von Meyer (1983, S. 137) herangezogen, dann ist es nur noch ein kleiner Schritt zur Leistungstypologie von Engelhardt/Kleinaltenkamp/Reckenfelderbäumer (1993, S. 417) auf der Basis einer „Immaterialitätsachse" und einer „Integrationsachse" (vgl. auch die Vorgehensweise bei Picot 1995, S. 399 f.).

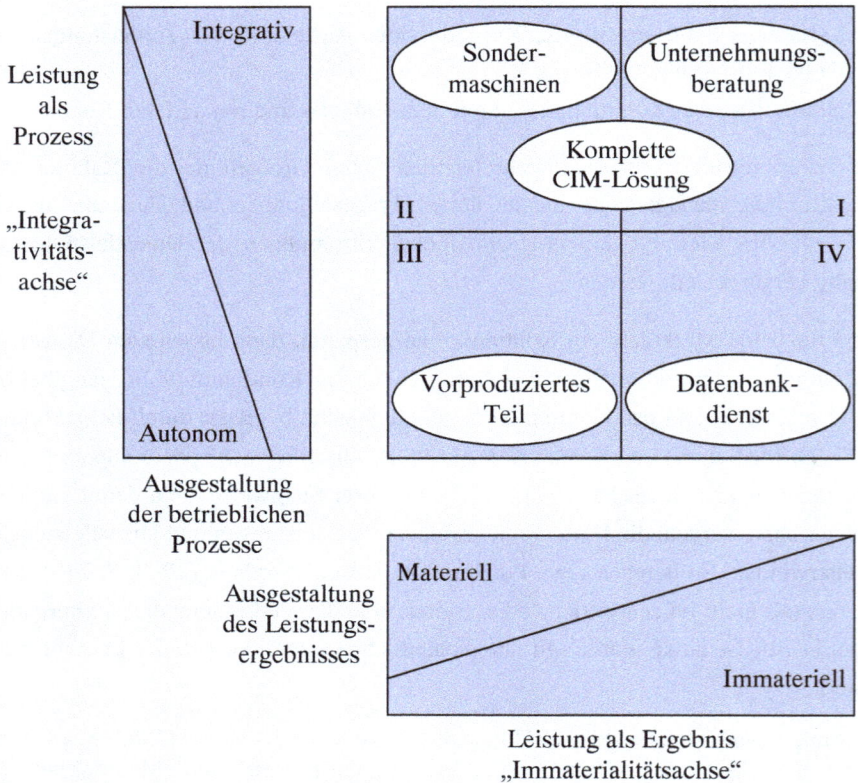

Abb. 1.2-6:   Leistungstypologie

Diese Leistungstypologie ermöglicht damit eine Positionierung der unterschiedlichen Leistungsarten und integriert gleichzeitig die Vorstellung von Leistungsbündeln in die Überlegungen. Bei dieser Vorgehensweise wird jedoch unterstellt, dass zumindest implizit für die Einordnungen der Leistungen eine irgendwie geartete Vorstellung existiert, wo die Leistung auf der „Immaterialitätsachse" zu positionieren ist, d. h., welchen Anteil immaterieller Komponenten sie aufweist. Dies geht mit der Konsequenz einher, dass die Probleme im Rahmen der Abgrenzung „materiell - immateriell" nicht gelöst, sondern eher verlagert werden.

In einer integrativen Sicht ist es erforderlich, Dienstleistungen

- einerseits aus der Perspektive des Nachfragers und des Anbieters und
- andererseits den Prozess als verbindendes Element zwischen Potential und Ergebnis

zu berücksichtigen. Dienstleistungen lassen sich dann als **Problemlösungen** (vgl. z. B. Kern 1979a, Sp. 1434 ff.) interpretieren, deren Produktion durch die Integration eines externen Produktionsfaktors gekennzeichnet ist. Ein Problem ergibt sich für ein Wirtschaftssubjekt aus einer als negativ empfundenen, nicht tolerierbaren Diskrepanz zwischen Ist-Zustand und Soll-Zustand eines Betrachtungsobjektes aus seinem Verfügungsbereich (vgl. z. B. Bretzke 1980, S. 33 f.; Fisk 1981, S. 192). Die **Zustände** lassen sich durch Eigenschaften beschreiben, die zumindest die nachfrager- und anbieterseitig relevanten Dimensionen berücksichtigen. Welche der Dimensionen spezifiziert werden, ist dabei vom jeweiligen Wirtschaftssubjekt abhängig (vgl. Chamberlin 1953, S. 4 und S. 11 f.; Chmielewicz 1967, S. 37 f.). Bei Dienstleistungen besitzt der externe Produktionsfaktor, der durch den Nachfrager zum Zwecke der Problemlösung in den Produktionsprozess des Dienstleisters eingebracht wird, die aus Nachfragersicht problemkonstituierenden Eigenschaften. Die **relevanten Eigenschaften** können sich dabei auf den zu **erreichenden Endzustand** (z. B. verbesserter Gesundheitszustand), den **Verlauf des Problemlösungsprozesses** (z. B. medizinische Behandlung) und die zur Durchführung des Problemlösungsprozesses **eingesetzten Ressourcen** (z. B. Computertomograph, Röntgengerät) beziehen (zur Potential-, Prozess- und Ergebnisdimension der Dienstleistungen vgl. z. B. Donabedian 1980, S. 79 ff.). Darüber hinaus ist zwischen statischen und dynamischen Komponenten zu unterscheiden. Während erstere den Zustand eines Objektes beschreiben, erfassen letztere die Veränderung der korrespondierenden statischen Komponenten aufgrund dienstleistungsexogener Prozesse, denen der externe Produktionsfaktor unterliegt (z. B. Gesundungsprozesse, Verschleißprozesse), im Zeitablauf (vgl. Gössinger 2004, S. 213 ff.). Die Dienstleistung konkretisiert sich als nutzenstiftende Transformation der Eigenschaften (vgl. z. B. Mengen 1993, S. 25 f.), d. h., eine **Prob-**

lemlösung besteht in einem veränderten Zustand des externen Produktionsfaktors, der durch eine auf ein tolerierbares Maß verringerte Diskrepanz (vgl. Johnston 1995, S. 46 ff.) gekennzeichnet ist. Im Rahmen einer Transformation werden jedoch nicht nur die Eigenschaften des externen Produktionsfaktors, sondern gleichzeitig auch die Eigenschaften der internen Produktionsfaktoren verändert, d. h. der Potentiale des Anbieters, die im Transformationsprozess genutzt werden.

1.2.2 Ansätze zur Systematisierung der Dienstleistungen

Ziel der Systematisierungen ist die zweckmäßig ordnende Beschreibung der Realität, indem sie charakteristische Ausprägungen realer Phänomene auf der Grundlage sachbezogener Merkmale kennzeichnen, wobei zwischen Klassifikationen und Typologien zu unterscheiden ist. Während Klassifikationen mit Hilfe eines einzelnen Merkmals gebildet werden, verwenden Typologien mehrere Merkmale, wobei generell die drei folgenden Anforderungen erfüllt sein müssen:

- Die Forderung nach Echtheit: Es müssen mindestens zwei nichtleere Unterklassen existieren.

- Die Forderung nach Vollständigkeit: Die zu betrachtenden Objekte müssen vollständig erfasst werden; ein Element der Ausgangsklasse muss in einer Unterklasse enthalten sein.

- Die Forderung nach Eindeutigkeit: Ein Element darf nicht in zwei oder mehr Unterklassen eingeordnet werden können, d. h., die Unterklassen müssen disjunkte Mengen sein.

In der Literatur existiert eine Vielzahl an Systematisierungen der Dienstleistungen. Ein Grund für diese Vielfalt ist darin zu sehen, dass die jeweiligen Autoren Ansätze für ihre spezifischen Untersuchungsschwerpunkte entwickelt haben. Im Folgenden sollen einige ausgewählte

- eindimensionale und

- mehrdimensionale Ansätze

vorgestellt werden (zu einem Überblick vgl. Corsten/Gössinger 2008, S. 32 ff.). Tabelle 1.2-1 gibt einige eindimensionale Ansätze wieder.

Merkmal	Erscheinungsformen
Produktbeziehung	- komplementäre (sekundäre) Dienstleistungen - substitutive Dienstleistungen
Produktverbindung	- isolierte Dienstleistungen - kombinierte Dienstleistungen
Kontaktzwang	- embodied (gebundene) Dienstleistungen - disembodied (ungebundene) Dienst-leistungen
Leistungsverwertung (Mittel-barkeit zum Konsum)	- direkte Dienstleistungen - indirekte Dienstleistungen
	- producer services - consumer services

	- konsumtive Dienstleistungen
	- investive Dienstleistungen (industriell)
	    -- komplementäre
	    -- institutionelle

Exklusion der Nachfrage	- Individualdienstleistungen - Kollektivdienstleistungen
Dominanz der internen Einsatzfaktoren	- sachbezogene (maschinenintensive) Dienstleistungen - personalbezogene (personalintensive) Dienstleistungen
Vertragsverhältnis	- einzelvertraglich erbrachte Dienstleistungen - dauervertraglich erbrachte Dienstleistungen
Individualität	- individuelle Dienstleistungen - standardisierte Dienstleistungen
Ausprägung des Faktors menschliche Arbeitsleistung	- körperliche Dienstleistungen - geistige Dienstleistungen

Tab. 1.2-1:   Eindimensionale Systematisierungen (Auswahl)

Im Folgenden sei auf einige ausgewählte Klassifikationen eingegangen, und zwar auf diejenigen, die für einige später zu behandelnde Problemstellungen relevant sind:

- Die Differenzierung zwischen **komplementären** (oder sekundären) und **substitu-tiven** Dienstleistungen ist insbesondere unter Marketinggesichtspunkten von Be-deutung, da hiermit Aspekte wie Leistungsbündel und Produktdifferenzierung an-gesprochen werden. Sekundäre Dienstleistungen haben z. B. unmittelbar den

Zweck, den Absatz einer von der Unternehmung erstellten Hauptleistung zu för-
dern oder erst zu ermöglichen (vgl. Frisch 1989, S. 47). Sie erlangen somit als
produktbegleitende oder produktdifferenzierende Leistungen (vgl. Meyer 1992c,
S. 1048) unmittelbar Marketingrelevanz, etwa im Rahmen des Aufbaus der Präferenzen bei den Nachfragern.

-   Nach der Dominanz der Einsatzfaktoren ergeben sich die Erscheinungsformen
    personalintensive und **maschinenintensive Dienstleistungen**. Bei ersteren ist
    der entscheidende Faktor einer Unternehmung das Human Capital, d. h. die be-
    sonderen Fähigkeiten (Know-how) der zum Einsatz gelangenden Mitarbeiter. Hie-
    raus können sich dann für potentielle Konkurrenten Markteintrittsbarrieren in der
    Form von „Know-how-Barrieren" ergeben, wenn Mitarbeiter mit der entspre-
    chenden Qualifikation nicht vorhanden sind. Für eine Unternehmung ergibt sich
    dann einerseits die Aufgabe, durch Rekrutierung qualifizierter Mitarbeiter und
    durch Schulung und Ausbildung eine Sicherung und eventuell eine Steigerung des
    Human Capital zu erreichen, und anderseits, durch eine entsprechende Entloh-
    nungspolitik eine Abwanderung qualifizierter Mitarbeiter zu vermeiden. Demge-
    genüber besteht bei maschinenintensiven Dienstleistungen die Markteintrittsbarri-
    ere in verfahrenstechnischen Komponenten, etwa in der Form patentierter Tech-
    nologien. Bei diesen Dienstleistern dominieren somit Technologie- und/oder Ka-
    pitalbarrieren. Konsequenzen dieser Maschinenintensität sind z. B. größere Frei-
    räume in der Gestaltung von Öffnungszeiten und die Möglichkeit zur Erstellung
    standardisierter Leistungen.

-   Eine zu der vorangegangenen Untergliederung übergeordnete Vorgehensweise ist
    die Unterscheidung in personen- und sachbezogene Dienstleistungen. Von einer
    personenbezogenen Dienstleistung wird dann gesprochen, wenn mindestens auf
    der Leistungsnehmerseite eine Person unmittelbar an der Dienstleistungsprodukti-
    on beteiligt ist. Dementsprechend liegt eine **sachbezogene Dienstleistung** dann
    vor, wenn von dem Nachfrager ein materielles Arbeitsobjekt in den Produktions-
    prozess eingebracht wird. Durch Kombination dieser Ausprägungen und unter Be-
    rücksichtigung der Anbieter- und Nachfragerseite ergeben sich dann vier Fälle
    (vgl. Berekoven 1983, S. 24 und S. 45):

    --   bilaterale personenbezogene Dienstleistungen (Person/Person),

    --   bilaterale objekt- (sach-)bezogene Dienstleistungen (Objekt/Objekt),

    --   einseitig personenbezogene Dienstleistungen (Objekt/Person) und

    --   einseitig objekt- (sach-)bezogene Dienstleistungen (Person/Objekt).

Während diese Vorgehensweise aus Anbietersicht mit der Einteilung in personal-
und maschinenintensive Dienstleistungen übereinstimmt, ergeben sich aus Nachfragersicht neue Aspekte. Während personenbezogene Dienstleistungen am Nachfrager selbst erbracht werden (z. B. Massage), erfolgen sachbezogene Dienstleistungen an einem Leistungsobjekt des Nachfragers, das dieser in den Leistungserstellungsprozess einbringt. Hieraus ergeben sich für den Anbieter unterschiedliche
Freiräume im Rahmen der Gestaltung des Produktionsprozesses. Betont sei in diesem Zusammenhang, dass diese Erscheinungsformen häufig nicht in reiner, sondern in kombinierter Form auftreten. Dies wird dann in besonderem Maße deut-

lich, wenn eine komplexe Dienstleistung in einzelne Sequenzen zerlegt wird. So geht einer einseitig objektbezogenen Dienstleistung (z. B. Inspektion eines Autos) eine bilaterale personenbezogene Leistung in der Form einer Beratung voraus. Insofern sind die vier skizzierten Erscheinungsformen als Elementartypen zu interpretieren.

- Während **Individualdienstleistungen** an einem einzelnen Individuum erbracht werden (z. B. medizinische Untersuchung), werden **Kollektivdienstleistungen** gleichzeitig an einer Mehrzahl von Nachfragern erbracht (z. B. Verkehrsdienstleistungen). Kollektivdienstleistungen sind dadurch charakterisiert, dass bei ihnen vor, während und nach der Dienstleistungserstellung zwischen den gleichzeitig präsenten Nachfragern Interaktionsprozesse auftreten können, die z. B. für die Qualitätsbeurteilung durch den Nachfrager relevant sein können. Ferner führt die Nichtinanspruchnahme einer Kollektivdienstleistung zu ihrem wirtschaftlichen Untergang, d. h., die durchgeführte Leistung (z. B. Verkehrsdienstleistung ohne Fahrgäste) stiftet keinen Nutzen.

- Die Differenzierung zwischen **individuellen** und **standardisierten Dienstleistungen** ist sowohl unter produktions- als auch unter absatzwirtschaftlichen Gesichtspunkten von Bedeutung. Die Standardisierung kann dabei einerseits an den erforderlichen Produktionsprozessen und anderseits an den Leistungsergebnissen ansetzen. Während eine Standardisierung in produktionswirtschaftlicher Hinsicht mit Vereinfachungen der Produktionsabläufe und mit Skaleneffekten einhergehen kann, zieht sie unter absatzwirtschaftlichen Gesichtspunkten eine Uniformität der zu erstellenden Leistungen nach sich. Für den Nachfrager ergeben sich hierdurch Möglichkeiten der Austauschbarkeit hinsichtlich der Dienstleistungsanbieter (z. B. hochstandardisierte Leistungen von Banken und Versicherungen). Durch die Kombination von Standardleistungen mit individuellen Komponenten (Baukastensystem; Compack) ergeben sich für den Anbieter jedoch Möglichkeiten, über eine Produktdifferenzierung Präferenzen bei den Nachfragern aufzubauen und sich von anderen Anbietern zu differenzieren.

- Auf der Grundlage der Ausprägung des Produktionsfaktors menschliche Arbeitsleistungen wird zwischen **körperlichen** und **geistigen Dienstleistungen** unterschieden, eine Vorgehensweise, die unter den beiden folgenden Aspekten von Interesse ist:

  -- im Rahmen der Möglichkeiten der Substitution menschlicher Arbeitsleistungen durch Sachkapital (Objektivation) und

  -- bei der Übertragung objektbezogener Arbeitsleistungen des Dienstleistungsanbieters auf den Nachfrager, d. h. der Integrationsgrad des Nachfragers (Externalisierung/Internalisierung).

Im Gegensatz zu den skizzierten eindimensionalen Ansätzen liegen den **mehrdimensionalen Ansätzen** mindestens zwei Merkmale zugrunde, wodurch der Objektbereich der Dienstleistungen eine stärkere Differenzierung erfährt. Die sich so ergebenden Teilklassen weisen darüber hinaus eine höhere Homogenität auf. Hierdurch bieten sich Ansatzpunkte, die generellen Gestaltungsmöglichkeiten, die einem Dienstleistungsmanagement offenstehen, einzelnen Klassen präziser zuzuordnen, als dies bei einer eindimensionalen Vorgehensweise der Fall ist.

Carp (1974, S. 42 f.) entwirft auf der Grundlage der Ordnungsmerkmale

- Leistungsobjekte (Personen, Sachgüter, Informationen und Nominalgüter) und
- den Eigenschaftsklassen dieser Objekte (Stoff, Raum und Zeit)

eine Unternehmungstypologie, die sich als zwölffeldrige Matrix darstellen lässt (vgl. Tabelle 1.2-2).

Eigenschafts-klassen / Leistungs-objekte	1. Stoff	2. Raum	3. Zeit
1. Personen	1.1. Köperpflege Ausbildung	1.2 Personenverkehr	1.3 Beherbergung Unterhaltung
2. Sachgüter	2.1 Industrie Handel	2.2 Güterverkehr	2.3 Lagerei
3. Informationen	3.1 Verwaltung Beratung	3.2 Nachrichten-verkehr	3.3 Bibliothek Datenbanken
4. Nominalgüter	4.1 Kreditinstitute Versicherungen	4.2 Zahlungsverkehr (Postscheckdienst)	4.3 Spekulations-gehälter

Tab. 1.2-2:   Unternehmungstypologie nach Carp

Entscheidendes Kriterium für die Einordnung in diese Matrix ist das **Sachziel der Unternehmung**, wobei Carp betont, dass die Eigenschaftsklassen in vielen Leistungserstellungsprozessen gleichzeitig berührt werden können. Bedingt durch die Orientierung am Sachziel der Unternehmung werden die von einer Unternehmung als Nebenleistungen erbrachten Dienstleistungen nicht berücksichtigt. Dies geht mit der Konsequenz einher, dass die gleichen Probleme auftreten wie im Rahmen der institutionell ausgerichteten statistischen Erfassung der Dienstleistungen.

Aufbauend auf den Überlegungen Carps entwickeln Alewell/Rittmeier (1977, S. 13 ff.) einen differenzierteren Ansatz, in dem die Autoren die

- **Leistungsobjekte**, die sie in lebende Objekte, materielle und immaterielle Güter untergliedern, und die

- **Art der Einwirkung** auf die Leistungsobjekte, die sie in die beiden Teilklassen Einwirkung auf die Objektsubstanz und Einwirkung auf die Objektzuordnung zerlegen,

als Ordnungskriterien heranziehen. Bei den Einwirkungen auf die Objektsubstanz ist zwischen physischen und nicht-physischen Einwirkungen zu unterscheiden, wobei zu beachten ist, dass sich diese Einwirkungsarten nicht immer trennen lassen, was die Autoren veranlasst, eine ergänzende Klasse „kombinierte Einwirkungen" aufzunehmen. Tabelle 1.2-3 gibt diesen Ansatz wieder (Alewell/Rittmeier 1977, S. 16).

Auch in diesem Ansatz werden die Unternehmungen nach dem jeweiligen Schwerpunkt (Sachziel) eingeordnet, wobei die Autoren betonen, dass bei Unternehmungen, die verschiedene Leistungsarten erbringen, eine Zuordnung zu unterschiedlichen Matrixfeldern vorgenommen werden kann. Die in diese Matrix eingetragenen Beispiele wie „Gesundheitswesen" und „Friedhofs- und Bestattungswesen" oder „Energieversorgung" und „Reinigungsgewerbe" zeigen die Heterogenität der zu diesen Klassen zusammengefassten Unternehmungen in anschaulicher Weise. Ein Grund für die Heterogenität ist darin zu sehen, dass Alewell/Rittmeier die gewählten Gliederungskriterien ausschließlich auf die Leistungsobjekte beziehen, an denen die Dienstleistung erbracht wird. Demgegenüber fließt in diesen Ansatz die Leistungsgeberseite nur indirekt über die „Art der Einwirkung" ein und manifestiert sich in der Veränderung oder Erhaltung der Objektsubstanz und -zuordnung.

Langeard (1981, S. 233 ff.) greift in seiner Typologie auf die Kriterien

- Art der Beteiligung (physische, intellektuelle und emotionale) und

- Gründe der Beteiligung (Benennung, Handlung und Kontrolle der Ausbringung und des Prozesses) zurück,

so dass sich die in Tabelle 1.2-4 dargestellte Spezifikation ergibt.

Langeard betont dabei, dass die physische und intellektuelle Beteiligung eines Leistungsnehmers eng miteinander verflochten sind, wobei der Autor die physische Beteiligung über die Kundenpräsenzzeit und die Arbeitsleistung des Kunden erfasst. Mit der emotionalen Beteiligung soll ein Gefühl der Mitgliedschaft des Kunden berücksichtigt werden. Dabei ist zu beachten, dass die Interaktivität z. B. bei Kollektivdienstleistungen nicht nur positive (Stimulation), sondern auch negative Wirkungen (Störungen) haben kann, was Meyer (1983, S. 89 f.) bereits in den 1980er Jahren explizit hervorgehoben hat, worauf in der jüngeren Literatur nur selten hingewiesen wird. Derartige Effekte können auch bei individuell erbrachten Dienstleistungen auftreten, etwa dann, wenn in einem Restaurant andere Gäste schlechte Essmanieren zeigen oder lautstarke Diskussionen mit der Bedienung führen (vgl. Durchholz 2012, S. 1).

Einwirkungsart / Leistungsobjekte	1. Einwirkung auf die Objektsubstanz (Veränderung, Erhaltung und Sicherung der Objekte)			2. Einwirkung auf die Objektzuordnung		
	1.1 physisch	1.2 nicht-physisch	1.3 kombinierte Einwirkung	2.1 zeitlich	2.2 räumlich	2.3 sachlich sonstige und übergreifende Veränderungen (zu anderen Objekten)
Personen	Gesundheitswesen Körperpflege Friedhofs- und Bestattungswesen	Ausbildung Bildung und Unterhaltung Beratung aller Art	Sicherung und Rettung Erholung (Fremdenverkehr)	Beherbergung	Personenverkehr	Personenvermittlung
Tiere	Veterinärwesen	Dressur		Tierheime	Tiertransport	Vermittlung Handel
Sachgüter	Baugewerbe Energieerzeugung (und -verteilung) Reparaturgewerbe Reinigungsgewerbe Entsorgungsbereich		Werkschutz Sicherung und Rettung	Lagereien	Gütertransport	Einzelhandel Großhandel Handelsvermittlung
Informationen	Forschung Info.-sammlung und -gestaltung Verwaltung	Archive	Datenschutzorganisation	Datenbank Bibliotheken	Post- und Fernmeldeämter Sendeanstalten Schriftenvertrieb	Informationsvermittlung Beratung Ausstellungsbetriebe
Nominalgüter	Versicherungen Kreditbanken Geldinstitute	Geldschutz		Finanzdepots	Zahlungsverkehr Geldtransporte	Finanzmakler Spielbanken Börse

Tab. 1.2-3:   Unternehmungstypologie nach Alewell/Rittmeier

Arten der Beteiligung	Gründe der Beteiligung		
	Benennung	Handlung	Kontrolle
physische Beteiligung	Spezifizierung	Selbstbedienung	Eigenkontrolle
intellektuelle Beteiligung	Information	Bedienung einer komplizierten Maschine	Rückkoppelung
emotionale Beteiligung	Freiwilligkeit	gefühlsmäßige Übereinstimmung	Bindung

Tab. 1.2-4:   Spezifikation der Kundenbeteiligung

Dieser Ansatz ist insbesondere aus Marketingsicht von Interesse, weil die aufgezeigten Beziehungen auf den einzelnen Märkten, auf denen eine Unternehmung tätig ist, unterschiedliche Ausprägungen aufweisen können. Dadurch bedingt können für die die Unternehmung interessierenden Teilmärkte unterschiedliche Einordnungen vollzogen werden. Durch Beachtung der jeweiligen Marktgegebenheiten auf den relevanten Teilmärkten ergeben sich wichtige Anhaltspunkte für den differenzierten Einsatz von Marketingstrategien. Darüber hinaus werden mit dem Aspekt des Beteiligungsgrades des Leistungsnehmers an dem Erstellungsprozess einer Dienstleistung neben marketing- auch produktionsrelevante Überlegungen tangiert.

Eine **produktionswirtschaftlich orientierte Typologie** der Dienstleistungen legt Corsten (1985c, S. 222 ff.) vor, dessen Ausgangspunkt die in den Produktionsprozess einfließenden Produktionsfaktoren sind. Es liegt folglich ein **potentialorientierter Ansatz** vor. In der Dienstleistungstheorie ist es üblich, zwischen internen, d. h. durch den Leistungsgeber bereitgestellten, und externen, durch den Leistungsnehmer eingebrachten Produktionsfaktoren zu unterscheiden. Durch diese Differenzierung werden einerseits alle in den Produktionsprozess einzubringenden Produktionsfaktoren erfasst, und zwar unabhängig davon, durch wen sie in den Prozess eingebracht werden, und andererseits sowohl Merkmale des Leistungsgebers als auch des -nehmers berücksichtigt. In einem zweiten Schritt werden die internen Produktionsfaktoren in die beiden Gruppen Betriebsmittel und menschliche Arbeitsleistungen unterteilt und je nach Dominanz einer Faktorart die drei folgenden Klassen unterschieden:

- Dominanz des Faktors menschliche Arbeitsleistungen; die Betriebsmittel haben in diesem Fall lediglich Hilfscharakter, d. h. eine unterstützende oder ergänzende Funktion.
- Menschliche Arbeitsleistungen und Betriebsmittel haben im Produktionsprozess in etwa die gleiche Bedeutung.
- Dominanz des Faktors Betriebsmittel; der Mensch wird nur kontrollierend oder steuernd tätig.

Diese Teilklassen lassen sich weiterhin danach differenzieren, ob der zum Einsatz gelangende Produktionsfaktor „menschliche Arbeitsleistungen" primär manuell oder geistig tätig ist. Dadurch bedingt, dass auf den dominanten Anteil der geistigen oder manuellen Aktivitäten abgestellt wird, lassen sich auch Mischformen in dieser Systematik berücksichtigen. Hierin findet die Formulierung „dominanter Anteil" ihre Begründung, weil bei Arbeitsausführungen grundsätzlich davon auszugehen ist, dass sowohl körperliche als auch geistige Komponenten einfließen, d. h. lediglich eine stärkere Ausprägung der einen oder anderen Komponente gegeben ist. Die teilweise vorzufindende Unterscheidung der Maschinenintensität in voll- und nicht vollautomatisierte Vorgänge wird damit bei dieser Vorgehensweise über die Dominanz der Betriebsmittel erfasst.

Neben den internen sind die **externen Produktionsfaktoren** und ihre **Erscheinungsformen** zu berücksichtigen, wobei auf der ersten Ebene zunächst zwischen stofflichen und unstofflichen Leistungsobjekten unterschieden wird. Während bei den unstofflichen Objekten zwischen Rechten und Informationen zu unterscheiden ist, kann bei den stofflichen Objekten eine Einteilung in Real- und Nominalobjekte erfolgen, wobei erstere in die Teilklassen lebende und sachliche Leistungsobjekte weiter unterteilt werden. Darüber hinaus ist bei den sachlichen Objekten danach zu unterscheiden, ob während der Leistungserstellung eine Lösung der Subjekt-Objektbeziehung, d. h., der Leistungsnehmer gibt die Nutzungsmöglichkeit des Objektes für den Produktionszeitraum auf, erfolgt oder nicht. Auf der Grundlage dieser Überlegungen lässt sich dann die in Tabelle 1.2-5 wiedergegebene Typologie entwickeln (Corsten 1985c, S. 225).

Zu beachten ist dabei, dass die Zuordnung einzelner Erscheinungsformen nicht in globaler, sondern in „gesplitteter" Form vorgenommen wird, d. h., es wird nicht ein gesamter Dienstleistungsbereich, wie z. B. der Handel, die Banken oder die Versicherungen, einem einzigen Feld zugeordnet, sondern es werden die Dienstleistungen

in Teilleistungen aufgegliedert und die sich so ergebenden Teilleistungen den einzelnen Matrixfeldern zugeordnet. Diese Vorgehensweise sei an einem Beispiel verdeutlicht: Ein Kreditinstitut vergibt einerseits Kredite, die in das Feld 4.10 einzuordnen
sind, und anderseits werden Kundenberatungen durchgeführt, die z. B. im Matrixfeld
2.1 erscheinen. In dieses Feld würden auch Beratungen eingestuft, die durch Versicherungen oder von Handelsunternehmungen erbracht werden. Durch diese „analytische" Einordnung auf der Grundlage der zu erbringenden Leistungsarten wird es
möglich, produktionswirtschaftliche Gemeinsamkeiten in unterschiedlichen Dienstleistungsbereichen aufzudecken. Aus den in Tabelle 1.2-5 dargestellten 72 Erscheinungsformen lassen sich dann die folgenden Gruppen bilden:

- Bilaterale personenbezogene Dienstleistungen (1.1; 1.2; 1.3; 2.1; 2.2; 2.3).
- Nachfrageseitig personenbezogene Dienstleistungen
  -- mit angebotsseitiger ausgeglichener Personen- und Sachbezogenheit (3.1; 3.2;
     3.3; 4.1; 4.2; 4.3)
  -- mit angebotsseitiger Sachbezogenheit (5.1; 5.2; 5.3; 6.1; 6.2; 6.3).
- Nachfrageseitig tierbezogene Dienstleistungen
  -- mit angebotsseitiger Personenbezogenheit (1.4; 1.5; 1.6; 1.7; 2.4; 2.5; 2.6;
     2.7)
  -- mit angebotsseitiger ausgeglichener Personen- und Sachbezogenheit (3.4; 3.5;
     3.6; 3.7; 4.4; 4.5; 4.6; 4.7)
  -- mit angebotsseitiger Sachbezogenheit (5.4; 5.5; 5.6; 5.7; 6.4; 6.5; 6.6; 6.7).
- Nachfrageseitig sachbezogene Dienstleistungen
  -- mit angebotsseitiger Personenbezogenheit (1.8; 1.9; 2.8; 2.9)
  -- mit angebotsseitiger ausgeglichener Personen- und Sachbezogenheit (3.8; 3.9;
     4.8; 4.9).
- Bilaterale sachbezogene Dienstleistungen (5.8; 5.9; 6.8; 6.9).
- Nachfrageseitig nominale Leistungsobjekte
  -- mit angebotsseitiger Personenbezogenheit (1.10; 2.10)
  -- mit angebotsseitiger ausgeglichener Personen- und Sachbezogenheit (3.10;
     4.10)
  -- mit angebotsseitiger Sachbezogenheit (5.10; 6.10).
- Nachfrageseitig unstoffliche Leistungsobjekte
  -- mit angebotsseitiger Personenbezogenheit (1.11; 1.12; 2.11; 2.12)
  -- mit angebotsseitiger ausgeglichener Personen- und Sachbezogenheit (3.11;
     3.12; 4.11; 4.12)
  -- mit angebotsseitiger Sachbezogenheit (5.11; 5.12; 6.11; 6.12).

Erscheinungsformen des externen Produktionsfaktors (Leistungsnehmerseite) \ Produktionsfaktorausprägungen auf der Leistungsgeberseite		Stoffliche Leistungsobjekte										Unstoffliche Leistungsobjekte		
		Realobjekte										Nominal-objekte	Rechte	Informa-tionen
		Lebende Objekte							Sachliche Objekte					
		Menschen			Tiere				Ohne Lösung der Subjekt-Objekt-beziehung (oL)	Mit Lösung der Subjekt-Objekt-beziehung (mL)				
		Verrich-tung	Ergebnis		Verrichtung		Ergebnis							
			Mit Träger-medium	Ohne Träger-medium	mL	oL	Mit Träger-medium	Ohne Träger-medium						
Dominanter Produktionsfaktor ist der Mensch: Betriebsmittel haben Hilfscharakter	primär manuell	1.1	1.2	1.3	1.4	1.5	1.6	1.7	1.8	1.9		1.10	1.11	1.12
	primär geistig	2.1	2.2	2.3	2.4	2.5	2.6	2.7	2.8	2.9		2.10	2.11	2.12
Mensch und Betriebsmittel haben die gleiche Bedeutung	primär manuell	3.1	3.2	3.3	3.4	3.5	3.6	3.7	3.8	3.9		3.10	3.11	3.12
	primär geistig	4.1	4.2	4.3	4.4	4.5	4.6	4.7	4.8	4.9		4.10	4.11	4.12
Dominanter Produktionsfaktor sind die Betriebsmittel: dem Menschen obliegt eine steuernde o. kontrollierende Aufgabe	primär manuell	5.1	5.2	5.3	5.4	5.5	5.6	5.7	5.8	5.9		5.10	5.11	5.12
	primär geistig	6.1	6.2	6.3	6.4	6.5	6.6	6.7	6.8	6.9		6.10	6.11	6.12

Tab. 1.2-5:　　Produktionswirtschaftlich orientierte Dienstleistungstypologie

Aus dieser Strukturierung lassen sich dann die folgenden acht Dienstleistungstypen herausarbeiten (zu Einzelheiten vgl. Corsten 1985c, S. 228 ff.):

- **Typ I**:   Dienstleistungen am lebenden Objekt **ohne** Einsatz materieller Trägermedien und **ohne** Lösung der Subjekt-Objektbeziehung

- **Typ II**:   Dienstleistungen am sachlichen Objekt **ohne** Lösung der Subjekt-Objektbeziehung

- **Typ III**:   Nominalgüterdienstleistungen

- **Typ IV**:   Dienstleistungen am sachlichen Objekt **mit** Lösung der Subjekt-Objektbeziehung

- **Typ V**:   Rechtsgüterdienstleistungen

- **Typ VI**:   Dienstleistungen am lebenden Objekt **mit** Einsatz materieller Trägermedien oder **mit** Lösung der Subjekt-Objektbeziehung

- **Typ VII**:   Informationsdienstleistungen auf persönlicher Grundlage

- **Typ VIII**: Maschinengestützte Informationsdienstleistungen.

An den spezifischen **Nutzenstiftungen der Dienstleistungen** knüpfen Berekoven (1974, S. 23) und Maleri (1973, S. 26 ff.) an. Ausgehend von der Überlegung, dass jeder Nachfrager das Versorgungsobjekt erwirbt, das seinen Nutzenvorstellungen am besten entspricht, können gleiche Dienstleistungen bei unterschiedlichen Leistungsnehmern Nutzen verschiedener Art und Höhe stiften. Für eine Systematisierung des Versorgungsobjektes Dienstleistungen resultiert hieraus, dass viele Dienstleistungen sowohl alternativ als auch komplementär in unterschiedliche Klassen eingruppiert werden können. Aufbauend auf diesen Ansätzen differenziert Meyer (1983, S. 47) ergänzend zwischen

- personengerichteten und
- objektgerichteten Nutzenstiftungen.

Diese Unterscheidung knüpft an der konkreten Erscheinungsform auf der Leistungsnehmerseite an, d. h. an dem Sachverhalt, ob die Dienstleistung an einer Person oder an einem sachlichen Objekt vollzogen wird. Darüber hinaus wird zwischen

- substantiellem,
- räumlichem und
- zeitlichem Nutzen

unterschieden. Während ein **substantieller Nutzen** aus der substantiellen Veränderung an einem Leistungsobjekt in der Form einer Erhaltung, Steigerung, Wiederherstellung oder Vernichtung resultiert, entsteht ein **räumlicher Nutzen** durch die Veränderung der räumlichen Zuordnung von Leistungsobjekt oder -subjekt. **Zeitlicher**

Nutzen ergibt sich durch eine zeitliche Zuordnung und durch eine Aufbewahrung (Lagerung) der Leistungsobjekte. Abbildung 1.2-7 gibt diese Überlegungen wieder.

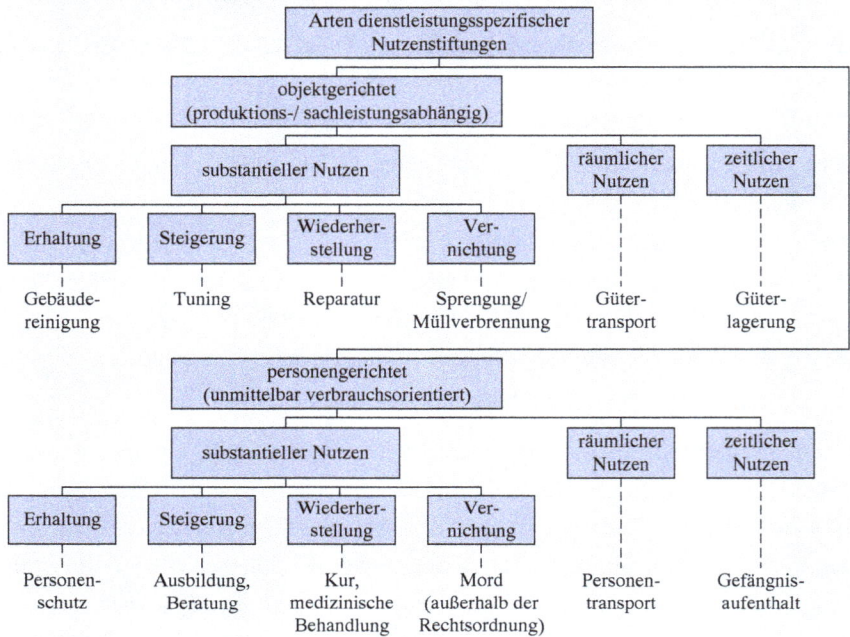

Abb. 1.2-7:   Dienstleistungstypologie nach Art der Nutzenstiftungen

Eine **Typologie**, die unter **marketingspezifischen Gesichtspunkten** aufgestellt wurde, geht auf Lovelock (1988, S. 47 ff.) zurück, wobei Mehrfachzuordnungen der Dienstleistungen zulässig sind. Ausgangspunkt bilden dabei einerseits die zu erbringenden **Handlungen** und anderseits das **Leistungsobjekt**, so dass sich die in dargestellten Formen unterscheiden lassen (Lovelock 1988, S. 47; Übersetzung nach Mengen 1993, S. 51).

Problematisch ist dabei die Unterscheidung in materielle und immaterielle Handlungen. Während erstere auf den menschlichen Körper gerichtet sind, zielen immaterielle Handlungen auf den menschlichen Geist oder auf immaterielle Güter ab. Die Problematik dieser Vorgehensweise zeigt sich etwa beim Gesundheitsdienst, bei der Personenbeförderung und beim Sicherheitswesen. Warum etwa die Wache einer Krankenschwester in einer Intensivstation oder die Bewachung im Rahmen des Personenschutzes eine materielle Handlung ist, erscheint nicht nachvollziehbar.

Wer oder was ist das Leistungsobjekt?

	Menschen	Sachen
Materielle Handlung	Auf den menschlichen Körper gerichtete Dienstleistungen - Gesundheitsdienste - Personenbeförderung - Schönheitssalon - Sicherheitswesen - Restaurants - Haarschnitt ①	Auf Gegenstände gerichtete Dienstleistungen - Frachttransport - Maschinenreparatur und -wartung - Hausmeisterdienste - Wäscherei - Landschaftspflege - Tierärztl. Dienste ②
Immaterielle Handlung	Auf den menschlichen Geist gerichtete Dienstleistungen - Schulung - Radiosendung - Informationsdienste - Theater/Museum ③	Auf immaterielle Werte gerichtete Dienstleistungen - Banken - Rechtsbeistand - Steuerberatung/ Buchführung - Sicherheitsdienste - Versicherungen ④

(Zeilenbeschriftung links: Welcher Natur ist der Dienstleistungsprozess?)

Abb. 1.2-8:   Dienstleistungstypologie nach Lovelock

Neben diesen vorgestellten Systematisierungen gibt es eine Vielzahl weiterer Vorschläge, die aus Kombinationen bekannter Kriterien resultieren. Beispielhaft seien genannt:

- Meister/Lovelock (1982, S. 11 ff.) greifen auf den Individualisierungsgrad und das Ausmaß des Kundenkontaktes zurück und gelangen so zu den folgenden Typen:

  -- geringer Kundenkontakt, geringer Individualisierungsgrad (z. B. Fast-Food-Restaurant);

  -- hoher Kundenkontakt, geringer Individualisierungskontakt (z. B. Pauschalreise);

  -- geringer Kundenkontakt, hoher Individualisierungsgrad (z. B. Versicherungen).

  -- hoher Kundenkontakt, hoher Individualisierungsgrad (z. B. Rechtsberatung).

- Mills/Moberg (1982, S. 467 ff.) unterscheiden auf der Grundlage der Informationsmenge/-qualität, Art der Entscheidungsfindung, Interaktionsdauer drei Typen:

  -- Maintenance-Interactive Service Organizations (z. B. Banken, Versicherungen);

  -- Task-Interactive Service Organization (z. B. Werbeagenturen);

  -- Personnel-Intensive Service Organization (z. B. Weiterbildungseinrichtungen).

2 Kundenintegration als zentrales Merkmal der Dienstleistungen

2.1 Grundidee

Der externe Produktionsfaktor (auch als Objekt- oder Fremdfaktor oder kurz externer Faktor bezeichnet) wurde bereits als ein konstitutives Merkmal der Dienstleistungen herausgestellt. Hierunter ist ein Faktor zu verstehen, der durch den Nachfrager einer Dienstleistung in den Produktionsprozess eingebracht wird. Der entscheidende Unterschied zu den internen Produktionsfaktoren ist darin zu sehen, dass sich der externe Faktor der autonomen Disponierbarkeit durch den Produzenten entzieht (z. B. Patient, Kunde, Student einer Universität oder Fachhochschule, Transportobjekt).

Der **externe Faktor** hat in der wissenschaftlichen Literatur eine **lange Tradition** (zu einer differenzierten historischen Analyse vgl. Stuhlmann 1999, S. 30 ff.). Tabelle 2.1-1 gibt einen kurzen historischen Abriss. So beschreiben bereits Henderson (1935) und Barnard (1940) den Sachverhalt, dass der **Nachfrager in gewissem Umfang Produzent** wird. Ebenfalls spricht Parsons (1956 und 1964/81) vom menschlichen Faktor im Rahmen der Erstellung von Gesundheitsleistungen. Während Parsons die passive Teilnahme des menschlichen Faktors (Patient) als Ausnahme betrachtet und ihr damit zumindest implizit die aktive Teilnahme des Patienten gegenüberstellt, unterscheidet Thompson (1962, S. 309 ff.) explizit unterschiedliche „Inputs" der Nachfrager im Rahmen der Dienstleistungsproduktion, indem er zwischen **aktiver** und **passiver Teilnahme** differenziert, eine Vorgehensweise, die im deutschsprachigen Raum dann von Maleri (1970, S. 83 ff., und 1973, S. 76 ff.) übernommen wurde. Ebenfalls spricht Fuchs (1968, S. 194) explizit den Nachfrager als Produktionsfaktor an: „The consumer as a factor in production", wobei auch er auf die aktive und passive Rolle des Konsumenten hinweist.

Aus Tabelle 2.1-1 geht hervor, dass der externe Faktor deutlich früher in der Literatur diskutiert wurde als in der deutschsprachigen Literatur häufig angeführt und dass der Ursprung dieses Faktors nicht der Ökonomie zu suchen ist.

Als generelle **Erscheinungsformen** des externen Faktors sind zu nennen (vgl. Corsten 1985c, S. 129 ff.):

- Menschen mit unterschiedlichem Aktivitätsgrad
- Tiere
- Objekte

-- materiell (z. B. Transportgegenstände)
-- immateriell
  • Nominalgüter
  • Rechte
  • Informationen.

Damit ist die Frage zu klären, ob ein so definierter Faktor als Produktionsfaktor zu interpretieren ist. Eine Überprüfung kann anhand der Merkmale der Produktionsfaktoren erfolgen, und zwar getrennt für die Fälle, in denen als externer Faktor ein materielles oder immaterielles Gut und ein Individuum, an dem die Dienstleistung selbst zu erbringen ist, fungiert. Tabelle 2.1-2 gibt diese Überprüfung in übersichtlicher Form wieder.

Liegt der externe Faktor in materieller oder immaterieller Form vor, dann ist seine Gutseigenschaft evident.

Soll die Dienstleistung an einem Gut vollzogen werden, dann ist dies nur möglich, wenn der externe Faktor durch den Nachfrager in den Produktionsprozess eingebracht wird, d. h., ohne den externen Faktor ist eine ökonomisch sinnvolle Produktion nicht möglich. Hieraus ergibt sich, dass der externe Faktor als materielles und immaterielles Gut die causa efficiens für die Entstehung der Dienstleistung ist.

Darüber hinaus stellt sich die Frage nach dem Güterverzehr. In den meisten Fällen werden die extern in den Produktionsprozess eingebrachten Güter für die Dauer dieses Prozesses dem Verfügungsbereich der Nachfrager entzogen. Dies geht für den Nachfrager mit einem zeitlichen Nutzungsausfall einher, der als Güterverzehr zu interpretieren ist, d. h., der Güterverzehr wird als eine Einschränkung alternativer Nutzungsmöglichkeiten während des Einsatzes dieses Gutes im Produktionsprozess aufgefasst (vgl. Maleri 1973, S. 92).

Liegt eine passive Beteiligung des Dienstleistungsnachfragers vor, dann ergibt sich die Gutseigenschaft aus der durch den Nachfrager aufzuwendenden Zeit, wobei der Gutscharakter der Zeit in der Literatur allgemein anerkannt ist. Fraglich ist hingegen, ob jeder Abnehmer einer Dienstleistung in der aufgewendeten Zeit einen Opportunitätsverlust sieht. Die individuelle Bewertung durch den einzelnen Nachfrager ist dabei abhängig von den mit der Verfügbarkeit von Zeit verbundenen Nutzenvorstellungen, d. h., dass nicht die Zeit selbst als ökonomisches Gut eine Rolle spielt, sondern dass sie in Verbindung mit den unterschiedlichen Handlungsalternativen wichtig ist (vgl. Krah 1986, S. 7).

Autor	Aspekte des externen Faktors
Cabot (1907)	Individuelle Situation und Bedürfnisse des Patienten
Cubberley (1916)	Kinder als „Rohprodukte" in Schulen
Weizsäcker (1929)	System „Arzt-Patient-Situation"
Weizsäcker (1930)	Situationstherapie
Allport (1933, 1962)	Konzept der „partial inclusion"
Henderson (1935)	Arzt und Patient als soziales System
Barnard (1938, 1940)	Temporäre Einbeziehung des Kunden in die Organisation des Anbieters; Kunde als „Rohmaterial" der Organisation
Weizsäcker (1941, 1964)	Integration des Patienten
Szasz/Hollender (1956)	Basismodelle der Arzt-Patient-Beziehung; Integration von Arzt und Patient
Parsons (1956)	„Produktion" in Dienstleistungsunternehmungen; Input-/ Output-Betrachtung; Kontaktnotwendigkeit
Parsons/Smelser (1956)	„Produktion" und „Produkt" der Universität
Parsons (1960)	„Kooperation des Rohmaterials" Kunde; Begriff der Integration (in der Schule)
Thompson (1962)	Input/Output-Beziehungen der Organisation; Flussdiagramme zur Erfassung von Interaktionsverläufen
Callahan (1962)	„factory system" und Massenproduktion im Bildungsbereich
Schultz (1963)	Schulen als „produzierende" Unternehmungen; „menschlicher Faktor" und „Output" im Bildungssektor; Opportunitätskosten der zur Bildung aufgewendeten Zeit
Parsons (1964/81)	Arzt und Patient als Kollektiv mit gemeinsamem Ziel; Patient als Produzent der Leistung „Gesundheit"; „Menschlicher Faktor" bei Dienstleistungen; Patient und Schüler als „Mitglied der Organisation"
Harris (1964)	Beitrag des Patienten zur Produktion der Gesundheitsleistung; Substitution der Tätigkeiten des Anbieters (Arzt) durch die des Nachfragers (Patient)
Katz/Kahn (1966)	Kunde als temporäres „Mitglied" der Organisation; Interpretation der Integration und Kooperation des Kunden als spezifischer Input und als Voraussetzung für erfolgreiche Leistungserstellung
Lefton/Rosengren (1966)	Modell der Kundenbiographie: Umfang und zeitliche Ausdehnung der Beziehung Kunde-Organisation
Fuchs (1968)	Kunde als „Produktionsfaktor"; aktive und passive Rolle
Parsons (1970)	Integration von Kunden in Dienstleistungsunternehmungen
Maleri (1970,1973)	Begriff „Externer Faktor"

Tab. 2.1-1:   Übersicht über die chronologische Genese der Bezeichnung „externer Faktor"

Erscheinungsform des externen Faktors / Merkmal	Objekt	Person	
		passive Beteiligung	aktive Beteiligung
Gutseigenschaft	gegeben	ergibt sich aus der durch den Nachfrager aufzuwendenden Zeit	erbringt objektbezogene menschliche Arbeitsleistungen = intern objektbezogene menschliche Arbeitsleistungen
Funktion der causa efficiens für das Entstehen eines Gutes	Soll eine Dienstleistung an einem Gut erbracht werden, dann ist dies nur möglich, wenn der Nachfrager das Gut einbringt.	Sowohl die reine Präsenz, als auch die erbrachte Arbeitsleistung sind die causa efficiens für die Entstehung der Dienstleistung.	
Güterverzehr	Als Güterverzehr ist der zeitliche Nutzungsausfall beim Nachfrager zu sehen: Verbrauch von Nutzungsmöglichkeiten.	Die Beteiligung des Nachfragers ist untrennbar mit einem Zeitaufwand verbunden. Der Güterverzehr ist in dem Verlust an Opportunitäten zu sehen.	

Tab. 2.1-2:   Produktionsfaktormerkmale

Die aktive Beteiligung des Nachfragers ist dadurch gekennzeichnet, dass dieser im Rahmen der Dienstleistungsproduktion objektbezogene menschliche Arbeitsleistungen erbringt, die ihm durch den Leistungsgeber im Zuge einer Externalisierung übertragen werden sollen. Damit kann die **aktive Beteiligung des Nachfragers** ebenso wie die unternehmungsintern erbrachten objektbezogenen menschlichen Arbeitsleistungen als ein Produktionsfaktor betrachtet werden. Fraglich ist hingegen, ob auch der Nachfrager in jedem Falle seine Arbeitsleistung als ein knappes Gut ansieht, so dass sich die gleiche Situation ergibt wie im Rahmen der passiven Beteiligung, wobei diese subjektive Einschätzung nichts an dem Gutcharakter der Zeit ändert.

Ebenfalls ist die durch den Abnehmer im Rahmen der Dienstleistungsproduktion erbrachte **Arbeitsleistung** die causa efficiens für die Entstehung der Dienstleistung. Auf der Grundlage dieser Überlegungen lassen sich dann die folgenden Aussagen formulieren:

- Der externe Faktor ist stets die causa efficiens für die Entstehung der Dienstleistung.

- Tritt der externe Faktor in materieller oder immaterieller Form in Erscheinung, dann ist sein Gutcharakter evident.

- Mit der (aktiven und passiven) Beteiligung des Nachfragers an der Dienstleistungsproduktion ist unmittelbar ein Zeitaufwand verbunden, der ebenfalls ein Gut darstellt.

- Der durch den Einsatz des externen Faktors hervorgerufene Güterverzehr ist in dem Verlust an Opportunitäten zu sehen.

Damit ist der **externe Faktor** ein **Produktionsfaktor sui generis**, der sich von den internen Produktionsfaktoren dadurch unterscheidet, dass er durch den Produzenten nicht in den erforderlichen Ausprägungen beschaffbar ist, sondern nur durch den Dienstleistungsabnehmer selbst eingebracht werden kann.

Die Integration des externen Faktors kann dabei präsenz- und/oder informationsbedingt sein (vgl. Corsten 1996c, S. 5; Ernenputsch 1986, S. 32 ff.). Während bei einer **präsenzbedingten Integration** der externe Faktor am Leistungserstellungsprozess teilnimmt, erfordert eine **informationsbedingte Integration** lediglich eine informatorische Mitwirkung des Nachfragers an der Erstellung der Dienstleistung (vgl. Corsten 1991, S. 167), die z. B. in der Individualität des Bedarfs begründet sein kann. Dabei induziert die Mitwirkung des externen Faktors ein Unsicherheitsproblem, dessen Ausmaß von der Spezifität der zu erbringenden Leistung abhängig sein dürfte. Durch entsprechende Standardisierungen nimmt der Umfang der informationsbedingten Integration tendenziell ab, so dass das angesprochene Unsicherheitsproblem in seiner Bedeutung abnimmt, da der Anteil der autonom durch den Anbieter erbrachten Leistungskomponenten zunimmt (vgl. hierzu Corsten 1996c, S. 20). Die angeführten Integrationsformen schließen sich jedoch nicht gegenseitig aus, sondern treten i. d. R. in kombinierter Form auf.

Der externe Produktionsfaktor ist damit für die Dienstleistungsproduktion eine unabdingbare Voraussetzung, d. h., interne Produktionsfaktoren erbringen mit dem oder am externen Faktor die Endleistung. Handelt es sich beim externen Faktor um eine Person, dann ergeben sich für den Anbieter Möglichkeiten für eine Externalisierung von Aktivitäten auf den Nachfrager und damit eine Reduktion seiner eigenen Aktivitäten (zu den juristischen Implikationen vgl. Hassemer 2014, S. 203 ff.). Werden die vom Nachfrager erbrachten Aktivitäten quotial mit der Gesamtheit aller Aktivitäten, die zur Erstellung der nachgefragten Dienstleistung erforderlich ist, verknüpft, dann ergibt sich der **Aktivitätsgrad** des Nachfragers $\left(AG_N \right)$:

$$AG_N = \frac{\text{Vom Nachfrager zu erbringende Aktivitäten}}{\text{Gesamtheit der zu erbringenden Aktivitäten}}$$

Der Aktivitätsgrad des Anbieters $\left(AG_A \right)$ ergibt sich dann aus:

$$AG_A = 1 - AG_N$$

Dabei kann davon ausgegangen werden, dass die Aktivitätsgrade des Nachfragers und Anbieters, zumindest teilweise, in einer substitutionalen Beziehung zueinander stehen.

Corsten (1985, S. 363) entwirft auf dieser Grundlage sogenannte **Isoleistungslinien**, die von einigen Autoren aufgegriffen und mit Beispielen hinterlegt wurden (vgl. z. B. Meffert/Bruhn 2009, S. 35 f.; Swoboda/Weiber 2013, S. 174).

Abbildung 2.1-1 zeigt, dass der Anbieter einer Dienstleistung eine sogenannte **Mindestaktivität** zu erbringen hat, da eine vollständige Aktivitätsverlagerung auf den potentiellen Nachfrager zur Folge hätte, dass dieser die Dienstleistung in Eigenarbeit erbringt. In der Regel ist bei Dienstleistungen auch ein Mindestaktivitätsgrad des Nachfragers erforderlich, d. h., er übernimmt einzelne Aktivitäten oder Aktivitätssequenzen im Rahmen der Leistungserstellung. Eine Ausnahme hiervon stellt die Einlieferung eines bewusstlosen Patienten in ein Krankenhaus dar, der dann einer sofortigen Operation unterzogen wird.

Damit erfüllt der Nachfrager eine Doppelfunktion, die anschaulich mit dem Begriff „Prosumer" (**Pro**ducer und Con**sumer**) beschrieben wird (vgl. Normann 1987, S. 15; Troffler 1980, S. 25 und S. 282 ff.). Meyer/Blümelhuber (1994, S. 9) sprechen in diesem Zusammenhang auch von Co-producer.

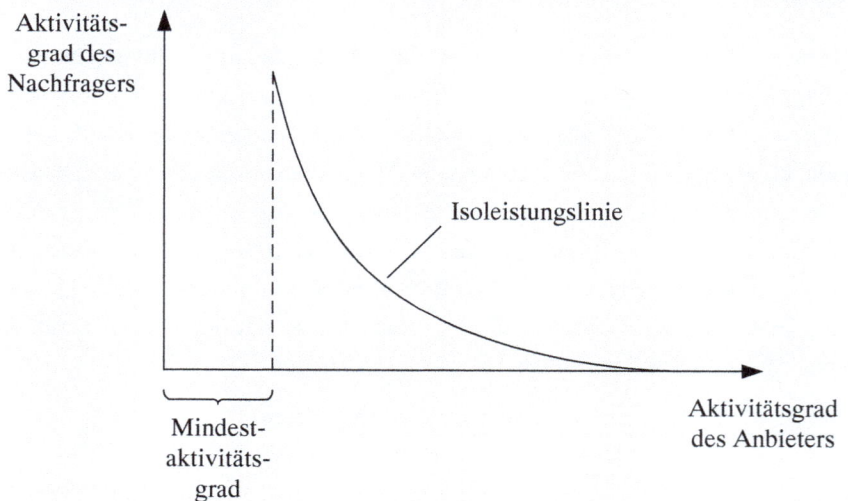

Abb. 2.1-1:   Isoleistungslinie

2.2 Kundenintegration aus der Sicht ausgewählter wissenschaftlicher Perspektiven

2.2.1 Produktionswirtschaftliche Sicht

Auf der Grundlage der Überlegungen zum externen Produktionsfaktor wurde der Dienstleistungserstellungsprozess in die beiden Stufen

- Leistungsbereitschaft oder Vorkombination und
- Endkombination

untergliedert (vgl. z. B. Berekoven 1974, S. 60; Farny 1974; S. 715 ff.; Franz 1969, S. 87; Maleri 1973, S. 104 ff.). Damit ergibt sich die in Abbildung 2.2-1 dargestellte Grundstruktur (zu einer anderen Visualisierung vgl. Kleinaltenkamp 1997, S. 62).

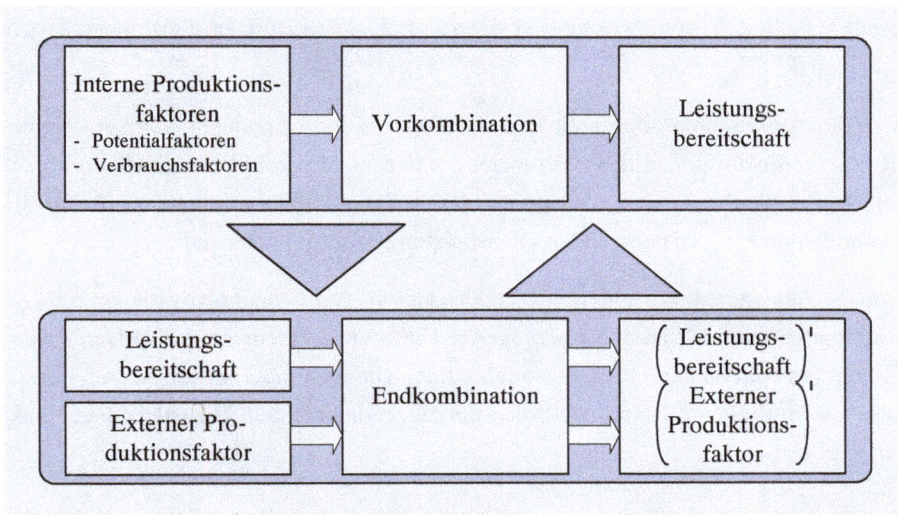

Abb. 2.2-1:   Grundstruktur der Dienstleistungsproduktion

Auf der Stufe der **Vorkombination** werden interne Produktionsfaktoren mit dem Ziel kombiniert, eine Leistungsbereitschaft zur Erfüllung der erwarteten Dienstleistungsnachfrage herzustellen, d. h., ihr kommt ein vorbereitender Charakter zu. Die **Endkombination** wird durch die Integration des externen Produktionsfaktors in den Dienstleistungserstellungsprozess initiiert. Ziel der Endkombination ist es, eine absatzbare Leistung hervorzubringen. Die Produktion der Marktleistung steht somit in funktionaler Abhängigkeit vom mengenmäßigen Einsatz des externen Faktors. In der Endkombination wird für einen oder mehrere Nachfrager durch die Nutzung der

Leistungsbereitschaft (aggregierter Produktionsfaktor) eine beabsichtigte nutzenstiftende Änderung der Eigenschaften des externen Produktionsfaktors vorgenommen. Die Nutzung der Leistungsbereitschaft geht gleichzeitig mit einer Änderung der Eigenschaften der internen Produktionsfaktoren einher (sie stiftet damit einen Bereitstellungsnutzen; vgl. Oettle 1970, S. 21 ff.). Dieses Grundmodell wurde dann in den unterschiedlichsten Formen erweitert. Eine Verallgemeinerung, auf die im Folgenden näher eingegangen werden soll, legt Altenburger (1980, S. 105 ff.) vor, der den Prozess der Dienstleistungsproduktion als einen n-stufigen Prozess betrachtet, auf dessen Grundlage er dann ein siebenstufiges Modell der Dienstleistungsproduktion entwickelt und dieses an ausgewählten Dienstleistungen auf der Basis theoretischer Überlegungen überprüft (vgl. Abbildung 2.2-2). Diese für die Dienstleistungsproduktion als charakteristisch erachteten Stufen konkretisiert er dann wie folgt:

„Stufe 1: Aus originären Repetierfaktoren und den Nutzungen originärer Potentialfaktoren werden derivative Potentialfaktoren (in noch nicht leistungsbereitem Zustand) erstellt, die auf die Gesamtheit der zu produzierenden Dienstleistungen ausgerichtet sind.

Stufe 2: Aus weiteren originären Repetierfaktoren, den Nutzungen weiterer originärer Potentialfaktoren und den Nutzungen der in Stufe 1 erzeugten derivativen Potentialfaktoren werden leistungsbereite derivative Potentialfaktoren erstellt, die auf die Gesamtheit der zu produzierenden Dienstleistungen ausgerichtet sind.

Stufe 3: Aus weiteren originären Repetierfaktoren, den Nutzungen weiterer originärer Potentialfaktoren und den Nutzungen der in Stufe 2 erzeugten derivativen Potentialfaktoren werden derivative Potentialfaktoren (in noch nicht leistungsbereitem Zustand) erstellt, die auf bestimmte Arten der zu produzierenden Dienstleistungen ausgerichtet sind.

Stufe 4: Aus weiteren originären Repetierfaktoren, den Nutzungen weiterer originärer Potentialfaktoren und den Nutzungen der in Stufe 3 erzeugten derivativen Potentialfaktoren werden leistungsbereite derivative Potentialfaktoren erstellt, die auf bestimmte Arten der zu produzierenden Dienstleistungen ausgerichtet sind.

Stufe 5: Aus weiteren originären Repetierfaktoren, den Nutzungen weiterer originärer Potentialfaktoren und den Nutzungen der in Stufe 4 erzeugten derivativen Potentialfaktoren werden derivative Potentialfaktoren (in noch nicht leistungsbereitem Zustand) erstellt, die auf bestimmte Arten der zu produzierenden Dienstleistungen ausgerichtet sind.

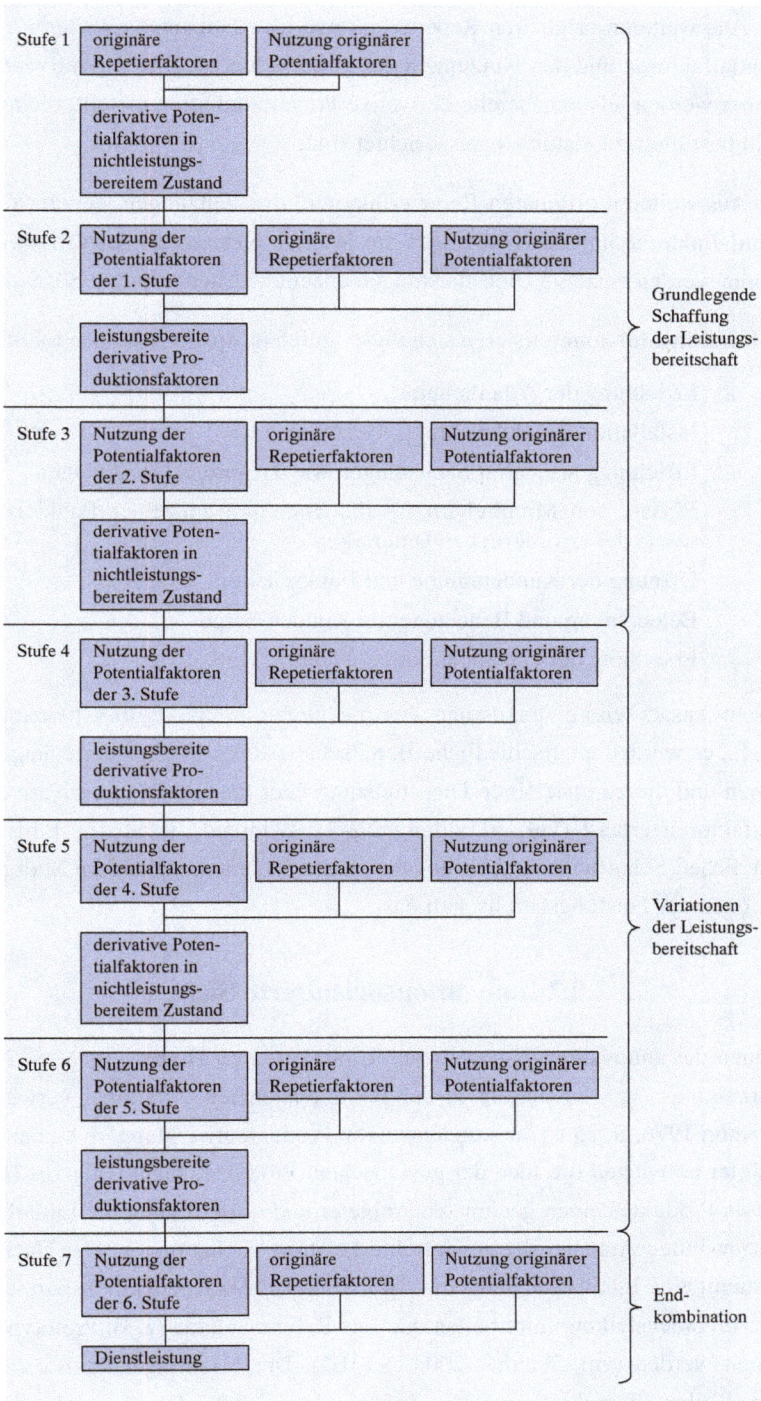

Abb. 2.2-2:   Struktur der Dienstleistungsproduktion nach Altenburger

Stufe 6: Aus weiteren originären Repetierfaktoren, den Nutzungen weiterer originärer Potentialfaktoren und den Nutzungen der in Stufe 5 erzeugten derivativen Potentialfaktoren werden leistungsbereite derivative Potentialfaktoren erstellt, die auf eine Mehrzahl bestimmter Leistungen ausgerichtet sind.

Stufe 7: Aus weiteren originären Repetierfaktoren, den Nutzungen weiterer originärer Potentialfaktoren und den Nutzungen der in Stufe 6 erzeugten derivativen Potentialfaktoren werden einzelne Dienstleistungen erstellt." (Altenburger 1980, S. 111 f.).

Für ein Kreditinstitut konkretisieren sich diese Stufen beispielsweise wie folgt:

Stufe 1:   Errichtung der Arbeitsräume

Stufe 2:   Installation der Beleuchtung, Heizung

Stufe 3:   Errichtung spezieller Sachanlagen wie Tresore, ADV-Anlagen

Stufe 4:   Einsatz von Mitarbeitern für die Erstellung einzelner Bankleistungen sowie der erforderlichen Unterlagen

Stufe 5:   Öffnung der Kundenräume und Bankschalter

Stufe 6:   Beleuchtung und Beheizung der Kundenräume

Stufe 7:   Erstellung der einzelnen Bankleistung.

Mit diesem Ansatz wird eine Aussage über die **Tiefe des Produktionsprozesses** getätigt, d. h., es werden unterschiedliche Bereitschaftsstufen in die Überlegungen aufgenommen und die zu erstellende Dienstleistung über eine Abfolge derivativer Produktionsfaktoren erfasst (vgl. Abbildung 2.2-2). Während die Stufen 1 bis 3 der grundsätzlichen Schaffung der Leistungsbereitschaft dienen, stellen die Stufen 4 bis 6 Variationen der Leistungsbereitschaft dar.

2.2.2 Innovationsorientierte Sicht

Im Rahmen des Innovationsmanagements formulierte von Hippel (1988, S. 240 ff.) das „Paradigma" (vgl. zu diesem in der BWL tendenziell inflationär verwendeten Begriff Kuhn 1976, S. 25 f.) der kundenaktiven Produktentwicklung, d. h., der potentielle Käufer entwickelt die Idee der gewünschten Produkte, sucht dann zur Herstellung dieses Produktes einen geeigneten Anbieter und ergreift auch die Initiative, bei dem ausgewählten Anbieter die gewünschte Leistung nachzufragen. Der Nachfrager initiiert damit eine Innovation und kann darüber hinaus als Kooperationspartner aktiv an einer Aufgabenstellung mitarbeiten oder als Referenzkunde (z. B. Prototypentest) einbezogen werden (vgl. Walther 2004, S. 107). Der Nachfrager kann dabei verschiedene Rollen übernehmen, wie dies in Abbildung 2.2-3 erfasst ist (vgl. z. B. Lettl 2004, S. 49; Jenner 2000, S. 142).

Beiträge		Rollen
Formulierung	- Problem - Anforderungen - Bedürfnisse	Anspruchsformulierer
Ideengenerierung		Ideenlieferant
Evaluation	- Ideen - Konzept - Prototyp - Produkt	Evaluierer
(Mit-) Entwicklung	- Konzept - Prototyp - Produkt	(Ko-) Entwickler
Testen	- Prototyp - Produkt	Tester

Abb. 2.2-3:   Rollen der Nachfrager

Als **Anspruchsformulierer** zeigen die Anwender Probleme, Anforderungen oder Bedürfnisse auf und nehmen eher eine passive Rolle im Innovationsprozess ein. Entwickeln die Anwender eigene Ideen, dann werden sie zu **Ideenlieferanten**. Zum **Evaluierer** werden sie dann, wenn sie prospektiv Innovationen beurteilen, wobei sich diese Beurteilung auf Ideen, Konzepte, Prototypen oder Produkte beziehen kann. Darüber hinaus können die Nachfrager aktiv an der Entwicklung einer Innovation mitwirken, wodurch sie die Rolle eines **(Ko-) Entwicklers** (teilweise wird auch von Co-Designer gesprochen, vgl. z. B. Gouthier/Schmid 2001, S. 225 f.; Schneider/Bowen 1995, S. 106) übernehmen (zu den juristischen Implikationen vgl. Hager 2014, S. 191 ff.). Eine aus dem Marketing bekannte Aktivität ist die Übernahme der Rolle eines **Testers**, bei der der Anwender frühe, aber auch späte Versionen der Produkte für eine Unternehmung testet. Diese als idealtypisch zu bezeichnenden Rollen schließen sich nicht gegenseitig aus, sondern können auch in kombinativer Form auftreten.

1a   Entwicklung   1a'
2a   2a'
3a   3a'
4a   4a'
5a   5a'
Dienstleistungs-design/-konzept

Vorgabe-information   Rückkopplungs-information

1b   Vorkombination   1b'
2b   2b'
3b   3b'
4b   4b'
5b   5b'
Leistungs-bereitschaft

Vorgabe-information   Rückkopplungs-information

1c   Endkombination   1c'
2c   2c'
3c   3c'
4c   4c'
5c   5c'

Nach-frager-problem   Lösung des Nachfrager-problems

Legende:

1   interne Informationen   a   Entwicklung

2   externe anonyme Informationen   b   Vorkombination

3   Informationen des Kunden   c   Endkombination

4   weitere externe Produktionsfaktoren des Kunden   ursprünglich

5   weitere interne Produktionsfaktoren   transformiert

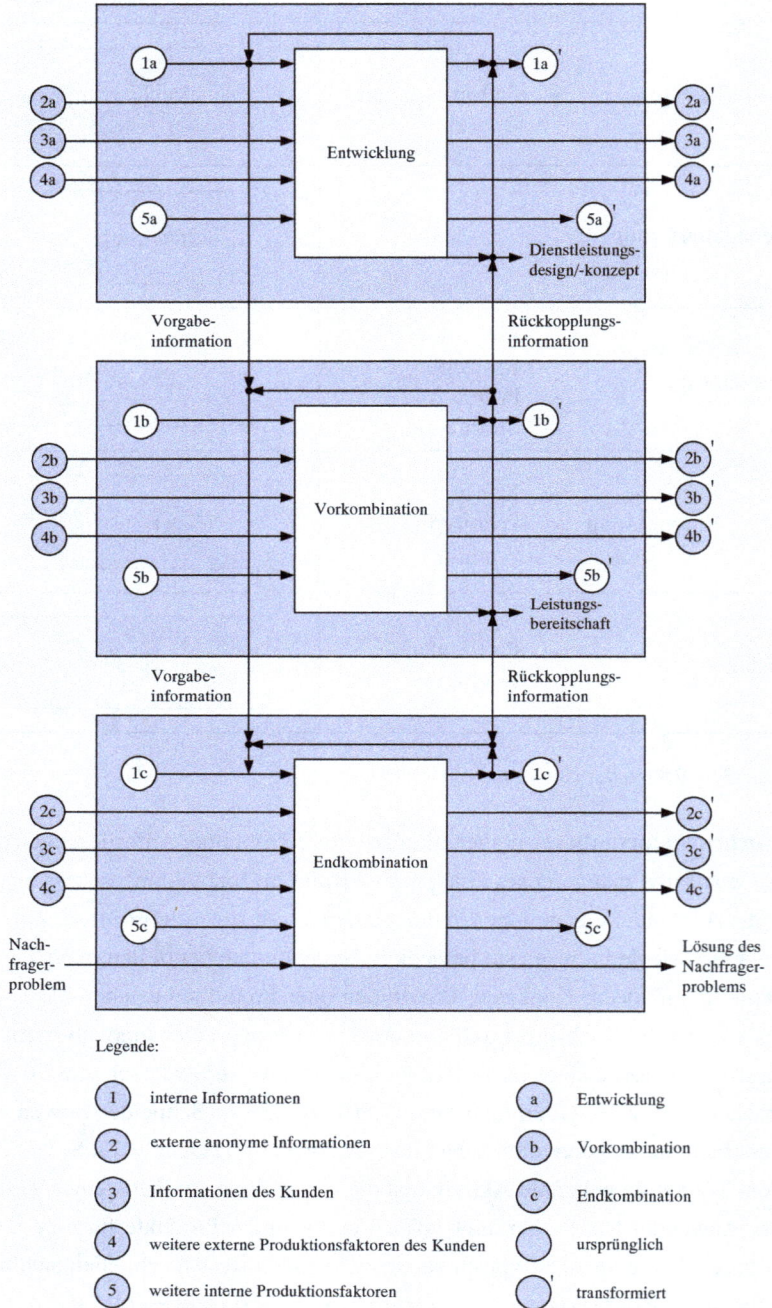

Abb. 2.2-4:   Dienstleistungsentwicklung und -produktion als vermaschter Transformationsprozess

Wird auf die produktionswirtschaftliche Sicht zurückgegriffen, dann lassen sich die folgenden Aspekte unterscheiden:

- Gibt der Nachfrager während der Leistungserstellung Hinweise, die den Vollzug der Leistungserstellung konkret beeinflussen, dann stellt dies einen Input im Rahmen der Endkombination (Dienstleistungsvereinbarung parallel zur -erstellung) dar.

- Gibt er hingegen ex post Hinweise für eine Modifikation und/oder Entwicklung der Dienstleistungen, dann initialisiert er hierdurch einen Vorkombinations- und/oder einen Entwicklungsprozess, der zu einem/einer veränderten Ergebnis/ Leistung der Endkombination führen kann.

Abbildung 2.2-4 gibt dieses Zusammenspiel als vermaschten Tranformationsprozess wieder. Die Abbildung verdeutlicht darüber hinaus, dass die durch die Kundenintegration gewonnenen Informationen gleichzeitig Output und Input sind, wobei durch die Interaktivität zwischen Anbieter und Nachfrager eine lernende Kundenbeziehung (vgl. Simon/Homburg 1998, S. 25) gegeben ist, die sich darin niederschlägt, dass der Anbieter im Zeitablauf die Wünsche seiner Kunden besser versteht und ein entsprechendes individuelles Kundenprofil aufbaut, das auch den Kunden einen zusätzlichen Nutzen zu stiften vermag. Vor diesem Hintergrund gewinnen das Wissen und die Lernfähigkeit einer Unternehmung an Bedeutung.

2.2.3 Marketingorientierte Sicht

Auch in der Literatur zum Dienstleistungsmarketing wird seit langem der Kundenintegration hohe Aufmerksamkeit entgegengebracht. In jüngerer Zeit erhielt dieser Problemkomplex durch das Konzept der **Service-Dominant Logic** (vgl. Vargo 2008, S. 211 ff.; Vargo/Lusch 2004, S. 1 ff.; Vargo/Lusch 2008, S. ff.; vgl. kritisch Grönroos 2011, S. 279 ff.), dass die Bedeutung des Kunden als Co-creator of value ins Zentrum der Überlegungen rückt, erhöhte Aufmerksamkeit: „The customer is always a co-creator of value" (Vargo/Lusch 2008, S. 7). Damit greift dieses Konzept auf die Erkenntnisse der deutschsprachigen Dienstleistungsliteratur zurück und entwickelt diese Gedanken weiter (vgl. Meyer 2014, S. 247 f.). Die Wertschöpfung wird als eine gemeinsame Interaktion der Unternehmung und des Kunden (vgl. auch Nerdinger 2014, S. 223 ff.) verstanden, d. h., Unternehmung und Kunden werden nicht isoliert, sondern als Ressourcenintegratoren bei der Leistungserstellung gesehen. Es geht somit um eine gemeinsame Wertschöpfung (Co-Creation of Value). **Service** wird dann als die Anwendung von Fähigkeiten und Wissen zum Wohle eines Austauschpartners aufgefasst und ist folglich **nicht** mit dem Dienstleistungsbegriff gleichzusetzen (vgl. Horbel/Weismann 2013, S. 186), sondern wird zu einem allumfassenden Konstrukt (vgl. Roth/Pfisterer 2014, S. 225): „… the application of specialized competences (knowledge and skills) through deeds, processes and performances for the benefit of another entity or the entity itself." (Vargo/Lusch 2004, S. 2). Dienstleistungen entstehen dann durch die Kombination operanter Ressourcen der Marktteilnehmer, wobei es sich um physische, kulturelle sowie soziale Fähigkeiten und spezifisches Wissen handeln kann. Die operanten Ressourcen gelangen

- entweder im Rahmen einer unmittelbaren Interaktion zwischen Anbieter und Nachfrager oder
- durch die Einbettung in operande Ressourcen (materielle Objekte, die Träger des Wissens und der Fähigkeiten sind)

in den Verfügungsbereich des Nachfragers.

In dieser Sicht entsteht der Wert (Roth/Pfisterer 2014, S. 239 weisen in diesem Zusammenhang auf die Probleme bei der Operationalisierung des Wertbegriffes hin) erst im Rahmen des Nutzungsprozesses eines Gutes (Value in Use). Um zu verdeutlichen, worin das Besondere dieser Betrachtung liegt, stellen Vargo/Lusch/Horbel/ Wieland (2011, S. 138 ff.) holzschnittartig die

- Goods-Dominant Logic (güterdominierte Logik) und
- Service-Dominant Logic (servicedominierte Logik)

gegenüber.

In der ersten Sichtweise schafft eine Partei den Wert, indem sie produziert, während die andere Partei durch Konsum Wert vernichtet. Diese Interpretation spiegelt jedoch nicht den Stand der Dienstleistungsforschung wider. Dies gilt auch für die Aussage, dass Dienstleistungen in der „Goods-Dominant Logic" als Zusatzleistungen betrachtet würden und „in gewisser Weise" als geringwertige „Güter" betrachtet wurden. Weshalb die Autoren Güter in Anführungszeichen setzen, ist dabei nicht nachvollziehbar, da in der Ökonomie seit Jahrzehnten darüber Einigkeit besteht, dass Dienstleistungen Güter sind. Ebenfalls gibt die Aussage, dass der Kunde nicht als aktiv an der Wertschöpfung Beteiligter betrachtet wird, sondern nur als Empfänger, nicht den Stand der Dienstleistungsforschung vor der Veröffentlichung zur Service-Dominant Logic (SDL) wieder. Der Kunde wurde in der Dienstleistungsliteratur seit Jahrzehnten als ein aktiver Teil des Leistungserstellungsprozesses betrachtet, da er in den Wertschöpfungsprozess integriert wird, d. h., am Wertschöpfungsprozess des Anbieters mitwirkt und diesen beeinflusst (vgl. den historischen Abriss bei Stuhlmann 1999, S. 23 ff.).

Nach Auffassung der Autoren liegt der SDL eine „… völlig neue Logik des Austausches …" (Vargo/Lusch/Horbel/Wieland 2011, S. 142) zugrunde und bildet mit der Anwendung von Kompetenzen zum Nutzen einer anderen Partei das „paradigmatische" Fundament. Löbler (2011, S. 68) betont hingegen, dass SDL eine Möglichkeit böte, die Wertschöpfung aus einem anderen Blickwinkel zu betrachten. Eine gemeinsame Wertschöpfung ist im Kern eine Weiterentwicklung bekannten Gedankengutes (etwa dem Relationship Marketing, der Netzwerktheorie, dem Wissensmanagement; vgl. Kowalkowski 2010, S. 286) und eine kompetenzbasierte Betrachtung ist aus dem ressourcenorientierten Ansatz bekannt. SDL lenkt letztlich den Blick weg vom Value in Exchange (Tauschwert) auf den Value in Use (Gebrauchswert), wobei als alternative Begriffe zum Value in Use auch Value in Context (bezieht explizit die Akteure ein, die während der Nutzung durch den Kunden ihre Ressourcen integrieren) und Value in Experience (der die Erfahrung und die Lebensumstände des Nachfragers einbezieht) zu finden sind (vgl. Roth/Pfisterer 2014, S. 208). Dass die Interaktion dabei sowohl direkter als auch indirekter Natur sein kann, wird in der Literatur (vgl. z. B. Corsten 1985, S. 224 ff.) frühzeitig thematisiert. Die Überlegung, dass die Entstehung des Wertes genuin beim Kunden erfolgt, d. h., es erfolgt eine Fokussierung auf die Nutzengenerierung, d. h. die Verwendung eines Gutes generiert einen Wert, wurde bereits von Menger (1871, S. 77 f.), der zwischen Tausch- und Gebrauchswert unterschied. Er betonte den Gebrauchswert und hob hervor, dass dieser den Konsum- und Nutzungsprozess enthalte. Dies wurde später von Alderson (1965, S. 144) aufgegriffen. Vor diesem Hintergrund stellen Weiber/Horstrup (2009, S. 288) der Produktvermarktung die **Nutzungsvermarktung** gegenüber und thematisieren die Nutzungsprozesse der Kunden im Rahmen der Werterzeugung. Rifkin (2000, S. 155 ff.) spricht in diesem Zusammenhang von einem Übergang vom Eigentum zum Zugang, d. h., Eigentumsbeziehungen werden durch Zugangsbeziehungen ersetzt. Dies impliziert, dass nicht die Übertragung der Verfügungsrechte an einem Produkt, sondern dessen Verwendung einen Wert generiert (Zugangsökonomie). So betont dann Hörstrup (2012, S. 41) pointiert, dass Vargo et al. diese Überlegungen in publikumswirksamer Weise herausstellen. Tabelle 2.2-1 gibt die zentralen Unterschiede zwischen diesen Sichtweisen wieder.

Differenzierend werden bei der Nutzungsvermarktung die beiden folgenden Erscheinungsformen unterschieden:

- Vermarktung der Nutzungsgüter und
- nutzungsprozessbezogene Leistungserstellung.

Produktvermarktung	Nutzungsvermarktung
- Orientiert am Tauschwert der Leistungen - Fokussierung des Kaufverhaltens und Analyse des Kaufprozesses - Übergang der Produktverfügungsrechte - Kostendeckung durch Produktpreis (enthält „Flatrate" für die Nutzung) - Weitgehende „Entkopplung" von Produktkauf und Produktnutzung; Fokus: Point of Purchase - Einseitige Informationsasymmetrie, da Anbieter einen Informationsvorsprung bzgl. der Qualität ihrer Produkte besitzen - Sicherstellung der Funktionsfähigkeit der Produkte im Nutzungsprozess (After Sales) - Nutzungsverhalten der Nachfrager kann nur antizipiert werden; Anbieter kann das Nutzungsverhalten nicht beeinflussen - Vermarktungsobjekte: Verbrauchsgüter, Gebrauchsgüter und klassische Dienstleistungen	- Orientiert am Gebrauchswert der Leistungen - Fokussierung des Nutzungsverhaltens und Analyse der Konsumprozesse - Nutzungsrechte an Produkten - Kostendeckung durch Intensität der Produktnutzung (Pay per Use) - Fokussierung der Produktnutzung und Bereitstellung der Produkte am Point of Use - Wechselseitige Informationsasymmetrie, da Nachfrager Informationsvorsprung bzgl. ihrer Nutzungsprozesse besitzen - Begleitung des Nutzungsprozesses i. d. R. mit Produktnetzwerken; Fokus: Nutzenstiftung - Anbieter kann das Nutzungsverhalten erfassen und auch beeinflussen und den Nachfrager in seinen Nutzungsprozessen begleiten - Vermarktungsobjekte: Nutzungsgüter, smarte Dienstleistungen

Tab. 2.2-1:   Zentrale Unterschiede zwischen Produkt- und Nutzungsvermarktung
(Quelle: Weiber/Hörstrup 2009, S. 289)

Bei den **Nutzungsgütern** handelt es sich um Gebrauchsgüter, die die Nachfragerbedürfnisse in mehreren Konsumakten über einen längeren Zeitraum befriedigen. Hierbei fallen in aller Regel nutzungsbegleitende Entgelte an (z. B. Datenbanken, Online-Dienste, Pay-TV). Durch den Einsatz der AmI (Ambient Intelligence) wird es möglich, Rückkoppelungen aus den Nutzungsprozessen der Nachfrager zu erhalten und damit Nutzungsgüter in der Form des „Pay per Use" (vgl. zu nutzungsorientierten Preismodellen Ferguson 2002, S. 143; Gurnani/Karlapalem 2001, S. 65 ff.; Langheinrich et. al. 2005, S. 136) vermarkten zu können. Basis der Informationstechnologie bildet die RFID (Radio Frequency Identification, die eine AmI-Technologie ist), mit deren Hilfe Objekte automatisch identifiziert und ihr Standort lokalisiert werden kann (vgl. Abbildung 2.2-5 zur Illustration).

Köln, Mo. 16. Juli 2035. Es ist kurz vor 7 Uhr, die Sonne scheint. Anke wird sanft aus ihrem Tiefschlaf vom Home-Assistant durch ihre Lieblingsmusik im Radio geweckt. Langsam wird das Licht im Zimmer heller und die Jalousien werden automatisch hochgefahren. Die Kaffeemaschine in der Küche springt an. Ihr erster Griff gilt ihrem Identifikationsarmband. Leicht verschlafen torkelt sie ins Badezimmer. Die Musik begleitet sie durchs ganze Haus, sodass sie auch im Bad die Nachrichtensendung hören kann. Durch die Erkennung des ID-Armbands stellt sich die Dusche beim Betreten automatisch auf Ankes Körpergröße ein und weiß, mit welcher Wassertemperatur sie morgens am liebsten duscht. Kurze Zeit später steht sie vor dem Spiegel, der einige wichtige Vitalparameter misst. Es ist alles im grünen Bereich. Während des Frühstücks auf der Terrasse lässt sie sich ihre E-Mails auf der Terrassenmauer anzeigen. Ihre Kollegin Bettina aus Paris bittet sie um einen Rückruf am Morgen. Mittels Sprachbefehlen initiiert sie das Telefonat. Es werden letzte Details ausgetauscht und man verabschiedet sich bis später auf der Konferenz in Amsterdam. Anke schaltet ihr Easy Going (EGO) ein. Eine kurze Bestätigung ihrer Daten und die Planungsroutine beginnt. EGO prüft, ob der Flug nach Amsterdam ordnungsgemäß startet, synchronisiert die Tagesordnung der Konferenz mit den persönlichen Terminen von Anke, lädt die nötigen Besprechungs- und Reiseunterlagen, ermittelt die lokalen Klimadaten und erstellt in Kombination mit der Veranstaltungs-Etikette eine Kleiderliste, reserviert ein Hotel in der Nähe des Tagungsortes und bietet drei Optionen für die knappe Freizeit an.

In Amsterdam angekommen freut sich Anke über das problemlose Reisen mit Hilfe von EGO. Keine nervigen Passkontrollen, keine Sicherheitschecks, keine langen Wartezeiten. Reisen ist zu einer angenehmen Tätigkeit geworden, alle Prozesse erledigen sich von selbst im Vorbeigehen. In der Garage der Autovermietung wartet bereits ihr von EGO reserviertes Auto auf sie. Die Tür öffnet sich automatisch, sobald sie sich dem Auto nähert. Sie steigt ein und ihre individuellen Einstellungen der Spiegel, der Sitzhöhe und Abstände zu den Pedalen sowie ihre Präferenzen bezüglich der Klimaanlage und die Lautstärke der Audiogeräte werden direkt angepasst. Durch das Drücken des Startknopfes fährt sie los. EGO sendet ihr Ziel sofort an das Navigationssystem im Auto. Glücklicherweise besitzt das Auto einen Personal Travel Assistant. Dieser passt sich den Wünschen von Anke an und ermöglicht eine den aktuellen Gegebenheiten (Fahrerverhalten, Straßenverhältnisse, Verkehrsfluss, etc.) entsprechende Reiseplanung und -durchführung. So kommt Anke stets sicher und pünktlich an. Anke erhält einen Hinweis, dass jemand mit ihr telefonieren will. Im Monitor des Autos wird Anke angezeigt, dass direkt vor dem Konferenzraum ein Parkplatz frei ist. Anke fährt bis dorthin und lässt dann das Auto selbst in die Parklücke rangieren.

Abb. 2.2-5:   Ein Blick in die Zukunft der AmI (Quelle: Hörstrup 2012, S. 27 f.)

Dem Anbieter eröffnet sich folglich die Möglichkeit, differenzierte Einblicke in die Nutzungsprozesse der Nachfrager zu erhalten, d. h, es wird eine Beobachtung des Nachfragers in der Nutzungsphase ermöglicht (Watching Consumers; vgl. Leonard/ Rayport 1997, S. 108 f.; Rayport/Jaworski 2001, S. 37).

Demgegenüber beziehen sich die **nutzungsprozessbezogenen Leistungserstellungen** auf die ablaufspezifischen Begleitungen eines Nachfragers mit Unterstützungsleistungen. Weiber/Hörstrup (2009, S. 290) sprechen in diesem Kontext von **Anbieterintegration**. Bei den zugrundeliegenden Nutzungsprozessen, die nicht zwingend produktbezogen sein müssen, handelt es sich i. d R. um Individualprozesse, d. h., sie weisen über die Nachfrager hinweg größere Unterschiede auf. Hierdurch kann z. B. eine Reduktion des zeitlichen oder kognitiven Aufwandes des Nachfragers realisiert werden.

Die Service-Dominant Logic ist damit eine Erweiterung bekannter Gedankengänge, die differenzierte Einblicke ermöglicht, jedoch von einer „völlig neuen Logik" weit entfernt ist. Es liegt letztlich eine erweiterte Sicht des Wertschöpfungsverständnisses vor.

Wird dem Wertschöpfungsgedanken gefolgt, dann lassen sich die drei folgenden generischen **Wertschöpfungskonfigurationen** unterscheiden:

- die Wertkette betont die Transformationsfunktion der Unternehmung,
- der Wert-Shop betont die Problemlösungsfunktion der Unternehmung, und
- das Wertnetzwerk betont die Intermediationsfunktion.

Jeder dieser generischen Wertschöpfungskonfigurationen liegt dabei eine spezifische Sicht zugrunde, wie Wertschöpfungsquellen erschlossen und ausgeschöpft werden können (vgl. Woratschek/Roth/Pastowski 2002, S. 57 und S. 59).

Die **Wertkette** (vgl. Porter 2010, S. 63) zerlegt den Wertschöpfungsprozess in Aktivitäten, wobei zwischen primären und unterstützenden Aktivitäten unterschieden wird. Die Gewinnspanne erfasst die Differenz zwischen dem geschaffenen Wert und den dafür angefallenen Kosten (vgl. Abbildung 2.2-6).

Aus der Abbildung geht hervor, dass den Primäraktivitäten eine sequentielle Wertschöpfungslogik zugrunde liegt, d. h., der Eingangslogistik folgt die Produktion etc. (vgl. Schafmeister 2004, S. 172). Mit ihrer Hilfe lässt sich die Unternehmung gedanklich durchdringen und disaggregieren. Die Wertkette ist damit ein System miteinander verknüpfter Aktivitäten, auf dessen Grundlage Wettbewerbsvorteile identifiziert werden sollen. Alotelli/Bounken (1998, S. 287) betrachten diese Wertkette im Rahmen der Dienstleistungen und stellen dabei fest, dass die Reihenfolge der Aktivitäten, und zwar bedingt durch die Integration des externen Faktors und der damit einhergehenden partiellen Simultanität der Produktion, mit dem Absatz zu ändern sei. Insbesondere betonen die Autorinnen, dass die Aktivitäten Marketing und Vertrieb vor die Eingangslogistik anzuordnen seien und gelangen zu folgenden primären Aktivitäten:

- Akquisition (Kundengewinnung),

- Eingangslogistik (Lagerung, Transport),

- Kontaktphase (Beratung, Leistungserstellung),

- Nachkontaktphase (Nachkaufspflege, Beschwerdemanagement).

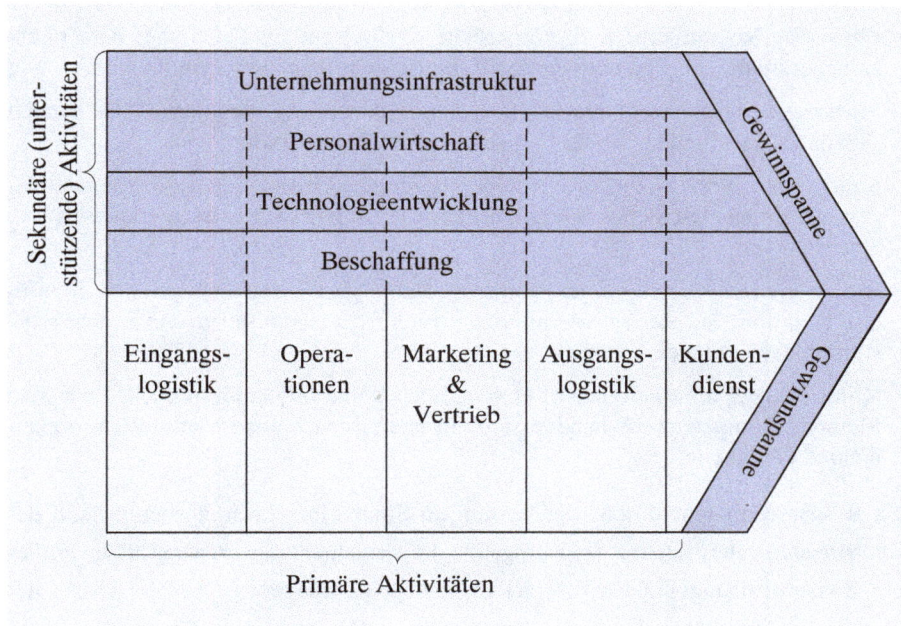

Abb. 2.2-6:   Wertkette

Die Wertkette legt ihren Fokus jedoch auf die Anbieterseite und vernachlässigt den Sachverhalt, dass der Nachfrager als externer Faktor in den Leistungserstellungsprozess integriert wird. Insbesondere standardisierte Massendienstleistungen haben eine hohe Affinität zur Wertkette (vgl. Woratschek/Roth/Pastowski 2002, S. 61). Einen Schritt weiter gehen Benkenstein/Waldschmidt (2014, S. 213 ff.), indem sie zwischen

- Aktivitäten, die den Aufbau der Geschäftsbeziehungen betreffen (Akquisition, Herstellung der Leistungsbereitschaft) und

- Aktivitäten im Rahmen der laufenden Geschäftsbeziehungen

unterscheiden und damit den Nachfrager aktiv einbeziehen. Um die Konsum- und Nutzungsprozesse des Kunden in die Betrachtung zu integrieren, fordern Weiber/Ferreira (2014, S. 266) die Formulierung eines eigenständigen **Wertschöpfungsprozesses des Kunden**, durch den sie erst den Wert einer Leistung für sich gewinnen (Modell der kundenseitigen Wertkette). In dieser Sichtweise hat der Kunde ein Ressourcenpotential, das die Basis der Wertschöpfungsprozesse bildet. Sie unterscheiden dann fünf (nicht überschneidungsfreie) Ressourcenkategorien (vgl. die tabellarische Übersicht bei Weiber/Ferreira 2014, S. 270):

- **Physische Ressourcen**: z. B. körperliche Kraft, Vitalität, Begabung, Persönlichkeitsmerkmale. Sie sind notwendig für die Ausführungen von Handlungen.

- **Materielle Ressourcen**: materielle Güter, Finanzmittel, Arbeitszeit. Es handelt sich dabei um Objekte, die für sich selbst einen Wert verkörpern.

- **Kulturelle/psycho-soziale Ressourcen**: Gefühle, Einstellungen, Wertvorstellungen etc. Es handelt sich folglich um intern verankerte, psychische Eigenschaften einer Person.

- **Rollen als Ressourcen**: z. B. Familienposition, gesellschaftlicher Status, berufliche Funktion. Sie stellen erlernte situative Verhaltensmuster dar, mit denen bestimmte Erwartungen assoziiert werden.

- **Kompetenzen als Ressourcen**: Etwa explizites und implizites Wissen, Fach- und Methodenkompetenz. Es handelt sich um über einen Zeitraum erlernte Fertigkeiten und Fähigkeiten.

Das Ressourcenpotential, das die Autoren im Sinne einer Leistungsbereitschaft des Konsumenten interpretieren (Leistungsfähigkeit erschiene aus unserer Sicht in diesem Zusammenhang präziser), bildet dann die Grundlage zur Ausführung werteschaffender Aktivitäten durch den Konsumenten. Dieser konsumentenseitige Wertschaffungsprozess wird letztlich auf der Bedürfnisebene ausgelöst (vgl. Weiber/Hörstrup 2009, S. 300 ff.), wobei die folgenden Wertaktivitäten des Konsumenten zu unterscheiden sind:

- **Suche**: systematische Informationssuche, um ungeeignete Inputs (vor allem Anbieterleistungen) zu identifizieren, aber auch die zufällige Kenntnisnahme relevanter Inputs.

- **Bewertung**: Auf der Grundlage eines Bewertungssystems erfolgt die Alternativenauswahl.

- **Ressourcentausch**: Der Anbieter erbringt eine Leistungserstellung, oder es erfolgt am Markt ein Ressourcentausch (Austausch von Verfügungsrechten (Property Rights), die zu Veränderungen der Verfügungsrechtsstrukturen der Güter führen).

- **Ressourcenkombination**: Dienstleistungen werden, wie bereits betont, unter Mitwirkung des Kunden (Kundenintegration) gemeinsam mit dem Anbieter erstellt (integrativer Leistungserstellungsprozess), d. h., es werden Anbieter- und Nachfragerressourcen kombiniert, so dass es zu einem Ressourcentausch kommt.

- **Aktive Nutzung**: Entfaltung des sogenannten „Value in Use".

Abbildung 2.2-7 gibt die Wertkette des Konsumenten wieder.

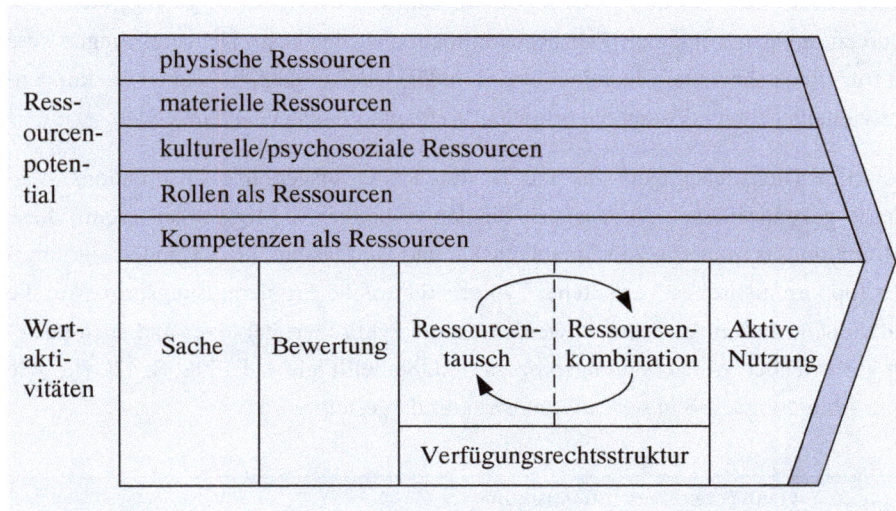

Abb. 2.2-7:   Wertkette des Konsumenten (Quelle: Weiber/Ferreira 2014, S. 275)

Das „Wechselspiel" zwischen Ressourcentausch und -kombination wird dabei durch die Pfeile dargestellt. Zur Konkretisierung des Value in Use kann dabei auf den Ansatz „Customer Experience Quality" (vgl. Lemke/Clark/Wilson 2011, S. 846 ff.) zurückgegriffen werden. Im Rahmen des Nutzungsprozesses lassen sich dann die drei folgenden Bereiche kundennutzenbezogener Qualitätserfahrungen unterscheiden (vgl. Lemke/Clark/Wilson 2011, S. 847 ff.):

- Der **Service Encounter** umfasst die Interaktionen zwischen Nachfrager und Kontaktpersonal des Anbieters.

- Dem **Communication Encounter**, d. h., es geht um die Anbieteraktivitäten, mit denen dieser mit dem Nachfrager in Kontakt zu treten versucht, um einen Dialog anzustoßen.

- Der **Usage Encounter** umfasst die Nutzung der Leistung und die Leistungen, die die Nutzung unterstützen.

Die Erfahrungen, die die Nachfrager in diesen Bereichen machen, beeinflussen den Value in Use, der Auswirkungen auf den Relationship Outcome hat (z. B. Wiederkaufverhalten, Commitment oder die Neigung (gute oder schlechte) Informationen an andere Nachfrager weiterzugeben) (vgl. Lemke/Clark/Wilson 2011, S. 859).

Als zweite generische Wertschöpfungskonfiguration wurde der **Wert-Shop** (Value Shop) angeführt, der für die Unternehmungen von Bedeutung ist, die ihre Wertschöpfungskonfiguration an der Problemlösungsfunktion orientieren (vgl. Stabell/Fjedlstad 1998, S. 420 ff.). Der Wertschöpfungsprozess beginnt dabei mit der Problemdefinition für den Nachfrager, weshalb die zum Einsatz gelangenden Ressourcen auf den konkreten Fall abzustimmen sind. Typische Dienstleistungen sind hierfür: Rechtsanwälte, Mediziner etc., d. h. Dienstleistungen, bei denen die kundenindividuelle Problemlösung die originäre Wertschöpfungsquelle darstellt.

Derartige Dienstleistungen sind i. d. R. durch eine ausgeprägte Informationsasymmetrie gekennzeichnet, so dass sich für den Anbieter die Möglichkeit ergibt, diese Informationsasymmetrie zu seinen Gunsten und zum Nachteil des Kunden auszunutzen (opportunistisches Verhalten). Typisch für solche Problemlösungsprozesse, die individuell für Kunden erbracht werden, ist ein zyklischer, iterativer und auch unstetig verlaufender Wertschöpfungsprozess (vgl. Stabell/Fjeldstad 1998, S. 420 ff.), wie er in Abbildung 2.2-8 in seiner Grundstruktur dargestellt wird.

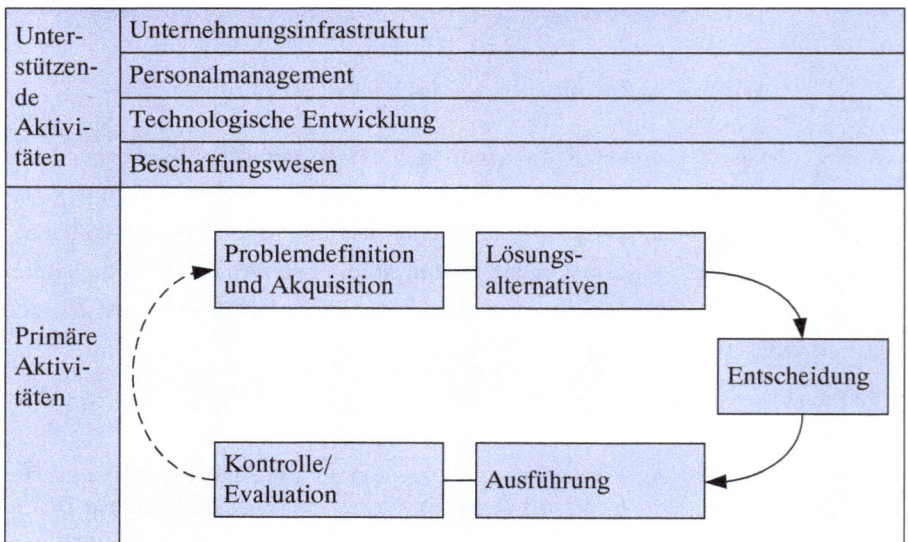

Abb. 2.2-8:   Wert-Shop (Quelle: Stabell/Fjedlstadt 1998, S. 424)

Aus der Abbildung geht hervor, dass einzelne Aktivitäten wiederholt durchlaufen werden können, bis aus Nachfragersicht eine zufriedenstellende Lösung erreicht ist.

Es kann aber auch zu einer veränderten Problemdefinition kommen und hierdurch eine neue Aktivitätenfolge initialisiert werden (vgl. Abbildung 2.2-9).

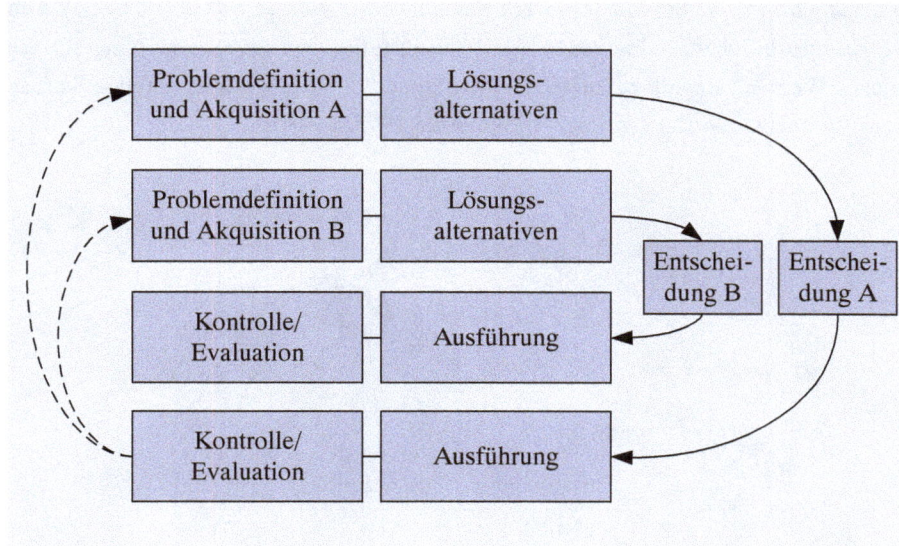

Abb. 2.2-9:   Modifizierter Wert-Shop (Quelle: Stabell/Fjedlstad 1998, S. 425)

Woraschek/Roth/Pastowski (2002, S. 61) modifizieren den **Wert-Shop** und trennen dabei die Problemfindung und Akquisition, wobei sie erstere der Akquisition voranstellen, die dann ausschließlich auf die Bemühungen ausgerichtet ist, Aufträge für die Unternehmung zu generieren. Abbildung 2.2-10 gibt diese Modifikation wieder.

Die **Reputation** bildet damit gleichsam den Rahmen der Aktivitäten. Da sie sowohl positiven als auch negativen Einfluss auf die Akquisition haben kann, ist die Reputation von zentraler Bedeutung. Der Aufbau der Reputation ist dabei eine langfristige Aufgabe, die einerseits durch die in der Vergangenheit erbrachten Leistungen und anderseits aus der Zufriedenheit der Nachfrager gespeist wird. Die Reputation ergibt sich damit aus positiven Erfahrungen, die sich im Rahmen wiederholter Wertschöpfungsaktivitäten mit Nachfragern ergeben. Reputationsaufbau ist folglich ein akkumulativer Prozess.

Wertnetze (Value Networks) zielen auf die Erfüllung der Intermediationsfunktion ab. In allgemeiner Form ist ein Netzwerk ein Geflecht von Beziehungen, und zwar zwischen Individuen bzw. Organisationen. Dieser Wertschöpfungskonfiguration liegt die Intention zugrunde, dass die Unternehmung Beziehungen zwischen Marktpartnern herstellt, diese überwacht und gegebenenfalls beendet. Generell generieren

Wertnetze Verbundeffekte, die den Nutzen der Beteiligten in Abhängigkeit ihrer Anzahl steigern. Das Wertnetz eröffnet folglich eine Plattform, deren Nutzer miteinander in Beziehung treten können, d. h., dass das Wertnetz einen Netzwerkservice liefert, jedoch nicht selbst das Netzwerk darstellt (vgl. Woratschek 2004, S. 22). Um
die Kompatibilität der simultanen Aktivitätsausführungen zu sichern, sind für ein
solches Wertnetz Regeln aufzustellen. Abbildung 2.2-11 gibt den generellen Aufbau
eines Wertnetzes wieder (vgl. Stabell/Fjeldstad 1998, S. 430).

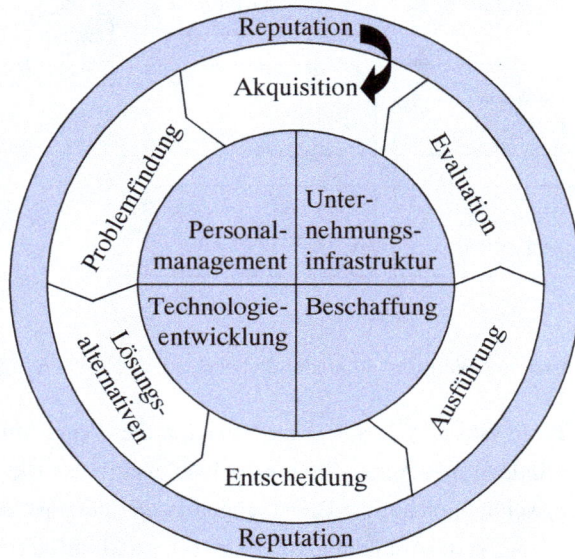

Abb. 2.2-10: Modifizierter Wert-Shop (Quelle: Schafmeister 2004, S. 179)

Die primären Aktivitäten lassen sich dann wie folgt konkretisieren:

- **Netzwerkpromotion**: Verwaltung des Netzwerkes und Vertragsgestaltung, Akquisition und Auswahl der Netzwerkteilnehmer.

- **Netzwerkservices**: Herstellung, Aufrechterhaltung und die Beendigung der Kontakte sowie die Abrechnung der in Anspruch genommenen Leistungen.

- **Netzwerkinfrastruktur**: Schaffung, Aufrechterhaltung und eventuell Ausbau der
  Funktionalität.

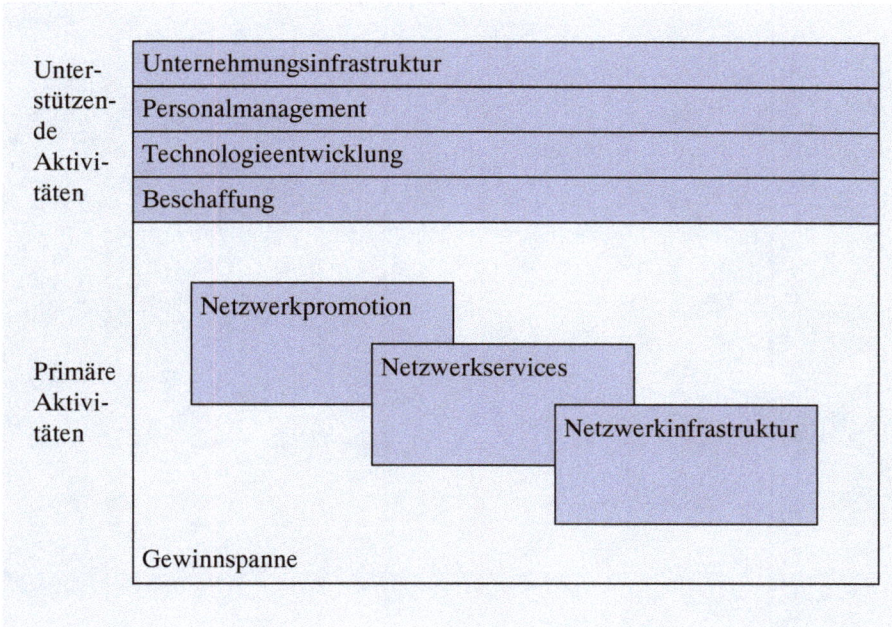

Unter-stützen-de Aktivi-täten	Unternehmungsinfrastruktur
	Personalmanagement
	Technologieentwicklung
	Beschaffung

Primäre Aktivi-täten

Netzwerkpromotion

Netzwerkservices

Netzwerkinfrastruktur

Gewinnspanne

Abb. 2.2-11: Wertnetz

3 Wettbewerbsstrategische Ausrichtung

3.1 Grundlegungen

Strategien sind grundsätzliche Festlegungen des unternehmerischen Handlungsrahmens, die mit relativ starken und dauerhaften Erfolgswirkungen einhergehen und mit dem Ziel getroffen werden, Wettbewerbsvorteile aufzubauen und zu erhalten. Sie bilden das Rahmenkonzept für die Entscheidungen und die Aktivitäten einer Unternehmung.

Auf der Grundlage der Betrachtungsebene kann zwischen Unternehmungs- und Geschäftsfeldstrategien unterschieden werden (vgl. ausführlich Corsten/Corsten 2012, S. 6 ff.). Während **Unternehmungsstrategien** eine Antwort auf die Frage geben, in welchen Märkten oder Geschäftsfeldern eine Unternehmung tätig werden möchte, geht es bei den **Geschäftsfeldstrategien** um die Festlegung der Produkt-Markt-Kombinationen (strategische Geschäftseinheiten). Bei der Unternehmungsstrategie geht es folglich um die Ausrichtung als Ganzes, d. h., sie ist den Strategien der strategischen Geschäftsfelder übergeordnet. Bei einer strategischen Geschäftseinheit handelt es sich um eine klar abgrenzbare Subeinheit in einer Unternehmung, wobei die strategischen Geschäftseinheiten die folgenden Merkmale erfüllen müssen:

- Sie stellen von anderen Einheiten unabhängige und klar abgrenzbare Produkt-Markt-Kombinationen dar.
- Mit ihnen müssen sich Wettbewerbsvorteile erzielen lassen.

Ihnen obliegt somit die Aufgabe, Wettbewerbsvorteile langfristig zu erhalten oder zu verbessern. Deshalb wird auch von Wettbewerbsstrategien gesprochen (vgl. Porter 2008, S. 24 f.). **Wettbewerbsvorteile** sind Positionsvorteile eines Anbieters im Vergleich zur Konkurrenz und sind immer als relative und nicht als absolute Vorteile zu interpretieren. Von einem strategischen Wettbewerbsvorteil wird nach Simon (1988, S. 464 f.) dann gesprochen, wenn die folgenden Kriterien erfüllt sind:

- Der Vorteil muss sich auf mindestens ein für den Kunden wichtiges Leistungsmerkmal beziehen,
- muss von den Kunden tatsächlich wahrgenommen werden und
- darf von der Konkurrenz nicht schnell einholbar sein, d. h., es muss eine gewisse Dauerhaftigkeit gegeben sein.

Ausgangspunkt der folgenden Überlegungen bildet der Sachverhalt, dass in der Literatur wettbewerbsstrategische Fragestellungen im industriellen Kontext zwar intensiv behandelt, jedoch im dienstleistungsspezifischen Kontext eher selten thematisiert werden. Bei der Mehrzahl der vorliegenden dienstleistungsspezifischen Beiträge liegt der Schwerpunkt auf der Strategieformulierung für sogenannte industrielle Dienstleistungen (vgl. z. B. Homburg/Faßnacht/Günther 2002; Homburg/Garbe 1996; Uhlenbruck 1986; Zapf 1990), die jedoch nicht konzeptionell verankert wird. Es stellt sich die Frage, inwieweit das skizzierte allgemeine Strategieverständnis auch für Dienstleistungen als geeignet erscheint.

Werden die strategischen Geschäftsfelder und somit die Wettbewerbsstrategien als Bezugspunkt der weiteren Ausführungen gewählt, dann lassen sich in der Literatur die folgenden Grundpositionen herausstellen:

- Nichtübertragbarkeit
- Übertragbarkeit
  - -- mit Modifikationsbedarf
  - -- ohne Modifikationsbedarf.

Ausgangspunkt der Argumentation zur **Nichtübertragbarkeit** (vgl. z. B. Noch 1995, S. 50; Zapf 1990, S. 68) bildet die Annahme, dass in Dienstleistungsunternehmungen unzureichende Möglichkeiten für die Realisierung von Kostendegressionseffekten gegeben sind und dass somit eine Formulierung spezifischer Wettbewerbsstrategien erforderlich sei. Als primärer Grund hierfür wird der Sachverhalt genannt, dass dies nur bei anlagenintensiven Unternehmungen möglich sei, nicht hingegen bei personalintensiven Dienstleistungsunternehmungen. Unabhängig von der Fragestellung, ob diese Aussage allgemeingültig ist, erscheint sie als Grundlage für die Forderung nach einer Formulierung spezifischer Wettbewerbsstrategien nicht geeignet, da derartige Situationen auch in Industrieunternehmungen existieren können. Damit kann die Aussage zu den betriebsgrößenbedingten Kostensenkungen (vgl. z. B. Schwenker 1989, S. 135 ff.), falls sie denn generell zuträfe, nur dahingehend interpretiert werden, dass einer ausschließlich an Kostenvorteilen orientierten Wettbewerbsstrategie in Dienstleistungsunternehmungen eine geringere Bedeutung zukommt. Hieraus lässt sich aber nicht das Erfordernis der Formulierung eigenständiger Wettbewerbsstrategien ableiten.

Autoren, die von einem **Modifikationsbedarf** bei gleicher Strategieanwendung ausgehen (vgl. z. B. Booms/Bitner 1981, S. 48 ff.; Graßy 1993, S. 125; Hene/Looy/ Dierdonck 2003, S. 461 ff.; Lienhard/Meyer/Stanik 2003, S. 39; Välikangas/Lehtinen 1994, S. 73 ff.), greifen häufig auf bekannte Strategiekonzepte wie die Ansoff-Matrix (vgl. Canton 1988, S. 41), die generischen Strategien von Porter (vgl. Heskett 1988,

S. 48 ff.; Kellogg/Nie 1995, S. 335) oder den Ansatz von Miles/Snow (vgl. Kellogg/Nie 1995, S. 335 f.) zurück und nehmen hieran entsprechende Modifikationen vor. Zentral ist dabei die Forderung nach einer Ergänzung der Wettbewerbsstrategie durch zwingend konsumentengerichtete Instrumentestrategien, wie dies beispielsweise Meffert (1994, S. 530) explizit formuliert.

Autoren, die die Notwendigkeit der Formulierung spezieller Dienstleistungsstrategien negieren, unterstellen, dass eine Übertragung der aus der Literatur bekannten Wettbewerbsstrategien **ohne Modifikation** möglich sei und dienstleistungsspezifische Probleme hingegen im Rahmen der Strategieumsetzung auftreten (vgl. z. B. Meyer/Blümelhuber 2001, S. 395; Staffelbach 1988, S. 277).

Die Beantwortung der Frage nach der Übertragbarkeit der Wettbewerbsstrategien auf Dienstleistungen hängt unseres Erachtens von der Abstraktionsebene der Überlegungen ab. Während die Autoren, die eine Übertragung ohne Modifikationen oder Spezifikationen für nicht zweckmäßig erachten, auf der Ebene der inhaltlichen Ausgestaltung einer Strategie argumentieren, knüpfen die Autoren, die eine Übertragbarkeit bejahen, an abstrakt formulierten strategischen Grundorientierungen an.

Im Gegensatz zum **abstrakten Strategieverständnis**, das nicht an einer konkreten Unternehmung bzw. an bestimmten Produkten anknüpft, muss die **inhaltliche Ausgestaltung** der Strategien Aspekte berücksichtigen, die für Dienstleistungen von besonderer Relevanz sind. Dienstleistungsstrategien zielen, wie auch Strategien von Industrieunternehmungen, darauf ab, einen Nutzeffekt zu schaffen, der für den Nachfrager einen Wert bildet und eine im Vergleich zu den Wettbewerbern stärkere Wettbewerbsposition begründet (vgl. Albrecht/Zemke 1987, S. 62). Damit zeigt sich, dass in den unterschiedlichen Positionen nur ein **scheinbarer Widerspruch** besteht und zwischen ihnen vielmehr eine komplementäre Beziehung existiert.

3.2 Konzeptionelle Überlegungen

3.2.1 Quellen strategischer Wettbewerbsvorteile

Meyer/Blümelhuber (2001, S. 374 ff.) formulieren einen konzeptionell fundierten Ansatz zur strategischen Grundorientierung für Dienstleistungsunternehmungen, wobei sie die folgende Differenzierung zugrunde legen:

- **Potentialorientierung**: Der Anbieter soll auf einzigartigen Ressourcen aufbauen.

- **Kundenorientierung**: Sie zielt auf die Ausgestaltung der Kundenkontakte und die Gestaltung kundenrelevanter Prozesse und Leistungen ab.

- **Wettbewerbsorientierung**: Sie stellt auf die relative Position eines Anbieters im Wettbewerbsumfeld ab, wobei die Wettbewerber die folgenden Rollen einnehmen können: Konkurrent, Informationsquelle, Partner und Ansatzpunkt für eigene Leistungen.

Es handelt sich dabei nicht um sich gegenseitig ausschließende Grundorientierungen, sondern es liegt eine **multidimensionale Grundorientierung** vor, die an den drei genannten Orientierungen gleichzeitig anknüpft und sowohl dem markt- als auch dem ressourcenorientierten Ansatz zu entsprechen vermag. Dabei knüpft die Potentialorientierung in einer wettbewerbsstrategischen Sicht unmittelbar am **ressourcenorientierten Ansatz** an. Ergänzend lassen sich die Ressourcen auf der Grundlage unterschiedlicher Kriterien weiter differenzieren, wobei im vorliegenden Lehrbuch auf die in der Literatur häufig vorgenommene Unterscheidung zwischen physischen, personellen (humanen), intangiblen, finanziellen und organisatorischen Ressourcen zurückgegriffen wird. Demgegenüber basieren die Kunden- und die Wettbewerbsorientierung auf dem **marktorientierten Ansatz**. Somit ist es möglich, eine Brücke zwischen markt- und ressourcenorientierter Sichtweise zu schlagen, und es wird deutlich, dass diese mehrdimensionale Grundorientierung einen ersten Ansatzpunkt für den Entwurf eines integrativen Konzeptes bietet. Werden darüber hinaus die Überlegungen Porters zu den Triebkräften des Branchenwettbewerbs (vgl. Porter 2008, S. 26) entsprechend modifiziert, dann lässt sich der in Abbildung 3.2-1 dargestellte konzeptionelle Rahmen für ein wettbewerbsstrategisches Konzept mit integrativem Anspruch aufstellen (vgl. Corsten/Dresch/Gössinger 2004, S. 16 ff.).

Im Rahmen der **Wettbewerbssituation**, die sich unmittelbar auf die aktuellen und potentiellen Wettbewerber bezieht, sind zunächst die **Markteintrittsbarrieren** zu nennen, die sich aus marktbezogenen Aspekten, branchenspezifischen Rahmenbedingungen und aus strukturellen Merkmalen der Unternehmung ergeben (vgl. Bain 1968). Es handelt sich um Faktoren, die Unternehmungen davon abhalten können, in einen Markt einzutreten und damit einen Schutz der etablierten Anbieter vor neuen Wettbewerbern bilden. Sie sind deshalb eine wichtige Dimension der Marktstruktur, weil sie für die Realisation von überdurchschnittlichen Profiten Relevanz erlangen. Diese Ansatzpunkte sind jedoch nicht nur bei Dienstleistungsunternehmungen zu beobachten, sondern können bei Unternehmungen aller Branchen auftreten (vgl. z. B. Heene/Looy/Dierdonck 2003, S. 459 f.).

Marktorientierte Sicht

Wettbewerb in der Branche

- Markteintrittsbarrieren
- Markttransparenz
- Substitutions-
  konkurrenz

Beschaffungsmarkt

- Produktionsfaktoren
  -- Repetierfaktoren
  -- Potentialfaktoren
- Kooperationspartner

Unternehmung

Wertkette

Absatzmarkt

- Nachfragermacht
- Wechselbarrieren
- Kundenbindung
- Marktfragmentierung
- Leistungsdimensionen
  -- Potential
  -- Prozess
  -- Ergebnis

Ressourcen mit strategischem Wert

- Physische
- Personelle
- Intangible
- Finanzielle
- Organisatorische

Ressourcenorientierte Sicht

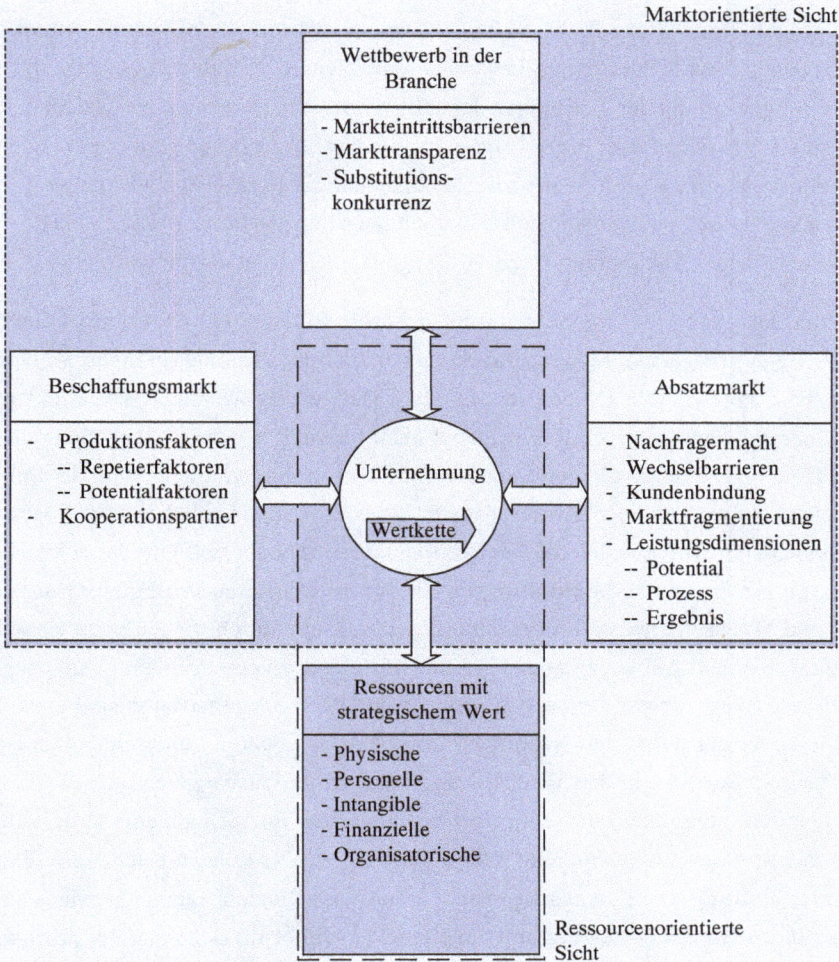

Abb. 3.2-1:   Integrativer wettbewerbsstrategischer Rahmen

Ein entscheidender Grund hierfür ist in der abstrakten Definition der Markteintrittsbarrieren zu sehen, die eine dienstleistungsspezifische Formulierung als nicht zweckmäßig erscheinen lässt. Mit der **Markttransparenz** wird ein in der ökonomischen Theorie wesentlicher Problemkomplex angesprochen: Zwischen Anbieter und Nachfrager
bestehen Informationsasymmetrien hinsichtlich Produktqualität, Preis etc. zugunsten
des Anbieters, die dieser zur Abschöpfung der Konsumentenrente ausnutzen kann. Gerade bei Dienstleistungen, bei denen eine Dominanz von Erfahrungs- und Vertrauenseigenschaften gegeben ist, dürfte häufig eine relativ große Informationsasymmetrie
vorliegen. Gleichzeitig besteht bei Dienstleistungen aber auch eine Informationsas-

ymmetrie bezüglich des einzubringenden externen Produktionsfaktors zugunsten des Nachfragers (vgl. Plinke 2000, S. 25 f.). Die **Substitutionskonkurrenz** erfasst den Sachverhalt, dass Konkurrenten Leistungen anbieten, die zumindest aus Nachfragersicht weitgehend mit den Leistungen der anbietenden Unternehmung vergleichbar sind und somit dem Nachfrager einen vergleichbaren Nutzen zu stiften vermögen. Die Substitutionskonkurrenz dürfte bei weitgehend standardisierten Dienstleistungen größer sein, als dies bei weitgehend individualisierten Dienstleistungen der Fall ist. Eine Möglichkeit zur „Abkopplung" bieten die sogenannten Zusatzleistungen.

Auf der **Absatzmarktseite** gelangt die Nachfragersituation ins Zentrum des Interesses. Die **Nachfragermacht** hängt dabei von der konkreten Marktstruktur ab, wobei bei Dienstleistungen i. d. R. lokale oder regionale Märkte gegeben sind. Generelle Aussagen über die Nachfragermacht sind dabei nicht möglich, sondern lassen sich nur vor dem Hintergrund der konkreten Situation formulieren. Eng verbunden mit der Substitutionskonkurrenz und der Markttransparenz, die im Rahmen der Wettbewerbssituation thematisiert wurden, sind die **Wechselbarrieren**. Tendenziell gilt, dass ceteris paribus mit zunehmender Markttransparenz die Wechselbarrieren abnehmen. Grundsätzlich sind Wechselbarrieren immer dann gegeben, wenn durch die Aufgabe einer Beziehung zu einem Anbieter zugunsten einer Beziehung zu einem anderen Anbieter für den Nachfrager Nachteile entstehen, wobei gilt: Die Wechselbarrieren sind umso höher, je höher der durch den Nachfrager empfundene Nachteil durch einen Anbieterwechsel ist. Letztlich bilden Wechselkosten eine Mobilitätsbarriere, die sich in einer mangelnden Flexibilität der Nachfrager niederschlägt, die sich als eine unfreiwillige oder erzwungene Kundenbindung interpretieren lässt. Die Relevanz der (freiwilligen) **Kundenbindung** resultiert aus dem Sachverhalt, dass Kundenbeziehungen dem Nachfrager einen Nutzen stiften und mit zunehmender Dauer für den Anbieter profitabler werden können (vgl. z. B. Dukan et al. 1997, S. 283 ff.; Reichheld/Sasser 1991, S. 109 ff.; Stauss 1992, S. 114 f.). Sie basiert auf den autonomen Entscheidungen beider Marktpartner. Mit der **Fragmentierung der Märkte** wird die Heterogenität der Nachfrage erfasst, die im Extremfall mit der Konsequenz einhergeht, dass jeder Nachfrager ein einzelnes Segment bildet (vgl. z. B. Peppers/Rogers 1997, S. 415). Insgesamt führt die Fragmentierung der Märkte zu einer erhöhten Komplexität der Marktbearbeitung, die mit einer Erhöhung der Kosten der Marktforschung, der differenzierten Kundenansprache und der erhöhten unternehmungsinternen Strukturkomplexität einhergeht (vgl. Faßnacht/Köse 2002, S. 167 f.). Die wettbewerbsstrategisch relevanten **Leistungsdimensionen** lassen sich aus den Komponenten der Nutzenstiftung für den Nachfrager ableiten. Bei Dienstleistungen wird davon ausgegangen, dass der Nachfrager seinen Nutzen nicht nur aus dem Ergebnis zieht (Ergebnisdimension), sondern dass auch die

Bereitstellungsleistung einen Bereitstellungsnutzen (Potentialdimension) und der Leistungserstellungsprozess einen Teilnahmenutzen (Prozessdimension) zu stiften vermögen. Die Relevanz dieser Nutzenkomponenten resultiert letztlich aus der informations- und/oder präsenzbedingten Integration des externen Produktionsfaktors, die sowohl in der Phase der Leistungserstellung (Endkombination) als auch in der Phase der Herstellung der Leistungsbereitschaft (Vorkombination) erfolgen kann (vgl. Corsten/Dresch/Gössinger 2004, S. 24). Aufgrund des bei Dienstleistungen bestehenden hohen Anteils an Erfahrungs- und Vertrauenseigenschaften kommt aus wettbewerbsstrategischer Perspektive einerseits der **Potentialdimension** für die Qualitätsbeurteilung eine besondere Bedeutung zu. Mit der Potentialdimension wird zwar an den Ressourcen einer Unternehmung angeknüpft, jedoch liegt in diesem Kontext die Nachfragerperspektive, d. h. die Beurteilung des Potentials durch den Nachfrager (z. B. Qualitätsbeurteilung) zugrunde. Hierdurch wird die Notwendigkeit einer gleichzeitigen Berücksichtigung der Markt- und Ressourcensicht hervorgehoben. Andererseits kann die sich aus den Erfahrungs- und Vertrauenseigenschaften beim Nachfrager ergebende wahrgenommene Unsicherheit über die Qualität des Leistungsergebnisses z. B. mit Hilfe von **Garantien** reduziert werden. Garantien sind eine Form der Selbstbindung des Anbieters, wobei dieser dem Nachfrager ex ante die Zusicherung gibt, dass die gewünschten Eigenschaften der zu erbringenden Leistung ex post auch tatsächlich gegeben sind (vgl. z. B. Marra 1999, S. 60). Sie werden jedoch aufgrund der Abhängigkeit von der subjektiven Wahrnehmung der Dienstleistungsqualität und von der Integrationsfähigkeit des externen Produktionsfaktors bei Dienstleistungen seltener eingesetzt (vgl. Mengen 1994, S. 97).

Der **Beschaffungsmarkt** dient zunächst der Versorgung mit originären **Produktionsfaktoren**, und darüber hinaus bietet er zur Verbesserung der Wettbewerbsposition die Möglichkeit einer **Akquisition** von Kooperationspartnern (vgl. Mengele 1994, S. 103; Porter/Fuller 1986, S. 316; Sydow 1992, S. 82). Die Vorteile von Kooperationen sind in den Möglichkeiten

- zur Kostenreduzierung (z. B. Forschungs- und Entwicklungskosten, Marktforschungskosten, Kosten für die Aus- und Weiterbildung der Mitarbeiter),
- zur Schaffung und Nutzung eines umfassenderen Informationspotentials und damit zu einer Verkürzung des Informationsbeschaffungsprozesses sowie
- zum allgemeinen und spezifischen Erfahrungsaustausch mit dem Ziel, Zugang zu neuen Märkten zu erlangen, der ohne Kooperation bedingt durch entsprechende Markteintrittsbarrieren nicht möglich wäre,

zu sehen (vgl. Schwenker 1989, S. 135 ff.). Neben diesen Vorteilen gehen Kooperationen aber auch mit Nachteilen einher (vgl. Sydow 1995, S. 633):

- Gefahr des Kompetenzverlustes (z. B. durch Know-how-Abfluss und Abwerbung qualifizierter Mitarbeiter);

- mangelnde Systembeherrschung durch

  -- Koordinationsprobleme bei der Verteilung von Teilaufgaben sowie

  -- konkurrierende Zielsetzungen und Präferenzen der beteiligten Kooperationspartner,

- Gefahr der Realisierung von Suboptimalität;

- Schaffung von Abhängigkeiten und Reduzierung der Entscheidungsspielräume.

Als letztes Element dieser integrativen Sicht wird die **Ressourcensicht** in die Überlegungen aufgenommen. Objekte der ressourcenorientierten Sicht sind die sogenannten **kritischen Ressourcen**, die die folgenden Voraussetzungen erfüllen müssen (vgl. z. B. Bamberger/Wrona 1996, S. 135 ff.; Barney 1991, S. 104 ff.; Mahoney/Pandian 1992, S. 371):

- Sie besitzen einen Wert, d. h., sie sind in der Lage, die Effizienz und Effektivität der Unternehmung zu verbessern.

- Sie sind knapp, wobei die begrenzte Verfügbarkeit aus der hohen Unternehmungsspezifität der Ressource und/oder aus der Existenz eines unvollkommenen Marktes resultiert.

- Es ist eine mangelnde Imitierbarkeit gegeben, wobei dieser Aspekt maßgeblich durch die bisherige Entwicklung einer Unternehmung und die Interdependenz der Ressourcen beeinflusst wird.

Hieraus resultieren die Einzigartigkeit und Ausdifferenzierung der Unternehmungsressourcen und eine damit einhergehende asymmetrische Ressourcenallokation. Dies bedeutet, dass kritische Ressourcen einen hohen Beitrag zum akquisitorischen Potential der Unternehmung leisten können. Damit wird deutlich, dass es sich primär um **personale** und **organisatorische Ressourcen** handeln muss. Folglich wird hierdurch auch der Fokus auf die interne Generierung singulärer Ressourcen gelegt, ein Sachverhalt, aus dem auch eine größere Dauerhaftigkeit der Wettbewerbsvorteile resultieren kann.

Zunächst stellt sich die Frage, ob mit Dienstleistungen überhaupt dauerhafte **strategische Wettbewerbsvorteile** zu erreichen sind. Während einerseits betont wird, dass die Transparenz des Dienstleistungserstellungsprozesses mit der Gefahr einhergehe, dass die Dienstleistung durch die Konkurrenz leicht imitierbar sei, d. h. die Schutzmöglichkeiten mangels gewerblicher Schutzrechte, etwa in der Form von Patenten, bei Dienstleistungen nur begrenzt gegeben seien (vgl. z. B. Benkenstein/Steiner 2004, S. 32; Güthoff 1998, S. 614), wird anderseits hervorgehoben, dass dienstleis-

tungsbasierte Wettbewerbsvorteile tendenziell eine **größere Dauerhaftigkeit** aufweisen, als dies bei materiellen Produkten der Fall ist (vgl. Simon 1993, S. 10). Insbesondere aufgrund der fortschreitenden Angleichung der Produkte können materiell
basierte Wettbewerbsvorteile nur noch selten einen dauerhaften Wettbewerbsvor-
sprung gewähren. Demgegenüber können aber die häufig in Mitarbeitern gebundenen Dienstleistungsstärken einen für Kunden nachvollziehbar größeren Nutzwert bieten, der von den Wettbewerbern nur schwierig nachgeahmt werden kann (vgl. Graßy
1993, S. 138), d. h., die Ressourcen des Anbieters können die Funktion eines
Schutzmechanismus übernehmen. Diese größere Dauerhaftigkeit wird folglich darauf
zurückgeführt, dass hinter den Wettbewerbsvorteilen, wie etwa bessere Qualifikation, höhere Reaktionsfähigkeit und mehr Freundlichkeit, die **Mitarbeiter** und die **Unternehmungskultur** stehen, die durch die Konkurrenten nur bedingt imitiert werden
können.

3.2.2 Wettbewerbsstrategische Optionen

Bei der Formulierung der Wettbewerbsstrategien ist zu berücksichtigen, dass

- die unterschiedlichen **Quellen** strategischer Wettbewerbsvorteile zueinander nicht
  vollständig kompatibel sein müssen und deshalb nicht in beliebiger Kombination
  erschlossen werden können und

- die **Maßnahmen** zur Erschließung dieser Quellen nur teilweise voneinander unabhängig ergriffen werden können: Häufig sind Abhängigkeiten derart zu berücksichtigen, dass sich Maßnahmen gegenseitig ausschließen, abschwächen, bedingen oder verstärken.

Aus diesem Grunde existiert für eine Unternehmung nur eine begrenzte Anzahl alternativer Möglichkeiten bei der Auswahl zu erschließender Quellen und entsprechender Erschließungsmaßnahmen, die in Kombination eine hohe Effektivität erwarten
lassen. Eine erwartungsgemäß effektive **Quellen-Maßnahmen-Kombination** sei im
Folgenden als strategische Option bezeichnet.

Um die grundsätzlichen strategischen Optionen aufzuzeigen, wird an den generischen Strategien Porters, erweitert um die sogenannten hybriden Strategien, angeknüpft. Darüber hinaus werden Gedanken des ressourcenorientierten Ansatzes aufgegriffen, um die Bedeutung der Potentialgestaltung hervorzuheben. Damit wird
gleichzeitig unterstrichen, dass die allgemeinen Wettbewerbsstrategietypen als generelle Typen interpretiert werden, die branchenübergreifende Bedeutung haben. Eventuelle Unterschiede zu Industrieunternehmungen resultieren

- einerseits aus der unterschiedlichen Bedeutung, die den einzelnen Strategietypen bei Dienstleistungen zukommt, und

- anderseits aus der inhaltlichen Ausgestaltung.

In Anlehnung an Porter (2008) wird zwischen den wettbewerbsstrategischen Optionen Kostenführerschaft, Differenzierung sowie Konzentration auf Schwerpunkte unterschieden (vgl. Hayek 1952, S. 128; Mises 1940, S. 261).

Die Strategie der **Kostenführerschaft** zielt darauf ab, durch Bündelung aller strategischen Aktivitäten einen relativen Kostenvorsprung gegenüber Wettbewerbern zu erreichen und so Wettbewerbsvorteile auf dem Gesamtmarkt des strategischen Geschäftsfeldes zu erzielen. Als Quellen derartiger strategischer Kostenvorteile kommen größenbedingte Kostendegressionen, unternehmungsspezifische Technologien, vorteilhafter Ressourcenzugang, hohe Kapazitätsauslastung, Standortvorteile etc. in Betracht, die insgesamt ein Absenken der Stückkosten unter das Niveau der wichtigsten Konkurrenten ermöglichen sollen. Eine umfassende Kostenführerschaftsstrategie erscheint nur auf Märkten mit homogenen Dienstleistungen und weithin anerkannten Standards angezeigt, in denen produkt- oder abnehmerspezifische Merkmale nur äußerst begrenzte Differenzierungsmöglichkeiten bieten und hinter dem Preis als Präferenzbildungskriterium zurücktreten. Da Kostenvorteile nur dann für den Nachfrager in einen Preisvorteil münden, wenn der Anbieter den Kostenvorteil nicht nur als eine Quelle für kurzfristige Gewinnsteigerungen betrachtet, wird in der Literatur auch von einer Preisführerschaftsstrategie gesprochen.

Bei weitgehend homogenen Dienstleistungen ist in der **Standardisierung** auf Potential-, Prozess- und Ergebnisebene eine geeignete Maßnahme zu sehen, auf deren Grundlage Erfahrungskurveneffekte realisiert werden können. Damit wird deutlich, dass eine Kostenführerschaftsstrategie in Dienstleistungsunternehmungen nicht per se aus den Überlegungen ausgeschlossen werden kann. Liegen weitgehend heterogene Dienstleistungen vor, gestalten sich Preisvergleiche tendenziell schwierig (vgl. z. B. Noch 1995, S. 127 ff.), insbesondere deshalb, weil sie als Leistungsversprechen angeboten werden. Probleme des Preisvergleiches lassen sich bei diesen Dienstleistungen als produktimmanent charakterisieren. Darüber hinaus kann der Dienstleistungsanbieter auch versuchen, durch eine Bündelung der Leistungen einen Kombinationspreis zu bilden, um sich vom Preiswettbewerb abzukoppeln (vgl. z. B. Meyer 1985, S. 99 ff.). Ziel ist dabei die Schaffung von Wettbewerbsvorteilen durch ein spezifisches Angebotssystem, so dass keine Kostenführerschaftsstrategie im klassischen Sinne vorliegt.

Die **Differenzierungsstrategie** stellt demgegenüber darauf ab, sich gegenüber den Wettbewerbern über das Angebot einzigartiger Leistungen abzuheben, die im betreffenden strategischen Geschäftsfeld hinsichtlich bestimmter für den Abnehmer wertvoller Merkmale einen Besonderheitscharakter aufweisen und dem Abnehmer einen Zusatznutzen stiften, der mit einer Preisprämie honoriert wird. Dies setzt voraus, dass der angebotene Zusatznutzen für den Abnehmer wichtig ist und von ihm auch tatsächlich wahrgenommen wird. Die für den Zusatznutzen geforderte Preisprämie muss dabei in einem angemessenen Verhältnis zum Wert des Zusatznutzens für den Abnehmer stehen. Dieser Vorteil muss jedoch nicht allein auf der Ergebnisdimension aufbauen, sondern kann sich auch auf die Potential- und die Prozessdimension beziehen. Anknüpfungspunkte sind dabei entweder wettbewerbsrelevante Basisleistungen und/oder zusätzliche Leistungskomponenten.

Während sich die Kostenführerschafts- und die Differenzierungsstrategie auf den Gesamtmarkt beziehen, liegt der **Konzentrationsstrategie** eine engere Ausrichtung auf eine spezielle Marktnische des strategischen Geschäftsfeldes zugrunde. Innerhalb eines Teilmarktes, der durch eine spezifische Kundengruppe, eine Produktlinie oder ein geographisches Gebiet definiert werden kann, ist wiederum eine Grundsatzentscheidung über den Typ des angestrebten Wettbewerbsvorteils zu treffen, was zu einer Differenzierung zwischen Konzentrationsstrategie mit Kosten- und mit Differenzierungsschwerpunkt führt. Damit liegt keine eigenständige Strategie vor.

Bei **hybriden Wettbewerbsstrategien** (vgl. z. B. Corsten 1994d, S. 197 f.; Corsten/Corsten 2012, S. 47 ff.; Knyphausen/Ringlstetter 1991, S. 543 ff.; Werkmann 1989, S. 204 ff.) wird davon ausgegangen, dass es durchaus möglich ist, beide strategischen Optionen innerhalb einer strategischen Geschäftseinheit zu realisieren, wobei zwischen einem sequentiellen und einem simultanen Strategieeinsatz zu unterscheiden ist. Bei einer **sequentiellen Abfolge** liegt ein Übergang von einer Kostenführerschafts- zu einer Differenzierungsstrategie bzw. von einer Differenzierungs- zu einer Kostenführerschaftsstrategie vor (vgl. Gilbert/Strebel 1987, S. 28 ff.; Kleinaltenkamp 1987, S. 33), und zwar in Abhängigkeit von der Wettbewerbsphase.

Ob eine **sequentielle Kombination** der Strategietypen möglich ist, hängt nach Krüger/Homp (1996, S. 19 ff.) von den konkreten Ausgangspositionen ab, wobei sie die beiden folgenden Situationen unterscheiden:

- Ein **Kostenführer** hat zunächst kein Potential, um eine Differenzierungsstrategie zu entwickeln. Um eine Differenzierungskompetenz aufzubauen, wäre es demnach notwendig, dass der Kostenführer entsprechende finanzielle Mittel akkumuliert. Dies bedeutet aber einen Aufbau neuer Kompetenzen. Gelingt dies dem Kostenführer, dann hätte er die Möglichkeit zu einer simultanen Kombination.

- Demgegenüber scheint der **Differenzierer** durch eine Übertragung der vorhandenen Kompetenzen grundsätzlich in der Lage zu sein, eine bessere Kostenposition zu erlangen. Ansatzpunkte hierfür bietet z. B. die konsequente Verfolgung des Baukastenprinzips und die damit einhergehende Standardisierung, die bei Produktteilen größere Stückzahlen ermöglicht (Economies of scale). Aus dieser Modularisierung ergeben sich Ansatzpunkte für eine Segmentierung des Produktionsprozesses, und zwar dergestalt, dass standardisierte Teile kundenfern zentralisiert erstellt und die für eine Individualisierung relevanten Teile zentral erbracht werden (Decoupling point oder Bevorratungsebene). Ist der Anbieter dabei in der Lage, sein Differenzierungspotential aufrechtzuerhalten, dann kann auch eine simultane Verfolgung der Strategietypen erreicht werden.

Von einer **simultanen Verfolgung** wird dann gesprochen, wenn ein Anbieter in einer strategischen Geschäftseinheit beide Strategietypen verfolgt (vgl. z. B. Corsten 1995a, S. 346 ff.; Fleck 1995, S. 21 ff.; Miles/Snow 1978, S. 24 ff.; Rollberg 1996, S. 17; Werkmann 1989, S. 204 ff.). Dies ist etwa dann der Fall, wenn ein Anbieter in einer Preisklasse danach strebt, die beste Leistung anzubieten, oder innerhalb einer bestimmten Qualitätsklasse die kostengünstigste Leistung anzubieten versucht. Generell kann davon ausgegangen werden, dass Differenzierungsvorteile sowohl für eine sequentielle als auch für eine simultane Vorgehensweise einen guten Ausgangspunkt bilden. Ein Übergang von einer sequentiellen zu einer simultanen Kombination der Strategietypen ist dabei analytisch denkbar, wobei

- der Differenzierungsvorteil durch die Kernkompetenzen und
- der Kostenvorteil durch das sogenannte Kernprodukt, das durch Mehrfachnutzung entsprechende Degressionseffekte bewirkt,

ausgelöst wird (vgl. Krüger/Homp 1996, S. 20).

Anders als in früheren Abhandlungen sieht Porter (2001, S. 70) in einer neueren Veröffentlichung auch die Möglichkeit einer simultanen Strategieverfolgung, wenn er betont, dass Wettbewerbsvorteile sich verfolgen lassen „by operating at a lower cost, by commanding a premium price, or by doing both." Ein wesentlicher Grund für diese veränderte Einschätzung ist in den **informationstechnologischen Entwicklungen** zu sehen, ein Sachverhalt, auf den in der Literatur (vgl. z. B. Corsten 1995a, S. 347 ff.) mehrfach frühzeitig hingewiesen wurde.

Informationstechnische Systeme eröffnen die Möglichkeit, auf die unterschiedlichen Kundensituationen verbessert einzugehen und damit eine Differenzierungsposition einnehmen zu können und gleichzeitig eine Effizienzsteigerung durch Prozessintegration (Kostenführerschaft) anzustreben (vgl. Weiber/McLachlan 2000, S. 123). E-Technologien schaffen ein **Differenzierungspotential** im Rahmen des Wettbewerbs, weil sie den Anbietern die Möglichkeit eröffnen, flexibel am Markt zu agieren. Wesentliche Faktoren hierfür sind in der Prozessbeherrschung innerhalb der Unternehmung und in der Interaktion mit den Nachfragern sowie eventuell mit Kooperationspartnern, die Leistungen entsprechend ihrer Kernkompetenzen erbringen, zu sehen. So bilden insbesondere die **virtuellen Unternehmungsnetzwerke** mit ihrer situativen Vernetzung

- einerseits die Möglichkeit, Kostenvorteile durch die Inanspruchnahme von Spezialisten zu realisieren und einen größeren Absatzmarkt zu beliefern, sowie
- anderseits die Möglichkeit, für eine kundenindividuelle Konfiguration von Produkten Differenzierungsvorteile zu erreichen,

eine geeignete Grundlage für die Realisierung einer hybriden Wettbewerbsstrategie (vgl. Corsten 2000b, S. 17 ff.).

Dass Unternehmungen, die sowohl die Kostenführerschafts- als auch die Differenzierungsstrategie verfolgen, überdurchschnittliche Ergebnisse erzielen können, wurde empirisch mehrfach belegt (vgl. z. B. Gaitanides/Westphal 1991; Hall 1980; Miller/Friesen 1986; Phillips/Chang/Buzzel 1983; White 1986). Manche Autoren weisen darauf hin, dass Unternehmungen teilweise sogar gezwungen seien (vgl. Reiß 1992, S. 62), eine hybride Wettbewerbsstrategie zu verfolgen, weil am Markt **hybride Nachfrager** aufträten, die Leistungen mit hoher Qualität bei gleichzeitig niedrigem Preis forderten. Bei Dienstleistungsunternehmungen ist in diese Überlegungen zusätzlich der Sachverhalt einzubeziehen, dass die generischen Wettbewerbsstrategien aufgrund der Interaktivität im Rahmen der Leistungserstellung ausgeprägte Interdependenzen aufweisen (vgl. Büttgen/Ludwig 1997, S. 7).

Welche Bedeutung diesen strategischen Optionen im Kontext der Dienstleistungsunternehmungen zukommt, ist für die Ausgestaltung eines allgemeinen wettbewerbsstrategischen Rahmens mit integrativem Anspruch irrelevant. Entscheidend ist vielmehr, dass unterschiedliche Wettbewerbsstrategien auftreten, auch wenn ihnen im Einzelfall eventuell im Rahmen konkreter Dienstleistungsbereiche teilweise nur eine geringe Bedeutung zuerkannt werden kann.

3.2.3 Dienstleistungsspezifische Ansatzpunkte

Im Kontext der Dienstleistungen sind bedingt durch die Integrativität soziale Interaktionen zwischen Nachfrager und Anbieter von zentraler Bedeutung. Sie zeichnen sich dadurch aus, dass eine zeitliche Abfolge von Aktionen und Reaktionen gegeben ist, d. h., es handelt sich um interdependente Austauschbeziehungen. Bei Interaktionen im Rahmen der Dienstleistungserstellung ist zwischen einer Sachebene (z. B. Fachwissen) und einer Beziehungsebene (z. B. Lösungsakzeptanz) zu unterscheiden (vgl. Fließ 1996a, S. 1 ff.), wobei das Ergebnis des Dienstleistungserstellungsprozesses durch die Interaktionspartner auf beiden Interaktionsebenen beeinflusst wird. Die Auswirkungen der Interaktivität werden in der Literatur unterschiedlich beurteilt:

- Negative Auswirkungen der Interaktivität werden vor allem mit Blick auf die Produktivität der Leistungserstellung begründet (vgl. z. B. Homburg/Faßnacht 1998, S. 538; Martin/Horne 1992, S. 27 ff.):

  -- Aufgrund mangelnder Prozessevidenz (vgl. z. B. Fließ 1996b, S. 92 f., und 2001, S. 69 ff.), die sich aus dem Zusammenspiel von Prozesstransparenz und -bewusstsein des Nachfragers und des Anbieters ergibt, würde die Abstimmung des Leistungserstellungsprozesses erschwert.

  -- Durch die Interaktivität seien der Realisation von Erfahrungskurveneffekten enge Grenzen gesetzt, weil sie sich nur bei standardisierbaren und automatisierbaren Dienstleistungen realisieren ließen (vgl. z. B. Carman/Langeard 1980, S. 11 f.; Graßy 1993, S. 122 f.).

  Es wird deshalb empfohlen, den Integrationsgrad zu reduzieren, d. h. eine Internalisierung der Aktivitäten vorzunehmen.

- Begründungen positiver Auswirkungen der Interaktivität basieren auf der Möglichkeit, durch Interaktionen differenzierte Informationen über die Bedürfnisse des Nachfragers zu erlangen (vgl. z. B. Fitzsimmons/Fitzsimmons 2001, S. 127):

  -- Diese Informationen können die Basis für eine Differenzierungsstrategie bilden (vgl. Homburg/Faßnacht 1998, S. 536), wenn auf der Anbieterseite Lerneffekte angestrebt werden, die sich auf die Leistung selbst, die Antizipation ihrer Inanspruchnahme sowie den Leistungserstellungsprozess beziehen und damit zu einer Verbesserung der aus Nachfragersicht relevanten Leistungsmerkmale beitragen.

  -- Durch diese Informationen ergeben sich Möglichkeiten zur Unterstützung einer Kostenführerschaftsstrategie: Einerseits gehen Lerneffekte des Nachfragers mit einer höheren Leistungstransparenz einher und erleichtern die Abstimmung des Leistungsprozesses. Andererseits ergeben sich aus zusätzlichen Informationen weitere Ansatzpunkte für eine kundenorientierte Standardisierung und damit zur Realisation von Skaleneffekten.

Die Interaktivität zwischen dem Dienstleistungsanbieter und dem Nachfrager eröffnet Möglichkeiten für eine (freiwillige) Kundenbindung, die sowohl auf die informatorische Situation als auch auf monetäre Erfolgsgrößen positive Auswirkungen haben kann.

Der Informationsaustausch im Rahmen einer Kundenbeziehung unterliegt im Zeitablauf Veränderungen, wobei das Ausmaß des Informationsaustausches durch den

Grad der Interaktion zwischen Nachfrager und Anbieter beeinflusst wird. Dies kann dazu führen, dass der Kunde als Teil der Unternehmung gesehen wird („partial employee"; vgl. Mills/Morris 1986), falls der Informationstransfer über den „üblichen" Austausch einzelkundenbezogener Informationen hinausgeht (vgl. Diller 1996, S. 88; Weinberg 1998, S. 47 f.). Die Unternehmung erlangt damit Informationen über die Vorstellungen des Kunden bezüglich der Erstellung der Dienstleistung, die es bei entsprechender Verarbeitung ermöglichen, Kundenwünsche besser einzuschätzen, auf sie unmittelbar zu reagieren und diese besser erfüllen zu können.

In dieser Betrachtung erfüllt der Nachfrager somit eine Doppelfunktion, die anschaulich mit dem Begriff „Prosumer" (**Pro**ducer und Con**sumer**) beschrieben wird (vgl. Normann 1987, S. 15; Toffler 1980, S. 25 und S. 282 ff.). In diesem Zusammenhang wird auch von Co-producer (vgl. Meyer/Blümelhuber 1994, S. 9) gesprochen, dessen Aktivitätsspektrum teilweise so erweitert wird, dass der Nachfrager auch als Co-designer (vgl. Schneider/Bowen 1995, S. 106) gesehen wird (vgl. Abschnitt 2.2.3). In dieser Sichtweise unterbreitet der Nachfrager dem Anbieter konkrete Verbesserungsvorschläge, Beschwerden, Informationen über Leistungen anderer Anbieter bis hin zu innovativen Vorschlägen für die Entwicklung neuer Dienstleistungen (vgl. Büttgen/Ludwig 1997, S. 49). Je spezieller dieses erlangte Wissen verwendet wird, desto größer ist die Wahrscheinlichkeit, dass der einzelne Kunde mit der angebotenen Dienstleistung zufrieden ist. Damit wird deutlich, dass durch die Interaktivität zwischen Anbieter und Nachfrager eine lernende Kundenbeziehung (vgl. Simon/Homburg 1998, S. 25) gegeben ist, die sich dadurch auszeichnet, dass der Anbieter im Zeitablauf die Wünsche seiner Kunden besser versteht und ein entsprechendes individuelles Kundenprofil aufbaut, das auch den Kunden einen zusätzlichen Nutzen zu stiften vermag. Vor diesem Hintergrund gewinnen das Wissen und die Lernfähigkeit einer Unternehmung an Bedeutung. Diese können sich einerseits auf diejenigen Leistungsmerkmale, die aus Kundensicht eine besondere Relevanz besitzen, und anderseits auf die von Kunden wahrgenommenen Angebote der Wettbewerber beziehen.

Die **Lernfähigkeit** einer Unternehmung zeichnet sich dadurch aus, dass sowohl die Kundenerwartungen und insbesondere die sich im Zeitablauf verändernden Kundenwünsche registriert und bei der Leistungserstellung berücksichtigt werden. Bereits erste Anzeichen der Veränderung bei den Nachfragern sollten erkannt und entsprechend analysiert werden. Eine hohe Interaktionsintensität erleichtert dabei dem Anbieter den Informationszugang. Die Unternehmung sammelt und strukturiert Informationen der Nachfrager, die diese bei Transaktionen „hinterlassen" (vgl. z. B. Kleinaltenkamp/Dahlke 2003, S. 239 f.). Wird das generierte Wissen so gespeichert, dass alle mit dem Kunden in Kontakt stehenden Mitarbeiter, hierauf zugreifen können, kann dem Nachfrager bei zukünftigen Dienstleistungen ein Gefühl der Wertschätzung und der Exklusivität vermittelt werden (vgl. Corsten/Dresch/Gössinger 2004, S. 44 f.). Des Weiteren können mit diesem Wissen gezielt Anhaltspunkte zur Erschließung von Standardisierungs- und Individualisierungspotentialen identifiziert werden. Damit wird das Wissen über das persönliche Umfeld eines Kunden und dessen Wünsche zu einer Ressource, die es ermöglicht, weitere Nachfrager zu akquirieren, und der Nachfrager wird dabei zum Ressourcenlieferanten (vgl. Freiling 2003, S. 95 f. und S. 104). Die Kundenbeziehung ist somit das Ergebnis der Fähigkeit der Unternehmung, den Leistungserstellungsprozess so zu gestalten, dass sich hieraus eine Kundenbindung ergibt (vgl. Gouthier/Schmid 2001, S. 234).

Eine enge langfristige Geschäftsbeziehung kann jedoch für den Anbieter auch mit **negativen Konsequenzen** einhergehen. Durch langjährige Kontakte erlangen Anbieter und Nachfrager vertrauliche Informationen der jeweils anderen Seite. Dieser Austausch führt zwar grundsätzlich zu beiderseitigen Vorteilen, jedoch können diese Informationen bei einer Beendigung der Geschäftsbeziehung in andere Geschäftsbeziehungen einfließen, wodurch der aufgebaute Wettbewerbsvorteil obsolet zu werden droht (Know-how-Abfluss, vgl. z. B. Engelhardt 1996, S. 81; Nagengast 1997, S. 121 f.). Das Ausmaß der negativen Konsequenzen der Beendigung einer Geschäftsbeziehung ist von

- der Dauer der Geschäftsbeziehung,
- der Intensität des Informationsaustausches und
- der Bedeutung des personengebundenen Know-how, das durch den Anbieter in den Leistungserstellungsprozess eingebracht wird,

abhängig. Aufgrund der tendenziell größeren Spezifität des Wissens ist bei personendominanten Dienstleistungen tendenziell von stärkeren negativen Effekten als bei sachbezogenen Dienstleistungen auszugehen.

Zur Reduzierung eines personengebundenen Know-how-Abflusses bieten sich folgende Möglichkeiten an (vgl. Heene/Looy/Dierdonck 2003, S. 465 ff.):

- Bindung der Mitarbeiter an die Unternehmung durch entsprechend gestaltete Arbeitsverträge oder Erhöhung der Attraktivität der Unternehmung.
- Verteilung des Know-how auf verschiedene Mitarbeiter und Speicherung in Datenbanken mit differenzierten Zugriffsmöglichkeiten, um eine Abhängigkeit von einzelnen Mitarbeitern, die die Träger des Know-how sind, zu vermeiden. Dies geht mit einer Modularisierung des Know-how und einer Verteilung auf verschiedene Nachfrager einher.

- Ferner soll das Wissen in Organisationsstrukturen gespeichert werden. Dabei ist die Konfiguration der Schnittstellen zwischen den einzelnen Geschäftseinheiten insbesondere für die Anbieter-Nachfrager-Beziehungen von Bedeutung, da dabei die Gefahr von Schnittstellenverlusten grundsätzlich höher als bei unternehmungsinternen Beziehungen ist.

Gelingt es, den Know-how-Abfluss weitgehend einzudämmen, dann können im Zeitablauf auf der Grundlage einer längerfristigen Kundenbindung unterschiedliche strategische Optionen verfolgt werden:

- Durch die genauere Kenntnis der Kundenwünsche und eine darauf aufbauende individuelle Betreuung, d. h einen tendenziell höheren Individualisierungsgrad, wird eine Differenzierungsstrategie unterstützt.

- Die bei längerfristigen Kundenbeziehungen in größerem Umfang generierten Informationen vermögen es, Hinweise auf Möglichkeiten zur Standardisierung und damit zur Realisierung von Synergie- und Skaleneffekten zu geben. Zusätzlich kann durch Vertrauensaufbau die bezüglich der Qualität preisgünstiger Leistungen wahrgenommene Unsicherheit des Nachfragers reduziert werden. Diese Sachverhalte deuten auf das Unterstützungspotential längerfristiger Kundenbeziehungen für eine **Kostenführerschaftsstrategie** hin.

Maßnahmen zur Kundenbindung sind auf den Aufbau und die Pflege längerfristiger, über eine einzelne Transaktion hinausgehende Kundenbeziehungen gerichtet, um die mit marktlichen Austauschprozessen verbundenen **Erfolgskomponenten des Anbieters** in der Summe positiv zu beeinflussen. Im Rahmen der Entscheidung über die Durchführung von Kundenbindungsmaßnahmen sind folglich die Erfolgswirkungen dieser Maßnahmen zu analysieren. Dabei ist zu berücksichtigen, dass sie sich nicht nur bei zukünftigen Transaktionen mit diesem Kunden bezüglich der wiederholten Inanspruchnahme der gleichen Leistung (unmittelbare Wirkung), sondern durch das Referenzpotential des Kunden auch mittelbar bei Transaktionen mit anderen Kunden (vgl. Kleinaltenkamp/Dahlke 2003, S. 231 f. und S. 239) und/oder bezüglich anderer Leistungen desselben Anbieters niederschlagen können (vgl. Fischer/Schmöller 2003, S. 505 f.). Eine Strukturierung der anbieterseitigen Erfolgskomponenten, die nachfolgend im Zentrum des Interesses stehen, kann an den Elementen des marktlichen Austausches ansetzen (vgl. Plinke 2000, S. 44 ff.):

- leistungsbezogene (transaktionsobjektbezogene) Komponenten,

- transaktionsbezogene Komponenten in der Anbahnungs-, Vereinbarungs- und Kontrollphase.

Die Analyse der relevanten leistungsbezogenen Kundenbindungs-Erfolgskomponenten bezieht sich auf die operativen Bestimmungsgrößen des Gewinns (vgl. Homburg/Daum 1997, S. 30 f.):

- Die **mengensteigernde Wirkung** der Kundenbindung ist auf unterschiedliche Effekte zurückzuführen. Hinsichtlich des Kunden, zu dem eine langfristige Beziehung aufgebaut wurde, sind insbesondere

    -- die häufigere wiederholte Inanspruchnahme der gleichen Dienstleistung aufgrund des Erlernens ihrer Vorteilhaftigkeit und des daraus resultierenden Vertrauens in die Leistung,

    -- die zusätzliche Inanspruchnahme anderer Dienstleistungen des Anbieters (z. B. Cross-selling-Effekt, vgl. z. B. Büttgen 2000, S. 56.) und

    -- die durch die reduzierte Inanspruchnahme von Dienstleistungen der Konkurrenzanbieter bewirkte Mengensteigerung

    zu nennen (vgl. Fischer/Schmöller 2003, S. 506; Homburg/Schäfer 2003, S. 179). Des Weiteren ist zu berücksichtigen, dass der Kunde als Referenzgeber gegenüber aktuellen und potentiellen Kunden agiert und damit eine weitere Mengensteigerung herbeiführen kann (vgl. Freiling 2003, S. 97 f.). Vor allem im strategischen Zusammenhang ist das Referenzpotential der Lead User hervorzuheben, das sich in einem Vertrauensbonus der anderen Kunden gegenüber dem Anbieter niederschlagen kann und somit mit einer höheren Akzeptanz von neugestalteten Dienstleistungen und einer beschleunigten Markteinführung einhergeht.

- Zusätzlich zu der auf der Grundlage der Nachfragerintegration durch Individualisierung realisierbaren Differenzierungsprämie äußert sich der **Preiseffekt** der Kundenbindung in einer Akzeptanz höherer Preise und einer geringeren Preiselastizität. Er lässt sich hinsichtlich des Kunden, zu dem eine langfristige Beziehung aufgebaut wurde, durch die damit einhergehende Abhängigkeit (insbesondere bei Systemlösungen) des Kunden vom Anbieter und die reduzierten Transaktionskosten begründen (vgl. Homburg/Daum 1997, S. 31). Eine höhere Preisbereitschaft anderer Kunden und Neukunden kann wiederum auf das Referenzpotential des Kunden und den damit geschaffenen Vertrauensbonus zurückgeführt werden. Diesem Effekt wirkt die sinkende Preisbereitschaft der Nachfrager bei einem im Rahmen längerfristiger Geschäftsbeziehungen tendenziell zunehmendem Umfang der Externalisierung der Aktivitäten im Rahmen der Dienstleistungserstellung entgegen.

- Durch Kundenbindung können die **Produktionskosten** aufgrund folgender Effekte gesenkt werden (vgl. Diller/Kusterer 1988, S. 212 f.; Freiling 2003, S. 85 ff.):

    -- Die Mengenwirkung der Kundenbindung erweitert den Umfang der realisierbaren Erfahrungskurveneffekte. Aus dem mit der Integration einhergehenden Abbau von Informationsasymmetrien bezüglich des Leistungserstellungsprozesses und des -ergebnisses werden Friktionen im Erstellungsprozess reduziert, und es ergibt sich eine positive Auswirkung auf die Interaktionskompetenz des Nachfragers und Anbieters. Synergetische Effekte ergeben sich insbesondere daraus, dass sich der Nachfrager Kenntnisse über den Anbieter und die Interaktionen aneignet und der Anbieter veränderte Erwartungen an den Nachfrager hat. Die Kundenbindung hat damit Einfluss auf die „Qualität" des Nachfragers, sich in den Leistungserstellungsprozess in adäquater Weise einzubringen.

-- Im Rahmen einer engen Kundenbeziehung ist es dem Anbieter möglich, in einem längeren Zeitraum Produktionsfaktoren des Kunden zu nutzen. Dies betrifft beispielsweise Informationen des Kunden, die eine bessere Koordination der Dienstleistungserstellung ermöglichen, monetäre Faktoren, wenn der Kunde als Kapitalgeber agiert, sowie menschliche Arbeitsleistung.

Die Wirkungen einer Kundenbindung auf die **Erfolgskomponenten der Transaktion** lassen sich auf die bei wiederholten Transaktionen mit demselben Vertragspartner gewonnenen Erfahrungen zurückführen, aus denen im positiven Fall Vertrauen resultiert. Auf dieser Basis werden Informationsasymmetrien und die damit einhergehenden Unsicherheiten, Spielräume für opportunistisches Verhalten, Ausmaße erforderlicher Screening- und Signalling-Aktivitäten sowie Dauern der einzelnen Transaktionsprozesse reduziert, so dass sich Reduktionen von Anbahnungs-, Vereinbarungs- und Kontrollkosten ergeben (vgl. Fischer/Schmöller 2003, S. 499; Helm 2003, S. 122). Da Reduktionseffekte umso größer sind, je größer die Unsicherheit und Spezifität der zugrundeliegenden Leistung ist, ist für Dienstleistungen, die als Kontraktgüter eine relativ hohe Spezifität und Unsicherheit aufweisen (vgl. Kaas 1992, S. 886 f.), von einem hohen Reduktionspotential auszugehen (vgl. z. B. Reichheld/Teal 1996, S. 39 ff.; Kleinaltenkamp/Dahlke 2003, S. 232 ff.):

- **Anbahnungskosten**: Das Vertrauen des Kunden in den Anbieter und die genaueren Kenntnisse des Anbieters über kundenspezifische Gegebenheiten vereinfachen dem Anbieter den Zugang zum Kunden bei der Initiierung weiterer Transaktionen bezüglich derselben oder anderer Dienstleistungen. Im Hinblick auf andere Kunden wirken die erweiterte Marktkenntnis des Anbieters und die Referenzwirkung des Kunden (Mund-zu-Mund-Kommunikation) ebenfalls kostensenkend.

- **Vereinbarungskosten**: Reduktionen beruhen auf dem Effekt, dass das in Transaktionen von beiden Marktpartnern erlangte Wissen über Präferenzen, Problemstellungen und geeignete Lösungsansätze bei der Dienstleistungsvereinbarung mit einem verringerten Informations- und Koordinationsbedarf einhergeht.

- **Kontrollkosten**: Das durch beide Marktpartner zusätzlich erworbene Wissen über die Integrationsfähigkeit, die Integrationsbereitschaft, die Eignung der eingebrachten Ressourcen und die wechselseitigen Abhängigkeiten reduziert den Bedarf an Kontrollaktivitäten und die damit einhergehenden Kosten.

Diesen positiven Erfolgskomponenten einer Kundenbindungsentscheidung sind die mit dem Beziehungsaufbau und der -pflege verbundenen Beziehungskosten gegenüberzustellen. Hierbei sind etwa zu nennen (vgl. Helm 2003, S. 120 f.; Stauss/Friege 2003, S. 532 ff.):

- **kundenspezifische Produktionskosten** durch Investitionen in Personal und Anlagen, die bei hoher Spezifität der Leistung einerseits einen hohen Fixkostenanteil aufweisen und andererseits eine Abhängigkeit vom Kunden begründen, und

- **kundenspezifische Absatzkosten**, die z. B. durch den Aufbau eines kundenbezogenen Informations-, Beschwerde- und Rückgewinnungsmanagements oder durch über das übliche Maß hinausgehende Garantien, Rabatte, Boni und Skonti verursacht werden.

Die bisherigen wettbewerbsstrategischen Ausführungen sind letztlich als **Grundoptionen** zu interpretieren, die einen allgemeinen Rahmen für eine inhaltliche Konkretisierung der Dienstleistungsstrategien bilden. Sie verdeutlichen, dass es nicht möglich ist, eine wettbewerbsstrategische Grundoption für Dienstleistungen generell auszuschließen. Zur **inhaltlichen Ausgestaltung** ist es jedoch erforderlich, das Abstraktionsniveau zu senken und die wettbewerbsstrategischen Grundoptionen vor dem Hintergrund von Dienstleistungen einer differenzierteren Betrachtung zu unterziehen.

In der Literatur werden unterschiedliche Bezugspunkte für die Umsetzung der wettbewerbsstrategischen Grundoptionen genannt (vgl. Homburg/Faßnacht 1998, S. 531 ff.; Meffert 1994, S. 527 f.). Hinsichtlich der Differenzierungsstrategie wird dabei das Augenmerk auf die Innovation und Variation der Dienstleistung, die Dienstleistungsmarke und -qualität sowie die Kundennähe und Kommunikation gerichtet, d. h., es stehen Aspekte der Individualisierung im Vordergrund. Bei Überlegungen zur Kostenführerschaftsstrategie werden insbesondere die Standardisierung der Dienstleistung sowie das Kostenmanagement (Kostenniveau, -verlauf und -struktur; vgl. Corsten/Reiß 1990, S. 390 ff.) thematisiert. Aufgrund der Interaktivität im Rahmen der Dienstleistungserstellung weisen die generischen Wettbewerbsstrategien ausgeprägte Interdependenzen auf. Wird von einem Spannungsfeld zwischen Standardisierung und Individualisierung ausgegangen, dann stellt sich die Frage, ob es bei Dienstleistungen auf der Grundlage einer Modularisierung möglich ist, die Vorteile und Ziele von Standardisierung und Individualisierung miteinander zu verknüpfen, um so eine Verfolgung **hybrider Wettbewerbsstrategien** zu unterstützen.

Ausgangspunkt der folgenden wettbewerbsstrategischen Überlegungen zur Standardisierung und Individualisierung bildet die Interpretation der Dienstleistungen als **Leistungsbündel**. In diesem Kontext bedeutet Standardisierung eine Vereinheitlichung der Teilleistungen und der Zusammensetzung des Leistungsbündels aus diesen Teilleistungen (vgl. Mayer 1993, S. 42 ff.). Während eine Standardisierung letztlich mit einer Einschränkung des Spektrums möglicher Leistungen einhergeht und damit für die Anbieterseite eine Produktivitätssteigerung sowie für die Nachfrager- und Anbieterseite eine Reduzierung der bezüglich der Leistung wahrgenommenen Unsicherheit ermöglicht, bedeutet Individualisierung eine Vergrößerung der quantitativen und qualitativen Flexibilität, um Leistungen erbringen zu können, die den spezifischen Bedürfnissen des Nachfragers oder einer homogenen Nachfragergruppe angepasst werden können (Leistungsattraktivität durch Leistungsvielfalt). Damit wird deutlich, dass Standardisierungen (Individualisierungen) tendenziell eine besondere Relevanz für die Unterstützung von Kostenführerschaftsstrategien (Differenzierungsstrategien) aufweisen, d. h., bereits auf der strategischen Ebene sind Entscheidungen über das Verhältnis von Standardisierung und Individualisierung zu treffen. Im Hinblick auf die Dauerhaftigkeit des mit Standardisierungen angestrebten Wettbewerbsvorteils ist zu bedenken, dass einerseits mit zunehmender Standardisierung die Möglichkeiten einer Imitation der Leistungen und damit die Gefahr einer Substitutionskonkurrenz zunimmt. Anderseits können durch standardisierte Güter Standards entstehen (vgl. Ehrhardt 2001, S. 8 ff.), die sich mit zunehmender Akzeptanz und zunehmendem Bekanntheitsgrad zu Markteintrittsbarrieren entwickeln (vgl. Büttgen/Ludwig 1997, S. 30).

Weil davon ausgegangen werden kann, dass das Standardisierungspotential umso höher ist, je geringer die persönliche Interaktivität der Akteure im Rahmen der Dienstleistungserstellung ist, erscheint es für eine weiterführende Analyse zweckmäßig, zwischen

- personenbezogenen Dienstleistungen und
- objektbezogenen Dienstleistungen

zu unterscheiden. In der Literatur besteht weitgehend Einigkeit darüber, dass bei **objektbezogenen Dienstleistungen** kostensenkende und produktivitätssteigernde Effekte durch Standardisierung erreicht werden können (vgl. z. B. Mayer 1993, S. 89 ff.; Noch 1995, S. 109 ff.). Hieraus kann jedoch nicht der Schluss gezogen werden, dass sich **personenbezogene Dienstleistungen** generell einer Standardisierung entziehen. So lassen sich auch hierbei sowohl im Leistungserstellungsprozess (z. B. einzelne Aktivitäten und Sequenzen) als auch auf der Ergebnisebene Standardisierungspotentiale erschließen. Folglich kann jede Dienstleistung zumindest in Teilen standardisiert erstellt werden (vgl. z. B. Gersch 1995a, S. 26 ff.), wobei zu betonen ist, dass es keine vollständig unstandardisierten Leistungsprozesse gibt.

Wird auf die Dreiteilung der Leistungsdimensionen in Potential, Prozess und Ergebnis zurückgegriffen, dann lassen sich folgende Aussagen zur Standardisierung/Individualisierung der Dienstleistungen treffen:

Die **Potentialstandardisierung** im Sinne einer Konzentration auf Kernaufgaben zielt darauf ab, Leistungen kostengünstig und unter Sicherstellung einer Mindestqualität erbringen zu können. Dabei ist zu berücksichtigen, dass der Potentialdimension aufgrund der Dominanz von Erfahrungs- und Vertrauenseigenschaften eine hohe Bedeutung zukommt, und zwar insbesondere dann, wenn der Nachfrager die Potentialeigenschaften als Orientierungspunkt im Rahmen einer sogenannten derivativen Qualitätsbeurteilung heranzieht. Die Potentialqualität (vgl. Meyer/Mattmüller 1987, S. 191 ff.) zeigt sich dabei für den Nachfrager unmittelbar in

- dem Spezifizierungsgrad (das Spezifizierungspotential wird als Dimension der Potentialqualität interpretiert),
- den mit dem Kunden in Kontakt kommenden materiellen Potentialfaktoren sowie
- den immateriellen Potentialfaktoren (z. B. Image der Unternehmung, erhaltene Auszeichnungen und Zertifikate).

Auch wenn die Nachfrager ihre Einschätzung des Potentials primär an den Faktoren im Front-office-Bereich orientieren, bedeutet dies nicht, dass das Potential im Back-office-Bereich keine Bedeutung erlangt. Es bildet vielmehr eine Voraussetzung dafür, eine entsprechende Kundenzufriedenheit zu bewirken. Dabei ist es sogar denkbar, dass das Potential im Back-office-Bereich gerade bei längerfristigen Geschäftsbeziehungen eine höhere Bedeutung aufweist, weil es wesentlich die Effizienz des Leistungserstellungsprozesses bestimmt.

Vor diesem Hintergrund erlangt die Potentialstandardisierung/-individualisierung unmittelbar akquisitorische Bedeutung (vgl. Marra 1999, S. 137). Zu betonen ist jedoch, dass nicht die Qualität der Potentialfaktoren an sich, sondern die durch den Nachfrager wahrgenommene Qualität relevant ist (vgl. Burmann 1991, S. 253 ff.). Bei der Standardisierung/Individualisierung der Dienstleistungen sind im Potentialbereich die Faktoren menschliche Arbeitsleistung und Betriebsmittel von besonderer Bedeutung. Der menschlichen Arbeitsleistung kommt sowohl bei der Standardisierung als auch bei der Individualisierung eine zentrale Rolle zu (vgl. Stauss 2000a, S. 205). Dies wird insbesondere bei Mitarbeitern im Front-office-Bereich deutlich, die interaktionsintensive Dienstleistungen erbringen. Um dauerhafte Wettbewerbsvorteile im Rahmen einer Differenzierungsstrategie aufzubauen und zu sichern, müssen diese Mitarbeiter nicht nur über eine fachliche, sondern auch über eine soziale Kompetenz und Vertrauenswürdigkeit verfügen. Besser qualifizierte Mitarbeiter, die mit weitreichender Entscheidungskompetenz ausgestattet sind und somit individuelle und umfassendere Problemlösungen für den Nachfrager herbeiführen können, heben sich im Wettbewerb positiv ab (vgl. Mayer 1993, S. 83).

Im Hinblick auf die Dauerhaftigkeit dieses Wettbewerbsvorteils sind Abhängigkeiten des Dienstleistungsanbieters von einzelnen Mitarbeitern zu vermeiden, die sich daraus ergeben können, dass von den Nachfragern ein enger Zusammenhang zwischen der Dienstleistungsqualität und diesen Mitarbeitern wahrgenommen wird. Unter diesen Gegebenheiten könnte der Unternehmung durch einen Mitarbeiterwechsel die „Differenzierungsgrundlage" entzogen werden (vgl. Berry/Burke/Hensel 1976, S. 9 f.; Heskett u.a. 1994a, S. 55). Aus der Perspektive einer Standardisierung unterstützt eine der Leistungsfähigkeit der Mitarbeiter entsprechende Zuordnung von Teilleistungen die Erfüllung der Effizienzsteigerungsziele (vgl. Büttgen/Ludwig 1997, S. 33) und damit eine Kostenführerschaftsstrategie. Auf diese Weise können einerseits Erfahrungskurveneffekte schnell realisiert werden, und andererseits wird die Flexibilität des Personaleinsatzes in geringerem Umfang eingeschränkt, als dies bei der Anwendung des Prinzips der einheitlichen Kundenbetreuung (vgl. Zapf 1990, S. 186) der Fall ist. Infolgedessen können Schwankungen der Kapazitätsnachfrage besser kompensiert bzw. gleichmäßigere Kapazitätsauslastungen realisiert werden. Als klassische Ansatzpunkte für Standardisierungs-/Individualisierungsmaßnahmen sind bezüglich der Mitarbeiter eine entsprechende Gestaltung der Anreizsysteme, Qualifikation und Training der Mitarbeiter sowie Arbeitsanweisungen, etwa im Hinblick auf bestimmte Handlungsweisen und das äußerliche Erscheinungsbild, zu nennen.

Ein weiterer Standardisierungsaspekt wird deutlich, wenn berücksichtigt wird, dass menschliche Arbeitsleistungen bei **personenbezogenen Dienstleistungen** auch vom Nachfrager selbst erbracht werden können. Effektivität und Effizienz des Dienstleistungsprozesses werden dabei nicht unwesentlich von der Bereitschaft und Fähigkeit des Nachfragers, bestimmte Aktivitäten zu übernehmen, beeinflusst. Dieser Sachverhalt lässt es zweckmäßig erscheinen, durch Segmentierung der externen Produktionsfaktoren (vgl. Adler 1994, S. 57; Botschen/Mühlbacher 1998, S. 684 f.; Corsten/ Stuhlmann 1998e, S. 152 f.; Graumann 1983, S. 153) eine Standardisierung herbeizuführen, mit der einerseits die durch mangelnde Bereitschaft und/oder Fähigkeit bedingten störenden Einflüsse reduziert und andererseits nicht reduzierbare Einflüsse gezielt durch eine darauf abgestimmte Gestaltung des Produktionssystems kompensiert werden können. Dabei kann jedoch „... nicht von einer Standardisierung im engeren Sinne gesprochen werden, da keine aktive Angleichung ..., sondern letztlich eine Identifikation vorhandener Ähnlichkeiten vorgenommen wird" (Büttgen/Ludwig 1997, S. 37). Um diese Vorgehensweise zu unterstützen, kann eine Standardisierung der Anforderungen an den Nachfrager erfolgen.

Auch bei den **Betriebsmitteln** erlangen Standardisierungs- und Individualisierungsmaßnahmen zur Unterstützung der Wettbewerbsstrategien hohe Relevanz. Standardisierungseffekte ergeben sich dabei insbesondere im Zuge einer Substitution der **menschlichen** durch **maschinelle Arbeitsleistungen**, die von Spezialaggregaten erbracht werden. Das hierbei aufgrund der Unterschiede in den Faktorpreisen und

-produktivitäten erschließbare Kostensenkungspotential vermag es unmittelbar, die Realisierung einer Kostenführerschaftsstrategie zu unterstützen. Im Kontext der Automatisierung der Dienstleistungen zeigt sich in Abhängigkeit von der Situation, in der der Maschineneinsatz erfolgt, ein Unterstützungspotential für Kostenführerschafts- und für Differenzierungsstrategien. Ähnliches, jedoch mit mittelbarer Wirkung, gilt für Betriebsmittel, die den örtlichen und räumlichen Gegebenheiten im Front-office-Bereich zugeordnet werden (z. B. Grundstücke, Gebäude, Räume). Mit deren (standardisierter) Gestaltung in einem luxuriösen Stil (spartanischen Stil) ist es möglich, dem Kunden das Verfolgen einer Differenzierungsstrategie (Kostenführerschaftsstrategie) zu kommunizieren.

Im Bereich immaterieller Betriebsmittel können von **Zertifikaten**, die der Unternehmung von anderen Institutionen verliehen werden, standardisierende Wirkungen ausgehen. Zertifikate bescheinigen die Erfüllung eines Qualitätsstandards und vermögen es somit, zur Verringerung der Qualitätsunsicherheit auf der Nachfragerseite beizutragen. Die Dienstleistung erfährt folglich für die Nachfrager eine Attraktivität über eine verbriefte Mindestqualität, ein Sachverhalt, der in Abhängigkeit vom bescheinigten Qualitätsniveau entweder für eine Differenzierungsstrategie (bei überdurchschnittlich hohem Niveau) oder für eine Kostenführerschaftsstrategie (bei durchschnittlichem Niveau) spricht.

Durch die **Prozessgestaltung** werden die grundsätzlichen Abläufe der Dienstleistungserstellungsprozesse in zeitlicher und räumlicher Hinsicht festgelegt. Dabei sind aus der Vielzahl möglicher Abläufe diejenigen auszuwählen, die zu der gewünschten Dienstleistung führen und dabei ökonomische Kriterien (z. B. Mindesterfolg) erfüllen. Im Rahmen dieser Vorgehensweise können sich **nonlineare Arbeitspläne** ergeben (vgl. Corsten/Gössinger 2004a, S. 326 f.), die Freiheitsgrade bezüglich der Abfolge (z. B. alternative Dienstleistungspfade) und dem Umfang der auszuführenden Teilprozesse (z. B. fakultative Komponenten des Leistungsbündels) erfassen. Der mögliche **Umfang von Prozessstandardisierungen** wird insbesondere durch

- die Komplexität der Dienstleistung,

- den Anteil des in die Dienstleistung einfließenden impliziten Erfahrungswissens und

- die Strukturierbarkeit des Informationsaustausches zwischen den Prozessbeteiligten

beeinflusst (vgl. Burr 2002, S. 130 ff.). Bei den auf die Abfolge von Teilprozessen gerichteten Prozessstandardisierungen werden etwa durch die Eliminierung seltener in Anspruch genommener alternativer Dienstleistungspfade und das Zusammenfassen ähnlicher alternativer oder aufeinanderfolgender Teilprozesse zu einem Teilprozess, die Freiheitsgrade eingeschränkt, um einen möglichst gleichartigen Ablauf der Dienstleistungserstellung zu ermöglichen und Erfahrungskurveneffekte nutzen zu können.

Im Hinblick auf Prozessstandardisierungen, die auf den Umfang der auszuführenden Teilprozesse gerichtet sind, wird eine enge Kopplung mit der **Ergebnisstandardisierung** evident, wenn zwischen Standardisierungen der Gesamtleistung und Teilleistungen unterschieden wird. Standardisierungen aus Prozess- und Ergebnisperspektive zielen dabei auf einen möglichst hohen Anteil der Basisleistung und standardisierter Teilleistungen an der Gesamtleistung und damit auf eine möglichst geringe Anzahl der durch den Anbieter zu erbringenden zulässigen individuellen Zusatzleistungen oder Kombinationen von Teilleistungen ab. Dies kann etwa durch das Verschieben alternativer Prozessverzweigungen auf die Stellen im nonlinearen Arbeitsplan, die sich am Ende des gesamten Dienstleistungsprozesses befinden, geschehen und/oder durch die Übertragung der Erstellung einzelner Teilleistungen auf den Nachfrager erfolgen.

Ein zentraler Ansatzpunkt zur Abschwächung des Spannungsfeldes zwischen Standardisierung und Individualisierung ist in der **Modularisierung** der Leistung zu sehen, da diese tendenziell in die gleiche Richtung wie die Individualisierung zielt, ohne dabei die Vorteile der Standardisierung zu vernachlässigen. Auf Leistungsbündel bezogen wird es durch Modularisierung möglich, Teilleistungen zu standardisieren, um Erfahrungskurveneffekte zu realisieren, und Teilleistungen für eine Individualisierung einzusetzen, um den Nachfragern Zusatznutzen stiften zu können. „Dabei sollte die Standardisierung solche Teilleistungen betreffen, bei denen sie zu keiner oder nur geringen Einschränkung ... des Kundennutzens führt; die Individualisierung auf der anderen Seite sich aber auf solche Teilleistungen beziehen, bei denen dadurch die Kosten der Leistungsvielfalt überkompensiert werden" (Büttgen/Ludwig 1997, S. 52).

Als ein **zentraler Vorteil** der Modularisierung wird in der Literatur (vgl. Sanchez 1996, S. 126 ff.) eine effiziente Ressourcennutzung genannt, die sich insbesondere in den folgenden Sachverhalten zeigt:

- Die modulare Strukturierung ermöglicht eine Entkopplung des Wissens und damit eine bessere Ausnutzung dieser Ressource auf unterschiedlichen Ebenen (Modulebene, Gesamtarchitekturebene).
- Durch die Mehrfachverwendbarkeit der Module können Erfahrungskurveneffekte realisiert werden.
- Modulare Strukturen gehen tendenziell mit verringerten Koordinationskosten einher.

Eine Modularisierung kann darüber hinaus auch die Rahmenbedingungen für den Fremdbezug der Dienstleistungen verbessern bzw. schaffen. Die Frage, welche Auswirkungen die Gestaltung der Organisationsstruktur auf die Leistungstiefengestaltung und die Dienstleistungserstellung hat, lässt sich jedoch nicht eindeutig beantworten. In der Literatur finden sich hierzu die beiden folgenden Positionen:

- Es wird hervorgehoben, dass standardisierte Schnittstellen bei modularen Strukturen eine verstärkte Einbeziehung der Zulieferer bzw. Subdienstleister ermöglichen. Die damit einhergehende Reduzierung der Leistungstiefe wird mit den durch eine Konzentration auf die Spezifikation und Überwachung der Schnittstellen abnehmenden Koordinationskosten begründet (vgl. Sanchez 1996, S. 132).
- Durch modulare Organisationsformen der Produktion lassen sich die unternehmungsinternen Koordinationskosten in Relation zu den Koordinationskosten des Marktes reduzieren, wodurch dann eine Reintegration der vormals ausgelagerten Teilaufgaben bewirkt werden kann (vgl. Wildemann 1995, S. 793).

Die einer Modularisierung immanente Fokussierung der Betrachtung auf die Modulebene geht jedoch gleichzeitig mit den **Gefahren** einher, dass

- anbieterseitig
  -- Economies of scope nicht ausgeschöpft werden können und
  -- die unternehmerische Wissensbasis fragmentiert wird;
- nachfragerseitig
  -- unter der Voraussetzung eines entsprechenden Know-how und klar definierter Schnittstellen die Bereitschaft zur Eigenerstellung der Dienstleistung steigt und
  -- die Wertschätzung der Dienstleistung sinkt und damit das Differenzierungspotential des Anbieters abnimmt;
- wettbewerberseitig eine Imitation erleichtert wird und damit die Substitutionskonkurrenz zunimmt.

Im Kontext der Modularisierung sind für die wettbewerbsstrategische Orientierung von Dienstleistungsunternehmungen die folgenden Aspekte von Bedeutung:

- Im Rahmen einer **Differenzierungsstrategie** muss die Unternehmung darauf achten, dass
  -- mindestens ein Modul mit exklusivem Charakter existiert, das gleichzeitig durch die Nachfrager als bedeutsam eingestuft wird, und dass
  -- kommuniziert wird, dass es weniger auf die einzelnen Module als vielmehr auf die Beherrschung der modularen Strukturen ankommt und ihre Kompetenz in der zusatznutzenstiftenden Generierung umfassender Problemlösungen für den jeweiligen Nachfrager liegt (vgl. Burr 2002, S. 155).

- Verfolgt der Dienstleistungsanbieter eine **Kostenführerschaftsstrategie**, dann muss der Schwerpunkt der Kommunikation auf der durch die Modularisierung bedingten einfacheren Anpassungs- und Kombinationsmöglichkeit sowie auf seiner Kompetenz einer schnellen und kostengünstigen Generierung von Dienstleistungen liegen.

Während sich in einer isolierten Betrachtung Standardisierungen eher zur Unterstützung einer Kostenführerschafts- und Individualisierungen eher zur Unterstützung einer Differenzierungsstrategie als geeignet erweisen, wird bei einer integrativen Betrachtung der Standardisierung und Individualisierung auf der Grundlage der Modularisierung die Möglichkeit zur Realisierung hybrider Wettbewerbsstrategien deutlich (zu Fallbeispielen vgl. Burr 2002, S. 160 f. und S. 171 f.). Vor diesem Hintergrund können für den Einsatz hybrider Wettbewerbsstrategien in Dienstleistungsunternehmungen die folgenden Schlussfolgerungen gezogen werden:

- Ob eine sequentielle Kombination der Strategietypen möglich ist, wird wesentlich von der jeweiligen Ausgangsposition der Unternehmung und dem damit verbundenen transaktionskostensteigernden Koordinationsbedarf bei der Strategieanpassung bestimmt (vgl. Krüger/Homp 1996, S. 19 ff.).

- Tendenziell ist davon auszugehen, dass ein Differenzierer durch eine Übertragung der vorhandenen Kompetenzen grundsätzlich in der Lage ist, eine bessere Kostenposition zu erlangen. Ausgangspunkte hierfür bieten z. B. die konsequente Verfolgung des Baukastenprinzips und die damit einhergehende Standardisierung. Aus dieser Modularisierung ergeben sich dann Ansatzpunkte für eine unternehmungsinterne Segmentierung. Ist der Anbieter dabei in der Lage, sein Differenzierungspotential aufrechtzuerhalten, dann kann er einen Strategiewechsel realisieren.

- Ungünstiger ist hingegen die Position des Kostenführers, da dieser zunächst kein Potential hat, um eine Differenzierungsstrategie zu entwickeln. Es ist somit erforderlich, entsprechende Kompetenzen aufzubauen. Gelingt dies, dann hat auch er die Möglichkeit eines Strategiewechsels.

In Dienstleistungsunternehmungen erscheint eine hybride Strategieverfolgung insbesondere bei Dienstleistungsmodulen mit umfangreichen Freiheitsgraden der Ausgestaltung in ihren Leistungsdimensionen anwendbar, wenn gleichzeitig ein unterstützender Einsatz von Informationstechnologie erfolgt (vgl. Corsten 1995a, S. 347 ff.). Diese eröffnet dem Kundenkontaktpersonal die Möglichkeit, in den unterschiedlichen Situationen verbessert auf die Bedürfnisse der Nachfrager einzugehen. Im Back-office-Bereich kann der Einsatz der Informationstechnologie die Informationsverarbeitung und -aufbereitung verbessern. Damit ist es möglich, eine Differenzierungsposition einzunehmen und gleichzeitig eine Effizienzsteigerung durch Prozessintegration anzustreben (vgl. Weiber/McLachlan 2000, S. 123).

3.3 Kostenmanagement zur Unterstützung der Kostenführerschaftsstrategie

Im Rahmen der kostentheoretischen Überlegungen erlangt der Zusammenhang zwischen den Kosten, verstanden als bewerteter, sachzielbezogener Güterverzehr, und ihren Bestimmungsgrößen, den sogenannten Kosteneinflussgrößen, eine zentrale Bedeutung. Als **Kosteneinflussgrößen**, die die unabhängigen Variablen der Kostenfunktionen darstellen, werden nach Gutenberg (1979, S. 344 ff.) insbesondere die Betriebsgröße, das Produktionsprogramm, die Faktorqualitäten, die Faktorpreise und die Beschäftigung genannt. Die Einflussgrößen sind branchenübergreifend, wenn auch mit unterschiedlichen Intensitäten, von Bedeutung.

Eine Kosteneinflussgröße sui generis bildet im Dienstleistungsbereich der externe Produktionsfaktor (vgl. Corsten 1991, S. 177 f.), weil die Produktion der Marktleistung in funktionaler Abhängigkeit zum mengenmäßigen Einsatz des externen Faktors steht, der folglich auch bestimmt, inwieweit Leerkosten zu Nutzkosten werden. Damit beeinflusst der externe Produktionsfaktor die Kostensituation in der Dienstleistungsproduktion, und zwar in Abhängigkeit von der Integrationsintensität dieses Faktors (vgl. Corsten 1985c, S. 129 ff.; Scheiter/Binder 1992, S. 17). Die konkreten kostenmäßigen Auswirkungen hängen dabei entscheidend von der Externalisierung bzw. Internalisierung, d. h. von der jeweiligen Aufteilung objektbezogener menschlicher Arbeitsleistungen auf Anbieter und Nachfrager ab (vgl. Corsten 1991, S. 169 ff.). Dies lässt sich mit Hilfe des Aktivitätsgrades des Anbieters (AG_A) und des Nachfragers (AG_N) erfassen (vgl. hierzu die Überlegungen zur Isoleistungskurve bei Corsten 1988c, S. 93 f.). Abbildung 3.3-1 gibt diese Überlegung beispielhaft wieder.

Ausgangspunkt der Kostenfunktion bildet $AG_{A_{min}}$, d. h., es handelt sich um den durch den Anbieter mindestens zu erbringenden Aktivitätsgrad. Demgegenüber übernimmt der Anbieter im Punkt $AG_{A_{max}}$ alle durchzuführenden Aktivitäten im Rahmen der Dienstleistungsproduktion. Zwischen diesen Extremalpunkten ergibt sich dann ein Gestaltungsspielraum für den Dienstleistungsanbieter, in dem er sein Angebot mit unterschiedlichen Aktivitätsgraden und damit verbunden mit unterschiedlichen Entgelten für unterschiedliche Kundensegmente offerieren kann.

Diese Betrachtung unterstellt, dass der Leistungsnehmer die durch ihn im Rahmen der Endkombination übernommenen Aktivitäten auch in entsprechender Weise ausführt. Ist dies nicht der Fall, dann können Kosten für entsprechende Nacharbeiten auftreten, die eventuell höher sind als die Kosten, die bei $AG_{A_{max}}$ anfielen.

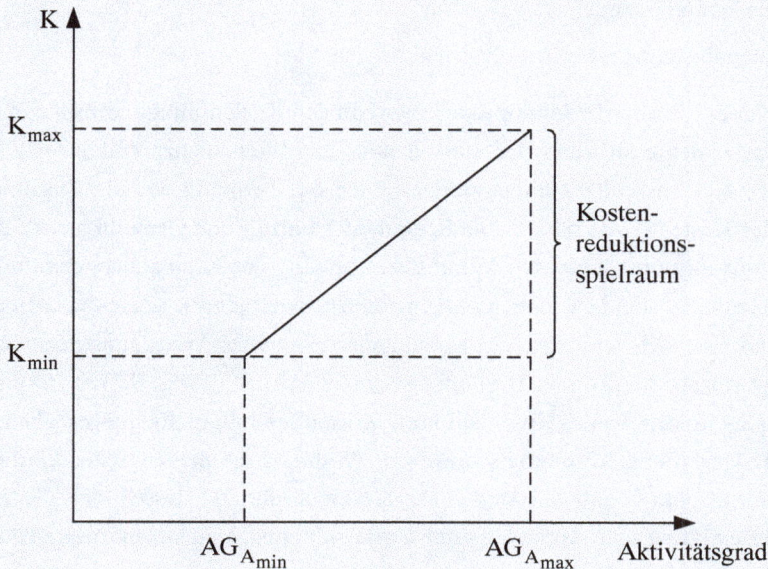

Abb. 3.3-1: Kostenfunktion in Abhängigkeit unterschiedlicher Aktivitätsgrade

3.3.1 Konzeptioneller Rahmen für ein Kostenmanagement

Ein umfassendes Kostenmanagement zielt auf die Gestaltung des Programms (Produkte), des Potentials und der Prozesse in einer Unternehmung ab, wobei Kosten letztlich Wirkungen bestimmter Kosteneinflussgrößen sind. Für die inhaltliche Konkretisierung werden in der Literatur unterschiedliche Vorschläge unterbreitet. Während nach dem Kriterium der Stärke und Dauer der Wirkungen zwischen strategischen und operativem Kostenmanagement unterschieden wird, kann auf der Grundlage der Gestaltungsfunktionen etwa zwischen Diagnose, Planung und Implementierung differenziert werden (vgl. Kraemer 1993, S. 18; Reiß/Corsten 1992, S. 1489 f.). Diese aus der allgemeinen Managementliteratur bekannten Strukturierungen sollen nicht für eine weitergehende Betrachtung herangezogen werden, weil diese Einteilungen wenig spezifisch ist und im Rahmen der Instrumentenzuordnung Probleme auftreten.

Eine andere auf Reiß/Corsten (1990, S. 390) zurückgehende Systematisierung auf der Grundlage der Gestaltungsobjekte (vgl. auch die analoge Vorgehensweise bei Dellmann/Franz 1994, S. 17; Everding 1995, S. 55 ff.) unterscheidet zwischen

- Kostenverlaufs-,

- Kostenstruktur- und

- Kostenniveaumanagement.

Während das **Kostenverlaufsmanagement** an den Kostenfunktionsverläufen (linear, progressiv, degressiv) und der Kostenanpassung (Remanenz, Präkurrenz) ansetzt, legt das **Kostenstrukturmanagement** seinen Schwerpunkt auf die Zusammensetzung der Kosten (fixe und variable Kosten oder Einzel- und Gemeinkosten). Ziel des **Kostenniveaumanagements** ist eine Beeinflussung der Kostenhöhe, etwa mit Hilfe eines Gemeinkostenmanagements (Gemeinkostenwertanalyse, Zero-Base-Budgeting etc.), das einerseits an der Mengen- und andererseits an der Wertkomponente ansetzen kann. Aufbauend auf dieser Dreiteilung schlägt Männel (1992, S. 340 ff.) eine Einteilung in Kostenniveau, Kostenstruktur, Kostenflexibilität, Kostenverhalten, Komplexitätskosten und Kostentransparenz vor. Während die beiden ersten Gestaltungsobjekte mit dem bereits skizzierten Ansatz identisch sind, lassen sich die Aspekte Kostenflexibilität und -verhalten zum Kostenverlaufsmanagement zusammenfassen. Die Aspekte Komplexitätskosten und Kostentransparenz sprengen hingegen die Gliederungssystematik und liegen auf einer anderen logischen Ebene. Während mit den Komplexitätskosten eine spezifische Kostenart angesprochen wird, gehört die Schaffung der Kostentransparenz zu einem originären Ziel des Kostenmanagements (vgl. Corsten/Stuhlmann 1995, S. 7 f.).

Werden als zweites Kriterium die **Bezugsobjekte** herangezogen, auf die sich die Maßnahmen des Kostenmanagements beziehen, dann kann zwischen

- Programm (Produkte),

- Potential und

- Prozess

unterschieden werden, eine Vorgehensweise, die in der produktionswirtschaftlichen Literatur auch als **3-P-Konzept** bezeichnet wird (vgl. Kern 1992). Durch Kombination dieser beiden Systematisierungen ergibt sich dann der in Tabelle 3.3-1 dargestellte konzeptionelle Rahmen für ein Kostenmanagement (vgl. Corsten/Stuhlmann 1995, S. 9).

Während es etwa in den Feldern (1) bis (3) um die Beeinflussung und Planung der Produktkosten z. B. auf der Grundlage eines Target Costing geht, wird in den Feldern (4) bis (6) eine optimale Kapazitätsausnutzung angestrebt, etwa in der Form von Verfügbarkeits- und Auslastungsverlusten. Die Felder (7) bis (9) zielen auf die Identifikation unnötiger Prozesse ab, etwa mit Hilfe der Wertanalyse. Dabei geht es um die Frage, wie die einzelnen Prozesse zweckmäßig zu erbringen sind, z. B.

- die Art und Weise, wie die einzelnen Prozesse erbracht werden,
- die Reihenfolge, in der die Prozesse vollzogen werden sollen, und
- die Reduzierung des Prozessniveaus, insbesondere bei produktionsunterstützenden Prozessen.

Gestaltungsobjekte / Bezugsobjekte	Kostenverlaufs-management	Kostenstruktur-management	Kostenniveau-management
Programm (Produkte)	(1)	(2)	(3)
Potential	(4)	(5)	(6)
Prozesse	(7)	(8)	(9)

Tab. 3.3-1:   Konzeptioneller Rahmen eines Kostenmanagements

3.3.2 Instrumente des Kostenmanagements

Im Folgenden werden einige als wichtig erachtete Instrumente des Kostenmanagements vorgestellt, die eine Unternehmung im Rahmen der Verfolgung einer Kostenführerschaftsstrategie unterstützen können. Dabei wird Bezug auf den konzeptionellen Rahmen genommen und auf komplementäre Beziehungen zwischen den Instrumenten hingewiesen.

3.3.2.1 Budgetierung

Unter einem Budget ist ein an wertmäßigen Größen fixierter formalzielorientierter Plan zu verstehen, der einer Entscheidungseinheit für eine vorgegebene Zeitspanne mit einem bestimmten Verbindlichkeitsgrad vorgegeben wird. Ein Budget legt somit für die einzelnen Verantwortungsbereiche einer Unternehmung für die jeweiligen

Planungsperioden Werte fest, an die sich der jeweilige Verantwortungsträger zu halten hat. Mit dem Budget wird somit der Zweck verfolgt, nachgeordnete Instanzen in einer Unternehmung auf ein vorgegebenes Ziel hinzusteuern (vgl. Friedl 2003, S. 275). Budgets sollen dezentrale Entscheidungträger dazu anhalten, im Interesse der Gesamtorganisation zu handeln. Unter **Budgetierung** ist dann der systematische, planvolle Prozess der Aufstellung, Verabschiedung, Kontrolle und Anpassung von Budgets zu verstehen. Budgets erfüllen, wie aus Tabelle 3.3-2 ersichtlich, unterschiedliche Funktionen (vgl. Ossadnik 2009, S. 230; Roolfs 1996, S. 48).

Planungs-funktion	Koordinations-funktion	Motivations-funktion	Kontroll-funktion
Planung der Gewinnung und Allokation knapper Ressourcen	Abstimmung dezentral getroffener interdependenter Entscheidungen in Teilbereichen im Hinblick auf das (die) Formalziel(e)	Budget könnte als Zielvorgabe und zur Leistungsmessung und Bewertung dienen	Dient der Identifikation von Abweichungen und der Erklärung von Abweichungsursachen

Tab. 3.3-2:   Funktionen der Budgets

Unter einem **Budgetsystem** einer Organisation ist dann die geordnete Gesamtheit von Teilbudgets und deren Beziehungen untereinander zu verstehen. Ein derartiges System muss vollständig und widerspruchsfrei sein (vgl. Busse von Colbe 1989, Sp. 180).

Budgets lassen sich darüber hinaus in unterschiedlicher Weise ausgestalten, wobei in der Literatur insbesondere die folgenden Kriterien genannt werden (vgl. z. B. Dambrowski 1986, S. 35 ff.; Horváth 2009, S. 228; Roolfs 1996, S. 51):

- **Entscheidungseinheit**: In Abhängigkeit vom Differenzierungsgrad der Unternehmungsstruktur und den herangezogenen Kriterien nach Funktionen, Sparten, Regionen oder Projekten.

- **Geltungsdauer**: Hierbei kann es sich um Monats-, Quartals-, Jahres- oder Mehrjahresbudgets handeln.

- **Wertdimension**: Welche Erfolgs- und Finanzgrößen werden herangezogen (z. B. Aufwand, Kosten, Gewinn)?

- **Detaillierungsgrad**: Grad der sachlichen Spezifikation (z. B. Rahmen- oder Detailbudget).

- **Flexibilitätsgrad**: Verbindlichkeit der Vorgabe, d. h., es werden absolut starre oder in bestimmten Grenzen flexible Budgets vorgegeben.

Grundlage der Budgetierung bilden die Erfahrungswerte aus der Vergangenheit und aktuelle Daten, wobei das Rechnungswesen und insbesondere die Kostenrechnung sowie Planungs- und Marktdaten und allgemeine volkswirtschaftliche Daten die wesentliche Informationsgrundlage bilden (vgl. Dambrowski 1986, S. 228 f.). Im Rahmen der Budgetaufstellung sind die vertikalen, horizontalen und zeitlichen Interdependenzen zwischen den Teilbudgets zu beachten, wobei aus theoretischer Sicht eine **simultane Vorgehensweise** erforderlich wäre, in der alle Teilbudgets in einem Gesamtmodell erfasst werden und eine gleichzeitige Bestimmung der Budgets in gegenseitiger Abstimmung vorgenommen wird. Eine diesem Denken gegenüberstehende und in der Praxis durchgeführte Betrachtungsweise liegt der **sukzessiven Vorgehensweise** zugrunde, die dadurch charakterisiert ist, dass die zu planenden Teilbudgets in einer festzulegenden Reihenfolge nacheinander bearbeitet und damit „Interdependenzen" zerschnitten werden. Dabei ist zwischen einer

- progressiven und einer
- retrograden Budgetierung

zu unterscheiden. Während bei einer **progressiven Vorgehensweise** das Ausgleichsgesetz der Planung (vgl. Gutenberg 1979, S. 164) den Ausgangspunkt bildet, d. h., es wird vom Engpassbereich ausgegangen, bildet bei einer **retrograden Budgetierung** eine vorgegebene Erfolgsgröße als Sollgröße den Ansatzpunkt (vgl. Göpfert 1993, Sp. 598).

Werden hierarchische Aspekte im Rahmen des Budgetierungsprozesses beachtet, dann ist grundsätzlich zwischen

- Top-down- und
- Bottom-up-Vorgehensweise

zu unterscheiden. Während bei einer **top-down-orientierten Budgetierung** der vom Top-Management erstellte Gesamtplan „heruntergebrochen" wird, basiert eine **bottom-up-orientierte Budgetierung** auf einer Verdichtung der auf den untergeordneten Führungsebenen erstellten Budgets entlang der Hierarchie. Während der Top-down-Ansatz das Informationspotential der nachgeordneten Instanzen vernachlässigt, geht der Bottom-up-Ansatz mit der Gefahr einher, dass durch die bloße Zusammenstellung der Einzelbudgets eine mangelnde Ausrichtung auf das gemeinsame Unternehmungsziel entsteht und der Grundsatz der Widerspruchsfreiheit gefährdet ist (vgl. Busse von Colbe 1989, Sp. 180; Göpfert 1993, Sp. 594). Diese unterschiedlichen Vorgehensweisen schließen sich jedoch, wie Wild (1974, S. 196 ff.) mit dem **Gegen-**

stromverfahren verdeutlicht hat, nicht gegenseitig aus. Abbildung 3.3-2 zeigt diese Vorgehensweise in vereinfachter Form.

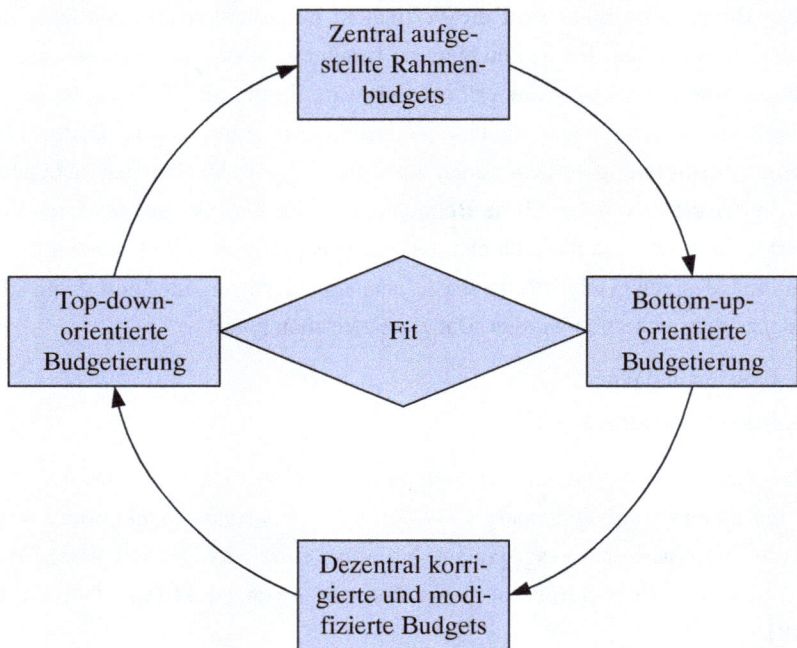

Abb. 3.3-2:   Budgetierung auf der Grundlage des Gegenstromverfahrens

Ziel dieser kombinierten Vorgehensweise ist es, dabei einerseits die Vorteile der „reinen" Verfahren zu nutzen, andererseits deren Nachteile zu vermeiden. So dürfte insbesondere die Akzeptanz der so festgelegten Budgets positiv beeinflusst werden. Für die Akzeptanz eines Budgetierungssystems ist neben der Beteiligung der Betroffenen am Budgetierungsprozess insbesondere das Führungsverhalten von Bedeutung. Grundsätzlich kann davon ausgegangen werden, dass ein partizipatives Führungsverhalten ein dysfunktionales Verhalten zu verhindern vermag (vgl. Buggert 1991, S. 33).

In zeitlicher Hinsicht kann die Budgetierung auch im Sinne einer **rollierenden Planung** erfolgen, der die folgende Vorgehensweise zugrunde liegt:

-   Innerhalb einer Planungsebene wird der Zeitraum zwischen Planungszeitpunkt und Planungshorizont in mehrere Planungsperioden unterteilt.

- Während der Plan für die erste Periode verbindlich ist, haben Pläne für nachfolgende Perioden vorläufigen Charakter.

- Am Ende einer Planungsperiode werden aktuelle Informationen in den nächsten Planungslauf einbezogen, dessen Planungshorizont um eine Periode in die Zukunft verschoben ist.

- Der Planungshorizont der untergeordneten Ebene entspricht i. d. R. der Planungsperiode der übergeordneten Ebene (vgl. Stadtler 1988, S. 59).

- Der Plan für die erste Periode auf der übergeordneten Ebene wird der untergeordneten Ebene als Planungsrahmen vorgegeben.

Diese flexible Vorgehensweise ist auch dann angezeigt, wenn zum Budgetierungszeitpunkt Leistungsart und -umfang der zu budgetierenden Einheit noch nicht festliegen, mit der Konsequenz, dass die zu budgetierenden Leistungen und Ressourcen teilweise nicht mit festen Werten vorgegeben und erst in einer späteren Planungsperiode präzisiert werden.

In der Praxis ist häufig eine sogenannte **„Fortschreibungsbudgetierung"** zu beobachten, d. h., die Kostenbudgets der Vergangenheit werden auf der Basis einer Extrapolation zu Kostensollvorgaben für die Planungsperiode, wobei Korrekturaufschläge und -abschläge möglich sind. Hierdurch besteht die Gefahr einer Fortschreibung bisher nicht erkannter Unwirtschaftlichkeiten, weil die Budgets aus der Vergangenheit nicht grundsätzlich hinterfragt werden, eine Vorgehensweise, die insbesondere im indirekten Bereich, wegen häufig gegebenen unspezifischen Zusammenhängen zwischen den Kosten und der Ausbringung, problematisch erscheint. Um diesen Nachteil der „Fortschreibungsbudgetierung" zu vermeiden oder zumindest zu verringern, werden die Ansätze der Gemeinkostenwertanalyse und das Zero-Base-Budgeting (vgl. die Abschnitte 3.3.2.2 und 3.3.2.3) eingesetzt.

Aus **verhaltenstheoretischer Perspektive** sind im Rahmen der Budgetierung die beiden Phänomene

- Budgetary slacks und
- Budget wasting

relevant.

Durch den Zwang zur Einhaltung der Budgetvorgaben wird der Handlungsspielraum der Entscheidungsträger restringiert und kann bei diesen zu Reaktanz und Resignation führen (vgl. Göpfert 1993, Sp. 600). Das Phänomen des **„Budgetary slacks"** (vgl. Höller 1978, S. 229), mit dem letztlich ein „Puffer" gemeint ist, manifestiert sich entweder

- in einer bewussten **Unterschätzung** der zu erbringenden **Leistungen** oder
- in einer bewussten **Überschätzung** der erforderlichen **Ressourcen** (vgl. Busse von Colbe 1989, Sp. 181; Koch 1976, Sp. 230 f.).

Derartige Budgetary slacks basieren letztlich auf einer Informationsmanipulation. Teilweise werden diese slacks nicht nur negativ bewertet, sondern in einer positiven Interpretation als flexibilitätserhöhende, intern stabilisierende Variable gesehen, die einer Kompensation unvorhergesehener Störungen dienen können (vgl. Buggert 1991, S. 30). Trotz dieser „Flexibilitätserhöhung" und „Stabilisierung" darf nicht verkannt werden, dass hierdurch eine Fehlallokation der Ressourcen hervorgerufen werden kann.

Mit dem **„Budget wasting"** wird der Sachverhalt erfasst, dass budgetierte Mittel verschwendet werden (vgl. Horváth 2009, S. 218). Ursächlich hierfür ist, dass bei einer Fortschreibung der Budgets die Neubewilligung davon abhängig gemacht wird, inwieweit früher bewilligte Budgets auch ausgeschöpft wurden.

Darüber hinaus können Budgets zu einem bürokratischen Verhalten führen, d. h., die Entscheidungsträger richten ihr Verhalten ausschließlich am Budgetierungssystem aus und vernachlässigen andere Leistungsmerkmale, die nicht erfasst wurden.

Einen interessanten Strukturierungsansatz für ein Budgetierungskonzept schlägt Buggert (1991, S. 37) vor, indem er zwischen

- zielorientierter und
- richtungsorientierter Budgetierung

unterscheidet. Während erstere in den Leistungsbereichen zur Anwendung gelangt, in denen quantifizierbare Zielvorgaben möglich sind (z B. Produktionsbereich), setzt eine richtungsorientierte Budgetierung an den Leistungsbereichen an, in denen unspezifische Zusammenhänge zwischen Kosten und Leistung eine analytische Budgetierung erschweren. Der Vorschlag weist folglich eine Nähe zu der bereits angesprochenen flexiblen Budgetierung auf. Generell sollte bei der Budgetierung darauf geachtet werden, dass

- die Zielvorgaben realistisch sind,
- das Informationspotential der Mitarbeiter auf den unterschiedlichen Ebenen aktiviert und genutzt wird,
- die Budgets in einem partizipativen Prozess festgelegt werden und
- ein Führungsverhalten praktiziert wird, in dem die Fähigkeiten der Selbstbestimmung und Selbstkontrolle bei allen Mitarbeitern entfaltet werden können.

Auf dieser Grundlage kann den angesprochenen dysfunktionalen Wirkungen der Budgetsysteme entgegengewirkt werden.

3.3.2.2 Gemeinkostenmanagement

In der dienstleistungsspezifischen Literatur wird immer wieder auf die tendenziell hohe Bedeutung der Fix- und Gemeinkosten hingewiesen. Wird von Gemeinkosten gesprochen, dann muss strenggenommen das jeweilige **Bezugsobjekt** angegeben werden, wobei etwa folgende Möglichkeiten bestehen (vgl. Troßmann/Trost 1996, S. 65 ff.):

- eine einzelne Produktart,
- Produktgruppen,
- Produktions-, Absatzbereiche etc.,
- einzelne Stellen, Abteilungen etc. und
- Prozesse.

Durch eine entsprechende Bezugsobjektwahl kann jede Kostenposition als Einzelkosten ausgewiesen werden. Wird von steigenden Gemeinkosten gesprochen, dann sind i. d. R. **produktbezogene Gemeinkosten** gemeint, wie dies auch in den weiteren Ausführungen der Fall ist.

Charakteristisch für ein Gemeinkostenmanagement, das teilweise auch umfassender als Gewinnschwellenmanagement interpretiert wird (vgl. Wäscher 1987, S. 297) und zu dem eine Reihe von Verfahren mit unterschiedlichem Differenzierungsgrad zusammengefasst werden, ist die Analyse der Gemeinkostenstrukturen.

Eine **globale Kostensenkung** sieht für jede Kostenstelle eine prozentuale Kostenreduktion vor, die in jeder Hinsicht undifferenziert nach dem „Rasenmäherprinzip" vorgegeben wird und nur einen kurzfristigen Effekt erreichen kann, auf lange Sicht eher die Leistungsfähigkeit einer Unternehmung entscheidend beeinträchtigen kann und daher nur für „Notfälle" vorgesehen ist.

Ein weiteres Verfahren ist die **Gemeinkostenwertanalyse**, die letztlich auf die Vorgehensweise der Wertanalyse zurückgreift, so dass ihr Novitätsgrad als eher gering einzustufen ist. Die Komplexität des Untersuchungsspektrums und die relativ große Anzahl der einzubeziehenden Mitarbeiter macht eine Projektorganisation unabdingbar. Die Durchführung einer Gemeinkostenwertanalyse erfolgt auf der Basis eines dreiphasigen Schemas (zum Ablauf vgl. z. B. Freimuth 1987, S. 100; Roever 1982, S. 250 f.; Streitferdt 1994, S. 482 f.):

- **Vorbereitungsphase**: Bildung der Gemeinkostenbereiche, wobei i. d. R. alle Gemeinkostenbereiche der Unternehmung in die Überlegungen einbezogen werden. Konstituierung des Lenkungsausschusses und Teambildung. Der Betriebsrat und die betroffenen Mitarbeiter sind zu informieren und die Projektbeteiligten zu schulen.

- **Analysephase**: Jeder Abteilungsleiter führt diesen Prozess für seine Abteilung durch. Ausgangspunkt ist dabei die Istaufnahme, d. h., es sind Leistungen und Kosten zu erfassen und zu strukturieren. Ziel ist es, Leistungen zu reduzieren oder rationeller zu erbringen. Die Vorschläge sind dann in Bezug auf ihre sachliche Realisierbarkeit zu bewerten, wobei zwischen A-Ideen, die dem Lenkungsausschuss zur Verabschiedung vorgelegt werden, und B-Ideen zu unterscheiden ist.

- **Realisierungsphase**: Sie nimmt einen Zeitraum von zwei bis drei Jahren in Anspruch und beginnt dann, wenn die Vorschläge den Lenkungsausschuss und den Betriebsrat passiert haben. Dabei zeigt die Erfahrung, dass bereits im ersten Jahr 60 % - 70 % der ausgewählten Maßnahmen realisiert werden können, wobei notwendig werdende Personalreduzierungen über Fluktuation und Einstellungsstopp erreicht werden sollen.

Ziel der Gemeinkostenwertanalyse ist es folglich, die Gemeinkostenbelastung der Unternehmung zu reduzieren, um so eine nachhaltige Stärkung der Wettbewerbsfähigkeit zu erreichen.

In organisatorischer Hinsicht ist für die Durchführung einer Gemeinkostenwertanalyse eine die eigentliche (primäre) Unternehmungsorganisation überlagernde **Projektorganisation** geeignet, wie sie in Abbildung 3.3-3 dargestellt ist (vgl. Roolfs 1996, S. 72).

Der **Unternehmungsleitung** obliegt die Aufgabe der Projektgenehmigung. Die Konstituierung der Projektorganisation, die Fixierung der Zielvorgaben, die Eingrenzung des Untersuchungsbereiches und die Aufgabe der Information der Unternehmungsleitung sowie die Koordination obliegen dem **Lenkungsausschuss**, dessen Mitglieder diese Aufgaben im Nebenamt übernehmen. Entsprechend dem **Promotorenansatz** von Witte (1973, S. 17 f.; vgl. ferner Gemünden/Hölzle 2005, S. 457 ff.; Hauschildt 2004, S. 199 ff.; Hauschildt/Chakrabarti 1988, S. 378 ff.) sollte in diesem Lenkungsausschuss eine Gespannstruktur von Macht- und Fachpromotoren vertreten sein, wobei es durchaus im Einzelfall zweckmäßig sein kann, als Fachpromotor eine unternehmungsexterne Person in diesen Lenkungsausschuss zu integrieren. Darüber hinaus kann der Lenkungsausschuss auch weitere spezielle Ausschüsse einsetzen. Den **Analyseteams**, die diese Aufgabe hauptamtlich durchführen und damit temporär aus ihren angestammten Bereichen herausgenommen werden, obliegen die Planung, Steuerung und Kontrolle der Projektdurchführung. Die eigentlichen Träger der Analyse sind aber die Leiter der zu untersuchenden Unternehmungseinheiten (vgl. Roolfs 1996, S. 73).

```
                    ┌──────────────────────────┐
                    │  Unternehmungsleitung     │
                    └──────────────────────────┘
                    ┌──────────────────────────┐
                    │    Lenkungsausschuss      │
                    │ (Mitglieder der Unternehmungs- │
                    │ leitung oder der direkt unter- │
                    │  geordneten Leitungsebene) │
                    └──────────────────────────┘
        ┌──────────────────┐  ...  ┌──────────────────┐
        │  Analyseteam 1    │       │  Analyseteam n    │
        └──────────────────┘       └──────────────────┘
        ┌──────────────────┐       ┌──────────────────┐
        │ Leiter der Unter- │       │ Leiter der Unter- │
        │   suchungs-       │  ...  │   suchungs-       │
        │   einheiten       │       │   einheiten       │
        │ - - - - - - - - - │       │ - - - - - - - - - │
        │  Leistungs-       │       │  Leistungs-       │
        │  empfänger        │       │  empfänger        │
        └──────────────────┘       └──────────────────┘
```

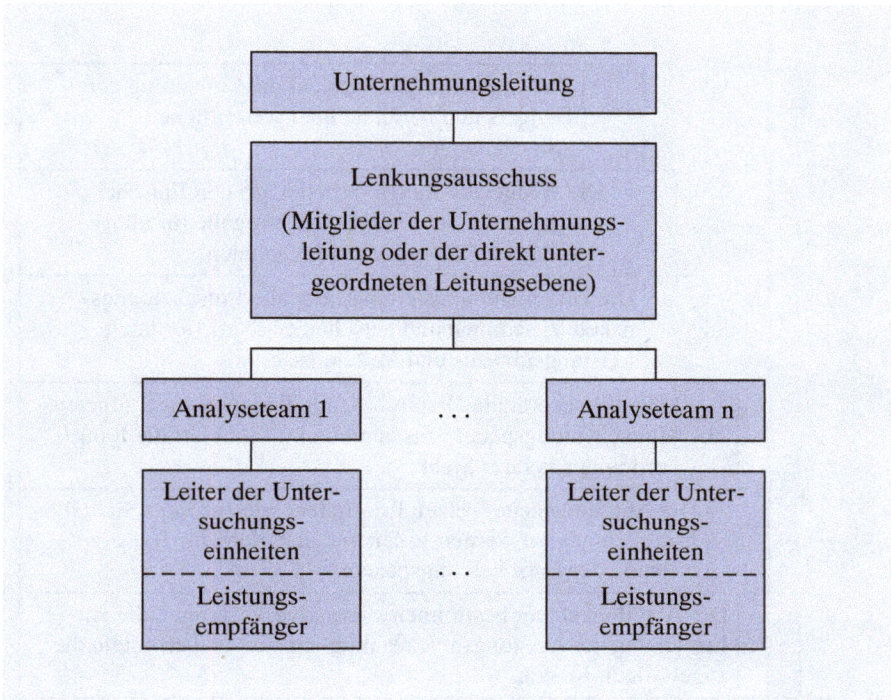

Abb. 3.3-3:   Elemente einer Projektorganisation für die Durchführung
              einer Gemeinkostenwertanalyse

Ein weiterer Ansatz des Gemeinkostenmanagement ist das **Zero-Base-Budgeting** (vgl. Marettek 1982, S. 258 ff.; Streitferdt 1994, S. 484 f.). Grundgedanke dieses Ansatzes ist, dass sämtliche Aktivitäten im Gemeinkostenbereich einer Unternehmung neu geplant werden, d. h., es geht um einen gedanklichen Neuaufbau, im Hinblick auf den Beitrag, den einzelne Gemeinkostenbereiche zur betrieblichen Wertschöpfung leisten, um deren Budget in einem sogenannten „Budgetschnitt" neu festzulegen. Das Zero-Base-Budgeting ist damit eine radikale Alternative zu den primär inkremental strukturierten Budgetierungs- und Planungstechniken, die dadurch charakterisiert sind, dass sie i. d. R. existente Budgets nicht mehr zur Disposition stellen. Zero-Base-Budgeting wurde Ende der sechziger Jahre in den USA von Texas Instruments entwickelt und von der Unternehmungsberatung A.T. Kearney propagiert und angewandt, mit dem Ziel, durch einen Aktivitätsabbau zu einer Senkung der Gemeinkosten zu gelangen (vgl. Lemke 1992, S. 273 f.). Nach Meyer-Piening (1990, S. 16) ist dieses Verfahren durch die in Abbildung 3.3-4 dargestellte Vorgehensweise gekennzeichnet.

9	Das Controlling überwacht die Einhaltung der Budgets und berichtet über wesentliche Abweichungen.
8	Die Budgetabteilung erarbeitet aus den Entscheidungspaketen die Budgets als Vorgabe für künftige Entscheidungen und Maßnahmen.
7	Die Unternehmungsleitung fasst alle Entscheidungspakete zusammen und entscheidet über Prioritäten, Leistungsniveaus und Mitteleinsatz.
6	Die übergeordnete Hierarchie fügt die ihnen zugeordneten Entscheidungspakete zusammen und verändert die Rangordnung aus ihrer Sicht.
5	Die Abteilungsleiter setzen Prioritäten, wie aus ihrer Sicht die Mittel eingesetzt werden sollen und erstellen eine Rangordnung der Entscheidungspakete.
4	Die Abteilungsleiter bestimmen alternative Verfahren, die zur Erreichung der Leistungsniveaus möglich sind und ermitteln die zugehörigen Kosten.
3	Die Abteilungsleiter bestimmen unterschiedliche Leistungsniveaus für die Entscheidungseinheiten.
2	Die Abteilungsleiter bestimmen die Teilziele innerhalb des vorgegebenen Rahmens und teilen die ihnen übertragenen Aufgaben/Funktionen in Entscheidungseinheiten auf.
1	Die Unternehmungsleitung setzt strategische und operative Ziele, legt die verfügbaren Mittel fest und entscheidet über ZBB-Bereiche.

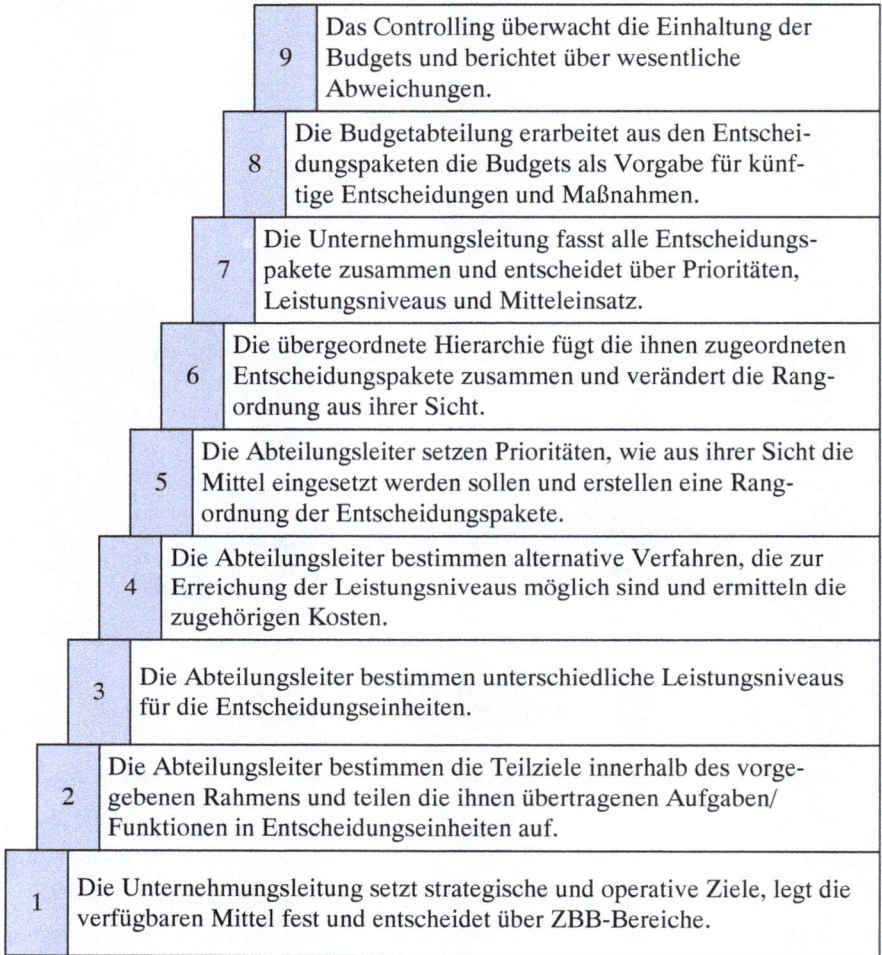

Abb. 3.3-4:   Vorgehensweise des Zero-Base-Budgeting

Entscheidungseinheiten sind dabei z. B.

- Abteilungen,
- Kostenstellen,
- Gruppen,
- Funktionen und
- Projekte.

In der Praxis hat sich die Bildung **funktionsorientierter Entscheidungseinheiten** bewährt, weil hierdurch

- die Schwachstellen im Gemeinkostenbereich deutlich werden und
- ein großes Suchfeld eröffnet wird, um Verbesserungsideen zu generieren.

Dabei werden für jede Entscheidungseinheit drei Ergebnisniveaus, d. h. drei unterschiedliche Leistungsstufen, festgelegt (vgl. Meyer-Piening 1982, S. 259):

- **Ergebnisniveau 1** (niedrig): Es liegt das sogenannte Funktionsminimum vor, d. h., der entsprechende Bereich wird im geringstmöglichen Umfang betrieben.

- **Ergebnisniveau 2** (mittel): Es spiegelt das derzeitige Leistungsniveau wider.

- **Ergebnisniveau 3** (hoch): Es werden zusätzliche Leistungen im Vergleich zum Istzustand erbracht, wozu zusätzliche Ressourcen notwendig sind.

Die relevanten Bestimmungsgrößen des Leistungsniveaus sind dabei die Menge und die Qualität der Arbeitsergebnisse, die zur Erreichung bestimmter Ziele für notwendig gehalten werden. Dabei wird unterstellt, dass sämtliche Ergebnisniveaus mit dem aus wirtschaftlicher Sicht günstigsten Verfahren erbracht werden. In einem nächsten Schritt werden **Entscheidungspakete** (decision-packages) gebildet, wobei jedes Entscheidungspaket das Leistungsniveau einer Entscheidungseinheit beschreibt, die dann nach ihrer Priorität zu ordnen sind. Ein Entscheidungspaket enthält Informationen hinsichtlich

- Ressourcenbindung,
- Aufgaben und Ziele,
- Beschreibung der wirtschaftlichen Verfahren,
- Konsequenzen des Leistungsniveaus für die Unternehmung und
- Abhängigkeiten von anderen Analyseeinheiten.

Abbildung 3.3-5 illustriert diese Überlegungen (vgl. Meyer-Piening 1990, S. 21).

Die Festlegung der **Rangfolge der Entscheidungspakete** setzt an der untersten Entscheidungsebene an und geht dann hinauf bis zur obersten Ebene. Unter Abwägung von Nutzen und Kosten entsteht so eine Entscheidungsgrundlage, aus der ersichtlich ist, welche Ressourcen in welchem Umfang zur Erreichung eines bestimmten Ergebnisniveaus eingesetzt werden müssen (vgl. Streitferdt 1993, Sp. 1225). Durch den sogenannten **Budgetschnitt** wird bestimmt, welche Entscheidungspakete unter Berücksichtigung der zur Verfügung stehenden finanziellen Mittel realisiert werden können. Der Budgetschnitt obliegt der obersten Führungsebene der Unternehmung.

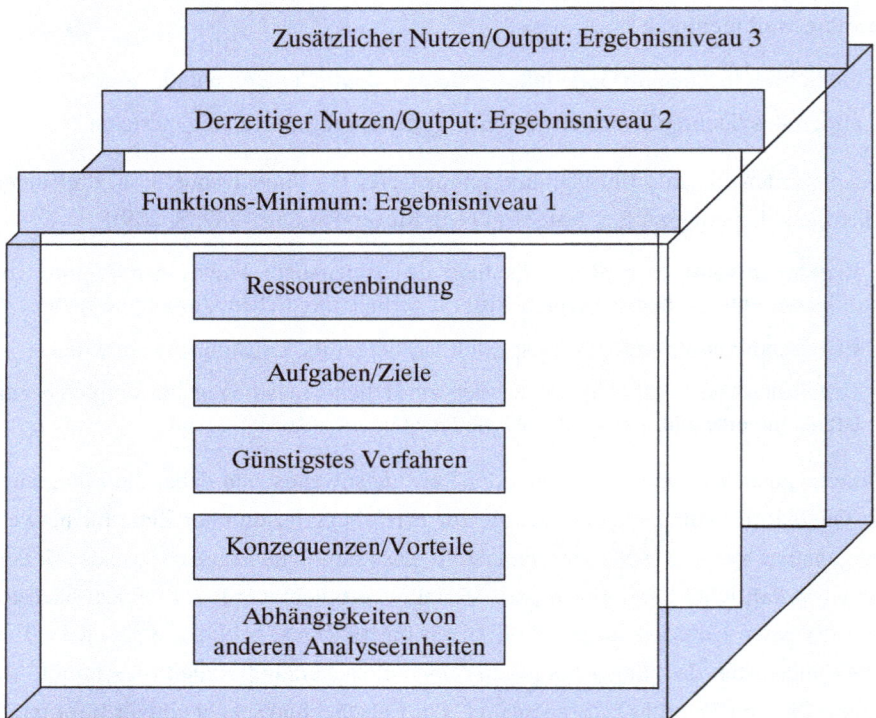

Abb. 3.3-5:   Entscheidungspakete

Praktische Erfahrungen mit dem Einsatz von Zero-Base-Budgeting zeigen, dass die Ergebnisse zwar von den situativen Gegebenheiten in den jeweiligen Unternehmungen abhängen, aber es zeigt sich auch, dass Kostenreduzierungen zwischen 10 % und 20 % im Bereich des Möglichen liegen (vgl. Streitferdt 1994, S. 485).

Wie bei der Gemeinkostenwertanalyse ist auch beim Zero-Base-Budgeting aufgrund des Projektcharakters eine **Projektorganisation** als Ergänzung der Primärorganisation geeignet, wie sie in Abbildung 3.3-6 dargestellt ist (vgl. Roolfs 1996, S. 84).

Während der Unternehmungsleitung wiederum die Projektgenehmigung obliegt, übernimmt die Projektleitung die Planung und Durchführung sowie die Dokumentation des Projektes. Darüber hinaus hat die Projektleitung die Unternehmungsleitung über den Fortgang meilensteinbezogen zu informieren. Bei dem **Zero-Base-Planning-Team** handelt es sich um eine interdisziplinär zusammengesetzte Arbeitsgruppe, in der in ausreichendem Maße sowohl unternehmungsbezogenes als auch verfahrensbezogenes Know-how vorhanden sein muss. Ist letzteres in der Unternehmung nicht gegeben, dann kann es zweckmäßig sein, das verfahrensbezogene Knowhow durch eine unternehmungsexterne Person zu erlangen. Demgegenüber ist die konkrete Projektarbeit in den einzelnen Entscheidungseinheiten von dem für den jeweiligen Aufgabenbereich verantwortlichen Mitarbeiter, z. B. Gruppen- und Abteilungsleiter, durchzuführen. Zur Unterstützung und Entlastung der Unternehmungs- und Projektleitung kann zusätzlich ein Ausschuss gebildet werden, der sich mit Fragen beschäftigt, die von übergeordneter Bedeutung sind, wie etwa zur Durchführung des Prozesses der Bildung einer Rangordnung der aufgestellten Entscheidungspakete. In diesen Ausschuss sollte auch ein Mitglied des Betriebsrates aufgenommen werden, der vertrauensbildend im Kommunikationsprozess mit der Belegschaft wirken kann (vgl. Meyer-Piening 1990, S. 43 ff.).

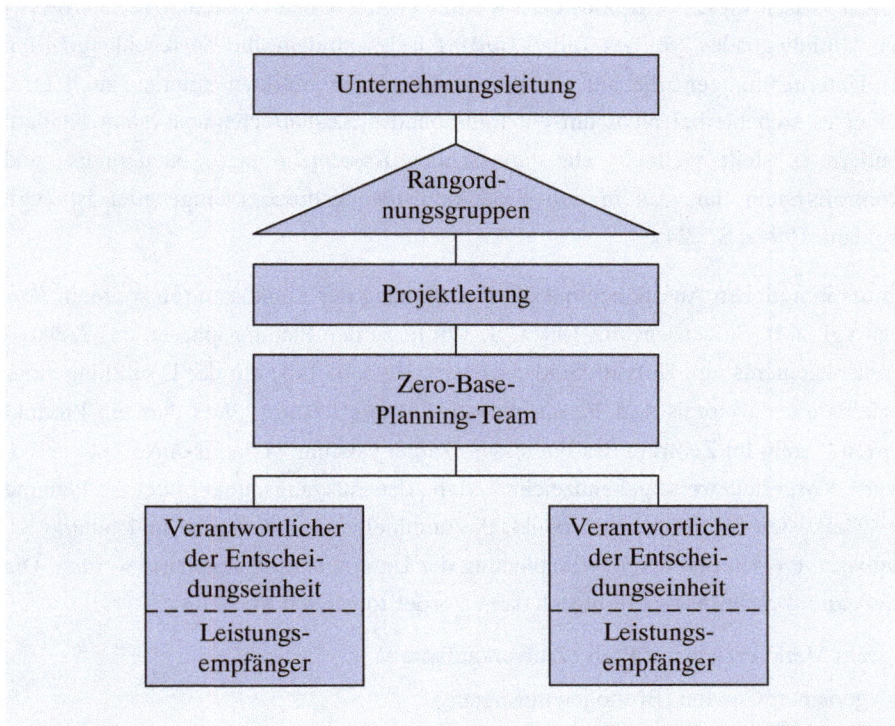

Abb. 3.3-6:   Elemente einer Projektorganisation für die Durchführung
eines Zero-Base-Budgeting-Projektes

Ziel der Gemeinkostenwertanalyse und des Zero-Base-Budgeting ist zunächst die Erhöhung der Transparenz in Gemeinkostenstrukturen. Der darauf aufbauend vorgeschlagene Abbau der Gemeinkosten muss jedoch in Richtung auf ein Gemeinkostenstrukturmanagement konkretisiert werden. Bei einer Gemeinkostensteuerung wird die Nutzung der Fixkosten verursachenden Ressourcen eines „Ressourcenpools" beispielsweise durch den Preis gesteuert (Verrechnungspreise); eine **Gemeinkostenumwandlung** kann etwa durch eine dezentrale Bereichsstrukturierung auf eine Umstrukturierung der Gemeinkosten zu Einzelkosten abzielen (vgl. Reiß/Corsten 1990, S. 393 f.).

3.3.2.3 Target Costing

Grundlage des Target Costing ist eine konsequente Marktorientierung, d. h., die Produktfunktionen werden als Ausgangspunkt auf der Basis der von den Kunden geäußerten Wünsche und Anforderungen definiert, und es liegt eine Ausrichtung auf die frühen Phasen im Lebenszyklus der Produkte (vgl. Corsten/Corsten 2012, S. 109 ff.) vor. Grundlegendes Ziel des Target Costing ist es, strategische Entscheidungshilfen für Unternehmungen, die auf wettbewerbsintensiven Märkten agieren, zu liefern, wobei es sich hierbei nicht um ein traditionelles Kostenrechnungssystem handelt, sondern es stellt vielmehr ein umfassendes Kostenplanungs-, -steuerungs- und -kontrollsystem dar, das in den Produktentstehungsprozess eingebettet ist (vgl. Freidank 1994a, S. 224).

Im ursprünglichen Ansatz beginnt die Bestimmung der Zielkosten (zu weiteren Formen vgl. z. B. Seidenschwarz 1991a, S. 199 f.; zu den Planungsphasen des Zielkostenmanagements vgl. Horváth/Seidenschwarz 1992, S. 144) mit der Ermittlung eines erzielbaren Marktpreises, d. h., die plakative **Fragestellung** „Was darf ein Produkt kosten?" steht im Zentrum des Interesses. Target Costing ist damit durch eine **retrograde Vorgehensweise** gekennzeichnet, d. h., den Ausgangspunkt bildet die Planung der Zielkosten für ein neues Produkt, die unmittelbar aus den am Kundenmarkt erzielbaren Preisen und der Gewinnplanung der Unternehmung abgeleitet werden. Die **Zielkostenbestimmung** ergibt sich dann aus der folgenden Rechnung:

  am Markt erzielbarer Preis (Zielverkaufspreis)
– geplanter Gewinn (Bruttogewinnspanne)

= Zielkosten (Target Costs)

Die so errechneten Zielkosten sind die „vom Markt erlaubten Kosten" (allowable costs), wobei die in einer Unternehmung existierenden Technologie- und Verfahrensstandards unberücksichtigt bleiben (vgl. Horváth/Seidenschwarz 1992, S. 150).

Im Rahmen der **Zielkostenspaltung** werden die ermittelten produktbezogenen Zielkosten dann auf spezifische Bezugsgrößen heruntergebrochen (Dekomposition), die

- **funktionsseitig** (i. d. R. für neuartige Produkte), beispielsweise unterstützt durch eine Conjoint-Analyse, mit deren Hilfe die Nutzenvorstellungen der potentiellen Kunden ermittelt und mit den Preisvorstellungen der Unternehmung verbunden werden können (vgl. Bauer/Herrmann 1993, S. 236 ff.),

- **komponentenseitig** (i. d. R. für bestehende Produkte) bis hinunter auf die Ebene einzelner Teile und/oder

- **prozessbezogen**, d. h. ausgehend von einer Unterteilung in direkte und indirekte Leistungsbereiche zwischen kostenstellenbezogenen Haupt- und Teilprozessen differenzierend,

erfolgen kann (vgl. Peemöller 1993, S. 378 f.). Auf diese Weise werden einerseits Kostenverantwortlichkeiten einzelner Mitarbeiter, Abteilungen und Funktionsbereiche und damit konkrete Ansatzpunkte für kostensenkende Maßnahmen aufgezeigt, andererseits wird deren zeitliche Vorverlagerung in die frühen Phasen des Lebenszyklus durch die Zerlegung überhaupt erst ermöglicht.

Zur Überprüfung, ob die ermittelten Zielkosten eines Produktes nach der Dekomposition auch realisierbar sind, sind die „vom Markt erlaubten Kosten" mit den Produktstandardkosten (drifting costs, die die bei Aufrechterhaltung vorhandener Technologie- und Verfahrensstandards in der Unternehmung erreichbaren Plankosten eines Produktes darstellen) zu vergleichen. Sind die Produktstandardkosten größer als die „vom Markt erlaubten Kosten", dann stellt sich die Aufgabe, die bestehende Ziellücke durch geeignete Maßnahmen der Reduktion des Kostenniveaus zu schließen, um den Markterfordernissen gerecht zu werden und den Erfolg des Produktes durch Einhaltung der Zielkosten sicherzustellen (vgl. Peemöller 1993, S. 377). Ist es nicht möglich, mit Hilfe von Kostenreduktionsmaßnahmen die existente Differenz zu beseitigen, dann bietet sich eine Reduzierung des geplanten Gewinns an oder, falls die Unternehmung über einen preispolitischen Spielraum verfügt, eröffnet sich ihr eine Bandbreite für die Festlegung der Zielkosten (vgl. Freidank 1994a, S. 226 f.). Abbildung 3.3-7 gibt diese Überlegungen in übersichtlicher Form wieder (vgl. Seidenschwarz 1991b, S. 65). Für **Dienstleistungsunternehmungen** bietet sich dabei eine **spezifische Variante** für mögliche Kostensenkungsmaßnahmen an. Bedingt durch die bereits erwähnte Integration des externen Faktors, eröffnet sich für den Dienstleistungsanbieter die Möglichkeit der Externalisierung objektbezogener menschlicher Arbeitsleistungen, durch die sich Ansatzpunkte für eine Kostenreduktion ergeben.

```
                    ┌─────────────────┐
                    │    Am Markt      │
                    │ erzielbarer Preis│
                    └─────────────────┘
                           ──
                    ┌─────────────────┐
                    │    Geplanter     │
                    │     Gewinn       │
                    └─────────────────┘
                           │
                           ▼
┌──────────────┐    ┌─────────────────┐
│              │◄ ─ │   Vom Markt      │
│   Produkt-   │    │   akzeptierter   │
│   standard-  │    │     Preis        │
│    kosten    │    └─────────────────┘
│              │◄ ─ ┌─────────────────┐
│              │    │Kostenreduktions- │
└──────────────┘    │     bedarf       │
                    └─────────────────┘
              ┌──────────┼──────────┐
              ▼          ▼          ▼
```

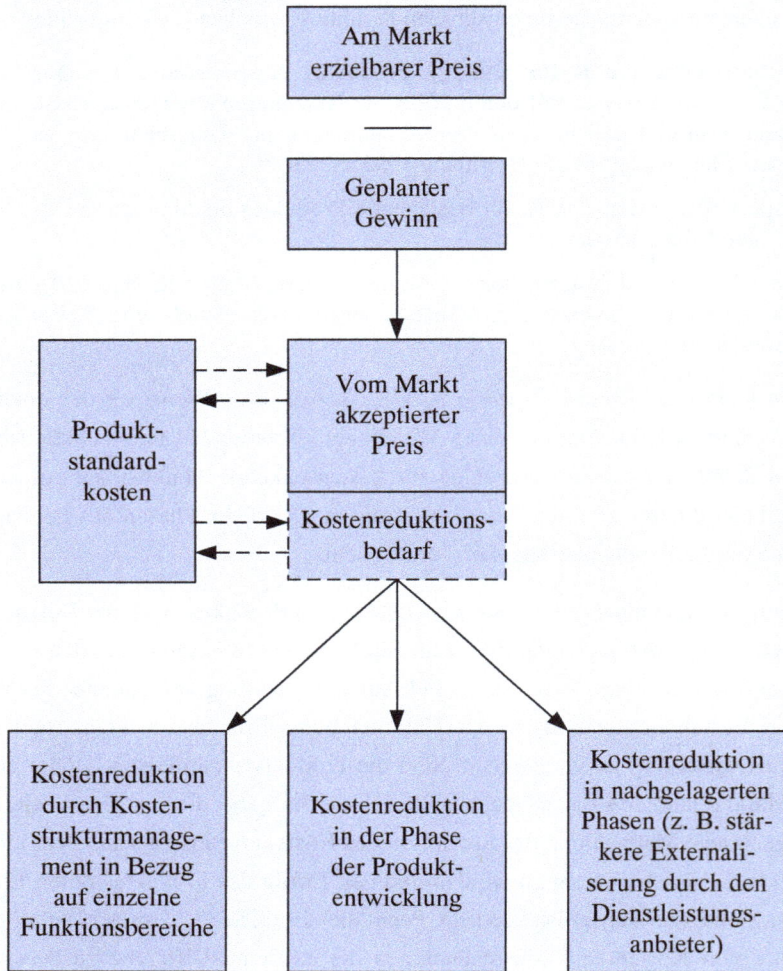

Abb. 3.3-7:   Prozess der Zielkostenbildung

Die Umsetzung des Target Costing, also die Erreichung der angestrebten Zielkosten durch möglichst umfassende Kostensenkungen, erfordert den Einsatz weiterer geeigneter Instrumente bereits in der Konzeptionsphase der Produkte. So kann die **Wertanalyse** einerseits in ihrer spezifischen Form der Wertgestaltung in der Konzeptionsphase als konkretes produktbezogenes Instrument eingesetzt werden und andererseits auch zur Vorbereitung der Gestaltung gesamtunternehmungsbezogener Prozesse Anwendung finden, wobei das **Blueprinting** ergänzend zum Einsatz gelangen kann. Die **Prozesskostenrechnung** erreicht durch eine Verbesserung der Kostentransparenz auch in indirekten Leistungsbereichen eine differenzierte Gemeinkostengliederung und eine Identifikation kostentreibender Prozesse und ermöglicht auf diese Weise eine prozessorientierte Kalkulation und eine streng kostenorientierte Gestaltung der Prozesse in der Unternehmung unter Beachtung der festgesetzten Zielkosten. Das in erster Linie prozess-, aber durchaus auch produktbezogen einzusetzende Benchmarking hat dann vorbereitenden Charakter für ein erfolgreiches Target Costing, das nach Seidenschwarz (1994, S. 78) nur dann mit Erfolg eingesetzt werden kann, wenn nach einem Vergleich mit anderen Unternehmungen bereits eine „Bereinigung" im Hinblick auf Produkte, Prozesse und/oder Zuliefererbeziehungen durchgeführt wurde.

Die Konzeption des Target Costing ist dabei keineswegs einheitlich, sondern wird vielmehr in Veröffentlichungen - vor allem japanischer Autoren - lediglich als unternehmungsindividuelle Lösung beschrieben. Peemöller (1993, S. 379 f.) hebt hervor, dass die indirekte Marktorientierung letztlich als eine Selbstverständlichkeit anzusehen sei. Bei den in der Literatur beschriebenen praktischen Erfahrungen mit dem Einsatz des Target Costing bleiben Dienstleistungsunternehmungen meist unberücksichtigt, ein Sachverhalt, der eher verwundert, da sich gerade in diesem Bereich, und zwar bedingt durch

- eine prozessuale Betrachtung der Dienstleistung und
- die Integration des externen Faktors,

Ansatzpunkte für dieses Instrument eröffnen.

3.3.2.4 Wertanalyse

Die in den 1940er Jahren in den USA entwickelte Wertanalyse ist ein Rationalisierungsverfahren, das in seiner ursprünglichen Form der Senkung der Materialkosten von Produkten mit gegebenen Eigenschaften diente. Im Laufe der Zeit erfuhr die Wertanalyse eine **Erweiterung** in die drei folgenden Richtungen (vgl. Kern/Schröder 1977, S. 375):

- Ausweitung auf sämtliche Größen, die sich auf die Kosten eines Wertanalyseobjektes auswirken;
- neben der Senkung der Kosten wurde die Steigerung des Wertes des zu untersuchenden Objektes in die Überlegungen aufgenommen;
- neben materiellen wurden auch immaterielle Objekte in die Wertanalyse einbezogen (vgl. Händel 1978).

Die Wertanalyse lässt sich folglich als eine Konzeption charakterisieren, die darauf abzielt, eine **Maximierung der Nutzen-/Kostenrelation** bzw. der **Differenz zwi-**

schen Nutzen und Kosten der betrachteten Analyseobjekte zu realisieren. Sie lässt sich durch die folgenden vier Merkmale konkretisieren (vgl. Hahn/Laßmann 1990, S. 163):

- Denken in Funktionen;
- schematisierter Planungsprozess;
- interdisziplinäre Gruppenarbeit (Team);
- Einsatz von Kreativitätstechniken.

Zentral für die Wertanalyse ist dabei das Denken in Funktionen, worunter Aufgaben zu verstehen sind, die das Objekt erfüllt oder erfüllen soll. Die Funktionen lassen sich dabei nach unterschiedlichen Kriterien untergliedern:

- nach Funktionsklassen in
  -- Haupt- und
  -- Nebenfunktionen
- nach Funktionsarten in
  -- Gebrauchs- und
  -- Geltungsfunktionen
- nach der Unmittelbarkeit in
  -- Grund- und
  -- Hilfsfunktionen.

Abbildung 3.3-8 zeigt in vereinfachter Form die beschriebenen Zusammenhänge (vgl. Schröder 1994, S. 155).

Der Wertanalyse obliegen damit die folgenden Teilaufgaben (vgl. Kern/Schröder 1977, S. 377):

- Ermitteln und Ordnen der Funktionen des zu analysierenden Objektes und Feststellung der von seinen Komponenten verursachten Kosten;
- Ermitteln des Wertes der Funktionen auf der Grundlage der
  -- Nutzenfeststellung und
  -- Kostenverteilung gemäß des Beitrages der Kostenträger zur Erfüllung der unterschiedlichen Funktionen;
- Erhöhen des Wertes des Analyseobjektes durch Ausschalten „wertloser", kostengünstigere Erfüllung bereits vorhandener „wertvoller" und Hinzufügen neuer wertsteigernder Funktionen.

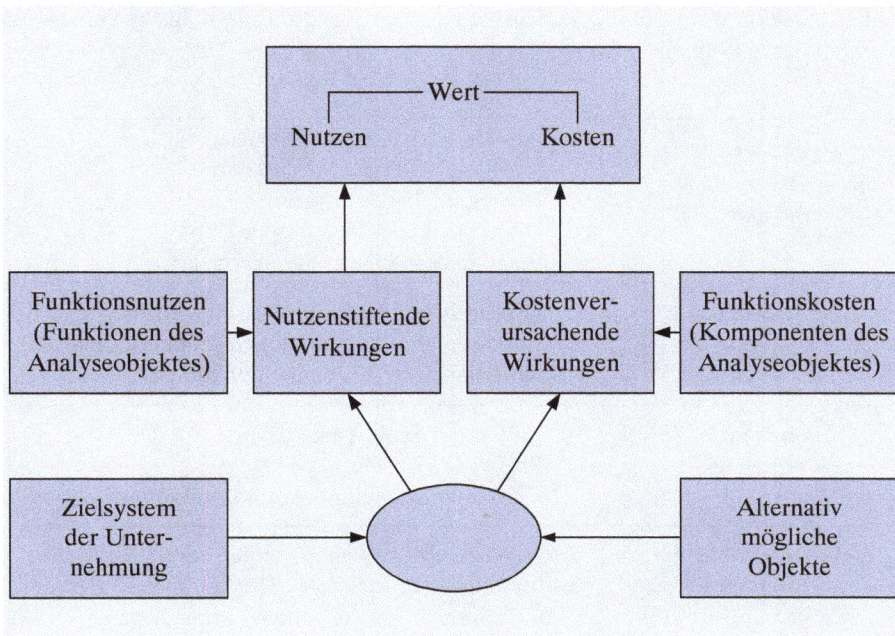

Abb. 3.3-8:   Elemente und ihr Zusammenwirken im Rahmen der Wertanalyse

Nach DIN 69910 lassen sich die in Tabelle 3.3-3 dargestellten **Grundschritte** unterscheiden (vgl. z. B. Bucksch/Rost 1985, S. 358 f.; Händel 1978, S. 19). Im Rahmen der Anwendung der Wertanalyse sind die folgenden **Probleme** zu beachten:

- Entscheidend für die Auswahl und Festlegung des Analyseziels ist der voraussichtliche Zielbeitrag, der sich aus dem Nutzen und den Kosten der Analyse ergibt. Damit setzt eine zielorientierte Auswahl der Analyseobjekte strenggenommen bereits die Kenntnis der Ergebnisse der Wertanalyse voraus. Erschwerend kommt hinzu, dass der Nutzen einer Wertanalyse für ein Objekt von den Kosten abhängt, die für die Analyse aufgewendet werden. Dies impliziert die Notwendigkeit einer simultanen Entscheidung über die zu analysierenden Objekte und die Höhe der für die Analyse auftretenden Kosten (vgl. Kern/Schröder 1977, S. 427). Bei Dienstleistungen wiegt dieses Problem umso schwerer, je stärker die Integration des Nachfragers im Rahmen der Dienstleistungserstellung ist.

- Im Rahmen der Funktionsanalyse ergibt sich das Problem der Festlegung des Detaillierungsgrades der Funktionsanalyse.

- Bei der Fixierung der Sollgrößen ergeben sich Probleme, weil die Festlegung der Sollfunktionen sich nur an dem Nutzenentgang (-zuwachs) und den entfallenden (hinzukommenden) Kosten bei ihrem Fortfall (ihrer Aufnahme) orientieren kann.

- Im Rahmen der Ermittlung der Sollfunktionen bleibt ungeklärt, wie diese Funktionen zu ermitteln sind. Darüber hinaus stellt sich die Frage, ob die Bestimmung der Sollfunktionsgliederung nicht nur die Grundlage für die weiteren Schritte bildet, sondern vielmehr die Durchführung der Grundschritte 4 bis 6 voraussetzt (vgl. Glaser 1989, Sp. 1701).

Grundschritt 1: Vorbereitende Maßnahmen	- Auswahl des Analyseobjektes (z. B. mit Hilfe der ABC-Analyse) - Festlegung der Analyseziele - Bildung einer Arbeitsgruppe - Planung des Ablaufs der Wertanalyse
Grundschritt 2: Ermittlung des Istzustandes	- Beschreibung des Untersuchungsobjektes - Beschreibung der Funktionen (Funktionsanalyse) - Kostenanalyse (Ergebnis: Funktionskosten)
Grundschritt 3: Prüfen des Istzustandes	- Prüfen der Funktionserfüllung - Prüfen der Kosten Ziel: Feststellung der Sollfunktion
Grundschritt 4: Ermittlung von Lösungen	Suche nach alternativen Lösungen zur Erfüllung der Sollfunktionen (Einsatz von Kreativitätstechniken; z. B. Brainstorming, Morphologischer Kasten)
Grundschritt 5: Prüfen der alternativen Lösungen	- Grobprüfung ⎫ hinsichtlich sachlicher - Feinprüfung ⎬ Durchführbarkeit und ⎭ Wirtschaftlichkeit
Grundschritt 6: Vorschlag und Realisation einer Lösung	- Auswahl einer Lösung (optimale Lösung) - Empfehlen einer Lösung - Verwirklichung der optimalen Lösung

Tab. 3.3-3:   Grundschritte der Wertanalyse

Wie betont, ist die Wertanalyse ein Verfahren, das nicht nur für materielle, sondern ebenfalls für immaterielle Objekte geeignet ist, auch wenn ihr Anwendungsschwerpunkt bei materiellen Objekten zu sehen ist. Hinsichtlich des formalen Aufbaus der Wertanalyse ergeben sich im Rahmen ihrer Anwendung für Dienstleistungen keine Besonderheiten, sondern die zu beobachtenden Spezifika sind lediglich gradueller Natur und beziehen sich auf einzelne Aspekte innerhalb der angeführten Grundschritte.

So betont Händel (1978, S. 22 ff.) aufgrund seiner Erfahrungen mit dem Einsatz der Wertanalyse bei Dienstleistungen, dass es generell schwieriger sei,

- Probleme bei immateriellen Objekten zu identifizieren und
- darauf aufbauend konkrete Aufgaben zu formulieren,

als dies bei materiellen Objekten der Fall sei. Darüber hinaus zeigt sich häufig eine höhere Gefahr der Fehleinschätzung hinsichtlich des Wissens über den genauen Ablauf. Für ein immaterielles Wertanalyseobjekt sind deshalb die Abläufe, Übergabe- und Übernahmebedingungen und Stellenbeschreibungen hinreichend differenziert zu erfassen. Hierbei könnten Blueprinting oder Netzpläne eine zweckmäßige Grundlage bieten.

Grundschritt 2 „Ermittlung des Istzustandes" erfordert erfahrungsgemäß den höchsten Aufwand. Um eine ausreichende Informationsbasis zu erhalten, empfiehlt Händel (1978, S. 43) den drei folgenden Fragen nachzugehen:

„   -   Was behindert innerhalb der eigenen Abteilung?
    -   Durch welche abteilungsexternen Einflüsse fühlt man sich behindert?
    -   Welche Behinderungen sind bedingt durch vorliegende Vorschriften, Gesetze u.ä.?"

Probleme ergeben sich im Rahmen der Ermittlung der Funktionskosten, da bei immateriellen Objekten teilweise das Mengengerüst, das Grundlage einer jeden Kostenkalkulation ist, fehlt (zu einer praxisorientierten Vorgehensweise vgl. Händel 1978, S. 59 ff.).

Demgegenüber zeigen sich in den Grundschritten 3 und 4 keine Besonderheiten im Vergleich zu materiellen Objekten. So werden etwa im Grundschritt 4 „Ermittlung von Lösungen" intuitive (z B. Brainstorming) und diskursive (z. B. morphologischer Kasten) Kreativitätstechniken eingesetzt.

Grundschritt 5 „Prüfen der alternativen Lösungen" kann bis zu 25 % der Gesamtkosten verursachen. Dabei wird die Entscheidung über die sachliche Durchführbarkeit i. d. R. deutlich schneller getroffen, als dies bei materiellen Objekten der Fall ist. Für die Prüfung der sachlichen Durchführbarkeit sind folgende Regeln zu beachten (Händel 1978, S. 91):

„   -   Alle Ideen, die die sachliche Prüfung bestehen, sind schriftlich zu fixieren.
    -   Kleine Vorversuche (z. B. Abläufe u. ä.) sind sorgfältig zu planen und vor allem ihre Durchführung angemessen genau zu überwachen.
    -   Dasselbe gilt für Feldversuche, die notwendig sind, wenn die Motivation des einzelnen für die Realisierung der Idee eine Rolle spielt."

Der Teilschritt 2 „Prüfen der Wirtschaftlichkeit" gibt dann besondere Probleme auf, wenn es sich beim zu integrierenden externen Faktor um den Nachfrager selbst handelt, da dessen Auswirkungen auf die Kosten unterschiedlich sein können.

Grundschritt 6 „Vorschlag und Realisation einer Lösung" umfasst bei immateriellen Objekten Zeiträume bis zu einem Jahr. In diesem Zeitraum sind z. B. monatliche Kontrollen durchzuführen.

Bedingt durch die **Integration des externen Faktors**, erscheint es angezeigt, diesen in den Fällen in die Wertanalyse einzubeziehen, in denen er in aktiver Weise in der Endkombination tätig ist. Hierdurch können einerseits Ideen produziert werden, die ein Anbieter aufgrund seiner anderen Perspektive nicht zu erbringen vermag, und anderseits auch die kostenseitigen Konsequenzen, zumindest Bandbreiten, abgeschätzt werden (vgl. hierzu auch Corsten/Gössinger/Schneider 2006, S. 168 ff.).

Wie betont und im Grundschritt 2 explizit formuliert, erfolgt die Analyse der Funktionen stets auch im Hinblick auf die Ermittlung der hierfür anfallenden Kosten. Bei Anwendung traditioneller Kostenrechnungsverfahren können sich dabei erhebliche Schwierigkeiten ergeben. Die Wertanalyse weist in diesem Vorgehen Parallelen zur Dekomposition der Zielkosten im Rahmen des Target Costing auf. Evident erscheint die **Verbindung der Wertanalyse** bei Dienstleistungen mit der **Prozesskostenrechnung**, die einen Beitrag zu einer funktionsorientierten Zuordnung der Kosten eines Wertanalyseobjektes leisten kann. Auf diese Weise kann das angestrebte Ziel erreicht werden, elementare, neutrale und überflüssige Funktionen von Produkten oder Prozessen als solche zu erkennen und Verbesserungen, z. B. in Form von Kostensenkungen oder Nutzensteigerungen, durchführen zu können (vgl. Jehle 1991, S. 291).

Eine Einordnung der Wertanalyse als produktbezogene Maßnahme erscheint zu eng, da sie eine anwendungsneutrale Methode darstellt und folglich nicht nur auf Produkte, sondern auch auf Prozesse anwendbar ist. Dementsprechend können materielle und immaterielle Güter, Produktionsmittel und -verfahren, Organisations- und Verwaltungsabläufe und Informationsinhalte und -prozesse Gegenstand einer Wertanalyse sein. Im Gegensatz zu Franz (1992, S. 1493), der lediglich für bereits hergestellte Produkte eine Beeinflussung der Kosten erkennt, betont Jehle (1995, S. 1030), dass ihr Einsatz zunehmend zum Auffinden neuer Ideen (Value-Innovation) erfolgt. Wird die Wertanalyse in der Entstehungsphase eines Objektes eingesetzt, d. h. zur Entwicklung neuer Objekte, dann wird auch von einem **Value Engineering** gesprochen. Als problematisch erweist sich hierbei das Fehlen einer Vergleichsbasis (Istzustand), so dass die sogenannten Wertziele (Sollzustand) erst im Laufe des Projektes hergeleitet werden können. Der Schwerpunkt der Wertanalyse als Instrument des Kostenmanagements liegt dabei in der Gestaltung des Kostenniveaus und der Kostenstruktur.

3.3.2.5 Benchmarking

Benchmarking bedeutet den permanenten Vergleich der (materiellen und immateriellen) Produkte, Methoden und Prozesse der eigenen Unternehmung mit den besten Unternehmungen der eigenen, aber auch anderer Branchen, um durch erkannte Unterschiede zur Verbesserung der eigenen Position zu gelangen und schließlich der „Beste der Besten" zu werden (vgl. Luchs/Roberts 1995, S. 189 ff.). Das Benchmarking dient folglich der Beschaffung von **Benchmarks** im Sinne von **Forderungen** oder **Richtwerten** (vgl. Pieske 1994, S. 339), um dann auf dieser Grundlage Unterschiede zwischen der eigenen Unternehmung und der Vergleichsunternehmung zu identifizieren und nach den Gründen hierfür zu forschen.

Als **Zielgrößen** können dabei

- Kosten,
- Qualität,
- Zeit und/oder
- Kundenzufriedenheit

herangezogen werden. Abbildung 3.3-9 gibt einen Überblick über mögliche Ausprägungen des Benchmarking (vgl. Horváth/Herter 1992, S. 7).

Ausprägung				
Objekt	Materielles Produkt	Immaterielles Produkt	Methoden	Funktions-bereiche	Prozesse
Zielgröße	Kosten	Qualität	Zeit	Kundenzu-friedenheit
Vergleichsbasis	Andere Geschäfts-einheiten	Konkurrenz-unterneh-mungen	Unternehmungen der gleichen Branche	Unternehmungen anderer Branchen

Abb. 3.3-9:   Ausprägungen des Benchmarking

Benchmarking ist damit umfassender als die aus dem strategischen Management bekannte Konkurrenzanalyse (vgl. Corsten/Corsten 2012, S. 70 ff.), wobei die folgenden Unterschiede zu nennen sind (vgl. Horváth/Herter 1992, S. 5):

- **Vergleichsbasis** müssen nicht nur die Konkurrenten sein, sondern auch Unternehmungen aus ganz anderen Branchen können zum Vergleich herangezogen werden. Praktische Beispiele belegen, dass Anregungen häufig von Nicht-Konkurrenten stammen (zu einigen Beispielen vgl. Horváth/Herter 1992, S. 8; so vergleicht etwa Xerox die Fakturierung mit American Express). Die Auswahl der Vergleichsbasis hängt dabei davon ab, für welche Objekte ein Benchmarking durchgeführt werden soll. So sind etwa für den Produktionsbereich i. d. R. die Konkurrenzunternehmungen relevant, während bei Fragen der Finanzbuchhaltung, der Auftragsabwicklung etc. ebenfalls Vergleiche mit Nicht-Konkurrenten zweckmäßig erscheinen.

- **Informationen** über Konkurrenten sind i. d. R. schwieriger zu erhalten als über Nicht-Konkurrenten (zu möglichen Informationsquellen vgl. Pieske 1994, S. 343), wobei mit letzteren häufig ein unmittelbarer Erfahrungsaustausch, der allen Beteiligten nutzen kann, möglich ist. Auf dieser Grundlage kann eine Unternehmung nicht nur Benchmarks erlangen, sondern darüber hinaus auch konkrete Hinweise darüber, wie Zielvorgaben realisierbar sind. Teilweise ist in der Praxis zu beobachten, dass sich sogenannte Benchmarking-Netzwerke bilden, in die Unternehmungen auf freiwilliger Basis ihre Informationen einbringen, um so eine Grundlage für die Einschätzung ihres eigenen Leistungspotentials zu erhalten.

Eine spezifische Ausprägungsform des Benchmarking für das Kostenmanagement ist das **Cost Benchmarking**, mit dem letztlich gewährleistet werden soll, dass der Wettbewerb auch in die Unternehmungsteile (-funktionen) hineingetragen wird, die keine direkte Schnittstelle zum Absatzmarkt aufweisen (vgl. Horváth/Lamla 1995, S. 67). Ziel ist es damit, wettbewerbsorientierte Kostenziele für die Unternehmung aufzustellen und nach Möglichkeiten für ihre Realisierung zu suchen, wobei sich Cost Benchmarking auf die Kosten der gesamten Wertkette einer Unternehmung bezieht (vgl. Fifer 1989, S. 18 ff.). Während Cost Benchmarking durch das Setzen äußerst anspruchsvoller Ziele in der Form von **Quantensprüngen** charakterisiert ist, zielt **Kaizen Costing** auf eine **stetige Kostensenkung** in kleinen Schritten ab. Hierbei handelt es sich um einen Bottom-up-Ansatz, der versucht, das Potential der Mitarbeiter auf der operativen Ebene zu nutzen. Cost Benchmarking und Kaizen Costing schließen einander nicht aus, sondern können, analog zum **Gegenstromverfahren** (vgl. Wild 1974, S. 196 ff.), sich gegenseitig ergänzen, wie dies in Abbildung 3.3-10 schematisch dargestellt ist.

Cost Benchmarking und Kaizen Costing dürfen sich aber nicht nur auf die Senkung des Kostenniveaus beschränken, sondern sie müssen im Interesse einer möglichst umfassenden Kostenbeeinflussung die dahinterstehenden Prozesse identifizieren (vgl. Horváth/Herter 1992, S. 5; Männel 1992, S. 340). Zur kostenorientierten Beeinflussung der Prozesse sind die zugrundeliegenden **Kostentreiber** zu bestimmen, um durch eine erhöhte Transparenz, ähnlich wie in der Prozesskostenrechnung (vgl. z. B.

Corsten/Corsten 2014, S. 210 ff.; Friedl 2010, S. 417 ff.; Hoitsch/Lingnau 2007, S. 316 ff.), den Beitrag der einzelnen Prozesse zur betrieblichen Wertschöpfung erfassen zu können. Damit sind die Ansatzpunkte des Benchmarking umfassender einzuordnen, als dies beispielsweise in Form des **Reverse Product Engineering** (vgl. Horváth/Herter 1992, S. 5) geschieht, das lediglich eine produktbezogene Funktionsanalyse vornimmt. Der entscheidende Unterschied zur Prozesskostenrechnung, die letztlich nur eine an unternehmungsinternen Gegebenheiten ausgerichtete Steuerung darstellt, ist darin zu sehen, dass beim Benchmarking durch den permanenten Vergleich mit den Wettbewerbern eine **unternehmungsübergreifende Orientierung** vorliegt.

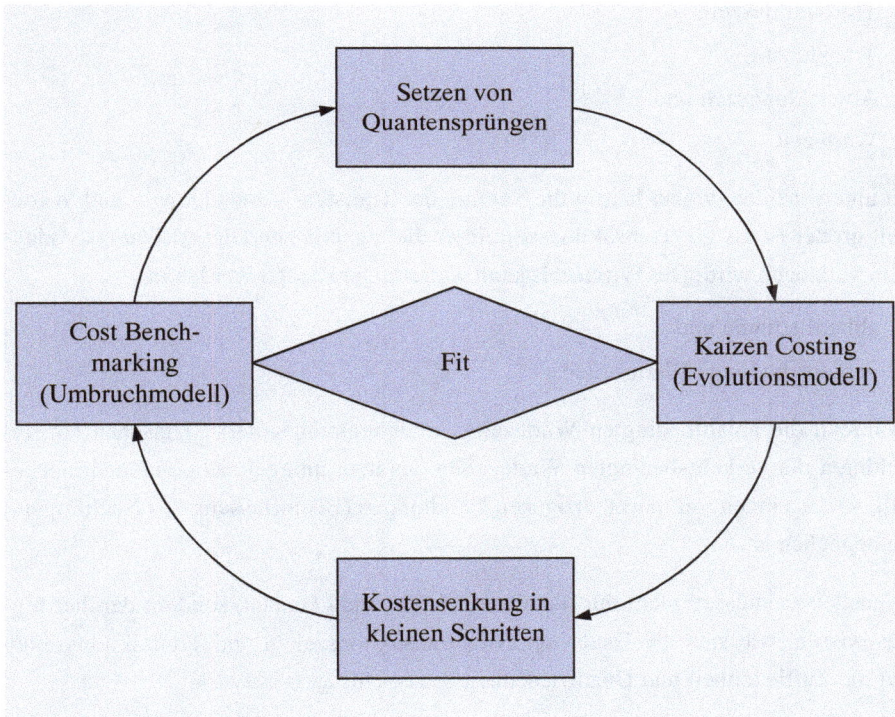

Abb. 3.3-10: Zusammenwirken von Cost Benchmarking und Kaizen Costing

Die auf diese Weise ermittelten Zielvorgaben dürften eine höhere Akzeptanz als die des Target Costing aufweisen, da sie zwar als anspruchsvoll, aber durch ihre Ausrichtung an Vorgaben des Wettbewerbs zugleich als durchaus erreichbar zu bezeichnen sind, wobei eine Kombination der beiden Ansätze, beispielsweise in Form einer Vorbereitung des Target Costing durch Benchmarking, nicht nur möglich, sondern zweckmäßig erscheint (vgl. Horváth/Herter 1992, S. 7 f.).

In einer weiter angelegten Betrachtung könnte das Kostenmanagement selbst zum Objekt des Benchmarking werden, um auf diese Weise eine Fokussierung des Kostenmanagements zu realisieren, die auf einer **Metaebene** eine zielgerichtete Gestaltung der Kosten ermöglicht (vgl. hierzu Reiß/Corsten 1990, S. 395 f.).

Im Rahmen der Unterstützung einer Kostenführerschaftsstrategie in Dienstleistungsunternehmungen, ist zu beachten, dass z. B. ein Benchmark „Zeit um …% kürzen" nicht generell einsetzbar ist. Dies zeigt sich insbesondere bei den Dienstleistungen, bei denen die Verrichtung im Zentrum des Interesses steht. Aus der Sicht des Nachfragers ist dabei zwischen

- Transaktionszeit,
- Transferzeit,
- Abwicklungszeit und
- Wartezeit

zu unterscheiden, wobei häufig die Summe der Transfer-, Abwicklungs- und Wartezeit größer ist als die Transaktionszeit, in er die eigentlichen Dienstleistungsproduktion vollzogen wird. Die **Wartezeit** kann weiter untergliedert werden in

- ablaufbedingte und
- verkehrsbedingte Wartezeiten.

Während die ablaufbedingten Wartezeiten unternehmungsinterne Ursachen hat, resultieren die verkehrsbedingten Wartezeiten aus dem unregelmäßigen Nachfrageanfall, so dass ihnen mit marktbezogenen Handlungen (Beeinflussung des Nachfragers) zu begegnen ist.

Dienstleister müssen nicht nur die einzelnen Zeitarten kennen, sondern darüber hinaus wissen, wie sich die Dauer der Nichttransaktionszeiten und Transaktionszeiten auf die Zufriedenheit und Unzufriedenheit des Nachfragers auswirkt.

Abbildung 3.3-11 gibt einen vereinfachten Überblick über den möglichen Einfluss der Zeitdauer auf die Zufriedenheit der Kunden (vgl. Stauss 1991a, S. 83).

- **Fall A**: Muss ein Kunde bei einer telefonischen Anfrage maximal ein dreimaliges Läuten hinnehmen, dann ist dieser mit der Reaktionszeit zufrieden (z. B. Kreditkarteninhaber). Nimmt die Reaktionszeit zu, sinkt die Zufriedenheit des Kunden sehr stark.
- **Fall B**: Die Zufriedenheit des Kunden nimmt bei Überschreitung bestimmter Schwellenwerte sprunghaft ab.

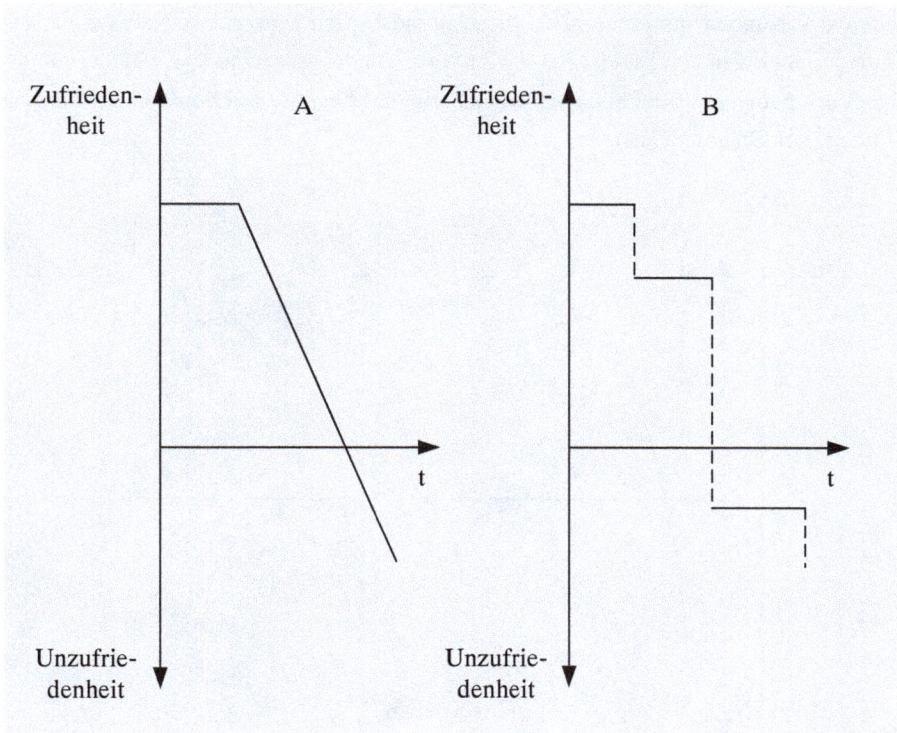

Abb. 3.3-11: Wartezeit als Determinante der Kundenzufriedenheit

Abbildung 3.3-12 gibt beispielhafte Verläufe für die Transaktionszeit, d. h. die Zeit für die eigentliche Dienstleistungserstellung, wieder.

- **Fall C**: Der Kunde fragt z. B. eine 30minütige Massage nach und bewertet eine Verkürzung dieser Zeitspanne negativ.

- **Fall D**: Ein Kunde, der etwa eine Friseurleistung als Zeitvertreibungsangebot nachfragt, bewertet eine längere Verrichtung als positiv (durchgezogene Linie). Möchte ein Kunde hingegen nur einen kurzen Aufenthalt am Bahnhof für einen Friseurbesuch nutzen und ist primär am Ergebnis interessiert, dann bewertet er eine kürzere Verrichtungsdauer positiv (gestrichelte Linie).

Diese Überlegung zeigt, dass die Wirkung der Länge der Verrichtungszeit auf die Zufriedenheit oder Unzufriedenheit des Nachfragers situativ äußerst unterschiedlich sein kann und sich einer generellen Beantwortung entzieht, zumal noch berücksichtigt werden muss, dass derselbe Kunde zu unterschiedlichen Zeiten auch unterschiedliche Präferenzen haben kann.

Ein wesentlicher Ansatzpunkt, um positiv auf die Kundenzufriedenheit einzuwirken, bietet sich dem Anbieter, indem er Maßnahmen ergreift, die die **Nichttransaktions-**

zeiten des Kunden minimieren, da diese grundsätzlich seitens des Nachfragers als lästig erachtet werden. Tabelle 3.3-4 gibt beispielhafte Ansatzpunkte wieder, die geeignet erscheinen, auf die einzelnen Zeitanteile der Nichttransaktionszeit Einfluss zu nehmen (vgl. Stauss 1991a).

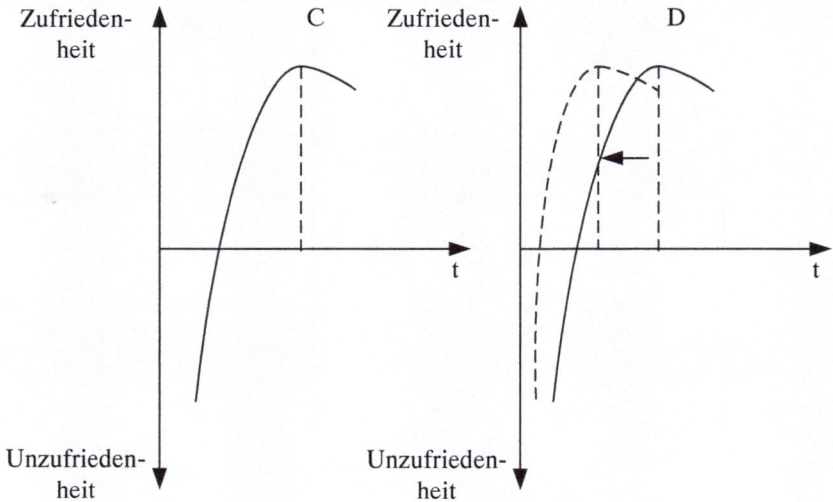

Abb. 3.3-12: Zeitdauer der Transaktion als Determinante der Kundenzufriedenheit

Auf der Grundlage differenzierter Informationen über die Zeitpräferenzen der Nachfrager und der Zeitbestandteile des Angebotes bietet sich dem Dienstleister dann die Möglichkeit für eine grundsätzliche Ausrichtung seiner Leistungserstellung, wobei zwischen

- Spezialisierung und

- Differenzierung

zu unterscheiden ist. Beide Handlungsorientierungen können sich dabei auf die einzelnen Zeitkomponenten der Nichttransaktionszeit und der Transaktionszeit beziehen. Während der Anbieter beispielsweise im Rahmen einer Spezialisierung dem Kunden eine möglichst schnelle Leistungserstellung zusagt (z. B. Sofortreinigung, Sofortreparatur, Zustelldienst) oder die Transferzeit eliminiert (z. B. Bringdienste), bietet er im Rahmen einer Differenzierung dem Kunden unterschiedliche Zeit-Leistungs-Preis-Kombinationen an.

Zeit	Maßnahmen
Transferzeit	- verkehrsgünstige Standortwahl - Abhol- und Bringservice - innerbetriebliches Leitsystem - Umwandlung von Online-Dienstleistungen in Offline-Dienstleistungen - ausreichendes Parkplatzangebot
Abwicklungszeit	- Verfahrensvereinfachung durch standardisierte Vordrucke - Ausgabe von „Checkkarten", mit denen der Kunde sich selbst anmeldet
Wartezeit	- Terminvereinbarungssystem - Einrichten einer Expresslinie - Steuerung der Nachfrage mit Hilfe der Preisdifferenzierung - flexibler Personaleinsatz, z. B. -- zeitlich begrenzte innerbetriebliche Personalverschiebung -- flexible Arbeitszeitregelung - arbeitsorganisatorische Maßnahmen

Tab. 3.3-4:   Maßnahmen zur Minimierung der Nichttransaktionszeiten

3.3.3 Integrative Aspekte des Kostenmanagements

Die Forderung nach einer integrativen Betrachtung zielt auf eine stärkere Informationsorientierung ab. Hierfür findet sich in der einschlägigen Literatur häufig die Bezeichnung „Strategisches Kostenmanagement" (Strategic Management Accounting; vgl. z. B. Simmonds 1989, S. 264 ff.), das die durch die Kostenrechnung zur Verfügung gestellten Daten im Sinne der geforderten integrativen Betrachtung zu unternehmungsstrategisch relevanten, d. h. für die jeweilige Problemstellung charakteristischen Informationen entsprechend den Bedürfnissen der Unternehmungsleitung aufbereitet. Auf diese Weise können die eigenen Wertschöpfungsaktivitäten im Vergleich zum Wettbewerb im Hinblick auf bestehende und potentielle Wettbewerbsvorteile analysiert werden (vgl. Coenenberg 1993, S. 42 f.). Eine solche Orientierung ist damit durch die Nutzung in Bezug auf den jeweiligen Wert der ermittelten Informationen, d. h. ihrer situationsspezifischen Entscheidungsrelevanz, charakterisiert. Gefordert ist damit eine in Richtung **Vorschaufunktion** auszugestaltende Strategieorientierung des Rechnungswesens, die frühzeitig kostenbezogene Einflussfaktoren und Interdependenzen erkennt, analysiert und im Sinne managementorientierter Kostenrechnungsinformationen präsentiert (zu weiteren Bausteinen des Ansatzes vgl. z. B. Fröhling 1991, S. 8). **Strategisches Kostenmanagement** ist folglich im Wesentlichen eine Denkrichtung mit Blick auf eine verstärkte Integration bisher getrennter Informationsinstitutionen innerhalb einer Unternehmung, die ein integratives Datenmodell erfordert.

Eine Integration im Sinne eines koordinierenden Zusammenschlusses erfordert darüber hinaus stets die Bereitstellung geeigneter Gestaltungsinstrumente, wobei neben deren Wirkungen die Dosierung und Kombination ihres Einsatzes, vor allem im Vergleich zu einer unkoordinierten Anwendung, in einem bereitzustellenden Pool von Bedeutung sind (vgl. Corsten/Stuhlmann 1995, S. 21).

Die Analyse ausgewählter Instrumente des Kostenmanagements hat deutlich gemacht, dass diese Instrumente keineswegs nur voneinander getrennt anwendbar oder gar inkompatibel sein müssen, sondern sie sind eher als zu integrierende Bausteine einer umfassenden Kostengestaltung zu sehen (vgl. Brede 1993, S. 353). Eine Kombination der zur Verfügung stehenden Instrumente kann eine parallele Berücksichtigung der Bezugsobjekte bei gleichzeitiger Einflussnahme auf die Gestaltungsobjekte ermöglichen, so dass im Idealfall der skizzierte konzeptionelle Rahmen eines Kostenmanagements inhaltlich ausgefüllt wäre. Der kombinative Einsatz der Instrumente ist dabei stets situationsabhängig zu sehen.

Ein mögliches Rahmenkonzept für ein integratives Kostenmanagement stellt z. B. die bereits dargestellte Wertkette nach Porter (1997) dar. Grundlage dieses Ansatzes bildet die Überlegung, dass sich jede Unternehmung als eine Ansammlung von Tätigkeiten, die sich in einer Wertkette abbilden lassen, darstellt.

Die **Wertkette** (vgl. Abschnitt 2.2) als ein System miteinander verknüpfter Aktivitäten unterscheidet zwischen primären und sekundären Wertschöpfungsaktivitäten. Welche Aktivität für die Erreichung von Wettbewerbsvorteilen von besonderer Bedeutung ist, hängt von der einzelnen Unternehmung und der jeweiligen Branche ab. Dabei wird jede Aktivität auf ihre Wertschöpfung geprüft und in eine physische und eine informationsverarbeitende Komponente zerlegt. Die Wertkette kann somit als ein Hilfsmittel für die Analyse der Prozesse dienen und damit zur Identifikation kritischer Schnittstellen beitragen (vgl. Corsten 1997, S. 13 f.). Die Wertkettenanalyse, als ein strategisch ausgerichtetes Konzept, gibt damit Hinweise auf diejenigen Aktivitäten, die besonders wichtig sind.

Um eine weitergehende Analyse der Aktivitäten zu ermöglichen, bietet sich der Einsatz der **Wertanalyse** an, mit deren Hilfe dann die Aktivitäten oder Teilaktivitäten unterschieden werden, die einen unmittelbaren und bedeutenden Einfluss auf den Kundennutzen haben und denjenigen, deren Einfluss eher gering ist, die aber dafür hohe Kosten hervorrufen. Gleiche Überlegungen gelten für die **Gemeinkostenwertanalyse**, deren Schwerpunkt im Bereich sekundärer Aktivitäten liegt.

Ebenfalls erscheint die Wertkette durchaus geeignet für ein **Benchmarking**. So können etwa für die einzelnen primären und sekundären Aktivitäten Benchmarks formuliert werden, die dann umzusetzen sind.

Eine kombinative Verknüpfung von **Wertkettenanalyse** und **Zero-Base-Budgeting** schlägt Lemke (1992, S. 274) vor, wobei er folgende Ansatzpunkte herausstellt:

- Die Wertkettenanalyse legt fest, welche Aktivitäten von besonderer Wichtigkeit sind.
- Das Zero-Base-Budgeting hat dann eine Grundlage
    -- zur Festlegung der Zero-Base-Budgeting-Bereiche, und
    -- es lassen sich quantitative Zielvorgaben angeben, die sowohl eine Leistungsuntergrenze als auch eine Kostenobergrenze umfassen. Die Kostenobergrenze kann dabei auch mit Unterstützung des Target Costing fixiert werden.

Wesentlich ist, dass die Wertkettenanalyse dabei die Marktorientierung dieses kombinativen Instrumenteneinsatzes sichert.

3.4 Qualitätsmanagement zur Unterstützung der Differenzierungsstrategie

Die Ergebnisse der **Erfolgsfaktorenforschung** (vgl. kritisch Nicolai/Kieser 2002, S. 579 ff.) geben Hinweise darauf, dass zwischen der Qualität der Dienstleistungen und dem Unternehmungserfolg eine positive Beziehung existiert (vgl. z. B. Fritz 1990, S. 91 ff.; Kleinhückelsknoten/Schnetkamp 1989, S. 257 ff.). So zeigt etwa die PIMS-Studie (**P**rofit **I**mpact of **M**arket **S**trategies), dass die Qualität als ein zentraler strategischer Erfolgsfaktor gesehen werden kann (zu theoretischen Betrachtungen vgl. Hentschel 1992, S. 45 ff.). Dabei ist jedoch zu betonen, dass Qualität kein Maximierungsproblem darstellt, wie dies etwa aus dem in der PIMS-Studie hervorgehobenen positiven (linearen) Zusammenhang zwischen Qualität und ROI gefolgert werden könnte. Die Erklärung, Qualität wirke preis- aber nicht kostenerhöhend, ist letztlich simplifizierend (zu einer theoretisch fundierten Betrachtung vgl. Eichelberger 1991, S. 32 ff.).

3.4.1 Begriffliche Grundlegungen

Das Phänomen der Qualität wird in der betriebswirtschaftlichen Literatur seit langer Zeit intensiv diskutiert (vgl. z. B. Abbott 1958; Chmielewicz 1967; Flick 1965; Kawlath 1969; Klatt 1961; Pfeiffer 1965). Trotzdem fehlt bis zum heutigen Tag eine einheitliche begriffliche Abgrenzung. Systematisierend lassen sich die beiden **diametralen Positionen** herausstellen:

- Qualität lässt sich durch objektive Leistungsmerkmale eines Gutes bestimmen, und zwar auf der Basis naturwissenschaftlich-technischer Daten;

- Qualität ist ein subjektives Phänomen und entzieht sich einer objektiven Bestimmung. Sie ist ein theoretisches Konstrukt, das sich einer direkten Messung entzieht und lediglich indirekt (über Indikatoren) erfassbar ist (vgl. Benkenstein 1993, S. 1099).

Dabei wird in der Literatur hervorgehoben, dass beide Sichtweisen für ein umfassendes Qualitätsverständnis von Bedeutung sind (vgl. Mangold/Babakus 1991, S. 59 ff.).

Das Deutsche Institut für Normung e.V. (DIN) definiert Qualität als „die Beschaffenheit einer Einheit bezüglich ihrer Eignung, festgelegte oder vorausgesetzte Erfordernisse zu erfüllen." (DIN 55350). Dabei bleibt jedoch offen, wer die Erfordernisse festlegt und mit welchen Inhalten diese belegt werden sollen (zu einem ähnlichen technokratisch ausgerichtetem Qualitätsverständnis vgl. auch die Deutsche Gesellschaft für Qualität e.V.).

Dass Qualität keine absolute Größe ist, sondern einen Vergleichs- oder Beziehungsbegriff darstellt, wurde bereits von Vershofen (1943, S. 8) herausgearbeitet, wobei er als Bezugsgrößen die Konkurrenzprodukte (z. B. bei der Verfolgung einer Strategie der Qualitätsführerschaft) und den Preis hervorhebt. Unstrittig ist somit, dass Qualität die **bewertete Beschaffenheit einer Leistung** ist und damit immer nach einer Vergleichsgröße verlangt (z. B. Kundenerwartungen, Konkurrenzleistungen, Preis). Garvin (1984, S. 25 f.) unterscheidet darüber hinaus vier weitere Qualitätsansätze:

- **Produktorientierter** (Product-based) **Ansatz**: Dabei besteht eine Leistung aus einem definierten Eigenschaftsbündel. Qualitätsunterschiede manifestieren sich dann im Vorhandensein eines bestimmten Attributes oder einer bestimmten Eigenschaft.

- **Kundenorientierter** (User-based) **Ansatz**: Ausgangspunkt ist die Sicht des Kunden, da dieser letztlich darüber entscheidet, ob die Qualität der erbrachten Leistung gut oder schlecht ist. Die Leistungen, die die individuellen Bedürfnisse der Nachfrager am besten befriedigen, weisen dann die höchste Qualität auf.

- **Herstellerorientierter** (Manufacturing-based) **Ansatz**: Qualität wird in diesem Verständnis durch die Einhaltung vorgegebener Standards definiert, wobei diese Sollvorgaben entweder

  -- aus dem produktorientierten oder

  -- aus dem kundenorientierten Ansatz

  resultieren können.

- **Wertorientierter** (Value-based) **Ansatz**: Qualität wird im Sinne eines Preis-Leistungs-Verhältnisses (relative Größe) aufgefasst.

Die vorangegangene Übersicht zeigt, dass letztlich der produktorientierte und der herstellerorientierte Ansatz den Sollmaßstab (oder das Eigenschaftsbündel) bilden, der (das) sich an den **Bedürfnissen der Kunden** ausrichten sollte(n), d. h., es liegt ein **zweckorientiertes Qualitätsverständnis** zugrunde. Diese Sichtweise findet ihre Begründung darin, dass ein Leistungsvorteil eines Produzenten im Vergleich zu seinen Konkurrenten nur dann ökonomisch relevant wird, wenn dieser aus Konsumentensicht auch beurteilungs- und folglich entscheidungsrelevant ist, d. h., dass die Qualität eine Einflussgröße der Kaufentscheidung darstellt. Der Kunde setzt folglich die Maßstäbe (vgl. Scharitzer 1994, S. 113).

Qualität ist damit in doppelter Hinsicht ein **subjektives Phänomen**, und zwar einerseits durch die subjektive Wahrnehmung des Qualitätsbeurteilenden und anderseits aus der Sicht seiner Bedürfnisse (vgl. Bezold 1996, S. 42). Wimmer (1987, S. 510) betont in diesem Zusammenhang, dass trotz dieser subjektiven Sicht einzelnen Merkmalen objektive Qualitätsindikatoren zugeordnet werden können, die dann intersubjektiv überprüfbar sind (z. B. Wartezeiten bei telefonischen Aufträgen, Standardleistungsangebote von Kreditinstituten oder Fluggesellschaften, 85 % der Flugpassagiere dürfen bei der Gepäckaufgabe nicht länger als 5 Minuten warten; vgl. Scharitzer 1994, S. 111 ff.), so dass beide Perspektiven relevant sind.

3.4.2 Dimensionen der Dienstleistungsqualität

In der Literatur gibt es eine Fülle unterschiedlicher Ansätze, die das Ziel verfolgen, unterschiedliche Dimensionen des Phänomens Dienstleistungsqualität herauszuarbeiten.

Auf der Grundlage einer **informationsökonomischen Perspektive** (vgl. Darby/Karni 1973; Nelson 1970 und 1974) unterscheidet Zeithaml (1981, S. 186) im Rahmen der Dienstleistungsqualität die drei folgenden Dimensionen:

- **Search qualities** (Sucheigenschaften): Hierunter sind diejenigen Eigenschaften eines Gutes zu verstehen, die der Nachfrager vor dem Kauf identifizieren und beurteilen kann. So kann der Nachfrager insbesondere die Potentialfaktoren (Golfplatz, Tennisplatz etc.) vor der Inanspruchnahme inspizieren.

- **Experience qualities** (Erfahrungseigenschaften): Eine Beurteilung dieser Eigenschaften vermag der Nachfrager erst nach der Inanspruchnahme einer Leistung zu vollziehen, und zwar auf der Basis der gewonnenen Erfahrungen.

- **Credence qualities** (Vertrauenseigenschaften): Diese Eigenschaften entziehen sich letztlich einer faktischen Beurteilung durch den Nachfrager, d. h., er vermag auch nach der Inanspruchnahme einer Dienstleistung diese Qualitätsdimension nicht zu beurteilen, da

  -- er nicht fachlich kompetent ist, oder

  -- das Ergebnis erst in unbestimmter Zeit eintritt (z. B. medizinische Behandlung).

  Der Nachfrager kann folglich nur darauf vertrauen, dass die zugesicherten Eigenschaften auch tatsächlich vorhanden sind.

Bei Dienstleistungen kann der Nachfrager die Qualität einer Leistung nicht ex ante, sondern erst während (ex nunc) oder nach (ex post) dem Erstellungsprozess beurteilen, oder er muss sogar darauf vertrauen, dass die zugesicherten Eigenschaften auch vorhanden sind, d. h., der Anteil der Experience qualities ist im Vergleich zu den Search qualities relativ hoch. So hebt dann auch Zeithaml (1981, S. 186) hervor, dass Dienstleistungen tendenziell einen hohen Anteil an Erfahrungs- und Vertrauenselementen, jedoch nur einen geringen Anteil an Suchmerkmalen aufweisen, ein Sachverhalt, den Berekoven (1968, S. 27) auch als **Informationsarmut** der Dienstleistungen beschreibt.

Auf der Grundlage dieser Überlegungen grenzt Zeithaml (1981, S. 186) Sach- und Dienstleistungen gegeneinander ab, wie dies aus Abbildung 3.4-1 deutlich wird.

Diese Abbildung verdeutlicht, dass

- die meisten Sachleistungen durch eine Dominanz der Such- und Erfahrungseigenschaften und

- die meisten Dienstleistungen durch eine Dominanz der Erfahrungs- und Vertrauenseigenschaften

charakterisiert sind. Aus der Dominanz der Erfahrungs- und Vertrauenseigenschaften leitet Zeithaml dann eine geringe Standardisierbarkeit der Dienstleistungsprozesse ab, eine Schlussfolgerung, der nicht zugestimmt werden kann (vgl. hierzu Corsten 1985b und 1996f).

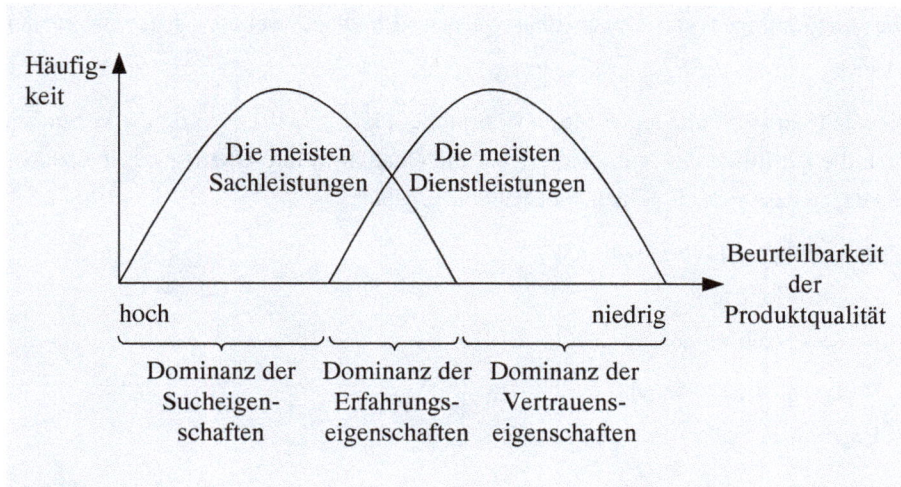

Abb. 3.4-1:   Verteilung der Eigenschaften bei Sach- und Dienstleistungen
               (übersetzt von Bezold 1996, S. 37)

Donabedian (1980, S. 81 ff.) gelangt im Rahmen seiner Qualitätsüberlegungen bei medizinischen Leistungen zu der in Abbildung 3.4-2 dargestellten Einteilung in Struktur, Prozess und Ergebnis, wobei zwischen diesen Komponenten eine lineare Beziehung unterstellt wird. Dieser Ansatz zeigt, dass für die Dienstleistungsqualität nicht nur das Ergebnis, sondern auch die Struktur und der Prozess als Gesamtheit aller Aktivitäten, die im Rahmen des Dienstleistungserstellungsprozesses vollzogen werden (vgl. Stiff/Gleason 1981, S. 79), von Bedeutung sind.

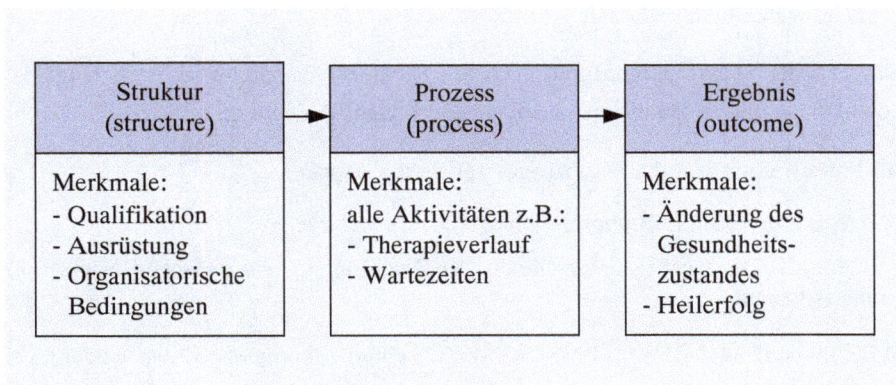

Abb. 3.4-2:   Drei-Phasen-Schema der Dienstleistungsqualität nach Donabedian

Die Ausführungen von Donabedian wurden Grundlage weiterer differenzierender Ansätze.

Eine erste Erweiterung legen Meyer/Mattmüller (1987, S. 191 ff.) vor, die versuchen auch die **Einflüsse des Nachfragers** auf die Qualität in ihre Überlegungen einzubeziehen, so dass sich die folgenden Elemente ergeben:

- Potentialqualität (was/wie)
  - -- des Anbieters
  - -- des Nachfragers
- Prozessqualität (was/wie)
- Ergebnisqualität (was/wie).

Abbildung 3.4-3 gibt die generelle Struktur dieses Modells wieder (Meyer/ Mattmüller 1987, S. 192).

Für die **Potentialqualität des Anbieters** sind dann die beiden folgenden Aspekte relevant:

- Der Spezifizierungsgrad des internen Potentials determiniert die zu erstellenden Leistungen, d. h., das Spezifizierungspotential wird als Dimension der Potentialqualität interpretiert (z. B. dokumentiert durch Urkunden, Preise).
- Alle die mit den Nachfragern in Kontakt kommenden Subjekte und Objekte:
  - -- Subjekte, d. h. das Kontaktpersonal, das von Albrecht/Bradford (1990, S. 110) auch als „frontline radar" bezeichnet wird;
  - -- Objekte, d. h. die Gestaltung des gesamten Umfeldes, in dem die Dienstleistungen erbracht werden.

Während der Spezifizierungsgrad auch bei Sachleistungen relevant ist, erlangt das Kontaktpersonal bei Dienstleistungen eine besondere Bedeutung.

Zur **Potentialqualität der Nachfrager** zählen die Aspekte

- Integration in den Leistungserstellungsprozess und die
- Interaktivität zwischen unterschiedlichen Nachfragern und zwischen Nachfrager und Anbieter.

So betont dann auch Meyer (1983, S. 24), dass eine vollkommene Konstanz der Qualität bei Dienstleistungen aufgrund inter- und intraindividueller Schwankungen des Anbieters und Nachfragers sowie durch wechselwirkungsbedingte Schwankungen nicht garantierbar sei.

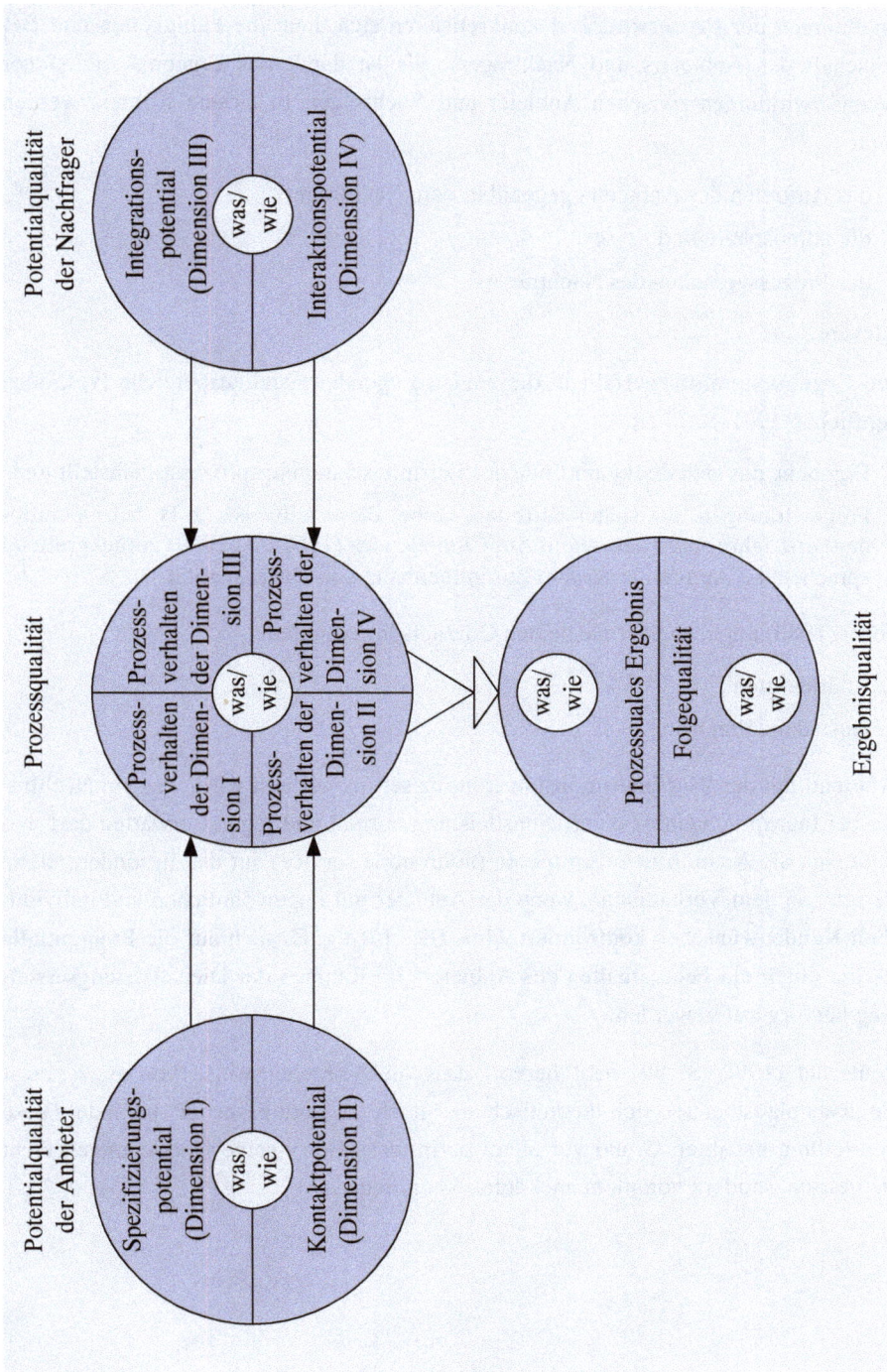

Abb. 3.4-3:   Qualitätsdimensionen nach Meyer/Mattmüller

Im Rahmen der **Prozessqualität** konkretisieren sich dann die Fähigkeiten und Bereitschaft des Anbieters und Nachfragers. Sie ist damit das Ergebnis zahlreicher Wechselwirkungen zwischen Anbieter und Nachfrager. In diesem Kontext werden dann

- das Auftreten des Anbieters gegenüber dem Nachfrager,

- die Atmosphäre und

- das Prozessverhalten des Nachfragers

relevant.

Die **Ergebnisqualität** zerfällt in die beiden folgenden Qualitätsbereiche (vgl. auch Senftleben 1981, S. 73 f.):

- Ergebnis, das sich direkt am Ende des Leistungserstellungsprozesses einstellt und

- Folgewirkungen, die später auftreten, wobei diese teilweise (z. B. bei Operationen) erst Jahre später auftreten. Auf Chmielewicz (1967 und 1979) zurückgreifend sprechen die Autoren in diesem Zusammenhang von Dauerqualität.

Berry (1986) unterscheidet die beiden Qualitätsdimensionen

- Routine- und

- Ausnahmedimension.

Während mit der **Routinedimension** (routine service) erfasst wird, was ein Nachfrager bei Inanspruchnahme einer Dienstleistung normal und regulär erwarten darf, bezieht sich die **Ausnahmekomponente** (nonroutine service) auf das Besondere, d. h., sie setzt an dem Verhalten an, wenn der Anbieter mit ungewöhnlichen und individuellen Kundenwünschen konfrontiert wird. Dies trifft z. B. auch auf die Problemfälle zu, die durch ein Fehlverhalten des Anbieters im Rahmen der Dienstleistungserstellung hervorgerufen werden.

Hentschel (1992, S. 99) hebt hervor, dass die Vorgehensweise von Berry zwar durchaus plausibel sei, sich theoretisch aber noch „in statu nascendi" befände. Diese Beurteilung hat ihren Grund vor allem darin, dass Berry seine Überlegungen nicht theoretisch, sondern vor allem anekdotisch begründet.

3.4.3 Modelle der Dienstleistungsqualität

3.4.3.1 Konzept der erfahrenen Dienstleistungsqualität

Ausgangspunkt des Ansatzes von Grönroos (1982 und 1988; vgl. auch Gummesson/ Grönroos 1987) ist der Gedanke, dass die Qualitätswahrnehmung des Nachfragers auf einem Vergleich der **Erwartungen** vor der Inanspruchnahme einer Dienstleistung und den im Rahmen der Dienstleistungserstellung gemachten **Erfahrungen** basiert. Ergebnis dieses Vergleiches ist dann die **erfahrene Dienstleistungsqualität**. Grundlage für diesen Vergleich bilden unterschiedliche Leistungsmerkmale, aus denen ein Gesamteindruck der Qualität resultiert. Dabei unterscheidet Grönroos zwischen

- technischer (was der Kunde bekommt) und
- funktionaler Qualität (wie die Leistung erbracht wird).

Während die **technische Qualität**, die unmittelbar an die Ergebnisqualität anknüpft, mit Hilfe objektiver Merkmale erfassbar ist, handelt es sich bei der **funktionalen Qualitätsdimension**, die mit der Prozessqualität übereinstimmt, um eine weitgehend subjektive Wahrnehmung durch den Nachfrager (vgl. kritisch hierzu Hentschel 1992, S. 90 f.).

Die Erwartungen des Nachfragers werden durch die drei folgenden Faktoren bestimmt:

- Image des Dienstleistungsanbieters,
- Marketingaktivitäten und
- externe Einflüsse wie das sozio-kulturelle Umfeld.

Das **Unternehmungsimage** fungiert dabei als eine Art Filter im Rahmen der Qualitätswahrnehmung. Es fällt auf, dass Grönroos in seinem Modell die bereits erwähnten Einflussmöglichkeiten des Nachfragers **nicht** explizit in seine Überlegungen einbezieht.

Abbildung 3.4-4 gibt das Qualitätsmodell in übersichtlicher Form wieder (vgl. Meyer/Mattmüller 1987, S. 191).

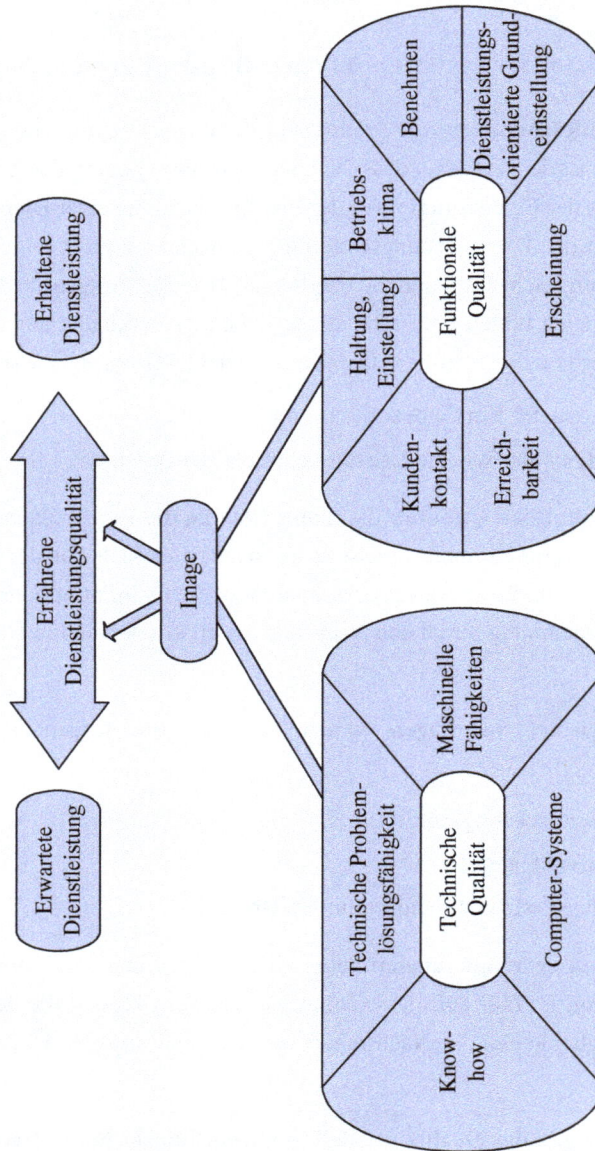

Abb. 3.4-4:   Qualitätsmodell nach Grönroos

3.4.3.2 Penalty-Reward-Analyseverfahren

Brandt (1987, S. 61) unterscheidet in seinem Penalty-Reward-Analyseverfahren, das an den Dimensionen der Routine- und Ausnahmequalität Berrys anknüpft, drei Komponenten der Qualität, die inhaltlich mit der Einteilung von Lewis (1993) übereinstimmen:

- Minimumdimension (Minimum requirements),
- Werterhöhungsdimension (Value-enhancing elements) und
- Hybriddimension (Hybrid service features).

Die **Minimumdimension** stellt die Minimalanforderung dar, die der Kunde an eine Leistung stellt und auch als selbstverständlich erachtet. Werden diese Anforderungen nicht erfüllt, tritt Unzufriedenheit ein, und diese Abweichungen werden durch den Nachfrager mit **Strafpunkten** (demerits) belegt. Differenzierend ist dabei zwischen

- kompensatorischen und
- dekompensatorischen Qualitätsdefiziten

zu unterscheiden. Während bei den **kompensatorischen Qualitätsdefiziten** ein anderes besonders positiv ausgeprägtes Qualitätsmerkmal den entstandenen Mangel wieder ausgleichen kann und damit zur gleichen Gesamtqualität führt, lassen sich **dekompensatorische Qualitätsdefizite** nicht durch andere Qualitätsmerkmale ausgleichen, und sie schlagen sich folglich negativ auf das Qualitätsurteil nieder. Durch die Erfüllung dieser Minimalanforderungen kann der Dienstleistungserbringer beim Nachfrager keine **Bonuspunkte** sammeln. Diese Beschreibung macht deutlich, dass diese Überlegung auf die Zwei-Faktoren-Theorie in der Arbeitszufriedenheitsforschung (vgl. Herzberg 1966; Herzberg/Mausner/Snyderman 1959) zurückgeht und die Minimumdimension mit den **Hygienefaktoren** übereinstimmt, ein Sachverhalt, der in der Bezeichnung von Lewis (1993) deutlicher zum Ausdruck kommt, indem sie die Bezeichnung „hygiene factors" für die Minimumdimension verwendet.

Demgegenüber liegen bei der **Werterhöhungsdimension** Leistungen vor, die mit Werterhöhungskomponenten angereichert sind, d. h., es handelt sich dabei nicht um selbstverständliche Standardleistungen, die der Kunde erwarten kann. Diesen Werterhöhungskomponenten ordnet der Nachfrager Bonuspunkte zu, d. h., die Kundenzufriedenheit wird positiv beeinflusst. Fehlen derartige Merkmale, dann belegt der Kunde dies jedoch nicht mit Strafpunkten, weil es sich hierbei um Elemente handelt, die über den Branchenstandard hinausgehen.

Bei der **Hybriddimension** können die Mindererfüllung derartiger Merkmale zu Unzufriedenheit und die Übererfüllung zu erhöhter Zufriedenheit führen. Aus diesem Grunde spricht Lewis (1993) auch von „dual threshold factors".

3.4.3.3 GAP-Modelle

Ziel des GAP-Modells, das von Parasuraman/Zeithaml/Berry (1985 und 1988) entwickelt wurde, war es zunächst zu ermitteln, welches die zentralen Bewertungsdimensionen der Dienstleistungsqualität aus Kundensicht sind. Grundlage hierfür bildete eine empirische Untersuchung in den Branchen Banken, Kreditkartenunternehmungen, Wertpapiermakler und Reparaturwerkstätten, wobei sie zu der folgenden Einteilung gelangen:

- **Tangibles**: Annehmlichkeit des materiellen Umfeldes, in dem die Dienstleistung erbracht wird. Hierzu zählen Einrichtung, Räumlichkeiten, Erscheinungsbild des Personals etc.
- **Reliability**: Verlässlichkeit, d. h. die Fähigkeit, die versprochene Leistung auch zuverlässig und akkurat zu erbringen.
- **Responsiveness**: Gewilltheit und Schnelligkeit, dem Nachfrager bei der Lösung seines Problems zu helfen (Aufgeschlossenheit).
- **Assurance**: Leistungskompetenz, d. h. Wissen, Höflichkeit und Vertrauenswürdigkeit der Mitarbeiter der Dienstleistungsunternehmung.
- **Empathy**: Einfühlungsvermögen, d. h. die Bereitschaft des Anbieters, sich um die individuellen Kundenwünsche zu kümmern.

Die Beschreibung dieser fünf Qualitätsdimensionen zeigt eine Verbindung zu der Dreiteilung in Potential-, Prozess- und Ergebnisqualität. Während „reliability" mit der Ergebnisqualität korrespondiert und „tangibles" und „assurance" der Potentialqualität zugeordnet werden können, fließen „responsiveness" und „empathy" in die Prozessqualität ein (vgl. Benkenstein 1993, S. 1105 f.).

Die Dienstleistungsqualität ergibt sich dabei aus der Differenz zwischen Kundenerwartungen und Kundenwahrnehmungen.

Abbildung 3.4-5 gibt das sogenannte **GAP-Modell**, das zur Diagnose von Qualitätsmängeln dient, wieder.

Diese Abbildung zeigt, dass GAP 5 entscheidend für die Qualitätseinschätzung durch den Nachfrager ist, wobei die Autoren davon ausgehen, dass zwischen dieser GAP und den GAPs 1 bis 4 eine funktionale Beziehung existiert (vgl. Parasuraman/Zeithaml/Berry 1985, S. 46), die sie aber nicht weiter konkretisieren.

Kunde

| Mund-zu-Mund Kommunikation | Individuelle Bedürfnisse | Erfahrungen der Vergangenheit |

Erwartete Dienstleistung

GAP 5

Wahrgenommene Dienstleistung

Dienst- leister

GAP 1

Dienstleistungs- erstellung inkl. Vor- und Nach- kaufkontakte

GAP 4

Kunden- gerichtete Kommunikation

GAP 3

Umsetzung der Wahrnehmungen in Dienstleistungs- spezifikationen

GAP 2

Kundenerwartungen in der Wahrnehmung des Management

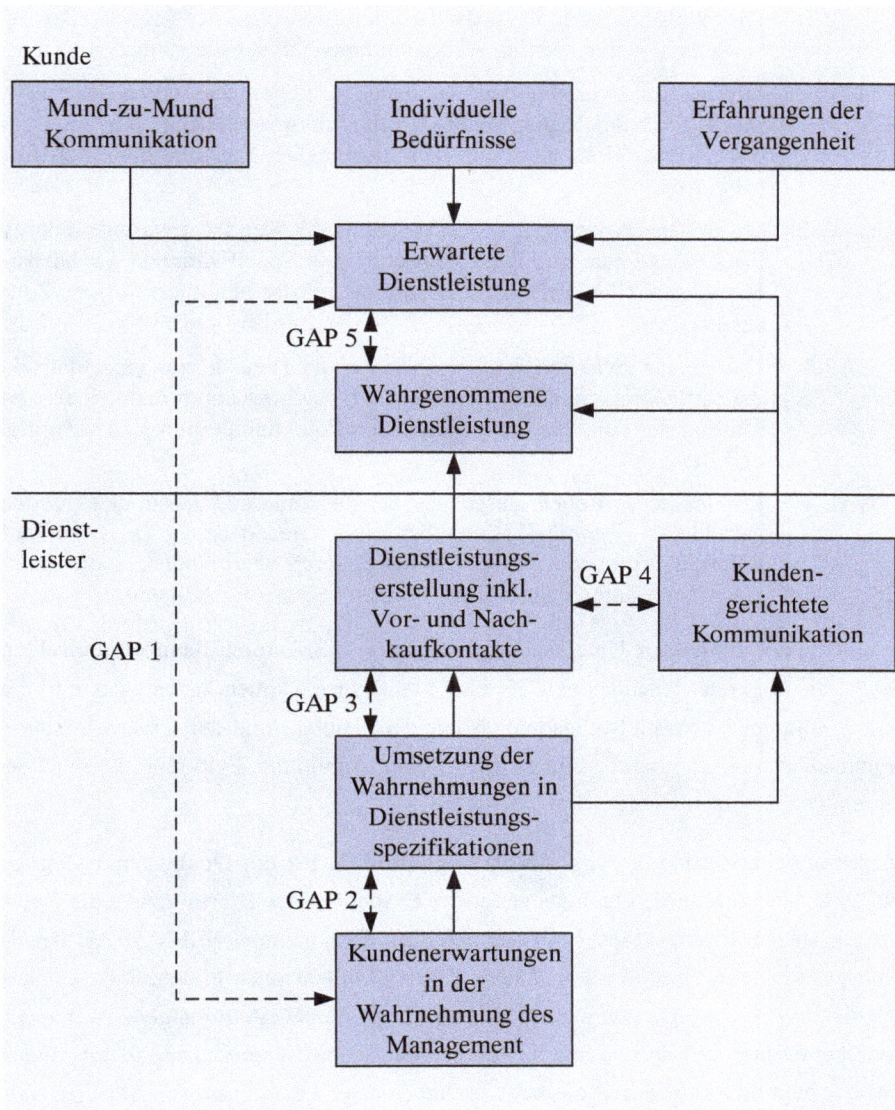

Abb. 3.4-5:   GAP-Modell der Dienstleistungsqualität (Parasuraman/Zeithaml/Berry 1985, S. 44)

Ausgangspunkt bilden die Kundenerwartungen in Bezug auf die in Anspruch genommene Dienstleistung. Die in diesem Rahmenkonzept eingetragenen GAPs sind dann wie folgt definiert:

- GAP 5:   Dienstleistungsqualität ist die Differenz zwischen der vom Kunden erwarteten und der von ihm wahrgenommenen Dienstleistung.

- GAP 1:   Diskrepanz zwischen den Kundenerwartungen und deren Wahrnehmung durch das Management (z. B. durch unzureichende Kommunikation in der Unternehmung oder mangelnde Nutzung der Marktforschung).

- GAP 2:   Diskrepanz zwischen der Wahrnehmung der Kundenerwartungen durch das Management und deren Umsetzung in Spezifikationen der Dienstleistungsqualität (z. B. bedingt durch unpräzise qualitätspolitische Zielsetzungen).

- GAP 3:   Diskrepanz zwischen der Spezifikation der Dienstleistungsqualität und der tatsächlich erstellten Leistung (z. B. bedingt durch mangelnde Flexibilität der zum Einsatz gelangenden Potentialfaktoren Betriebsmittel und Personal).

- GAP 4:   Diskrepanz zwischen erbrachter Dienstleistung und der an den Kunden gerichteten Kommunikation über diese Dienstleistung (z. B. bedingt durch übertriebene Versprechungen durch den Anbieter, die beim Nachfrager unrealistische Erwartungen hervorrufen können).

In einer weiterführenden Untersuchung versuchen die Autoren dann die einzelnen GAPs, die konkrete Anhaltspunkte für ein Qualitätsmanagement offenlegen, und die wahrgenommene Dienstleistungsqualität vor dem Hintergrund der Unternehmungsorganisation und -kommunikation zu analysieren. Abbildung 3.4-6 gibt diese weiterführenden Gedanken wieder.

Dieses erweiterte Modell zeigt Ansatzmöglichkeiten für ein Qualitätsmanagement auf. Entscheidend für die Qualitätsmessung ist dabei GAP 5. Hierfür haben die Autoren ein standardisiertes Messinstrument mit der Bezeichnung SERVQUAL entwickelt, dessen Grundlage die bereits aufgeführten Dimensionen bilden, d. h., es handelt sich um ein merkmalsorientiertes Messkonzept. Andere Autoren gehen von einer Punktbeurteilung auf einer Skala aus und führen einen Bereich „zone of tolerance" ein, der begrenzt wird durch das erwünschte (ideale) Leistungsniveau (desired service) und einer als erwartungsadäquat (adequate service) eingestuften Leistung (vgl. auch Woodruff/Cadotte/Jenkins 1983, S. 300, die von einer „zone of indifference" sprechen).

Das vorgestellte GAP-Modell erfuhr in der Literatur die folgenden Modifikationen:

- GAP-Modell, das direkte Mitarbeiter-Kundenkontakte berücksichtigt;

- GAP-Modell, das mehrstufige Dienstleistungen aufnimmt;

- GAP-Modell, das sich auf unternehmungsintern erbrachte Dienstleistungen bezieht.

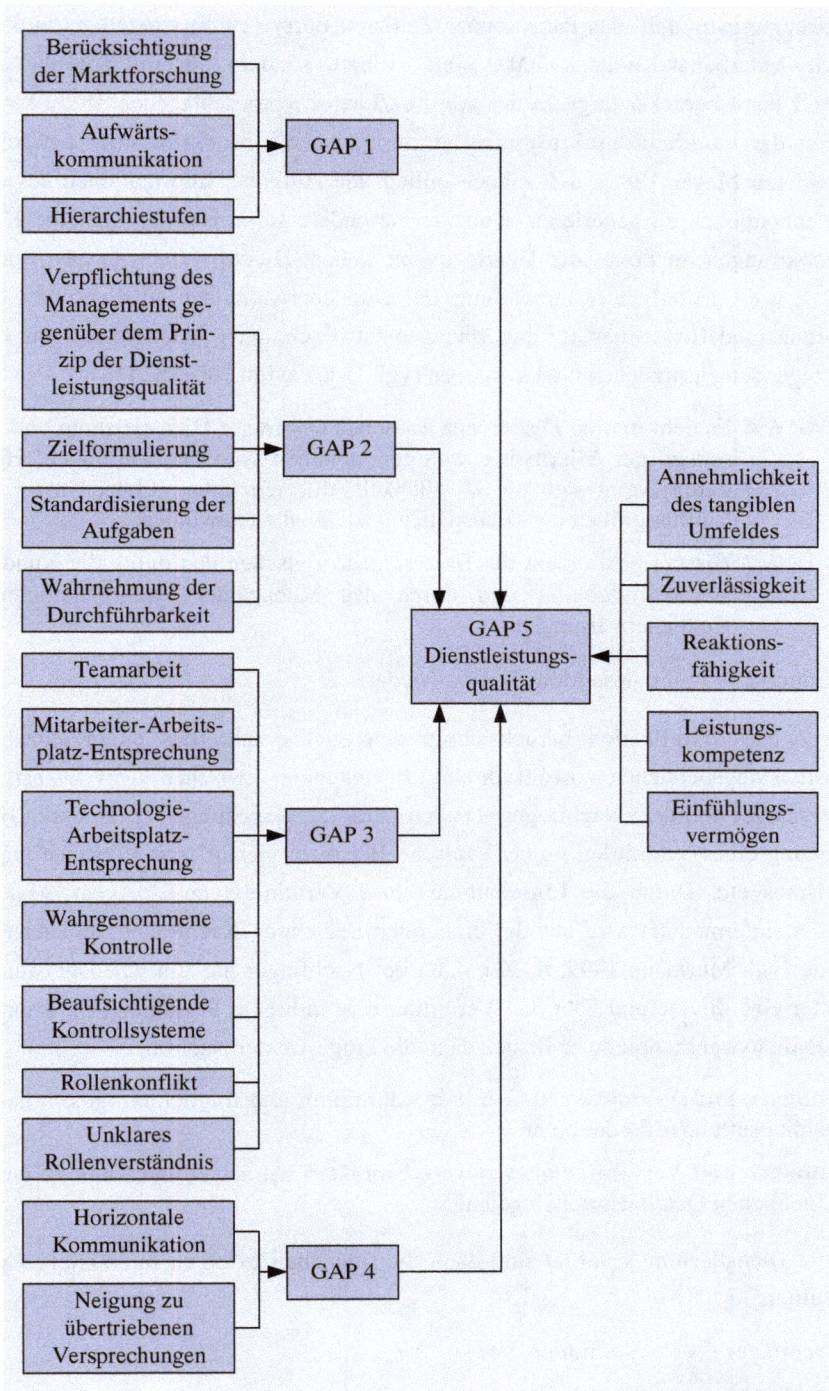

Abb. 3.4-6:   Einflussfaktoren im GAP-Modell (Zeithaml/Berry/Parasuraman 1991, S. 131)

Im Ursprungsmodell, das Parasuraman/Zeithaml/Berry (1985) vorstellen, wird der direkte Mitarbeiter-Kundenkontakt nicht explizit, sondern nur implizit über die GAPs 1 bis 4 berücksichtigt. In der von Luk/Layton vorgeschlagenen Modifikation werden die Kundenkontaktmitarbeiter zusätzlich als Marktforscher betrachtet (vgl. hierzu Meyer 1983), d. h., ihnen obliegt die Aufgabe, Informationen aus den Kundenkontakten zu generieren, wobei insbesondere Informationen über die Kundenerwartungen im Fokus der Überlegungen stehen. Hierzu werden in das Modell zusätzlich die Mitarbeiterwahrnehmung der Kundenerwartungen aufgenommen (im Ursprungsmodell war dies auf das Management beschränkt), wodurch sich die beiden folgenden zusätzlichen GAPs ergeben (vgl. Luk/Layton 2002, S. 114):

- GAP 6:   Es geht um die Diskrepanz zwischen erwarteter Dienstleistung und der seitens der Mitarbeiter wahrgenommenen Kundenerwartungen. Hierdurch ergibt sich die Möglichkeit, differenziertere Einsichten in die Einflussgrößen der Dienstleistungsqualität zu gewinnen.

- GAP 7:   Hierbei geht es um die Unterschiede zwischen den durch die Kundenkontaktmitarbeiter und durch das Management wahrgenommenen Kundenerwartungen.

Abbildung 3.4-7 gibt diese Modifikation wieder.

Eine zweite Modifikation berücksichtigt den Sachverhalt, dass es in einzelnen Dienstleistungsbereichen sowohl direkte Beziehungen zwischen dem Dienstleistungsersteller und dem Nachfrager als auch indirekte Beziehungen (z. B. durch Hinzuziehung eines Vermittlers) gibt. Typische Beispiele hierfür sind Versicherungen, Tourismus etc. Durch die Einschaltung eines Vermittlers (z. B. Agent, Makler, Händler, Intermediär) wird aus der bilateralen Beziehung Nachfrager/Anbieter eine Triade (vgl. Murmann 1999, S. 33), d. h., der Nachfrager hat zum Dienstleistungsanbieter eine direkte und über den Vermittler eine indirekte Beziehung. Im Rahmen der Qualitätswahrnehmung stellt sich dann die Frage, ob der Nachfrager

- Anbieter und Vermittler als Einheit wahrnimmt und folglich ein gesamthaftes Qualitätsurteil trifft oder ob er

- Anbieter und Vermittler als separate Einheiten betrachtet und somit zu unterschiedlichen Qualitätsurteilen gelangt.

Für die Dienstleistungsqualität sind dann die folgenden externen Interaktionen von Bedeutung:

- Nachfrager   ↔   Vermittler

- Nachfrager   ↔   Dienstleistungserbringer

- Vermittler   ↔   Dienstleistungserbringer

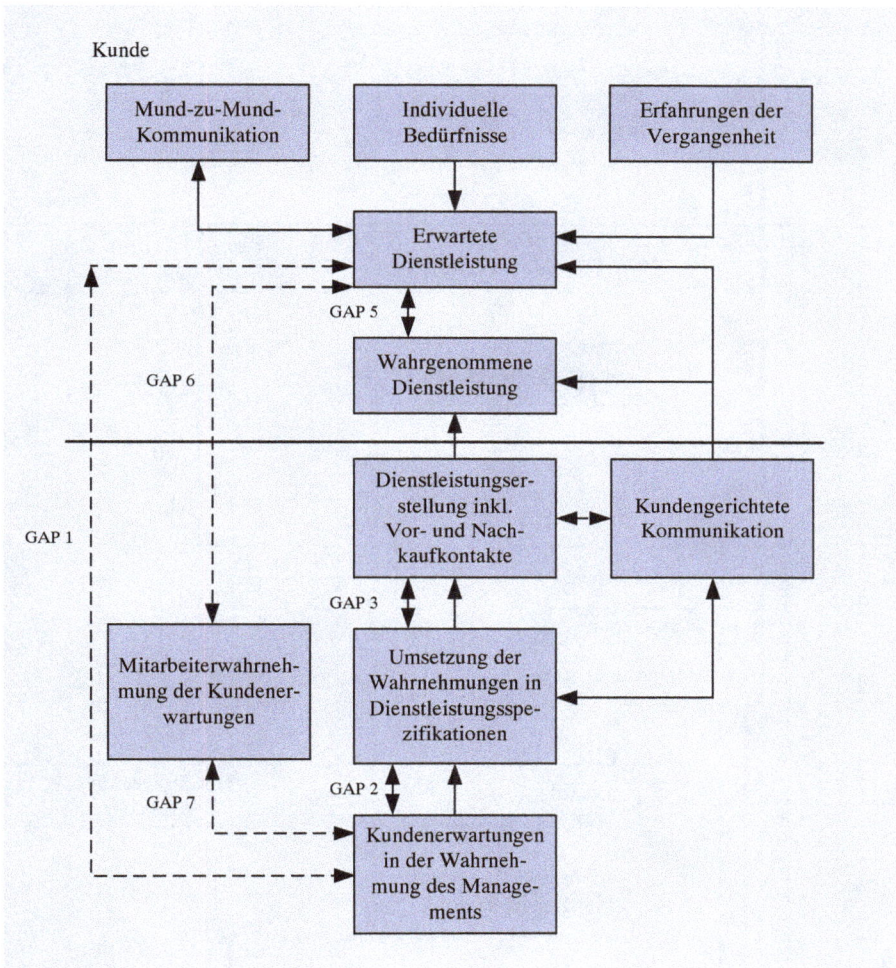

Abb. 3.4-7:   Erweitertes GAP-Modell nach Luk/Layton (2002, S. 213)

Darüber hinaus finden **interne Interaktionen** sowohl auf der Ebene des Vermittlers als auch auf der Ebene des Dienstleistungserbringers statt. Damit werden auch die unternehmungsinternen Prozesse als eine Determinante der seitens der Nachfrager wahrgenommenen Dienstleistungsqualität relevant (vgl. Berry/Burke/Hensel 1976, S. 8, und den Überblick bei Grund 1998, S. 76 ff.). Damit ergibt sich das in Abbildung 3.4-8 dargestellte modifizierte GAP-Modell (Murmann 1999, S. 77).

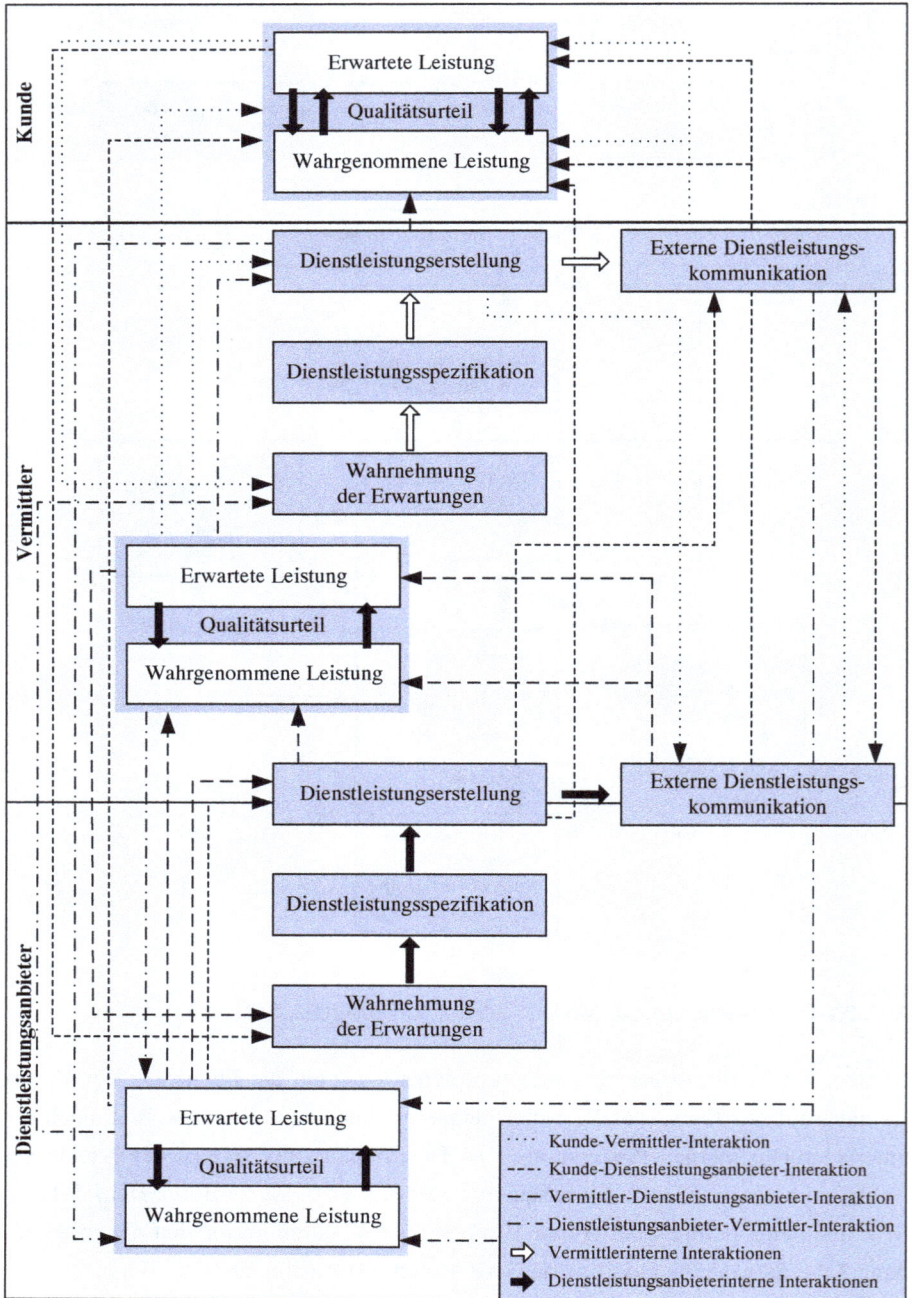

Abb. 3.4-8:   GAP-Modell bei mehrstufigen Dienstleistungen (Murmann 1999, S. 77)

Der Nachfrager, der Vermittler und der Dienstleistungsanbieter beurteilen die Qualität anhand der in den unterschiedlichen Beziehungen in Anspruch genommenen

Dienstleistung durch eine vergleichende Gegenüberstellung der erwarteten mit der wahrgenommenen Dienstleistung:

- der **Nachfrager** beurteilt die Qualität
  -- der Vermittlungsdienstleistung und
  -- der Dienstleistungsanbieterleistung;
- der **Vermittler** beurteilt die Qualität der Dienstleistungsanbieterleistung und
- der **Dienstleistungsanbieter** beurteilt die Qualität der durch den Vermittler erbrachten Leistung.

Darüber hinaus bewerten Vermittler und Dienstleistungsanbieter auch ihre eigenen Leistungen, wodurch ein sogenanntes **Eigenbild** entsteht. Neben diesem Eigenbild entstehen bei triadischen Strukturen **Drittbilder**, d. h., der Dienstleistungsanbieter beurteilt die Leistung des Vermittlers an den Nachfrager und der Vermittler die Leistung des Dienstleistungsanbieters an den Nachfrager.

Innerhalb dieser Triade lassen sich die folgenden **Interdependenzen** konstatieren:

- Interdependenzen der Kundenwahrnehmungen: Das Qualitätsurteil des Nachfragers über die Vermittlungsleistung beeinflusst die Qualitätsbeurteilung des Dienstleistungsanbieters durch den Nachfrager. Ebenfalls wird die Qualitätsbeurteilung des Kunden hinsichtlich der Dienstleistungsanbieterleistung davon beeinflusst, wie der Nachfrager die Vermittlungsleistung beurteilt.
- Interdependenzen der Kundeninteraktionen mit den zwischen Vermittler und Dienstleistungsanbieter vollzogenen Interaktionen.
- Interdependenzen der Qualitätsurteile über die unmittelbaren Interaktionen des Vermittlers und des Dienstleistungsanbieters mit den Drittbildern hinsichtlich der mittelbaren Kundeninteraktionen.

Bei den sogenannten **internen Dienstleistungen** wird zwischen den

- **Kundenkontaktmitarbeitern**, die einen unmittelbaren Kontakt mit den Nachfragern haben, und den
- **unterstützenden Mitarbeitern** (Support Staff), die im Back office tätig sind und somit mit den Kundenkontaktmitarbeitern einen direkten internen Leistungsaustausch pflegen,

unterschieden. In diesem Zusammenhang wird auch von internen Dienstleistern (unterstützende Mitarbeiter) und internen Kunden (Kundenkontaktpersonal) gesprochen. Frost/Kumar (2000, S. 366 f.) übertragen das GAP-Modell auf die internen Austauschbeziehungen und stellen dabei, wie in Abbildung 3.4-9 dargestellt, drei interne GAPs heraus.

```
Kundenkontaktmitarbeiter                    ┌─────────────────┐
(Front office)                              │    Erwartete    │
                                            │  Dienstleistung │
                                            └─────────────────┘
                                                     ↑
                               Interne GAP 5         │
                                            ┌─────────────────┐
                                            │  Wahrgenommene  │
                                            │  Dienstleistung │
                                            └─────────────────┘
                                                     ↑
Mitarbeiter im Back office                           │
(Unterstützungsmitarbeiter)                 ┌─────────────────┐
                                            │ Dienstleistungs-│
                                            │   erbringung    │
Interne GAP 1                               └─────────────────┘
                                                     ↕
                               Interne GAP 3
┌────────────────────────┐    ┌─────────────────┐
│ Wahrnehmung der Mitar- │    │  Übertragung der│
│ ter im Back office hin-│ →  │  Vorstellungen in│
│ sichtlich der Erwartun-│    │ Dienstleistungsqua-│
│ gen der Kundenkontakt- │    │ litätsspezifikationen│
│ mitarbeiter            │    └─────────────────┘
└────────────────────────┘
```

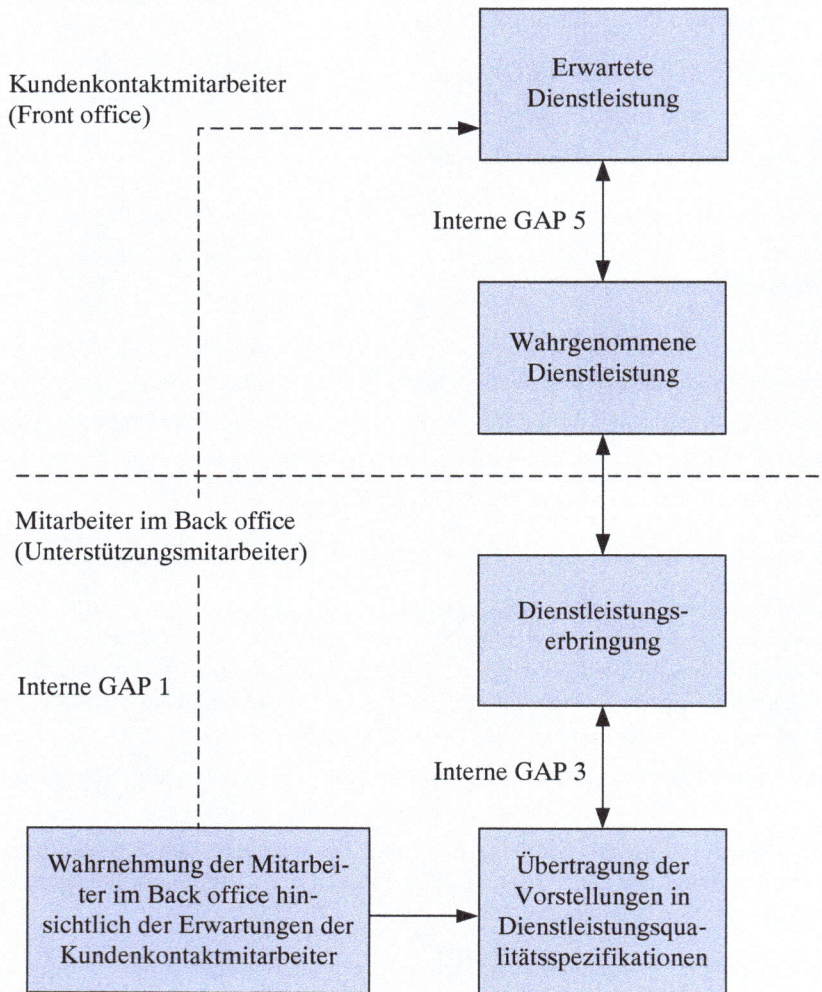

Abb. 3.4-9:   GAP-Modell interner Dienstleistungen

Die dargestellten GAPs lassen sich dann wie folgt konkretisieren:

- **Interne GAP 1**: Lücke zwischen den Erwartungen des Kundenkontaktpersonals an die durch die internen Dienstleister erbrachten Leistungen und deren Wahrnehmung hinsichtlich dieser Erwartungen offen.

- **Interne GAP 3**: Lücke zwischen den seitens des internen Dienstleisters übersetzten Kundenerwartungen und der internen Leistungserbringung.

- **Interne GAP 5**: Diskrepanz zwischen der seitens des Kundenkontaktpersonals erwarteten Dienstleistung und der durch den internen Dienstleister erbrachten Dienstleistung.

In der Literatur (zu einem tabellarischen Überblick über empirische Studien vgl. Hadwich/Keller 2015, S. 176 ff.) wird generell betont, dass die Qualität interner Leistungen sich auf die Qualität der externen Leistungen auswirke. In einer weiteren empirischen Untersuchung versuchen Hadwich/Keller (2015, S. 183 ff.) die interne Servicequalität nicht in isolierter Form zu betrachten, sondern diese in ein Wirkungs-gefüge einzubetten, „… das es erlaubt, Determinanten und Wirkungen des Kon-strukts auf Basis der Wahrnehmung interner Kunden zu untersuchen" (ebenda, S. 180). Dabei mutet die Herleitung der Hypothesen eher oberflächlich an (so werden etwa produktive Konflikte ausgeblendet) oder diese sind aus anderen Forschungsfel-dern (z. B. aus der TQM-Literatur), wie etwa der positive Einfluss der Einbeziehung der Unternehmungsführung, bekannt. Die abschließende Aussage, dass gute Zusam-menarbeit, die Vermeidung von Konflikten sowie hohe Fach- und Sozialkompetenz eine hohe Bedeutung für die interne Servicequalität haben (vgl. Hadwich/Keller 2015, S. 196) erscheint unmittelbar einsichtig.

Die vorgestellten Modifikationen stellen letztlich keine grundsätzlichen Veränderun-gen des Grundkonzeptes dar, sondern es handelt sich eher um marginal anmutende Spezifikationen.

Im Gegensatz dazu stellt das von Brogowicz/Delene/Lyth aufgestellte Qualitätsmo-dell eine Verknüpfung des Konzeptes der erfahrenen Dienstleistungsqualität und des GAP-Modells dar. Ihm liegt ein entscheidungsorientierter Managementprozess mit den Elementen **Zielsetzung**, **Planung**, **Umsetzung** und **Kontrolle** zugrunde, wobei sich die Qualitätsbeurteilung aus dem Vergleich der Erfahrungen des Nachfragers oder aus dem Vergleich ihm bekannter alternativer Leistungsangebote mit den Er-wartungen ergibt.

Dabei werden die Erwartungen des Kunden durch die drei folgenden Faktoren beein-flusst:

- Image des Dienstleistungsanbieters,
- externe Einflüsse wie sozio-kulturelles Umfeld, Medien, persönliche Bedürfnisse etc. und
- Marketingaktivitäten wie Werbung, Preis-, Distributionspolitik etc.

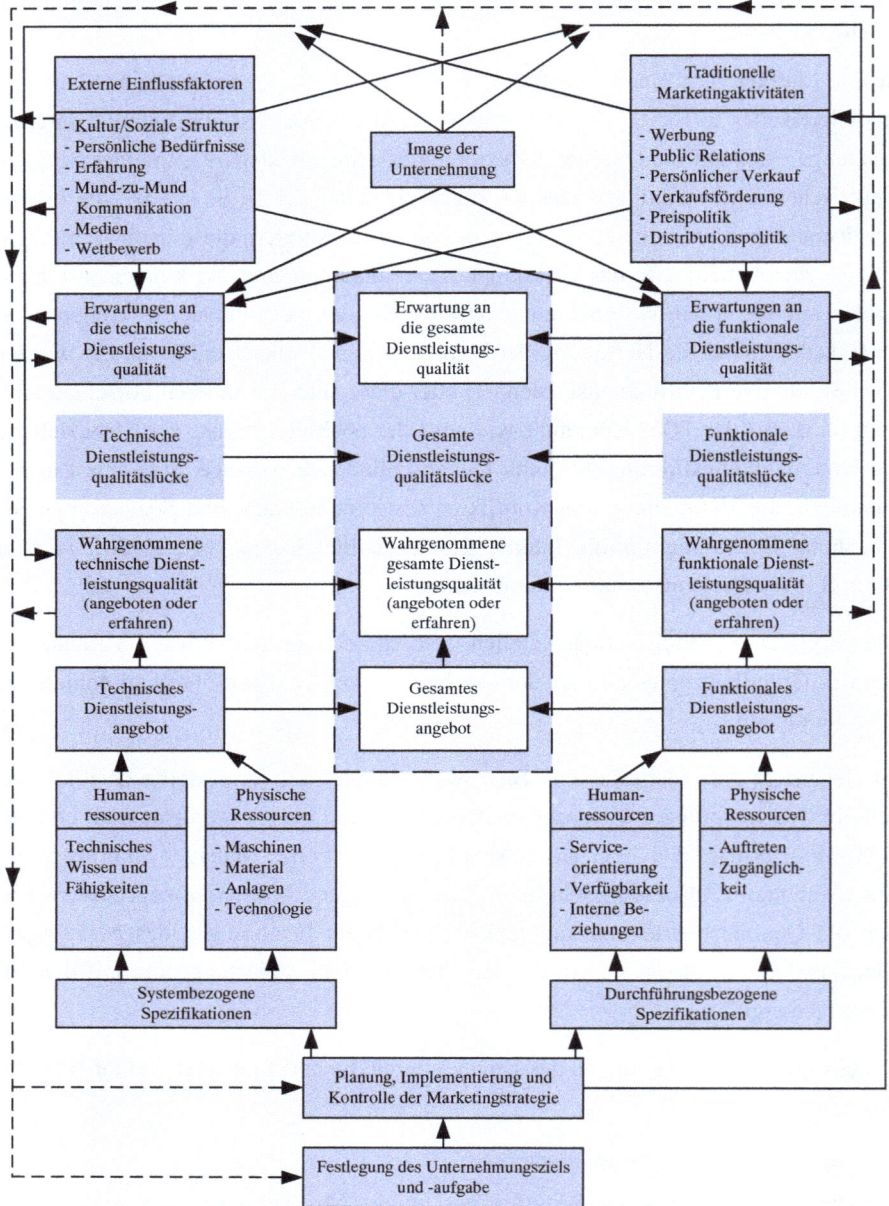

Abb. 3.4-10: Qualitätsmodell nach Brogowicz/Delene/Lyth (eigene Übersetzung)

Wie Grönroos unterscheiden auch Brogowicz/Delene/Lyth (1990) zwischen

- technischer und
- funktionaler Qualität,

während die Leistungsmerkmale der Dimensionen durch die fünf Kategorien von Parasuraman/Zeithaml/Berry beschrieben werden. Abbildung 3.4-10 gibt dieses Qualitätsmodell wieder (vgl. Brogowicz/Delene/Lyth 1990, S. 39).

3.4.3.4 Dynamisches Prozessmodell der Dienstleistungsqualität

In dem von Boulding et al. (1992, S. 5 ff.) aufgestellten Modell der Dienstleistungsqualität wird zwischen **Erwartungen** und **Wahrnehmungen** der Dienstleistungsqualität unterschieden: „Our model also includes expectations and perceptions." (Boulding et al. 1993, S. 9). Erwartungen und Wahrnehmungen sind dabei nicht zeitinvariant, sondern können sich im Zeitablauf ändern und folglich auch unterschiedliche Verhaltensweisen der Nachfrager hinsichtlich des Anbieters hervorrufen. Grundlage der Erstellung des Modells bildet dabei die Analyse

- des Prozesses der Erwartungsbildung,
- des Prozesses der Wahrnehmung und
- der Beziehung zwischen der wahrgenommenen Gesamtqualität und der Verhaltensabsicht des Nachfragers.

Abbildung 3.4-11 gibt die Modellstruktur wieder (vgl. Boulding et al. 1992, S. 16).

Im **Prozess der Erwartungsbildung** wird zwischen der Soll-Erwartung und der Wird-Erwartung des Nachfragers unterschieden.

Im Rahmen der **Soll-Erwartung** des Nachfragers lässt dieser sich von den Überlegungen leiten, was im Prozess der Dienstleistungserstellung aus seiner Perspektive passieren sollte, wobei nicht die Idealvorstellung des Nachfragers den Bezugspunkt bildet. Diese Soll-Erwartung ist anbieterunabhängig und gibt somit die Vorstellung des Nachfragers über seine generellen Anforderungen an eine Dienstleistung wieder, die sich z. B. aus eigenen Erfahrungen oder aus Erfahrungen anderer speist. Demgegenüber beschäftigt sich der Nachfrager bei der **Wird-Erwartung** damit, was im Rahmen der Dienstleistungserstellung konkret passieren wird und bezieht sich damit auf einen konkreten Dienstleistungsanbieter. Soll- und Wird-Erwartungen sind dabei hoch korreliert. Damit hat der Nachfrager ex ante, d. h. vor der Inanspruchnahme einer Dienstleistung, konkrete Vorstellungen darüber, wie seine Soll- und Wird-Erwartungen bezogen auf die einzelnen Dimensionen der Dienstleistungsqualität sind.

VA   = Verhaltensabsicht
WGQ = Wahrgenommene Gesamtqualität
WDL = Wahrgenommene Dienstleistung
GDL = Gelieferte Dienstleistung
WE   = Wird-Erwartung
SE   = Soll-Erwartung

x = Vektor, der die Informationen über die persönlichen
      Erwartungen an die Dienstleistungen beeinflusst,
      bevor ein neuer Dienstleistungskontakt aufge-
      nommen wird

z = Vektor, der Informationen über die idealen Erwar-
      tungen eines Nachfragers enthält

Δ = Veränderung der Einflussgrößen bzw. Informationen

Indizes
i = Nachfrager (Individuum)
j = Qualitätsdimension
t = Zeitpunkt

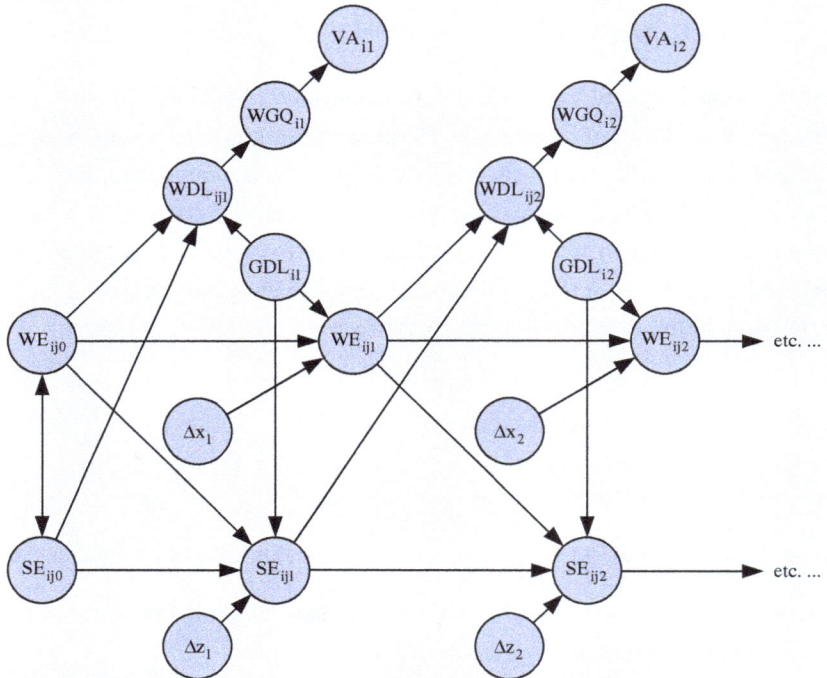

Abb. 3.4-11: Dynamisches Prozessmodell der Dienstleistungsqualität

Da, wie betont, die Erwartungen des Nachfragers nicht zeitinvariant sind, stellt sich die Frage nach möglichen Ursachen. Zentral hierfür sind unterschiedliche Informationen und Informationsquellen, die für Wird-Erwartungen mit Hilfe des Vektors x (z. B. Informationen anderer Nachfrager über den Anbieter oder über andere attraktive Angebote und Expertenurteile) und für Soll-Erwartungen mit Hilfe des Vektors z (z. B. Informationen des Anbieters über Änderungen des Preises oder der Qualität der Dienstleistung, Informationen anderer Anbieter der nachgefragten Dienstleistung, eigene Erfahrungen) erfasst werden. Die Veränderung der Erwartungen wird als ein Lernprozess auf der Grundlage des Bayes-Modells abgebildet. Wird- und Soll-

Erwartungen des Nachfragers hinsichtlich der Dienstleistungsqualität beeinflussen dann seine Wahrnehmung der erbrachten Dienstleistung. Aufgrund der Veränderungen der Erwartungen verändert sich auch die Wahrnehmung der Dienstleistung im Zeitablauf. Das Gesamtqualitätsurteil resultiert aus der Zusammenfassung der wahrgenommenen Qualitätsdimensionen auf der Grundlage eines additiven multiattributiven Modells, wobei die Autoren auf die Qualitätsdimensionen zurückgreifen, die im GAP-Modell herausgearbeitet wurden. Aus dem Gesamtqualitätsurteil resultiert eine bestimmte Verhaltensabsicht des Nachfragers (z. B. Wiederwahl des Anbieters, Weiterempfehlung des Anbieters). Aus dem Sachverhalt, dass jeder Nachfrager hinsichtlich der Dienstleistungsqualität unterschiedliche Erwartungen hat, resultiert, dass unterschiedliche Nachfrager auch dieselbe Dienstleistungsqualität unterschiedlich wahrnehmen und mit dieser Wahrnehmung auch unterschiedliche Verhaltensabsichten verbinden können.

Auf der Grundlage durchgeführter Labor- und Feldexperimente spezifizieren die Autoren die Beziehungen zwischen den Variablen des Modells. Wenn auch auf unterschiedlichen Signifikanzniveaus, sind die folgenden Beziehungen positiv:

- WGQ $\rightarrow$ VA
- WDL $\rightarrow$ WGQ
- GDL $\rightarrow$ WDL
- GDL $\rightarrow$ WE
- GDL $\rightarrow$ SE
- WE $\rightarrow$ WDL

Lediglich die Beziehung zwischen der Soll-Erwartung (SE) und der wahrgenommenen Dienstleistung (WDL) ist negativ.

Einen wichtigen Bezugspunkt dieses Qualitätsmodells bildet GAP 5 des Modells von Parasuraman/Zeithaml/Berry. Während das GAP-Modell auf die Identifikation von Lücken auf der Anbieterseite (GAP 1 bis GAP 4) fokussiert, um Einflussmöglichkeiten des Managements auf die Lücke zwischen der vom Nachfrager erwarteten und der erfahrenen Dienstleistung (GAP 5) aufzudecken, wird mit Hilfe des dynamischen Qualitätsmodells versucht, nachfragerseitige Ursachen für diese Lücken zu erklären. Im Gegensatz zum GAP-Modell wird nicht die Anbieterseite, sondern die Nachfragerseite einer differenzierteren Betrachtung unterzogen, um weitere Einflussmöglichkeiten des Managements abzuleiten.

Aus der im Modell vorgenommenen Differenzierung zwischen Soll- und Wird-Erwartung ergeben sich Ansatzpunkte für ein **Qualitätsmanagement**. Letztlich muss der Dienstleistungsanbieter das Verhalten des Nachfragers so beeinflussen, dass dieses mit den Zielen des Anbieters im Einklang steht. Ein solches Ziel könnte z. B. die Wiederwahl des Dienstleistungsanbieters bei zukünftigen Dienstleistungserstellungsprozessen sein, d. h. Aufbau einer Kundenbindung. Auf der Grundlage der durch die Autoren durchgeführten empirischen Tests lassen sich dann die folgenden Tendenzaussagen formulieren:

- Die durch den Nachfrager wahrgenommene Dienstleistungsqualität ist umso schlechter, je höher seine Soll-Erwartung ist.
- Die durch den Nachfrager wahrgenommene Dienstleistungsqualität ist umso besser, je höher seine Wird-Erwartung ist.

Ein zentraler Ansatzpunkt für den Dienstleistungsanbieter sind damit zunächst die Soll-Erwartungen des Nachfragers. Im Rahmen seiner Kommunikationspolitik muss er versuchen, die eventuell überzogenen oder gar unrealistischen Vorstellungen des Nachfragers zu korrigieren. Darüber hinaus muss er versuchen, auf die Wird-Erwartungen des Nachfragers positiv einzuwirken.

3.4.3.5 Beziehungsqualitätsmodell

In ihrem Modell gehen Liljander/Strandvik (1993, S. 118 ff., und 1995, S. 5 ff.) von der Annahme aus, dass eine als positiv empfundene Dienstleistungsqualität und Kundenzufriedenheit zu einer höheren Kundenbindung führen und diese somit als eine wesentliche Einflussgröße des Unternehmungserfolgs zu betrachten ist (zum Zusammenhang von Kundenzufriedenheit und -bindung vgl. z. B. Fischer/Herrmann/Huber 2001; Herrmann/Johnson 1999; Jones/Sasser 1995; Krafft 1999). Während die Kundenzufriedenheit immer aus den konkreten Kauferfahrungen eines Nachfragers entsteht, kann dieser auch dann die Qualität einer Dienstleistung beurteilen, wenn er diese nicht in Anspruch genommen hat (vgl. Liljander/Strandvik 1995, S. 8). Dabei wird unterstellt, dass das Kaufverhalten in hohem Maße von der Kundenzufriedenheit abhängt. Die Kundenzufriedenheit wird wiederum durch die Qualitätsbeurteilung beeinflusst. Abbildung 3.4-12 gibt die Struktur des Qualitätsmodells wieder, und Tabelle 3.4-1 enthält Beschreibungen der in diesem Modell enthaltenen Elemente (vgl. Liljander/Strandvik 1995, S. 6 f.).

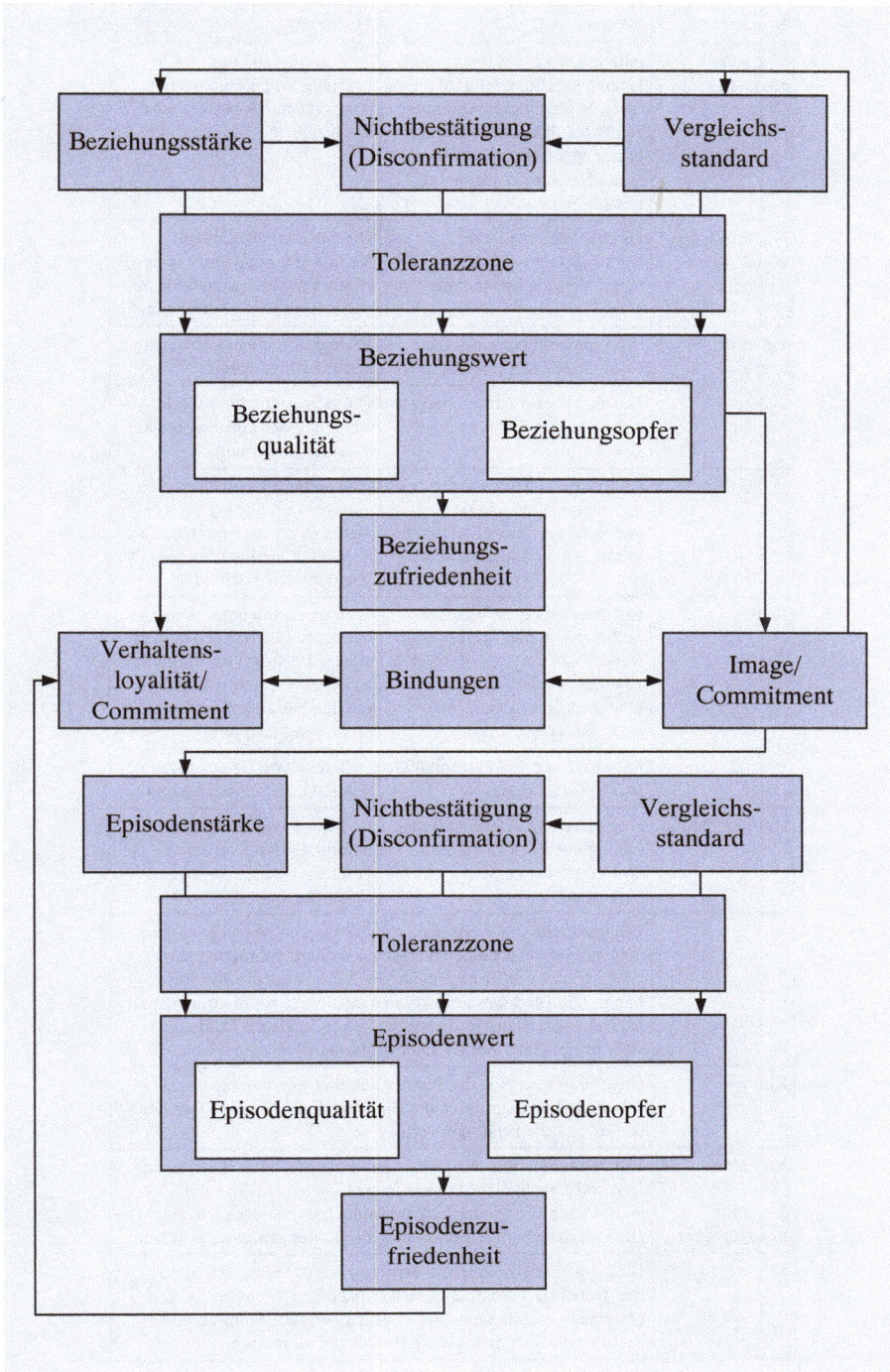

Abb. 3.4-12: Beziehungsqualitätsmodell (eigene Übersetzung)

Konzept	Episode	Beziehung
Vergleichs-standard	Alle in der Literatur empfohlenen Vergleichsstandards (z. B. Erwartungen, Markenstandards, Produktstandards, bester Markenstandard, exzellenter Service, Wunschbild, Leistungen der Wettbewerber).	Alle in der Literatur vorgeschlagenen Vergleichsstandards mit Ausnahme der Erwartungen.
Nichtbestätigung (Disconfirmation)	Direkte oder abgeleitete Nichtbestätigung eines beliebigen Vergleichsstandards.	Direkte oder abgeleitete Nichtbestätigung eines beliebigen Vergleichsstandards mit Ausnahme der Erwartungen.
Leistung	Wahrgenommene Leistung einer einzelnen Episode.	Wahrgenommene Leistung der gesamten Beziehung.
Toleranz-bereich	Die akzeptierte Abweichung des Leistungsniveaus (Qualitätsniveau).	Die akzeptierte kumulierte Abweichung der Leistung innerhalb der Beziehung.
Qualität	Abweichung der wahrgenommenen Leistung im Vergleich zu einem expliziten oder impliziten Vergleichsmaßstab.	Abweichung der wahrgenommenen Leistung im Vergleich zu einem expliziten oder impliziten Vergleichsmaßstab innerhalb der Beziehung.
Opfer	Episodenbezogene wahrgenommene „Opfer" (Preis oder andere Verluste), im Vergleich zu einem expliziten oder impliziten Vergleichsmaßstab (z. B. Referenzpreis).	Wahrgenommene beziehungsbezogene „Opfer" (Preis oder andere Verluste) im Vergleich zu einem expliziten oder impliziten Vergleichsmaßstab (z. B. Referenzpreis).
Wert	Differenz von Episodenqualität und Episodenopfer.	Differenz von Beziehungsqualität und Beziehungsopfer.
Zufriedenheit	Kognitive und affektive Beurteilung des Kunden auf der Grundlage der persönlichen Erfahrung.	Kognitive und affektive Beurteilung des Kunden auf der Grundlage der persönlichen Erfahrung über die Beziehung.
Image	Die ganzheitliche Wahrnehmung der Leistung eines Dienstleistungsanbieters, die einen Vergleichstandard begründen kann. Image bildet eine Komponente des Vertrauens in einer Beziehung. Alle Bindungsarten können das Image positiv oder negativ beeinflussen; gleichzeitig werden psychologische Bindungen vom Image eines Anbieters beeinflusst.	
Bindung	Handlungsabsichten der Partner und ihre Einstellung zur Zusammenarbeit begründen die Bindung. Eine intensive Beziehung beeinflusst die Bindung positiv.	
Verhalten (Kauf- und Kommunikationsverhalten)	Kundentreue, die kundenseitig auf einer positiven Bindung basiert, verursacht eine stärkere Beziehung als ein Gewohnheitskauf. Durch die wiederholte Inanspruchnahme des gleichen Dienstleistungsanbieters können die Bindungen gestärkt werden.	
Bindungen	Bindungen stellen Austrittsbarrieren aus der Sicht der Kunden dar. Dabei sind rechtliche, ökonomische, technologische, geographische, zeitliche, wissensbasierte, soziale, kulturelle, ideologische und psychologische Bindungen zu nennen.	

Tab. 3.4-1:   Erklärende Beschreibung der Elemente des Beziehungsqualitätsmodells (eigene Übersetzung; Liljander/Strandvik 1995, S. 7)

Die Abbildung verdeutlicht, dass zwischen Nachfrager und Anbieter **zwei Kontakt-ebenen** zu unterscheiden sind:

- **Episode**: Hierbei handelt es sich um eine Interaktion zwischen Nachfrager und Anbieter mit definiertem Start- und Endzeitpunkt. Eine Episode umfasst dabei den gesamten Dienstleistungserstellungsprozess und kann sich aus mehreren Transaktionen zusammensetzen (vgl. Liljander/Strandvik 1995, S. 12 ff.).

- **Beziehung**: Sie besteht aus mindestens zwei Episoden und kann in Abhängigkeit von der Häufigkeit und der Kontinuität der Inanspruchnahme kontinuierlich oder sporadisch (selten) sein (vgl. Liljander/Strandvik 1995, S. 14 f.).

Auf beiden Ebenen greift der Nachfrager auf einen Vergleichsmaßstab zurück, wobei er bei der wahrgenommenen Qualität eine Toleranzgrenze hinterlegt: „The core idea behind tolerance zones is that customers may accept variations in service performance within a certain range" (Liljander/Strandvik 1995, S. 10). Aus der Gegenüberstellung von Beziehungsqualität und -opfer ergibt sich dann die Beziehungszufriedenheit, die das Verhalten des Nachfragers beeinflusst. Eine interdependente Beziehung liegt zwischen dem Verhalten und den Bindungen vor, wobei (1) rechtliche, (2) ökonomische, (3) technologische, (4) geographische, (5) zeitliche, (6) wissensbasierte, (7) soziale, (8) kulturelle, (9) ideologische und (10) psychologische Bindungen unterschieden werden. Während die Bindungen (1) bis (5) als Marktaustrittsbarrieren zu interpretieren sind, die durch den Anbieter kaum gestaltbar sind, erscheinen die Bindungen (6) bis (10) aus der Sicht des Nachfragers als tendenziell positiv und sind darüber hinaus für den Anbieter gestaltbar.

Diese Differenzierung verkennt jedoch, dass etwa technologische, ökonomische und zeitliche Bindungen durchaus Gestaltungsparameter des Anbieters sein können. So kann der Anbieter etwa durch die zeitliche Bindung des Nachfragers (Vertragsdauer) oder durch technologische Inkompatibilitäten einen Anbieterwechsel des Nachfragers verhindern.

Maßgeblich für das Zustandekommen einer Beziehung ist dann das Beziehungsengagement (commitment) von Dienstleistungsnachfrager und -anbieter, das von der Qualitätsbeurteilung der Episode(n) abhängig ist und in Wechselwirkung mit den Bindungen steht. Es werden die drei folgenden Ausprägungen des Beziehungsengagements unterschieden:

- **Positives Engagement**: Die Beziehung soll begründet und aufrechterhalten werden.

- **Kein Engagement**: Es besteht eine indifferente Einstellung zur Beziehung.

- **Negatives Engagement**: Die Beziehung soll verhindert oder beendet werden.

Da sich diese Ausprägungen sowohl auf den Nachfrager als auch auf den Anbieter beziehen können, lassen sich neun Konstellationen bilden (vgl. Abbildung 3.4-13).

		Beziehungsengagement des Anbieters		
		positiv	nicht vorhanden	negativ
Beziehungsengagement des Nachfragers	positiv	(1)	(2)	(3)
	nicht vorhanden	(4)	(5)	(6)
	negativ	(7)	(8)	(9)

Abb. 3.4-13: Konstellationen des Beziehungsengagements

Im Folgenden seien einige der dargestellten Konstellationen beispielhaft erläutert:

- Konstellation (1): Da sowohl auf Anbieter- als auch auf Nachfragerseite ein positives Beziehungsengagement besteht, haben beide Parteien ein originäres Interesse an der Fortführung der Beziehung.

- Konstellation (3): Die Beziehung zum Nachfrager wird aus der Sicht des Anbieters als unrentabel eingestuft, dennoch muss der Anbieter aufgrund vertraglicher Bindungen die Beziehung aufrechterhalten.

- Konstellation (7): Die Beziehung ist für den Nachfrager negativ, aber er erhält die Beziehung aufrecht, weil es keine attraktiven Alternativen gibt.

- Konstellation (9): Obwohl die Beziehung sowohl für den Anbieter als auch für den Nachfrager negativ ist, ist sie trotzdem aufgrund einer existenten Bindung aufrechtzuerhalten.

Die übrigen Felder sind in entsprechender Weise zu interpretieren.

3.4.3.6 Qualitatives Kundenzufriedenheitsmodell

Auf der Grundlage einer kritischen Reflektion der Hypothese, dass eine hohe Kundenzufriedenheit zu einer hohen Kundenloyalität führe, entwickeln Stauss/Neuhaus (1995, S. 4 ff., 1997, S. 112 ff., und 2002, S. 86 ff.) ein Kundenzufriedenheitsmodell. Die Empirie zeigt, dass Nachfrager einen Anbieterwechsel vollziehen, obwohl sie zufrieden mit der erbrachten Leistung sind. Als **Erklärungshinweise** für dieses Verhalten werden in der Literatur genannt:

- **konkurrierende Bedürfnisse**: Das „Variety seeking"-Motiv besagt, dass trotz Zufriedenheit durch den Wunsch nach Abwechslung, Neugier und Langeweile ein Wechselverhalten eintritt;

- **Existenz attraktiver Alternativen**: Beispielsweise können Sonderpreisaktionen und Maßnahmen der Kommunikationspolitik einen Wechsel initiieren;

- **situative Faktoren**: Zum Beispiel eine mangelnde Verfügbarkeit der Stammmarke bei gleichzeitig dringendem Bedarf.

Zusätzlich zu diesen Erklärungshinweisen betonen Stauss/Neuhaus (1995, S. 6), „... daß möglicherweise auch die **Qualität des Zufriedenheitsempfindens** eine Rolle spielen kann, in dem Sinne, daß 'Zufriedenheit' mit unterschiedlichen emotionalen und kognitiven Zuständen verbunden ist und diese unterschiedlichen Zustände auch das zukünftige unternehmensgerichtete Verhalten beeinflussen." Vor diesem Hintergrund greifen die Autoren auf das **dynamische Arbeitszufriedenheitsmodell** Bruggemanns (1974 und 1976) zurück, die herausarbeitet, dass Zufriedenheit sich in Abhängigkeit von

- Erfahrungen,

- Anspruchsniveauanpassungen und

- Problembearbeitungsstrategien

verändert, und zeigen damit die Dynamik der Zufriedenheitsempfindungen auf. In Abhängigkeit von der Anspruchsniveauveränderung und der Problembearbeitungsstrategie unterscheidet Bruggemann (1974, S. 283) dann sechs Typen der Arbeitszufriedenheit: Progressiv zufrieden, stabil zufrieden, resigniert zufrieden, pseudo-zufrieden, fixiert unzufrieden und konstruktiv unzufrieden. Da die Pseudo-Zufriedenheit keinen spezifischen Erlebniszustand beschreibt, sondern über den Verarbeitungsprozess (Problemverdrängung) spezifiziert wird, berücksichtigen Stauss/Neuhaus (1995, S. 10 f.) diese nicht in ihrem Modell.

Auf der Grundlage einer Literaturanalyse stellen die Autoren dann die Notwendigkeit heraus, das Zufriedenheitskonstrukt qualitativ mit seiner **affektiven** (Gefühl gegenüber dem Abnehmer), **kognitiven** (Wissen über den Umfang der erfolgten Erwartungserfüllung) und **intentionalen Komponente** (Zufriedenheit ist mit einer positiven, Unzufriedenheit mit einer negativen Verhaltensbereitschaft verbunden) zu konkretisieren. Bei der Zufriedenheit handelt es sich dabei um eine ex post-Beurteilung nach einem selbst erfahrenen Konsumerlebnis (vgl. Stauss/Neuhaus 1995, S. 16).

Dem qualitativen Zufriedenheitsmodell liegen die beiden folgenden zentralen **Annahmen** zugrunde:

- Die Zufriedenheit/Unzufriedenheit als wahrgenommene Erfüllung/Nichterfüllung von Erwartungen ist unmittelbar verknüpft

    -- mit einem Gefühl gegenüber einem Anbieter,

    -- mit den Erwartungen über die zukünftige Leistungsfähigkeit des Anbieters und

    -- mit einer Verhaltensintention im Sinne der Bereitschaft, die Geschäftsbeziehung weiterzuführen.

- Die Zufriedenheit/Unzufriedenheit geht

    -- mit qualitativ unterschiedlichen Emotionen, Erwartungen und Bindungsbereitschaften und

    -- bei gleichem Globalzufriedenheitswert mit unterschiedlichen Emotionen, Erwartungen und Beziehungsbereitschaften einher.

Unter Rückgriff und Weiterentwicklung der Arbeiten Bruggemanns arbeiten Stauss/Neuhaus (2002, S. 87) dann die in Tabelle 3.4-2 erfassten fünf Zufriedenheitstypen heraus:

- **Fordernde Kundenzufriedenheit**: Beim „Fordernd Zufriedenen", der ein aktiver Zufriedenheitstyp ist, ist die Beziehung zum Anbieter durch positive Gefühle geprägt, insbesondere durch Optimismus und Zuversicht. Er hat keinen Grund zu der Annahme, dass der Anbieter auch in der Zukunft seinen (erhöhten) Ansprüchen nicht zu entsprechen vermag.

- **Stabile Kundenzufriedenheit**: Der „Stabil Zufriedene" hat ein passives Anforderungs- und Anspruchsverhalten und sein Gefühl zum Anbieter ist durch Beständigkeit und Vertrauen gekennzeichnet. Aufgrund seiner positiven Erfahrungen möchte er die Beziehung zum Anbieter ohne Einschränkung aufrechterhalten.

- **Resignative Kundenzufriedenheit**: Der „Resignativ Zufriedene" ist deshalb zufrieden, weil er von seiner erfahrungsgeprägten Einschätzung geleitet wird, nicht mehr als das geleistete erwarten zu können, so dass seine Zufriedenheit eher mit einer neutralen Emotion verbunden ist (Gleichgültigkeit). Er ist deshalb bereit, die Beziehung zum Anbieter aufrechtzuerhalten, weil er alternative Angebote anderer Anbieter nicht als qualitativ überlegen einschätzt.

- **Stabile Kundenunzufriedenheit**: Ein „Stabil Unzufriedener" ist mit der Anbieterleistung nicht zufrieden, zieht aber hieraus keine Konsequenzen. Damit kann nicht von einer Bindungsbereitschaft ausgegangen werden, sondern vielmehr von einer grundsätzlichen Wechselbereitschaft. Aufgrund seines niedrigen Aktivitätsgrades kann nicht ausgeschlossen werden, dass er trotz seiner Unzufriedenheit die Geschäftsbeziehung aufrecht erhält, und zwar so lange, bis ein spezifischer Anstoß einen Wechsel hervorruft.

- **Fordernde Kundenunzufriedenheit**: Der „Fordernd Unzufriedene" hat ein aktives Anspruchs- und Forderungsverhalten und verlangt vom Anbieter, dass dieser seine Leistung deutlich verbessert. Er empfindet keine Loyalität gegenüber dem Anbieter.

	Der Fordernd Zufriedene	Der Stabil Zufriedene	Der Resigniert Zufriedene	Der Stabil Unzufriedene	Der Fordernd Unzufriedene
Gefühl	Optimismus/ Zuversicht	Beständigkeit/ Vertrauen	Gleichgültigkeit/ Anpassung	Enttäuschung/ Ratlosigkeit	Protest/ Einflussnahme
Erwartung	Anbieter muss zukünftig nur mit meinen Anforderungen Schritt halten.	Es soll alles so bleiben wie bisher.	Mehr kann man nicht erwarten.	Erwarte eigentlich mehr, aber was soll man schon machen.	Anbieter muss sich in einigen Punkten erheblich verbessern.
Intention	Ja, da der Anbieter bisher meinen ständig neuen Anforderungen gewachsen war.	Ja, da bisher alles meinen Anforderungen entsprach.	Ja, denn andere sind auch nicht besser.	Nein, aber kann keinen konkreten Grund angeben.	Nein, denn trotz eigener Bemühungen wurde nicht auf mich eingegangen.

Tab. 3.4-2:   Zufriedenheitstypen im Qualitativen Zufriedenheitsmodell

Auf der Grundlage einer empirischen Untersuchung weisen Stauss/Neuhaus (1995, S. 25 ff.) dann die Existenz dieser Typen nach.

Ein zentrales Anliegen der Autoren ist darin zu sehen, dass aus einer hohen Globalzufriedenheit nicht auf eine hohe Kundenbindung geschlossen werden kann, sondern dass unterschiedliche Zufriedenheitstypen zwar die gleiche Globalzufriedenheit aufweisen, aber aufgrund unterschiedlicher Emotionen, Erwartungen und Intentionen unterschiedlich stark an den Anbieter gebunden sind, eine Vermutung, die durch die Ergebnisse der Untersuchung bestätigt wird. Es zeigt sich, dass es bei Kunden, die auf der Grundlage der Globalzufriedenheit als zufrieden einzustufen sind, trotzdem ein (emotionales und erwartungsbezogenes) Gefährdungspotential für einen Anbieterwechsel gibt. Damit zeigen Kunden, die die gleiche Globalzufriedenheit aufweisen, unterschiedliche Bindungsbereitschaften. Tendenziell zeigt sich, dass die „Resignativ Zufriedenen" das größte Gefährdungspotential aufweisen. Ebenfalls sind „Fordernd Zufriedene" gefährdet, jedoch schwächer als die „Resignativen". Demgegenüber weist der „Stabil Zufriedene" das niedrigste Gefährdungspotential auf und macht keine Einschränkungen bei seiner Wiederwahlbereitschaft.

Aus dem qualitativen Zufriedenheitsmodell lassen sich für den Anbieter die folgenden relevanten Aspekte herausstellen (vgl. Stauss/Neuhaus 2002, S. 93 f.):

- Es reicht nicht aus, eine hohe Globalzufriedenheit als Kundenfeedback und aussagefähigen Indikator für zukünftiges loyales Kundenverhalten und als Begründung für ökonomischen Erfolg heranzuziehen.
- Zufriedenheit sollte als ein komplexes Konstrukt mit einer affektiven, kognitiven und intentionalen Komponente betrachtet werden.
- Um Aussagen über die Kundenloyalität zu gewinnen, sollten differenzierte Überlegungen auf der Basis der Zufriedenheitstypen angestellt werden.
- Der Anbieter sollte das Marketinginstrumentarium auf die Kundentypen ausrichten. Dabei sollten insbesondere die Typen beachtet werden, die das größte Gefährdungspotential aufweisen.

3.4.4 Ansätze zur Messung der Dienstleistungsqualität

Ziel der Ansätze zur Erfassung der Dienstleistungsqualität ist es, die Qualitätsbeurteilung aus der Sicht der Nachfrager und die seitens der Unternehmung angebotene Dienstleistung im Zusammenhang abzubilden (vgl. Benkenstein 1993, S. 1107). Dabei lassen sich die beiden Gruppen merkmalsorientierter und ereignisorientierter Ansatz unterscheiden.

3.4.4.1 Merkmalsorientierter Ansatz

Kerngedanke dieses Ansatzes ist, dass sich ein Qualitätsgesamturteil aus der Kombination von Einzeleindrücken bei den einzelnen Qualitätsmerkmalen bildet (vgl. zu diesem Ansatz Bezold 1996, S. 103 ff.; Haller 1993, S. 23 ff.; Hentschel 1992, S. 116 ff.). Das globale Qualitätsurteil ist damit das Ergebnis der individuellen Einschätzung einzelner Qualitätsmerkmale (Attribute). Methodische Grundlage bildet das aus dem Sachleistungsbereich bekannte Multiattributmodell, das in allgemeiner Form den folgenden Aufbau hat (vgl. allgemein zu diesem Modell Backhaus et al. 1996; Kroeber-Riel/Weinberg 2003, S. 310 ff.):

$$Q_{ij} = f\left(M_{ij1}, ..., M_{ijk}\right)$$

mit:

M_{ijk} = Beurteilung des Qualitätsmerkmals k von Leistung j durch den Konsumenten i

Q_{ij} = globales Qualitätsurteil des Konsumenten i bezüglich der Leistung j

Beim merkmalsorientierten Ansatz lassen sich die Varianten

- einstellungsorientierte multiattributive und
- zufriedenheitsorientierte multiattributive Qualitätsmessung

unterscheiden.

Die **einstellungsorientierte Qualitätsmessung** geht davon aus, dass die Qualitätseinschätzung eine gelernte, dauerhafte, positive oder negative innere Haltung gegenüber einem Beurteilungsobjekt ist (vgl. Trommsdorff 1989, S. 136). Sie basiert folglich auf Lernprozessen, deren Grundlage

- die direkte Erfahrung und,
- in indirekter Form die Kommunikation mit Dienstleistern oder anderen Nachfragern ist (vgl. Benkenstein 1993, S. 1099).

Dies bedeutet, dass der Nachfrager auch dann eine Qualitätseinschätzung geben kann, wenn er die Dienstleistung eines Anbieters noch nie in Anspruch genommen hat. So kann ein Nachfrager der Auffassung sein, dass die Lufthansa die sicherste Fluggesellschaft der Welt ist, ohne jemals mit dieser Fluggesellschaft geflogen zu sein.

Grundlage der **zufriedenheitsorientierten Qualitätsmessung** ist das „disconfirmation paradigm" (vgl. Cadotte/Woodruff/Jenkins 1987, S. 305 ff.; Oliver 1980, S. 460 ff.), das davon ausgeht, dass Zufriedenheit oder Unzufriedenheit eine Reaktion auf die wahrgenommene Diskrepanz zwischen erwarteter und erlebter Leistung ist. Zufriedenheit oder Unzufriedenheit sind somit situationsgebunden (vgl. Kaas/Runow 1984, S. 454), und folglich wird ein konkretes, selbsterlebtes Konsumereignis als Bezugsobjekt vorausgesetzt.

Unabhängig von dem Sachverhalt, dass zwischen dem zufriedenheits- und einstellungsorientierten Ansatz Wechselwirkungen existieren (vgl. Oliver 1980) - so beeinflussen konkrete Konsumerlebnisse in einer längeren Perspektive die Einstellungen und letztere können eine Art Filterfunktion für die Bewertung konkreter Konsumerlebnisse bilden - erscheint es nicht möglich, eine generelle Empfehlung für eine der beiden Varianten auszusprechen, sondern beide Verfahren können gewinnbringend angewendet werden. Es hängt vielmehr von der konkreten Fragestellung ab, welche Variante Vorteile bietet (vgl. Hentschel 1992, S. 122):

- Möchte der Fragesteller eher aktuelle Informationen über eine Leistung, dann erscheint eine zufriedenheitsorientierte Vorgehensweise angezeigt.

- Interessiert sich der Fragesteller hingegen für das generelle Image eines Dienstleisters, oder möchte er Informationen hinsichtlich Mindeststandards erlangen, dann erscheint die einstellungsorientierte Variante geeignet.

Sowohl Einstellungs- als auch Zufriedenheitsforschung basieren auf Befragungen, die die häufigste und wichtigste Methode der Primärdatenerhebung darstellen (vgl. hierzu Berekoven/Eckert/Ellenrieder 1993, S. 88 f.). Grundlage hierfür sind z. B. standardisierte Fragebogen mit Einfach- oder Doppelskalen. Während bei **Einfachskalen** i. d. R. mit Hilfe einer Likert-Skala die Qualitätswahrnehmung hinsichtlich einzelner Attribute oder in einer Gesamtbeurteilung erfasst wird, geht die Verwendung einer **Doppelskala** von der Überlegung aus, vor der Inanspruchnahme einer Dienstleistung die Konsumentenerwartungen (Soll-Situation) zu erfassen und diese mit den Erfahrungen (Ist-Situation) nach der in Anspruch genommenen Dienstleistung zu vergleichen (vgl. Scharitzer 1994, S. 148):

$$Q_{Ges} = \sum_i ERF_i - \sum_i ERW_i$$

mit:

ERF_i = Erfahrungen eines Kunden bezüglich des Merkmals i

ERW_i = Erwartungen eines Kunden bezüglich des Merkmals i

Q_{Ges} = wahrgenommene Gesamtqualität durch einen Kunden

Auf der Grundlage einer derartigen Doppelskala entwickeln Parasuraman/Zeithaml/Berry (1988) ein Messkonzept zur wahrgenommenen Dienstleistungsqualität mit dem Namen **SERVQUAL** (**ser**vice und **qual**ity), das eines der bekanntesten multiattributiven Verfahren zur Messung der Dienstleistungsqualität ist. Die Dienstleistungsqualität wird in diesem Ansatz als ein **globales einstellungsähnliches Konstrukt** gesehen, das aus der Gegenüberstellung von

- erwarteter und

- erlebter Leistung

resultiert. Qualität ist damit ein subjektives Urteil, und zwar in Abhängigkeit von den persönlichen Wahrnehmungen des Nachfragers. Dieses Messkonzept bezieht sich auf GAP 5 des von denselben Autoren entwickelten GAP-Modells.

Zur Messung der wahrgenommenen Dienstleistungsqualität verwenden sie einen standardisierten Fragebogen mit 22 Items, der die bereits dargestellten fünf Qualitätsdimensionen repräsentiert. Tabelle 3.4-3 gibt diesen Fragebogen wieder.

E 1.   Die technische Ausstattung von _____ sollte dem neuesten Stand entsprechen.

E 2.   Die Geschäftsräume sollten ansprechend gestaltet sein.

E 3.   Die Angestellten sollten ordentlich angezogen sein und einen sympathischen Eindruck machen.

E 4.   Die Gestaltung der Geschäftsräume von _____ sollte der Art der Dienstleistung angemessen sein.

E 5.   Wenn _____ die Fertigstellung eines Auftrags bis zu einem bestimmten Zeitpunkt versprechen, sollten sie diesen auch einhalten.

E 6.   Kundenprobleme sollten ernstgenommen und mitfühlend und beruhigend behandelt werden.

E 7.   Man sollte sich auf _____ verlassen können.

E 8.   Die Dienstleistung sollte zu dem Zeitpunkt ausgeführt sein/werden, zu dem sie versprochen wurde.

E 9.   _____ sollten eine ordentliche Auftragsbuchführung besitzen.

E 10. Man sollte von _____ nicht erwarten, dass sie den Kunden genau darüber Auskunft geben, wann die Leistung ausgeführt sein wird. (-)

E 11. Es ist unrealistisch, als Kunde prompten Service von den Angestellten in _____ zu erwarten. (-)

E 12. Die Angestellten müssen nicht permanent gewillt sein, den Kunden zu helfen. (-)

E 13. Es ist in Ordnung, wenn die Angestellten zu beschäftigt sind, um Kundenwünsche unmittelbar zu erfüllen. (-)

E 14. Kunden sollten den Angestellten von _____ vertrauen können.

E 15. Kunden sollten sich während des Kontakts zu den Angestellten sicher fühlen können.

E 16. Die Angestellten von _____ sollten höflich sein.

E 17. Die Angestellten sollten angemessene Unterstützung im Unternehmen erhalten, um ihre Tätigkeit gut ausführen zu können.

E 18. Von _____ sollte nicht erwartet werden, dass sie jedem Kunden individuelle Aufmerksamkeit widmen. (-)

E 19. Von den Angestellten dieser Unternehmen kann nicht erwartet werden, dass sie sich persönlich um die Kunden kümmern. (-)

E 20. Es ist unrealistisch, von den Angestellten zu erwarten, dass sie die Bedürfnisse ihrer Kunden kennen. (-)

E 21. Es ist unrealistisch zu erwarten, dass _____ nur das Interesse ihrer Kunden im Auge haben. (-)

E 22. Man sollte von _____ nicht erwarten, dass ihre Öffnungszeiten angenehm für alle Kunden sind. (-)

Die Items E 1. bis E 4. repräsentieren die Dimension Annehmlichkeit des tangiblen Umfelds, die Items E 5. bis E 9. Verlässlichkeit, die Items E 10. bis E 13. Reagibilität, die Items E 14. bis E 17. Leistungskompetenz und die Items E 18. bis E 22. Einfühlungsvermögen. Mit einem (-) versehene Items werden wegen ihrer Negativformulierung vor der Differenzbildung umkodiert (1=7, 2=6 usw.). Die Lücken _____ sind mit der jeweiligen Branche auszufüllen.

Tab. 3.4-3:   SERVQUAL-Statements zur Messung der erwarteten Dienstleistungsaspekte (Quelle: Parasuraman/Zeithaml/Berry 1988, S. 38 ff.)

Zu jedem dieser Items sind zwei Aussagen zu formulieren:

- Mit dem Statement „so-sollte-es-sein" werden die Erwartungen des Nachfragers erfasst.

- Mit dem Statement „so-ist-es" wird die erlebte Leistung einer speziellen Dienstleistungsunternehmung erhoben.

Die Probanden bewerten diese Aussagen dann auf einer 7-Punkte-Skala (Likert-Skala), wobei das Spektrum von „stimme völlig zu" bis „lehne entschieden ab" reicht. Abbildung 3.4-14 gibt die verwendete Doppelskala beispielhaft wieder.

Aus den vorgenommenen Bewertungen wird dann die Differenz der markierten Ausprägungen der „perception scale" und der „expectation scale" pro Item ermittelt, deren Wert zwischen -6 und +6 liegt. Je größer der so ermittelte Wert ist, desto höher ist dann die wahrgenommene Qualität in Bezug auf das jeweilige Item, wobei die Mitte der Skala zwischen guter und schlechter Qualität trennt. Über jede Dimension der Dienstleistungsqualität wird ein Durchschnittswert gebildet sowie ein Mittelwert über alle Dimensionen. Um Auskunft über die Bedeutung der einzelnen Dimensionen zu erlangen, wird ebenfalls ein globales Qualitätsurteil miterhoben, um dann auf dieser Grundlage eine **Regressionsanalyse** durchzuführen, in die die Mittelwerte der fünf Qualitätsdimensionen als unabhängige und das globale Qualitätsmaß als abhängige Variable einfließen. Die sich hieraus ergebenden Betawerte werden als Indikator für die Bedeutung der einzelnen Qualitätsdimensionen herangezogen.

An dieser Vorgehensweise wurde in der Literatur vielfältige Kritik geübt, wobei insbesondere die kritische Analyse von Hentschel (1990 und 1992) hervorzuheben ist, die auch die Grundlage der weiteren Ausführung bildet.

In SERVQUAL wird die Dienstleistungsqualität als ein globales, einstellungsähnliches Konstrukt gesehen, das sich aus dem Vergleich von erwarteter und erlebter Leistung ergibt, wobei das Vergleichsergebnis auf einem Kontinuum liegt, das durch die Extremalpunkte „ideale Qualität" und „völlig inakzeptable Qualität" begrenzt ist. Dabei ergeben sich die folgenden Beziehungen:

- Erlebte Leistung > erwartete Leistung, dann ist die Qualität mehr als zufriedenstellend und tendiert in Richtung ideale Qualität.

- Erlebte Leistung = erwartete Leistung, dann liegt eine zufriedenstellende Qualität vor.

- Erlebte Leistung < erwartete Leistung, dann liegt keine zufriedenstellende Qualität vor.

Diese(r) Meinung ...						
stimme ich völlig zu						lehne ich entschieden ab
Die Geschäftsräume der Banken sollten ansprechend gestaltet sein.	7	6	5	4	3	2	1
Die Geschäftsräume der Bank XY sind ansprechend gestaltet.	7	6	5	4	3	2	1

Abb. 3.4-14: Beispiel für die Doppelskala bei SERVQUAL
(Quelle: Hentschel 1992, S. 131)

Nach Auffassung der Autoren von SERVQUAL trennt die Mitte des Qualitätskontinuums zwischen einer befriedigenden und einer unbefriedigenden Qualität, wobei sich bei diesen Skalenwerten erbrachte und erlebte Leistung entsprechen: „Wenn sich aber die Kundenerwartungen auf fiktive Idealleistungen beziehen („so-sollte-es-sein"-Statements), muß ein Dienstleister besser als ideal sein, damit seine Leistung als qualitativ befriedigend eingestuft wird. Der **logische Widerspruch** ist offensichtlich." (Hentschel 1992, S. 140).

Unabhängig von der Frage der Urteilsbereitschaft und -fähigkeit der Konsumenten, die Erfahrung mit einer Dienstleistung nachträglich in eine Erwartungs- und eine Wahrnehmungskomponente zu zerlegen, erscheint es evident, dass das „so-sollte-es-sein"-Statement einheitlich hohe Werte erlangt, ein Phänomen, das als **„Anspruchsinflation"** bezeichnet wird: „Mit verblüffender Regelmäßigkeit schwanken gewöhnlich die auf fünfstelligen Ratingskalen (z. B. ‚sehr unwichtig', ... ‚sehr wichtig') gemessenen mittleren Urteile nur geringfügig um die zweithöchste Skalenstufe (‚wichtig', ‚bedeutsam' etc.). Lediglich die bekannte Scheu von Probanden, Extremalkategorien zu verwenden, steht einer noch deutlicheren Manifestation dieses Urteilseffekts entgegen." (Dichtl/Müller 1986, S. 233). Damit führt dieses Phänomen der Anspruchsinflation zu einer mangelnden Diskrimination bei der Erwartungsmessung.

Entscheidender ist jedoch, dass es durch die Verwendung dieser Doppelskala zu absurden Interpretationen kommen kann. Legt etwa Kunde A großen Wert auf das äußere Erscheinungsbild einer Bank (expected service = 7) und findet dies auch tat-

sächlich vor (perceived service = 7), ergibt sich die Differenz null. Legt Bankkunde
B nur geringen Wert auf das äußere Erscheinungsbild (expected service = 1) und
nimmt aber das Erscheinungsbild als sehr gut wahr (perceived service = 7), ergibt
sich eine Differenz von +6. Aus der Auswertungslogik von SERVQUAL resultiert
dann, dass Kunde B der Bank eine höhere Qualität bezüglich des Kriteriums „äußere
Erscheinung" zuspricht als Kunde A, ein Ergebnis, das nicht plausibel ist (vgl. Hentschel 1992, S. 140).

Darüber hinaus ist die von den Autoren betonte Allgemeingültigkeit ihres Ansatzes
aufgrund der vorliegenden empirischen Untersuchungen kaum gegeben (vgl. die
Übersicht bei Hentschel 1992, S. 132 ff.).

Abschließend bleibt festzustellen, dass die Entstehung von SERVQUAL vor dem
Hintergrund des skizzierten GAP-Modells zu sehen ist.

Ein weiterer multiattributiver Ansatz ist das **Penalty-Reward-Verfahren**, das
Brandt (1987) entwickelte und das eine Übertragung der Zwei-Faktoren-Theorie der
Arbeitszufriedenheit von Herzberg auf die Beurteilung der Dienstleistungsqualität
darstellt (vgl. z. B. Haller 1993, S. 25 ff.). Demnach hängt die Zufriedenheit mit einer Dienstleistung davon ab, ob

- die Mindestanforderungen, die an eine Dienstleistung durch den Kunden gestellt
  werden, erfüllt werden und ob

- bestimmte Erwartungen übererfüllt werden und hierdurch der Leistung durch den
  Kunden ein höherer Wert zuerkannt wird.

Mit Hilfe der **Penalty-Reward-Contrast-Analysis** (PRC-Analyse) untersucht
Brandt (1987, S. 62 f.) den Zusammenhang zwischen der Gesamtzufriedenheit und
der Wahrnehmung einzelner Merkmale (neun Attribute) einer Dienstleistung. Es
werden folglich einerseits die Gesamtzufriedenheit und anderseits die Beurteilung
einzelner Qualitätsmerkmale auf einer Fünf-Punkte-Likert-Skala erhoben. Auf dieser
Grundlage lässt sich wiederum eine Regressionsanalyse durchführen, wobei es sich
hierbei um eine spezielle multiple Regression handelt, da sogenannte Dummy-
Variablen zum Einsatz gelangen. Es werden zwei Sets gebildet:

- ein Set dient der Ermittlung der Bonuspunkte (Reward-Faktoren) und

- ein zweites Set der Quantifizierung der Strafpunkte (Penalty-Faktoren).

Die Nachfrager sollen dann die Qualität einer Leistung sowohl als Gesamtbeurteilung als auch auf die einzelnen Attribute bezogen auf einer Art Likert-Skala angeben,
die durch die Extremalausprägungen „viel schlechter als erwartet" und „viel besser

als erwartet" begrenzt ist. Liegt die Markierung oberhalb des Mittelwertes der Skala, dann wird das entsprechende Dummy-Set auf 1 gesetzt, liegt sie unterhalb des Mittelwertes, nimmt das Dummy-Set den Wert 0 an. Mit der Gesamtbeurteilung als abhängiger Variablen und den Dummies lässt sich eine Regressionsanalyse durchführen.

Abbildung 3.4-15 zeigt das Ergebnis einer empirischen Untersuchung bei Kunden einer Transportunternehmung (vgl. Brandt 1987, S. 62 f.; Haller 1993, S. 27).

Aus der Abbildung ist ersichtlich, dass sechs Attribute den Penalty-Faktoren zuzuordnen sind (4 bis 9), während die Attribute 2 und 3 zu den Reward-Faktoren zu zählen sind. Attribut 1 „Dringlichkeitsbewusstsein" ist hingegen ein hybrides Attribut. Für den Anbieter ergibt sich damit die Möglichkeit, im Rahmen seines Qualitätsmanagements die Ressourcen so einzusetzen, dass Faktoren, die zu wesentlichen Unzufriedenheiten führen, beseitigt werden, und ein Schwerpunkt auf diejenigen Faktoren gelegt wird, die zu einer Erhöhung der Qualitätswahrnehmung führen.

Mit der **SIMALTO-Plus-Technik** (**S**imultaneous **M**ulti **A**ttribute **L**evel **T**rade **O**ff-Ansatz) legen Chudy/Sant (1993) einen weiteren Ansatz vor, der zur Qualitätsbeurteilung für Dienstleistungen herangezogen werden kann (vgl. auch Scharitzer 1994, S. 155 ff.).

Ausgangspunkt bildet die Aufstellung eines **SIMALTO-Tableaus**, in dem in der Vorspalte diejenigen Merkmale aufgeführt sind, die für die Beurteilung einer Dienstleistung relevant sind, und das in der Kopfzeile eine fünfstufige verbale Merkmalsausprägung enthält. Den Befragten wird dieses Tableau vorgelegt, mit der Aufforderung, die Bereiche zu bestimmen, die aus ihrer Sicht ein inakzeptables Niveau aufweisen, und gleichzeitig die Ausprägungen zu kennzeichnen, die sie grundsätzlich erwarten würden. Diese Vorgehensweise, die in Abbildung 3.4-16 beispielhaft dargestellt ist (vgl. Chudy/Sant 1993, S. 131), knüpft damit einerseits an den Überlegungen von Parasuraman/Zeithaml/Berry und anderseits an der Idee einer „zone of tolerance" an.

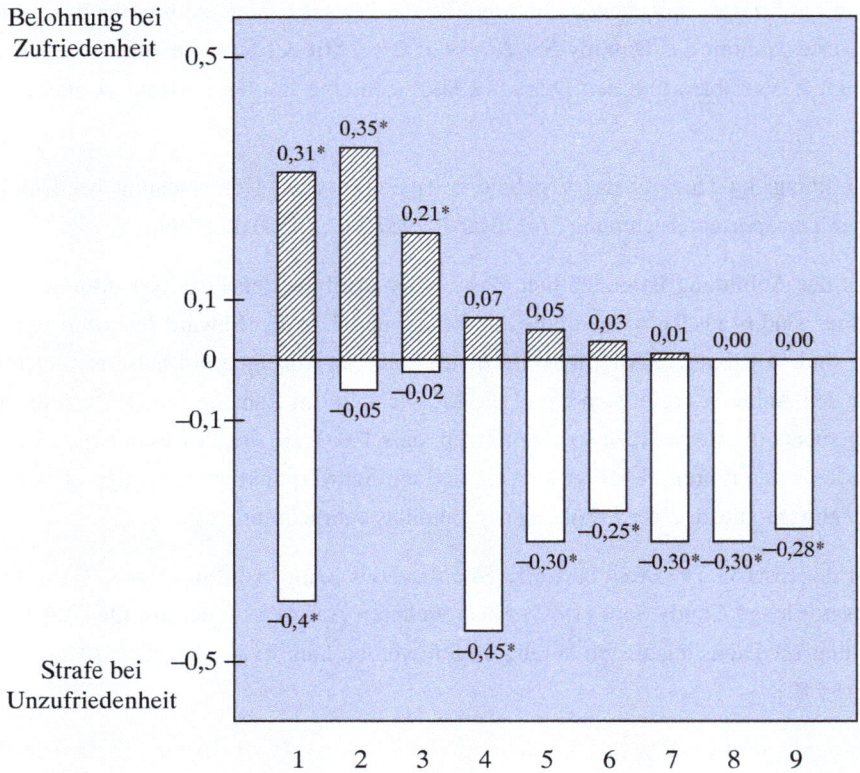

Belohnung bei Zufriedenheit

Strafe bei Unzufriedenheit

*:	statistisch signifikant innerhalb des Konfidenzintervalls von 95%
1:	Dringlichkeitsbewusstsein bei der Reaktion auf Probleme
2:	Bereitschaft, sich in die Geschäftsproblematik des Kunden hineinzudenken
3:	Ehrlichkeit der Repräsentation bzgl. der Leistungsfähigkeit
4:	Angebot konkurrenzfähiger Preise
5:	Besonderer Einsatz bei der Abfertigung
6:	Flexible Ladungsaufnahmezeiten
7:	Konstante Termintreue
8:	Beförderungsvorschriften der Kunden einhalten
9:	Verfügbarkeit der Repräsentation bei Bedarf

Abb. 3.4-15: Penalty-Reward-Contrast-Analyse der Qualitätsattribute einer Transportunternehmung

Erwartete und inakzeptable Stufen					
	Stufe 1	Stufe 2	Stufe 3	Stufe 4	Stufe 5
Exaktheit des Kostenvoranschlags	Mehr als 30% höher	20% - 30% höher	10% - 20% höher	Bis zu 10% höher	Höhe der Rechnung entspricht Kostenvoranschlag
Wartezeit	Mehr als 20 min	10-20 min	5-10 min	Binnen 5 min	keine
Geschätzte Bearbeitungszeit	Mehr als 1 Stunde	45-60 min	30-45 min	15-30 min	Binnen 15 min
Zusätzlich benötigte Zeit (über Schätzung hinaus)	Mehr als 45 min	30-45 min	15-30 min	Bis zu 15 min	Pünktlich
Qualität und Effizienz der ausgeführten Arbeit	Keine Erfahrung und Geschick, permanente Überwachung erforderlich	Geringe Erfahrung und Geschick	Einige Erfahrung und Geschick	Relativ erfahren, gelegentliche Überwachung erforderlich	Sehr erfahren
Freundlichkeit und Hilfsbereitschaft des Personals	Immer unhöflich und nicht hilfsbereit	Häufig unhöflich und nicht hilfsbereit	Gelegentlich unhöflich und nicht hilfsbereit	Grundsätzlich höflich und hilfsbereit	Immer höflich und hilfsbereit
			Erwartet		
			Inakzeptabel	X	

Abb. 3.4-16: SIMALTO-Ausgangstableau (eigene Übersetzung)

In einem **zweiten Schritt** werden die Befragten gebeten, ihre Qualitätswahrnehmung hinsichtlich eines konkreten Anbieters zu bewerten, wie dies in Abbildung 3.4-17 dargestellt ist (vgl. Chudy/Sant 1993, S. 132).

Erwartete und inakzeptable Stufen					
	Stufe 1	Stufe 2	Stufe 3	Stufe 4	Stufe 5
Exaktheit des Kostenvoranschlags	Mehr als 30% höher	20% - 30% höher	10% - 20% höher	Bis zu 10% höher	Höhe der Rechnung entspricht Kostenvoranschlag
		B	**R**		
Wartezeit	Mehr als 20 min **B**	10-20 min **R**	5-10 min	Binnen 5 min	Keine
Geschätzte Bearbeitungszeit	Mehr als 1 Stunde	45-60 min	30-45 min **R**	15-30 min **B**	Binnen 15 min
Zusätzlich benötigte Zeit (über Schätzung hinaus)	Mehr als 45 min	30-45 min	15-30 min **B**	Bis zu 15 min **R**	Pünktlich
Qualität und Effizienz der ausgeführten Arbeit	Keine Erfahrung und Geschick, permanente Überwachung erforderlich	Geringe Erfahrung und Geschick	Einige Erfahrung und Geschick	Relativ erfahren, gelegentliche Überwachung erforderlich	Sehr erfahren
		B	**R**		
Freundlichkeit und Hilfsbereitschaft des Personals	Immer unhöflich und nicht hilfsbereit	Häufig unhöflich und nicht hilfsbereit	Gelegentlich unhöflich und nicht hilfsbereit	Grundsätzlich höflich und hilfsbereit	Immer höflich und hilfsbereit
		B		**R**	
Pit Stop (= R) Pronto (= B)					

Abb. 3.4-17: SIMALTO-Tableau mit der Bewertung konkreter Anbieter

Im **nächsten Schritt** sollen die Befragten Veränderungsempfehlungen für die jeweils bevorzugte Unternehmung angeben und gleichzeitig eine Rangfolge der erforderlichen Maßnahmen festlegen (vgl. Abbildung 3.4-18), entsprechend der Bedeutung aus ihrer Sicht (vgl. Chudy/Sant 1993, S. 133).

Prioritäten					
	Stufe 1	Stufe 2	Stufe 3	Stufe 4	Stufe 5
Exaktheit des Kostenvoranschlags	Mehr als 30% höher	20% - 30% höher	10% - 20% höher	Bis zu 10% höher ②	Höhe der Rechnung entspricht Kostenvoranschlag
Wartezeit	Mehr als 20 min	10-20 min	5-10 min ①	Binnen 5 min	Keine
Geschätzte Bearbeitungszeit	Mehr als 1 Stunde	45-60 min	30-45 min	15-30 min	Binnen 15 min
Zusätzlich benötigte Zeit (über Schätzung hinaus)	Mehr als 45 min	30-45 min	15-30 min	Bis zu 15 min	Pünktlich ③
Qualität und Effizienz der ausgeführten Arbeit	Keine Erfahrung und Geschick, permanente Überwachung erforderlich	Geringe Erfahrung und Geschick	Einige Erfahrung und Geschick	Relativ erfahren, gelegentliche Überwachung erforderlich	Sehr erfahren
Freundlichkeit und Hilfsbereitschaft des Personals	Immer unhöflich und nicht hilfsbereit	Häufig unhöflich und nicht hilfsbereit	Gelegentlich unhöflich und nicht hilfsbereit	Grundsätzlich höflich und hilfsbereit	Immer höflich und hilfsbereit

Abb. 3.4-18: Festlegung der Maßnahmen und deren Bedeutung

Die so gewonnenen Ergebnisse lassen sich dann grafisch

- im SIMALTO-Tableau durch die Verbindung der Matrixfelder (vgl. Chudy/Sant 1993, S. 139) oder

- in einer Matrix, deren Ordinate die Problemrelevanz und deren Abszisse die Problemfrequenz erfasst,

darstellen (vgl. Abbildung 3.4-19).

Wahrnehmung der Dienstleistungsqualität von Pit Stop und Pronto					
	Stufe 1	Stufe 2	Stufe 3	Stufe 4	Stufe 5
Exaktheit des Kostenvoranschlags	Mehr als 30% höher	20% - 30% höher	10% - 20% höher	Bis zu 10% höher	Höhe der Rechnung entspricht Kostenvoranschlag
Wartezeit	Mehr als 20 min	10-20 min	5-10 min	Binnen 5 min	Keine
Geschätzte Bearbeitungszeit	Mehr als 1 Stunde	45-60 min	30-45 min	15-30 min	Binnen 15 min
Zusätzlich benötigte Zeit (über Schätzung hinaus)	Mehr als 45 min	30-45 min	15-30 min	Bis zu 15 min	Pünktlich
Qualität und Effizienz der ausgeführten Arbeit	Keine Erfahrung und Geschick, permanente Überwachung erforderlich	Geringe Erfahrung und Geschick	Einige Erfahrung und Geschick	Relativ erfahren, gelegentliche Überwachung erforderlich	Sehr erfahren
Freundlichkeit und Hilfsbereitschaft des Personals	Immer unhöflich und nicht hilfsbereit	Häufig unhöflich und nicht hilfsbereit	Gelegentlich unhöflich und nicht hilfsbereit	Grundsätzlich höflich und hilfsbereit	Immer höflich und hilfsbereit

Pit Stop   - - - - - - - - - - - - - - -
Pronto   – – – – – – – – –
Erwartet   ————————

Abb. 3.4-19: Ergebnisdarstellung im SIMALTO-Tableau

Auch wenn die multiattributive Qualitätsmessung auf eine Vielzahl praktischer Anwendungen zurückblicken kann, so ist dennoch festzustellen, dass mit ihrer Hilfe dienstleistungsspezifische Faktoren, wie

- Integration des externen Faktors,

- Immaterialität und

- Informationsverhalten der Nachfrager,

nicht in ausreichendem Maße berücksichtigt werden, und dieser Ansatz folglich er-
gänzungsbedürftig ist. Darüber hinaus erscheinen Zufriedenheitsskalen als alleiniger
Maßstab für Leistungsveränderungen als nicht ausreichend, wenn nicht erfasst wird,
welches die Gründe für die Entstehung von Unzufriedenheit sind. Um dies zu erreichen, sind diese Gründe zu erfassen, um die entsprechenden Kundenprobleme her-
ausfiltern zu können (vgl. Hentschel 1992, S. 151; Scharitzer 1994, S. 107). An dieser Überlegung knüpft eine zweite Gruppe an: die ereignisorientierten Ansätze.

3.4.4.2 Ereignisorientierter Ansatz

Grundlage des ereignisorientierten Ansatzes sind die Kundenerlebnisse, die besonders positiv oder negativ wahrgenommen werden. Ziel dieser Vorgehensweise ist es
damit, **kritische Ereignisse** im Sinne von besonders negativen, aber auch positiven
Vorfällen während des Dienstleistungserstellungsprozesses zu erfassen, eine Vorgehensweise, die unmittelbar an der **verrichtungsorientierten Interpretation** von
Dienstleistungen anknüpft. In dieser verrichtungsorientierten Sichtweise verteilen
sich die Qualitätsmerkmale entlang des Interaktionsprozesses zwischen Anbieter und
Nachfrager, und zwar an sämtlichen Kontaktpunkten (vgl. Carlzon 1988) im Rahmen
der Dienstleistungserstellung. Grundsätzlich ist damit jeder Kontaktpunkt zwischen
Anbieter und Nachfrager potentiell qualitätsrelevant. Unterstützt wird diese Sichtweise auch durch die empirische Untersuchung von Liljander (1994, S. 126 ff.), die
zu dem Ergebnis gelangt, dass die Zufriedenheit mit einer Dienstleistung nicht so
sehr durch die Erwartungen des Nachfragers in der Vorkaufsphase, sondern primär
durch seine Erfahrungen im Leistungserstellungsprozess bestimmt wird.

Der ereignisorientierte Ansatz hat **Tradition** und wurde in den folgenden Bereichen
angewendet:

- In der Organisationspsychologie im Rahmen der Untersuchungen zur Arbeitszufriedenheit und in der Sozialpsychologie (vgl. z. B. Forgas 1976, S. 199 ff.).

- In der Bildungsforschung bei neuimmatrikulierten Studenten (vgl. z. B. Cotterell
1982, S. 296 ff.).

- Im Marketing im Rahmen der „erweiterten Kauferlebnisbefragung" (vgl. Silberer
1989, S. 59 ff.).

- In Praktikerberichten, die in Episodenform über Beispiele schlechter Qualität be-
richten. Überschriften, wie „Regen und Sonnenschein" oder „Pechsträhnen", ge-

ben dies plakativ wieder (vgl. z. B. Albrecht/Zemke 1987, S. 111 ff.; Horovitz 1989, S. 138 ff.).

Der ereignisorientierte Ansatz hat eine Entsprechung mit dem Konzept der **episodischen Informationsverarbeitung** (kontextgebundene Ereignisse) und steht damit im Gegensatz zur **semantischen Informationsverarbeitung** (kontextungebundene Begriffe und Vorstellungen), die jedoch nicht unabhängig voneinander sind. So entwickelt sich das semantische Gedächtnis aus Informationen des episodischen Gedächtnisses, d. h., es erfolgt eine Verallgemeinerung der Erfahrungen. Auf der anderen Seite kann das semantische Gedächtnis auf die Struktur des episodischen Gedächtnisses zurückwirken. Im merkmalsorientierten Ansatz bleiben aber gerade diese episodischen Qualitätsinformationen weitgehend unberücksichtigt. Tabelle 3.4-4 stellt die episodische und die semantische Informationsverarbeitung gegenüber (Hentschel 1992, S. 160).

	Episodische Informationsverarbeitung	Semantische Informationsverarbeitung
Informationstyp	Kontextgebundene Ereigniswahrnehmungen („Erinnerungen")	Kontextungebundene Begriffe und Vorstellungen („Wissen")
Informationsspeicherung	Aufnahme in autobiographisches Koordinatensystem mit räumlichen und zeitlichen Bezügen	Einordnung im System organisierter Bedeutungen, zum Teil nach vorheriger Bearbeitung
Informationsabruf	Nur zu früherem Zeitpunkt „eingegebene" Informationen können abgerufen werden, Abruf kann zu Modifikationen führen	Durch Übertragung, Generalisierung oder Regelanwendung können neue Informationen gewonnen werden, Abruf lässt die Informationen unberührt
Informationsverlust	Intensive Vergessensprozesse, häufig Transformation in semantische Informationen	Weniger intensive Vergessensprozesse, da stärkere Einbettung in kognitive Strukturen
Beispiele	Als ich letzte Woche bei Bank X ein Konto eröffnen wollte, wurde ich sehr abweisend behandelt, so dass ich es mir anders überlegte.	Bank Y hat ein schlechtes Image, aber man zahlt dort geringe Kontoführungsgebühren und kann vor der Geschäftsstelle parken.

Tab. 3.4-4:   Gegenüberstellung episodischer und semantischer Informationsverarbeitung

Zum ereignisorientierten Ansatz werden i. d. R.

- die Beschwerdeanalyse,
- die Critical Incident Technique und
- die sequentielle Ereignismethode

gezählt (vgl. Benkenstein 1993, S. 1102 ff.).

Bei der **Beschwerdeanalyse** gibt der Nachfrager von sich aus ein negatives Feedback, ohne hierzu explizit aufgefordert zu sein. Erkenntnisse aus diesen Informationen sind deshalb für einen Anbieter von Bedeutung, weil beim Nachfrager Unzufriedenheit mit einer erbrachten Leistung besteht und hierauf wie folgt reagiert werden kann (vgl. Stauss 1989, S. 43):

- steigende Bereitschaft zur Abwanderung zu vergleichbaren Angeboten;
- Marktaustritt;
- negative Mund-zu-Mund-Propaganda im persönlichen Umfeld;
- Einschaltung von Drittinstituten zur Unterstützung oder Veröffentlichung der Beschwerdeführung (z. B. gerichtliche Schritte, Konsumentenschutz, Medien);
- Mitteilung der Unzufriedenheit an den Anbieter, in Erwartung einer geeigneten Reaktion;
- Inaktivität trotz Unzufriedenheit.

Die Beschwerdeanalyse ist damit grundsätzlich geeignet, aktuelle Probleme, die die Kunden bewegen, zu erfassen und ihnen auf den Grund zu gehen. Die Ergebnisse sind qualitative Informationen über durch den Kunden subjektiv wahrgenommene Unzulänglichkeiten bei der Inanspruchnahme von Dienstleistungen. In der Praxis zeigt sich jedoch, dass die Beschwerdeinformationen nur einen geringen Anteil der auftretenden Probleme ausmachen (etwa 2 % - 4 %) und damit auf keinen Fall repräsentativ sind. Die Unternehmung kann aber versuchen, etwa durch die Zurverfügungstellung gebührenfreier Telefonleitungen, die Kunden anzuhalten, Beschwerden und Lob vorzubringen.

Einen Ansatz, der gezielt auf die Erhebung kritischer Ereignisse ausgerichtet ist, stellt die von Flanagan (1954) entwickelte und von Bitner/Nyquist/Booms (1985) und Bitner/Booms/Tetreault (1989) aufgegriffene **Critical Incident Technique** (Methode der kritischen Ereignisse) dar, die in der Zwischenzeit vielfältige Modifikationen erfahren hat. Ziel ist es, kritische Ereignisse im Rahmen einer mündlichen Befragung, z. B. auf der Grundlage standardisierter, direkter offener Fragen, zu ermitteln. Die kritischen Ereignisse finden dabei ihren Niederschlag in Geschichten. Hier-

zu werden die Probanden aufgefordert, sich an Kontaktsituationen mit dem Dienstleistungsanbieter zu erinnern, die für sie mit besonders positiven oder negativen Er-
innerungen verbunden sind. Dabei gelangt die folgende **Frageweise** zum Einsatz
(vgl. z. B. Bezold 1996, S. 132):

- Denken Sie an ein besonders negatives oder positives Erlebnis bei einem ihrer ge-
  schäftlichen Kontakte mit dem Dienstleistungsanbieter X!

- Beschreiben Sie diesen Vorfall genau! Geben Sie dabei sämtliche Einzelheiten an,
  damit ich mir ein klares Bild von der Situation machen kann! (Sollte der Proband
  dabei Schwierigkeiten zeigen, können folgende Hilfsfragen gestellt werden: Wer
  tat was? Was war Ihrer Meinung nach nicht in Ordnung? Wie haben Sie auf den
  Vorfall reagiert?).

In die sich anschließende Analyse werden nicht sämtliche geschilderten Ereignisse
aufgenommen, sondern nur diejenigen, die die folgenden Kriterien erfüllen (vgl. Bitner 1990, S. 73; Bitner/Booms/Tetreault 1989, S. 98 f.):

- Das Ereignis muss sich unmittelbar auf eine Anbieter-Nachfrager-Interaktion beziehen.

- Das Ereignis muss aus der Sicht des Befragten zu starker Zufriedenheit oder Unzufriedenheit geführt haben.

- Bei dem Ereignis muss es sich um eine diskrete Episode handeln.

- Der Bericht des Konsumenten muss ausreichend detailliert sein, damit er vom Interviewer verstanden werden kann.

Eine Modifikation der Critical Incident Technique ist die **sequentielle Ereignismethode**, die die Idee des „Story telling" mit dem Blueprint verbindet. Das Blueprinting
(vgl. Abschnitt 6.2.2) oder auch Netzpläne, mit dessen/deren Hilfe eine systematische Erfassung und Analyse des Dienstleistungserstellungsprozesses möglich ist und
dieser dann in einem grafischen Ablaufplan erfasst wird, dient dabei als Gedächtnis-
stütze, indem der Kunde schrittweise durch den Erstellungsprozess geführt und um
die Schilderung von Ereignissen gebeten wird. Die Visualisierung aller Interaktionen
an den relevanten Kontaktpunkten gibt dem Kunden somit die Möglichkeit, die Erstellung der Dienstleistung noch einmal vor seinem „geistigen Auge" Revue passieren zu lassen. Die Einzeichnung einer „Line of visibility" trennt die Bereiche des Erstellungsprozesses, die für den Nachfrager sichtbar sind (Front office) von denen ab,
die er nicht sieht (Back office).

Die Idee der sequentiellen Ereignismethode, die in der Bundesrepublik Deutschland
in einer Studie von Hentschel (1992) aufgegriffen wird und die in einer weiteren Un-

tersuchung von Bezold (1996) auf ihre Effizienz untersucht wurde, ist nicht neu, sondern wurde bereits von mehreren Autoren eingesetzt:

- In einer Studie von Bitner/Nyquist/Booms (1985) werden Interviews mit dem Front-office-Personal von Hotels, Restaurants und Fluglinien durchgeführt. In einer Folgeuntersuchung (vgl. Bitner 1990 und Bitner/Booms/Tetreault 1989) wird die Mitarbeiterebene verlassen und die Dienstleistungskunden von Hotels, Restaurants und Fluglinien werden befragt.

- Edvardson (1988) untersucht investive Dienstleistungen am Beispiel des technischen Kundendienstes von Maschinenbauunternehmungen aus der Perspektive der Mitarbeiter.

Eine Weiterentwicklung hin zu einem ereignisorientierten theoretischen Ansatz legt Hentschel (1992, S. 182 ff.) vor, in dem er

- einerseits programmatische Basisannahmen formuliert und
- andererseits Hypothesen zu Ereignisarten, -inhalten und -reaktionen ableitet.

Bei den **programmatischen Basisannahmen** handelt es sich um Leitsätze, die das nicht unmittelbar überprüfbare Fundament des Ansatzes, gleichsam Axiome, bilden.

Auf der Grundlage theoretischer Ausführungen und weiterer plausibler Überlegungen stellt Hentschel (1992, S. 187 ff.) dann 20 Hypothesen auf, die er zu den drei folgenden Gruppen zusammenfasst und empirisch überprüft:

- Hypothesen zu Arten kritischer Ereignisse,
- Hypothesen zu Inhalten kritischer Ereignisse,
- Hypothesen zu Reaktionen auf kritische Ereignisse.

Mit diesen programmatischen Basisannahmen und Hypothesen stellt Hentschel das Grundgerüst für einen ereignisorientierten theoretischen Ansatz auf, das er dann in einer empirischen Studie bei Nachfragern nach Kfz-Reparaturen testet. Abbildung 3.4-20 gibt dieses Konzept in seiner Struktur wieder.

Bezold (1996, S. 157 ff.) geht in seiner empirischen Untersuchung der Frage nach, ob und unter welchen Voraussetzungen die sequentielle Ereignismethode zur Analyse der Dienstleistungsqualität geeignet ist, wobei er in einer ersten explorativen Studie mit 39 Einzel- und 4 Gruppeninterviews, in denen Besucher des Münchener Olympiaparks und -turms befragt wurden, einen Vergleich dieses Ansatzes mit der Methode der kritischen Ereignisse und einem globalen Qualitätsurteil vornimmt.

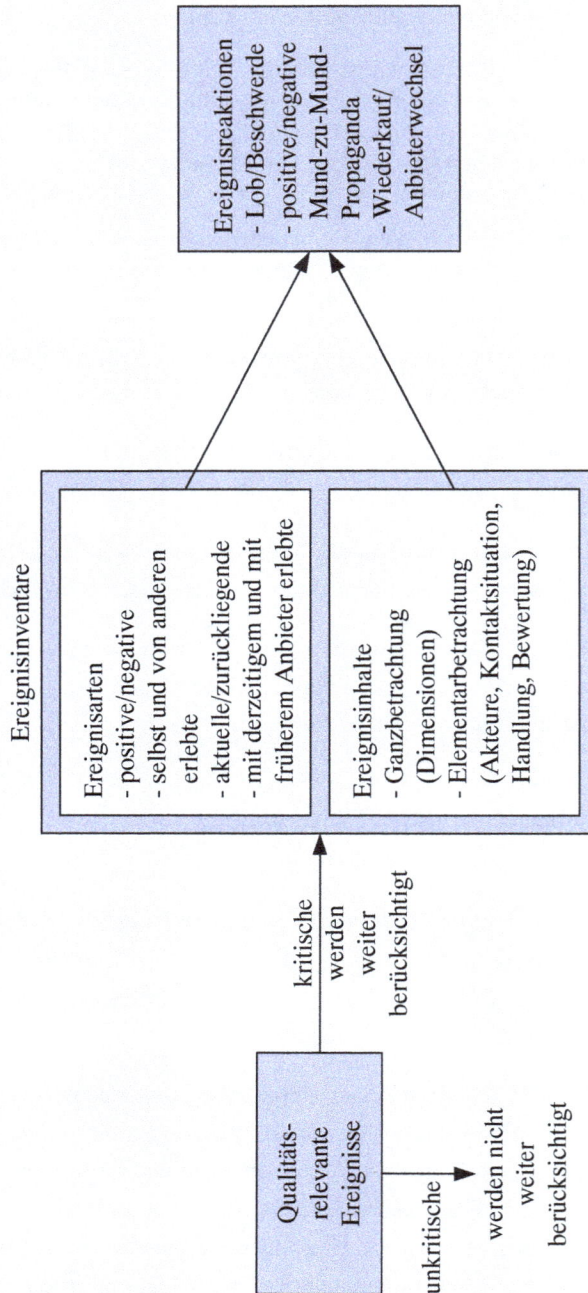

Abb. 3.4-20: Struktur des ereignisorientierten Ansatzes (Quelle: Hentschel 1992, S. 218)

Ein Vergleich zwischen der **Methode der kritischen Ereignisse** und der **sequentiellen Ereignismethode** zeigte das folgende Bild:

- Während mit der Methode der kritischen Ereignisse lediglich fünf kritische qualitätsbezogene Ereignisse erfasst wurden, ergaben sich bei der sequentiellen Ereignismethode 164 kritische Ereignisse (52 positive und 112 negative). Dies zeigt, dass die sequentielle Ereignismethode in detaillierter Form Qualitätsstärken und -schwächen offenlegt. Darüber hinaus wurden die Ereignisse mit einem hohen Konkretisierungsgrad erfasst. Die Verwendung eines Blueprint scheint damit bei den Befragten als „kognitive Stütze" zu wirken. Dieser eklatante Unterschied ist aber auch darauf zurückzuführen, dass mit Hilfe der sequentiellen Ereignismethode qualitätsbezogene Sachverhalte erfasst werden, die unterhalb der Schwelle für eine persönliche Beschwerde liegen.

- Durch den Einsatz von Gruppeninterviews wurde versucht, gruppendynamische Effekte zu nutzen (Tabelle 3.4-5; vgl. Bezold 1996, S. 182).

- Die Ergebnisse zeigen, dass mit den Gruppeninterviews mehr Ereignisse erfasst werden konnten als mit Einzelinterviews, wobei sich für die negativen Ereignisse signifikante Unterschiede zeigen.

	Durchschnittliche Anzahl der Ereignisse pro Interviewtyp			
	Einzel-interviews	Gruppen-interviews	Mittelwert-differenz	Signifikanz (Mann-Withney-Test)
Alle Ereignisse	3,29	7,0	−3,71	p = 0,0033
Positive Ereignisse	1,62	2,33	−0,71	nicht signifikant
Negative Ereignisse	1,67	4,66	−2,99	p = 0,007

Tab. 3.4-5:   Vergleich der erfassten Ereignisse bei Einzel- und Gruppeninterviews

Als **Ergebnis** dieser ersten explorativen Studie lässt sich somit festhalten: Die sequentielle Ereignismethode ist eine verfeinerte Vorgehensweise und führt zu differenzierteren Ergebnissen als die Critical Incident Technique, wobei das Blueprint eine kognitive Stütze für die Befragten darzustellen scheint. Mit ihr wurden vor allem auch solche Ereignisse erfasst, die unterhalb der Schwelle für eine persönliche Beschwerde liegen.

In einer zweiten empirischen Analyse untersucht Bezold (1996, S. 184 ff.) die Dienstleistungsqualität von multifunktionalen Sportanlagen, wobei er den folgenden Fragen nachging:

- Wie groß ist der Unterschied in Bezug auf den Informationsgewinn beim Einsatz der sequentiellen Ereignismethode und der Methode der kritischen Ereignisse? Worauf lässt er sich zurückführen?
- Wird die Anzahl der Nennungen von kritischen Ereignissen durch die Reihenfolge verändert, in der die Methode der kritischen Ereignisse bzw. die sequentielle Ereignismethode zum Einsatz kommen?
- Gibt es einen zusätzlichen Informationsgewinn durch den Einsatz von Gruppeninterviews im Rahmen der sequentiellen Ereignismethode?
- Welche Begrenztheiten bzw. Nachteile weist die sequentielle Ereignismethode auf?

Während mit der Methode der kritischen Ereignisse im Rahmen von 50 Interviews sieben kritische Ereignisse genannt wurden, konnten mit der sequentiellen Ereignismethode 480 qualitätsbezogene Ereignisse identifiziert werden. Dieser Unterschied findet seine Begründung in den folgenden Aspekten:

- Durch das Blueprint wird die Erinnerungs- und Verarbeitungsleistung der Probanden gestärkt (gestützte Erinnerungswerte).
- Während mit der Methode der kritischen Ereignisse nur die besonders positiven und negativen Erlebnisse erfasst werden, zielt die sequentielle Ereignismethode auf die Vielzahl der „normalen" qualitätsrelevanten Ereignisse ab.

Um die Frage zu beantworten, ob die **Reihenfolge des Einsatzes der Methoden** einen Einfluss auf die Zahl der Nennungen hat, wurde bei den ersten 25 Interviews mit der sequentiellen Ereignismethode und bei den restlichen 25 Interviews mit der Methode der kritischen Ereignisse begonnen. Die Ergebnisse stützten die Vermutung, dass die Reihenfolge des Einsatzes der Methoden keinen relevanten Einfluss auf die Anzahl der erfassten Ereignisse hat. Bei einem Vergleich der Ergebnisse beim Einsatz von Einzel- und Gruppeninterviews (36 Einzel- und 14 Gruppeninterviews) zeigte sich erneut, dass Gruppeninterviews tendenziell zu einer leicht höheren Nennung von Ereignissen führen, wobei Gruppeninterviews insbesondere die Nennung negativer Ereignisse zu stimulieren scheinen.

Sowohl die sequentielle Ereignismethode als auch die Critical Incident Technique stellen aufwendige Verfahren der Datenerhebung dar und stellen hohe Ansprüche an die Interviewer. Sie sind Problementdeckungsverfahren, d. h., die so erfassten Probleme sind Indikatoren für Unzulänglichkeiten von Leistungen, die zu Unzufriedenheit beim Nachfrager führen (vgl. Scharitzer 1994, S. 142). Insofern ist Benkenstein (1993, S. 1104) zuzustimmen, wenn er betont, dass mit diesen Methoden **keine Qualitätsmessung erfolgt**, sondern Einflussfaktoren der Qualitätswahrnehmung identifiziert werden. Darüber hinaus ist eine Aggregation der gewonnenen Qualitätsvor- und -nachteile zur Qualität der jeweiligen Dienstleistung nicht möglich.

Der Einsatz des Blueprint als kognitive Stütze für den Befragten geht mit der Gefahr einher, dass die Kunden übertriebene Kritik und überzogene Ansprüche formulieren, d. h., es kann auch bei diesen Ansätzen zu dem Phänomen der **Anspruchsinflation** kommen. Bezold (1996, S. 222) schätzt diese Gefahr auf der Grundlage seiner durchgeführten Untersuchungen jedoch als tendenziell gering ein.

Es sei jedoch hervorgehoben, dass sich der merkmals- und der ereignisorientierte Ansatz nicht gegenseitig ausschließen, sondern vielmehr eine sich ergänzende Beziehung aufweisen: „Vielmehr wird das merkmalsorientierte Qualitätswissen aus den erlebten Vorfällen gebildet, von denen die meisten im Laufe der Zeit ihre Bedeutung als einzelne Episoden verlieren und in den strukturierten Gesamteindruck diffundieren." (Hentschel 1992, S. 183). Es ist damit für eine **simultane Verwendung** dieser beiden Ansätze zu plädieren.

Während die Qualität aus Kundensicht eine Kaufdeterminante darstellt, ist sie aus Unternehmungssicht als eine **Managementaufgabe** zu begreifen. Der Unternehmung obliegt damit die Aufgabe, die Bedürfnisse der Kunden in marktfähige Leistungsspezifikationen umzusetzen und deren Einhaltung und Weiterentwicklung im Dienstleistungserstellungsprozess sicherzustellen (vgl. Bezold 1996, S. 44). Dies ist Aufgabe eines Qualitätsmanagementsystems.

3.4.5 Ansatzpunkte für ein Qualitätsmanagementsystem

Ein besonders in der Praxis vieldiskutiertes Qualitätsmanagementkonzept ist das Total Quality Management (TQM), eine unternehmungsweite Führungskonzeption, in deren Mittelpunkt die Qualitätsphilosophie steht (vgl. Zink 1989, S. 22 ff.). Kerngedanke dieses Konzeptes ist es, sämtliche Unternehmungsbereiche in die Überlegungen einzubeziehen und eine Motivation aller Beteiligten durch ein vorbildliches Verhalten der Führungskräfte zu erzielen, d. h., **Qualität** wird als eine **umfassende Managementaufgabe** verstanden, mit dem Ziel, auf allen Unternehmungsebenen ein entsprechendes Qualitätsbewusstsein zu schaffen. Etwas präziser lässt sich dieser Ansatz durch die drei Wortteile von TQM erfassen:

- **Total**: Dies bedeutet, dass alle Unternehmungsbereiche und Mitarbeiter einbezogen werden, präventive Maßnahmen das gleiche Gewicht aufweisen wie kurative und ein Überschreiten der Unternehmungsgrenzen erfolgt (z. B. Einbeziehung der Lieferanten und Kunden).

- **Quality**: Eine konsequente Orientierung aller Aktivitäten an den Qualitätsanforderungen der Kunden.

- **Management**: Es sollen Verknüpfungen auch mit anderen Managementkonzepten realisiert werden, z. B. mit dem Management by Objectives; es soll eine Neustrukturierung der Organisation auf der Grundlage von Partizipation und Delegation erfolgen. Qualität ist ein Fundament der Unternehmungskultur. Die übergeordnete Verantwortung obliegt dabei der obersten Führungsebene.

TQM kann dann als ein integratives Konzept verstanden werden, das ein System von Prinzipien und praktischen Instrumenten vereint (vgl. Oess 1991, S. 89; Zink 1989, S. 9).

Analog zu den allgemeinen Phasenschemata des Managements lässt sich auch das Qualitätsmanagement für Dienstleistungsunternehmungen in die Phasen Planung, Realisation und Kontrolle aufgliedern (vgl. Hentschel 1992, S. 305 ff.), so dass sich der in Abbildung 3.4-21 dargestellte Zusammenhang ergibt.

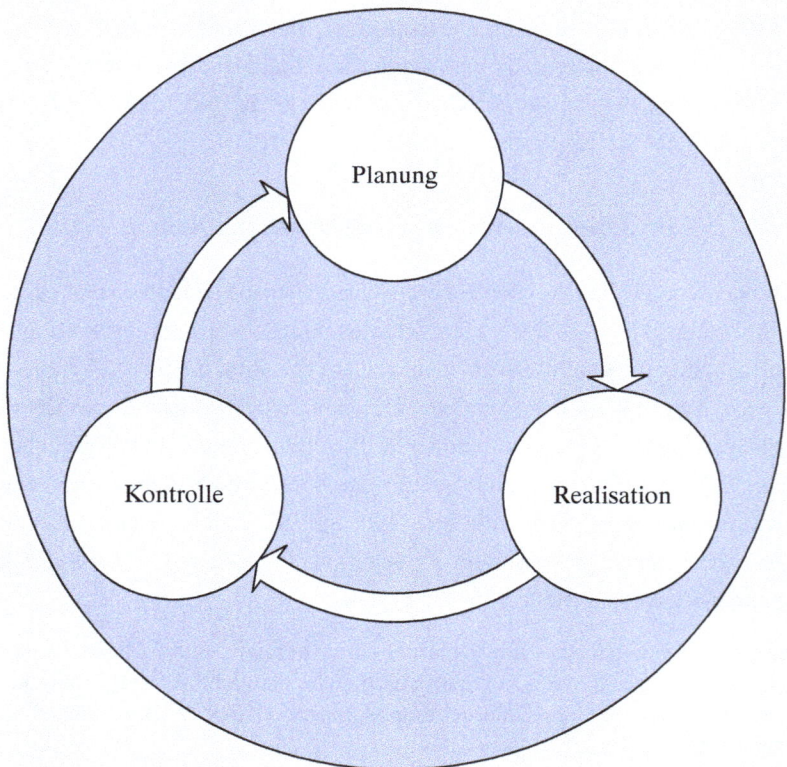

Abb. 3.4-21: Phasen des Qualitätsmanagements

Im Rahmen der **Qualitätsplanung** ist

- einerseits an der Beschaffenheit (Ausprägung der relevanten Merkmale einer Dienstleistung) und
- anderseits an den Ereignissen anzusetzen.

Als Grundlage für die Ereignisse kann z. B. ein differenziertes Blueprint herangezogen werden. Dabei ist jedoch hervorzuheben, dass eine Planung dieser Ereignisse nur in Grenzen möglich ist, wobei die sich hierbei ergebenden Schwierigkeiten abhängig sind von

- dem Anteil personenbezogener Leistungen des Anbieters,
- dem Integrationsgrad des Nachfragers und
- der Interaktionsintensität zwischen Anbieter und Nachfrager.

Als Ansatzpunkte sind dann zu nennen:

- **Antizipation außergewöhnlicher Kundenprobleme.** Auch wenn sich diese sicherlich nicht vollständig ex ante bestimmen lassen, so ist es doch möglich, auf der Grundlage von Erfahrungen Klassen zu bilden, die zumindest eine „Einstimmung" des Personals ermöglichen (ein heuristischer Rahmen hierfür ist das Start-Weg-Ziel-Modell; vgl. Corsten 1992, S. 239).

- Die **Aktivitäten**, die der **Nachfrager** im Rahmen der Dienstleistungserstellung erbringt, sind sorgfältig zu analysieren und zu gestalten. Dabei kann es durchaus zweckmäßig sein, eine **Segmentierung** der externen Faktoren vorzunehmen, ein Sachverhalt, der auch als „Beschaffungsproblem des externen Faktors" thematisiert wird. Maßgeblich für eine derartige Segmentierung sind vor allem die Fähigkeit und die Bereitschaft des Nachfragers, einzelne Aktivitäten oder ganze Sequenzen zu übernehmen.

- **Inszenierung angenehmer Überraschungen**, ein Ansatzpunkt, der im Rahmen der Einteilung in Minimumanforderungen und Werterhöhungskomponenten thematisiert wurde. Ein Beispiel hierfür wäre etwa, dass dem Nachfrager bei Auftreten einer Wartezeit Kaffee angeboten wird. Beim Einsatz derartiger „Überraschungen" ist jedoch die Gefahr zu beachten, dass diese äußerst schnell vom Nachfrager als Selbstverständlichkeit erachtet und so dem Bereich der Minimumanforderungen zugeordnet werden.

Im Rahmen der **Realisationsphase** ist zunächst darauf zu achten, dass generell anzustreben ist, negative Ereignisse, die beim Nachfrager Unzufriedenheit auslösen, zu vermeiden, d. h., Fehlleistungen sind zu reduzieren. Treten trotzdem negative Ereignisse ein, dann ist eine Strategie der Schadensbegrenzung notwendig. Dabei ist vor allem darauf zu achten, dass die Mitarbeiter keine langen Diskussionen über Schuldzuweisungen mit dem Nachfrager führen, und schon gar nicht in Anwesenheit anderer Nachfrager, sondern auf die vorgebrachten Mängel verständnisvoll reagieren und

falls möglich „in eher großzügiger Weise" den Schaden behandeln. Um dies zu erreichen, erscheinen ein Personaltraining und ein entsprechendes Personalentwicklungs-
programm erforderlich. Neben der Ereignisrückmeldung an einzelne Mitarbeiter und
dem Training von „fiktiven" Ereignissen erscheint eine Ereignisdiskussion in Quali-
tätsgruppen zweckmäßig, etwa in der Form von Qualitätszirkeln. Hierunter sind **or-
ganisierte Kleingruppen** mit gemeinsamer Erfahrungsgrundlage zu verstehen, deren
Mitglieder der gleichen Hierarchieebene angehören und die sich auf freiwilliger Basis regelmäßig zur gemeinsamen Diskussion arbeitsbezogener Probleme treffen, um
Lösungsvorschläge zu erarbeiten, an deren Realisation sie dann mitwirken (vgl.
Zink/Schick 1984, S. 53 ff.). Darüber hinaus seien noch die Ansätze Null-Fehler-
Programme, betriebliches Vorschlagswesen, Werkstattzirkel, Lernstatt und Quality-
Circle-Briefe erwähnt.

Im Rahmen der **Personalentwicklung** geht es um die Erhöhung der **Handlungskompetenz** der Mitarbeiter, wobei nach Becker (1995, S. 396) die folgenden Typen
zu unterscheiden sind:

- **Sachkompetenz**: alle fachspezifischen Kenntnisse, die für die jeweilige Stelle erforderlich sind.

- **Methodenkompetenz**: Fähigkeit des Mitarbeiters, nicht nur sämtliche Problemlö-
  sungsmethoden anzuwenden, sondern auch die Zweckmäßigkeit deren Einsatzes
  situativ zu beurteilen.

- **Sozialkompetenz**: hierzu zählen Teamfähigkeit und Kundenorientierung.

- **Psychologische Kompetenz**: vor allem Aspekte wie Einsatzwillen, Motivation
  und Einstellungen.

Schulze (1995, S. 333 f.) konkretisiert die **soziale und psychologische Kompetenz**
im Rahmen stark interaktionsabhängiger Dienstleistungen für das **Kontaktpersonal**
der Unternehmung:

- Erkennen von unterschiedlichen Transaktionsabläufen in Interaktionsepisoden
  während der Dienstleistungserstellung.

- Aktive Gestaltung der Interaktionsepisoden auf der Basis der Erkenntnisse der
  Transaktionsanalyse.

- Bewältigung schwieriger und für die Dienstleistungsqualität negativ wirkender Interaktionsprozesse mit dem Nachfrager.

- Erkennen der eigenen Grundeinstellung und der bevorzugten Rollen der an der
  Erbringung beteiligten Personen.

- Erkennen von psychologischen Spielen und Erlernen von Möglichkeiten, diese zu
  unterbrechen.

In Abhängigkeit von der **Qualifizierungsrichtung** lassen sich nach Becker (1995, S. 396) folgende Ausprägungen unterscheiden:

- **Erweiterungsqualifizierung**: die Handlungskompetenz des Mitarbeiters wird vergrößert, ohne dass dieser seine Stelle wechselt.

- **Anpassungsqualifizierung**: die Qualifikation des Mitarbeiters wird an interne und/oder externe Entwicklungen angepasst.

- **Aufstiegsqualifikation**: Vorbereitung des Mitarbeiters auf eine andere Position.

Dass eine so verstandene qualitätsorientierte Personalentwicklung eine permanente Aufgabe ist, erscheint selbstverständlich.

Charakteristisch für die **Kontrolle** ist die Gegenüberstellung von Vergleichs- und Kontrollgrößen in der Form von Soll-Ist-Vergleichen und deren Auswertung für das künftige Unternehmungsgeschehen. Kontrolle ist damit ein **Informationsgewinnungsprozess**, der nicht auf die Durchführung eines Vergleiches zwischen geplantem und realisiertem Handeln beschränkt ist, sondern die Kontrollaktivitäten sind letztlich die Basis, um

- Fehler in der Planung und/oder
- Fehler in der Realisation

zu erkennen und um adäquate Maßnahmen ergreifen zu können. Ziel der Kontrolle ist es damit, einen unternehmungszielkonformen Aufgabenvollzug sicherzustellen.

Aus instrumenteller Sicht sind in dieser Phase die bereits beschriebenen merkmals- und ereignisorientierten Ansätze einzusetzen, wobei die Beschwerdeforschung ständig eingesetzt werden kann, während die anderen Methoden, wie Critical Incident Technique, sequentielle Ereignismethode etc., bedingt durch den erforderlichen hohen Aufwand in größeren Abständen zum Einsatz gelangen. In diesem Zusammenhang schlägt Hentschel (1992, S. 315 f.) den Aufbau eines **Ereignisinformationssystems** vor, ein Vorschlag, der insbesondere für die Rückkopplung in die Planungsphase von Interesse wird.

Aufgrund der Einbeziehung der Kunden in das Qualitätsgeschehen durch das TQM, auch wenn dies in diesem Kontext mit einer anderen Intention geschieht, erscheint der TQM-Gedanke auch für Dienstleistungsunternehmungen relevant, da im Rahmen der Dienstleistungserstellungsprozesse der Nachfrager als externer Faktor integriert und somit qualitätsrelevant wird.

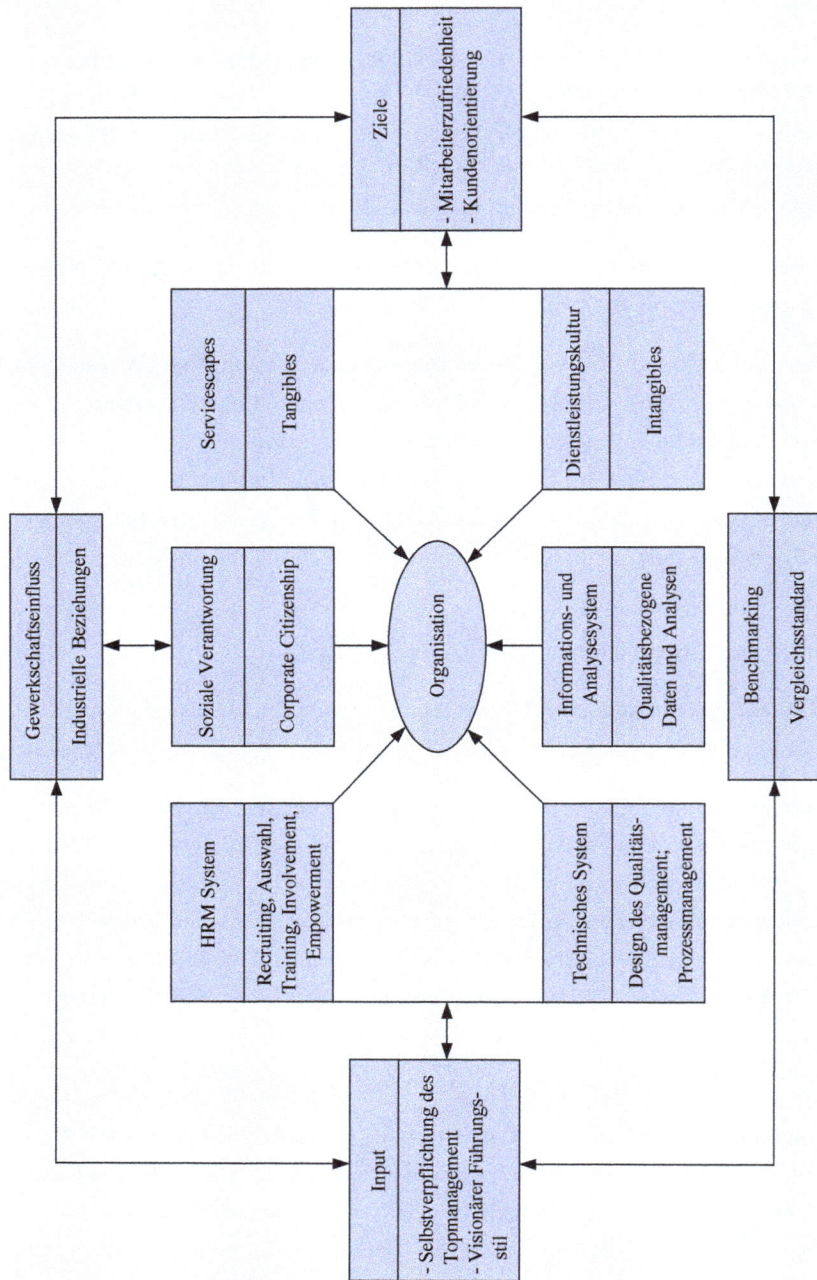

Abb. 3.4-22: Integratives Rahmenkonzept für das TQS (Sureshchandar/Rajendran/
Anantharaman 2001a, S. 356)

Ein Konzept, das auf die TQM-Philosophie zurückgreift, dieses aber auf die Dienstleistungen anpasst, stellt das Total Quality Service (TQS)-Modell dar (vgl. Atul/McDaniel/Herath 2005, S. 390 ff.; Sureshchandar/Rajendran/Anantharaman 2001b, S. 381 ff.). Während sich Atul/McDaniel/Herath (2005, S. 394 ff.) auf die Konstrukte „Leadership Involvement", „Organizational Culture" und „Employee Commitment" konzentrieren, führen Sureshchander/Rajendran/Anantharaman (2001a, S. 351 ff. und 2001 b, S. 381 ff.) auf der Grundlage einer Literaturanalyse zwölf kritische Dimensionen an, die für das TQS konstitutiv seien:

- Selbstverpflichtung des Topmanagements und visionärer Führungsstil,

- Human Ressources Management,

- technisches System (einschließlich Prozessmanagement)

- Informations- und Anlagesystem,

- Benchmarking,

- kontinuierliche Verbesserung,

- Kundenorientierung,

- Mitarbeiterzufriedenheit,

- Gewerkschaftseinfluss,

- soziale Verantwortung,

- Ort des Zusammentreffens von Anbieter und Nachfrager/Servicescapes und

- Dienstleistungskultur.

Die Autoren weisen darauf hin, dass die sogenannten weichen Faktoren eine dominante Rolle spielten. Abbildung 3.4-22 gibt dann ein integratives Rahmenkonzept für TQS wieder.

4 Leistungsgestaltung

4.1 Konzeptionelle Grundlagen

Aus produktionswirtschaftlicher Sicht wird der Output, d. h., das zu erstellende Produkt, als die final angestrebte Ausbringungsgröße der Produktion definiert (vgl. Chmielewicz 1967, S. 14). Wird neben dieser produktionswirtschaftlichen Sichtweise auch die absatzwirtschaftliche Sichtweise in die Outputdefinition aufgenommen, dann kann das Produkt als Ausbringungsgut bezeichnet werden, das zur Bedürfnisbefriedigung Dritter geeignet erscheint.

Das grundsätzliche Problem bei der Quantifizierung des Dienstleistungsoutputs ist darin zu sehen, dass die im industriellen Bereich eingesetzten Verfahren, wie Messen, Wiegen und Zählen, nur für wenige Dienstleistungen geeignet sind. So wird der Output einer Verkehrsunternehmung üblicherweise in Personen- oder Tonnenkilometern gemessen. Die Schwierigkeit zeigt sich umso deutlicher, je stärker der Charakter einer bilateralen personenbezogenen Dienstleistung ausgeprägt ist. Soll der Output eines Mediziners, Rechtsanwaltes oder Ausbilders gemessen werden, erscheint es als trivial, die Anzahl der Kontakte im Zuge der Leistungserstellung zu ermitteln. Schwierig ist es hingegen, eine Aussage darüber zu tätigen, wie viel Gesundheit oder wie viel Rat durch den Leistungsanbieter tatsächlich erbracht wird.

Bei der Outputquantifizierung muss in Abhängigkeit von der Beschaffenheit der Dienstleistung gegebenenfalls mehreren Besonderheiten Rechnung getragen werden:

- Gebundenheit an ein Trägermedium,
- Zeitraumbezogenheit der Bedürfnisbefriedigung,
- Bündelcharakter der Leistung und
- hoher Anteil an Erfahrungs- und Vertrauenseigenschaften.

Die Gebundenheit der Dienstleistung an ein Trägermedium, den externen Faktor, erlaubt es, den Output eines Leistungserstellungsprozesses als Differenz der Zustände des externen Faktors vor und nach der Leistungserstellung zu ermitteln. Hierzu sind die Zustände mit Hilfe relevanter Eigenschaften und ihrer Ausprägungen zu beschreiben und der Output als Gesamtheit der Eigenschaftsänderungen zu erfassen. So stellt die Verbesserung oder die Verhinderung einer Verschlechterung des Gesundheitszustandes der Patienten den Output medizinischer Leistungen dar. Hierzu sind die Zustände des Patienten vor und nach der Behandlung mit Hilfe geeigneter Indikatoren zu beschreiben.

Besonderheiten der Anwendung dieser Vorgehensweise ergeben sich dann, wenn die Eigenschaftsänderungen zur **Kodierung von Informationen** auf dem externen Faktor verwendet werden, deren Weitergabe an den Kunden die eigentliche Dienstleistung darstellt (z. B. Datenbankrecherchen, Video on Demand, individualisierte Empfehlungen zur Geldanlage, ausgefüllte Steuererklärungen, personalisierte Zusammenstellung von Meldungen elektronischer Tageszeitungen, Virtual Training und Virtual Coaching). Der externe Faktor stellt dabei ein Trägermedium dar, z. B. in Form von Papier, elektronischen Datenträgern sowie Informations- und Kommunikationsgeräten wie Smartphones, eBook-Reader und Personalcomputer, auf das aus dem Informationsbestand des Dienstleisters ein für den Kunden relevanter Teil der Informationen kopiert wird. In diesem Zusammenhang wird auch von **Veredelung** in der Form der Multiplikation gesprochen (vgl. Meyer 1983, S. 119 ff.). Hierunter ist die Vervielfältigung des Originals oder kundenindividuell relevanter Teile des Originals zu verstehen. Damit wird es möglich, eine Dienstleistung in beliebig vielen Reproduktionsprozessen an einen oder mehrere externe Faktoren abzugeben. So weisen Müller/ Nickel (1984, S. 730) darauf hin, dass das Trägermedium, das immer materieller Natur ist, eine konstitutive Komponente der Informationsdienstleistung darstellt. Die Änderung von Eigenschaften der Substanz des Trägermediums ist jedoch nicht als Output zu bezeichnen, sondern der damit beim Kunden generierte Informationszuwachs. Dieser kann auf der Grundlage der kopierten Informationsmenge gemessen werden, wenn diese nahezu verlustfrei durch den Kunden dekodiert werden kann und für ihn eine Neuigkeit darstellt.

Neben zeitpunktbezogenen Dienstleistungen, bei denen insbesondere die nach Abschluss der Leistungserstellung feststellbare Zustandsänderung des externen Faktors den Bezugspunkt der Bedürfnisbefriedigung bildet (z. B. zugestelltes Paket), werden auch **zeitraumbezogene Dienstleistungen** nachgefragt (vgl. hierzu auch die Interpretation der Dienstleistungen als Zeitverwendungsangebote; Franz 1969, S. 11; Stauss 1991a, S. 81). Als Beispiel für ein zeitraumbezogenes Produkt kann eine zweistündige Theateraufführung genannt werden. In solchen Fällen erfordert die Outputerfassung neben der Zustandsbeschreibung auch die Beschreibung des Verlaufes der Zustandsänderung und der dabei zum Einsatz gelangenden Potentialfaktoren. Dieser Betrachtungsweise liegt damit zusätzlich ein **tätigkeitsbezogener Leistungsbegriff** zugrunde. So schlägt Seckendorff (1983, S. 139 ff.) vor, den Output im medizinischen Bereich auf der Grundlage der zu erbringenden Einzelleistungen zu messen, indem über Leistungskataloge (z. B. ärztliche Gebührenordnung) einzelne Teile des Behandlungsprozesses erfasst und als eigentliche ärztliche Leistung definiert werden.

Mit dem Begriff „Leistungsbündel" wird eine absatzwirtschaftliche Verflochtenheit von Teilleistungen zum Ausdruck gebracht (vgl. Faßnacht 2003, S. 3 f.; Priemer 2000, S. 73 ff.), die mit synergetischen Effekten für den Nachfrager einhergehen kann. Damit werden nicht nur Phänomene erfasst, bei denen die Bündelung bereits aus deren Bezeichnung ersichtlich ist (z. B. produktbegleitende Dienstleistungen, Value-added Services; vgl. Laakmann 1996, S. 128 ff.), sondern alle Absatzobjekte, die mehr als eine Leistungskomponente umfassen. So werden auch Dienstleistungen als ein **Bündel von Teilleistungen** erbracht. Der Output entsteht dann aus dem Zusammenspiel der Teilleistungsoutputs. Auf der Grundlage einer produktionswirtschaftlichen Terminologie lassen sich die **Beziehungen** zwischen zwei **Teilleistungsoutputs** eines Leistungsbündels auf der Grundlage unterschiedlicher Kriterien charakterisieren (vgl. Gössinger 2005, S. 108):

- **Output-Substitutionalität**: Der Gesamtoutput ist von beiden Teilleistungen abhängig, wobei ein bestimmtes Niveau durch mehrere Kombinationen der Teilleistungsoutputs realisiert werden kann (vgl. z. B. Forschner 1988, S. 26 ff.). Der Output einer Teilleistung kann bei gegenläufiger Variation des Outputs der anderen Teilleistung variiert werden, ohne dass sich der Gesamtoutput verändert. Je nachdem, in welchem Umfang eine Substitution möglich ist, lassen sich mehrere Formen unterscheiden:

  -- Partielle Substitutionalität: Das Fehlen des Outputs einer Teilleistung verhindert den Output des Leistungsbündels (Muss-Komponente bzw. obligatorische Komponente; vgl. z. B. Forschner 1988, S. 141 ff.; Meyer 1985, S. 99 und S. 104).

  -- Totale Substitutionalität: Ein Output des Leistungsbündels ist auch dann möglich, wenn der Output einer Teilleistung fehlt (Kann-Komponente bzw. fakultative Komponente; vgl. z. B. Forschner 1988, S. 141 ff.; Meyer 1985, S. 99 und S. 104).

  -- Alternative Substitutionalität: Das Fehlen des Outputs einer Teilleistung ermöglicht den Output der anderen Teilleistung (Komponentenkannibalisierung).

- **Output-Limitationalität**: Ein bestimmtes Niveau des Gesamtoutputs setzt den Output beider Teilleistungen voraus und kann genau durch eine Kombination der Teilleistungsoutputs realisiert werden (Komponentenkomplementarität; vgl. z. B. Forschner 1988, S. 26 ff.). Ausgehend von dieser Kombination geht die Verringerung eines Teilleistungsoutputs zwangsläufig mit der Reduktion des Gesamtoutputs einher, während die Erhöhung nur eines Teilleistungsoutputs nicht zu einer Erhöhung des Gesamtoutputs führt.

Ist eine Dienstleistung durch einen **hohen Anteil an Erfahrungs- und Vertrauenseigenschaften** gekennzeichnet, dann kann sie nur unvollständig als Bündel geänderter Eigenschaften beschrieben werden. Diese Situation liegt bei komplexen kundenindividuellen Leistungen vor, deren Erstellung innerhalb eines ex ante befristeten Zeitraumes vom Anbieter zum Absatzzeitpunkt versprochen wird, d. h. bei **Kontraktgütern** (vgl. Kaas 1992, S. 884 f.). Für die Leistungserstellung können in diesem Fall nicht alle zukünftigen Eventualitäten antizipiert werden, so dass die Leistung im Vorhinein nur in dem Umfang spezifiziert wird, wie das Ergebnis mit akzeptablem Ausmaß an Unsicherheit vorhersehbar ist. Die Leistungsspezifikation wird somit erst während des Erstellungsprozesses vervollständigt. Folglich wird mit einem unvollständigen expliziten Vertrag (vgl. Gausmann 2008, S. 38), dem sogenannten **neoklassischen Vertrag** (vgl. Macneil 1978, S. 858; Williamson 1979, S. 237 f.) versucht, die zum Absatzzeitpunkt bestehende und sich im Zeitablauf abschwächende Unsicherheit der Leistungserstellung durch das Vorhalten von Flexibilität und wiederholte Interaktion mit dem Kunden zu handhaben.

Eine ähnliche Situation besteht bei **Opaque products** oder **flexiblen Produkten** (vgl. Gallego/Phillips 2004, S. 321 ff.; Petrick et al. 2012, S. 217 ff.), wie sie sich etwa bei Reiseanbietern für Flüge und Hotelübernachtungen etabliert haben. Dabei werden konstituierende Leistungseigenschaften (z. B. Start- und Zielflughafen, geographische Region und Klassifikation des Hotels) zum Zeitpunkt des Absatzes festgelegt. Demgegenüber werden spezialisierende Leistungseigenschaften (konkrete Flugverbindung, konkretes Hotel) in der beiderseitig akzeptierten Leistungsvereinbarung bewusst offengehalten, obwohl sie festgelegt werden könnten (vgl. z. B. Müller-Bungart 2007, S. 92 f.). Das Offenhalten von Leistungseigenschaften generiert dem Anbieter Flexibilität zur Handhabung von qualitativen und quantitativen Nachfrageschwankungen. Das Kapazitätsangebot mehrerer Einheiten (Flüge, Hotels) wird dabei in einem Pool gebündelt, aus dem für konkrete Nachfragersituationen passgenauere und damit deckungsbeitragssteigernde Dienstleistungsangebote konfiguriert werden können, als es bei einer Einzelbetrachtung der Kapazitätseinheiten möglich wäre. Für den Nachfrager sind die unbestimmten Leistungseigenschaften eine Quelle der Unsicherheit, die seinen erwarteten Nutzen in Abhängigkeit von der Risikoeinstellung und von der Bedeutung der Leistungseigenschaft für die Nutzengenerierung beeinflusst. Bei der i. d. R. vorliegenden Risikoscheue tritt eine Nutzenreduktion ein, wohingegen die Risikofreude einzelner Nachfrager mit einer Nutzensteigerung einhergehen kann. Um den im Durchschnitt über alle Nachfrager eintretenden Nutzenentgang zu kompensieren, werden flexible Produkte zu einem niedrigeren Preis angeboten als vollständig spezifizierte Leistungen. Folglich bieten sich für offengehaltene Leistungseigenschaften solche Eigenschaften an, die den erwarteten Nutzen des Nachfragers aus der Leistungsinanspruchnahme (und damit seine Preisbereitschaft) möglichst geringfügig schmälern, dafür aber aufgrund der aufrechterhaltenen

Flexibilität die vom Anbieter erwarteten Deckungsbeiträge aus der Leistungserstellung möglichst stark erhöhen (z. B. Bündelung von Nachfragern unterschiedlicher Start- und Zielflughäfen auf eine nach dem Absatz festgelegte Multi-stop Flugverbindung). Um der Situation Rechnung zu tragen, dass die Bedeutung einzelner Leistungseigenschaften und die Risikoeinstellung bei den Nachfragern unterschiedlich ausgeprägt sind, werden teilweise **Variable opaque products** angeboten. Hierbei kann der Nachfrager bestimmen, welche der spezialisierenden Leistungseigenschaften unbestimmt bleiben und welche zusätzlich festgelegt werden sollen. Mit jeder ausgeschlossenen Option steigt der vom Nachfrager zu entrichtende Preis, so dass bei einem Ausschluss aller Wahlmöglichkeiten kein Preisvorteil gegenüber vollständig spezifizierten Leistungen besteht (vgl. Post/Spann 2012, S. 329 ff.).

In beiden Fällen (Kontraktgut, flexibles Produkt) geht dies mit der Konsequenz einher, dass die Dienstleistung teilweise nicht von anderen ähnlichen Dienstleistungen abgegrenzt werden kann. Outputmengen können sich in dieser Situation nur auf **Dienstleistungsarten** (i. S. v. Klassen) beziehen. Eine Dienstleistungsart umfasst diejenigen Leistungen, die in Bezug auf relevante Eigenschaften definierten Bedingungen genügen. Die Anzahl der einer Art zugehörigen Leistungen bildet dann jeweils die **Outputmenge dieser Art** (vgl. Houtman 1998, S. 167 f.). Die Form der Zugehörigkeit einer Leistung zu einer Dienstleistungsart ist davon abhängig, ob eine Ex-post- oder eine Ex-ante-Betrachtung vorliegt. In der Ex-post-Betrachtung werden unter eine Dienstleistungsart alle Leistungen subsumiert, deren Eigenschaftsprofil in den für diese Art relevanten Eigenschaften innerhalb eines definierten Bereiches liegt. Die Zugehörigkeit ist dann eindeutig, wenn sich die Arten jeweils in mindestens einer relevanten Eigenschaft unterscheiden und durch die Bereichsdefinitionen aller Arten die gesamten Variationsbereiche relevanter Eigenschaften erfasst werden. Liegt wie im Kontext der Dienstleistungsvereinbarung eine Ex-ante-Betrachtung der Leistung vor, dann kann auf der Grundlage der Eigenschaften des erwarteten Problems sowie der quantitativen und qualitativen Kapazität des Dienstleistungsanbieters das zu erwartende Leistungsprofil abgeschätzt und eine zumeist mehrdeutige Zuordnung zu möglichen Dienstleistungsarten (ggf. mit Wahrscheinlichkeitsangabe) vorgenommen werden.

Ein Nachfrager von Problemlösungsleistungen erwartet entweder, dass

- das von ihm nicht lösbare Problem durch den Anbieter gelöst wird oder
- das auch von ihm lösbare Problem durch den Anbieter qualitativ höherwertiger und/oder kostengünstiger gelöst wird.

Wird auf die verallgemeinerte begriffliche Abgrenzung der Dienstleistungen als Problemlösungen zurückgegriffen, dann lässt sich der Output einer Dienstleistung als Beitrag des Anbieters zur Lösung des Nachfragerproblems eigenschaftsorientiert messen. Zur Veranschaulichung dieses Sachverhaltes sei die Analyse auf eine (kardinalskalierte) Eigenschaft z konzentriert und auf ein Diagramm zurückgegriffen, dessen Abszisse (Ordinate) sich auf den Ist-Zustand (Soll-Zustand) bezieht (vgl. Abbildung 4.1-1).

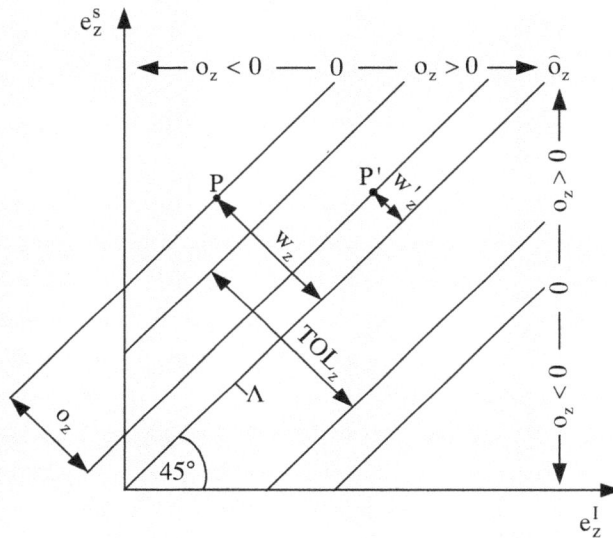

Abb. 4.1-1:   Eigenschaftsorientierter Dienstleistungsoutput

Ein konkretes Problem P lässt sich durch einen Punkt mit den Koordinaten $\left(e_z^I\; e_z^S\right)$ erfassen, der von der Geraden der vollständigen Problemlösungen Λ $\left(\text{mit } e_z^I = e_z^S\right)$ soweit abweicht $\left(\text{Diskrepanz } w_z\right)$, dass er außerhalb des Toleranzbereichs TOL_z des Nachfragers liegt. Der Toleranzbereich gibt an, welches Ausmaß an Abweichung zwischen Ist- und Soll-Zustand für den Nachfrager akzeptabel ist. Durch die Erbringung der Dienstleistung wird das ursprüngliche Problem in ein modifiziertes Problem P′ transformiert, das durch veränderte Ist- und/oder Soll-Zustände charakterisiert ist (vgl. Bellinger 1970, S. 354). Das modifizierte Problem P′ stellt dann eine Problemlösung dar, wenn die Diskrepanz w_z' innerhalb des Toleranzbereichs des Nachfragers liegt. Mögliche Lösungen P′ werden durch Änderungen der Ist- und/oder Soll-Eigenschaften herbeigeführt. Änderungen des Ist-Zustandes zeigen sich bei statischen Eigenschaften in einer Änderung des realen Zustandes des externen Faktors (z. B. Behebung von Defekten an einem PKW) oder bei dynamischen Eigenschaften in einer Änderung der Wirkung realer dienstleistungsexogener Prozesse (z. B. Verzögerung von Alterungsprozessen). Demgegenüber beziehen sich Änderungen des Soll-Zustandes auf zustands- bzw. prozessbezogene Wunschvorstellungen des Nachfragers (z. B. Änderung unrealistischer Vorstellungen über einen anzustrebenden Gesundheitszustand oder über den zeitlichen Verlauf eines Gesundungsprozesses).

Der **eigenschaftsbezogene Output** o_z einer Leistung kann auf dieser Grundlage als die Diskrepanzänderung $\mathrm{DIS}\left(w_z, w'_z\right)$ angegeben werden. Wird darüber hinaus zwischen intendierten und nicht intendierten Eigenschaftsänderungen unterschieden, dann kann der eigenschaftsbezogene Output positive bzw. negative Werte aufweisen. Der **Dienstleistungsoutput** O ergibt sich aus der Gesamtbetrachtung der einzelnen eigenschaftsbezogenen Outputs. Die Operationalität dieser Vorgehensweise ist einerseits von den Möglichkeiten der Messung relevanter Eigenschaften abhängig. Schwierigkeiten können sich vor allem aus der Mehrdimensionalität, den unterschiedlichen Skalenniveaus der Eigenschaften und der Zugänglichkeit der Eigenschaften für Messungen mit physikalischen Größen ergeben (vgl. Dowling 1976, S. 8; Pohlmeier/Ulrich 1992, S. 219 ff.). Anderseits werden Eigenschaftsänderungen subjektiv wahrgenommen, so dass die Outputwahrnehmungen von Anbieter und Nachfrager Unterschiede aufweisen können (vgl. Scharitzer 1993, S. 96). Das Zustandekommen dieser Unterschiede lässt sich ansetzend an den Spezifika des Problemlösungsprozesses erklären.

In dem für Dienstleistungen typischen integrativen Problemlösungsprozess bringen Nachfrager und Anbieter ihre Problemlösungskapazität gemeinsam ein. Der Prozess lässt sich dabei in Anlehnung an Arbinger (1997, S. 31 ff.) grob in drei Phasen unterteilen:

- **Problemrepräsentation**: Durch den Nachfrager wird der problembehaftete externe Faktor verfügbar gemacht sowie das wahrgenommene Problem durch den Ist- und Soll-Zustand mit den als relevant empfundenen Eigenschaften beschrieben. Die Wahrnehmung des Nachfragerproblems durch den Anbieter ergibt sich aus der vernommenen Problembeschreibung und dem vorgefundenen Zustand des externen Faktors.

- **Lösungsgenerierung**: Auf der Grundlage des wahrgenommenen Problems und seines Problemlösungswissens entwickelt der Anbieter eine Soll-Vorstellung über die Problemlösung, entscheidet über die am externen Faktor zu vollziehenden Aktivitäten und führt diese (gegebenenfalls arbeitsteilig gemeinsam mit dem Nachfrager) aus.

- **Lösungspräsentation**: Die Lösung zu dem vom Anbieter wahrgenommenen Problem wird gegenüber dem Nachfrager durch die Beschreibung der erreichten Ist- und Soll-Zustände in den als relevant erachteten Dimensionen und die „Rückgabe" des transformierten externen Faktors artikuliert. Auf diesen beiden Komponenten baut dann die Lösungswahrnehmung durch den Nachfrager auf.

In allen Phasen erfolgen informationstransformierende Aktivitäten, deren Ergebnis von dem Problem- und Lösungswissen beider Akteure, deren Artikulations- und Wahrnehmungsfähigkeiten sowie von den situativen Rahmenbedingungen der Interaktion abhängig ist. Dabei sind mehrere Effekte als wesentlich anzusehen:

- **Filterung**: Von Wirtschaftssubjekten werden nicht alle relevanten Eigenschaften wahrgenommen und artikuliert (vgl. z. B. Albers 2000, S. 360 ff.; Bänsch 2002, S. 71 ff.; Kroeber-Riel/Weinberg 2003, S. 268 ff.; Trommsdorf 2002, S. 246 ff.).

- **Irradiation**: Durch Wirtschaftssubjekte wird von der Ausprägung einer Eigenschaft auf die Ausprägung einer anderen Eigenschaft geschlossen (vgl. z. B. Fließ 2000, S. 301; Rosenstiel/Neumann 1991, S. 83 ff.).

- **Bewertung**: Die Beziehung zwischen Eigenschaftsausprägung und Nutzenstiftung bzw. Kostenverursachung entspringt einer subjektiven Einschätzung (vgl. z. B. Albers 2000, S. 360 ff.).

Dies hat zur Konsequenz, dass sich einerseits artikulierte/wahrgenommene Probleme nicht auf dieselben Eigenschaftsdimensionen und Niveaus der Eigenschaftsausprägungen beziehen müssen. Andererseits beziehen sich die Beobachtungen des Problemlösungsprozesses durch Nachfrager und Anbieter auf unterschiedliche Abschnitte (Nachfrager: Beginn der Problemrepräsentation - Ende der Lösungsrepräsentation, Anbieter: Ende der Problemrepräsentation - Beginn der Lösungsrepräsentation). Es ist deshalb davon auszugehen, dass zwischen den Outputwahrnehmungen der Nachfrager und Anbieter Diskrepanzen bestehen, die tendenziell umso größer sind, je weniger das Problem an physikalisch messbare Eigenschaften gekoppelt ist und je stärker die Beobachtungszeiträume voneinander abweichen (vgl. Gössinger 2005, S. 110 ff.). Für den Dienstleister stellen sich deshalb die Aufgaben, im Rahmen der Interaktion die für den Kunden relevanten Eigenschaften möglichst genau zu erfassen und ihm die aus der Perspektive des Anbieters relevanten Eigenschaften nahezubringen (vgl. Weiber/Jacob 2000, S. 573 f.) und in nachvollziehbarer Form zu dokumentieren (z. B. Service level agreement, Leistungsvereinbarung, Lastenheft und Pflichtenheft).

4.2 Aspekte der Vorkombination

4.2.1 Marktforschung

Für ein zielgerichtetes Marktverhalten der Unternehmung stellt die planmäßige Erforschung des relevanten Marktes mit Hilfe wissenschaftlich fundierter Untersuchungsmethoden eine elementare Grundlage dar. Der Marktforschung obliegt somit die Aufgabe, den Entscheidungsträgern zweckmäßig aufbereitete Informationen zur Verfügung zu stellen (vgl. Meyer/Mattmüller 2008, S. 548). In idealtypischer Form lässt sich die Marktforschung durch den in Abbildung 4.2-1 dargestellten Prozess beschreiben.

Die einzelnen Phasen lassen sich dann wie folgt konkretisieren:

- **Problemformulierung**: Festlegung des Ziels der Marktforschungsstudie (z. B. Identifikation der Marktchancen für ein neues Produkt).

- **Festlegung des Untersuchungsdesigns**: Soll eine deskriptive, explorative oder explikative Studie durchgeführt werden? Die Auswahl hängt entscheidend vom Untersuchungsziel ab.

- **Bestimmung des Durchführenden**: Führt die Unternehmung die Studie selbst durch oder beauftragt sie ein externes Marktforschungsinstitut?

- **Festlegung der Datenerhebungsmethode**: In Abhängigkeit von der Zielsetzung der Studie gelangen unterschiedliche Methoden (und deren Kombination) zum Einsatz; z. B. Gruppen- oder Tiefeninterviews, Telefonbefragungen).

- **Stichprobenauswahl**: Soll eine Voll- oder Teilerhebung durchgeführt werden. Bei einer Teilerhebung ist festzulegen, wie die Auswahl vorgenommen werden soll.

- **Gestaltung des Erhebungsinstrumentes**: Liegt ein Interviewleitfaden oder ein standardisierter Fragebogen zugrunde?

- **Durchführung der Datenerhebung**: Liegen der Studie Primär- oder Sekundärdaten zugrunde (zu den unterschiedlichen Vorgehensweisen vgl. Homburg/Krohmer 2009, S. 253 ff.).

- **Editierung und Kodierung der Daten**: Es sind fehlerhafte und unzulässige Antworten zu identifizieren und gegebenenfalls auszusondern (Editierung) und die Daten sind in Zahlen umzuwandeln, um diese auszuwerten (Kodierung).

- **Datenanalyse und -interpretation**: Welche Analyseverfahren gelangen zum Einsatz (z. B. statistische Analyseverfahren)?

- **Ergebnispräsentation**: Aufbereitung der Ergebnisse für die jeweiligen Funktionsbereiche und/oder Unternehmungsleitung.

```
┌──────────────────────────────┐
│      Problemformulierung      │
└──────────────────────────────┘
               │
               ▼
┌──────────────────────────────┐
│   Festlegung des Unter-       │
│     suchungsdesigns           │
└──────────────────────────────┘
               │
               ▼
┌──────────────────────────────┐
│     Bestimmung des            │
│     Durchführenden            │
└──────────────────────────────┘
               │
               ▼
┌──────────────────────────────┐
│   Festlegung der Daten-       │
│    erhebungsmethoden          │
└──────────────────────────────┘
               │
               ▼
┌──────────────────────────────┐
│     Stichprobenauswahl        │
└──────────────────────────────┘
               │
               ▼
┌──────────────────────────────┐
│   Gestaltung des Erhe-        │
│    bungsinstrumentes          │
└──────────────────────────────┘
               │
               ▼
┌──────────────────────────────┐
│   Durchführung der            │
│    Datenerhebung              │
└──────────────────────────────┘
               │
               ▼
┌──────────────────────────────┐
│   Editierung und Kodie-       │
│    rung der Daten             │
└──────────────────────────────┘
               │
               ▼
┌──────────────────────────────┐
│   Datenanalyse und            │
│     -interpretation           │
└──────────────────────────────┘
               │
               ▼
┌──────────────────────────────┐
│    Präsentation der           │
│      Ergebnisse               │
└──────────────────────────────┘
```

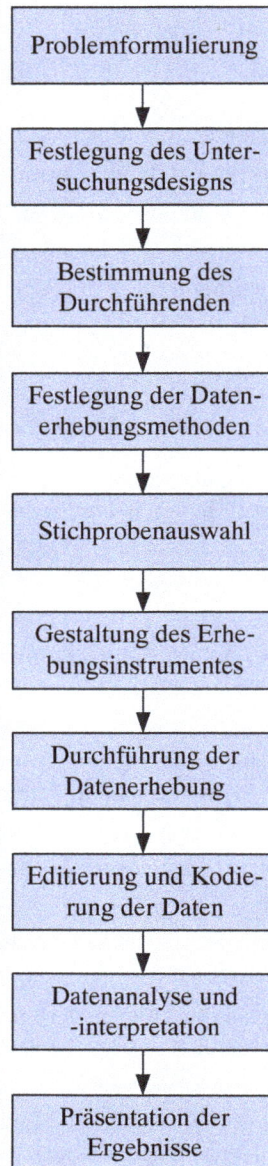

Abb. 4.2-1:   Marktforschungsprozess (Quelle: Homburg/Krohmer 2009, S. 243)

Der Marktforschung obliegen dann die folgenden Funktionen (vgl. Meffert 2000, S. 96):

- **Unsicherheitsreduktionsfunktion**: Sie dient dem Abbau von Unsicherheiten der Entscheidungsträger;

- **Selektions- und Strukturierungsfunktion**: Sie zielt ab auf die Selektion und nutzeradäquate Informationsaufbereitung;

- **Frühwarnfunktion**: Es sollen Risiken frühzeitig erkannt und geschätzt werden;

- **Innovationsfunktion**: Die Chancen für die Unternehmung sollen rechtzeitig wahrgenommen werden.

Letztlich gibt es zwar keine grundlegenden Unterschiede der Marktforschung für Sach- und Dienstleistungen, jedoch lassen sich spezifische Aufgabenstellungen der Marktforschung für Dienstleistungsunternehmungen identifizieren, die es begründet erscheinen lassen, von Besonderheiten im Vergleich zur Marktforschung für Sachgüter zu sprechen.

Bedingt durch die Integration des externen Faktors erlangen **Teile der Dienstleistungsproduktion** eine unmittelbare **Marketingrelevanz**,

- die einerseits die Marktforschung vor neue Aufgaben stellt und

- ihr andererseits neue Möglichkeiten eröffnet.

Während bei der Absatzmarktforschung für Sachgüter die Erforschung des Kaufverhaltens der potentiellen Nachfrager im Zentrum des Interesses steht, erlangt im Rahmen der Absatzmarktforschung für Dienstleistungen, und insbesondere bei personenbezogenen Dienstleistungen, das **Integrationsverhalten** des Nachfragers zusätzliche Bedeutung, wobei die folgenden Aspekte für den Anbieter von Interesse sind (vgl. grundlegend Meyer 1983, S. 93 ff.):

- Wie ist die **grundsätzliche Beteiligungsbereitschaft** der potentiellen Nachfrager einzuschätzen?

- Welches sind die **Ursachen der Beteiligungsbereitschaft** beim Nachfrager?

  -- Suche des sozialen Kontaktes

  -- Schaffensfreude, d. h. Freude an der eigenen Leistung

  -- Wahrnehmung von Preisvorteilen

- Welche **Beteiligungsarten** sind für den potentiellen Nachfrager von Bedeutung?

- Wie ist das **Verhalten** des Nachfragers in der **Endkombination**?

- Ist die aktuell vollzogene **Externalisierung** zielgruppenadäquat oder sind Veränderungen angezeigt?

- Wie ist das **Kommunikationsverhalten** zwischen Kontaktpersonen und Nachfrager zu gestalten?

- Wie sind die **Kontaktobjekte** zu gestalten?

Handelt es sich um objektbezogene Dienstleistungen, dann sind Fragen des

- Bereitstellungs- und

- Wiederannahmeverhaltens

von Bedeutung.

Bedingt durch die partielle Simultaneität von Produktion und Absatz erlangen die Mitarbeiter, die die Dienstleistung vollziehen, unmittelbare Marketingrelevanz, woraus sich die beiden folgenden Problembereiche ergeben:

- Die **Mitarbeiter** müssen sich während des Leistungserstellungsprozesses **marketinggerecht** verhalten, d. h., sie müssen die ihnen übertragenen Interaktionsaufgaben, und insbesondere die Kommunikation, in einer für den Nachfrager adäquaten Form erfüllen. Damit ist die Analyse des Kommunikations- und Interaktionsprozesses ein wesentlicher Ansatzpunkt für die Marktforschung der Dienstleistungsanbieter. Darüber hinaus zählt zu diesem Problemkomplex, dass der Mitarbeiter im Rahmen bestimmter Spielräume flexibel auf die Kundenwünsche einzugehen hat.

- Die **Mitarbeiter** in der Leistungserstellung werden folglich, wie auch die internen Kontaktpersonen, zu **Marktforschern**, d. h., ihnen obliegen die Aufgaben, die Nachfrager während der Leistungserstellungsphase zu beobachten und im Rahmen von Gesprächen ihre Zufriedenheit oder Gründe für eine eventuelle Unzufriedenheit zu erkunden. Ferner bietet sich diesen Mitarbeitern die Möglichkeit, weitere Bedarfe bei den Nachfragern zu ergründen, um hieraus Anhaltspunkte für die Bereitstellung neuer oder modifizierter Dienstleistungen zu erhalten. Der Aspekt der Zufriedenheit/Unzufriedenheit erscheint vor allem deshalb relevant, weil bei Dienstleistungen die Wechselbereitschaft des Nachfragers im Vergleich zu materiellen Konsumgütern deutlich niedriger zu sein scheint (vgl. Zeithaml 1991, S. 44 f.). Diesen Aspekt, d. h. die erhöhte Anbietertreue, führt Zeithaml (1991, S. 44 f.) auf die drei folgenden Gründe zurück: erhöhte Kosten bei Anbieterwechsel, Probleme bei der Ermittlung von Dienstleistungsalternativen und persönliche Vorteile aufgrund längerfristiger Anbietertreue.

Da der Nutzungsgrad der Leistungsbereitschaft in unmittelbarer funktionaler Abhängigkeit des mengenmäßigen Auftretens des externen Faktors steht und sein Auftreten stochastischer Natur ist, erscheint die Erforschung der **zeitlichen Nachfrageverteilung** für die Gestaltung der Leistungsbereitschaft von hoher Bedeutung. Insbesondere ist in diesem Zusammenhang zu analysieren, inwieweit Möglichkeiten zu einer Beeinflussung des zeitlichen Nachfrageanfalls gegeben sind. So wird z. B. in der

Tourismusbranche versucht, mit Hilfe des Revenue-Managements (vgl. Abschnitt 4.3.2) eine gewinnmaximale Kapazitätsauslastung zu realisieren.

Bedingt durch die Integration des externen Faktors ergeben sich darüber hinaus spezifische Fragen der **Standortplanung** (vgl. Corsten 1985c, S. 113 ff.), und damit verbunden die Frage, ob die Dienstleistung beim Anbieter oder Nachfrager erbracht wird. Um zu differenzierenden Aussagen zu gelangen, wird zwischen Leistungsobjekt und der zu erbringenden Leistung unterschieden und beide Komponenten weiterhin danach differenziert, ob diese mobil oder immobil sind (vgl. auch Alewell/ Rittmeier 1977, S. 45). Durch Kombination ergibt sich dann Tabelle 4.2-1.

| | | Zu erbringende Leistung ist | |
		mobil	immobil
Leistungs-objekt ist	mobil	Leistungsort ist variabel (1)	Leistungsort beim Anbieter (2)
	immobil	Leistungsort beim Nachfrager (3)	wahlweise (4)

Tab. 4.2-1:   Determinanten des Leistungsortes

Wird die Leistungserstellung beim Anbieter vorgenommen, dann ist die Erreichbarkeit des Produktionsortes für den potentiellen Nachfrager von Interesse, insbesondere dann, wenn es sich um Dienstleistungen handelt, die eine hohe Bedarfshäufigkeit aufweisen. Im Rahmen von Standortanalysen sind damit Aspekte wie Präferenzen der Nachfrager, Einzugsgebiete, Verkehrsinfrastruktur etc. zu ergründen. Eine Möglichkeit, den Absatzradius auszuweiten, ist in der Filialisierung zu sehen.

Ist hingegen der Leistungserstellungsort beim Nachfrager, stellt sich das Standortproblem dergestalt, dass der Anbieter darauf bedacht sein muss, ein möglichst gutes Netz von Servicestandorten aufzubauen, die ihn in die Lage versetzen, die jeweilige Dienstleistung beim Kunden möglichst schnell zu erbringen.

Darüber hinaus kann die Absatzmarktforschung über ein **Beschwerdemanagement** weitere Informationen sammeln. Stauss (1989, S. 41 ff.) betont in diesem Zusammenhang die folgenden Ursachen, die ein Beschwerdemanagement für ein Dienstleistungsmarketing relevant erscheinen lässt:

- Beim Kunden hat bereits das Wissen um ein funktionierendes Beschwerdemanagementsystem eine kaufrisikoreduzierende Funktion.

- Die Beschwerdepolitik kann für eine Unternehmung imageprägende Bedeutung haben.

- Durch die Beschwerdepolitik kann eine positive persönliche Kommunikation induziert und dadurch eine negative Mund-zu-Mund-Kommunikation reduziert werden. Dies ist deshalb von besonderer Bedeutung, weil bei Dienstleistungen personenbezogene Quellen wie Erfahrungsaustausch und Mund-zu-Mund-Kommunikation intensiv genutzt werden (vgl. z. B. Murray 1991, S. 10 ff.).

- Beschwerden lassen sich als ein Instrument nachfragerbezogener Qualitätskontrolle nutzen.

Hinsichtlich der **Informationserhebungsmethoden** ist, wie auch im Konsumgütermarketing, zwischen Primär- und Sekundärforschung zu unterscheiden.

Bei der **Primärforschung** werden speziell für bestimmte Problemstellungen relevante Informationen erhoben (vgl. Homburg/Krohmer 2009, S. 254 ff.; Meyer/Mattmüller 2008, S. 551 ff.), wobei dies auf der Grundlage von Beobachtung, Befragung und Experiment geschehen kann. Wie bereits im Rahmen des Qualitätsmanagements deutlich wurde, nehmen Befragungen im Dienstleistungsbereich eine dominante Stellung ein. Dies kann mündlich (mit persönlichem Kontakt oder fernmündlich) oder schriftlich (inklusive computergestützt) durchgeführt werden kann.

Demgegenüber wird bei der **Sekundärforschung** auf bereits existentes Informationsmaterial zurückgegriffen und dieses für eine spezifische Fragestellung einer Unternehmung erneut ausgewertet. Im Gegensatz zu Meffert/Bruhn (2006, S. 145) erachten wir die Informationsgewinnung durch das Kontaktpersonal als eine Form der Primärforschung und nicht der Sekundärforschung.

Ein weiterer Aspekt in der Absatzmarktforschung ist die **Marktsegmentierung** (vgl. Freter 2001, S. 281 ff.), worunter eine Aufspaltung eines existenten oder gedachten Marktes in Teilmärkte, die sogenannten Marktsegmente, verstanden wird, in denen Abnehmergruppen zusammengefasst werden, die homogener als der Gesamtmarkt auf den Einsatz bestimmter absatzpolitischer Instrumente reagieren. Auf eine kurze Formel gebracht, bedeutet Segmentierung folglich „nach innen möglichst homogen" und „nach außen möglichst heterogen". Hierdurch bedingt wird es dann möglich, für die einzelnen Marktsegmente ein spezifisches Marketing-Mix zu planen und einzusetzen.

Neben den aus der Absatzmarktforschung für Sachgüter bekannten soziographischen und psychologischen Segmentierungsvariablen zur Identifikation relevanter Zielgruppen sind für den Dienstleistungsbereich zusätzlich die folgenden Kriterien relevant:

- die Faktorkombination hinsichtlich
    -- der Individualität und
    -- der Leistungsbereitschaftsstufe und

- die Integration des externen Faktors (vgl. Botschen/Mühlbacher 1998, S. 684 f.) hinsichtlich
    -- Integrationsart und
    -- Integrationsintensität (-grad).

Weitere Probleme ergeben sich in diesem Zusammenhang bei der Marktabgrenzung, der Marktquantifizierung und im Rahmen der Analyse des Konkurrenzangebotes. Um eine fundierte Analyse der Konkurrenzdienstleistungen durchführen zu können, ist es unter Umständen erforderlich, dass der Anbieter die Dienstleistung bei seinem(n) Konkurrenten selbst in Anspruch nehmen muss, d. h. eine **teilnehmende Selbstbeobachtung** durchführt.

4.2.2 Leistungsprogramm

4.2.2.1 Leistungsspektrum

4.2.2.1.1 Leistungsmodifikation

Leistungsmodifikation, als ein Element der Produktgestaltung, knüpft an bestehenden Leistungen (Produkten) an (vgl. z. B. Brockhoff 1999, S. 27). Sie ist ein Instrument der Absatzförderung, mit dem versucht wird,

- produkt- und/oder
- anbieterbezogene Präferenzen

aufzubauen, und zwar mit dem Ziel der Kundenerhaltung und -gewinnung. Differenzierend lässt sich die Leistungsmodifikation in die

- Leistungsvariation und
- Leistungsdifferenzierung

untergliedern.

Bei einer **Produktvariation** werden eine oder mehrere Eigenschaft(en) eines Produktes verändert (z. B. funktionale Eigenschaften, Design). Sie zielt auf die Substitution eines bestehenden Produktes ab und geht mit einer veränderten Positionierung im Produkteigenschaftsraum einher (vgl. Brockhoff 1988b, S. 18). Ergebnis einer Produktvariation ist ein verändertes Produkt, das aus der Weiterentwicklung eines vorhandenen Produktes entsteht und dieses ersetzt.

Demgegenüber geht es bei der **Produktdifferenzierung** um das Nebeneinander unterschiedlicher Produktarten, d. h., es wird eine Erhöhung der Produktanzahl bewirkt. Konkret bedeutet dies, dass aus einem (Grund-)Produkt verschiedene Ausprägungen geschaffen werden, mit denen das Ziel verfolgt wird, den Nutzenerwartungen unterschiedlicher Zielgruppen besser zu entsprechen (vgl. Wimmer 1995, S. 771). Ursächlich für die Produktdifferenzierung ist folglich die Heterogenität der Bedürfnisse. Bei der Differenzierung kann es

- einerseits zur Erschließung neuer Käuferschichten und danach zu Erlössteigerungen kommen und
- anderseits zu Kannibalisierungseffekten kommen, wodurch die Gesamterlöse über alle Produktarten sinken, weil die Käufer auf Angebote mit niedrigen Preisen zurückgreifen.

Diese gegenläufigen Effekte muss der Anbieter sorgfältig abwägen und eine „saubere" Segmentierung vollziehen.

Eine weitere Begriffskategorie, die in diesem Kontext Relevanz erlangt und zu Abgrenzungsproblemen führt, ist der Begriff der **Produktinnovation**, d. h., es geht um neue Produkte. Da Innovationen äußerst unterschiedliche Neuheitsgrade (Novitätsgrade) aufweisen können, wird häufig zwischen Basis-, Verbesserungs- und Scheininnovationen unterschieden. Mit dem Neuheitsgrad soll die Veränderung zum bisherigen Stand erfasst werden. Während es sich bei Basisinnovationen um richtungsändernde Entwicklungen von einer gegebenen Ausgangssituation handelt, liegen bei Verbesserungsinnovationen Weiterentwicklungen einer bestehenden Ausgangssituation vor. Demgegenüber täuschen Scheininnovationen dem Nachfrager etwas Neues vor (z. B. optische Aufmachung), ohne dabei neu zu sein. Damit wird es im Einzelfall schwierig, die Produktdifferenzierung eindeutig von der Produktinnovation abzugrenzen, wobei die Verbesserungsinnovationen die stärksten Überlappungen aufweisen dürften.

In der Literatur gibt es unterschiedliche Systematisierungen der Produktdifferenzierung. Die weiteren Überlegungen konzentrieren sich ausschließlich auf die leistungsadditive Produktdifferenzierung, für die es charakteristisch ist, dass selbständige und/oder unselbständige Komponenten zu einem Produktbündel zusammengefasst werden.

Es handelt sich damit um einen **Absatzverbund**, mit dessen Hilfe die Unternehmung versucht, für sich einen zusätzlichen akquisitorischen Vorteil zu realisieren. Durch diese **Verbundstrategie** kann eine Unternehmung ihr Differenzierungspotential vergrößern und sich damit Möglichkeiten zur Abkopplung vom Preiswettbewerb zwischen den Anbietern eröffnen, da hierdurch den Nachfragern ein Preisvergleich erschwert, wenn nicht sogar unmöglich gemacht wird. Aus wettbewerbsstrategischer Sicht liegt damit eine Differenzierungsstrategie vor, d. h., die Unternehmung versucht mit Hilfe einer Leistungsdifferenzierung Präferenzen bei den Abnehmern der Dienstleistung aufzubauen. Die Schaffung von Präferenzen geht beim Nachfrager mit der Bildung einer Marken- oder Unternehmungstreue einher, die für potentielle Konkurrenten zu einer Markteintrittsbarriere werden können.

Aber auch für den Nachfrager kann ein solcher Angebotsverbund Vorteile bringen. Bedingt durch den Sachverhalt, dass der Kunde „alles aus einer Hand" erhält, lässt sich die Koordinationsnotwendigkeit reduzieren und dadurch bedingt Zeit- und Kostenreduzierungen realisieren („one stop shopping"). Darüber hinaus ist durch umfassende Problemlösungen durch einen Anbieter eine bessere Abstimmung der einzelnen Teilleistungen möglich, und es können eventuell synergetische Effekte auftreten.

Grundsätzlich lassen sich zunächst die folgenden **Verbundsysteme** unterscheiden:

- Verbund sich gegenseitig bedingender Sach- und Dienstleistungen
    -- Verbund der Sach- und Dienstleistungen als gleichwertige Komponenten
    -- Verbund der Sach- und Dienstleistungen, bei dem eine Dominanz sach- oder dienstleistungsbezogener Komponenten gegeben eine getrennte Nutzung aber nicht möglich ist
- Verbund der Sach- und Dienstleistungen, bei dem die Dienstleistungen primär einen Ergänzungscharakter aufweisen und isolierbar sind (z. B. Wartungen in der Nachkaufphase)
- Verbund mehrerer Dienstleistungen.

Wird der Fokus auf produktdifferenzierende Dienstleistungen gelegt, dann lassen sich nach Meyer (1985, S. 99 ff.) die in Tabelle 4.2-2 dargestellten Typen unterscheiden:

- **Typ 1**: Die Dienstleistungen beziehen sich unmittelbar auf das vom Anbieter angebotene Produkt (z. B. Produkttransport, Auslieferung, Entsorgung, Instandhaltung).

- **Typ 2**: Sie vollziehen sich am Produktnachfrager als externem Faktor (z. B. Beratungen, Schulungen, Informationen).

- **Typ 3**: Die Dienstleistungen beziehen sich auf ein Produkt eines anderen Anbieters (Fremdanbieter) (z. B. Wartung, Reparatur, Reinigung, Entsorgung von Fremdprodukten).

- **Typ 4**: Diese Dienstleistungen sind in der Unterstützung oder Übernahme von Aufgaben der Produktnachfrager zu sehen (z. B. Finanzberatung, Gründungsberatung, Personalwerbung, Einkäuferschulung, Arbeitsablaufstudien, Absatzmarktforschung, Verkäuferschulung).

Art der dienstleistungs- spezifischen Produktdifferenzierung / Art des externen Faktors	Direkt differenzierende Dienstleistungen	Indirekt differenzierende Dienstleistungen
Dienstleistungen am Produkt	Typ 1: Fremdproduktgerichtete, direkt differenzierende Dienstleistungen	Typ 3: Fremdproduktgerichtete, indirekt differenzierende Dienstleistungen
Dienstleistungen am Nachfrager	Typ 2: Subjektgerichtete, direkt differenzierende Dienstleistungen	Typ 4: Subjektgerichtete, indirekt differenzierende Dienstleistungen

Tab. 4.2-2:   Typen produktdifferenzierender Dienstleistungen

Eine andere Vorgehensweise knüpft an den Beziehungen zwischen den sachlichen Komponenten und den Dienstleistungskomponenten an (vgl. Corsten 1988c, S. 185):

- Sachliche Komponenten und Dienstleistungskomponenten müssen gemeinsam eingesetzt werden, d. h., es existiert zwischen ihnen eine **limitationale Beziehung**, oder

- es ist möglich, dass der Nachfrager die einzelnen Komponenten nach seinen Vorstellungen zu einem individuellen Compack (vgl. Bressand 1986) zusammenfasst, d. h., es besteht eine **substitutionale Beziehung** zwischen den Komponenten.

Durch die kombinative Verknüpfung dieser beiden Aspekte ergeben sich dann die in Tabelle 4.2-3 aufgezeigten **Verbundstrategietypen**.

Beziehungen zwischen den sachlichen Komponenten / Beziehungen zwischen den Dienstleistungs- komponenten	Feste Beziehung	Variable Beziehung
Feste Beziehung	Limitationale Verbundstrategie	Einseitige, auf die sachliche Komponenten beschränkte Bausatzstrategie
Variable Beziehung	Einseitige, auf die Dienstleistungs- komponenten beschränkte Bausatzstrategie	Zweiseitige Bausatzstrategie

Tab. 4.2-3:   Verbundstrategietypen

Die **limitationale Beziehung** der in einem Verbundsystem zusammengefassten Komponenten muss nicht produktseitig begründet sein, sondern kann auch in absatz-politischen Entscheidungen des Anbieters, bestimmte Komponenten nur im Verbund zu veräußern, begründet liegen.

Werden bei den Erscheinungsformen der Bausatzstrategie die einzelnen Komponen-ten standardisiert, dann kann durch ihre kombinative Verknüpfung durch den Nach-frager eine Individualisierung erreicht werden.

Darüber hinaus kann eine Unternehmung diese Vorgehensweisen auch parallel ein-setzen, indem sie auf der Grundlage einer **Marktsegmentierung** die Nachfrager nach unterschiedlichen Kriterien gruppiert. Damit bietet sich dem Leistungsgeber die Möglichkeit einer besseren Anpassung der unternehmerischen Entscheidungen an die entsprechenden Kundensegmente, d. h., eine Marktsegmentierung ermöglicht eine differenzierte Absatzpolitik der Unternehmung auf den jeweiligen Teilmärkten. Da-bei ist zu beachten, dass die Marktsegmentierung sich zwar der Produktdifferenzie-rung bedienen kann, sie jedoch nicht davon abhängig ist, sondern ihre primäre **Seg-mentierungsvariable im Kaufverhalten** der potentiellen Nachfrager zu sehen ist.

4.2.2.1.2 Modularisierung des Angebotes

Das Problem der Modularisierung wird häufig im Spannungsfeld der Standardisierung und Individualisierung thematisiert (vgl. z. B. Jacob 1995, S. 35 ff.; Schackmann 2003, S. 9 ff.), die nicht als sich anschließende Alternative zu begreifen sind. So betont dann auch Mayer (1993, S. 1 ff.), dass bei einer Standardisierung ein Individualisierungsgrad immer mitgedacht werden müsse et vice versa.

Bei einer **Individualisierung** zielt das Leistungsangebot eines Anbieters auf die individuellen Wünsche des Nachfragers ab, die er möglichst gut befriedigen möchte, d. h., es handelt sich um eine differenzierte Marktbearbeitung.

In eine Leistung fließen i. d. R. Komponenten ein, die auch für andere, ähnliche Leistungen benötigt werden, d. h., es gibt Komponenten, die durch eine Mehrfachverwendbarkeit gekennzeichnet sind und sich folglich für eine Standardisierung eignen. Bei einer **Standardisierung** (vgl. Meyer 1983, S. 183 ff.) erfolgt eine Vereinheitlichung der Leistungen (Einheitslösung), um so die Vielfalt der Leistungen zu reduzieren. Es liegt somit eine undifferenzierte Marktbearbeitung vor, d. h., sie zielt auf die Gemeinsamkeiten der Nachfragerwünsche ab (vgl. Mayer 1993, S. 42 ff., der auch von Durchschnittswünschen spricht). Die Standardisierung kann sich auf das Dienstleistungspotential (Potentialfaktoren), das Dienstleistungsergebnis und auf den Dienstleistungserstellungsprozess (gleichförmige Wiederholung der Problemlösungswege) beziehen, wobei die zuletzt genannte Perspektive im Zentrum der weiteren Überlegungen stehen wird.

In einer **potentialorientierten Sicht** werden

- einerseits die Ermessungsspielräume der Mitarbeiter im Rahmen der Leistungserbringung reduziert, und
- anderseits kann eine Lenkung des Nachfragerverhaltens erfolgen, und zwar in der Form einer Homogenisierung oder in der Beschränkung seiner Eingriffsmöglichkeiten auf eine Auswahl vorgegebener Alternativen (vgl. Gersch 1995, S. 55 f.).

Im Rahmen einer **ergebnisorientierten Sicht** kann danach unterschieden werden, ob sich die Standardisierung auf die gesamte Leistung oder auf Teile der Leistung bezieht. Ist die gesamte Leistung standardisiert, dann hat der Leistungsnehmer nur die Möglichkeit, das Angebot anzunehmen oder abzulehnen (z. B. standardisierte Kredite, Kfz-Versicherungen, Linienflüge). Bei der Standardisierung einzelner Komponenten können den Nachfragern unterschiedliche Freiheitsgrade angeboten werden, wobei das Spektrum von der freien Kombination einzelner Komponenten bis hin zu einer Kernleistung, die durch einzelne Komponenten ergänzt werden können, reicht.

Eine **Standardisierung des Prozesses der Leistungserstellung** geht i. d. R. zumindest mit einer Standardisierung von Teilleistungen einher und ist nur in dem Umfang durchführbar, wie die Nachfragerwünsche vor der Erbringung einer Leistung durch den Anbieter antizipierbar sind. Trotz der Integration des externen Produktionsfaktors lassen sich einzelne Aktivitäten und Sequenzen standardisieren (vgl. Corsten 1985, S. 307 ff.; Meyer/Blümelhuber 1998, S. 911 ff.). Darüber hinaus können Dienstleistungen häufig durch unterschiedliche Prozessalternativen erreicht werden, die sich mit Hilfe eines GERT-Netzwerkes (vgl. Pritsker/Happ 1966, S. 267 ff.; Pritsker/Whitehouse 1966, S. 293 ff.; Whitehouse/Pritsker 1969, S. 45 ff.) grafisch als **Dienstleistungsraum** darstellen lassen (vgl. Corsten/Gössinger 2004, S. 321 ff.).

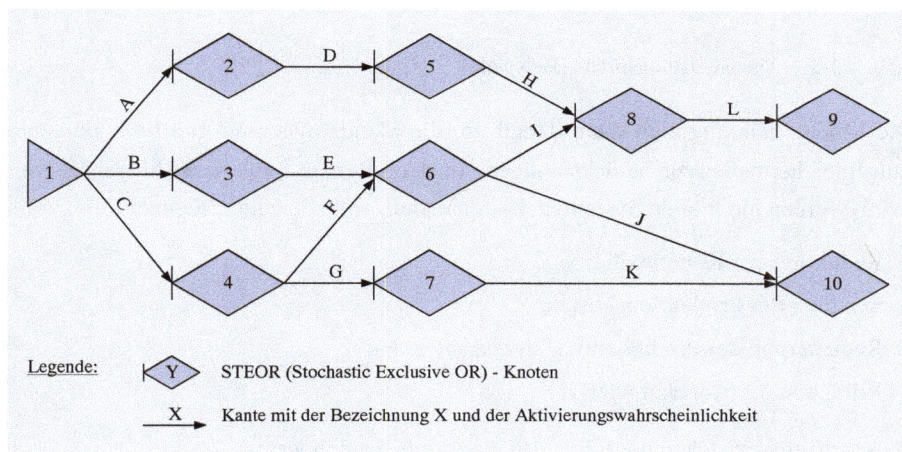

Abb. 4.2-2: Prozessorientierte Abbildung eines Dienstleistungsraumes mittels GERT-Netzplan

Die einzelnen Vorgänge stellen dabei elementare Leistungselemente der Dienstleistung dar und die Knoten können als erreichte Zustände des externen Produktionsfaktors interpretiert werden. Dabei handelt es sich bei diesem GERT-Netzwerk um ein STEOR-Netzwerk, d. h., das Netzwerk enthält außer stochastischen Ausgängen (ST) nur exklusive ODER-Eingänge (EOR). Aus einem solchen Netzwerk lassen sich dann einzelne **Dienstleistungspfade** extrahieren, wobei jeder Pfad als eine Leistungserstellungsalternative zu sehen ist. Abbildung 4.2-3 gibt drei der sechs möglichen Pfade wieder, die sich aus dem zuvor dargestellten Dienstleistungsraum ergeben.

Ist im Rahmen der Dienstleistungserstellung nur ein einziger Pfad beschreitbar, dann liegt eine vollständig standardisierte Leistungserstellung vor. Ließen sich hingegen alle Leistungselemente frei kombinieren, dann läge eine Individualisierung vor. Diese beiden Erscheinungsformen spannen folglich das Spektrum realer Dienstleistungen auf.

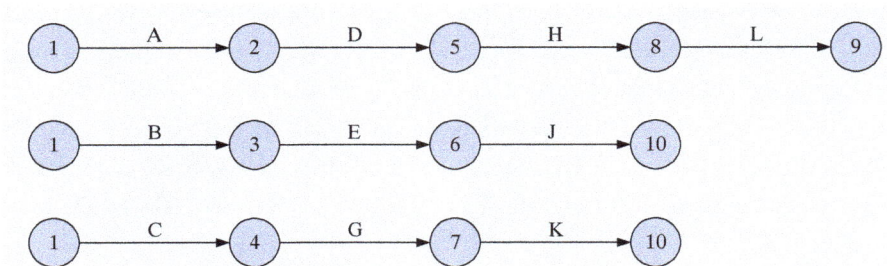

Abb. 4.2-3:   Dienstleistungspfade (Beispiele)

Die Modularisierung zielt dann darauf ab, die Standardisierung und Individualisierung gleichermaßen zu berücksichtigen. In der Literatur (vgl. z. B. Meyer/DeTore 1999) werden modularen Systemen die folgenden **Vorteile** zugesprochen:

- Reduktion der Komplexität,
- Senkung der Produktionskosten,
- Reduzierung der Produktentwicklungszeiten und
- Erhöhung der Angebotsvielfalt.

Diesen Vorteilen stehen die folgenden **Nachteile** gegenüber:

- Economies of Scope werden nicht in vollem Umfang ausgeschöpft und die Wissensbasis fragmentiert.
- Beim Nachfrager nimmt die Bereitschaft zu, zumindest Teilleistungen selbst zu erbringen.
- Sie erleichtert die Imitation einzelner Module oder ganzer Leistungen, wodurch die Substitutionskonkurrenz tendenziell steigt und das Differenzierungspotential sinkt.

Überlegungen zur Modularisierung haben einen lange Tradition (vgl. z. B. Starr 1965, S. 31 ff.), wobei Baukastensysteme im Zentrum der Betrachtungen standen. Diese auf physische Produkte bezogene Vorgehensweise lässt sich nicht einfach auf Dienstleistungen übertragen, weil bedingt durch die Integration des externen Produktionsfaktors, Produktion und Absatz partiell simultan ablaufen (vgl. z. B. Altenburger 1980, S. 1 ff.; Haak 1982, S. 173 ff.; Mesarovic/Macko 1969, S. 45 ff., Meyer 1983, S. 17 ff.), ein Sachverhalt, der auch als uno actu Prinzip bezeichnet wird. So ist es bei physischen Produkten im Rahmen der Modularisierung ein Ziel, die individuellen Komponenten so spät wie möglich im Produktionsprozess zu positionieren (Splitting point; Bevorratungsebene), um die Vorteile der Standardisierung möglichst intensiv nutzen zu können. Diese Vorgehensweise ist, bedingt durch die Integration des externen Produktionsfaktors, nicht möglich, weil jeder Prozess, in dem der externe Faktor eingebunden ist, Objekt einer Individualisierung sein kann, und zwar unabhängig von seiner Positionierung in der Prozesskette (vgl. Kannan/Healy 2011, S. 297 ff.). Häufig ist zu Beginn der Dienstleistungserstellung noch nicht klar, welche Teilleistungen der jeweilige Nachfrager wünscht.

Trotz dieses entscheidenden Unterschiedes weist die generelle Vorgehensweise der Modularisierung materieller Güter Ähnlichkeiten mit der Modularisierung der Dienstleistungen auf: Der Dienstleistungserstellungsprozess wird durch die Modularisierung in Teilprozesse zerlegt, die dann flexibel kombinierbar sind, um so ein Spektrum heterogener Kundenbedürfnisse zu befriedigen. Diese Teilleistungen werden Module genannt, deren Grundbausteine die Leistungselemente bilden, die die kleinsten, nicht weiter zerlegbaren Aktivitäten bezeichnen. Unter **Modularisierung** ist dann eine Dekomposition eines Systems in abgeschlossene und weitgehend voneinander unabhängige Teilsysteme zu verstehen, wobei die Kombination auf der Grundlage standardisierbarer Schnittstellen vorgenommen wird. An ein Modul werden dann die folgenden Anforderungen gestellt (vgl. Göpfert 1998, S. 10 ff.):

- **Unabhängigkeit**: Die zu einem Modul zusammengefassten Leistungselemente sollen möglichst geringe Interdependenzen zu Leistungselementen anderer Module aufweisen.

- **Abgeschlossenheit**: Informationen über die Leistungselemente eines Moduls sind im Rahmen der Dienstleistungserstellung nur innerhalb des Moduls verfügbar. Außerhalb des Moduls liegen nur aggregierte Informationen vor, die sich auf das gesamte Modul beziehen.

- **Transparenz**: Die maximale Modulgröße wird von der im Modul verfügbaren Kapazität zur Verarbeitung teilprozessbezogener Informationen determiniert, und die für das modulare System verfügbare Kapazität zur Verarbeitung modulbezogener Informationen bestimmt die minimale Modulgröße (Granularität).

Dem Modularisierungsgedanken liegen **Economies of Integration** zugrunde, worunter das Prinzip der simultanen Integration der Individualisierung und Standardisierung zu verstehen ist, mit dem Ziel, ein kostengünstiges und individualisiertes Leistungsgebot zu schaffen. Diese beiden Effekte stehen folglich nicht in einem Widerspruch zueinander, sondern sie ergänzen sich gegenseitig. Dies bedeutet, dass sich die

- skalenspezifischen Integrationsbedingungen bei den standardisierten Teilleistungen und
- scopespezifischen Integrationsbedingungen aus der Nutzung gleicher Module zur Erstellung von Leistungsvarianten ergeben (vgl. Schäbele 1997, S. 130 f.).

Economies of Scope (Verbundeffekte oder Synergieeffekte) basieren auf einer gemeinsamen, nicht konkurrierenden Nutzung von Produktionsfaktoren wie etwa Know-how, Betriebs- und Finanzmittel, d. h., es handelt sich um einen synergetischen Vorteil, der aus der Erstellung von mehr als einer Leistung resultiert.

Zur Ausgestaltung modularer Systeme, die die genannten Anforderungen erfüllen, werden in der Literatur nur vereinzelt Ansätze konkretisiert. Generell wird jedoch angenommen, dass zwischen

- standardisierten und
- individualisierten Modulen

unterschieden werden kann. Während es sich bei **standardisierten Modulen** um Teilprozesse handelt, die dann bei der Erbringung einer Dienstleistung in der vorgegebenen Form auszuführen sind, können **individualisierte Module** unterschiedliche Freiheitsgrade aufweisen.

Damit ergibt sich ein **Baukastensystem** mit einem Spektrum von Erscheinungsformen, das auf

- der einen Seite durch eine Kombination standardisierter Module und
- auf der anderen Seite durch eine freie Kombination von individualisierten Modulen durch den Nachfrager

begrenzt wird. Als eine spezielle Erscheinungsform ist dabei das **Plattformkonzept** (vgl. Stauss 2006, S. 333 ff.) zu nennen, bei dem eine Kombination von Elementen geschaffen wird, die dann von einer Produktgruppe gemeinsam genutzt wird (vgl. Piller 2006, S. 229 ff.). Dabei ist auch die Modulanzahl zu beachten. Gelingt es dem Anbieter, mit einer geringen Modulanzahl eine relativ hohe Anzahl der Individualisierungsbedürfnisse zu befriedigen, dann verbinden sich die Vorteile der Individualisierung.

Da es im Rahmen der Modularisierung der Dienstleistungen um die Gestaltung der arbeitsteiligen Dienstleistungserstellung geht, gelangen Fragen der Koordination dieser Teilaufgaben ins Zentrum des Interesses. Ziel ist es, die dabei auftretenden Koordinationskosten bei gegebener Sachzielerfüllung zu minimieren. Damit ergeben sich die folgenden **Problemstellungen**:

- Identifikation und Modellierung der Möglichkeiten der Dienstleistungserstellung und der dabei auszuführenden Teilaufgaben sowie deren Interdependenzen.

- Bildung einer modularisierten Dienstleistungserstellung durch Auswahl geeigneter Teilaufgaben, Restrukturierung der dabei zugrundeliegenden Prozesse und Zusammenführung zu Modulen sowie Gestaltung der damit verbundenen Koordination.

Um der herausgestellten Problemstruktur Rechnung zu tragen, weisen die weiteren Überlegungen eine Zweiteilung auf. Ausgangspunkt bildet die Analyse des Koordinationsbedarfs bei modularer Dienstleistungserstellung. Hierfür ist es notwendig, die Dienstleistungsprozesse und die relevanten Interdependenzen zu erfassen. Darauf aufbauend sind die Koordinationsprobleme zu lösen, die im Rahmen der Modulbildung und bei der Dienstleistungserstellung auftreten.

Dienstleistungen lassen sich als eine Menge von Teilprozessen und deren Beziehungen erfassen. Teilprozesse sind dabei durch einen Akteur veranlasste elementare Transformationen, die Zustandsänderungen an den involvierten Objekten bewirken. Im vorliegenden Kontext sind insbesondere der Ressourcenverzehr, der Beitrag zur Gesamtleistung und der aus diesen beiden Größen ermittelbare Beitrag zum monetären Erfolg der Dienstleistung als Folgen der Zustandsänderung relevant.

Um das Zusammenwirken mehrerer Teilprozesse, die zur Erbringung der Dienstleistung erforderlich sind, erfassen zu können, ist es notwendig, die Beziehungen zwischen den Teilprozessen in die Betrachtung aufzunehmen. Diese lassen sich auf die Wirkungen der Teilprozesse zurückführen, so dass zwischen Ressourcen-, Leistungs- und Erfolgsbeziehungen zu unterscheiden ist.

Aus der Perspektive der Koordination sind vor allem wechselseitige Beziehungen, d. h. Interdependenzen relevant, da diese für den Koordinationsbedarf ursächlich sind. Für eine **teilprozessbezogene Analyse** ist dabei zwischen folgenden **Sachinterdependenzen** zu unterscheiden (vgl. Ewert/Wagenhofer 2005, S. 402 ff.):

- **Restriktionsverbund**: Parametrisierung und Ausführung eines Teilprozesses schränken die Freiheitsgrade von Parameterwahl und Ausführung eines anderen Teilprozesses ein, was sich auf die folgenden Ursachen zurückführen lässt:

  -- Ein **Leistungsverbund** liegt vor, wenn eine Dienstleistung mehrere Teilleistungen umfasst, die durch Teilprozesse erbracht werden, deren Teilleistungsbeiträge wechselseitig voneinander abhängig sind.

  -- Bei einem **Ressourcenverbund** greifen mehrere Teilprozesse auf dieselben begrenzt verfügbaren Produktionsfaktoren zurück.

- **Zielverbund**, insbesondere Erfolgsverbund: Die den einzelnen Teilprozessen zurechenbaren Beiträge zum monetären Erfolg einer Dienstleistung sind wechselseitig von den jeweiligen Entscheidungen über die Parameter und die Ausführung der Teilprozesse abhängig.

Bedingt durch die Kundenintegration ist die Dienstleistungsproduktion eine arbeitsteilige Produktion sui generis, d. h., an Teilprozessen sind unterschiedliche Akteure beteiligt. Aus diesem Sachverhalt resultieren **Verhaltensinterdependenzen**, die immer dann entstehen, wenn die Festlegung der Parameter unterschiedlicher Teilprozesse, zwischen denen Sachinterdependenzen bestehen, unterschiedlichen Entscheidungsträgern obliegt. Damit werden die Parameter eines Teilprozesses in Abhängigkeit von den Erwartungen über die Parameterwahl der anderen Teilprozesse gewählt et vice versa.

Zur **Erfassung der Leistungsverbunde** ist es erforderlich, die Abhängigkeit der sich aus den Leistungsbeiträgen der einzelnen Teilprozesse ergebenden Leistung von den Wechselwirkungen zwischen den Teilprozessen abzubilden. Die Bedingung, dass die so erfasste Leistung das angestrebte Leistungsniveau erfüllt, begründet dann den Leistungsverbund. Aus dieser Bedingung können sich Zulässigkeitsbeschränkungen

- der zeitlichen Anordnung der Teilprozesse (seriell mit vorgegebener Reihenfolge, seriell mit freier Reihenfolge, parallel),
- des Umfangs der auszuführenden Teilprozesse (wechselseitig bedingend, wechselseitig ausschließend) (vgl. Sosa/Eppinger/Rowles 2003, S. 242 f.) und
- von Parameterkonstellationen (Einengung von Substitutionsgebieten)

ergeben. Zur Abbildung derartiger Beziehungen bietet es sich an, auf die Netzplantechnik zurückzugreifen, wobei eine entsprechende Modellierungstechnik in der **stochastischen Netzplantechnik** auf der Grundlage der Graphical Evaluation and Review Technique (GERT) zu sehen ist (vgl. Abschnitt 6.2.4).

Verfügbarkeitsbegrenzungen als Ursache für **Ressourcenverbunde** können in zeitlicher, räumlicher und mengenmäßiger Hinsicht auftreten. Die Stärke der Interdependenz wird durch die Knappheit und die Teilbarkeit der Ressource determiniert. Bei gleichem Knappheitsgrad sind teilbare Ressourcen in zeitlicher und räumlicher Hinsicht besser verfügbar als unteilbare Ressourcen. Die Relevanz unteilbarer Ressourcen im Rahmen der Modularisierung zeigt sich bei Dienstleistungen in der Ressource „Wissen", das an menschliche Wissensträger gebunden ist und bei dem zwischen expliziten und impliziten Bestandteilen unterschieden werden kann. Im Gegensatz zum expliziten Wissen entzieht sich das implizite Wissen der sprachlichen Kommunikation, so dass seine Übertragung auf andere Wissensträger mit hohen Kosten einhergeht. Weisen zwei Teilprozesse hinsichtlich des zu ihrer Ausführung erforderlichen impliziten Spezialwissens eine Schnittmenge auf, dann besteht zwischen diesen

Teilprozessen ein Ressourcenverbund aufgrund der Unteilbarkeit dieses Spezialwissens. Wird ein Objekt durch eine Folge von Teilprozessen transformiert und weist das erforderliche implizite Spezialwissen zur Ausführung zweier aufeinanderfolgender Teilprozesse keine Schnittmenge auf, dann hat das Objekt eine sogenannte wissensökonomische Reife erlangt (vgl. Dietl 1995, S. 574 ff.; Pfaffmann 2000, S. 257 ff.). Das bedeutet, aufgrund des nicht bestehenden Wissens-Ressourcenverbundes kann zwischen diesen Teilprozessen ein Wechsel der Entscheidungs- und Handlungsträger erfolgen, ohne das Ergebnis der Teilprozessausführung maßgeblich zu beeinträchtigen.

Zur Abbildung von **Ressourcenverbunden** ist der Verzehr jeder einzelnen Ressource teilprozessübergreifend in Abhängigkeit von der zeitlichen und räumlichen Lage, der Aktivierungswahrscheinlichkeit und der Parametrisierung der darauf zurückgreifenden Teilprozesse mit Hilfe einer **Kapazitätsnachfragefunktion** zu erfassen und einer entsprechenden **Kapazitätsangebotsfunktion** gegenüberzustellen. Der Ressourcenverbund lässt sich dann durch die Bedingung erfassen, dass die Kapazitätsnachfrage das temporäre Kapazitätsangebot an keinem Ort und zu keinem Zeitpunkt übersteigt (vgl. Corsten/Gössinger 2005, S. 18 f.).

Im Hinblick auf den **Erfolgsverbund** sind die monetären Wechselwirkungen der Teilprozesse zu erfassen. Hierbei kann auf die Idee der Variantenstücklisten, insbesondere der Grundausführungs-/Plus-Minus-Stückliste (vgl. z. B. Corsten/Gössinger 1998, S. 1 ff.; Geiger 1991, S. 66 ff.) zurückgegriffen werden. Übertragen auf Dienstleistungsprozesse wird eine konkrete Ablaufstruktur aus Teilprozessen als Basisdienstleistung (Variante 0) definiert. Abweichungen von dieser Basisdienstleistung, die durch das Hinzufügen oder Entfernen von Teilprozessen entstehen, werden über die Plus- bzw. die Minusliste erfasst. In diesem Plus-/Minus-Teilprozessplan werden weiterhin die Wirkungen der Teilprozesskonstellationen auf eine Erfolgsgröße abgebildet. Wird hierfür die Änderung des Deckungsbeitrags herangezogen, dann ist zu berücksichtigen, dass dieser Kosten- und Erlöswirkungen umfasst, so dass sowohl Plus- als auch Minus-Teilprozesse mit positiven oder negativen Wirkungen einhergehen können.

Zur Bestimmung relevanter **Konstellationen der Verhaltensbeziehungen** lassen sich durch kombinative Anwendung der Kriterien

- Anzahl der Anbieter-Mitarbeiter mit Entscheidungskompetenz im Endkombinationsprozess (einer, mehrere),

- Anzahl der Nachfrager(-gruppen) mit Entscheidungskompetenz im Endkombinationsprozess (einer, mehrere) und

- Anzahl der Endkombinationsprozesse, die sich zeitlich überlappen können (einer, mehrere),

acht Fälle unterscheiden, die beginnend mit dem Fall „ein Mitarbeiter des Anbieters/ein Nachfrager pro Endkombinationsprozess/ein Endkombinationsprozess" bis hin zu dem Fall „mehrere Mitarbeiter des Anbieters/mehrere Nachfrager pro Endkombinationsprozess/mehrere Endkombinationsprozesse" durch eine steigende Komplexität der Beziehungen gekennzeichnet sind.

Wird der einfachste Fall betrachtet, dann können Verhaltensbeziehungen zwischen denjenigen auszuführenden Teilprozessen bestehen, für die unterschiedliche Akteure verantwortlich sind oder über deren Ausführung unterschiedliche Akteure entscheiden. Grundsätzlich kann dabei von den Akteuren „Mitarbeiter j des Anbieters", „Nachfrager k und Mitarbeiter j des Anbieters" und „Nachfrager k" ausgegangen werden. Das Ausmaß der Überlappung von Teilprozessen hinsichtlich der involvierten Akteure stellt dann eine Determinante für die Stärke der Abhängigkeit dar. Eine zweite Determinante ist in der direkten Wahrnehmbarkeit des Teilprozesses durch die Akteure zu sehen.

Tabelle 4.2-4 gibt die relevanten Konstellationen für einen Teilprozess wieder.

		Ausführung des Teilprozesses obliegt ...		
		Nachfrager	Anbieter	Nachfrager und Anbieter
Teilprozessausführung ist direkt wahrnehmbar für ...	beide Akteure	Der vom Nachfrager ausgeführte Teilprozess ist für Nachfrager und Anbieter wahrnehmbar. Symbol: (j)k	Der vom Anbieter ausgeführte Teilprozess ist für Nachfrager und Anbieter wahrnehmbar. Symbol: j(k)	Der von Nachfrager und Anbieter ausgeführte Teilprozess ist für Nachfrager und Anbieter wahrnehmbar. Symbol: jk
	einen Akteur	Der vom Nachfrager ausgeführte Teilprozess ist für den Nachfrager wahrnehmbar und für den Anbieter verborgen. Symbol: k	Der vom Anbieter ausgeführte Teilprozess ist für den Anbieter wahrnehmbar und für den Nachfrager verborgen. Symbol: j	-

Tab. 4.2-4:	Verantwortlichkeits-/Wahrnehmbarkeits-Konstellationen von Teilprozessen

Zur Erfassung der Abhängigkeitsstärke eines Teilprozesses i von einem Teilprozess i' kann auf die in Tabelle 4.2-5 dargestellte **Verhaltenseinflussmatrix** zurückgegriffen werden. Die darin beispielhaft angegebenen Werte (4: sehr starker Verhaltenseinfluss ... 0: kein Verhaltenseinfluss) stellen eine tendenzielle Einordnung der zu erwartenden Stärke dar. Dabei liegt die Annahme zugrunde, dass der Einfluss am geringsten (am höchsten) ist, wenn die Verantwortlichkeits-/Wahrnehmbarkeits-Konstellation beim Übergang von Teilprozess i' auf Teilprozess i unverändert bleibt (sich vollständig ändert). Im konkreten Fall können jedoch Abweichungen von diesen Werten auftreten, wenn weitere Einflussgrößen an Bedeutung gewinnen.

i \ i'	j	j(k)	jk	(j)k	k
j	0	1	2	3	4
j(k)	1	0	1	2	3
jk	2	1	0	1	2
(j)k	3	2	1	0	1
k	4	3	2	1	0

Tab. 4.2-5: Verhaltenseinflussmatrix (Beispiel)

Sind mehrere Nachfrager k, k' oder mehrere Anbieter j, j' in demselben Endkombinationsprozess involviert und sind diese nicht immer in derselben Zusammensetzung für Teilprozesse oder Entscheidungen verantwortlich, dann sind die in Abbildung 4.2-4 wiedergegebenen Abhängigkeitskonstellationen um Konstellationen mit der Beteiligung unterschiedlicher Nachfragergruppen (z. B. kk') bzw. Anbietergruppen (z. B. jj') und um entsprechende drei- und vierelementige Konstellationen zu ergänzen.

Verhaltenseinflüsse können auch zwischen Teilprozessen unterschiedlicher Endkombinationsprozesse auftreten, sobald ein Ressourcen- oder ein Erfolgsverbund besteht. Um in diesem Zusammenhang Abhängigkeitskonstellationen herauszuarbeiten, sind für jedes relevante Teilprozesssystem die Entscheidungsträgergruppen der zuvor genannten Fälle dienstleistungsprozessbezogen und -übergreifend zu kombinieren.

Um die Interdependenzen zwischen den Teilprozessen bei der Modulbildung einer integrativen Betrachtung zuzuführen, bietet es sich an, auf die Idee der **Design-Interface-Matrix** zurückzugreifen, die vorgeschlagen wurde, um Beziehungen zwischen physischen Produktkomponenten zu erfassen (vgl. Sosa/Eppinger/Rowles 2003, S. 242 ff.; Steward 1981a, S. 71 ff.). Bei einer Anwendung auf Dienstleistungen sind dabei die Teilprozesse und die bereits herausgearbeiteten Beziehungen zwischen den Teilprozessen zu berücksichtigen. Die Werte innerhalb der Matrix geben die Stärke der Beziehung wieder und werden auf einer Ordinalskala gemessen (z. B. 4: sehr stark ... 0: nicht vorhanden). Damit ergibt sich eine **Prozess-Beziehungsmatrix**, die in Abbildung 4.2-4 für einen einfachen Dienstleistungsprozess wiedergegeben wird.

i \ i'	1	2	3	4	5	6	7	8	9
1	0 0 / 0 0				2 0 / 0 0				2 0 / 0 4
2		0 0 / 0 0							2 4 / 0 0
3			0 0 / 0 0			4 0 / 0 4		2 0 / 2 0	
4				0 0 / 0 0			2 2 / 0 0	0 0 / 4 0	
5	2 0 / 0 0		4 2 / 0 0		0 0 / 0 0			4 0 / 0 0	
6						0 0 / 0 0			
7							0 0 / 0 0		0 4 / 2 0
8	2 0 / 4 0		2 0 / 2 0					0 0 / 0 0	
9		4 4 / 0 0							0 0 / 0 0

Abb. 4.2-4:   Prozess-Beziehungsmatrix für einen Dienstleistungsprozess (Beispiel)

Die Zeilen und Spalten entsprechen den einzelnen Teilprozessen i bzw. i' ($i, i' = 1, \ldots, I$), wobei ein Wert in der Zelle i, i' Auskunft darüber gibt, wie stark der Teilprozess i von dem Teilprozess i' abhängig ist. Entsprechend der herausgearbeiteten Interdependenzarten enthalten die Zellen der Beziehungsmatrix im Beispiel vier Werte, die die Stärke der unterschiedlichen Beziehungsarten angeben (von links oben nach rechts unten: Ressourcen-, Leistungs-, Erfolgs- und Verhaltensbeziehung).

Mit Hilfe der Prozess-Beziehungsmatrix können unmittelbare und mittelbare Interdependenzen zwischen den Teilprozessen ermittelt werden:

- **Unmittelbare interdependente Beziehungen** liegen dann vor, wenn in dieser Beziehungsmatrix für ein Teilprozesspaar in den Zellen oberhalb und unterhalb der Diagonalen Werte eingetragen sind, die sich auf dieselbe Beziehungsart beziehen und nicht null betragen, d. h., es liegt ein Loop aus zwei Teilprozessen vor (z. B. der mit durchgezogenen Linien gekennzeichnete Loop aus den Teilprozessen 2 und 9).

- Wenn sich der Loop über mehr als zwei Teilprozesse erstreckt (z. B. der mit gestrichelten Linien gekennzeichnete Loop aus den Teilprozessen 1, 3, 5, 8), dann besteht eine **mittelbare interdependente Beziehung**.

Durch die Bildung modularer Dienstleistungssysteme lässt sich der ermittelte Koordinationsbedarf in zwei Schritten erfüllen:

- Im ersten Schritt zielt die Modularisierung darauf ab, den ursprünglichen Koordinationsbedarf zu reduzieren, indem bei der **Bildung der Module** die Prinzipien der Modularisierung berücksichtigt werden.

- Der an den Schnittstellen des modularen Systems verbleibende Koordinationsbedarf wird im zweiten Schritt durch die **Anwendung von Koordinationsinstrumenten** erfüllt.

Ein modulares Dienstleistungssystem umfasst mehrere definierte Teilprozessblöcke (Module), die zur Befriedigung heterogener Kundenbedürfnisse ein Spektrum an Kombinationsmöglichkeiten, die keine Systemveränderung erfordern, bieten (vgl. Stauss 2006, S. 324).

Um die bereits erwähnten Anforderungen an ein Modul (Unabhängigkeit, Abgeschlossenheit und Transparenz) zu berücksichtigen, wird die Prozess-Beziehungsmatrix durch Partitionierung, Dekomposition großer Teilprozessblöcke und Zusammenfassung kleiner Teilprozessblöcke umgeformt.

Den Ausgangspunkt der **Partitionierung** bildet die ursprüngliche Prozess-Beziehungsmatrix, in der die Beziehungen zwischen den Teilprozessen i. d. R. über die gesamte Matrix verteilt sind. Ziel ist es, Teilprozesse, zwischen denen Interdependenzen bestehen, zu möglichst kompakten Teilprozessblöcken zusammenzufassen. Ein Teilprozessblock beinhaltet dann alle Teilprozesse, über deren zeitliche Lage, Aktivierungswahrscheinlichkeit und Parameterfestlegungen simultan entschieden werden müsste, wenn keine Interdependenzen zerschnitten werden sollen (zu einem entsprechenden Partitionierungsalgorithmus vgl. Steward 1981b, S. 40 ff., insb. S. 54 f.).

Die **Dekomposition** großer Teilprozessblöcke ist nun so lange vorzunehmen, bis ausschließlich kleine Teilprozessblöcke vorliegen. Hierzu ist es erforderlich, durch eine Analyse der blockinternen Struktur aufzudecken, welche Möglichkeiten zur Aufteilung des Blocks bestehen und welche Möglichkeiten vorziehenswürdig sind. Da Teilprozessblöcke aufgrund der zwischen Teilprozessen bestehenden Interdependenzen gebildet werden, kann eine Aufteilung entweder

- auf einer Aufhebung der Interdependenzen oder
- auf einer Zerschneidung der Interdependenzen und entsprechender Koordination der entstehenden Schnittstelle

beruhen. Im zuerst genannten Fall erfolgt eine Modifikation der entsprechenden Teilprozesse, um die Ursache der Interdependenz zu beseitigen (z. B. Änderung der Beziehung zwischen Teilleistungsbeitrag und Gesamtleistung bei Leistungsverbunden, der Ressourcenzuordnung bei Ressourcenverbunden, der Einbeziehung in die Preisbildung bei Erfolgsverbunden und der Zuordnung von Entscheidungsträgern bei Verhaltensinterdependenzen). Im zuletzt genannten Fall wird keine Modifikation der Teilprozesse, sondern eine Auftrennung der im Teilprozessblock enthaltenen Loops an Stellen vorgenommen, die einen möglichst geringen zusätzlichen Koordinationsbedarf hervorrufen. Hierfür bietet sich eine zweistufige Vorgehensweise an:

- Zunächst wird auf der Grundlage der in der Matrix des Teilprozessblocks vorhandenen Informationen eine Vorauswahl aufzutrennender Beziehungen getroffen (zu einem algorithmischen Verfahren vgl. Steward 1981b, S. 56 ff., und S. 67 ff.).
- Danach erfolgt ein Rückgriff auf das Wissen des Gestalters von Dienstleistungssystemen, der die aus der Auftrennung resultierende Koordinationshäufigkeit, die Wahrscheinlichkeit und die Auswirkungen einer unzureichenden Koordination und daraus den Koordinationsbedarf abzuleiten vermag. Es wird eine Entscheidung über die aufzutrennenden Beziehungen getroffen und nach erneuter Partitionierung geprüft, ob weitere Loops bestehen. Dieses Prozedere wird so lange wiederholt, bis alle Loops beseitigt sind.

Ergebnis dieser Vorgehensweise ist eine Prozess-Beziehungsmatrix, deren Teilprozessblöcke genau einen Teilprozess umfassen und in der gekennzeichnet ist, an welchen Stellen Beziehungen aufgetrennt wurden, d. h. an welchen Stellen eine Koordination zwischen den Teilprozessblöcken vorzunehmen ist.

Da Module i. d. R. aus mehr als einem Teilprozess bestehen, können mehrere aus der vollständigen Dekomposition resultierende kleine Teilprozessblöcke zu einem großen Teilprozessblock zusammengefasst werden. Dabei muss das **Transparenzprinzip** etwa durch eine vorgegebene maximale und minimale Anzahl an Teilprozessen in einem Modul berücksichtigt werden. Um den Koordinationsbedarf des modularen Systems möglichst gering zu halten, sind zuerst diejenigen kleinen Teilprozessblöcke zu einem großen Teilprozessblock zusammenzufassen, deren Schnittstelle andernfalls koordiniert werden müsste. Wird im Beispiel von einer vorgegebenen minimalen (maximalen) Teilprozessanzahl von zwei (drei) ausgegangen, dann kann ein Dienstleistungssystem mit drei Modulen (große Teilprozessblöcke) mit den Teilprozessen (6, 2, 9), (1, 3, 8) und (5, 7, 4) sowie einer Schnittstelle (1,5), die einer Koordination von Ressourceninterdependenzen bedarf, gestaltet werden (vgl. Abbildung 4.2-5).

i \ i'	6	2	9	1	3	8	5	7	4
6	0 0								
	0 0								
2		0 0	2 4						
		0 0	0 0						
9		4 4	0 0						
		0 0	0 0						
1			2 0	0 0			2 0		
			0 4	0 0			0 0		
3	4 0				0 0	2 0			
	0 4				0 0	2 0			
8				2 0	2 0	0 0			
				4 0	2 0	0 0			
5				2 0	4 2	4 0	0 0		
				0 0	0 0	0 0	0 0		
7			0 4					0 0	
			2 0					0 0	
4						0 0		2 2	0 0
						4 0		0 0	0 0

Abb. 4.2-5:   Prozess-Beziehungsmatrix eines modularen Dienstleistungssystems

Können in einem Dienstleistungsprozess alternative Pfade gewählt werden, dann ist eine pfadübergreifende Modulbildung vorzunehmen. Die Prozess-Beziehungsmatrizen der Pfadalternativen sind dabei zunächst unabhängig voneinander zu partitionieren und zu dekomponieren. Danach werden die in der Gesamtheit der Prozess-

Beziehungsmatrix enthaltenen Teilprozesse im Hinblick auf ihre Ausführungshäufigkeit und ihre Pfadspezifität untersucht. Werden diesen beiden Kriterien jeweils die Ausprägungen „gering" und „hoch" zugeordnet, dann lassen sich die einzelnen Teilprozesse den folgenden Klassen zuordnen:

-   Teilprozesse, die relativ häufig ausgeführt werden und in den meisten Pfaden vertreten sind, d. h. eine geringe Pfadspezifität aufweisen, können zu **Basismodulen** zusammengefasst werden, die die Grundlage einer Dienstleistungsplattform (vgl. Stauss 2006, S. 333 ff.) bilden.

-   Relativ selten ausgeführte Teilprozesse, die nur für wenige Pfade relevant sind, werden als **Exoten** bezeichnet. In diesem Fall ist zu prüfen, ob sich hieraus Differenzierungspotentiale realisieren lassen oder ob diese Teilprozesse zu eliminieren sind.

-   Neben diesen beiden Extremalklassen lassen sich noch zwei Klassen von Ergänzungsmodulen bilden:

    --   **Flexible Ergänzungsmodule** umfassen Teilprozesse, die zwar selten ausgeführt werden, aber in der Mehrzahl der Pfade (geringe Pfadspezifität) enthalten sind.

    --   Sind sowohl die Ausführungshäufigkeit als auch die Pfadspezifität von Teilprozessen hoch, dann können diese zu **starren Ergänzungsmodulen** zusammengefasst werden.

Die Bildung von Modulen geht jedoch i. d. R. nicht mit einer vollständigen Aufhebung der bestehenden Interdependenzen einher. Vielmehr sind modulare Dienstleistungssysteme lose gekoppelte Systeme (vgl. Orton/Weick 1990, S. 204 f., und S. 208 ff.), so dass eine **Koordination der Schnittstellen zwischen den Modulen** notwendig wird. Teilweise wird auch von klar definierten Schnittstellen oder standardisierter Schnittstellenspezifikation gesprochen (vgl. z. B. Ulrich 1995, S. 420 ff.). Letztlich handelt es sich um Regeln, die

-   den konkurrierenden Ressourcenzugriff mehrerer Module koordinieren,

-   die Kompatibilität der von den Modulen erbrachten

    --   Teilleistungen im Hinblick auf die Gesamtdienstleistung und

    --   Erfolgsbeiträge im Hinblick auf den Gesamterfolg der Dienstleistung

        sicherstellen und

-   die möglichen Verhaltensweisen der Akteure auf zueinander kompatible Verhaltensweisen einschränken.

4.2.2.2 Markenmanagement

Marken sollen dem Nachfrager im Rahmen seiner Kaufentscheidungen eine Orientierung bieten. Die Marke „… ist eine Art Abkürzung für eine Menge von Attributen und Eigenschaften, die die Kaufentscheidung des Kunden maßgeblich beeinflussen können." (Meyer/Davidson 2001, S. 436).

Bei einer Marke kann es sich um

- einen Namen,

- ein Zeichen,

- einen Ausdruck,

- ein Symbol oder auch

- um eine Kombination dieser Elemente

handeln. Als zentrale Merkmale einer Marke sind dann die einheitliche Markierung und die dauerhaft gleichbleibende (oder verbesserte) Qualität (Qualitätsversprechen) zu nennen. Teilweise wird auch von „starken Marken" gesprochen und zwar dann, wenn die folgenden Kriterien erfüllt sind (vgl. Meyer/Davidson 2001, S. 437):

- hoher Bekanntheitsgrad der Marke,

- eindeutige positive Assoziation mit der Marke (Kunden, Mitarbeiter etc.),

- hohe Verfügbarkeit (Erhältlichkeit),

- kontinuierliche Angebotsverbesserung.

Letztlich entstehen Marken in den Köpfen der Kunden. Sie vermitteln ferner auch emotionale Erlebnisse. Gerade bei aus funktionaler Sicht gleichwertigen Gütern können sie einen emotionalen/sozialen Zusatznutzen bewirken. So werden mit Marken die Bedürfnisse nach Gruppenzugehörigkeit und Selbstdarstellung befriedigt. Generell lassen sich die folgenden Erscheinungsformen unterscheiden (vgl. Homburg/Krohmer 2003, S. 526 ff.):

- Dachmarke: Alle Produkte einer Unternehmung werden unter einer Marke angeboten (z. B. Siemens).

- Markenfamilien: Sie entstehen durch die Erweiterung einzelner Produkte zu sogenannten Produktfamilien (z. B. Nivea).

- Einzelmarken: Sie sind mit einem Produkt verbunden (z. B. Jägermeister).

Bei Dienstleistungen ergeben sich jedoch im Rahmen der Markierung im Vergleich zu Sachleistungen einige Besonderheiten (vgl. Meyer 1983, S. 97).

Da eine Markierung der Dienstleistung häufig nicht möglich ist, bieten sich als Träger von Markenzeichen alle internen und externen Kontaktsubjekte und -objekte an: Dies bedeutet, dass als Markierungsobjekte alle Betriebsmittel, mit denen der Kunde im Rahmen der Dienstleistungserstellung in Berührung kommt (z. B. Einrichtung, Gebäude), und das Personal (z. B. durch das Tragen einheitlicher Kleidung) geeignet sind. Eine Markierung externer Personen und Objekte kann z. B. durch die Aufbringung einer „Marke" an Kleidungsstücken oder durch einen Aufkleber an einem materiellen Objekt, etwa einem Auto, erfolgen.

Seit dem 01.04.1979 kann auch der Dienstleistungsanbieter eine „Dienstleistungsmarke" beim Patent- und Markenamt eintragen lassen. Sie genießt seitdem einen zeichenrechtlichen Schutz. Rechtliche Grundlage hierfür ist das Markengesetz (MarkenG), das sowohl für Waren als auch für Dienstleistungen gilt.

Nach § 3 Abs. 1 wird die Markeneigenschaft durch die Unterscheidungskraft definiert, d. h. durch ihre Eignung, Waren oder Dienstleistungen einer Unternehmung von denjenigen anderer Unternehmungen zu unterscheiden. Die Marke dient damit einerseits der **Herkunftsidentifikation**, und andererseits hat sie eine **Individualisierungsfunktion**.

Mit der Verwendung eines Markenzeichens geht i. d. R. die Vorstellung hinsichtlich eines bestimmten Qualitätsniveaus und einer -konstanz einher. Im Rahmen des Qualitätsmanagements wurden die Gründe herausgearbeitet, weshalb es bei Dienstleistungen schwierig ist, eine Qualitätskonstanz, wie sie bei Sachleistungen realisierbar ist, zu garantieren. Aus diesem Grunde erscheint es angebracht, auf die besondere Leistungsfähigkeit, d. h. die hohe Qualifikation, die Zuverlässigkeit und die Erfahrung des Personals, oder bei sachbezogenen Dienstleistungen auf den hohen technologischen Standard abzustellen, um auf dieser Basis ein Vertrauensverhältnis zu den Nachfragern aufzubauen.

4.2.3 Preisbestimmung

Aufgabe der Preisgestaltung ist es, den Geldbetrag, den ein Kunde als Gegenwert für die Leistungsinanspruchnahme zahlen muss, nach Maßgabe des Formalziels festzulegen und am Markt durchzusetzen. Zentrale Ausgangspunkte der Preisüberlegungen eines gewinnmaximierenden Dienstleistungsanbieters bilden die Kostenfunktion sowie die für die adressierten Märkte vorherrschenden Marktformen und Preis-Absatz-Funktionen. Im Kontext von Dienstleistungen üben vor allem vier Aspekte einen besonderen Einfluss auf die Preisbestimmung aus:

- **Kostenstruktur**: Bedingt durch das erforderliche Vorhalten einer Leistungsbereitschaft sind die Gesamtkosten durch einen großen Anteil der fixen Kosten und einem großen Anteil der Gemeinkosten gekennzeichnet. In Abhängigkeit des mengenmäßigen Auftretens des externen Faktors teilen sich die fixen Kosten unterschiedlich in Nutz- und Leerkosten auf, und es stellt sich die Frage, in welchem Umfang die Leerkosten bei der Preisbildung zu berücksichtigen sind. Da Gemeinkosten nicht verursachungsgerecht auf Kostenträger verrechnet werden können, sind Verteilungsschlüssel heranzuziehen, die möglichst geringe Preisverzerrungen induzieren.

- **Erschwerter Preisvergleich**: Für den Nachfrager wird der Preisvergleich von Dienstleistungen, die von unterschiedlichen Unternehmungen angeboten werden, dadurch erschwert, dass diese als Leistungsversprechen und i. d. R. als Leistungsbündel angeboten werden. Aufgrund des Leistungsversprechens kann der Nachfrager artgleiche Dienstleistungen zumeist nicht im Sinne eines Paar-Vergleichs-Tests oder eines Multi-Comparison-Tests ausprobieren (vgl. Hilke 1984, S. 14). Auch in den Fällen, in denen über Gebühren und Honorarverordnungen eine Vergleichsbasis vorliegt, bleibt die Beurteilung des konkreten Preis-Leistungs-Verhältnisses bei den unterschiedlichen Dienstleistungsanbietern durch den hohen Anteil an Erfahrungs- und Vertrauenseigenschaften für den Nachfrager unsicher. Das Anbieten mehrerer Teilleistungen zu einem Bündelpreis, der niedriger ist als die Summe der Einzelpreise (vgl. Huber/Kopsch 2000, S. 579), erschwert den Preisvergleich durch eine erhöhte Komplexität des Vergleichsobjektes und durch die Verringerung der Anzahl artgleicher Angebote anderer Dienstleister.

- **Preisnormierung**: Bei vielen Dienstleistungen werden die Preise durch exogene Restriktionen

  -- von staatlicher Seite durch Gesetze und Verordnungen oder

  -- durch Berufsverbände als privatrechtliche Vereinigungen

bestimmt. Beispiele hierfür sind Mindestpreise, Höchstpreise, Richtpreise, Gebührenordnungen der Mediziner, Rechtsanwälte und Steuerberater. Dies geht mit der Besonderheit einher, dass insbesondere die Preisbildung bei öffentlichen Auftraggebern anderen Prinzipien unterliegt als bei privaten Auftraggebern.

4.2.3.1 Preisbildung bei privaten Auftraggebern

Bei privaten Auftraggebern basiert die Preisbildung auf einem Abgleich zwischen der Kostensituation des Anbieters mit der Preisbereitschaft der Nachfrage unter Berücksichtigung der für die Dienstleistung bestehenden Marktform. Je individueller Dienstleistungen von einem Anbieter erbracht werden können, umso mehr nähern sich die für die Preisbildung relevanten Rahmenbedingungen denen eines monopolistischen Marktes an, auf dem der Anbieter die Preise einseitig festlegt, so dass die Preisbildung nicht interaktiv erfolgt. Bei standardisierten Dienstleistungen können die Nachfrager hingegen aus den Angeboten mehrerer Anbieter wählen und damit einen größeren Einfluss auf die Preisbildung ausüben. Insbesondere durch die technischen Möglichkeiten des Internet haben sich in diesem Kontext interaktive Formen der Preisbildung etabliert, deren Anwendung außerhalb des Internet aufgrund der höheren Transaktionskosten auf höherwertige Produkte beschränkt ist (vgl. Skiera/Spann/Walz 2005, S. 289 ff.).

4.2.3.1.1 Nicht interaktive Preisbildung (Posted Pricing)

Erfolgt die Preisgestaltung einseitig durch den Anbieter, dann sind von diesem optimale Preise unter Berücksichtigung der Nachfragerreaktion zu bestimmen. Für Dienstleistungsanbieter haben dabei die Möglichkeiten der Preisbündelung und der Preisdifferenzierung eine hohe Relevanz.

4.2.3.1.1.1 Preisbündelung

Bei der Preisbündelung (bundling) werden mehrere grundsätzlich auch einzeln zu einem nicht vernachlässigbaren Preis verkäufliche Absatzobjekte als Einheit zu einem gemeinsamen Preis (Bündelpreis) angeboten (vgl. Stigler 1962, S. 152 ff.). Sind die Preisbereitschaften zu den einzelnen Komponenten negativ korreliert, dann geht ein Bündelpreis, der niedriger als die Summe der Einzelpreise ist, mit **höheren Erlösen** als bei einer Einzelpreissetzung einher, d. h., es wird mehr Konsumentenrente abgeschöpft. Neben diesem Effekt geht die Bündelung mit einer Heterogenisierung homogener Leistungen einher, wodurch sich der preispolitische Handlungsspielraum des Anbieters erweitert. Der Kombinationspreis bietet dem Leistungsgeber somit die Möglichkeit, ein **Abkoppeln vom Preiswettbewerb** zwischen den Anbietern zu erreichen und damit einen direkten Preiswettbewerb zu erschweren oder sogar unmöglich zu machen.

Beispiele für die Preisbündelung bei Dienstleistungen sind (vgl. Guiltinan 1987, S. 74):

-   Wochenendpauschalen in Hotels, die Übernachtungs-, Verpflegungs- und Unterhaltungsleistungen kombinieren,
-   Fitness-Center, die das Angebot der Nutzung der Räumlichkeiten und Sportgeräte mit dem Angebot eines individuell zugeschnittenen Trainings kombinieren,
-   PKW-Reinigungsanbieter, die Außen- und Innenreinigung zu einem Paket zusammenfassen,
-   Reiseanbieter, die Transport-, Hotel- und Sightseeing-Leistungen kombinieren.

Die Preisbündelung weist mehrere **Erscheinungsformen** auf. Im Hinblick auf die Beziehung zwischen dem Bündel und seinen Komponenten wird zwischen reiner (pure bundling) und gemischter Bündelung (mixed bundling) unterschieden (vgl. Adams/Yellen 1976, S. 479 f.). Während bei einer **reinen Bündelung** nur das gesamte Leistungsbündel zu einem einheitlichen Preis erworben werden kann, sind bei der **gemischten Bündelung** die Komponenten des Bündels auch einzeln erhältlich. Eine Theorie der Preisbündelung, auf deren Grundlage Aussagen über die Vorteilhaftigkeit dieser Bündelungsformen möglich sind, existiert nur in Ansätzen. Konkrete Aussagen zur Vorteilhaftigkeit, bei der die Einzelpreisstellung i. d. R. als Referenzpunkt dient, sind derzeit nur im Einzelfall möglich (vgl. Roth 2005, S. 264). Mit Bezug zur Art der Bündelbildung sind der Kopplungsverkauf und die Bündelung von Zusatzleistungen als spezielle Erscheinungsformen der Preisbündelung zu unterscheiden (vgl. Priemer 2000, S. 42 ff.). Beim **Kopplungsverkauf** wird die Hauptleistung durch eine oder mehrere Nebenleistungen seitens des Dienstleistungsanbieters ergänzt. Bei der **Bündelung von Zusatzleistungen** bildet die Hauptleistung zwar auch den Bezugspunkt, jedoch muss der Nachfrager die Zusatzleistung nicht zwangsläufig vom selben Dienstleister beziehen.

Die preispolitischen Instrumente Umsatzbonus und Kreuzcouponierung sind von der Preisbündelung abzugrenzen. Bei dem prozentual vom realisierten Umsatz oder pauschal für Umsätze in einem bestimmten Zeitraum gewährten **Umsatzbonus** liegt kein ex ante definiertes Leistungsbündel vor; der Verbund ergibt sich lediglich wertmäßig durch den Kauf unterschiedlicher Leistungen bei demselben Anbieter. Auch bei der **Kreuzcouponierung** liegt kein ex ante definiertes Leistungsbündel vor, weil dem Nachfrager beim Kauf einer Leistung der vergünstigte Bezug einer weiteren Leistung des Anbieters garantiert wird (vgl. Roth 2005, S. 261).

Um den Erlöseffekt der **reinen Bündelung** zu illustrieren, sei zunächst auf die Situation abgestellt, dass zwei Leistungen von **zwei Nachfragern** mit unterschiedlichen Preisbereitschaften nachgefragt werden (vgl. Tabelle 4.2-6).

Nachfrager \ Leistung	1	2	$1 \wedge 2$
1	12	3	15
2	10	4	14

Tab. 4.2-6:   Preisbereitschaften zweier Nachfrager für zwei Leistungen (Beispiel)

Bei Einzelpreissetzung ergibt sich ein maximaler Erlös in Höhe von 26 GE, wenn der Preis der ersten Leistung 10 GE und der Preis der zweiten Leistung 3 GE beträgt. In diesem Fall kaufen beide Nachfrager beide Leistungen. Der erste (zweite) Nachfrager realisiert dabei eine Konsumentenrente in Höhe von 2 GE (1 GE), weil der Preis der ersten (zweiten) Leistung seine Preisbereitschaft nicht ausschöpft. Die gleichen Leistungsmengen werden bei Preisbündelung abgesetzt, wenn der Preis für das Bündel höchstens 14 GE beträgt. Ein Bündelpreis von 14 GE geht mit dem Erlösmaximum von 28 GE einher. Der erste (zweite) Nachfrager realisiert dann eine Konsumentenrente von 1 GE (0 GE). Aufgrund derselben Absatzmengen sind die Kostensituationen bei Einzelpreissetzung und Preisbündelung identisch, so dass bei Erreichen des Erlösmaximums gleichzeitig das Gewinnmaximum vorliegt.

Der **Vorteil der Preisbündelung** gegenüber der Einzelpreissetzung liegt folglich darin begründet, das durch Bündelung die überschüssige Preisbereitschaft bei der einen Leistung auf die andere Leistung übertragen wird (vgl. Roth 2014, S. 318).

Weiterführende Aussagen über die Vorteilhaftigkeit der Einzelpreissetzung und Preisbündelung lassen sich durch eine Ausdehnung der Betrachtung auf **viele potentielle Nachfrager** mit unterschiedlicher Preisbereitschaft gewinnen. Dabei sei angenommen, dass die Preisbereitschaften $\tilde{b}_1$, $\tilde{b}_2$ der Nachfrager zu beiden Leistungen jeweils im Intervall $[0,1]$ gleichverteilt und die Grenzkosten K' des Anbieters für beide Leistungen nicht negativ und identisch $\left(K'_1 = K'_2 = K' \right)$ sind (vgl. Roth 2014, S. 313 ff.). Abbildung 4.2-6 gibt diesen Sachverhalt mit Hilfe eines b_1-b_2-Diagramms wieder.

Die Fläche 0ACH markiert die Gesamtnachfrage mit allen möglichen Preisbereitschaftskombinationen. Die Nachfragen, aus denen der Anbieter nicht negative Deckungsbeiträge generieren kann, sind in der Fläche 0ACH − 0DEG enthalten. Legt der Anbieter die Einzelpreise p_1 und p_2 $\left(p_1, p_2 \geq K' \right)$ fest, dann wird die Fläche möglicher Preisbereitschaftskombinationen in mehrere Teilflächen aufgeteilt (vgl. Abbildung 4.2-7). Die Teilflächen AINL und NPHR repräsentieren diejenigen Kunden, die nur die Leistung 1 bzw. nur die Leistung 2 erwerben. Kunden, die beide Leistungen erwerben, sind durch die Teilfläche ICPN gekennzeichnet. Der Gewinn des Anbieters entspricht dann der Summe der Flächen LPFD und BIRG (vgl. Adams/Yellen 1976, S. 477 ff.).

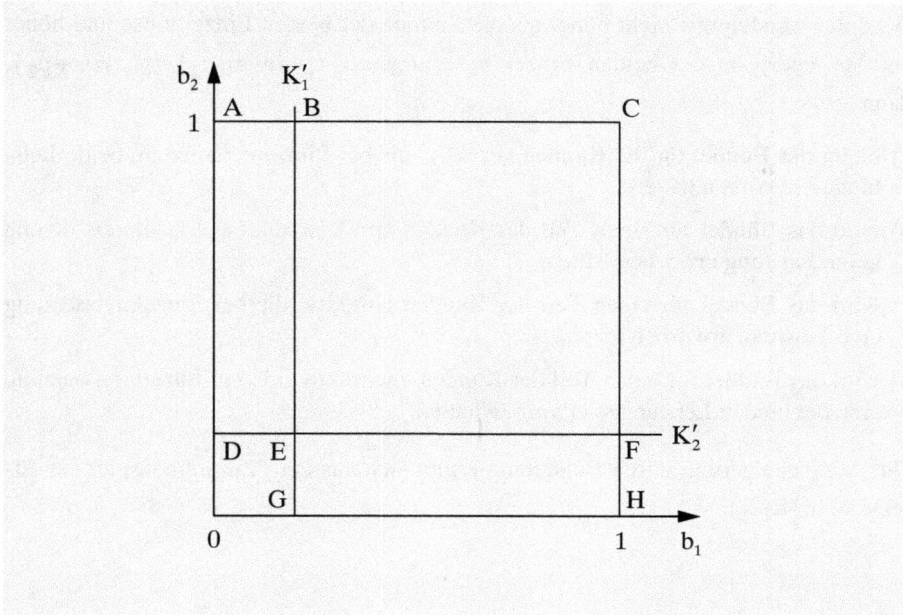

Abb. 4.2-6: Nachfrage bei gleichverteilten Preisbereitschaften

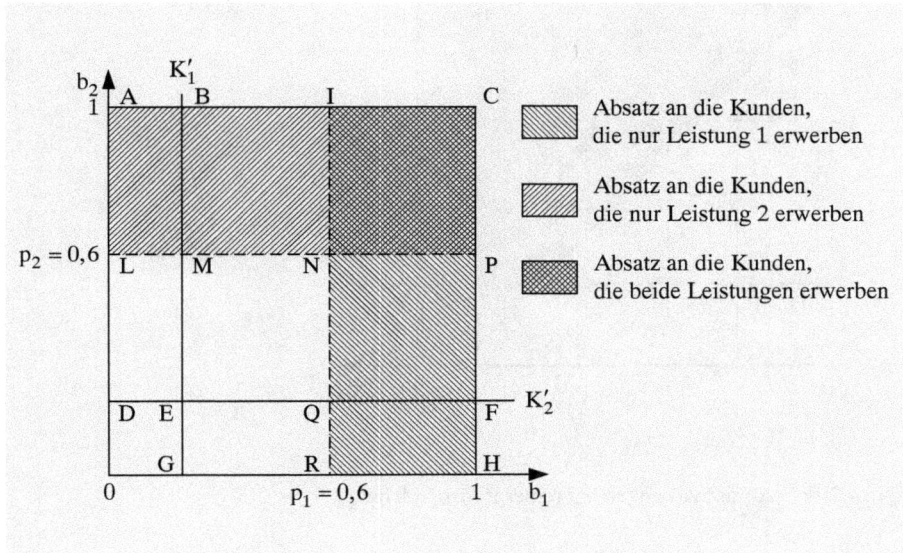

Abb. 4.2-7: Absatzwirkungen bei Einzelpreissetzung

Bei einem Bündelpreis p_b $(2 \cdot K' \leq p_b < 1)$ wird die Absatzmenge durch die vier Teilflächen $AINL, NPHR, ICPN$ und LNR repräsentiert (vgl. Abbildung 4.2-8).

Wird der Bündelpreis nicht höher als die Summe der beiden Einzelpreise und höher als der niedrigste der beiden Einzelpreise angesetzt $\left(\min\left(p_1, p_2\right) < p_b \leq p_1 + p_2\right)$, dann

a) bleibt das Bündel für die Kunden attraktiv, die bei Einzelpreissetzung beide Leistungen erworben hätten,

b) wird das Bündel für einen Teil der Kunden attraktiv, die bei Einzelpreissetzung keine Leistung erworben hätten,

c) wird das Bündel für einen Teil der Kunden attraktiv, die bei Einzelpreissetzung eine Leistung erworben hätten,

d) wird das Bündel für einen Teil der Kunden unattraktiv, die bei Einzelpreissetzung eine der beiden Leistungen erworben hätten.

Die Absatzsteigerung durch Bündelung ergibt sich aus dem Zusammenspiel der Effekte b) bis d).

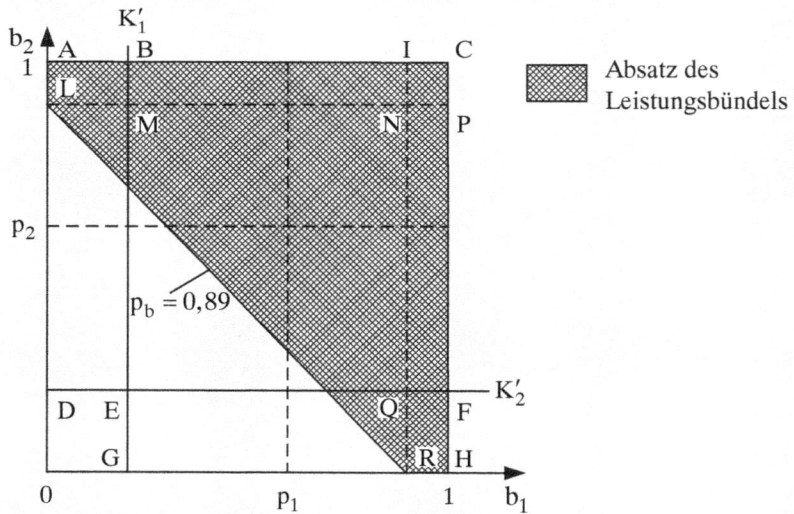

Abb. 4.2-8:   Absatzwirkungen bei reiner Preisbündelung

Aus der Perspektive eines Gewinnmaximierers ist nicht jede Absatzsteigerung positiv zu beurteilen, da diese einerseits durch einen Bündelpreis bewirkt wird, der niedriger als die Summe der Einzelpreise ist, und andererseits mit zusätzlichen Kosten einhergeht.

Analytisch ergeben sich im vorliegenden Fall die folgenden Ergebnisse (vgl. Roth 2014, S. 315):

Einzelpreissetzung

$$G_e = (p_1 - K') \cdot (1 - p_1) \cdot p_2$$
$$+ (p_2 - K') \cdot (1 - p_2) \cdot p_1$$
$$+ (p_1 + p_2 - 2 \cdot K') \cdot (1 - p_1) \cdot (1 - p_2)$$

$$p_1^* = p_2^* = p^* = \frac{1 + K'}{2}$$

$$G_e^{max} = \frac{1}{2} \cdot (1 - K')^2$$

für $0 \leq K' < 1$

Reine Preisbündelung

$$G_b = (p_b - 2 \cdot K') \cdot (1 - \frac{1}{2} \cdot p_b^2)$$

$$p_b^* = \frac{2}{3} \cdot K' + \sqrt{(\frac{2}{3} \cdot K')^2 + \frac{2}{3}}$$

$$G_b^{max} = \left(\sqrt{\left(\frac{2}{3} \cdot K'\right)^2 + \frac{2}{3}} - \frac{4}{3} \cdot K' \right) \cdot$$

$$\left(1 - \frac{1}{2} \cdot \left(\frac{2}{3} \cdot K' + \sqrt{\left(\frac{2}{3} \cdot K'\right)^2 + \frac{2}{3}} \right)^2 \right)$$

für $0 \leq K' < 0{,}25$

Bei Einzelpreissetzung und reiner Preisbündelung ist der bei optimaler Festlegung der Preise erreichbare maximale Gewinn von der Höhe der **Grenzkosten** abhängig. Die Verläufe der Maximalgewinnfunktionen beider Preissetzungsalternativen unterscheiden sich jedoch derart, dass bei niedrigen Grenzkosten die reine Preisbündelung der Einzelpreissetzung vorzuziehen ist, sich aber diese Relation nach dem Erreichen eines kritischen Kostenbetrages $\left(K'_{krit} \approx 0{,}138 \right)$ umkehrt (vgl. Abbildung 4.2-9). Dieses Ergebnis lässt sich in seiner Tendenz auch für andere Verteilungen der Preisbereitschaft nachweisen (vgl. Roth 2014, S. 317 f.).

Neben den Grenzkosten des Anbieters stellt die **Korrelation der Preisbereitschaften** der Nachfrager eine wesentliche Einflussgröße auf die Vorteilhaftigkeit der reinen Preisbündelung dar (vgl. McAfeel/McMillan/Whinston 1989, S. 373 ff; Schmalensee 1984, S. S211 ff.). Der bisherigen Argumentation lag die Situation bei unkorrelierten Preisbereitschaften zugrunde. Die Korrelation ist negativ, wenn in der Menge der Nachfrager überdurchschnittlich viele Nachfrager eine hohe Preisbereitschaft für die eine und eine niedrige Preisbereitschaft für die andere Leistung haben. Bei positiver Korrelation ist hingegen bei überdurchschnittlich vielen Nachfragern die Preisbereitschaft für beide Leistungen in etwa gleichhoch. Da die Preisbündelung auf der Übertragung überschüssiger Preisbereitschaft für eine Leistung auf die andere Leistung mit niedriger Preisbereitschaft aufbaut, ist der Vorteilsbereich der Preisbündelung bei negativer (positiver) Korrelation größer (kleiner) als bei unkorrelierten Preisbereitschaften (vgl. Roth 2014, S. 327 f.).

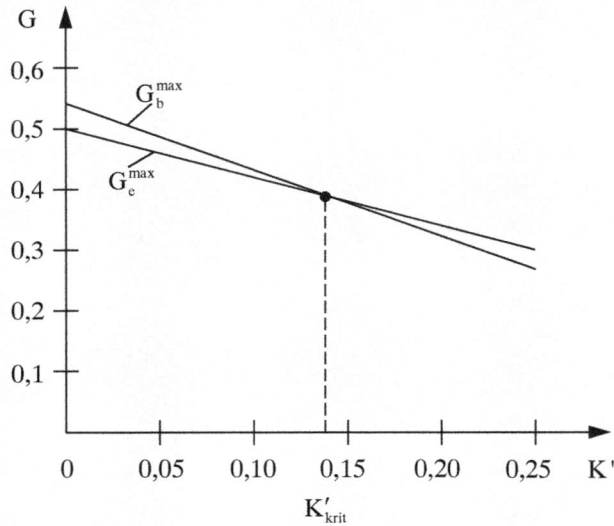

Abb. 4.2-9: Verläufe der Maximalgewinnfunktionen bei Einzelpreissetzung
             und Preisbündelung

Bei der Analyse der Absatzwirkungen durch einen Wechsel von der Einzelpreissetzung zur reinen Preisbündelung zeigte sich, dass das Bündel für einen Teil der Kunden unattraktiv wird, die bei Einzelpreissetzung eine der beiden Leistungen erworben
hätten (Wirkung d). Um diese Wirkung abzuschwächen, kann eine gemischte Preisbündelung vorgenommen werden, indem zusätzlich zum Bündelpreis für beide Leistungen Preise für den Erwerb der Einzelleistungen festgelegt werden. Damit ergibt
sich die in Abbildung 4.2-10 dargestellte Situation.

Die Gewinnfunktion berücksichtigt damit die Wirkungen des Bündelpreises und der
Einzelpreissetzung:

$$G_m = \left(p_b - 2 \cdot K'\right) \cdot \left(\left(1 + p_1 - p_b\right) \cdot \left(1 + p_2 - p_b\right) - \frac{1}{2} \cdot \left(2 \cdot p_1 - p_b\right) \cdot \left(2 \cdot p_2 - p_b\right)\right)$$
$$+ \left(p_1 - K'\right) \cdot \left(1 - p_1\right) \cdot \left(p_b - p_1\right)$$
$$+ \left(p_2 - K'\right) \cdot \left(1 - p_2\right) \cdot \left(p_b - p_2\right)$$

Für den Fall $K' = 0$ lassen sich die optimalen Preise und der maximale Gewinn analytisch bestimmen (vgl. Bhargava 2013, S. 2175 f.):

$$p_1^* = p_2^* = p_e^* = \frac{2}{3}$$

$$p_b^* = \frac{1}{3} \cdot \left(4 - \sqrt{2}\right)$$

$$G_m^{max} \approx 0,549$$

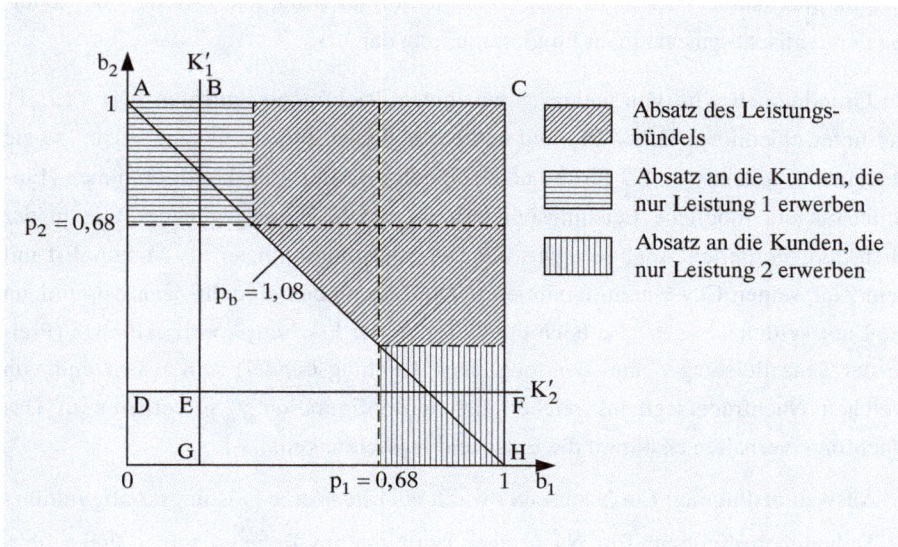

Abb. 4.2-10: Absatzwirkungen bei gemischter Preisbündelung

Für den Fall vernachlässigbar niedriger Grenzkosten zeigt sich, dass der maximale Gewinn und beide Preise höher sind als in den Fällen der Einzelpreissetzung bzw. der reinen Bündelung. Dies gilt stets auch bei positiven Grenzkosten (vgl. Tabelle 4.2-7). In diesem Fall kann die Bestimmung der optimalen Preise nicht mehr analytisch, sondern numerisch vorgenommen werden (vgl. Bhargava 2013, S. 2173 ff.).

K'	0,00	0,05	0,10	0,15	0,20	0,25
p_b^*	0,862	0,918	0,973	1,027	1,082	1,137
p_e^*	0,667	0,661	0,664	0,670	0,680	0,692
G_m^{max}	0,549	0,491	0,437	0,387	0,341	0,298

Tab. 4.2-7: Optimale Preise und maximaler Gewinn in Abhängigkeit von den Grenzkosten bei gemischter Preisbündelung

Optimale Bündel- und Einzelpreise lassen sich nur in Spezialfällen analytisch bestimmen, die in der Realität nicht immer vorliegen. Zur Lösung derartiger Fragestellungen in der Realität bieten sich deshalb numerische Ansätze an, die auf weniger restriktiven Annahmen aufbauen. Eine aufgrund der derzeit verfügbaren Rechentechnik praktikable Vorgehensweise stellt die Formulierung und Lösung von Modellen der gemischt-ganzzahligen Programmierung dar.

Im Grundmodell wird von mehreren bekannten Nachfragersegmenten i $(i = 1,...,I)$ mit unterschiedlicher Größe N_i und unterschiedlichen Preisbereitschaften b_{ij} sowie bekannter Grenzkosten K'_j für die unterschiedlichen Leistungskonfigurationen (Einzelleistungen, mögliche Leistungsbündel) j $(j = 1,...,J)$ ausgegangen. Wie in der oben durchgeführten Analyse agiert der Dienstleistungsanbieter als Monopolist mit dem Ziel, seinen Gewinn zu maximieren. Die Lösung des Modells beantwortet dann die Entscheidungsfragen, wie hoch die Preise p_j der Leistungskonfigurationen (Preise der Einzelleistungen und der möglichen Leistungsbündel) sein sollen und von welchem Nachfragersegment welche Leistungskonfiguration y_{ij} erworben wird. Das Nachfragerverhalten bestimmt die Entscheidungsschranken:

1. Auswahlbedingung: Ein Nachfrager wählt höchstens eine Leistungskonfiguration.

2. Teilnahmebedingung: Ein Nachfrager kauft nur im Rahmen seiner Preisbereitschaft.

3. Nutzenmaximierung: Ein Nachfrager entscheidet sich für die Leistungskonfiguration mit der höchsten Rente.

Die verbale Problemformulierung lässt sich unter Verwendung der definierten Symbole in ein formales Entscheidungsmodell überführen:

- Zielfunktion:

$$\max \sum_{i=1}^{I} \sum_{j=1}^{J} \left(\left(p_j - K'_j \right) \cdot y_{ij} \cdot N_i \right)$$

- Nebenbedingungen:

$$\text{1.:} \qquad \sum_{j=1}^{J} y_{ij} \leq 1 \qquad\qquad \forall i$$

$$\text{2.:} \qquad b_{ij} \geq y_{ij} \cdot p_j \qquad\qquad \forall i,j$$

$$\text{3.:} \qquad b_{ij} - p_j \geq y_{ij} \cdot \max_{j'} \left(b_{ij'} - p_{j'} \right) \qquad\qquad \forall i,j$$

- Wertebereiche der Entscheidungsvariablen:

$$p_j \geq 0 \qquad\qquad \forall j$$

$$y_{ij} \in \{0,1\} \qquad\qquad \forall i, j$$

Zur Lösung dieses Entscheidungsmodells kann auf das Branch-and-bound-Verfahren zurückgegriffen werden. Bereits mit der Rechentechnik der 1980er Jahre wurden gleichartige Probleme mit 4 Einzelleistungen und 10 Nachfragersegmenten in akzeptabler Zeit optimal gelöst (vgl. Hanson/Martin 1990, S. 162 f.).

4.2.3.1.1.2 Preisdifferenzierung

Werden von einem Anbieter für das gleiche Absatzobjekt unterschiedliche Preise gefordert, dann liegt eine Preisdifferenzierung vor. Diese preispolitische Maßnahme ist dann realisierbar, wenn in Bezug auf die Dienstleistung

- Maximalpreise und Preiselastizitäten bei den Nachfragern unterschiedlich sind,
- sich mindestens zwei Nachfragersegmente unter preispolitischen Gesichtspunkten bilden lassen, zwischen denen möglichst geringe Wechselwirkungen bestehen und keine Leistungen zwischen den Segmenten transferiert werden können, und
- ein unvollkommener Markt vorliegt (vgl. Phlips 1989, S. 14 ff.).

Formen der Preisdifferenzierung lassen sich einerseits aus dem Kriterium, das der Segmentierung der Nachfrage zugrunde liegt, und anderseits aus dem Preisbildungsmechanismus ableiten (zu einem Literaturüberblick zur begrifflichen Heterogenität der Preisdifferenzierung vgl. Faßnacht 1996, S. 13 ff.). Gemäß dem Nachfragesegmentierungskriterium ist zwischen personenbezogener, räumlicher, suchkostenbezogener, zeitlicher, leistungsbezogener und mengenbezogener Differenzierung zu unterscheiden (zu weiteren Unterscheidungen vgl. Faßnacht 1996, S. 53 ff.; Tacke 1989, S. 12 ff.).

Von einer **personenbezogenen Preisdifferenzierung** wird dann gesprochen, wenn ein Anbieter gleiche Leistungen auf der Grundlage einer an die einzelne Person gebundenen Eigenschaft (z. B. Geschlecht, Alter, Einkommen, Institutionenzugehörigkeit) zu unterschiedlichen Preisen an die Nachfrager veräußert. Beispiele hierfür sind (vgl. Faßnacht 1996, S. 62 f.):

- Lebensalter: Ermäßigung für Kinder, Jugendliche und Senioren (z. B. Beförderungsentgelt im öffentlichen Personennahverkehr, Eintrittspreis für Kino- oder Theaterveranstaltungen),
- Berufsgruppe: vergünstigte Tarife für Kunden, die ausgewählten Berufsgruppen zugehörig sind (z. B. Versicherungstarife für Mitarbeiter des öffentlichen Dienstes),

- Einkommen: niedrige oder höhere Gebühren für Kunden mit geringem bzw. hohem Einkommen (z. B. Kindergartengebühren, Kontoführungsgebühren),

- Ausbildungsstatus: reduzierte Preise für Schüler, Studenten und Auszubildende (z. B. Beförderungsentgelt im öffentlichen Personennahverkehr, Kontoführungsgebühren).

Bei einer **räumlichen Preisdifferenzierung** werden von einem Anbieter gleiche Leistungen auf geographisch unterschiedlichen Märkten zu unterschiedlichen Preisen erbracht, um regionalen Unterschieden der Märkte (Wettbewerbssituation, Kaufkraft, Nachfrage, Distributionskosten) Rechnung zu tragen (z. B. regionenabhängiger Tarif der Kfz-Versicherung). Die internationale Preisdifferenzierung ist dabei als Spezialfall zu sehen, bei dem die geographische Abgrenzung mit den jeweiligen Ländern identisch ist (z. B. länderabhängige Preise international agierender Autovermieter).

Im Rahmen der **suchkostenbezogenen Preisdifferenzierung** wird berücksichtigt, dass Nachfrager vor dem Erwerb einer Leistung den Markt erkunden müssen, um den günstigsten Anbieter ausfindig zu machen. Da durch die Suche Opportunitätskosten entstehen, dehnen die Nachfrager ihre Aktivitäten nur soweit aus, bis der durch Suche generierbare Preisvorteilszuwachs gleich dem Kostenzuwachs ist. Bei unterschiedlich hoch wahrgenommenen Suchkostensätzen, lassen sich zumindest zwei Segmente abgrenzen:

- Nachfrager, die auf die Suche nahezu verzichten und deshalb einen höheren Preis für die Leistung akzeptieren, und

- Nachfrager, die eine intensive Suche betreiben und dadurch die Leistung zum günstigsten Preis erwerben.

Die suchkostenbezogene Preisdifferenzierung erfolgt dann durch einen dauerhaft gültigen höheren Preis, den die Nachfrager des zuerst genannten Segmentes gerade noch zu zahlen bereit sind, und einen zufällig und mit zeitlicher Befristung auftretenden niedrigeren Preis, der aufgrund seines unregelmäßigen Eintritts nur von den Nachfragern des zuletzt genannten Segmentes systematisch wahrgenommen wird (vgl. Tellis 1986, S. 147 und S. 150 f.). Beispiele für diese Preisdifferenzierung sind:

- „Sofort Kaufen"-Option bei Online-Auktionen (vgl. Simon/Fassnacht 2009, S. 527),

- Preise einer Flugreise, die direkt von der Fluggesellschaft und über ein Online-Portal vertrieben wird (vgl. Clemons/Hann/Hitt 2002, S. 536 ff.).

Fordert ein Anbieter für eine sonst gleiche Leistung in Abhängigkeit von der Lage der Nutzungszeit (Tageszeiten, Wochentage, Saison) unterschiedliche Preise, dann liegt eine **statische zeitliche Preisdifferenzierung** vor. Diese wird bei Dienstleistungen mit zeitlich regelmäßigen Auslastungsschwankungen angewendet, um glättend auf die zeitliche Verteilung der Nachfrage einzuwirken (vgl. Skiera/Spann 1998, S. 705 ff.). Als Beispiele seien genannt:

- Nutzungsgebühr einer Tennishalle in Abhängigkeit von der Tageszeit,
- saisonabhängiger Preis einer Ferienwohnung,
- abweichende Hotelzimmerpreise an Werktagen und Wochenenden,
- unterschiedliche Preise für Urlaubsreisen in der Haupt- und Nebensaison,
- tageszeitabhängige Nutzungsgebühr bei Telefonanbietern,
- Happy hour in gastronomischen Einrichtungen,
- Peakload Pricing im Bereich der Elektrizitätsversorgung.

Da die Zeitgebundenheit des Preises eine zeitliche Flexibilität der Nachfrager bei der Leistungsinanspruchnahme voraussetzt, korrespondiert die zeitliche Preisdifferenzierung äußerst eng mit der persönlichen Preisdifferenzierung. So können preisgünstige Zeiten nur von bestimmten Gruppen genutzt werden (z. B. Studenten, Ehepaare ohne Kinder, Rentner).

Im Unterschied zu dieser ex ante festgelegten regelmäßig wiederkehrenden Zuordnung der Preise zu Zeitintervallen erfolgen bei einer **dynamischen zeitlichen Preisdifferenzierung** situationsabhängige Preisanpassungen. Bei der operativen Preisgestaltung können sich die Preise etwa wie im **Revenue Management** (vgl. Abschnitt 4.3.2) an der aktuellen Kapazitätsauslastung orientieren, während im Rahmen der taktischen Preisgestaltung die Preise in Abhängigkeit von der aktuellen Phase des Produktlebenszyklus festgelegt werden (vgl. Skiera/Spann/Walz 2005, S. 289).

Von einer **leistungsbezogenen Preisdifferenzierung** wird dann gesprochen, wenn artverwandte Leistungen zwar in räumlicher, zeitlicher und mengenmäßiger Hinsicht identisch sind, sich aber durch einzelne Leistungsmerkmale unterscheiden und auf dieser Grundlage zu unterschiedlichen Preisen angeboten werden. Dabei sind auch die kostenmäßigen Konsequenzen der Externalisierung und Internalisierung von Bedeutung. Simon (1992, S. 576) betont in diesem Zusammenhang die beiden folgenden Aspekte:

- die durch den Nachfrager wahrgenommenen Nutzenunterschiede müssen so groß sein, dass sie die unterschiedlichen Preise aus Nachfragersicht rechtfertigen, und
- die Preisdifferenz darf nicht größer sein als die wahrgenommene Nutzendifferenz.

Beispiele für diese Form der Preisdifferenzierung sind:

- Preise im Hotel für Standard- und Luxuszimmer,

- Preise für Economy-Class- und Business-Class-Flüge,

- Preise für Bahnfahrten erster und zweiter Klasse und

- Preise für unterschiedliche Versionen einer Basis-Informationsdienstleistung (Vollständigkeit einer Datenbank, Geschwindigkeit der Bereitstellung von Börseninformationen) (vgl. Spann/Mang 2007, S. 686 ff.).

Bei einer **mengenmäßigen Preisdifferenzierung** variiert der durchschnittliche Preis einer Leistung in Abhängigkeit von der Abnahmemenge, so dass auch von nicht linearer Preisbildung im Einproduktfall (vgl. Skiera 1999, S. 1 ff.; Tacke 1989, S. 26 ff.) gesprochen wird. Beispiele hierfür sind

- mehrteiliger Tarif (z. B. Kombinationen aus Grund- und Nutzungsgebühr),

- Blocktarif (z. B. Menü aus Flatrate und mehrteiligem Tarif),

- Mengenrabatt (z. B. Rabattstaffel, Dreingabe, Draufgabe),

- Mehrpersonenpreis (z. B. Familien-Sparpreis).

Im Hinblick auf den Preisbildungsmechanismus wird nach Pigou (1960, S. 279) zwischen unterschiedlichen Graden der Preisdifferenzierung unterschieden:

- **Erster Grad**: Von jedem Kunden wird im Gegenzug für eine Leistung der Preis gefordert, der seiner maximalen Preisbereitschaft entspricht.

- **Zweiter Grad**: Die Kunden können eine Leistung in unterschiedlicher Menge (Qualität) erwerben und dabei aus mehreren Preis-Mengen (Qualitäts-) Kombinationen auswählen (self selection). Die Gesamtnachfrage segmentiert sich durch die Auswahlentscheidungen der Kunden.

- **Dritter Grad**: Die Gesamtnachfrage nach einer Leistung wird durch mindestens ein für die Marktteilnehmer prüfbares Kriterium segmentiert, so dass jeder Kunde genau einem von mehreren Teilmärkten zugeordnet ist (assignment). Für jeden Teilmarkt wird der Preis separat bestimmt.

Um die Vorteilhaftigkeit der Preisdifferenzierung ersten Grades für den Anbieter zu verdeutlichen, kann die **monopolistische Preissetzung** für die Gesamtnachfrage als Vergleichsbasis gewählt werden (vgl. Abbildung 4.2-11).

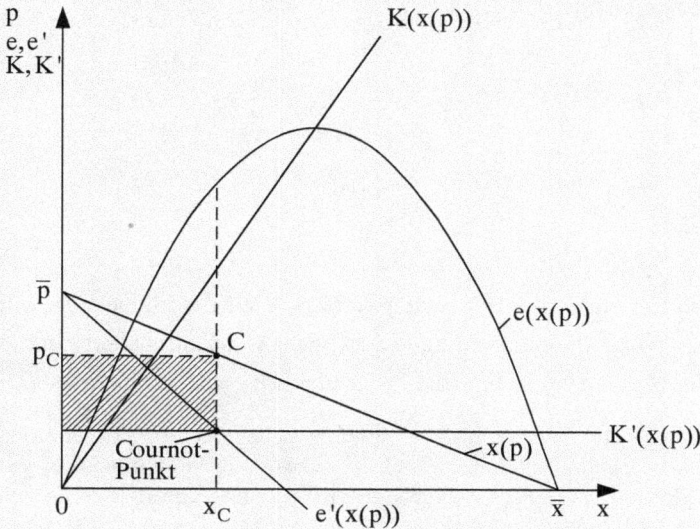

Abb. 4.2-11:   Preisbildung im Monopol

Die Preis-Absatz-Funktion $x(p)$ ergibt sich aus der Aggregation der Preisbereitschaftsfunktionen aller in dem betrachteten Markt agierenden Nachfrager. Der Prohibitivpreis $\bar{p}$ gibt an, ab welchem Mindestbetrag die angebotene Leistung nicht mehr nachgefragt wird, wohingegen $\bar{x}$ die maximal nachgefragte Menge (bei einem Preis von null) kennzeichnet. Mit sinkendem Preis nimmt die nachgefragte Menge zu, so dass der Erlös $e\big(x(p)\big)$ aufgrund der gegenläufigen Effekte einen zunächst steigenden und dann fallenden Verlauf aufweist. Die neben dem Erlös für die Gewinnermittlung relevanten Kosten $K\big(x(p)\big)$ steigen mit zunehmender Absatzmenge bzw. mit sinkendem Preis. Damit ist der gewinnmaximale Preis p_C niedriger als der erlösmaximale Preis und wird durch die Menge x_C bestimmt, bei der der Abstand zwischen Erlös und Kosten am größten ist. Mit anderen Worten gleichen sich genau bei diesem Preis die gewinnsteigernde Wirkung des Erlöszuwachses und die gewinnsenkende Wirkung des Kostenzuwachses aus: Der Grenzerlös $e\big(x_C\big)$ ist gleich den Grenzkosten $K'\big(x_C\big)$. Dieser Schnittpunkt wird auch als Cournot-Punkt bezeichnet.

Bei dem Preis von p_C (linearer Tarif) und der daraus resultierenden Absatzmenge x_C wird ein Gewinn in Höhe von $x_C \cdot \big(p_C - K'\big(x_C\big)\big)$ realisiert (schraffierte Fläche in Abbildung 4.2-11). Bei einer linearen Preis-Absatz-Funktion $x(p) = \bar{x} - b \cdot p$ und konstanten Grenzkosten K' lassen sich Cournot-Preis p_C und Cournot-Menge x_C

mit Hilfe der inversen Preis-Absatz-Funktion $p(x) = \overline{p} - a \cdot x$ $(\overline{p} = \overline{x} / b,\ a = 1 / b)$ analytisch bestimmen:

$$x_C = \frac{\overline{p} - K'}{2 \cdot a},\quad p_C = \frac{\overline{p} + K'}{2}$$

Der Gewinn beträgt in diesem Fall:

$$G_C = \frac{(\overline{p} - K')^2}{4 \cdot a}$$

Bei einer **Preisdifferenzierung ersten Grades** leitet der Anbieter hingegen nicht einen Preis aus der Gesamtnachfrage ab, sondern versucht, mehrere individuell auf die einzelnen Kunden zugeschnittene Preise durchzusetzen. Damit könnte er

- die überschüssige Preisbereitschaft derjenigen Kunden abschöpfen, die die Leistung auch zu einem höheren Preis als p_C erwerben würden, so dass zusätzlicher Gewinn durch höhere Preise generiert wird (oberes schraffiertes Dreieck in Abbildung 4.2-12), und

- anderseits diejenigen Nachfrager als Kunden gewinnen, deren Preisbereitschaft zwischen p_C und K' liegt, so dass zusätzlicher Gewinn durch eine größere Absatzmenge bei niedrigem Preis entsteht (unteres schraffiertes Dreieck in Abbildung 4.2-12).

Der Gewinn erhöhte sich dann auf $x_C \cdot (\overline{p} - K')$ und würde bei linearer Preis-Absatz-Funktion $(\overline{p} - K') / (2 \cdot a)$ betragen (doppelt schraffierte und einfach schraffierte Flächen in Abbildung 4.2-12).

Eine solche Vorgehensweise lässt sich in der Realität jedoch nur dann erfolgreich umsetzen, wenn

- von jedem Nachfrager der individuelle Maximalpreis ermittelt werden kann (vgl. Simon 1992, S. 90 ff.; Skiera/Revenstorff 1999, S. 24),

- den Nachfragern zum Zeitpunkt der Kaufentscheidung keine Information darüber vorliegt, dass der Anbieter die Preise individuell differenziert, und

- keine juristischen Gründe dagegensprechen (vgl. Faßnacht 1996, S. 54).

Somit hat die Preisdifferenzierung ersten Grades primär theoretische Relevanz. Tendenziell entsprechen individuelle Preisverhandlungen, Feilschen und die Durchführung von Auktionen der Intention dieser Form der Preisdifferenzierung (vgl. Diller 2008, S. 228).

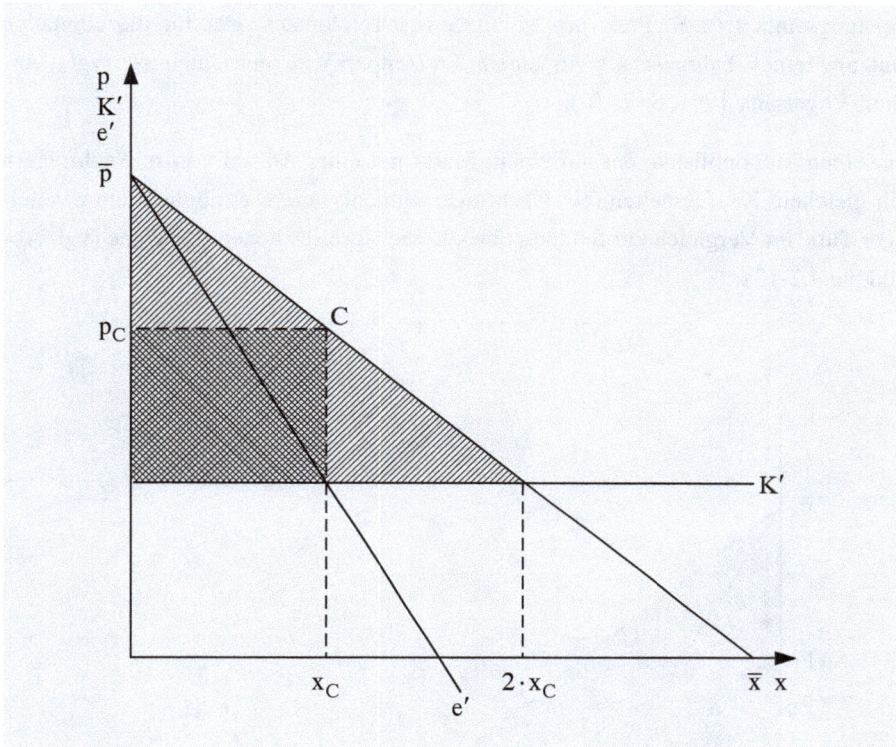

Abb. 4.2-12: Preisdifferenzierung ersten Grades

Die **Preisdifferenzierung zweiten Grades** ist dadurch gekennzeichnet, dass von den Nachfragern für eine Leistung unterschiedliche Preise pro Mengeneinheit (Qualitätseinheit) in Abhängigkeit von der erworbenen Leistungsmenge (Leistungsqualität) gefordert werden, wobei größere Mengen (höhere Qualitäten) mit niedrigeren Preisen pro Einheit einhergehen. Sie tritt vor allem in der Form der leistungsbezogenen oder der mengenmäßigen Preisdifferenzierung auf (vgl. Diller 2008, S. 228 f.). Aufgrund der nicht proportionalen Beziehung zwischen Menge (Qualität) und Preis wird in diesem Fall auch von **nicht linearer Preisbildung** gesprochen. Die Nachfrager wählen aus dieser für alle Kunden gleichen Preisstruktur selbständig die für sie vorteilhafteste Preis-Mengen (Qualitäts)-Kombination aus und segmentieren sich somit selbst (vgl. Simon 1992, S. 399 f.).

Der **zweiteilige Tarif** stellt eine Grundform der nicht linearen Preisbildung dar. Die Preisstruktur ergibt sich dabei aus einer **Grundgebühr** F, die den Nachfrager zur Inanspruchnahme von Leistungsmengen berechtigt (z. B. Eintrittspreis, Bereitstellungspreis, Mitgliedsgebühr), und einer **Nutzungsgebühr** v, die pro konsumierter

Leistungseinheit (z. B. Preis pro Minute eines Telefonates oder für die einmalige Nutzung eines Fahrgeschäfts in einem Freizeitpark) zu entrichten ist (vgl. Mitchell/Vogelsang 1991, S. 73 ff.).

Für einen Monopolisten, der auf einem Markt mit einer Anzahl von n Nachfragern mit gleichem Kaufverhalten (ein Nachfragersegment) agiert, ermöglicht ein zweiteiliger Tarif im Vergleich zur Setzung eines Einheitspreises höhere Gewinne (vgl. Abbildung 4.2-13).

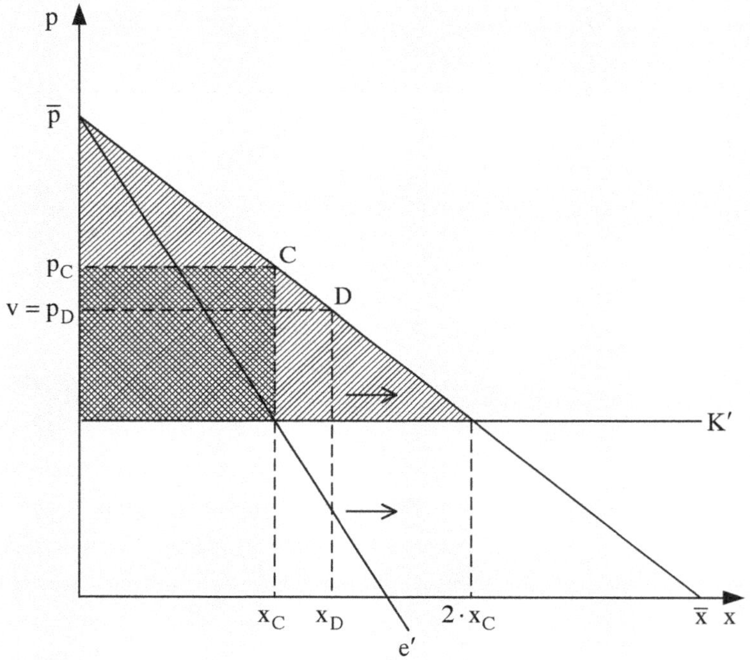

Abb. 4.2-13: Preisdifferenzierung 2. Grades durch einen zweiteiligen Tarif

Bei einem Einheitspreis $v = p_C$ erreicht der Anbieter die Absatzmenge x_C auch dann, wenn er die Konsumentenrente (Dreieck $\overline{p}p_C C$) durch eine zusätzlich erhobene Grundgebühr

$$F \leq \frac{(\overline{p} - p_C)}{2 \cdot n} \cdot x_C$$

(teilweise) abschöpft. Die Kunden erwerben die Menge x_C, weil die Konsumentenrente nicht negativ ist und durch den Erwerb von Mengen $x < x_C$ nicht steigt. Für die Anbieter ergibt sich eine Gewinnsteigerung in Höhe der zusätzlich abgeschöpften Konsumentenrente. Die Steigerung kann fortgesetzt werden, indem die Nutzungsgebühr z. B. auf $K' < v = p_D < p_C$ gesenkt und die Grundgebühr auf

$$F \leq \frac{(\overline{p} - p_D)}{2 \cdot n} \cdot x_D$$

erhöht wird. In dieser Situation wird die Menge x_D abgesetzt, und der Gewinn erhöht sich um $(x_D - x_C) \cdot ((p_C - p_D)/2 + p_D - K')$. Die maximale Gewinnsteigerung wird dann erreicht, wenn die Nutzungsgebühr auf $v = K'$ gesenkt und die Grundgebühr auf

$$F = \frac{(\overline{p} - K')}{n} \cdot x_C$$

erhöht wird, so dass sich eine Absatzmenge von $2 \cdot x_C$ ergibt. Der Gewinn des Monopolisten ist dadurch um $(\overline{p} - p_C) \cdot x_C$ höher als bei Einzelpreissetzung und beträgt $(\overline{p} - K') \cdot x_C$.

Eine zweite weitverbreitete Grundform der nicht linearen Preisbildung bei Dienstleistungen ist der Pauschaltarif (z. B. Tagesticket für Fahrten im öffentlichen Personennahverkehr, Flatrate für die innerhalb eines Monats geführten Telefonate, Preise für All-you-can-Angebote, Jahreseintrittskarte für Museen). Er besteht nur aus einer Grundgebühr L, nach deren Entrichtung den Kunden in einem definierten Zeitraum eine unbegrenzte Leistungsmenge angeboten wird. Die mengenbezogene Preisdifferenzierung ergibt sich aus dem Sachverhalt, dass sich der Stückpreis mit zunehmender Menge asymptotisch an den Wert null annähert (vgl. z. B. Lambrecht 2005, S. 15).

Ein Monopolist, der ein homogenes Nachfragersegment mit n Nachfragern bedient, kann im Vergleich zur Einzelpreissetzung (linearer Tarif) mit einem Pauschaltarif höhere Gewinne generieren. Im Rückgriff auf die Überlegungen zum zweiteiligen Tarif (vgl. Abbildung 4.2-14) könnte der Anbieter die Preiskomponenten F und v $(\overline{x} - 2 \cdot x_C) \cdot K'/2$ zum Pauschaltarif L kombinieren. Allerdings würden die Kunden nach Zahlung dieser Pauschale nicht die mit dem Grenzkostenpreis korrespondierende Menge $2 \cdot x_C$ konsumieren. Sie würden stattdessen den Konsum bis zur gemäß ihrer Preis-Absatz-Funktion maximalen Menge $\overline{x}$ ausdehnen, um den Stückpreis zu minimieren und dadurch die Konsumentenrente $(\overline{x} - 2 \cdot x_C) \cdot K'/2$ zu realisieren (vgl. Abbildung 4.2-14).

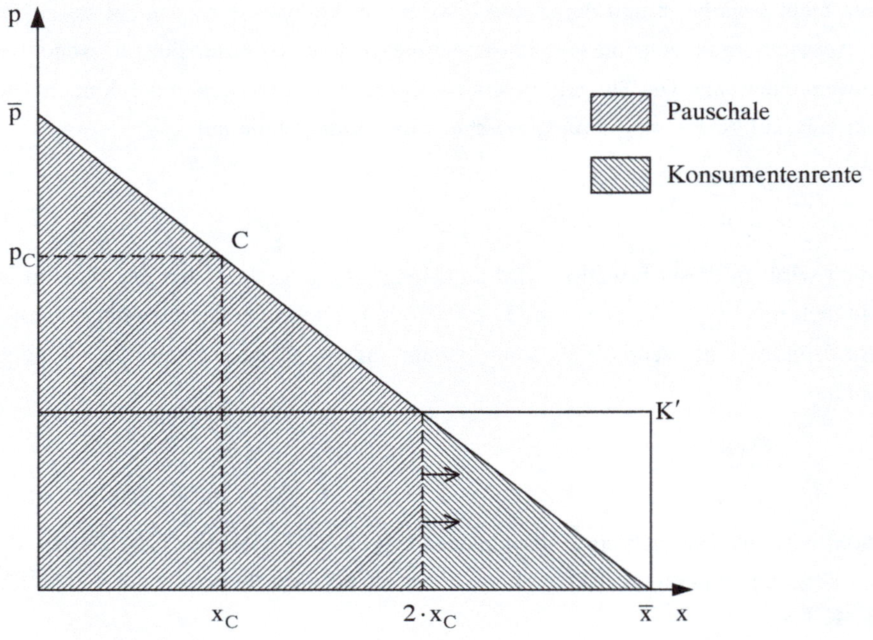

Abb. 4.2-14:   Preisdifferenzierung 2. Grades durch einen Pauschaltarif

Um diese Konsumentenrente abzuschöpfen, muss der Anbieter die Pauschale auf

$$L = \frac{\overline{p} \cdot \overline{x}}{2} = \frac{\overline{p}^2}{2 \cdot b}$$

erhöhen. Diese Erhöhung kompensiert jedoch nur die Hälfte der durch die größere Absatzmenge zusätzlich induzierten Kosten $(\overline{x} - 2 \cdot x_c) \cdot K'$, so dass der Gewinn

$$G = L - K' \cdot \overline{x} = \frac{\overline{p}^2 - 2 \cdot \overline{p} \cdot K'}{2 \cdot b}$$

beträgt. Er ist somit höher als bei der Einzelpreissetzung (linearer Tarif) und niedriger als bei der Anwendung des zweiteiligen Tarifs.

Setzt sich die Gesamtnachfrage aus **mehreren Segmenten** zusammen und ist das Kaufverhalten der Nachfrager aus unterschiedlichen Segmenten verschiedenartig, dann eröffnen sich für den Anbieter weitere Preisdifferenzierungsmöglichkeiten. Mit der Festlegung eines einheitlichen Tarifs würde der Anbieter bei unterschiedlichen Preisbereitschaften der Segmente entweder das Absatzpotential der Segmente mit

niedriger oder die überschüssige Konsumentenrente der Segmente mit hoher Preisbereitschaft nicht ausschöpfen. Durch einen **Blocktarif**, d. h. ein Tarifmenü, das für
jedes Segment einen spezifischen Tarif vorsieht und den Nachfragern Anreize setzt,
den für ihr Segment intendierten Tarif zu wählen, lassen sich hingegen das Absatzpotential erschließen und zumindest ein Teil der überschüssigen Konsumentenrente
abschöpfen (vgl. Skiera 1999, S. 105 ff.).

Die grundsätzliche Wirkungsweise des Blocktarifs lässt sich bereits an der Situation
mit zwei Nachfragersegmenten H, N erklären, in der der Anbieter die Segmentzuge-
hörigkeit eines Nachfragers nicht erkennen kann. Ihm ist jedoch bekannt, dass in den
Segmenten n_H bzw. n_N Nachfrager zusammengefasst sind und die Preisbereitschaft
der Nachfrager im Segment H höher als die derer in Segment N ist. Damit liegen
unterschiedliche Preis-Absatz-Funktionen mit den Inversen $p_H(x) > p_N(x)$ vor, für
die x_{CN} und x_{CH} die Cournot-Mengen bei isolierter Betrachtung markieren (vgl.
Abbildung 4.2-15).

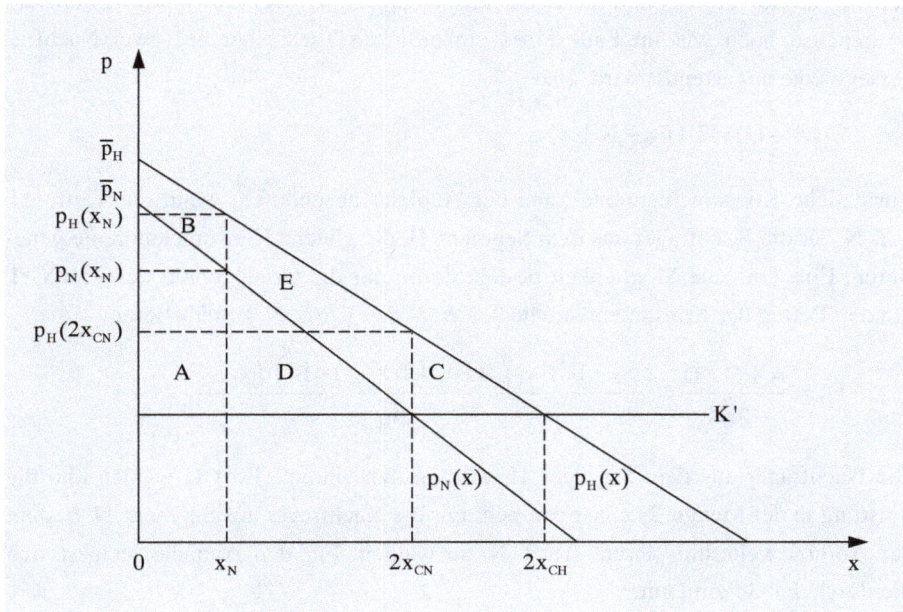

Abb. 4.2-15: Preisdifferenzierung 2. Grades durch einen Blocktarif

Aufbauend auf den Überlegungen zum zweiteiligen Tarif könnte der Anbieter zwei
zweiteilige segmentspezifische Tarife (oder andere Tarifkombinationen aus Pauschaltarif, einteiligem Tarif oder zweiteiligem Tarif) bilden, die die Wechselwirkungen zwischen den Segmenten zunächst unberücksichtigt lassen:

$$T_N = F_N + v_N \cdot x \text{ mit } F_N = \frac{A+D}{n_N} = \frac{p_N - K'}{n_N} \cdot x_{CN} \text{ und } v_N = K'$$

$$T_H = F_H + v_H \cdot x \text{ mit } F_H = \frac{A+B+C+D+E}{n_H} = \frac{\overline{p}_H - K'}{n_H} \cdot x_{CH} \text{ und } v_H = K' \; T_H$$

Die Nachfrager aus dem Segment N würden den für sie vorgesehenen Tarif T_N wählen, weil T_H ihre Preisbereitschaft übersteigt. Somit wird die Leistungsmenge $2 \cdot x_{CN}$ erworben und eine Konsumentenrente von null realisiert. Für die Nachfrager aus dem Segment H liegen hingegen beide Tarife innerhalb ihrer Preisbereitschaft, so dass sie abwägen, die Leistungsmenge $2 \cdot x_{CN}$ zum Preis gemäß Tarif N oder die Leistungsmenge $2 \cdot x_{CH}$ zum Preis gemäß Tarif H zu erwerben. Da sie im zuerst genannten Fall eine positive Konsumentenrente in Höhe von

$$B+E = (\overline{p}_H - K') \cdot x_{CH} - (\overline{p}_N - K') \cdot x_{CN} - (p_H (2 \cdot x_{CN}) - K') \cdot (x_{CH} - x_{CN})$$

und im zuletzt genannten Fall eine Konsumentenrente von null realisieren, entscheiden sie sich für Tarif N und die Leistungsmenge $2 \cdot x_{CN}$. Der Gewinn des Anbieters ist genauso hoch wie im Falle eines einheitlichen Tarifs, der auf zwei Nachfragersegmente angewendet wird, also

$$2 \cdot (A+D) = 2 \cdot (\overline{p}_N - K') \cdot x_{CN}.$$

Zusätzliche Konsumentenrente kann der Anbieter abschöpfen, wenn die Tarife H und N für die Nachfrager aus dem Segment H die gleiche Konsumentenrente generieren. Eine einfache Möglichkeit besteht darin, nur die Grundgebühr des Tarifs H um den Betrag der Konsumentenrente bei Wahl des Tarifs N zu reduzieren:

$$F_H = \frac{A+C+D}{n_H} = \frac{(\overline{p}_N - K') \cdot x_{CN} + (p_H (2 \cdot x_{CN}) - K') \cdot (x_{CH} - x_{CN})}{n_H}$$

Die Nachfrager aus dem Segment H würden nun „ihren" Tarif H wählen und die Leistung in der Menge $2 \cdot x_{CH}$ erwerben. Für die Nachfrager aus Segment N besteht der Anreiz, weiterhin „ihren" Tarif N zu wählen. Für den Anbieter steigert sich hierdurch der Gewinn um

$$C = (p_H (2 \cdot x_{CN}) - K') \cdot (x_{CH} - x_{CN})$$

Eine etwas komplexere, aber gewinnträchtigere Möglichkeit, um die Konsumentenrenten aus den Tarifen N und H für die Nachfrager aus dem Segment H anzugleichen, besteht in der zusätzlichen Reduktion der für das Segment N vorgesehenen Absatzmenge und einer entsprechenden Senkung/Erhöhung der Grundgebühren F_N

bzw. F_H. Durch eine geringere Menge $x_N < 2 \cdot x_{CN}$ und die entsprechende Modifikation der Grundgebühren auf

$$F_N = \frac{A}{n_N} = \left(\frac{\overline{p}_N + p_N(x_N)}{2} - K' \right) \cdot \frac{x_N}{n_N}$$

$$F_H = \frac{A+C+D+E}{n_H} = (\overline{p}_H - K') \cdot \frac{x_{CH}}{n_H} - \frac{\overline{p}_H - \overline{p}_N + p_H(x_N) - p_N(x_N)}{2} \cdot \frac{x_N}{n_H}$$

wird die Attraktivität des Tarifs N für Nachfrager aus dem Segment H reduziert. Dies zeigt sich an der um

$$E = \left(p_H(2 \cdot x_{CN}) - K' + p_H(x_N) - p_N(x_N) \right) \cdot \left(x_{CN} - \frac{x_N}{2} \right)$$

verringerten Konsumentenrente, die diese Nachfrager bei Wahl des Tarifs N erhielten. Der Anbieter muss also im Vergleich zur Situation ohne Mengenreduktion diesen Betrag nicht mehr aufwenden, um Anreize für die Wahl des Tarifs H zu setzen, und erhöht damit seinen Gewinn im Segment H. Gleichzeitig entgehen ihm aufgrund der niedrigeren Absatzmenge im Segment N Erlöse in Höhe von

$$D = \left(p_N(x_N) - K' \right) \cdot \left(x_{CN} - \frac{x_N}{2} \right)$$

Optimal ist die Absatzmenge x_N^*, bei der der marginale Gewinnzuwachs im Segment H und der marginale Erlösentgang im Segment N gleich sind. In dieser Situation realisiert der Anbieter einen Gewinn in Höhe von

$$2 \cdot A + C + D + E = 2 \cdot \left(\frac{\overline{p}_N + p_N(x_N)}{2} - K' \right) \cdot x_N + \left(p_H(x_N) - K' \right) \cdot \left(x_{CH} - \frac{x_N}{2} \right)$$

Mit $p_N(x) = \overline{p}_N - a_N \cdot x$ und $p_H(x) = \overline{p}_H - a_H \cdot x$ ($p_H \geq p_N, a_N \geq a_H$) ergibt sich eine quadratische Gewinnfunktion, die von der Menge x_N abhängig ist:

$$G(x_N) = \left(\frac{a_H}{2} - a_N \right) \cdot x_N^2 + \left(2 \cdot \overline{p}_N - \frac{3 \cdot \overline{p}_H}{2} - \frac{K'}{2} \right) \cdot x_N + \frac{1}{a_H} \cdot \left(\overline{p}_H - K' \right)^2$$

Die optimale Absatzmenge für das Segment N lässt sich für den Fall $a_H < 2 \cdot a_N$ analytisch ermitteln:

$$x_N^* = \frac{4 \cdot \overline{p}_N - 3 \cdot \overline{p}_H - K'}{2 \cdot (2 \cdot a_N - a_H)}$$

Mit diesem Wert sind gleichzeitig auch die für den Blocktarif zu wählenden Grund-gebühren sowie die sich daraus ergebende Konsumentenrente für die Nachfrager des Segmentes H optimal bestimmt.

Die beschriebene Vorgehensweise lässt sich in analoger Form auch auf andere Blocktarifkombinationen anwenden. Empirische Analysen (vgl. z. B. Lambrecht/ Skiera 2006a, S. 212 ff.; Lambrecht/Skiera 2006b, S. 588 ff.) zeigen, dass dabei die Auswahlentscheidung der Nachfrager für einen Tarif nicht ausschließlich durch die Bevorzugung höherer Konsumentenrenten zu erklären ist. Insbesondere, wenn die Nachfrager vor die Wahl zwischen einem nutzungsmengenabhängigen Tarif (ein-oder zweiteilig) und einem Pauschaltarif (Flatrate) für dieselbe angebotene Leistung gestellt werden, lassen sich Abweichungen vom Preisminimierungsmotiv erkennen, die als **Tarifwahl-Biases** bezeichnet werden (vgl. Lambrecht/Skiera 2006a, S. 214 ff.). In der Literatur werden mehrere Effekte als ursächlich vermutet:

- **Versicherungseffekt**: Konsumenten bevorzugen den Pauschaltarif, damit das zu entrichtende Entgelt unabhängig vom schwankenden Umfang der Leistungsinan-spruchnahme ist. Einerseits möchten sich risikoaverse Kunden gegen das Risiko eines hohen Entgeltes bei erhöhtem Nutzungsumfang absichern. Andererseits ver-meiden verlustaverse Kunden die Wahl des nutzungsabhängigen Tarifs, weil die Höhe des Pauschaltarifs für sie einen Referenzpunkt darstellt, dessen Überschrei-tung bei Wahl des nutzungsabhängigen Tarifs mit einem Verlust einhergeht, der im Vergleich zum Gewinn bei Unterschreitung viel stärker gewichtet wird.

- **Taxametereffekt**: Durch Nachfrager werden Pauschaltarife bevorzugt, weil im Vergleich zum nutzungsabhängigen Tarif das Erleben der Leistungsinanspruch-nahme nicht durch gedankliche Addition des pro zusätzlicher Leistungseinheit zu entrichtenden Entgeltes getrübt, sondern durch Senkung des durchschnittlichen Entgeltes gedanklich belohnt wird.

- **Bequemlichkeitseffekt**: Ein Pauschaltarif induziert für die Konsumenten niedri-gere Transaktionskosten als ein nutzungsabhängiger Tarif, weil die Kos-ten/Nutzen-Abwägung vor jeder Leistungsinanspruchnahme entfällt.

- **Überschätzungseffekt**: Konsumenten bevorzugen fälschlicherweise den Pau-schaltarif, wenn sie es aus Unerfahrenheit als höher wahrscheinlich einschätzen, dass ihre zukünftige Nutzungsmenge oberhalb der kritischen Menge zwischen Pauschal- und nutzungsabhängigem Tarif liegt.

Auf empirischer Grundlage gibt es Hinweise, dass in den untersuchten Konstellatio-nen vor allem der Versicherungs-, der Taxameter- und der Überschätzungseffekt realitär als Begründungen für den Tarifwahl-Bias anzusehen sind und eine Bevorzu-gung des Pauschaltarifs bewirken.

Für die Lösung realer Problemstellungen sind oftmals Lösungsansätze mit weniger restriktiven Annahmen als im Grundmodell erforderlich. Insbesondere Blocktarife für mehr als zwei Segmente $(i = 1,...,I)$, nicht lineare Preis-Absatz-Funktionen $x_i(p_i)$ und nicht lineare Grenzkosten $K'(x)$ erfordern numerische Verfahren, wie etwa die nicht lineare Programmierung. Ein entsprechendes Entscheidungsmodell beantwortet die Fragen nach der gewinnmaximalen Höhe von Grund- und Nutzungsgebühr sowie Nutzungsmenge für die einzelnen Nachfragersegmente. Das Nachfragerverhalten bestimmt die Entscheidungsschranken:

1. Teilnahmebedingung: Ein Nachfrager kauft nur im Rahmen seiner Preisbereitschaft.

2. Selbstselektion: Ein Nachfrager entscheidet sich für den Tarif und die Nutzungsmenge mit der höchsten Rente. Ein Wechsel in den nicht für den Nachfrager vorgesehenen Tarif ist nicht attraktiv.

Die Zielfunktion eines gewinnmaximierenden Anbieters lautet:

$$\max \sum_{i=1}^{I} \left(F_i + v_i \cdot x_i \right) - K'\left(\sum_{i=1}^{I} x_i \right)$$

Nebenbedingungen:

(1) $\quad \underbrace{\int_0^{x_i} p_i(x) \cdot dx - \left(F_i + v_i \cdot x_i \right)}_{\substack{\text{Konsumentenrente der Nachfrager} \\ \text{des Segmentes i}}} \geq 0$

(2) $\quad \underbrace{\int_0^{x_i} p_i(x) \cdot dx - \left(F_i + v_i \cdot x_i \right)}_{\substack{\text{Konsumentenrente der Nachfrager} \\ \text{des Segmentes i bei Wahl des für sie} \\ \text{vorgesehenen Tarifs i}} \geq \underbrace{\int_0^{x_{i'}} p_i(x) \cdot dx - \left(F_{i'} + v_{i'} \cdot x_{i'} \right)}_{\substack{\text{Konsumentenrente der Nachfrager} \\ \text{des Segmentes i bei Wahl des nicht} \\ \text{für sie vorgesehenen Tarifs i'}}$

Wertebereiche der Entscheidungsvariablen:

$F_i, v_i, x_i \geq 0 \qquad \forall i$

Zur Lösung dieses Problems können z. B. das Innere-Punkte-Verfahren, das Barriereverfahren oder die erweiterte Lagrange-Methode zur Anwendung gelangen.

Die **Preisdifferenzierung dritten Grades** ist in der Praxis häufig zu beobachten: Die Segmente werden auf der Grundlage personenbezogener, räumlicher oder zeitlicher Kriterien gebildet (vgl. Diller 2008, S. 229). Dies hat zur Konsequenz, dass die Nachfrager normalerweise nicht zwischen den Preis-Mengen-Kombinationen unterschiedlicher Segmente wechseln können. Für den Fall, dass die Grenzkosten des Anbieters konstant sind, stellen die Segmente isolierte Teilmärkte für dieselbe Leistung dar, und für jedes Segment kann eine unabhängige Preissetzung erfolgen. Dies ist dann vorteilhaft, wenn sich die Nachfrageelastizitäten der Segmente unterscheiden (vgl. z. B. Bester 2000, S. 60; Gutenberg 1984, S. 345 ff; Varian 2001, S. 426 f.; Woll 1996, S. 117). Damit ist der „… Erfolg der Preisdifferenzierung dritten Grades .. in erster Linie davon abhängig, wie gut es gelingt, die Segmente zu definieren und zu trennen" (Faßnacht 1996, S. 55).

Die Vorteilhaftigkeit dieser Form der Preisdifferenzierung gegenüber der Einzelpreissetzung lässt sich an einem Grundmodell mit zwei segmentspezifischen linearen Preis-Absatz-Funktionen und mengenunabhängigen Grenzkosten illustrieren (vgl. Abbildung 4.2-16).

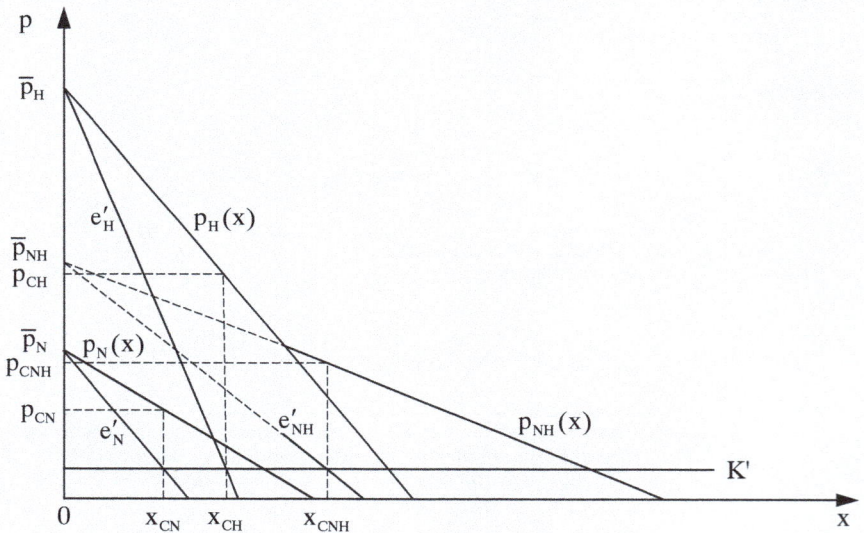

Abb. 4.2-16: Preisdifferenzierung 3. Grades bei mengenunabhängigen Grenzkosten

Die gewinnmaximalen **segmentspezifischen Preise** p_{CN}, p_{CH} sind durch die Absatzmengen x_{CN}, x_{CH} bestimmt, bei der die Grenzerlöse der Segmente e'_N, e'_H denselben Wert wie die Grenzkosten aufweisen (Cournot-Punkte). Der Gewinn des Anbieters beträgt dann:

$$G_{CD} = (p_{CN} - K') \cdot x_{CN} + (p_{CH} - K') \cdot x_{CH}$$

$$G_{CD} = \frac{1}{4 \cdot a_N} \cdot \left(\overline{p}_N - K'\right)^2 + \frac{1}{4 \cdot a_H} \cdot \left(\overline{p}_H - K'\right)^2$$

Um den gewinnmaximalen **Einheitspreis** zu bestimmen, sind die Preis-Absatz-Funktionen der Segmente zu einer Gesamt-Preis-Absatz-Funktion zusammenzufassen. Dies erfolgt durch Addition der bei den unterschiedlichen Preisen realisierten Absatzmengen. Unterscheiden sich die Prohibitivpreise der Segmente, dann ergibt sich eine geknickte Gesamt-Preis-Absatz-Funktion, die im Bereich zwischen den Prohibitivpreisen der Preis-Absatz-Funktion des Segmentes mit der höheren Zahlungsbereitschaft entspricht. Im Beispiel bedeutet dies:

$$p_{NH}(x) = \begin{cases} \overline{p}_H - a_H \cdot x & : 0 \le x < x_{NxH} \\ \overline{p}_{NH} - a_{NH} \cdot x & : x_{NxH} \le x \le \overline{x}_{NH} \end{cases}$$

mit: $\quad x_{NXH} = \dfrac{\overline{p}_H - \overline{p}_N}{a_H} \qquad\qquad \overline{x}_{NH} = \dfrac{\overline{p}_N}{a_N} + \dfrac{\overline{p}_H}{a_H}$

$\overline{p}_{NH} = \overline{p}_N \cdot \dfrac{\overline{x}_{NH}}{\overline{x}_{NH} - x_{NxH}} \qquad a_{NH} = \dfrac{\overline{p}_N}{\overline{x}_{NH} - x_{NxH}}$

Bedingt durch den Knick der Gesamt-Preis-Absatz-Funktion bei x_{NxH} weist auch die Grenzerlösfunktion bei dieser Menge eine Unstetigkeitsstelle auf:

$$e'_{NH}(x) = \left\{ \begin{matrix} \overline{p}_H - 2 \cdot a_H \cdot x & : 0 \le x < x_{NxH} \\ \overline{p}_{NH} - 2 \cdot a_{NH} \cdot x & : x_{NxH} \le x \le \overline{x}_{NH} \end{matrix} \right\}$$

In Abhängigkeit vom Grenzkostenniveau bezieht sich der Cournot-Punkt auf genau einen der beiden Abschnitte der Gesamt-Preis-Absatz-Funktion:

- **Oberer Abschnitt**: Die Preisbereitschaft des Segmentes N ist zu niedrig, um bei der Einzelpreissetzung berücksichtigt zu werden. Der Anbieter konzentriert sich auf das Segment H und verzichtet auf den Gewinn $\left(p_{CN} - K'\right) \cdot x_{CN}$ aus dem anderen Segment.

- **Unterer Abschnitt**: Die Nachfrage beider Segmente wird in die Einzelpreissetzung einbezogen. Der optimale Einheitspreis liegt zwischen den gewinnmaximierenden segmentspezifischen Preisen. Die bei diesem Preis realisierte Absatzmenge ist im Falle linearer Preis-Absatz-Funktionen und konstanter Grenzkosten zwar gleich der Summe der Segmentabsatzmengen bei Preisdifferenzierung, verteilt sich jedoch in einem anderen Verhältnis auf die Segmente:

$$p_{CNH} = \frac{1}{2} \cdot \left(\overline{p}_{NH} - K'\right) \qquad\qquad x_{CNH} = \frac{\overline{p}_{NH} - K'}{2 \cdot a_{NH}}$$

Aus der Nachfrageperspektive des Segmentes H (Segmentes N) ist der Einheitspreis günstiger (ungünstiger) als der segmentspezifische Preis, so dass sich bezogen
auf das jeweilige Segment eine höhere (niedrigere) Absatzmenge ergibt. Aus Anbietersicht werden in Segmentm H der positive Mengeneffekt durch den negativen
Preiseffekt und in Segment N der positive Preiseffekt durch den negativen Mengeneffekt überkompensiert. Der maximale Gewinn beträgt:

$$G_{CE} = \left(p_{CNH} - K'\right) \cdot x_{CNH} = \frac{1}{4 \cdot a_{NH}} \left(\overline{p}_{NH} - K'\right)^2$$

Die Gewinnwirkung eines Wechsels von der Einzelpreissetzung zur Preisdifferenzierung dritten Grades ist unter den gegebenen Annahmen also stets positiv.

Cournot-Punkt	im oberen Abschnitt	im unteren Abschnitt
Gewinnzuwachs	$G_{CD} - G_{CE} = \frac{1}{4 \cdot a_N} \cdot \left(\overline{p}_N - K'\right)^2$	$G_{CD} - G_{CE} = \frac{1}{4} \cdot \frac{\left(\overline{p}_H - \overline{p}_N\right)^2}{a_H + a_N}$

Der Gewinnzuwachs ist umso größer, je größer die Differenz zwischen den Prohibitivpreisen und je niedriger die Gefälle der Preis-Absatz-Funktionen sind.

Die bisherigen Überlegungen zur Preisdifferenzierung zweiten und dritten Grades
bauten auf einer Unterteilung der Gesamtnachfrage in zwei Segmente auf. Es lässt
sich zeigen, dass der Gewinn durch einen höheren **Segmentierungsgrad** gesteigert
werden kann, wobei der Zuwachs dieses Segmentierungsnutzens mit jedem zusätzlichen Segment abnimmt (vgl. z. B. Gutenberg 1984, S. 342 ff.). Bei Überlegungen
zum Segmentierungsgrad ist weiterhin zu berücksichtigen, dass die zugrundeliegende
Nachfragesegmentierung mit **Kosten** einhergeht, die durch Aktivitäten zur Segmentierung verursacht werden (vgl. Wagner 1997, S. 208 ff.). So lassen sich folgende
zusätzliche **Kostenarten** unterscheiden (vgl. Faßnacht/Köse 2002, S. 167 f.):

- **Kosten der Marktforschung**: Zur Bildung der Nachfragersegmente sind Daten
  über die Demographie und das Kaufverhalten der Nachfrager im relevanten Gesamtmarkt zu erheben und so auszuwerten, dass Informationen über geeignete
  Segmentierungskriterien sowie Preis-Absatz-Funktionen der daraus hervorgehenden Segmente gewonnen werden.

- **Kosten der differenzierten Kundenansprache**: Die einzelnen Segmente erfordern eine Bearbeitung mit unterschiedlichen Marketinginstrumenten.

- **Komplexitätskosten**: Durch differenzierte Preise und Distributionskanäle entstehen eine größere Vielfalt und somit ein erhöhter Koordinationsbedarf, der entweder durch zusätzliche Managementaktivitäten gedeckt wird oder andernfalls nicht

abgestimmt ausgeführte Aktivitäten induziert (vgl. z. B. Adam 1998, S. 151 ff.; Becker 1992, S. 171 f.; Homburg/Daum 1997, S. 151 ff.).

Der Anbieter muss folglich den Segmentierungsgrad unter Abwägung des unterproportional steigenden Segmentierungsnutzens und der überproportional steigenden Segmentierungskosten festlegen (vgl. Simon 1992, S. 389). Das Niveau beider Komponenten und damit auch der Segmentierungsgrad sind von der Art der Dienstleistung abhängig. So sind etwa im Kontext von Dienstleistungen, die im Internet angeboten oder auf dessen Grundlage erbracht werden, die Segmentierungskosten und der Segmentierungsnutzen niedriger als bei konventionell angebotenen/erbrachten Dienstleistungen. Einerseits können das Nachfragerverhalten medienbruchfrei erfasst, die Preise zu niedrigen Kosten und schnell kommuniziert sowie die Leistung relativ unaufwendig modifiziert werden. Andererseits verschaffen die vereinfachten Suchmöglichkeiten im Internet dem Kunden eine höhere Preistransparenz, so dass die Voraussetzung des unvollkommenen Marktes nicht erfüllt ist (vgl. Simon/ Fassnacht 2009, S. 508 ff.).

4.2.3.1.2 Interaktive Preisbildung

Unterstützt durch die technischen Möglichkeiten des Internet haben sich in der jüngeren Vergangenheit interaktive Preismechanismen herausgebildet, die auch im Dienstleistungskontext zur Anwendung gelangen. Diese Form der Preisbildung ermöglicht den Anbietern nicht nur eine individuelle Preisdifferenzierung, sondern kann aufgrund ihrer Neuartigkeit bei den Kunden zusätzliche Aufmerksamkeit für die angebotene Leistung erwecken und durch den direkten Kontakt mit den Kunden deren Akzeptanz erhöhen sowie für den Anbieter marktforschungsrelevante Daten (z. B. Zahlungsbereitschaften der Nachfrager) generieren (vgl. Spann 2008, S. 152 f.).

Wird der Preis für die Erbringung einer Leistung aufgrund von Interaktionen zwischen Anbieter und Nachfrager gefunden, dann ist es Aufgabe des Anbieters, für die einzelnen Leistungen einen optimalen Preisbildungsmechanismus auszuwählen und zu gestalten (vgl. Roth 2002, S. 1341 ff.; Skiera/Spann/Walz 2005, S. 291). In Abhängigkeit davon, welcher Akteur den letztendlich zu zahlenden Preis determiniert, kann zwischen Mechanismen mit unterschiedlich bestimmtem Interaktionsabschluss unterschieden werden:

- Einen **nachfragerbestimmten Interaktionsabschluss** weisen insbesondere die zum Absatz der Leistungen genutzten Auktionsformen und das Reverse pricing auf.

- Die Situation, in der Nachfrager und Anbieter den Interaktionsabschluss gemeinsam bestimmen, liegt z. B. bei Preisverhandlungen vor.

- Einen anbieterbestimmten Interaktionsabschluss weisen die einzelnen zur Beschaffung von Leistungen genutzten Auktionsformen (Submissionen) und das Community Shopping auf.

Auktionen (Submissionen) sind Bietverfahren zum Verkauf (Ankauf) einer Leistung, die nach einem definierten Schema ablaufen. Beteiligt sind i. d. R. ein Broker und mehrere Bieter. Der Broker spezifiziert die abzusetzende (zu beschaffende) Leistung, initialisiert die Auktion und führt den Bietprozess sowie die Auswertung der Auktion gemäß des Schemas der angewendeten Auktionsform durch. Die Bieter können während des Bietprozesses ein oder mehrere Gebote auf die Leistung gegenüber dem Broker artikulieren. Bei der Auswertung der Auktion werden der Gewinner und das für die Leistung zu zahlende Entgelt bestimmt (vgl. z. B. Alznauer/Krafft 2004, S. 1059).

Die möglichen Auktionsformen unterscheiden sich im Wesentlichen in der Gebotsabgabe (offen, verdeckt), dem preisvariierenden Akteur (Bieter, Auktionator), der Beendigungsregel (fixierter Zeitpunkt, Ablauf eines fixierten Zeitintervalls nach der letzten Gebotsabgabe), der Anzahl der mit der Auktion simultan abzusetzenden/zu beschaffenden Güter (single unit, multiple units) und der Entgeltregel (first-price, second-price) (vgl. z. B. Klemperer 1999, S. 229 ff.). Von dieser Vielfalt sind im vorliegenden Kontext vor allem diejenigen Auktionsformen relevant, mit denen der Anbieter die Dienstleistung auch an mehrere Nachfrager gleichzeitig absetzen kann. In der Praxis werden hierfür Multi-unit-Auktionen angewendet, bei denen die Preise im Auktionsverlauf entweder bietergetrieben steigen (ascending) oder auktionatorgetrieben fallen (descending).

Bei der Ascending Multi-unit first-price Auktion wird eine bestimmte Leistungsmenge angeboten, und die Bieter geben in ihrem Gebot den Stückpreis und die zu diesem Preis gewünschte Menge bekannt. Sie überbieten sich gegenseitig so lange, bis die Auktionsdauer abgelaufen ist. Danach werden die Gebote in absteigender Höhe der Stückpreise sortiert und die angebotene Leistungsmenge beginnend mit dem Höchstbietenden soweit möglich entsprechend den gewünschten Mengen auf die Bieter verteilt. Das einheitliche Entgelt pro Mengeneinheit wird durch den Stückpreis des Gebotes bestimmt, das gerade noch zum Zuge kommt, auch wenn dabei die gewünschte Menge nur noch teilweise erfüllt werden kann (vgl. Spann et al. 2005, S. 62).

Durch die Multi-unit dutch Auktion werden hingegen unterschiedliche Entgelte pro Mengeneinheit ermittelt. Der Auktionator senkt im Auktionsverlauf den Stückpreis sukzessive so lange, bis ein Bieter dem Preis zustimmt und zu diesem Preis soweit möglich die von ihm gewünschte Menge erwirbt. Für die verbleibende angebotene Leistungsmenge wird die Auktion fortgesetzt, bis der nächste Bieter zustimmt usw. Die Auktion endet, sobald die angebotene Leistungsmenge vollständig abgesetzt wurde (vgl. Spann et al. 2005, S. 63).

Das **Reverse Pricing** ist vor allem für zeitlich festgelegte Dienstleistungen geeignet, bei denen unerwartete Nachfrage- und Angebotsschwankungen auftreten, so dass häufig kurzzeitige Kapazitätsunterauslastungen bestehen (z. B. in der Tourismus-Branche). Die kurzfristig bestehende überschüssige Kapazität wird dann zusätzlich zum regulären Vertrieb (mit prognosebasierter nicht interaktiver Preissetzung) über alternative Kanäle (Zwischenhändler) auf der Grundlage des Reverse Pricing abgesetzt (vgl. Spann/Zeithammer/Häubl 2010, S. 1058). Im Rahmen dieses Preismechanismus legt der Anbieter für die Leistung, die in einer bestimmten Menge verfügbar ist, einen den Nachfragern unbekannten Mindestpreis fest und die Nachfrager geben in ihren Geboten jeweils an, zu welchem Preis sie die Leistung erwerben möchten. Unterschreitet ein gebotener Preis den Mindestpreis nicht und ist die seitens des Nachfragers gewünschte Menge verfügbar, dann wird das Gebot akzeptiert und der Nachfrager erwirbt die Leistung zu dem von ihm angegebenen Preis. Andernfalls wird das Gebot abgelehnt. Je nach Ausgestaltungsform wird den Nachfragern die Abgabe eines modifizierten Gebotes auf dieselbe Leistung gewährt oder verwehrt (vgl. Spann/Skiera/Schäfers 2005, S. 109 ff.). Bei der Anwendung des Reverse Pricing kann der Anbieter auf unterschiedliche Weise Gewinn generieren:

- durch die positive Differenz zwischen Mindestpreis und Grenzkosten,
- durch die Differenz zwischen der Summe der Preise angenommener Gebote und den Gesamtkosten der Leistungsmenge und
- durch das Erheben einer Gebühr, mit deren Zahlung den Nachfragern das Recht eingeräumt wird, ein Gebot abzugeben.

Welche (Kombination) dieser Gewinnquellen genutzt wird, ist davon abhängig, inwieweit die Nachfrager im Bietprozess Informationen über den Mindestpreis gewinnen können (z. B. durch wiederholtes Bieten oder durch Kommunikation mit anderen Bietern) und mit welchem Aufwand diese Informationsgewinnung durch den Anbieter unterbunden werden kann (vgl. Spann/Zeithammer/Häubl 2010, S. 1059). Sind Informationen über den Mindestpreis für die Nachfrager relativ einfach zu gewinnen, und ist der Aufwand, dies zu verhindern, relativ hoch, dann ist vor allem die Gebotsgebühr gewinnträchtig, andernfalls eher die Abschöpfung der Konsumentenrente durch Gebote, die über dem Mindestpreis liegen. Damit bestehen für den Anbieter die im Vergleich zu Auktionen zusätzlichen Aufgaben, auf der Grundlage von Informationen über die Zahlungsbereitschaft, die Suchkosten der Nachfrager und die Grenzkosten einen optimalen Mindestpreis und eine optimale Gebotsgebühr festzulegen (vgl. Spann/Zeithammer/Häubl 2010, S. 1060 ff.).

Insbesondere im Kontext von Produktivdienstleistungen ist die **Preisverhandlung** ein übliches Verfahren der Preisbestimmung. Dabei versuchen ein Anbieter und ein Nachfrager für eine Leistung interaktiv den Preis zu finden, der ihre teilweise konträren Interessen ausgleicht. Die Struktur der Interaktion unterliegt keinen vorab explizit formulierten Regeln, sondern ergibt sich aus den Einzelentscheidungen der beiden Akteure. Da bei einer Einigung der Umsatz des Anbieters den Kosten des Nachfragers entspricht, werden in die Verhandlungskalküle zusätzlich

- anbieterseitig die mit dem Absatz der Leistung induzierten Kosten und
- nachfragerseitig der generierbare Umsatz aus der Inanspruchnahme der Leistung zur Leistungserstellung für Dritte

einbezogen. Hieraus ergibt sich ein Einigungsbereich, dessen Obergrenze durch den Preis markiert wird, bei dem der Nachfrager mit seinen Leistungen für Dritte gerade keinen Gewinn mehr erzielen kann und deshalb die Leistung des Anbieters nicht erwirbt. In diesem Fall erzielt auch der Anbieter keinen Gewinn. Die Untergrenze des Einigungsbereichs ist durch die Kosten des Anbieters bestimmt. Ist der Preis nicht kostendeckend, wird der Anbieter die Leistung nicht erstellen. Somit kann auch der Nachfrager seine Leistung für Dritte nicht erstellen und erzielt keinen Gewinn. Bei einem Preis innerhalb des Einigungsbereichs erleidet keiner der Akteure einen Verlust. Lässt sich aus den im Verhandlungsprozess gewonnenen Informationen innerhalb des Einigungsbereichs ein Intervall identifizieren, in dem die Summe der Gewinne beider Parteien maximal ist (Kontraktbereich), dann ist es rational, die weitere Verhandlung auf diesen Bereich zu konzentrieren. Wie der Gesamtgewinn dann zwischen Anbieter und Nachfrager aufgeteilt wird, ist von ihrer Verhandlungsmacht und -kompetenz sowie von der gegenseitigen Vertrauensbasis abhängig. Während die Verhandlungsmacht des Anbieters vor allem durch die Einzigartigkeit seines Leistungsangebotes bestimmt wird, begründet sie sich nachfragerseitig aus den Gewinnen, die der Anbieter aktuell und zukünftig aus der Geschäftsbeziehung mit dem Kunden zu generieren erwartet (Customer livetime value). Diese Erwartungshaltung wird unter anderem durch die Größe der Nachfragerunternehmung, die bisher mit ihr realisierte Absatzmenge, die zukünftig von ihr zu erwartenden Aufträge und ihre

Bonität beeinflusst (vgl. Simon/Fassnacht 2008, S. 458 ff.; Voeth/Rabe 2004, S. 1018 ff.).

Beim **Community Shopping** (synonym Powershopping, Co-shopping) kommuniziert der Anbieter eine nicht lineare Preisstruktur in der Form eines Mengenrabatts, der sich auf seine Gesamtabsatzmenge bezieht. Die Nachfrager bilden eine virtuelle Einkaufsgemeinschaft und bestimmen durch die Summe der individuellen Kaufmengenentscheidungen, welcher Rabatt realisiert wird (vgl. Simon/Fassnacht 2008, S. 529).

4.2.3.2 Preisbildung bei Aufträgen der öffentlichen Hand

Betriebe der öffentlichen Hand (öffentliche Betriebe) sind Einzelwirtschaften, die sich ganz, mehrheitlich oder mit Sperrminorität im Eigentum der öffentlichen Hand befinden. Träger der Nachfrage sind somit der Bund, die Bundesländer, die Gemeinden oder Gemeindeverbände und sonstige Personen des öffentlichen Rechts (z. B. Universitäten und Fachhochschulen). Die Nachfrage derartiger Betriebe weist institutionsbedingte Spezifika auf (vgl. z. B. Franz 1991a, S. 831 ff.; Hammann/Lohrberg 1986, S. 59 f.; Hoffjan/Hövelborn/Strickmann 2013, S. 4 ff.; Küpper 1984, S. 33 ff.):

- Haushaltsrechtliche Grundlagen der Beschaffungsvorgänge öffentlicher Betriebe sind das **Haushaltsgrundsätzegesetz** (HGrG), das Haushaltsrechts-Fortentwicklungsgesetz (HRFEG), das Haushaltsgrundsätzemodernisierungsgesetz (HGrGMoG), die **Bundeshaushaltungsordnung** (BHO) und gegebenenfalls die Landeshaushaltsordnungen. Hierdurch erfährt der Entscheidungsspielraum der im Beschaffungsbereich tätigen Mitarbeiter eine deutliche Einengung, was eine Intensivierung von Aktivitäten zur Bedarfsfeststellung, Suche nach potentiellen Lieferanten, Angebotsprüfung und Vertragsabwicklung induziert.

- Bei der Vergabe öffentlicher Aufträge hat grundsätzlich eine öffentliche **Ausschreibung** zu erfolgen. Die Vergabemodalitäten werden durch die **Verordnung über die Vergabe öffentlicher Aufträge** (VgV) geregelt, die bei Dienstleistungen auf die **Verdingungsordnung für Leistungen** Teil A (VOL/A) verweist.

- Die Preisfindung hat zwingend auf der Grundlage der **Verordnung über die Preise bei öffentlichen Aufträgen** (PreisV 30/35 oder VPöA 30/35) zu erfolgen, der als Anlage die **Leitsätze für die Preisermittlung aufgrund von Selbstkosten** (LSP) beigefügt sind. Basis für die Preiskalkulation aufgrund von Selbstkosten ist eine Stückkostenermittlung, d. h., es liegt eine Vollkostenrechnung zugrunde.

- Dem Beschaffer „öffentliche Hand" stehen weitreichende **Kontrollrechte** zu. Verträge zu öffentlichen Aufträgen werden durch Preisbehörden (Wirtschaftsministerien der Länder, Bezirksregierungen) im Hinblick auf Preistyp- und -höhe überwacht. Für die Auftragnehmer besteht bei Preisprüfungen Nachweis-, Auskunfts- und Duldungspflicht.

- Betriebe der öffentlichen Hand treten häufig als einzige Nachfrager auf (z. B. Bundeswehr).

- Bei der Auftragsvergabe sind neben sachlichen teilweise auch politische Aspekte relevant (z. B. Unterstützung bestimmter Anbieter).

Treten öffentliche Betriebe als Nachfrager auf, dann sollen sich die Preise grundsätzlich am Markt frei durch das Kräftespiel von Angebot und Nachfrage bilden (vgl. Dierkes/Hamann 2009, S. 191). Es können jedoch auch Situationen eintreten, in denen sich die Preise nicht im Wettbewerb bilden können. Um auch dann das haushaltsrechtliche Gebot der Wirtschaftlichkeit und Sparsamkeit zu erfüllen, ist auf der Basis von Rechtsverordnungen geregelt, wie die Preise aufgrund von Selbstkosten zu bestimmen sind. Als preisrechtliche Grundlage dienen neben der VPöA und den LSP die Verordnung über die Bemessung des kalkulatorischen Zinssatzes (PR Nr. 4/72) und die Verordnung zur Änderung preisrechtlicher Vorschriften (PR Nr. 1/89). Grundsätzliches Ziel ist es, das öffentliche Auftragswesen an **marktwirtschaftlichen Grundsätzen** auszurichten, was in § 1 VPöA zum Ausdruck kommt:

- **Primat des Marktpreises**: Der Marktpreis hat Vorrang vor dem Selbstkostenpreis.

- **Priorität fester Preise**: Soweit es die Situation ermöglicht, sollen feste Preise vereinbart werden. Die Festlegung soll bei Vertragsabschluss erfolgen.

- **Höchstpreischarakter**: Es dürfen keine höheren Preise vereinbart, versprochen, gefordert, angenommen oder gewährt werden als nach der VPöA zulässig sind. Unterschreitungen sind hingegen erlaubt.

§ 4 VPöA betont, dass für **marktgängige Leistungen** die im Verkehr üblichen Preise nicht überschritten werden dürfen. Dabei ist zu beachten, dass auch bei Individualleistungen durch Ausschreibungen und Verhandlungen ein Markt geschaffen werden kann. Bei der **öffentlichen Ausschreibung** wird eine unbeschränkte Anzahl von Unternehmungen zur Einreichung eines Angebotes aufgefordert. Dies ist insbesondere bei einem Neukauf erforderlich. Im Falle der **beschränkten Ausschreibung**, die bei einem **modifizierten Wiederholungskauf** praktiziert werden kann, wird eine beschränkte Anzahl von Unternehmungen (im Allgemeinen mindestens drei) zur Einreichung eines Angebotes aufgefordert. Im Zuge einer **freihändigen Vergabe** sollen möglichst Angebote im Wettbewerb eingeholt werden, d. h., es sollen Vergleichsangebote vorliegen. Damit kann der Auftraggeber nach Angebotseröffnung mit den Anbietern über Preise verhandeln. Lediglich bei einer freihändigen Vergabe ohne Wettbewerb wird nur eine Unternehmung zur Angebotsabgabe aufgefordert. Eine freihändige Vergabe darf vor allem bei unverändertem Wiederholungskauf erfolgen.

Sind die nachgefragten Leistungen **mit marktgängigen Leistungen im Wesentlichen vergleichbar**, dann ist ein **abgeleiteter Marktpreis** zu ermitteln, der i. d. R. aufgrund technischer Aspekte (Mehr- oder Minderleistung, Wertdifferenz im Nutzungs- oder Gebrauchswert, Mehr- oder Minderkosten durch Abweichungen von der Spezifikation der marktgängigen Leistung) Zu- oder Abschläge zum Preis der marktgängigen Leistung berücksichtigt (vgl. § 4 (2) VPöA und Ebisch et al. 2010, S. 102, RNr. 88).

Als weitere Sonderform des Marktpreises kann der **modifizierte Marktpreis** relevant werden, wenn keine Leistungsunterschiede bestehen, aber besondere Auftragsverhältnisse den Preis beeinflussen, die noch nicht die Anwendung von Selbstkostenpreisen erlauben (vgl. Ebisch et al. 2010, S. 117, RNr. 155 ff., S. 119 RNr. 163). Beispiele für derartige Situationen sind:

- Bereitstellung von Arbeitskräften, Material, Betriebsmittel und Kapital durch den Auftraggeber.
- Vorliegen einer außergewöhnlichen Auftragsgröße (kann nur unternehmungsindividuell entschieden werden).

Nach §§ 4 und 5 VPöA dürfen **Selbstkostenpreise** nur in den Ausnahmefällen, dass

- eine nichtmarktgängige Leistung vorliegt,
- eine Mangellage besteht oder
- der Wettbewerb auf der Anbieterseite so eingeschränkt ist, dass die Preisbildung nach § 1 VPöA „nicht nur unerheblich" beeinflusst wird,

vereinbart werden.

Grundlage für die Preiskalkulation auf der Basis der Selbstkosten ist dabei eine Stückkostenermittlung, wobei unter Selbstkosten die Summe der für eine Leistung anfallenden Material-, Fertigungs-, Verwaltungs- und Vertriebskosten zu verstehen ist. Nach Nr. 10 LSP ist das folgende **Mindestgliederungsschema** für die Kalkulation zu beachten:

  Fertigungsstoffkosten
+ Fertigungskosten
+ Entwicklungs- und Entwurfskosten
+ Verwaltungskosten
+ Vertriebskosten
_____
= Selbstkosten
+ Kalkulatorischer Gewinn
_____
= Selbstkostenpreis

Die anzusetzenden Selbstkostenpreise dürfen nach § 5 (1) VPöA jedoch nur auf die **angemessenen** und nicht auf die tatsächlichen Kosten abstellen. Dabei ist die Kostenlage eines „guten" Betriebes heranzuziehen, und es ist der Selbstkostenpreis als Ganzes maßgeblich, nicht die einzelnen Kostenelemente. Damit ist die Möglichkeit ausgeschlossen, dass der Auftraggeber aus den verschiedenen Angeboten die günstigsten Teilposten auswählt und auf dieser Basis eine neue Kalkulation erstellt.

Bei der Kostenermittlung stellen die LSP auf die Kosten ab, die bei **wirtschaftlicher Betriebsführung** zur Erstellung der Leistungen entstehen. Wirtschaftliche Betriebsführung wird jedoch nicht positiv, sondern es wird vielmehr eine unwirtschaftliche Betriebsführung definiert. Sie liegt dann vor, wenn es der Auftragnehmer auf irgendeinem für die Selbstkostenpreisermittlung des öffentlichen Auftrags wesentlichen Gebiet versäumt, in seinem Betrieb dem wirtschaftlichen Prinzip im Rahmen der technischen und wirtschaftlichen Gegebenheiten Geltung zu verschaffen. Dabei ist im Rahmen der Beurteilung der Frage nach einer wirtschaftlichen Betriebsführung nicht auf einen Idealbetrieb, sondern auf die individuellen Verhältnisse in der jeweiligen Unternehmung abzustellen. Diese nicht weiter spezifizierte Begrenzung eröffnet einen weiten Ermessensspielraum.

Beim Selbstkostenpreis, der sich aus der Summe der nach den Leitsätzen ermittelten der Leistung zuzurechnenden Kosten zuzüglich des kalkulatorischen Gewinns zusammensetzt (Nr. 4 (3) LSP), ist zwischen

- Selbstkostenfestpreis,
- Selbstkostenrichtpreis und
- Selbstkostenerstattungspreis

zu unterscheiden (sogenannte Preistreppe; vgl. Brüning 2012, S. 642; Ebisch et al. 2010, S. 50 RNr. 77 und 78 zu § 1 VPöA). Dabei sind auch gemischte oder kombinierte Selbstkostenpreise zulässig, die teils den Charakter eines Selbstkostenfestpreises und teils eines Selbstkostenerstattungspreises haben. Die Reihenfolge der aufgezählten Selbstkostenpreisarten gibt gleichzeitig deren Priorität an. Dabei stellt der Selbstkostenrichtpreis nur eine Interimslösung dar, die so lange gilt, bis durch eine Zwischenkalkulation eine Anpassung an die aktuellen Gegebenheiten erfolgen kann, wobei nach Möglichkeit ein Selbstkostenfestpreis anzusetzen ist.

Bei der Anwendung der LSP ergibt sich eine Vielzahl von **Problemen**. Die problematisierenden Anmerkungen sollen einerseits am Marktpreis und seinen Varianten und andererseits am Selbstkostenpreis ansetzen:

- Ein erstes Problem ist darin zu sehen, festzustellen, wann ein **Wettbewerb** eine ausreichende Garantie für ein ordnungsgemäßes Zustandekommen der Preise bietet und diese nicht „mehr als unerheblich" beeinflusst. Unabhängig von der Frage, wann ein Preis „mehr als unerheblich" beeinflusst ist, zeigt der Erkenntnisstand der Wettbewerbstheorie, dass eine wissenschaftlich fundierte Antwort auf diese Frage zum heutigen Zeitpunkt nicht gegeben werden kann.

- In manchen Fällen dürfte es ferner schwierig sein, festzustellen, ob eine **Mangellage**, verstanden als eine im objektiven Sinne feststellbare Verknappung, gegeben ist oder nicht. Da dabei auch eine lokal begrenzte Mangellage von Bedeutung sein kann, wird eine „objektive" Feststellung dieser Situation häufig nicht möglich sein und eher willkürlichen Charakter annehmen müssen.

- Ein generelles Problem der Selbstkostenpreise liegt im fehlenden oder zumindest **mangelhaften Leistungsanreiz** und Rationalisierungsdruck, was insbesondere beim Selbstkostenerstattungspreis evident ist. Tendenziell könnte diesem Problem mit der Durchführung zwischenbetrieblicher Vergleiche entgegengewirkt werden, wobei trotzdem eine grundsätzliche Lösung dieses Problems fragwürdig bleibt (vgl. generell zu betriebswirtschaftlichen Vergleichsformen Corsten/Reiß 1989, S. 615 ff.). Auch wenn in den Verordnungen über die Preisermittlung aufgrund von Selbstkosten eine wirtschaftliche Betriebsführung gefordert wird, kann dies nicht als eine adäquate Hilfestellung aufgefasst werden, weil dieser Sollmaßstab inhaltlich nicht spezifiziert wird (vgl. hierzu grundlegend Holthoff 1988). In diesem Zusammenhang fällt auf, dass sich in Kommentaren (vgl. z. B. Ebisch/Gottschalk 1994, S. 274) kein positiver Begriffsbestimmungsversuch befindet. Generell gilt, dass eine fundierte Beurteilung, ob eine wirtschaftliche Betriebsführung vorliegt oder nicht, nicht in theoretisch fundierter Form möglich ist (vgl. Kern 1986, S. 101 ff.).

- Ein weiteres Problem ist darin zu sehen, dass die LSP auf einer **Vollkostenrechnung** basieren (vgl. Dierkes/Hamann 2009, S. 191), d. h., sie stellen auf eine Istkostenrechnung ab (vgl. Breunig 1985, S. 420). Da somit alle Kosten einer Abrechnungsperiode den verschiedenen Kostenträgern zuzurechnen sind, ergibt sich die grundsätzliche Forderung, auch die fixen Kosten und die Gemeinkosten auf die Kostenträger weiter zu verrechnen. Für dieses zu lösende Zurechnungsproblem ist in den Leitsätzen das Verursachungsprinzip verankert: Es sollen nur die Kosten in die Kalkulation übernommen werden, deren Anfall mit der Leistungserstellung in kausalem Zusammenhang steht. Damit unterstellen die LSP, dass eine verursachungsgerechte Zuordnung dieser Kosten erfolgen könne. Eine derartige Zurechnung ist allerdings nicht ohne Willkür und Verfälschung der tatsächlichen Gegebenheiten möglich. Durch die geforderte Zurechnung aller Kosten auf die Kostenträger besteht damit die Gefahr, dass in den Selbstkostenpreisen mehr als die Selbstkosten zuzüglich eines „angemessenen" Gewinns enthalten sind.

- Ein weiterer Aspekt, der im Rahmen der wirtschaftlichen Betriebsführung Relevanz erlangt, ist der **Beschäftigungsgrad**, der trotz seiner Bedeutung in den LSP nicht behandelt wird. Ein Blick in die Kommentare zu den LSP zeigt, dass die durch eine geringe Kapazitätsauslastung induzierten erhöhten durchschnittlichen Gesamtkosten dann nicht zu berücksichtigen sind, wenn die Folge einer „schlechten" unternehmerischen Leistung oder ein Merkmal der ganzen Branche sind (vgl. hierzu auch Diederich 1981, Sp. 860). Unabhängig davon, dass es nur in Ausnahmefällen möglich sein dürfte, den Nachweis zu erbringen, dass die geringe Kapazitätsauslastung eine Folge der schlechten unternehmerischen Leistung ist, stellt sich darüber hinaus die Frage, welcher Beschäftigungsgrad als untere Grenze aufzufassen ist, um noch von einer angemessenen Kostengestaltung sprechen zu können. Ebisch/Gottschalk (1994, S. 275 ff.) erachten eine Unterschreitung des Beschäftigungsgrades von 80 % als einen Anlass, darüber nachzudenken, ob und gegebenenfalls welche Korrekturen der Kosten preisrechtlich notwendig erscheinen (in einer älteren Auflage dieses Kommentars wurde diese Grenze mit 60 % angesetzt). Einerseits ist hierzu festzustellen, dass eine 80 %ige Auslastung eine willkürliche Festlegung darstellt und andererseits stellt sich die Frage, welcher Beschäftigungsgrad den Korrekturüberlegungen zugrunde zu legen ist oder, kostenmäßig formuliert, welche Teile der fixen Kosten aus der Kostenrechnung zu eliminieren sind.

-   Abschließend bleibt damit festzustellen, dass die Kalkulation der Selbstkostenpreise bei öffentlichen Aufträgen aufgrund der Verwendung unscharfer begrifflicher Abgrenzungen und durch die mangelnde Beachtung betriebswirtschaftlicher Erkenntnisse den Auftragnehmern breite Kalkulationsspielräume bietet. Vielleicht ist auch hierin ein Grund für die Zufriedenheit der Praxis mit den LSP zu sehen (vgl. Zur 1992, S. 615 f.).

4.2.4 Kommunikationspolitik

Unter Kommunikation wird der Informationsaustausch zwischen Sender und Empfänger verstanden. Ziel der Kommunikationspolitik ist die aktive Gestaltung der auf die Märkte - im vorliegenden Kontext sind dabei ausschließlich die Absatzmärkte angesprochen - gerichtete Informationen über den Leistungsgeber und die abzusetzenden Leistungen. Um die Kommunikationspolitik effizient zu gestalten, ist eine Zielgruppenbestimmung durchzuführen (Marktsegmentierung), die nach den an dem Marketing bekannten Kriterien (demographisch, sozioökonomisch, psychographisch, verhaltensorientiert und nutzenorientiert) durchgeführt werden kann (vgl. den Überblick bei Homburg/Krohmer 2009, S. 319 ff.).

Auch im Rahmen der Kommunikationspolitik ist die Situation im Vergleich zu den Sachgütern unterschiedlich. Da die Dienstleistungsqualität durch den Nachfrager frühestens in der Leistungserstellungsphase und teilweise erst zeitlich versetzt nach der Leistungserbringung (z. B. Folgequalität) beurteilt werden kann, hat sich die Kommunikationspolitik an

-   dem angestrebten Leistungsziel und
-   der Leistungsfähigkeit des Anbieters

zu orientieren, um den Nachfragern bereits vor Eintritt der Wirkungen der zu erbringenden Dienstleistungen einen Eindruck von ihrer Qualität zu vermitteln. Dies impliziert auch die Kommunikation in der Nachkaufsphase, in der der Anbieter versuchen muss, die seitens des Nachfragers gemachten Erfahrungen durch weitere Informationen zu bestätigen und so dem Aufbau kognitiver Dissonanzen entgegenzuwirken oder deren Aufbau zu unterstützen (vgl. Zeithamel 1991, S. 42; zur Theorie der kognitiven Dissonanz, die auf Festinger 1957 zurückgeht, vgl. z. B. Sander 2004, S. 65 ff.). Die Dienstleistungsunternehmung muss folglich bestrebt sein, im Rahmen der Kommunikationspolitik ein Vertrauensverhältnis zu den Nachfragern aufzubauen. Die weiteren Ausführungen konzentrieren sich auf die Instrumente und Möglichkeiten der **Kommunikationspolitik** zur Darstellung der Leistung und Leistungsfähigkeit gegenüber Nachfragern und vernachlässigen die Kommunikation als Leistungselement. Die hohe Bedeutung der kundengerichteten Kommunikationspolitik wurde bereits im Rahmen des Qualitätsmanagements deutlich, und zwar im GAP-Modell, in dem die Kommunikationspolitik ursächlich für GAP 4 und mittelbar für GAP 5 mitverantwortlich ist, und zwar über die Beeinflussung der erwarteten und wahrgenommenen Dienstleistungsqualität.

Als **Träger der Kommunikation** sind einerseits die Mitarbeiter und anderseits die Kunden zu nennen. Bei den Mitarbeitern ist nicht nur das **Kontaktpersonal** (als Radar), sondern ebenfalls das Management der Unternehmung zu nennen, insbesondere dann, wenn es um die generelle Darstellung der Unternehmung geht. Den **Kunden** kommt insofern eine relevante Rolle im Rahmen der Kommunikationspolitik zu, weil sie im Zuge der Mund-zu-Mund-Propaganda Informationen an andere Nachfrager weitergeben. Dabei wird betont, dass gerade diese persönliche Kommunikation zu einer wichtigen Determinante der Kaufentscheidung werden kann. Wird darüber hinaus noch berücksichtigt, wie dies aus Studien im Bereich der sequentiellen Ereignismethode bekannt ist, dass Kunden negative Ereignisse in stärkerem Maße kommunizieren als positive, dann wird die Bedeutung der Kunden als ein Träger der Kommunikation unmittelbar einsichtig. Die **Kommunikationsinstrumente** lassen sich nach dem Kriterium „Breitenwirkung" in

- Individual- und
- Massenkommunikation

unterscheiden. Während persönliche Gespräche und das Direct Marketing durch das Kontaktpersonal Beispiele für eine **Individualkommunikation** darstellen, zählen zur **Massenkommunikation** die klassische Werbung (Mediawerbung: Publikumszeitschriften, Tageszeitungen, Fernsehen, Hörfunk, Kino, Plakat, Internet, SMS/MMS-

Werbung, Banner-Werbung, E-Mails) und die Öffentlichkeitsarbeit. Wird darüber hinaus noch berücksichtigt, dass im Rahmen der Kommunikationspolitik sporadisch Sonderaktionen durchgeführt werden, dann lässt sich weiterhin die **anlassbezogene Kommunikation** (z. B. Messen, Verkaufsförderaktionen) nennen.

Da der Dienstleistung ein eigener **werblicher Aufforderungscharakter** fehlt, bietet es sich an, bei Werbemaßnahmen mit **Surrogaten** zu arbeiten. Hierfür bieten sich einerseits die internen Faktoren und anderseits der externe Faktor an. Es lassen sich dann die folgenden Möglichkeiten unterscheiden:

- Externer Faktor
  - -- Vorher-Nachher-Darstellungen (dies ist nur dann möglich, wenn eine sichtbare Veränderung des externen Faktors bewirkt wird);
  - -- Wiedergabe von Äußerungen zufriedener Kunden (Referenzen);
  - -- Empfehlungen von Prominenten;
  - -- Visualisierung des Dienstleistungsprozesses.
- Interne Faktoren
  - -- Darstellung der materiellen internen Faktoren (Ausstattung, Gebäude, Mitarbeiter);
  - -- Hervorhebung errungener Preise oder entsprechender Gütezeichen;
  - -- Objektproben in der Form von Kurzproben (z. B. Filmvorschau).

Der Einsatz dieser Surrogate ist darüber hinaus für eine **Imagebildung** von besonderer Bedeutung, d. h., die Unternehmung ist bestrebt, bei den potentiellen Nachfragern ein positives Image zu erlangen, wobei der Öffentlichkeitsarbeit (Public Relations) eine besondere Bedeutung zukommt. Hierbei handelt es sich um die Gestaltung der Beziehungen zwischen der Unternehmung und den relevanten Anspruchsgruppen (z. B. Nachfrager, Behörden, Verbraucherorganisationen). Öffentlichkeitsarbeit hat dabei einerseits eine Informationsfunktion und anderseits eine Image- und Kontaktpflege mit den relevanten Bezugsgruppen. Dabei wird unter einem Image allgemein das Bild verstanden, das sich eine Person von einem beliebigen Meinungsobjekt macht. In den Imagebildungsprozess fließen aber nicht nur objektive, sondern ebenfalls subjektive Komponenten ein, wobei sich nach Zentes (1989, S. 364) die drei folgenden Imagearten unterscheiden lassen:

- das **Generetic-** oder **Produktimage**, als Image einer ganzen Gattung oder Produktgruppe,
- das **Brandimage**, als Image einer bestimmten Marke und
- das **Company-** oder **Corporateimage**, als Image einer Unternehmung.

Für Dienstleistungsunternehmungen erlangt dabei das Unternehmungsimage eine besondere Bedeutung, und zwar als Ersatzfaktor für die Qualitätsbeurteilung, weil der Dienstleistung selbst jeglicher „want-appeal" fehlt. Dabei ist zu beachten, dass dieses Unternehmungsimage, und zwar insbesondere bei personenbezogenen Dienstleistungen, in hohem Maße personenbezogen ist, da es von der Person geprägt wird, die die Dienstleistung im Kontakt mit dem externen Faktor erbringt oder daran direkt beteiligt ist. Für diesen unmittelbaren Kontakt zwischen Leistungsgeber und -nehmer wird in der Literatur auch der Begriff „Personal selling" (persönlicher Verkauf) verwendet, wobei zwischen

- Face-to-face-selling (direkter Verkauf) und
- Telefonverkauf

unterschieden wird. Dieser Gedankengang knüpft an die bereits erwähnte Überlegung an, dass das Personal, das die Leistung erbringt, zum Verkaufspersonal wird. Damit ergibt sich für die Dienstleistungsunternehmung die Aufgabe, die **Ersteller der Dienstleistungen** verkäuferisch zu schulen.

Handelt es sich bei den abzusetzenden Dienstleistungen um Bereitstellungsleistungen, dann muss es das Ziel der Unternehmung sein, den **Bereitschaftszustand**, also die „in-being nature" der Dienstleistung bei den potentiellen Nachfragern bekannt zu machen (vgl. Kaufmann 1977, S. 195).

Bei der Kommunikationspolitik im Dienstleistungsbereich ist jedoch zu beachten, dass es Dienstleister gibt, wie etwa Mediziner, Wirtschaftsprüfer, Rechtsanwälte, die sich durch Vorgaben ihrer Standesorganisationen **Selbstbeschränkungen** unterworfen haben. In diesen Fällen können neben der werblichen Kommunikation im Rahmen der Endkombination folgende Maßnahmen zum Einsatz gelangen (vgl. Meyer 1983, S. 103):

- Durchführung von Informationstagen (z. B. Tag der offenen Tür),
- Organisation von Symposien und Konferenzen sowie Halten von Vorträgen,
- Veröffentlichungen,
- aktives Auftreten in Vereinen und Verbänden und
- Engagement für wohltätige Zwecke.

Darüber hinaus erlangt die Mund-zu-Mund-Propaganda gerade in diesem Bereich eine eminente Bedeutung für den Dienstleistungsanbieter.

Die Gestaltungsmöglichkeiten der Werbung für Dienstleistungen lassen sich folglich nicht generell beurteilen, sondern hängen von der konkreten Dienstleistung ab.

Hill/Gandhi (1992, S. 63 ff.) formulieren in diesem Zusammenhang die folgenden Tendenzaussagen:

- Je ungreifbarer eine Dienstleistung für den Kunden ist, desto stärker müssen „tangible" Aspekte in die Werbung einfließen.
- Je höher der Integrationsgrad des externen Faktors in den Dienstleistungserstellungsprozess ist, desto stärker muss die Visualisierung des Dienstleistungsprozesses in die Werbung aufgenommen werden.
- Je heterogener die Dienstleistungsergebnisse für den Kunden ausfallen können, desto stärker muss in der Werbung auf die Qualität der Dienstleistung eingegangen werden.

Bedingt durch die Integration des externen Faktors und der damit einhergehenden Interaktion zwischen Anbieter und Nachfrager erlangt die persönliche Kommunikation (Individualkommunikation) eine besondere Bedeutung. Das Spektrum der persönlichen Kommunikation reicht dabei von einem terminierten oder nicht terminierten Beratungsgespräch bis hin zum Small-Talk im Rahmen des Produktionsprozesses.

4.2.5 Distributionspolitik

Aufgabe der Distribution ist die Bereitstellung der Absatzleistung am Markt, wobei die drei folgenden **Funktionen** zu unterscheiden sind (vgl. Böcker/Dichtl 1991, S. 152; Zentes 1989, S. 361 ff.):

- Raumüberbrückungs-,
- Zeitüberbrückungs- und
- Sortimentsbildungsfunktion.

Eine Unternehmung, die Sachleistungen erstellt und veräußert, vermag diese Aufgaben i. d. R. nicht allein zu vollziehen, sondern bedient sich dabei der Zusammenarbeit mit anderen Unternehmungen (z. B. Groß- und Einzelhandel, Handelsvertreter und Kommissionäre). Im Gegensatz zu Sachleistungen werden Dienstleistungen in der Form von Leistungsversprechen angeboten, d. h. es wird möglich, **Anrechte** auf eine spätere Inanspruchnahme der Dienstleistungen zu handeln. Es erfolgt ein Versprechen des Dienstleistungsanbieters gegenüber den Dienstleistungsnachfragern, die Dienstleistungen zu einem späteren Zeitpunkt zu erbringen. Hierbei gelangen materielle Trägermedien in der Form von Verträgen, Eintrittskarten etc. zum Einsatz, durch die sich der Leistungsnehmer als Berechtigter ausweisen kann (vgl. Hilke 1984, S. 16).

Darüber hinaus ist bei Dienstleistungsunternehmungen der **Absatzradius** häufig regional begrenzt. Er lässt sich nicht, wie dies bei Sachgütern der Fall ist, vom Standort der Unternehmung aus beliebig ausdehnen, wie dies etwa über Handelsunternehmungen realisiert werden kann. Damit erlangt die **Absatzwegepolitik** bei Dienstleistungsunternehmungen eine andere Ausgestaltung, als dies bei Sachgütern der Fall ist. Unter Absatzwegen wird dabei die Institutionenabfolge verstanden, die ein Gut vom Hersteller zum Verbraucher durchläuft. Da Dienstleistungen in direktem Kontakt zwischen dem Leistungsgeber und -nehmer oder dessen Verfügungsobjekt erbracht werden, entfallen in der Institutionenabfolge Zwischenstufen, wie dies bei Sachgütern üblich ist.

Neben einer direkten Distribution des Dienstleistungsanbieters sind aber auch indirekte Formen denkbar. Voraussetzung für eine indirekte Distribution ist die Multiplikation der Dienstleistung (vgl. Hübner 1993, S. 188), d. h. die Vervielfältigung einer Dienstleistung. Damit ergibt sich das Problem, die Faktoren herauszuarbeiten, die eine derartige Multiplikation erleichtern oder erschweren, wobei die drei folgenden Ansatzpunkte relevant sind (vgl. hierzu Mattmüller/Killinger 1997, S. 4 ff.):

- Anbieter,
- Nachfrager und
- Leistung.

Aus **Anbietersicht** ist zunächst das Leistungspotential zu beachten. Generell gilt, dass eine Multiplikation bei einer **Dominanz eines maschinellen Leistungspotentials** leichter zu realisieren ist, und zwar nicht zuletzt durch die höheren Standardisierungsmöglichkeiten der Leistungen, als dies bei personendominanten Dienstleistungen der Fall ist. Damit wird aber auch deutlich, dass eine Multiplikation bei den Dienstleistungen erschwert ist, die durch eine dominant persönliche Komponente charakterisiert sind, d. h. bei den Dienstleistungen, bei denen diese Komponente das zentrale erfolgsbestimmende Merkmal ist. Dieser Sachverhalt wird auch mit dem Begriff der **Adjunktivität** beschrieben (vgl. Scheuch 2002, S. 89 ff.), wobei zwischen

- personenbezogenen adjunktiven Gütern und
- sachbezogenen adjunktiven Gütern

unterschieden werden kann. Hieraus resultiert, dass eine Multiplikation einer Dienstleistung mit zunehmender Adjunktivität erschwert wird.

Aus **Nachfragersicht** sind die folgenden Faktoren relevant:

- Externe Faktorart,
- Integrationsgrad des externen Faktors,
- Verrichtungs- oder Ergebnisnutzen,
- Erfahrungs- oder Vertrauenseigenschaften einer Dienstleistung und
- Dominanz persönlicher Präferenzen.

Generell ist eine Multiplikation dann leichter, wenn

- ein Objekt als externer Faktor gegeben ist (mit Subjekt-Objekt-Trennung in der Leistungserbringung),
- der Schwerpunkt auf dem Ergebnisnutzen liegt,
- ein niedriger Integrationsgrad des externen Faktors vorliegt,
- die Erfahrungseigenschaften bei der Beurteilung einer Dienstleistung dominant sind und
- je höher persönliche Präferenzen ausgebildet sind.

Als drittes Element wurden die zu erstellenden Leistungen angeführt. Werden die zu erbringenden Leistungen als **Leistungsbündel** betrachtet, dann ist eine Multiplikation der Leistung umso leichter, je höher der Anteil und die Bedeutung der materiellen Komponenten sind.

4.3 Aspekte der Endkombination

4.3.1 Dienstleistungsvereinbarung

Die Differenzierung zwischen den Teilprozessen Dienstleistungsvereinbarung und -erstellung (vgl. Mills/Morris 1986, S. 729 ff.) trägt dem Sachverhalt Rechnung, dass mit dem Vorliegen des externen Produktionsfaktors noch nicht alle Entscheidungen über die zu erbringende Dienstleistung getroffen sein müssen. Dies ist vor allem bei **Individualdienstleistungen** der Fall, denen ein Kundenauftrag zugrunde liegt. Der Vereinbarungsprozess wird dabei genutzt, um die Dienstleistung durch Interaktion zwischen Nachfrager und Anbieter an das Nachfragerproblem und/oder das Leistungsprogramm des Anbieters anzupassen (vgl. Bell 1981a, S. 165). Das Leistungsprogramm umfasst dabei die akzeptierten Kundenaufträge und wird durch die Annahme vorliegender Kundenaufträge erweitert.

Aufgrund der direkten Kopplung von Produktion und Absatz ergibt sich für den Anbieter während der Dienstleistungsvereinbarung die Aufgabe, die Zusammensetzung
des Auftragsbestandes und die verfügbare Kapazität aufeinander abzustimmen. Die
Interaktivität erlaubt es, neben der **Anpassung des Kapazitätsangebotes** durch zeitliche, intensitätsmäßige und arbeitsorganisatorische Maßnahmen sowie die Realisation unterschiedlicher Bereitschaftsstufen auch die **Kapazitätsnachfrage** durch direkt
auf die Nachfrage gerichtete Maßnahmen anzupassen. Im zuletzt genannten Fall versucht der Anbieter etwa durch Preisdifferenzierung, Produktdifferenzierung, Externalisierung, terminliche Absprachen, Reservierungen und Segmentierungen (vgl.
Corsten 1982, S. 242 ff.) auf das Nachfragerverhalten Einfluss zu nehmen.

Wird bei Ausschöpfung der möglichen Anpassungsmaßnahmen durch das Annehmen der vorliegenden Kundenanfragen dennoch das Kapazitätsangebot überschritten,
dann ergibt sich für den Dienstleistungsanbieter ein spezielles Problem der gewinnmaximalen **Auftragsselektion**. Im Dienstleistungskontext ist dabei zwei Besonderheiten Rechnung zu tragen:

- **Auftragsheterogenität** resultiert aus der Individualität der in den Kundenanfragen artikulierten Probleme. Sie bezieht sich neben den am externen Faktor herbei-
zuführenden Eigenschaftsänderungen auch auf die mit der Problemlösung einhergehenden Erlöse.

- **Lösungsvielfalt** bedeutet, dass ein Nachfragerproblem alternativ durch mehrere
Dienstleistungsarten gelöst werden kann. Diese unterscheiden sich im Hinblick
auf herbeiführbare Eigenschaftsänderungen, Kapazitätsnachfrage, Kosten und Anwendbarkeit auf andere der vorliegenden Nachfragerprobleme.

Dies hat zur Konsequenz, dass nicht nur über die Auftragsannahme, sondern auch
über die Leistungsartenzuordnung zu befinden ist. Da beide Besonderheiten eine
unterschiedliche Lukrativität der einzelnen aus den Kundenanfragen hervorgehenden
Aufträge bedingen, sind die Annahme- und die Zuordnungsentscheidung interdependent.

Die Wechselwirkungen lassen sich an den Verläufen der Kosten zur Vorbereitung
auf eine Leistungsart (sog. Rüstkosten) und zur Erbringung einer Leistungsart verdeutlichen. Zur Veranschaulichung sei zunächst angenommen, dass die Auswahl
einer Leistungsart keinen Einfluss auf den Erlös hat.

Die **Erbringungskosten** einer Leistungsart k^{PR} sind davon abhängig, in welchem
Umfang ein konkret zu lösendes Problem P von dem für die Leistungsart erwarteten
Problem $\hat{P}_i$ abweicht. Es ist davon auszugehen, dass die Kosten bei Problemgleich-
heit am niedrigsten sind und mit zunehmender Abweichung steigen. Mit Bezug auf

eine Problemdimension z ergibt sich für den unteren Rand möglicher Kostenpunkte ein konvexer Verlauf. Kann ein Problem durch unterschiedliche Leistungsarten i, i' gelöst werden, dann sind mehrere Kostenverläufe zu berücksichtigen (vgl. Abbildung 4.3-1). Mit Fokus auf diese Kosten ist es rational, die einzelnen Nachfragerprobleme jeweils der kostengünstigsten Leistungsart zuzuordnen.

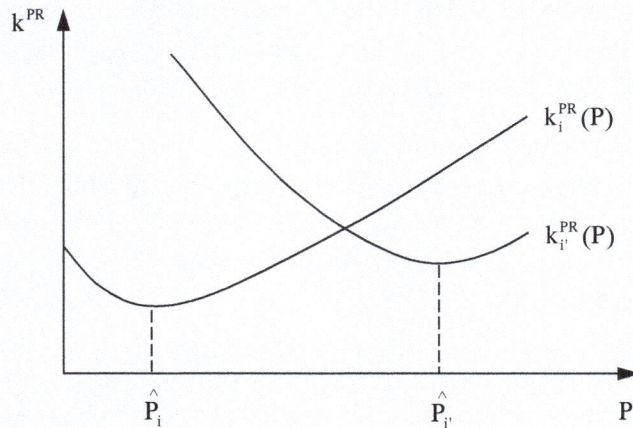

Abb. 4.3-1:   Kosten der Erbringung von Leistungsarten in Abhängigkeit von der
               Abweichung zwischen erwartetem und konkret vorliegendem Problem

Ist es erforderlich, die Ausführung einer Leistungsart vorzubereiten, wenn diese in einem Zeitraum für mindestens einen Nachfrager erbracht wird, dann werden **Vorbereitungskosten** K_i^R entscheidungsrelevant. Diese entstehen vor der ersten Erbringung der Dienstleistungsart und bleiben bei wiederholter Erbringung konstant. Unter isolierter Berücksichtigung dieser Kosten ist es rational, möglichst viele Nachfragerprobleme einer Leistungsart zuzuordnen.

Aus der Gesamtsicht aller Kostenarten ergibt sich bei der **Zuordnung** die Tendenz, Nachfragerprobleme, die nicht zu unterschiedlich sind, mit derselben Leistungsart zu lösen. Dabei können die Unterschiede umso größer sein, je größer die Relation zwischen Vorbereitungs- und Erbringungskosten ist. Bei der **Auftragsselektion** geht das beschriebene Kostenverhalten mit den Anreizen einher,

- bei Dominanz der Vorbereitungskosten Kundenanfragen mit sehr ähnlichen Problemen und

- bei Dominanz der Erbringungskosten Kundenanfragen mit Problemen, die sehr ähnlich zu den erwarteten Problemen der angebotenen Leistungsarten sind, als Auftrag anzunehmen. In beiden Fällen werden Auftrags-/Leistungsarten-Zuordnungen mit niedrigen Gesamtkosten pro Kapazitätsbedarf bevorzugt.

Sollen Kosten-, Erlös- und Kapazitätswirkungen im Prozess der Dienstleistungsvereinbarung gleichzeitig berücksichtigt werden, dann kann zur Entscheidungsunterstützung auf einen Ansatz der linearen Programmierung zurückgegriffen werden. Eine praktische Anwendung ist immer dann möglich, wenn die Informationen zu den Kosten $k_i^{PR}(P), K_i^R$ und zum Kapazitätsbedarf $\kappa_i(P)$ der Leistungsarten $i = 1,...,I$, zu den für die Leistungsarten erwarteten Problemen $\hat{P}_i$, zur Kapazität C des Dienstleistungsanbieters sowie zu den Problemen P_j und den Erlösen π_j der angefragten Kundenaufträge $j = 1,...,J$ verfügbar sind.

Im Entscheidungsmodell werden die im Vereinbarungsprozess zu beantwortenden Entscheidungsfragen,

a) welche Kundenanfragen als Aufträge angenommen werden sollen,

b) mit welcher Leistungsart die Aufträge erfüllt werden sollen und

c) welche Leistungsarten vorzubereiten sind,

durch die Entscheidungsvariablen y_{ij} (für a und b) und x_i (für c) abgebildet. Um der Realität Rechnung zu tragen, sind die für die Entscheidungen relevanten Schranken zu erfassen. Im einfachsten Fall sind dies:

1. Ein Auftrag wird entweder angenommen oder abgelehnt.

2. Ein angenommener Auftrag wird durch genau eine Leistungsart erfüllt.

3. Die Aktivierung einer Leistungsart erfordert deren Vorbereitung.

4. Durch die Erbringung der Leistungsarten wird die Kapazität nicht überschritten.

Welches Leistungsprogramm, das innerhalb dieser Schranken liegt, auszuwählen ist, erfolgt nach Maßgabe des Formalziels der Deckungsbeitragsmaximierung. Bei der vorliegenden Problemstellung sind für den Deckungsbeitrag die Komponenten Erlös, Erbringungskosten und Vorbereitungskosten relevant.

Unter Verwendung der definierten Symbole lässt sich die verbale Problembeschreibung in ein formales Entscheidungsmodell übersetzen:

- Zielfunktion:

$$\max \sum_{i=1}^{I} \left(\sum_{j=1}^{J} \left(\pi_j - k_i^{PR}(P_j) \right) \cdot y_{ij} - K_i^R \cdot x_i \right)$$

- Nebenbedingungen:

  1. und 2.: $\displaystyle\sum_{i=1}^{I} y_{ij} \leq 1$ $\forall i, j$

  3.: $y_{ij} \leq x_i$ $\forall j$

  4.: $\displaystyle\sum_{i=1}^{I}\sum_{j=1}^{J} y_{ij} \cdot \kappa_i(P_j) \leq C$

- Wertebereiche der Entscheidungsvariablen:

  $y_{ij} \in \{0,1\}$ $\forall i, j$

  $x_i \in \{0,1\}$ $\forall i$

Solange die Kostenfunktion $k_i^{PR}(P_j)$ und die Kapazitätsbedarfsfunktion $\kappa_i(P_j)$ linear sind, lässt sich das Entscheidungsmodell für realistische Problemgrößen in akzeptabler Zeit mit dem Branch-and-bound-Verfahren exakt lösen. Um bei Problemen mit sehr vielen Aufträgen und Leistungsarten eine akzeptable Lösungsdauer zu erreichen, empfiehlt es sich, auf Heuristiken zurückzugreifen, die zwar keine exakten, aber zulässige und i. d. R. gute Lösungen generieren.

4.3.2 Revenue Management

4.3.2.1 Grundkonzeption

Das Revenue Management (synonym auch: Yield Management, Ertragsmanagement) ist ein Ansatz zur operativen dynamischen Absatz- und Produktionsprogrammplanung unter Unsicherheit, bei dem die Unternehmung marktseitig Preissetzungs- und Auftragsannahmeentscheidungen sowie ressourcenseitig Kapazitätsallokationsentscheidungen so trifft, dass ein maximaler Gewinn zu erwarten ist. Dieses Ziel wird im Kontext von Dienstleistungen mit sehr niedrigen variablen Kosten als Maximierung des erwarteten Erlöses (Revenue) reformuliert. Die **Anwendung** des Revenue Managements ist vor allem dann geeignet, wenn

- der Absatz der Leistung vor ihrer Erbringung erfolgt,
- die Nachfragemenge Schwankungen unterliegt, an die das Kapazitätsangebot nur unzureichend angepasst werden kann, und sich
- Nachfragersegmente mit unterschiedlichen zeitabhängigen Preisbereitschaften identifizieren lassen.

Häufig genannte dienstleistungsspezifische Anwendungsgebiete sind Buchungen von

-   Sitzplätzen im Personenverkehr (z. B. bei Flug-, Bahn- und Schiffsverbindungen),

-   Laderaumkapazität im Güterverkehr (z. B. für Transporte per Flugzeug, Bahn oder Schiff),

-   Räumlichkeiten (z. B. Hotelzimmer, Konferenzsäle, Besprechungsräume),

-   Restauranttischen (z. B. Tisch für 4 Personen von 19.00 - 22.00 Uhr),

-   Mietfahrzeugen (z. B. LkW, PkW, Fahrrad),

-   Eintrittskarten für Unterhaltungsveranstaltungen (z. B. für Theateraufführungen, Konzerte, Sportereignisse) sowie

-   Werbeslots im Rundfunk

(vgl. z. B. Chiang/Chen/Xu 2007, S. 100 ff.; Klein/Steinhardt 2008, S. 29 ff.; Kimms/Klein 2005, S. 2 und S. 14 ff.; Talluri/Ryzin 2005, S. 515 ff.).

Grundlegende ökonomische **Gestaltungsaufgaben** des Revenue Managements sind die Preis/Mengen-Steuerung (synonym auch: Kapazitätssteuerung), die Überbuchung und die dynamische zeitliche Preisdifferenzierung (vgl. Klein/Steinhardt 2008, S. 69 ff.; Talluri/Ryzin 2005, S. 27 ff.; Tscheulin/Lindenmeier 2003, S. 631 ff.). Die teilweise zusätzlich genannte Aufgabe der Prognose ist keine originäre Gestaltungsaufgabe, sondern jeweils ein Bestandteil der einzelnen zuvor genannten Aufgaben, der sich auf die problemorientierte Gewinnung zukunftsbezogener Informationen bezieht.

Im Rahmen der **Preis-/Mengen-Steuerung** werden für eine Leistung unterschiedliche Preisklassen gebildet, denen jeweils ein Teil der Kapazität zugeordnet wird. Die Anzahl, die Niveaus und die Kapazitätsanteile der Preisklassen werden im Hinblick auf die Nachfragestruktur und die Wettbewerbssituation bestimmt. Für eine gegebene Anzahl an Preisklassen ist die bestmögliche Preissetzung und Kapazitätsaufteilung dann gegeben, wenn die Grenzerträge der Klassen gleich sind (vgl. z. B. Büttgen 1996, S. 260; Corsten/Stuhlmann 2000b, S. 10). Die Annahme der Buchungen, die über die Kapazitätsgrenze hinausgehen, wird als **Überbuchung** bezeichnet. Damit wird entgehenden Deckungsbeiträgen entgegengewirkt, die dann einträten, wenn die durch Stornierungen und No-Shows (Nichtinanspruchnahme von Reservierungen) vor der Leistungserstellung freiwerdende Kapazität nicht durch Go-Shows (kurz vor der Leistungserstellung gebuchte Anrechte) kompensiert werden. Die **dynamische zeitliche Preisdifferenzierung** erlaubt es, durch eine kapazitätsauslastungsabhängige Preissetzung, die Perioden mit der knappsten Kapazität für die Erstellung der Leistungen zu nutzen, die von Nachfragern mit der höchsten Zahlungsbereitschaft gebucht werden.

Neben der Berücksichtigung des Nachfrageverhaltens im Kontext der Gestaltungs-
aufgabenerfüllung ist die Reaktion der Kunden auf die Konsequenzen der praktischen Anwendung von Revenue-Management-Techniken relevant (vgl. Lindenmei-
er/Tscheulin 2005, S. 104 ff.; Shen/Su 2007, S. 714 ff.; Talluri/Ryzin 2005, S. 614
ff.; Wangenheim/Bayón 2007, S. 37 ff.; Wirtz et al. 2003, S. 218 ff.; Wirtz/Heidig
2014, S. 90 ff.):

- Die **Preis-/Mengen-Steuerung** geht für den Kunden mit den Risiken einher, aufgrund der Wahl einer Buchungsklasse entweder keine Reservierung zum gewünschten Zeitpunkt zu erhalten oder einen zu hohen Preis für die Reservierung
  zu zahlen. Teilweise wird das Freihalten der Kapazität für Kunden mit hoher Zahlungsbereitschaft seitens der Kunden mit niedriger Zahlungsbereitschaft als unfair
  empfunden.

- **Überbuchung** erzeugt kundenseitig das Risiko, die gebuchte Leistung nicht zu
  erhalten. Dabei wird das Risiko als umso höher empfunden, je weniger zu erwarten ist, dass die Leistung in abgewandelter Form zeitnah erbracht werden kann.
  Längerfristig kann eine Abwanderung der Kunden zu Konkurrenten erfolgen,
  wenn Kunden bei Eintritt der Überbuchungssituation durch die Unternehmung
  unzureichend durch substitutive Leistungen oder finanziellen Ausgleich entschä-
  digt werden.

- Die **dynamische zeitliche Preisdifferenzierung** birgt das Risiko, die Reservierung zu einem ökonomisch unvorteilhaften Zeitpunkt vorzunehmen und wird von
  Nachfragern, die in Spitzenbelastungszeiten mit erhöhten Preisen konfrontiert
  sind, als unfair oder unrechtmäßig wahrgenommen. Diese Wahrnehmung ist tendenziell umso stärker, je weniger das Differenzierungskriterium von den Kunden
  als branchenüblich angesehen wird oder für den Kunden transparent ist.

Aufgrund dieser Aspekte erscheint es als notwendig, die Anwendung der Revenue-
Management-Techniken funktionsübergreifend durch interdisziplinäre Teams vorzubereiten und zu kontrollieren, sowie beim Auftreten unerwünschter Effekte korrigierend anzupassen. Eine Möglichkeit ist darin zu sehen, unerwünschte Effekte zu anti-
zipieren und in monetarisierter Form in den Entscheidungskalkülen zu den Gestaltungsaufgaben zu berücksichtigen (vgl. Wangenheim/Bayón 2014, S. 124 ff.).

Konkrete Ansatzpunkte hierfür sind in einer differenzierteren Abbildung des Kun-
denverhaltens zu sehen (vgl. Shen/Su 2007, S. 714 ff.). So können

- im Kontext der Preis-/Mengen-Steuerung unterschiedliche Risikoeinstellungen
  der Nachfrager und unterschiedliche Transparenz der Kapazitätsauslastung einbezogen werden,

- bei der Überbuchung und der Preis-/Mengen-Steuerung mehrdimensionaler Nach-
  fragefunktionen berücksichtigt werden, die die Reaktion der Nachfrager auf das
  Angebot substitutiver Leistungen bzw. unterschiedlicher Buchungsklassen antizi-
  pieren,

- für die zeitliche dynamische Preisdifferenzierung unterschiedlich handelnde Nachfragersegmente identifiziert werden, etwa strategisch agierende Kunden, die auf den vorteilhaftesten Kaufzeitpunkt spekulieren, und myopisch agierende Kunden, die ihren Kauf im Bedarfsfall tätigen.

Revenue-Management-Systeme als softwaretechnische Implementierungen zur Unterstützung der Erfüllung von Gestaltungsaufgaben umfassen im Minimum die Softwarekomponenten „Datenbasis" (Verwaltung von Vergangenheitsdaten), „Prognose" (Generierung von exogenen Zukunftsdaten) und „Optimierung" (Problemmodellierung und algorithmische Problemlösung) (vgl. z. B. Boyd/Bilegan 2003, S. 1365 f.; Daudel/Vialle 1992, S. 102 ff.; Johns 2006, S. 142 ff.; Zehle 1990, S. 18). Neben dieser technischen Strukturierung ist es aus ökonomischer Sicht bedeutsam, das mit diesen Systemen zu lösende Planungsproblem aus Gründen der Komplexitätsbewältigung in eine Abfolge von Teilplanungen zu zerlegen. In Anlehnung an die klassische Struktur von PPS-Systemen (vgl. Corsten/Gössinger 2012, S. 576 ff.) lassen sich folgende Teilpläne abgrenzen (vgl. Abbildung 4.3-2):

- **Segmentierung**: Auf der Grundlage von Daten zu Nachfragestruktur und Nachfragerverhalten, über das Angebot der Konkurrenten sowie von Prognosen der Nachfrageentwicklung werden Nachfragersegmente mit unterschiedlichen Preisbereitschaften gebildet.

- **Kapazitätsbestimmung**: Ausgehend von der „normalen" Kapazität sind auf der Grundlage von Prognosen des Stornierungs-, No-Show- und Go-Show-Verhaltens Überbuchungslimits anzugeben.

- **Kapazitätsaufteilung**: Entsprechend der festgelegten Nachfragersegmente und der darin erwarteten Nachfragemenge werden die Kapazität in Teilkapazitäten aufgespalten (Kontingentierung) und entsprechende Preisklassen festgelegt.

- **Kapazitätssteuerung**: Es werden Entscheidungen über die Annahme von Buchungsanfragen und über die Preise, die sich an der Auslastung der einzelnen Teilkapazitäten orientieren, getroffen. Als Informationen sind dabei die absolute Höhe der Nachfrage, der bisherige und der erwartete Buchungsverlauf sowie das Stornierungs- und No-Show-Verhalten relevant.

- **Kontrolle und Analyse**: Die Informationen zu angenommenen Buchungen, vorliegenden Stornierungen, realisierten No-Shows und Go-Shows sowie zu den erbrachten Leistungen werden mit den durch die einzelnen Teilplanungen festgelegten Werten verglichen. Dadurch können nicht tolerierbare Abweichungen frühzeitig erkannt und entsprechende Gegenmaßnahmen ergriffen werden.

Um eine realitätsnahe und konsistente Durchführung der Teilplanungen zu ermöglichen, sind die benötigten Informationen informationstechnisch in einer Datenbank zu organisieren. Von Bedeutung sind dabei Daten über

- die Nachfrage in aktuellen und vergangenen Buchungsperioden im Hinblick auf

  -- Nachfragestruktur (z. B. Preiselastizitäten, Wichtigkeit der Kunden),

  -- Nachfrageniveau,

  -- Nachfrageverlauf (z. B. Buchungskurve, Ereignisse, die zusätzliche Nachfrage generiert haben),

  -- Nachfragerverhalten (Stornierungen, No-Shows, Go-Shows, Reaktion abgewiesener Nachfrager),

- das Angebot

  -- der Unternehmung selbst

    • Kapazität (z. B. Niveau, Kontingente, Überbuchungslimits),

    • Leistungen (z. B. Preisklasse, Kapazitätsbedarf),

  -- der Konkurrenten.

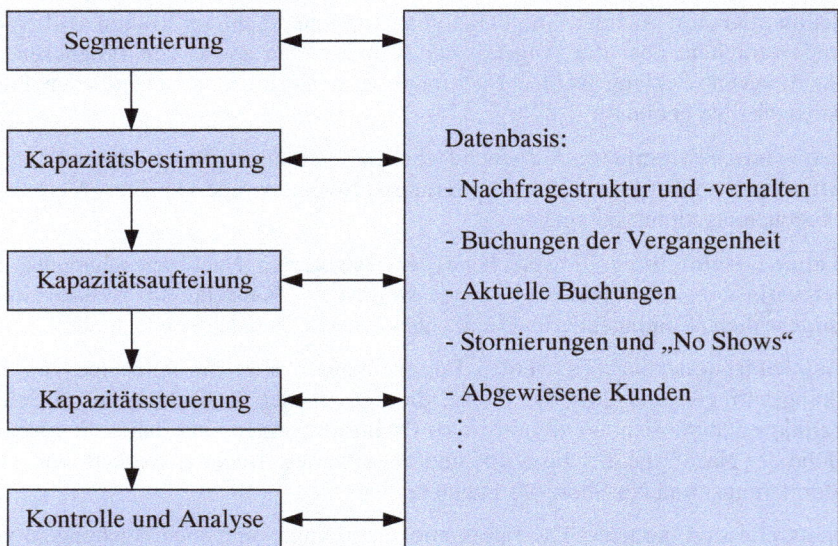

Abb. 4.3-2:   Stufenmodell eines Revenue-Management-Systems

4.3.2.2 Grundmodelle

4.3.2.2.1 Preis-/Mengen-Steuerung

Der **Preis-/Mengen-Steuerung** obliegt die Aufgabe, für die einzelnen Nachfragersegmente sowohl den Angebotspreis als auch den für dieses Segment nutzbaren Anteil an der Gesamtkapazität der Unternehmung zu bestimmen. Die Grundidee lässt sich auf die Arbeiten von Littlewood (1972) und Jacob (1971) zurückführen.

Im Ansatz von Littlewood wird die Situation analysiert, dass zwei Nachfragersegmente mit unterschiedlicher Preisbereitschaft $\pi_H > \pi_N$ durch die Nutzung einer Ressource mit begrenzter Kapazität C bedient werden. Die Nachfragemengen D_1, D_2 beider Segmente unterliegen zufälligen Schwankungen, wobei die konkrete Nachfragemenge des Segmentes mit der niedrigeren Zahlungsbereitschaft zeitlich vor der des anderen Segmentes bekannt wird. Damit ist beim Vorliegen der Nachfrage aus dem weniger profitablen Segment zu entscheiden, in welchem Umfang x_N sie erfüllt werden soll, wenn dadurch die für die Nachfrageerfüllung im profitableren Segment noch verfügbare Kapazität reduziert wird $(C - x_N)$. Diese Entscheidungssituation ist durch zwei Risiken gekennzeichnet, die sich in Abhängigkeit von der im weniger profitablen Segment realisierten Absatzmenge gegenläufig entwickeln:

- **Erlösverdrängungsrisiko**: Je höher die Absatzmenge im weniger profitablen Segment gewählt wird, umso höher ist die Wahrscheinlichkeit, dass die Nachfrage im profitableren Segment nicht vollständig erfüllt werden kann.

- **Erlösverlustrisiko**: Je niedriger die Absatzmenge im weniger profitablen Segment gewählt wird, umso höher ist die Wahrscheinlichkeit, dass ein Teil der verfügbaren Kapazität ungenutzt bleibt.

Werden beide Risiken in das Gewinnmaximierungsziel einbezogen, dann besagt die Zielfunktion, dass der Zuwachs an realisiertem Erlös aus dem weniger profitablen Segment mit dem Entgang an erwartetem Erlös aus dem profitablen Segment auszubalancieren ist:

$$\max \quad \underbrace{\pi_N \cdot x_N}_{\substack{\text{realisierter Erlös} \\ \text{aus dem weniger} \\ \text{profitablen Segment}}} + \underbrace{\underbrace{\pi_H \cdot (C - x_N) \cdot P(D_H \geq C - x_N)}_{\substack{\text{die höherwertige Nachfrage über-} \\ \text{steigt die verfügbare Kapazität}}} + \underbrace{\pi_H \cdot EW(D_H \mid D_H < C - x_N)}_{\substack{\text{die höherwertige Nachfrage schöpft} \\ \text{die verfügbare Kapazität nicht aus}}}}_{\substack{\text{erwarteter Erlös aus dem} \\ \text{profitablen Segment}}}$$

Marginalanalytisch lässt sich zeigen, dass die Absatzmenge in dem weniger profitablen Segment nur dann weiter erhöht werden sollte, wenn der Preis π_N nicht niedriger als der erwartete Grenzerlös im profitablen Segment ist:

$$\pi_N \geq \pi_H \cdot P\left(D_H \geq C - x_N\right)$$

Da sich der erwartete Grenzerlös im profitablen Segment mit zunehmender Absatzmenge x_N an die Preisbereitschaft π_H dieses Segments annähert, lässt sich eine Obergrenze C_N für die Absatzmenge x_N bestimmen, deren Überschreitung den erwarteten Gesamterlös schmälert. Ist die Nachfrage D_H im höherwertigen Segment eine Zufallsvariable d, die einer kontinuierlichen Verteilung $F_H(d)$ folgt, dann gilt für diese Obergrenze $\pi_N = \pi_H \cdot P\left(D_H > C - C_N\right)$, und mit Hilfe der Inversen F_H^{-1} der Verteilungsfunktion

$$C_N = C - F_H^{-1}\left(1 - \frac{\pi_N}{\pi_H}\right)$$

Bei normalverteilter Nachfrage im höherwertigen Segment (Parameter μ_H, σ_H) wird die Obergrenze durch

$$C_N = C - \left(\mu_H + \sigma_H \cdot \Phi^{-1}\left(1 - \frac{\pi_N}{\pi_H}\right)\right)$$

bestimmt. Die Obergrenze für den Absatz im weniger profitablen Segment ist folglich umso niedriger, je

- höher der Erwartungswert μ_H der höherwertigen Nachfrage,
- höher die Standardabweichung σ_H der höherwertigen Nachfrage und
- größer die Differenz zwischen den Zahlungsbereitschaften π_N, π_H der beiden Segmente ist.

Beträgt die Preisbereitschaft im weniger profitablen Segment genau die Hälfte derjenigen im profitableren Segment, dann ist für die höherwertige Nachfrage Kapazität genau in der Höhe des Erwartungswertes μ_H zu reservieren (vgl. Talluri/Ryzin 2005, S. 36).

Diese Überlegung antizipierend analysiert Jacob (1971, S. 495 ff.) das Problem der einperiodigen gewinnmaximalen **Auftragsselektion** unter Berücksichtigung der Chance, dass in zukünftigen Perioden Leistungen beauftragt werden, die lukrativer als die aktuell zur Auswahl stehenden Aufträge sind. Sein Lösungsansatz baut auf dem Grundmodell der Auftragsselektion auf. Die Besonderheit liegt in der kalkulatorischen **Aufspaltung der Kapazität (Verschachtelung)** in zwei Arten[1]:

- **Standardkapazität**, die von allen Aufträgen genutzt werden kann, die einen positiven Deckungsbeitrag aufweisen, und

- **Premiumkapazität**, die nur von Aufträgen genutzt werden kann, deren Deckungsbeitrag besonders hoch (lukrativ) ist.

Der **Anteil der Premiumkapazität** richtet sich dabei nach dem Kapazitätsbedarf lukrativer Aufträge, deren Eintreffen nach der abgeschlossenen Auftragsselektion während der Ausführung der akzeptierten Aufträge erwartet wird. Der Zugriff auf die Premiumkapazität wird durch **zusätzliche Nutzungskosten** pro Kapazitätseinheit geregelt. Die Höhe des Kostensatzes entspricht den Deckungsbeiträgen, die ohne diese Verschachtelung entgingen, weil erwartete zukünftige lukrative Aufträge aufgrund der Kapazitätsauslastung durch bereits akzeptierte Aufträge abgelehnt werden müssten. Somit sind die zusätzlichen Nutzungskosten als Opportunitätskosten abzulehnender lukrativer Aufträge zu charakterisieren.

Im **Entscheidungsmodell**, das die Aufträge j $(j = 1, ..., J)$ mit den Deckungsbeiträgen m_j und den Kapazitätsbedarfen κ_{ij} sowie die Ressourcen i $(i = 1, ..., I)$ mit der Kapazität C_i, dem Anteil der Standardkapazität a_i (Premiumkapazität $(1-a_i)$) und den Kosten der Nutzung der Premiumkapazität k_i^P berücksichtigt, werden dann die im Vereinbarungsprozess zu beantwortenden Entscheidungsfragen,

- welche Kundenanfragen als Aufträge angenommen und in

- welchem Umfang die beiden Kapazitätsarten zur Erfüllung der einzelnen Aufträge genutzt

werden sollen, durch die Entscheidungsvariablen y_j und b_{ij}^S, b_{ij}^P abgebildet. In der Realität sind dabei die für die Entscheidung relevanten Schranken zu berücksichtigen:

1. Der Kapazitätsbedarf eines angenommenen Auftrags wird durch Standard- und/oder Premiumkapazität erfüllt.

2. Durch die Auftragserfüllung werden Standard- und Premiumkapazität nicht überschritten.

3. Ein Auftrag wird entweder angenommen oder abgelehnt.

4. Die Inanspruchnahme der Kapazität ist nicht negativ.

---

1) Jacob (1971, S. 501) verwendet hierfür die Bezeichnungen „freie Kapazität" bzw. „reservierte Kapazität", was im vorliegenden Kontext jedoch missverständlich wäre.

Durch Lösung des Entscheidungsmodells werden die Entscheidungsfragen im Rahmen dieser Schranken nach der Maßgabe des Formalziels der Deckungsbeitragsmaximierung beantwortet. Für die Zielfunktion sind die Komponenten „Deckungsbeiträge der akzeptierten Aufträge" und „Kosten der Nutzung von Premiumkapazität" relevant. Aufbauend auf den definierten Symbolen ergibt das formale Entscheidungsmodell[1]:

- Zielfunktion:

$$\max \quad \sum_{j=1}^{J} \left(m_j \cdot y_j - \sum_{i=1}^{I} k_i^P \cdot b_{ij}^P \right)$$

- Nebenbedingungen:

$$1.: \qquad b_{ij}^S + b_{ij}^P \ge y_j \cdot \kappa_{ij} \qquad\qquad \forall i, j$$

$$2.: \qquad \sum_{j=1}^{J} b_{ij}^S \le a_i \cdot C_i \qquad\qquad \forall i$$

$$\sum_{j=1}^{J} b_{ij}^P \le \left(1 - a_i\right) \cdot C_i \qquad\qquad \forall i$$

$$3.: \qquad y_j \in \{0; 1\} \qquad\qquad \forall j$$

$$4.: \qquad b_{ij}^S, \; b_{ij}^P \ge 0 \qquad\qquad \forall i, j$$

Dieses gemischt-ganzzahlige Entscheidungsmodell zur Preis-/Mengen-Steuerung lässt sich für realistische Problemgrößen mit Hilfe des Branch-and-Bound-Verfahrens exakt lösen. Bei einer sehr großen Anzahl von Aufträgen empfiehlt es sich, Heuristiken (z. B. Greedy-Algorithmen) anzuwenden, die in relativ kurzer Zeit gute Lösungen finden, deren Optimalität aber nicht garantieren.

4.3.2.2.2 Überbuchung

Mit der Überbuchung wird dem realen Sachverhalt Rechnung getragen, dass im Zeitraum zwischen dem Absatz der Leistung (Buchung) und der Leistungserbringung Situationen eintreten können, die Leistungsinanspruchnahme durch den Nachfrager verhindern. Die Information darüber erhält der Anbieter durch Stornierung der Bu-

---

[1] Die zusätzlich von Jacob (1971, S. 501) formulierte Vollständigkeitsbedingung ist weniger inhaltlich, sondern eher technisch begründet, um die algorithmische Lösung des Modells zu beschleunigen.

chung oder unangekündigte Nichtinanspruchnahme von Reservierungen zum Zeitpunkt der Leistungserbringung (No-Show). Der dann noch bis zum Beginn der Leistungserbringung verfügbare Zeitraum ist i. d. R. so kurz, dass die freigewordene Kapazität nur noch in geringem Umfang durch Absatz an kurzentschlossene Nachfrager
(Go-Show) genutzt werden kann. Aus diesem Grunde werden Stornierungen, No-
Shows und Go-Shows durch den Anbieter bereits im Buchungszeitraum auf der
Grundlage von Vergangenheitsdaten antizipiert. Damit werden bei der Überbuchung
nach Erreichen der Kapazitätsgrenze weitere Buchungen im Umfang der erwarteten
Stornierungen und No-Shows, abzüglich der erwarteten Go-Shows, angenommen,
wenn die dabei zu erwartenden Erlöse höher sind als die aufgrund nicht erfüllbarer
gebuchter Leistungen zu erwartenden Strafkosten.

Die Grundidee zur analytischen Bestimmung des **Überbuchungslimits** lässt sich auf
Beckmann (1958, S. 134 ff.) zurückführen. Der Ansatz bezieht sich auf die Situation
einer Fluggesellschaft, bei der pro erbrachter Leistung genau eine Kapazitätseinheit
(Sitzplatz in einem Flugzeug) genutzt wird. Es liegen monetäre und mengenmäßige
Informationen vor:

k^P = Strafkosten pro nichterfüllbarer gebuchter Leistung,

k^O = entgangener Deckungsbeitrag pro ungenutzter Kapazitätseinheit,

C   = Kapazität,

D   = Nachfrage nach Reservierungen,

X   = Anzahl akzeptierter Reservierungen,

N   = Anzahl später Stornierungen und No-Shows,

G   = Anzahl kurzentschlossener zusätzlicher Nachfrager (Go-Shows),

$F(D)$ = Wahrscheinlichkeit der Nachfrage von höchstens D Reservierun-
               gen,

$P(N\,|\,X)$ = Wahrscheinlichkeit von höchstens N später Stornierungen und No-
               Shows, wenn X Reservierungen akzeptiert wurden,

$Q(G\,|\,X)$ = Wahrscheinlichkeit von höchstens G Go-Shows, wenn X Reser-
               vierungen akzeptiert wurden.

Bei der Festlegung des Überbuchungslimits $\overline{X}$ ist zu berücksichtigen, dass mit steigendem Limit die Anzahl nicht erfüllbarer gebuchter Leistungen (ungenutzter Kapazitätseinheiten) zunimmt (abnimmt). Ziel ist es folglich, für das Überbuchungslimit
ein Niveau zu wählen, bei dem die Grenzkosten beider Komponenten gleich hoch
sind.

Die Kostenwirkungen der Festlegung des Überbuchungslimits sind bedingt durch die Unvollständigkeit der Informationen über Nachfragemenge und Nachfragerverhalten nach der Buchung nicht eindeutig. Auf der Grundlage der Kriterien

a) Relation zwischen Nachfragemenge und Buchungslimit und

b) Relation zwischen Überbuchungsmenge und Nachfragerverhalten nach der Buchung lassen sich jedoch vier grundsätzliche Situationen identifizieren (vgl. Tabelle 4.2-8).

		Relation zwischen Nachfragemenge und Buchungslimit	
		$X = D < \overline{X}$	$D \geq \overline{X} = X$
Relation zwischen Überbuchungsmenge und Nachfragerverhalten nach der Buchung	$X - C > N$	I Strafkosten bei Nichtausschöpfung des Buchungslimits	II Strafkosten bei Ausschöpfung des Buchungslimits
	$X - C < N - G$	III Leerkosten bei Nichtausschöpfung des Buchungslimits	IV Leerkosten bei Ausschöpfung des Buchungslimits

Tab. 4.2-8:   Grundsätzliche Kostenwirkungen der Festlegung des Überbuchungslimits

Kriterium a) Da die Nachfrage Zufallsschwankungen unterliegt, muss ein vorgegebenes Überbuchungslimit nicht immer durch akzeptierte Reservierungen ausgeschöpft werden. Auf der Grundlage statistischer Daten können Wahrscheinlichkeiten dafür angegeben werden, dass

- die Anzahl akzeptierter Reservierungen das Limit nicht erreicht $\left(dF(D), x = D < \overline{X}\right)$, weil die Nachfragemenge unterhalb des Limits liegt, und

- das Limit durch die Buchungen ausgeschöpft wird $\left(1 - F(\overline{X})\right)$, weil nicht weniger Reservierungen nachgefragt werden als das Überbuchungslimit erlaubt $\left(D \geq \overline{X} = X\right)$.

Kriterium b) In Abhängigkeit von der Relation zwischen Überbuchungsmenge und den nach der Buchung erfolgenden kurzfristigen Stornierungen und No-Shows sowie den nutzbaren Go-Shows werden entweder Strafkosten oder Leerkosten realisiert. Die **Strafkosten** für nicht erfüllbare gebuchte Leistungen fallen immer dann an, wenn die über die Kapazität hinausgehenden akzeptierten Reservierungen nicht durch späte Stornierungen und No-Shows ausgeglichen werden $\left(X - C > N\right)$. Werden die über die Kapazität hinausgehenden akzeptierten Reservierungen durch späte

Stornierungen und No-Shows überkompensiert und kann die Unterauslastung nicht durch Go-Shows ausgeglichen werden $(X - C < N - G)$, dann entstehen für die ungenutzten Kapazitätseinheiten **Leerkosten** i. S. v. entgangenen Deckungsbeiträgen.

Die erwarteten Kosten in den einzelnen Situationen lassen sich bei Vorliegen kontinuierlich verteilter Zufallsvariablen durch Integration bestimmen:

I: Strafkosten bei Nichtausschöpfung des Buchungslimits:

$$k^P \cdot \int_C^{\overline{X}} \int_0^{D-C} \left(\underbrace{X - N - C}_{\substack{\text{nicht erfüllbare} \\ \text{gebuchte Leistungen}}} \right) \cdot dP(N \mid D) \cdot dF(D)$$

II: Strafkosten bei Ausschöpfung des Buchungslimits:

$$k^P \cdot \left(1 - F(\overline{X})\right) \cdot \int_0^{\overline{X}-C} \underbrace{\left(X - N - C\right)}_{\substack{\text{nicht erfüllbare} \\ \text{gebuchte Leistungen}}} \cdot dP(N \mid \overline{X})$$

III: Leerkosten bei Nichtausschöpfung des Buchungslimits:

$$k^O \cdot \int_0^{\overline{X}} \int_{D-C}^{D} \int_0^{C+N-D} \underbrace{\left(C + N - D - G\right)}_{\substack{\text{ungenutzte} \\ \text{Kapazitätseinheiten}}} \cdot dQ(G \mid D) \cdot dP(N \mid D) \cdot dF(D)$$

IV: Leerkosten bei Ausschöpfung des Buchungslimits:

$$k^O \cdot \left(1 - F(\overline{X})\right) \cdot \int_{\overline{X}-C}^{\overline{X}} \int_0^{C+N-\overline{X}} \underbrace{\left(C + N - \overline{X} - G\right)}_{\substack{\text{ungenutzte} \\ \text{Kapazitätseinheiten}}} \cdot dQ(G \mid \overline{X}) \cdot dP(N \mid \overline{X})$$

Zur Bestimmung der Grenzkostenrelation sind die vier Kostenterme zu differenzieren und einander gegenüberzustellen. Unter vereinfachenden, aber realistischen Annahmen (vgl. Beckmann 1958, S. 136) lassen sich die Grenzkosten näherungsweise durch

$$k^P \cdot \int_0^{\overline{X}-C} dP(N) = k^O \cdot \int_{\overline{X}-C}^{\overline{X}} \int_0^{C+N-\overline{X}} dQ(G) \cdot dP(N)$$

bestimmen. Das optimale Überbuchungslimit $\overline{X}^*$ liegt dann vor, wenn das Verhältnis der marginalen Mengenänderungen (ungenutzte Kapazitätseinheiten/nicht erfüllbare gebuchte Leistungen) der Verhältnis der Kostensätze (Strafkosten/Leerkosten) entspricht. Bezogen auf absolute Mengen ergibt sich (durch Integration):

$$\frac{1}{P\left(\overline{X}^{*}-C\right)} \cdot \int_{\overline{X}^{*}-C}^{\overline{X}^{*}} Q\left(N-\left(\overline{X}^{*}-C\right)\right) \cdot dP(N) = \frac{k^{P}}{k^{O}}$$

4.3.2.2.3 Dynamische zeitliche Preisdifferenzierung

Bei der **dynamischen zeitlichen Preisdifferenzierung** werden die bisher als konstant angenommenen Preise (bzw. Deckungsbeiträge) in den Teilperioden des Planungshorizontes unter Berücksichtigung der (erwarteten) Kapazitätsauslastung und der (erwarteten) Preisreaktion der Nachfrager gewinnmaximierend festgelegt. Im Grundproblem handelt es sich um eine mehrperiodige kapazitätsorientierte Preisdifferenzierung dritten Grades für eine buchbare Leistung, die am Ende des Buchungshorizontes erbracht wird. Die Teilperioden des Buchungshorizontes sind durch unterschiedliche Preis-Absatz-Funktionen gekennzeichnet, wenn die kundenseitige Wertschätzung der Leistung im Zeitablauf schwankt. So ist etwa bei Flugbuchungen tendenziell eine höhere Preiselastizität zu beobachten, je mehr sich das Buchungsdatum dem Abflugdatum annähert. Deshalb können die Teilperioden analog zu einzelnen Kundensegmenten gesehen werden (vgl. Talluri/Ryzin 2005, S. 189). Bedingt durch die beschränkte Kapazität sind jedoch die Preissetzungen für die einzelnen Perioden voneinander abhängig.

Im Grundmodell sei von einem zweiperiodigen Buchungshorizont ausgegangen, in dem der Absatz der maximal möglichen Leistungseinheiten erfolgen soll. Die Grenzkosten K' der Leistungserbringung, die im Anschluss an den Buchungshorizont erfolgt, sind konstant. Das Nachfragerverhalten der Frühbucher (erste Periode) und der Spätbucher (zweite Periode) sei auf der Grundlage von Vergangenheitsdaten so abschätzbar, dass die Preis-Absatz-Funktionen $x_F(p)$, $x_S(p)$ als bekannt vorausgesetzt werden und die inversen Preis-Absatz-Funktionen als lineare Funktionen $p_F(x)$, $p_S(x)$ bestimmbar sind. Gegenstand der C Entscheidungsfrage ist die Höhe der Preise für Früh- und Spätbucher. Zur realistischen Beantwortung ist die Entscheidungsschranke zu berücksichtigen, dass die Summe der Absatzmengen der Früh- und Spätbucher x_F, x_S die Kapazität nicht übersteigt. Ziel ist es, diejenige Preiskombination p_F, p_S zu bestimmen, bei der der Gewinn maximal ist.

In dieser Situation lautet die formale Zielfunktion:

$$\max \quad p_F(x_F) \cdot x_F + p_S(x_S) \cdot x_S - K' \cdot x_F - K' \cdot x_S$$

mit: $\quad p_F(x_F) = \overline{p}_F - a_F \cdot x_F \qquad$ und

$$p_S(x_S) = \overline{p}_S - a_S \cdot x_S$$

Für die Nebenbedingung gilt:

$$x_F + x_S \leq C$$

Dabei sind nicht negative Absatzmengen zulässig:

$$x_F, x_s \geq 0$$

In Abhängigkeit von den konkreten Daten sind für die optimale Lösung zwei Situationen relevant (vgl. Klein/Steinhardt 2008, S. 196 f.):

- Die optimalen Absatzmengen schöpfen die Kapazität nicht aus $(x_F^* + x_S^* < C)$: Die optimalen Preise für die beiden Perioden entsprechen den isoliert berechneten Cournot-Preisen. Die Bestimmung kann, wie in Abschnitt 4.2.3.1.1.2 aufgezeigt, vorgenommen werden.

- Die optimalen Absatzmengen schöpfen die Kapazität aus $(x_F^* + x_S^* = C)$: Die optimalen Preise sind so gesetzt, dass die Grenzgewinne beider Perioden gleich sind.

Die Lösung lässt sich im zuletzt genannten Fall mit Hilfe des Lagrange-Ansatzes ermitteln. Werden $\overline{p}_F - K'$ und $\overline{p}_S - K'$ durch m_F bzw. m_S ersetzt, dann lautet die Lagrange-Funktion:

$$L(x_F, x_S, \lambda) = m_F \cdot x_F - a_F \cdot x_F^2 + m_S \cdot x_S - a_S \cdot x_S^2 + \lambda \cdot (x_F + x_S - C)$$

Die optimalen Absatzmengen ergeben sich aus der Lösung des linearen Gleichungssystems, das sich aus den ersten partiellen Ableitungen der Lagrange-Funktion ergibt:

$$x_S^* = \frac{\overline{p}_S - \overline{p}_F}{2 \cdot (a_F + a_S)} + \frac{a_F}{a_F + a_S} \cdot C \qquad x_F^* = \frac{\overline{p}_F - \overline{p}_S}{2 \cdot (a_F + a_S)} + \frac{a_S}{a_F + a_S} \cdot C$$

Die optimalen Preise betragen dann $p_S^* = \overline{p}_S - a_S \cdot x_S^*$ und $p_F^* = \overline{p}_F - a_F \cdot x_F^*$. Da nicht im Vorhinein bekannt ist, welche Situation bei optimaler Lösung vorliegt, kann zweistufig vorgegangen werden, indem zuerst die Cournot-Mengen bestimmt werden. Falls deren Summe die Kapazitätsrestriktion erfüllt, stellen die Cournot-Preise die Optimallösung dar, andernfalls ist der Lagrange-Ansatz anzuwenden (vgl. Klein/Steinhardt 2008, S. 198).

5 Gestaltung des Leistungspotentials

5.1 Konzeptionelle Grundlagen

Den Input der Dienstleistungen bilden (wie auch bei industrieller Produktion) die Produktionsfaktoren, worunter Güter (Mittel zur Bedürfnisbefriedigung) zu verstehen sind, die im Produktionsprozess eingesetzt werden müssen, um Leistungen hervorzubringen (causa efficiens), und deren Einsatz mit einem Güterverzehr einhergeht. Tritt der Güterverzehr in Form des Verbrauchs auf, d. h., der Produktionsfaktor kann in genau einem Leistungserstellungsprozess produktiv wirksam werden, dann ist dieser Produktionsfaktor ein **Repetierfaktor**. Ein Produktionsfaktor, der bei seiner Nutzung gebraucht wird und somit in mehreren Leistungserstellungsprozessen produktive Wirkung entfalten kann, wird **Potentialfaktor** genannt. Der Güterverzehr besteht somit beim Einsatz der Potentialfaktoren im auf die Einsatzzeit begrenzten Ausschluss (Verbrauch) alternativer Nutzungsmöglichkeiten.

Das Leistungspotential einer Unternehmung ist somit durch die Gesamtheit der durch sie nutzbaren Potentialfaktoren bestimmt. Den Ausgangspunkt der Potentialgestaltung bildet das gesamtunternehmerische **Zielsystem**, das den Rahmen der zu fällenden Entscheidungen absteckt. Durch das **Sachziel** wird das Handlungsprogramm der Unternehmung festgelegt, d. h., es enthält Informationen über Art, Menge, Qualität und Zeitpunkt der zu erstellenden und am Markt abzusetzenden Leistungen.

In einer dynamischen Betrachtung sieht sich eine Unternehmung bei der Potentialgestaltung Änderungen der Umweltbedingungen und der unternehmungsinternen Faktoren gegenüber. Aus beiden Bereichen können sowohl Chancen als auch Risiken erwachsen. Aufgabe der **Potentialgestaltung** ist es folglich, einerseits die sich bietenden Chancen für die Unternehmung zu nutzen, indem die Verfügbarkeit der dazu notwendigen Potentialfaktoren sichergestellt wird, und anderseits Potentialveränderungsszenarien zu entwickeln, die geeignet erscheinen, Risiken von der Unternehmung abzuwenden. Auf die Potentialgestaltung ist somit der Teil des von Grochla (1978, S. 19 ff.) formulierten materialwirtschaftlichen Optimums als Sachziel anwendbar, der sich nicht auf die Kosten bezieht: Die benötigten Potentialfaktoren sollen zu den richtigen Zeitpunkten, in den richtigen Mengen, an den richtigen Orten, in den richtigen Qualitäten verfügbar sein.

Änderungen der Umweltbedingungen, aus denen Chancen und Risiken erwachsen können, sind:

- veränderte Bedingungen auf dem Absatz- und Beschaffungsmarkt,

-- konjunkturelle und/oder saisonale Schwankungen,

-- Verhältnis der Marktteilnehmer,

-- Machtverschiebungen (z. B. durch Fusionen, Auftreten neuer oder Wegfall bisheriger Marktteilnehmer),

-- Verknappungserscheinungen,

- neue technische Entwicklungen,

- neue rechtliche Rahmenbedingungen,

- politische und sozio-kulturelle Veränderungen.

Neben der Feststellung dieser Veränderungen muss eine Unternehmung versuchen, die Bedingungen auf den relevanten Märkten und in den jeweiligen Bereichen in ihrem Sinne zu beeinflussen oder ihr(e) Sachziel(e) aktiv, zumindest aber reaktiv, zu verändern. Dies setzt voraus, dass die voraussichtlichen Auswirkungen potentieller (Re-)Aktionen abgeschätzt und Kontrollinformationen über die tatsächliche Wirkung getätigter (Re-)Aktionen gewonnen werden (z. B. mit Hilfe eines Früherkennungssystems; vgl. Meffert 1985, S. 129).

Vor dem Hintergrund der mit den Veränderungen einhergehenden Unsicherheit wird bei risikoaverser Potentialgestaltung das stabilisierende Sachziel der Sicherung einer langfristigen Verfügbarkeit in quantitativer, qualitativer, räumlicher und zeitlicher Hinsicht relevant (im Kontext der Beschaffung vgl. z. B. Arnold 1995, S. 10; Bloech 1986, S. 122; Hammann/Lohrberg 1986, S. 48; Koppelmann 2004, S. 107 f.). Dies kann etwa durch eine Beeinflussung der Machtverhältnisse auf den relevanten Märkten oder durch den Ausbau der Lieferbeziehungen bewirkt werden.

Formalziele geben der Unternehmung die Kriterien an, auf deren Grundlage die Entscheidungen über Handlungsalternativen getroffen werden. Damit erfüllen sie zwei Funktionen:

- Bewertung: Im Rahmen von Entscheidungskalkülen wird dem menschlichen Handeln eine Orientierung gegeben.
- Koordination: Bei dezentral getroffenen interdependenten Entscheidungen wird sichergestellt, dass die Teilentscheidungen auf das (oder die) Oberziel(e) der Unternehmung bezogen sind.

Aus der Perspektive der Potentialgestaltung erscheinen bei vorgegebenem Niveau der Ressourcenverfügbarkeit für operative Entscheidungen die Kostenminimierung und für taktische Entscheidungen die Minimierung des Barwertes der Auszahlungen als relevant.

In Erwartung zukünftiger Nachfrage nach Dienstleistungen ist es somit Aufgabe des Anbieters, das Leistungspotential so an die Marktbedingungen anzupassen, dass sein Formalziel erfüllt wird. Die Anpassung erfolgt dabei durch die zeitraum- und ortsbezogene Festlegung des Niveaus und der Zusammensetzung des Potentialfaktorbestandes. Die Komplexität dieser Aufgabe zeigt sich insbesondere

- an den Möglichkeiten zur Verfügbarmachung der Potentialfaktoren,
- am Spektrum der benötigten Potentialfaktoren und
- an den möglichen Bedarfssituationen.

Zur **Verfügbarmachung der Potentialfaktoren** können unterschiedliche Möglichkeiten herangezogen werden. Meyer (1973, S. 22 ff.) unterscheidet in diesem Zusammenhang die grundlegenden und vom vorliegenden Wirtschaftssystem unabhängigen Versorgungskonzepte marktlicher Tausch (Marktsystem), Zuteilung, Zuwendung und Selbstversorgung.

Der **marktliche Tausch** (Marktsystem) ist durch das Zusammentreffen mindestens zweier Akteure gekennzeichnet, die bereit sind, angebotene/nachgefragte Leistungen mit einer (monetären) Gegenleistung zu tauschen (vgl. Abbildung 5.1-1). Auf der Grundlage einer Kommunikation werden die Konditionen des Tausches festgelegt und in einem beiderseitig akzeptierten Vertrag fixiert. Für den Vertrag kommen unterschiedliche rechtliche Ausgestaltungsmöglichkeiten in Betracht: Kauf, Tausch, Leasing, Miete, Pacht, Leihe, Schenkung, Werk- oder Dienstvertrag.

Die **Zuteilung** ist dadurch charakterisiert, dass eine Verteilungsinstanz (Zuteiler/Zuteilungsinstitution) über Objektkategorien verfügt und diese den potentiellen Empfängern nur dann überträgt, wenn diese im Rahmen eines Kommunikationsprozesses einen Berechtigungsnachweis erbringen. Die zuteilungsrelevanten Kriterien werden durch die Verteilungsinstanz festgelegt (vgl. Abbildung 5.1-2). Als Beispiele seien Baugenehmigungen, Bohrrechte, staatlich erteilte Lizenzen und Zulassungen zur Ausübung bestimmter Berufe (z. B. Ärzte, Anwälte, Wirtschaftsprüfer) und Handwerke (z. B. Zahntechniker, Friseure) genannt.

Im Gegensatz zur Zuteilung entfällt bei der **Zuwendung** der Bezugsberechtigungsnachweis. Die Entscheidung darüber, ob ein Objekt einem potentiellen Empfänger zuzuwenden ist, liegt ausschließlich beim Zuwender (vgl. Abbildung 5.1-3). Zuwendungen können in Form von Transfers, Subventionen, Geschenken etc. auftreten. Die Bedeutung dieses Versorgungskonzepts kann durch zwei Extreme umrissen werden: reine Ergänzung zu einem anderen Versorgungskonzept oder dominantes Versorgungskonzept (z. B. bei sozialen Einrichtungen).

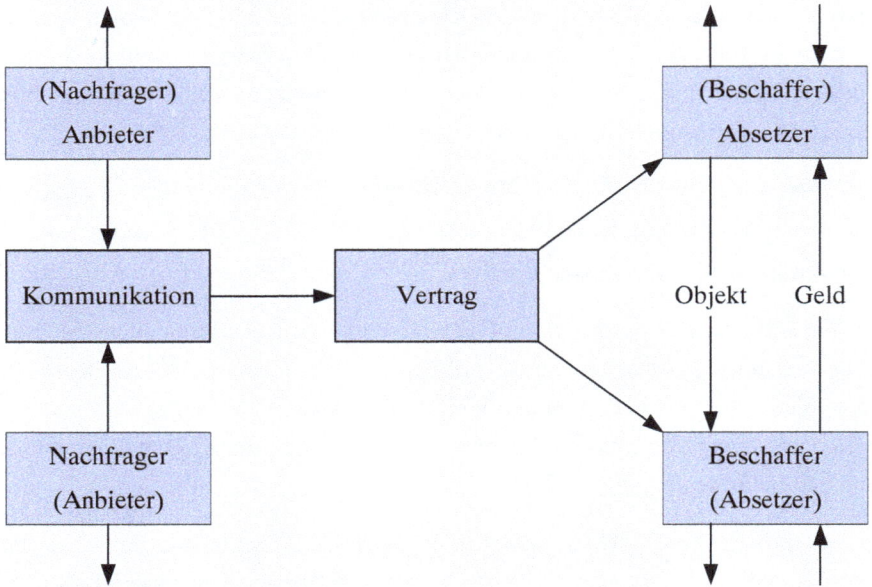

Abb. 5.1-1:   Marktsystem

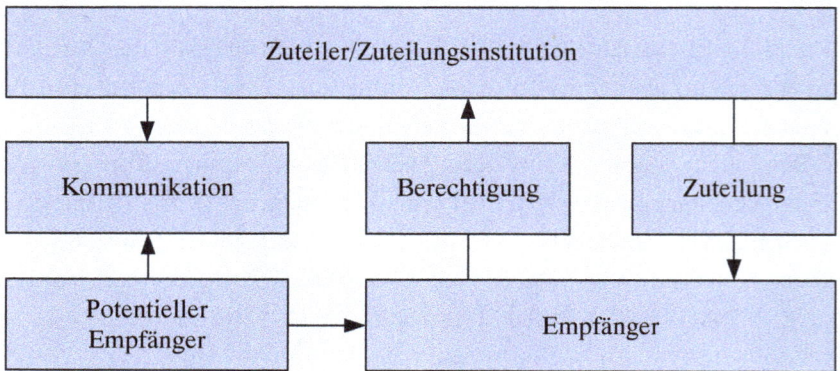

Abb. 5.1-2:   System der Zuteilung

Das Konzept der **Selbstversorgung** ist durch die Identität von Verfügungsberechtig-
ten und Empfänger charakterisiert. Durch die Unternehmung werden die benötigten
Potentialfaktoren selbsterstellt und die dafür erforderlichen anderen Produktionsfak-

toren durch eines der zuvor genannten Versorgungskonzepte verfügbar gemacht. Somit kann die Selbstversorgung nicht als eigenständiges Konzept bezeichnet werden.

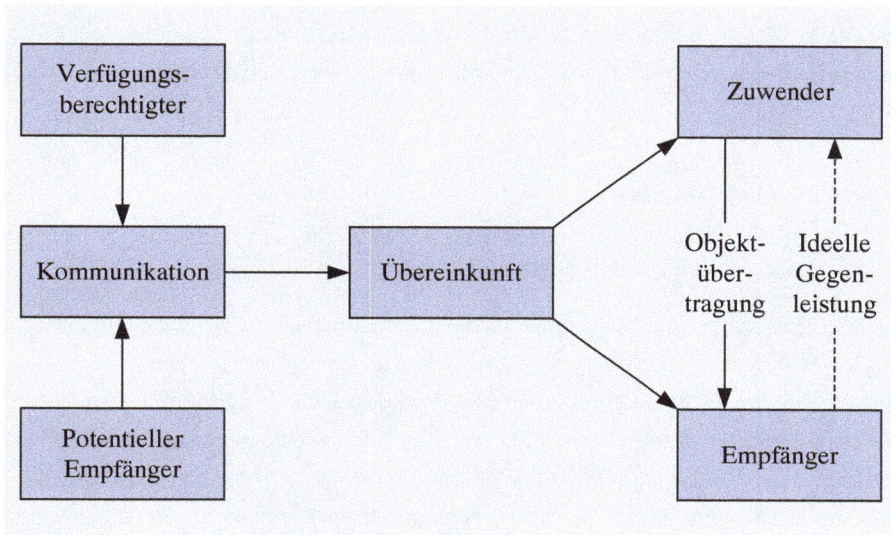

Abb. 5.1-3:   System der Zuwendung

Das **Spektrum der benötigten Potentialfaktoren** lässt sich in Anlehnung an die Faktorsystematik von Gutenberg (1979, S. 2 ff.) und das modular-strukturierte wirtschaftszweigunabhängige Produktionsfaktorsystem nach Corsten (1985c, S. 80 ff.) mit Hilfe einer Klassifikation aufzeigen, die auf den Kriterien „Dispositionsmöglichkeit über die Faktorkombination" und „Substanzgebundenheit" aufbaut:

- Dispositiver Faktor: unternehmerische menschliche Arbeitsleistungen (Unternehmungsführung, Planung, Organisation, Kontrolle);
- Elementare Potentialfaktoren:
  -- materiell: Betriebsmittel, ökologische Umwelt;
  -- immateriell: Dienstleistungen, objektbezogene menschliche Arbeitsleistungen, Informationen und Rechte.

Bei den immateriellen Potentialfaktoren sind zunächst die **Dienstleistungen** zu nennen, zu denen etwa Verkehrsleistungen, Kapitalnutzungen, Beratungen, Architektur- und Ingenieurleistungen, Instandhaltungsleistungen, Wirtschaftsprüfungsleistungen, Rechtsbeistand und Versicherungsleistungen zählen. Sie können auf den Beschaffungsmärkten teilweise nur in Form langfristiger vertraglicher Bindungen erworben werden und stellen dann ein langfristig nutzbares immaterielles Leistungspotential dar.

Da diese Dienstleistungen für die Unternehmung verfügbar gemacht werden müssen, um Leistungen zur Fremdbedarfsdeckung erbringen zu können, handelt es sich um den weitgefächerten Bereich der **Produktivdienstleistungen**. Die Klasse der Produktivdienstleistungen lässt sich dann weiter untergliedern (vgl. Kaufmann 1977, S. 31 f.):

- Investitionsdienstleistungen können zum Zwecke der Produktion über mehrere Perioden genutzt werden.
- Produktionsdienstleistungen gehen unmittelbar in die zu erstellenden Leistungen ein oder werden zu deren Produktion verbraucht.

Im Hinblick auf die **menschlichen Arbeitsleistungen** ist zu berücksichtigen, dass den zu erbringenden Leistungen, insbesondere den personenbezogenen Dienstleistungen, eine Informationsarmut inhärent ist und dass sie i. d. R. nur als Leistungsversprechen vermittelt werden können. Der Anbieter ist deshalb gezwungen, dem potentiellen Kunden die Leistung durch bestimmte Sucheigenschaften näherzubringen, so dass das vorhandene Personal zu einem dominanten Element der Leistungsbereitschaft wird und eine wichtige Komponente des akquisitorischen Potentials darstellt.

Die Ausstattung mit **Betriebsmitteln** (z. B. betrieblicher Standort, Gebäude, Anlagen, Apparaturen, Einrichtungsgegenstände) dient ebenfalls dem Aufbau der Leistungsbereitschaft. Analog zu den menschlichen Arbeitsleistungen stellen sie für den Nachfrager bereits vor dem Leistungserwerb Sucheigenschaften dar und bilden eine wesentliche Komponente des akquisitorischen Potentials der Dienstleistungsunternehmung, unabhängig davon, ob personenbezogene oder objektbezogene Dienstleistungen erbracht werden. Somit wird seitens des Anbieters eine Grundausstattung angestrebt, die an auftretenden Nachfrageschwankungen angepasst werden kann.

Die **ökologische Umwelt** bildet auf unterschiedliche Weise ein Leistungspotential für Dienstleistungsanbieter. Wie im industriellen Bereich stellt sie dabei ein Reservoir für die Entnahme der Rohstoffe und Energie sowie die Abgabe unerwünschter Kuppelprodukte dar. Damit haben auch Dienstleister durch eine umweltschonende Produktionsweise die Möglichkeit, ein „grünes" Image als akquisitorisches Potential aufzubauen. Bei einem Teil der Dienstleistungen kommt hinzu (z. B. in der Tourismusbranche), dass eine möglichst intakte Umwelt akquisitorisches Potential entfaltet.

Mit Blick auf die möglichen **Situationen der Verfügbarmachung** der Potentialfaktoren ist zu berücksichtigen, dass der Bedarf einerseits erwartungsbezogen (vor dem

Absatz) oder auftragsbezogen (nach dem Absatz) ermittelt werden und anderseits durch die Vorkombination oder die Endkombination verursacht sein kann (vgl. Abbildung 5.1-4).

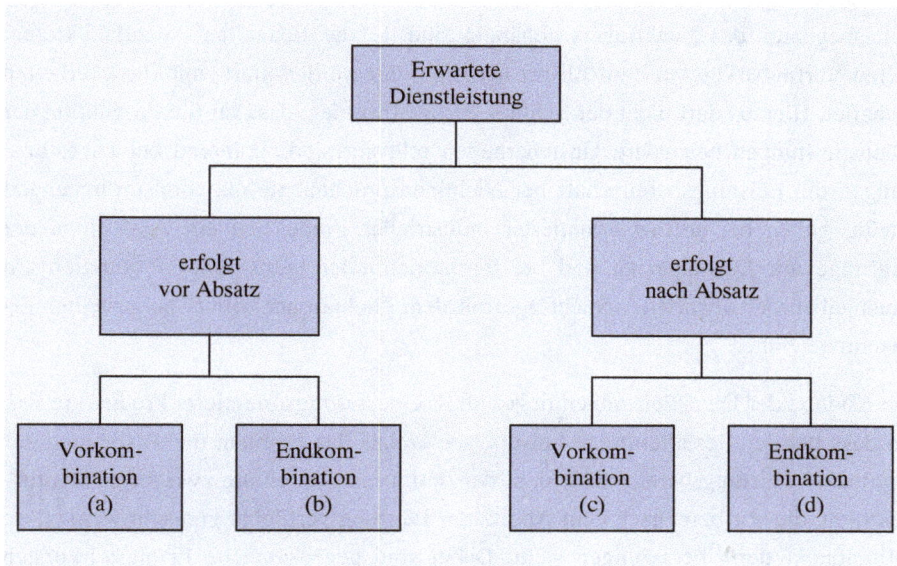

Abb. 5.1-4: Situationen der Verfügbarmachung von Potentialfaktoren

Auf der Grundlage dieser Systematisierung lassen sich zwei **Extremfälle** unterscheiden:

- Fall (a;b): Sämtliche erforderlichen Potentialfaktoren sind vor dem Absatz der Leistungen verfügbar. Eine solche Situation kann vor allem bei der Erbringung standardisierter Massendienstleistungen (z. B. Personenbeförderung im öffentlichen Nahverkehr) vorteilhaft sein. Je individueller die nachgefragten Dienstleistungen sind, umso höher ist die Unsicherheit hinsichtlich der ökonomischen Verwertbarkeit der erstellten Leistungsbereitschaft.

- Fall (c;d): Die Potentialfaktoren werden erst nach dem Absatz der zu erbringenden Dienstleistungen verfügbar gemacht, weil vollkommen individuelle Leistungen nachgefragt werden. Beispiel hierfür sind Individualreiseveranstalter, die erst nach dem Absatz die Einzelheiten der Reise im Hinblick auf Reiseroute, Unterkünfte etc. klären.

Diese Fälle stellen die Endpunkte eines Kontinuums dar, auf dem der häufigste Fall (a;d) positioniert werden kann: Vor dem Absatz sind diejenigen Potentialfaktoren verfügbar, die zur Erbringung der meisten nachgefragten Dienstleistungen erforderlich sind. Der darüber hinausgehende Bedarf ergibt sich aus den teilweise individualisierten Leistungsbestandteilen. In dieser Situation sind die Verhältnisse der Dienstleistungsunternehmung mit einer auftragsorientierten industriellen Produktion vergleichbar.

Da die Menge und die Art der zu erstellenden Dienstleistungen letztlich vom Leistungsbegehren des Nachfragers abhängig sind, ist der Bedarf an Potentialfaktoren, deren Verfügbarkeit vor dem Absatz herbeigeführt werden muss, mit Unsicherheiten behaftet. Hieraus darf nicht der Schluss gezogen werden, dass für die Produktion der Dienstleistungen besondere Unsicherheiten relevant sind. Während bei Dienstleistungen die Leistungsbereitschaft bei Nichtinanspruchnahme ökonomisch ungenutzt bleibt, gehen bei auftragsorientierter industrieller Produktion ein Ausbleiben der Aufträge mit Leerkapazität und bei marktorientierter industrieller Produktion ein Ausbleiben der erwarteten Nachfrage mit dem Nichtabsatz bereits hergestellter Erzeugnisse einher.

Im Kontext der Dienstleistungen liegt i. d. R. eine auftragsorientierte Produktion vor, so dass bei der Gestaltung des Leistungspotentials das Problem der Festlegung der optimalen Leistungsbereitschaft, d. h. der optimalen Aufteilung zwischen Potentialfaktoren, die vor bzw. nach dem Absatz der Leistung verfügbar gemacht werden, im Mittelpunkt der Überlegungen steht. Dabei sind gegensätzliche Erfolgswirkungen auszubalancieren:

- Die **Kostenperspektive** motiviert das Bestreben, aufgrund der Unsicherheit möglichst viele Potentialfaktoren nach dem Absatz der Dienstleistung verfügbar zu machen. Da die zu erstellenden Dienstleistungen nach dem Absatz quantitativ, qualitativ, zeitlich und örtlich bestimmt sind, würden bei dieser Vorgehensweise die Leerkosten durch ausbleibende Nachfrage reduziert.

- Aus der **Umsatzperspektive** ergeben sich durch die Verfügbarmachung nach dem Absatz die Gefahren, einerseits nicht in der Lage zu sein, die Dienstleistungen zum Nachfragezeitpunkt in vollem Umfang zu befriedigen, und anderseits zu geringe akquisitorische Wirkungen des Leistungspotentials entfalten zu können. Da beide Konsequenzen mit Umsatzeinbußen einhergehen, besteht ein Anreiz, die Potentialfaktoren möglichst umfangreich vor dem Absatz bereitzuhalten.

Erste Anhaltspunkte zum Ausgleich beider Sichtweisen bietet der Sachverhalt, dass die Leistungsbereitschaft durch zweckmäßige Kombination mehrerer Potentialfaktoren generiert wird, die sich im Hinblick auf ihre wertmäßige Bedeutung (Kosten der Verfügbarmachung), ihre Bedeutung für das akquisitorische Potential und die zu ihrer Verfügbarmachung benötigte Zeit unterscheiden. Weitere Ansatzpunkte bieten die Arten und das Ausmaß der Unsicherheit über die auf der Grundlage der Leistungsbereitschaft zu erbringenden Leistungen. Bei den Kombinationen der Charakteristika der

Potentialfaktoren bestehen teilweise Konstellationen, die keinen Spielraum für den Zeitpunkt der Verfügbarmachung bieten. So sind Potentialfaktoren, deren Verfügbarmachung einen längeren Zeitraum beansprucht, eindeutig vor dem Absatz verfügbar zu machen. Bei den kurzfristig verfügbaren Potentialfaktoren sind diejenigen

- mit hoher akquisitorischer Bedeutung und niedriger wertmäßiger Bedeutung eindeutig vor dem Absatz sowie

- mit niedriger akquisitorischer Bedeutung, unabhängig von der wertmäßigen Bedeutung, eindeutig nach dem Absatz

verfügbar zu machen. Ein Entscheidungsspielraum besteht insbesondere bei den kurzfristig verfügbaren Potentialfaktoren mit hoher akquisitorischer und hoher wertmäßiger Bedeutung. In diesem Fall wird die Abwägung zwischen Kostenwirkung und erwarteter Umsatzwirkung maßgeblich durch die Unsicherheit beeinflusst. Dabei erhält die Verfügbarmachung nach dem Absatz zunehmendes Gewicht, je unsicherer die Umsatzwirkung ist. Sind die vom Anbieter zu erbringenden Dienstleistungen heterogen, dann kann diese Unsicherheit in zwei Komponenten aufgespalten werden:

- **Mengenmäßige Unsicherheit**: Die Anzahl der im Zeitablauf in der Vergangenheit nachgefragten Dienstleistungen kann unterschiedliche Verlaufsformen aufweisen. Die Unsicherheit steigt tendenziell mit der Abstufung der Verlaufsformen trendförmig, saisonal schwankend, unregelmäßig schwankend, sporadisch auftretend.

- **Artmäßige Unsicherheit**: Besitzt ein Potentialfaktor nicht für alle Dienstleistungsarten Relevanz, dann steigt die Unsicherheit über seine Umsatzwirkung, je seltener die ihn betreffenden Dienstleistungen nachgefragt werden.

Den aufgezeigten Rahmenbedingungen der Gestaltung des Leistungspotentials der Dienstleistungen ist bei der Beantwortung folgender **Grundsatzfragen** Rechnung zu tragen:

- Welche Möglichkeit der Verfügbarmachung ist für die einzelnen Komponenten des Leistungspotentials zu nutzen, insbesondere welche Potentialfaktoren sind selbst zu erstellen und welche sind fremd zu beziehen?

- Welche Lieferanten sind für fremd zu beziehende Potentialfaktoren zu wählen?

- In welchem Umfang ist Potential (Kapazität) aufzubauen, und welche Möglichkeiten der Potentialanpassung sollen genutzt werden?

In den nachfolgenden Abschnitten wird aufgezeigt, wie auf systematische Weise Antworten zu diesen Fragen gefunden werden können.

5.2 Gestaltung der Leistungstiefe

Bei der Gestaltung des Leistungspotentials sind Grundsatzentscheidungen über die Leistungstiefe zu treffen. Es ist darüber zu befinden, an welcher Stufe der Wertschöpfungskette der Leistungserstellungsprozess der Dienstleistungsunternehmung beginnt bzw. endet, d. h. welche der für die Absatzleistung benötigten Teilleistungen selbsterstellt oder fremdbezogen werden (**Make-or-Buy-Entscheidung**). Der Entscheidungsspielraum wird dabei durch unterschiedliche Rahmenbedingungen abgesteckt (vgl. Engelhardt/Schwab 1982, S. 505)

- In der Unternehmung können die Ressourcen für die Leistungserstellung auf einer Wertschöpfungsstufe verfügbar oder (noch) nicht verfügbar sein: Der Ressourcenbegriff umfasst hierbei insbesondere das notwendige Wissen, die Personal-, Finanz- und Sachmittel sowie die zur Selbsterstellung erforderlichen Rechte (z. B. Lizenzen, gesetzlich geregelte Befugnisse zur Leistungserbringung, wie z. B. bei Wirtschaftsprüfern und Ärzten).

- Auf dem Markt können Bezugsquellen für Leistungen bestimmter Wertschöpfungsstufen verfügbar oder (noch) nicht verfügbar sein: Bezugsquellen sind potentielle Lieferanten, die in der Lage und willens sind, die betrachtete Leistung zu den gewünschten Konditionen (Qualität, Quantität, Zeit, Preis) zu erbringen.

Bei kombinativer Betrachtung ergeben sich hieraus die vier in Abbildung 5.2-1 dargestellten Situationen. (I) Eindeutiger Buy-Bereich. Es ist nur ein externer Leistungserwerb möglich (z. B. Wirtschaftsprüfungsleistungen). (II) Make-or-Buy-Bereich. Der Dienstleistungsanbieter muss abwägen, in welchem Umfang Selbsterstellung und/oder Fremdbezug erfolgen. (III) Eindeutiger Make-Bereich: Die Selbsterstellung wird als einzig zweckmäßige Alternative erachtet (z. B. um als Pionier in den Markt einzutreten). (IV) Innovate-Bereich: Da sich mit der Leistung ein Absatzpotential erschließen lässt, sind Möglichkeiten zu erwägen, wie sie unternehmungsintern oder -extern verfügbar gemacht werden kann.

Den bisherigen Überlegungen lag die Annahme zugrunde, dass der Unternehmung bekannt ist, welche Nachfragerprobleme zu erwarten sind und welche Teilleistungen zu deren Lösung benötigt werden, eine Situation, die als **Problemevidenz** bezeichnet wird (vgl. Engelhardt/Schwab 1982, S. 506 ff.; Kleinaltenkamp 1993, S. 110 ff.). Demgegenüber zeigt sich eine **unzureichende Problemevidenz** in folgenden Fällen:

- Das Nachfragerproblem wird nicht oder nur fehlerhaft erkannt.
- Das Wissen über adäquate Teilleistungen ist nicht oder nur teilweise vorhanden.
- Das Wissen über die Verfügbarkeit der Ressourcen zur Selbsterstellung geeigneter Teilleistungen und/oder über die Verfügbarkeit dieser Teilleistungen auf dem Markt ist nicht oder nur teilweise vorhanden.

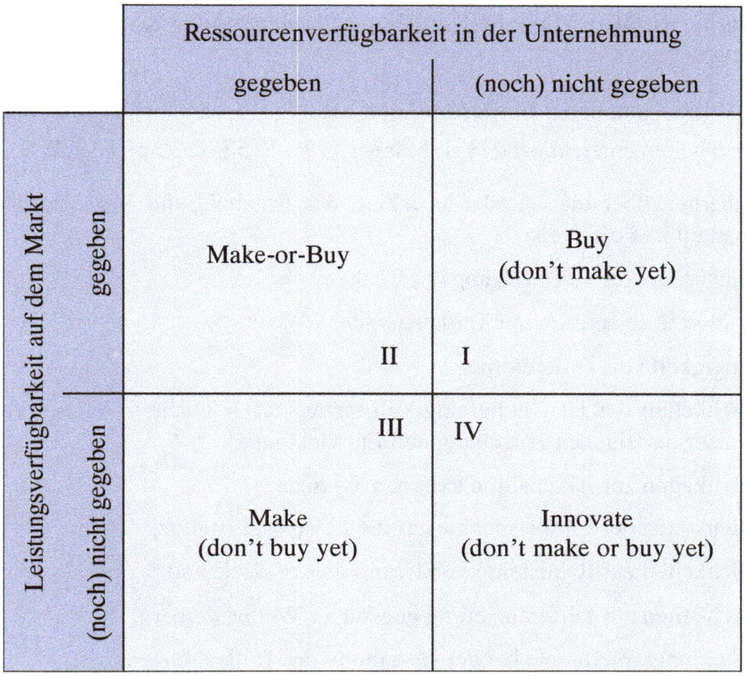

	Ressourcenverfügbarkeit in der Unternehmung	
	gegeben	(noch) nicht gegeben
Leistungsverfügbarkeit auf dem Markt — gegeben	Make-or-Buy II	Buy (don't make yet) I
Leistungsverfügbarkeit auf dem Markt — (noch) nicht gegeben	III Make (don't buy yet)	IV Innovate (don't make or buy yet)

Abb. 5.2-1:   Entscheidungssituationen für die Gestaltung der Leistungstiefe

Sobald in einem der drei Fälle Wissen nicht vorhanden ist, ergibt sich keine Make-or-Buy-Situation. Wenn in allen drei Fällen das benötigte Wissen zumindest teilweise vorhanden ist, tritt eine Make-or-Buy-Situation ein. Das Risiko, dann fehlerhafte Entscheidungen zu treffen, ist umso höher, je unvollständiger das Wissen ist. Um dieses Risiko zu begrenzen, ist einerseits eine intensive Beschaffungsmarktforschung erforderlich, damit potentielle Lieferanten und ihre Fähigkeiten identifiziert werden. Anderseits muss unternehmungsintern eine sorgfältige Überprüfung der Möglichkeiten und Bedingungen der Selbsterstellung erfolgen.

Grundsätzlich sind bei **Make-or-Buy-Entscheidungen** die ökonomischen Erfolgswirkungen der Alternativen gegenüberzustellen. Jedoch lässt sich nur ein Teil der Erfolgswirkungen hinreichend genau mit Kostenbeträgen quantifizieren. Als operationale Kostenarten sind zu nennen (vgl. Barth 2003, S. 85 ff., Fandel/Giese/Raubenheimer 2009, S. 98 ff.):

- **Make-Alternative**: Kosten der Leistungsbereitschaft (Aufbau und Aufrechterhaltung der Kapazität), Kosten der Leistungserstellung (Materialverbrauch, Nutzung der Potentialfaktoren).

- **Buy-Alternative**: Transaktionskosten (Anbahnung, Vertragsabschluss und Überwachung des Fremdbezugs), Belieferungskosten (Einstandspreis, Transport).

- **Wechsel zwischen Make-or-Buy** (Kapazitätsanpassung, Koordination der Umstellung).

Weitere Wirkungen, deren Einfluss auf den Erfolg sich jedoch einer Messung in monetären Einheiten entzieht, sind (vgl. Männel 1996, S. 57 ff.; Zäpfel 1982, S. 136 ff.):

- Unsicherheit über die erforderliche Zeit, das Ergebnis, die wirtschaftliche Verwertbarkeit und die Preise,

- Möglichkeiten zur Überwälzung der Risiken,

- qualitative Unterschiede der Teilleistungen,

- Abhängigkeit von Zulieferern,

- Möglichkeiten der Geheimhaltung von strategisch relevantem Wissen (z. B. Erkenntnisse der eigenen Forschung und Entwicklung),

- Möglichkeiten zur Akquisition externen Wissens,

- Möglichkeiten der Einflussnahme auf die Leistungserstellung,

- Möglichkeiten zur Realisation von Economies of Scale and Scope,

- Möglichkeiten zur Differenzierung gegenüber Wettbewerbern,

- Entscheidungsspielräume bei der Gestaltung der Teilleistungen,

- Flexibilität gegenüber Nachfrageschwankungen,

- Koordinationsbedarf.

Das Ausmaß der Unsicherheit ist davon abhängig, wie innovativ der Leistungsbedarf für die Unternehmung im Hinblick auf die Make- und/oder die Buy-Alternative ist (vgl. Tabelle 5.2-1).

Unsicherheit hinsichtlich	erstmaliger Bedarf	Bedarfswiederholung	
		verändert	unverändert
Zeit	hoch	mittel-gering	gering
Ergebnis	hoch	gering	sehr gering
Verwertbarkeit	hoch	gering	sehr gering
Preis/Kosten	hoch-mittel	mittel-gering	gering

Tab. 5.2-1:   Unsicherheitsausprägungen der Determinanten bei unterschiedlich innovativem Bedarf

Bei dieser tendenziellen Zuordnung der Unsicherheitsausprägungen ist jedoch zu berücksichtigen, dass

- sich die veränderte Bedarfswiederholung auf das Kontinuum zwischen erstmaligem Bedarf und unveränderter Bedarfswiederholung bezieht,

- bei veränderter/unveränderter Bedarfswiederholung der zeitliche Abstand zwischen aufeinanderfolgenden Bedarfssituationen den Grad der Unsicherheit beeinflusst (je größer, umso unsicherer), und

- die Ausprägungen davon abhängig sind, ob es sich einerseits um standardisierte oder individualisierte Leistungen handelt (je individueller, umso unsicherer) und wie hoch anderseits die Bedeutung der Teilleistung im Rahmen des Leistungsbündels ist (je höher, umso unsicherer).

In welchem Ausmaß die monetären und nicht monetären Komponenten für die Make-or-Buy-Entscheidung relevant sind, ist von der Art der Leistung abhängig, über die befunden wird, und deren Bedeutung für die durch die Unternehmung verfolgten Wettbewerbsstrategie (vgl. Barth 2003, S. 147 ff.). Im Hinblick auf die Art der Leistung sind vor allem der Individualisierungsgrad, die Interaktionsintensität und das Ausmaß der Verflechtung mit den anderen Leistungen der Unternehmung als wesentliche Klassifikationskriterien anzusehen (in Anlehnung an Barth 2003, S. 156 ff. und S. 212 ff.):

- Die **Selbsterstellung** der Leistungen mit hohem Individualisierungsgrad und/oder hoher Interaktionsintensität ist kompatibel mit einer Differenzierungsstrategie. Durch die enge Zusammenarbeit mit dem Nachfrager ergeben sich vielfältige Möglichkeiten, sich bei der Leistungserstellung von Wettbewerbern abzuheben und für die Gestaltung zukünftiger Leistungsangebote Informationen über bislang unerfüllte Kundenwünsche zu gewinnen. Eine starke Leistungsverflechtung betont dabei die Zweckmäßigkeit der Selbsterstellung.

- Der **Fremdbezug** der Leistungen mit niedrigem Individualisierungsgrad und/oder niedriger Interaktionsintensität ist kompatibel mit einer Kostenführerschaftsstrategie. Einerseits sind derartige Standarddienstleistungen leicht imitierbar, so dass kein nachhaltiger Wettbewerbsvorteil generiert werden kann, und anderseits kann die Erstellung dieser Leistung mit relativ niedrigen Transaktionskosten an potentielle Lieferanten delegiert werden. Der Fremdbezug ist umso vorteilhafter je schwächer die Leistung mit den anderen Leistungen der Unternehmung verflochten ist.

Bei weniger eindeutigen Kriterienausprägungen kann zusätzlich eine Kompatibilität zur hybriden Wettbewerbsstrategie bestehen.

Um derartige Größen in der Entscheidung auf nachvollziehbare Weise zu berücksichtigen, ist die Anwendung multikriterieller Entscheidungsverfahren, wie etwa der Nutzwertanalyse, des Scoring-Verfahrens oder des Analytic Hierarchy Process, empfehlenswert. Dabei bietet es sich an, mit Hilfe dieser Verfahren aus den möglichen Make- und möglichen Buy-Alternativen eine Vorauswahl zu treffen, und dann daraus auf der Grundlage eines quantitativen Optimierungsverfahrens, die monetär beste Alternative abschließend auszuwählen (vgl. Männel 1996, S. 66 ff.).

Im einfachsten Fall soll die Make-or-Buy-Entscheidung für eine Leistungsart einmalig getroffen werden und Kapazitätsengpässe sind in der Unternehmung sowie bei den potentiellen Lieferanten auszuschließen. Liegt dabei eine Vorauswahl der Alternativen vor, dann lassen sich auf der Grundlage der Kostendaten **kritische Leistungsmengen** bestimmen, bei deren Erreichen der Vorteilsbereich einer Alternative endet und der Vorteilsbereich der nächsten Alternative beginnt (vgl. Fandel/Giese/Raubenheimer 2009, S. 104 f.). Abbildung 5.2-2 illustriert diesen Sachverhalt am Beispiel zweier Alternativen, für die folgende Kosten relevant sind:

K^M = Fixkosten der Leistungsbereitschaft bei Selbsterstellung,
k^M = variable Stückkosten bei Selbsterstellung,
K^B = Fixkosten der Transaktion bei Fremdbezug,
k^B = variable Belieferungskosten pro Stück bei Fremdbezug.

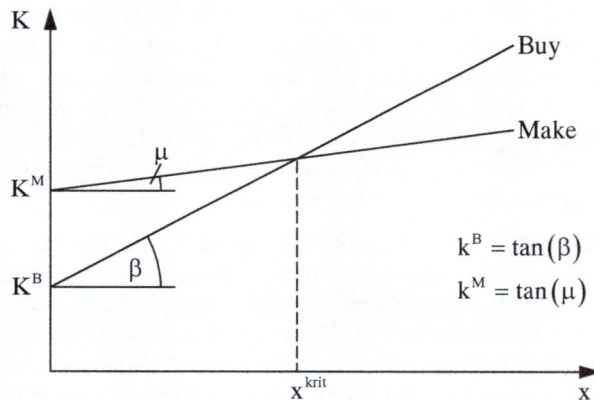

Abb. 5.2-2:   Make-or-Buy-Entscheidung bei einer Leistungsart und keinem Engpass

Liegt die erwartete Leistungsmenge oberhalb der kritischen Menge x^{krit}, dann ist im Beispiel die Make-Alternative, ansonsten die Buy-Alternative zu wählen. Die kritische Menge wird durch den Schnittpunkt der beiden Kostenfunktionen bestimmt, wenn dieser bei einer nicht negativen Leistungsmenge liegt. Andernfalls ist die kritische Menge null:

$$x^{krit} = \max\left(0; \left(K^B - K^M\right) / \left(k^M - k^B\right)\right)$$

Sobald Kapazitätsengpässe auftreten können und die Make-or-Buy-Entscheidung für mehrere Leistungsarten zu treffen ist, lässt sich die optimale Wahl nicht mehr durch einen isolierten Kostenvergleich der einzelnen Alternativen begründen, sondern es ist eine simultane Betrachtung der Kostenwirkungen aller Alternativen vorzunehmen (vgl. Fandel/Fistek/Stütz 2011, S. 272 f.).

Wird von den Leistungsarten i $(i=1,...,I)$, den kapazitätsbeschränkten Make-Alternativen j $(j=1,...,m)$ und den kapazitätsbeschränkten Buy-Alternativen j $(j=m+1,...,J)$ ausgegangen, dann stellen sich folgende **Entscheidungsfragen**: Welche Verfahrensalternativen sind zu aktivieren y_j, und welche Mengen der Leistungsarten i sollen in welchem Umfang x_{ij} durch die Verfahrensalternativen j erbracht werden? Bei der Beantwortung dieser Fragen ist den realen Gegebenheiten Rechnung zu tragen. Hieraus ergeben sich mehrere **Entscheidungsschranken**:

1. Die benötigten Mengen d_i der einzelnen Leistungsarten werden durch die Make-und die Buy-Alternativen x_{ij} erbracht.

2. Die Produktions- bzw. Lieferkapazität C_j der Make- und der Buy-Alternativen kann durch die Summe der Kapazitätsbedarfe κ_{ij} nicht überschritten werden.

3. Sobald mindestens eine Mengeneinheit einer Leistungsart i durch die Verfahrensalternative j erbracht wird, ist diese Alternative zu aktivieren y_j.

4. Die erbrachten Mengen x_{ij} sind nicht negativ.

5. Die Aktivierung y_j einer Alternative ist eindeutig.

Die Make-or-Buy-Entscheidung soll so getroffen werden, dass die Summe der Kosten der Selbsterstellungs- und Fremdbezugsalternativen $\left(K_j, k_{ij}\right)$ minimal ist. Aus diesen Überlegungen und Symboldefinitionen ergibt sich ein formales **Entscheidungsmodell**:

- Zielfunktion:

$$\min \sum_{i=1}^{I}\sum_{j=1}^{J} k_{ij} \cdot x_{ij} + \sum_{j=1}^{J} K_j \cdot y_j$$

- Nebenbedingungen:

1.: $\qquad \sum_{j=1}^{J} x_{ij} \geq d_i \qquad\qquad \forall i$

2. und 3.: $\qquad \sum_{i=1}^{I} \kappa_{ij} \cdot x_{ij} \leq y_j \cdot C_j \qquad \forall j$

4.: $\qquad x_{ij} \geq 0 \qquad\qquad\qquad \forall i,j$

5.: $\qquad y_j \in \{0;1\} \qquad\qquad \forall j$

Für dieses statische gemischt-ganzzahlige lineare Programm lässt sich bei realistischen Problemabmessungen mit Hilfe des Branch-and-Bound-Verfahrens die optimale Lösung in akzeptabler Rechenzeit bestimmen. Für die dann einmalig getroffene Entscheidung ist regelmäßig zu prüfen, in welchem Ausmaß sich ihre Rahmenbedingungen in absehbarer Zeit verändern werden (vgl. Männel 1974, Sp. 1232 f.). Indikatoren für sich ändernde Rahmenbedingungen sind:

- Für die Nachfrage nach Problemlösungen zeichnen sich aufgrund von Umbrüchen innerhalb der Branche (Innovationen, Konkurrenzsituation) quantitative und qualitative Veränderungen ab.
- Die Zusammensetzung der Potentialfaktoren innerhalb der Unternehmung wird verändert, so dass eine neue Kosten- und Kapazitätssituation der Selbsterstellung vorliegt.
- Die Lieferantensituation verändert sich (neue potentielle Lieferanten, Wegfall bisheriger Lieferanten) und somit ändern sich Fremdbezugspreise und Lieferbedingungen.

In solchen Umbruchsituationen werden nicht nur zusätzlich zu den bereits berücksichtigten Kosten die Kosten des Wechsels zwischen Make-or-Buy-Alternativen relevant, sondern es sind erneut die nicht monetären Wirkungen in die Entscheidungsfindung einzubeziehen. Des Weiteren ist zu berücksichtigen, dass einer Revision der Make-or-Buy-Entscheidung Wechselbarrieren entgegenstehen können (vgl. Hahn/ Laßmann 1999, S. 352). So sind z. B. das Leistungserstellungswissen zu generieren, die Beschaffungsmöglichkeiten der vorgelagerten Wertschöpfungsstufe zu erschließen und die rechtliche Zulässigkeit (z. B. Lizenzerwerb, Abwicklung noch bestehender Belieferungsverträge) herbeizuführen.

5.3 Lieferantenauswahl

Kann ein fremd zu beziehender Potentialfaktor von mehreren Lieferanten bezogen werden, ist zu entscheiden, durch welche(n) Lieferanten dieser Faktor für den Dienstleistungsanbieter verfügbar gemacht wird. Die Zielsetzungen der Lieferantenauswahl leiten sich aus dem Zielsystem der Potentialgestaltung ab. Damit sind die Lieferanten so auszuwählen, dass eine zeit-, mengen- und qualitätsgerechte Verfügbarkeit der betreffenden Potentialfaktoren im Planungshorizont gewährleistet ist und der Barwert der durch die Auswahlentscheidungen induzierten Auszahlungen minimal ist. Für die Auswahlentscheidung sind deshalb monetäre und nicht monetäre (quantitative und qualitative) Kriterien relevant. In welchem Umfang und mit welchem Differenzierungsgrad diese Aspekte in den Entscheidungsprozess einfließen, hängt von der Bedeutung (z. B. wertmäßig, akquisitorisch) des Potentialfaktors für die Unternehmung ab.

In der Literatur werden umfassende **Kriterienkataloge** für die Lieferantenauswahl vorgeschlagen. Diese können bei Vorliegen einer konkreten Entscheidungssituation herangezogen werden, um dafür relevante Kriterien zu identifizieren. Da Kriterienkataloge enumerative Aufzählungen darstellen, erheben sie keinen Anspruch auf Vollständigkeit. Deshalb ist im konkreten Fall zu ergründen, welche weiteren Kriterien entscheidungsrelevant sind.

Ist aus einer Fülle potentieller Lieferanten eine Auswahl zu treffen, dann bietet sich ein mehrstufiger Selektionsprozess an, bei dem auf den ersten Stufen auf der Grundlage relativ unaufwendig beschaffbarer Informationen und unaufwendig durchführbarer Vergleiche die Alternativenmenge schrittweise eingeengt wird. Auf der letzten Stufe liegt dann eine Vorauswahl besonders geeigneter Lieferanten vor, die einer detaillierten Analyse unterzogen wird. Koppelmann (2004, S. 234 f.) schlägt in diesem Kontext ein **Trichtermodell** vor, das in Abbildung 5.3-1 in leicht modifizierter Form wiedergegeben wird.

Ein erster Selektionsschritt mit dem Ziel einer Einengung der Lieferantenmenge auf eine überschaubare Anzahl (von n auf $n-m$) kann etwa auf der Grundlage eines **Selbstauskunftsfragebogens**, der den potentiellen Lieferanten zugestellt wird, durchgeführt werden (vgl. Koppelmann 2004, S. 237 ff.). Dieser Fragebogen kann neben den obligatorischen allgemeinen Informationen zur Unternehmung (z. B. Größe, Unternehmungsstruktur, Ansprechpartner) insbesondere Fragen zum Absatzbereich (z. B. Produktprogramm, -beschreibung, Marktpartner, Marktanteil), Produktionsbereich (z. B. Kapazität, Technologie), Finanzbereich (z. B. Eigenkapital, Rentabilität) und F&E-Bereich (z. B. F&E-Aufwand, technologische Position) enthalten. Mit diesen Informationen, eventuell ergänzt um weitere eingeholte Informationen, kann eine erste Einengung durch die Anwendung qualitativer, quantitativer, zeitlicher und örtlicher **K.o.-Kriterien** (Restriktionen) realisiert werden.

Bei den **qualitativen Restriktionen** ist zu prüfen, welche der potentiellen Lieferanten in der Lage sind, die durch die Dienstleistungsunternehmung gesetzten und die gesetzlich vorgeschriebenen Qualitätsstandards zu erfüllen. Die Mindestqualitäten können sich nicht nur auf die Beschaffenheit des benötigten Potentialfaktors, sondern auch auf Attribute seines Produktionsprozesses und der dabei eingesetzten Ressourcen oder das Qualitätsmanagementsystem sowie entsprechende Zertifikate beziehen und darüber hinaus auch Standesregeln und moralische Aspekte berücksichtigen. **Quantitative Restriktionen** fokussieren auf das Vorhandensein einer Mindestkapazität des potentiellen Lieferanten, um die Gefahr von Lieferengpässen zu reduzieren. Bei **zeitlichen Restriktionen** stehen die langfristige Verfügbarkeit des Angebots und die realisierbare Lieferfrist im Zentrum des Interesses. Ist der benötigte Potentialfaktor an bestimmte lokale Gegebenheiten gebunden (z. B. Hotelzimmer, die von einem Wintersport-Reiseanbieter benötigt werden), dann liegt eine **räumliche Restriktion** vor.

Ausgangsmenge

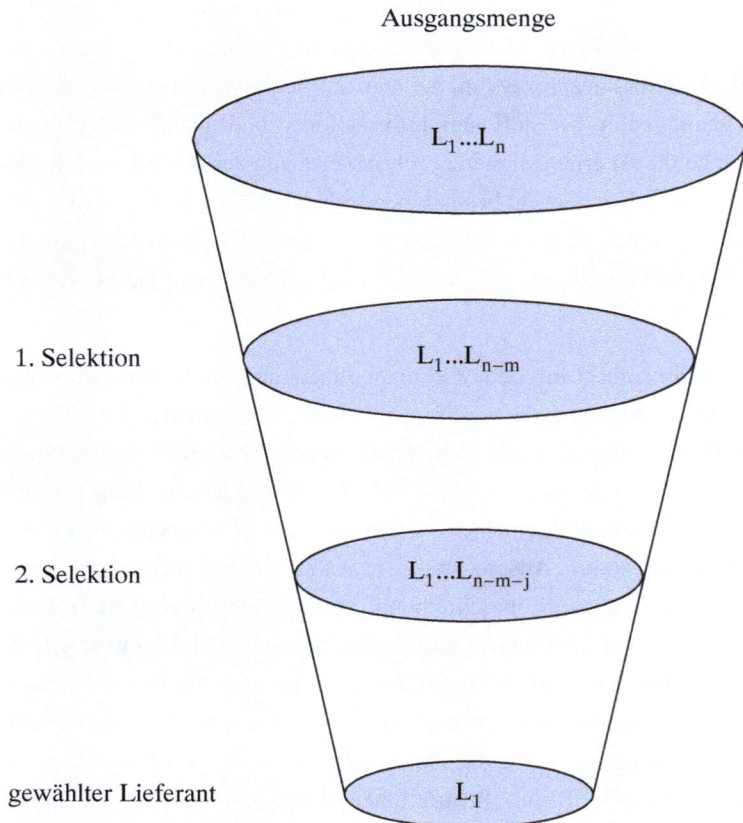

$L_1 ... L_n$

1. Selektion $L_1 ... L_{n-m}$

2. Selektion $L_1 ... L_{n-m-j}$

gewählter Lieferant L_1

Abb. 5.3-1:   Trichtermodell der Lieferantenauswahl

Die nach diesem Selektionsschritt verbleibenden Lieferanten werden dann einer **differenzierteren Analyse** unterzogen, um die Vorauswahl auf die vorteilhaftesten Alternativen einzuengen (von $n-m$ auf $n-m-j$). Als Bewertungskriterium werden hierfür in der Literatur häufig genannt (vgl. Donaldson 1994, S. 212 ff., Friedl 1990,

S. 266 ff.; Ho/Xu/Dey 2010, S. 21 ff.; Koppelmann 2004, S. 234 ff.; Kar/Pani 2014, S. 90 ff.; Stark/Werner 1989, S. 26 ff.; Weber/Current/Benton 1991, S. 9 ff.):

- Leistungsbezogene Kriterien:

  -- Entgelt (Preis, Belieferungskosten, Rabatte, Kreditmodalitäten),

  -- Qualität (Leistungskern, Zusatzleistungen, Leistungen bei Mängeln),

  -- Belieferung (Zeit, Termintreue, Fehlerfreiheit, Transparenz).

- Lieferantenbezogene Kriterien:

  -- Potential der Humanressourcen (Kompetenz der leistungserbringenden Mitarbeiter, Professionalität der leitenden Mitarbeiter),

  -- Potential der technischen Ressourcen (Stand der verwendeten Produktions-, Belieferungs-, Informations- und Kommunikationstechnologie; Ausmaß der F&E-Aktivitäten, Innovationsverhalten, Produktionskapazität),

  -- Akquisitorisches Potential (Branchenerfahrung, Reputation, geographische Standorte, Leistungsportfolio, Leistungsvermögen des Qualitätsmanagements),

  -- Beziehungspotential (kommunikative Erreichbarkeit, sozio-kulturelle Kompatibilität, Einstellung und Bekenntnis zur beschaffenden Unternehmung, Reaktionsfreudigkeit gegenüber Kundenwünschen, Vertraulichkeit),

  -- Finanzielles Potential.

Ergänzt werden können die Informationen um eine **Preisstrukturanalyse,** die auf folgende Fragen ausgerichtet ist (vgl. Arnold 1995, S. 175 ff.):

- Wie hoch sind die Selbstkosten der Lieferanten?

- Wie hoch ist der Anteil der einzelnen Kostenarten an den Selbstkosten?

- Welche Gewinnspanne kalkuliert der Lieferant?

Ein Problemkomplex, der im Rahmen der Lieferantenauswahl an Bedeutung gewonnen hat, ist insbesondere bei den sogenannten **A-Lieferanten** der Nachweis eines funktionierenden **Qualitätsmanagements** (vgl. Kossbiel 1993, S. 29 ff.). Der Lieferant kommt damit in die Situation, dem Abnehmer einen Nachweis über die Erfüllung aller Aufgaben zu erbringen, die im Rahmen des Qualitätsmanagements Ziele, Grundsätze, Verantwortlichkeiten und Vorgehensweisen systematisch festlegen und diese verwirklichen. Es wird eine vertragliche Vereinbarung darüber getroffen, dass der Lieferant dem Abnehmer sein Qualitätsmanagementsystem offenlegt. Eine Beurteilung (Audit) kann durch den Abnehmer oder durch eine unabhängige und neutrale Zertifizierungsgesellschaft (Deutsche Gesellschaft zur Zertifizierung von Managementsystemen mbH, DQS) vorgenommen werden. Grundlage hierfür bildet beispielsweise das Normenwerk DIN EN ISO 9000 ff., das seit seiner Erstveröffentlichung im Jahre 1987 mehrfach überarbeitet wurde. Derzeit sind die Überarbeitungen aus den Jahren 2005, 2008 bzw. 2009 maßgeblich:

- DIN EN ISO 9000:2005, die die elementaren Grundlagen für ein Qualitätsmanagementsystem beschreibt und dem Verständnis dient. Zusätzlich zu den formulierten Grundsätzen des Qualitätsmanagements werden keine Forderungen aufgestellt, die ein Qualitätsmanagementsystem erfüllen soll.

- DIN EN ISO 9001:2008, die Anforderungen im Hinblick auf das Qualitätsmanagementsystem allgemein und speziell bezogen auf die Verantwortlichkeiten, Ressourcen, Produktrealisationsprozesse sowie auf die Messung, Analyse und Verbesserung formuliert.

- DIN EN ISO 9004:2009, die als Leitfaden dient, der herangezogen werden kann, um die eigene Leistung zu verbessern und die Kundenzufriedenheit zu steigern.

Die für diese detaillierte Analyse erforderlichen Informationen kann die beschaffende Unternehmung nur erhalten, wenn sie mit den in Frage kommenden Lieferanten in Verhandlungen eintritt und konkrete Angebote aushandelt. Zu berücksichtigen ist dabei, dass Verhandlungen soziale Interaktionsprozesse sind, in denen die Beteiligten teilweise konfliktäre Zielsetzungen verfolgen. Nur dann, wenn die Verhandlungsbereiche des Lieferanten und der beschaffenden Unternehmung eine Schnittmenge aufweisen, ist eine Einigung möglich. In welchem Umfang und mit welcher Detaillierung die benötigten Informationen aus dem Verhandlungsprozess hervorgehen, ist deshalb insbesondere von der Machtstruktur, der wertmäßigen Bedeutung der Leistung für die Verhandlungspartner und dem Bestreben nach langfristigen kooperativen Geschäftsbeziehungen abhängig.

Ob Kostenüberlegungen oder eher qualitativen Aspekten eine größere Bedeutung zukommt, hängt entscheidend von der Transparenz der zu erbringenden Leistung ab. Liegen standardisierte Leistungen vor, dann ist die Transparenz tendenziell am größten, und in diesen Fällen scheinen Kostenüberlegungen dominant zu sein (vgl. z. B. Börsig/Gabele 1978, S. 567 ff.; Engelhardt/Schwab 1982, S. 509). Bei dieser Betrachtungsweise ist aber zu berücksichtigen, dass bei einer kostenorientierten Sichtweise auch ein qualitatives Mindestniveau gefordert wird und bei einer qualitätsorientierten Beurteilung der zu beschaffenden Leistungen die Kosten als Restriktion in die Entscheidung einfließen.

Um das Ausmaß der Kriterienerfüllung durch die einzelnen Lieferanten zu einer Vorteilhaftigkeitsaussage zusammenzufassen, gelangen **multikriterielle Bewertungstechniken** zur Anwendung, deren Spektrum von einfachen Punktbewertungsverfahren (Nutzwertanalyse, Scoring-Verfahren) bis hin zu statistisch fundierten Analyseverfahren (Data Envelopment Analysis (DEA), Analytic Hierarchy Process (AHP), Analytic Network Process (ANP)) reicht (vgl. Boer/Labro/Morlacchi 2001, S. 79 ff.; Ho/Xu/Dey 2010, S. 16 ff., Weber/Current/Benton 1991, S. 14 f.; Xia/Wu 2007, S. 495 ff.). Die grundsätzliche Vorgehensweise bei der Anwendung dieser Verfahren ist durch 5 Schritte gekennzeichnet:

1. Aus den möglichen Kriterien werden die als relevant erachteten ausgewählt.

2. Für jeden Lieferanten wird zu jedem Kriterium ein Erfüllungswert ermittelt. Während dies bei den einfachen Punktbewertungsverfahren und der DEA durch subjektive Schätzung erfolgt, liegen bei AHP und ANP kriterienbezogene paarweise Vergleiche der Alternativen mit entsprechenden Konsistenztests zugrunde.

3. Jedes Kriterium wird entsprechend seiner Bedeutung für die Auswahlentscheidung gewichtet. Den Punktbewertungsverfahren liegt dabei eine subjektive Schätzung zugrunde, bei AHP und ANP wird ein paarweiser Vergleich der Kriterienbedeutung mit entsprechenden Konsistenztests durchgeführt, und bei der DEA erfolgt die Gewichtung durch den verfahrensinternen Alternativenvergleich ohne direkten Einfluss des Entscheidungsträgers. Indirekt kann dabei durch die Festlegung der Form der Technologiehülle Einfluss auf die Gewichtung genommen werden.

4. Die Kriterienausprägungen der einzelnen Lieferanten werden so mit den -gewichten verknüpft, dass für jeden Lieferanten ein Gesamtwert berechnet werden kann. Bei den Punktbewertungsverfahren sowie bei AHP und ANP wird die Summe der gewichteten Kriterienausprägungen bestimmt, während sich durch die verfahrensinterne Berechnung der DEA relative Effizienzwerte ergeben.

5. Entscheidung für einen oder mehrere Lieferanten auf der Basis der ermittelten Gesamtwerte.

Als wesentliche Vorteile aller Verfahren sind die Schaffung von Transparenz über die der Entscheidung zugrundeliegenden Einflussgrößen und die Systematik der Vorgehensweise zu nennen. Im Vergleich weisen die Punktbewertungsverfahren Vorteile im Hinblick auf die Einfachheit der Anwendung auf. Diese ist jedoch einerseits auf stark vereinfachende Annahmen über den Zusammenhang zwischen Kriterienausprägung und Punktwert und die Wechselwirkungen zwischen den Punktwerten unterschiedlicher Kriterien zurückzuführen. Andererseits unterliegt bei diesen Verfahren das Bewertungsergebnis einer starken subjektiven Beeinflussbarkeit. Beide nachteiligen Aspekte werden bei den anderen genannten Verfahren deutlich abgeschwächt.

Liegen nach dieser Analyse mehrere ungefähr gleichwertige, sehr gute potentielle Lieferanten vor, ist eine abschließende Auswahlentscheidung zu treffen. Zur Entscheidungsunterstützung können hierzu Methoden der **mathematischen Programmierung** herangezogen werden, die die Wechselwirkungen zwischen den unter-

schiedlichen Zielsetzungen, die einer Quantifizierung zugänglich sind, simultan berücksichtigen (vgl. Boer/Labro/Morlacchi 2001, S. 83; Ho/Xu/Dey 2010, S. 17 f.).
Ein Grundmodell, das in diesem Kontext von Weber und Current (1993, S. 175 ff.)
vorgeschlagen und zur Entscheidungsunterstützung für praktische Fälle angewendet
wird, geht von der Situation aus, dass eine Unternehmung Lieferanten für eine Leistung auswählen möchte. Durch die Lösung des Modells werden zwei **Entscheidungsfragen** beantwortet:

- Welche potentiellen Lieferanten sollen ausgewählt werden?
- Welche Leistungsmengen sollen von den ausgewählten Lieferanten erbracht werden?

Durch mehrere **Entscheidungsschranken** wird den realen Gegebenheiten Rechnung
getragen. Mit **exogenen Beschränkungen** (system constraints) werden Sachverhalte
erfasst, die den Lösungsraum aufgrund von Gegebenheiten einengen, auf die die beschaffende Unternehmung keinen Einfluss hat. Beispiele hierfür sind:

1. Der Bedarf an der zu beschaffenden Leistung ist zu erfüllen.
2. Die von den einzelnen ausgewählten Lieferanten vorgegebenen Mindest- und
   Höchstmengen der Leistung müssen eingehalten werden.

Endogene Beschränkungen (policy constraints) tragen unternehmungsinternen
Festlegungen Rechnung, die bei Notwendigkeit geändert werden können. Dies sind
etwa:

3. Für die ausgewählten Lieferanten sind Mindest- und/oder Höchstbeschaffungs-
   mengen festgelegt.
4. Es wird eine Mindest- und/oder Höchstanzahl an Lieferanten ausgewählt.

Zusätzlich ist zu berücksichtigen, dass die Entscheidungsvariablen in der Realität
eingeschränkte **Wertebereiche** besitzen:

5. Die zu erbringenden Leistungsmengen sind nicht negativ.
6. Die Auswahlentscheidung ist binärer Natur (entweder ja oder nein).

Die **Entscheidungsziele** können sich in Modellen der mathematischen Programmierung auf quantifizierbare Größen beziehen, deren Wert von den zu treffenden Entscheidungen abhängig ist, z. B. Belieferungskosten, Anteil verspäteter Lieferungen,
Anteil fehlerhafter Lieferungen.

In der im Grundmodell erfassten Entscheidungssituation ist von der beschaffenden
Unternehmung aus den Lieferanten j $(j = 1,...,J)$ eine Auswahl zu treffen. Dabei
sind folgende Daten gegeben:

- Bedarf B der zu beschaffenden Leistung,
- Maximal/minimal von den Lieferanten abzurufende Leistungsmenge A_j^{max}, A_j^{min},
- Maximal/minimal bei den Lieferanten verfügbare Kapazität C_j^{max}, C_j^{min},
- Nettopreis p_j pro Leistungseinheit, die vom Lieferanten j erbracht wird,
- Anteil l_j verspäteter Lieferungen durch Lieferanten j,
- Anteil r_j fehlerhafter Lieferungen durch Lieferanten j,
- Anzahl n der auszuwählenden Lieferanten.

Die Entscheidungsfragen sollen durch die Werte der Entscheidungsvariablen y_j (Auswahl) und x_j (Leistungsmenge) so beantwortet werden, dass die mehrdimensionale Zielfunktion minimale Werte für die Belieferungskosten, den Anteil verspäteter Lieferungen und den Anteil fehlerhafter Lieferungen aufweist. Auf dieser Grundlage lautet das formale Entscheidungsmodell (vgl. Weber/Current 1993, S. 176):

- Zielfunktion:

$$\min\left(\sum_{j=1}^{J} p_j \cdot x_j; \sum_{j=1}^{J} l_j \cdot x_j; \sum_{j=1}^{J} r_j \cdot x_j \right)$$

- Nebenbedingungen:

1.: $$\sum_{j=1}^{J} x_j \geq B$$

2. und 3.: $$x_j \leq y_j \cdot \min\left(A_j^{max}, C_j^{max}\right) \qquad \forall j$$

$$x_j \geq y_j \cdot \max\left(A_j^{min}, C_j^{min}\right) \qquad \forall j$$

4.: $$\sum_{j=1}^{J} y_i = n$$

5.: $$x_j \geq 0 \qquad \forall j$$

6.: $$y_j \in \{0,1\} \qquad \forall j$$

Damit liegt ein Modell der multikriteriellen gemischt-ganzzahligen linearen Programmierung vor, das für reale Problemgrößen (z. B. 30 potentielle Lieferanten) in akzeptabler Zeit exakt gelöst werden kann (z. B. Branch-and-Bound-Verfahren). Aufgrund der Mehrfachzielsetzung ergibt sich i. d. R. keine eindeutige Lösung, sondern eine Menge nicht dominierter (optimaler) Lösungen, aus denen die beschaffende Unternehmung gemäß ihrer Zielpräferenzen und unter Hinzuziehung weiterer Argumente eine Lösung auswählen kann.

5.4 Kapazitätsgestaltung

5.4.1 Besonderheiten im Kontext der Dienstleistungen

Dass die Kapazitätsgestaltung in Dienstleistungsunternehmungen in der Literatur als eine der schwierigsten und gleichzeitig wesentlichen Managementaufgaben bezeichnet wird (vgl. Shemwell/Cronin 1994, S 15), lässt sich insbesondere durch die Schwierigkeiten der Operationalisierung und die Herausforderungen der Dimensionierung verdeutlichen.

Die **Operationalisierungsschwierigkeiten** ergeben sich aus der Notwendigkeit, den relativ weitgefassten Kapazitätsbegriff fallbezogen zu konkretisieren (vgl. Betge 1996, Sp. 853). In der betriebswirtschaftlichen Literatur zum Kapazitätsbegriff hat sich die Auffassung durchgesetzt, dass Kapazität „… das Leistungsvermögen einer wirtschaftlichen oder technischen Einheit - beliebiger Art, Größe und Struktur - in einem Zeitabschnitt" (Kern 1962, S. 27) bezeichnet. Diese ursprünglich für Industrieunternehmungen aufgestellte Abgrenzung hat auch für Dienstleistungsunternehmungen Gültigkeit. Aufgrund ihrer Offenheit ist sie für konkrete Gestaltungsfragen im Hinblick auf

- den Objektumfang der betrachteten Einheit,
- die Länge der Bemessungsperiode und
- die Maßeinheiten

näher zu bestimmen.

Die Bezugnahme auf eine konkrete **organisatorische Einheit** ist ein notwendiger Bestandteil jeder Kapazitätsangabe, der es erlaubt, das Leistungsvermögen auf einzelne Produktionsstellen oder auf eine Aggregation dieser Stellen zu beziehen. Der Begriff „Einheit" lässt sowohl materielle als auch immaterielle Objekte zu; durch die Einengung auf das Leistungsvermögen sind jedoch ausschließlich Potentialfaktoren und deren Kombination relevant. Im Kontext von Dienstleistungen ist somit das in Abschnitt 5.1 aufgezeigte Spektrum der Potentialfaktoren zu berücksichtigen.

Im Hinblick auf die **Länge der Bemessungsperiode** ist zwischen Perioden- und Totalkapazität zu unterscheiden. Während die Totalkapazität das Leistungsvermögen einer organisatorischen Einheit bezogen auf die genannte Verfügungsdauer wiedergibt, bezieht sich die Periodenkapazität auf Tag, Woche, Monat, Quartal oder Jahr. Eine Erfassung der Totalkapazität ist insbesondere dann problematisch, wenn

- Instandhaltungsaspekte berücksichtigt werden (vgl. Layer 1997, Sp. 877), da hierdurch die Totalkapazität der Anlagen unendlich werden kann,

- die Potentialfaktoren einer organisatorischen Einheit unterschiedliche Verfügungsdauern haben, weil der Faktor mit der kürzesten Verfügungsdauer die Kapazität maßgeblich limitiert,

- sich das Leistungsvermögen der Potentialfaktoren im Zeitablauf stark verändert (z. B. Lernprozesse der Mitarbeiter), so dass der Informationsgehalt dieser Kapazitätsangabe für Planungszwecke sehr gering ist.

Aus diesen Gründen wird die Kapazität i. d. R. als Periodenkapazität interpretiert. Als **Maßeinheiten** lassen sich Mengen, Zeiten und Werte heranziehen. Dabei zeigt sich, dass ein allgemeingültiger Maßstab für die Kapazitätsermittlung nicht existiert, sondern immer die situativen Gegebenheiten und der Zweck der Messung zu beachten sind (vgl. Stork 1963, S. 109). Nach Gutenberg (1955, S.56 ff.) bezieht sich die Kapazitätsmessung auf zwei **Dimensionen**:

- Die quantitative Kapazität beschreibt das mengenmäßige Leistungsvermögen innerhalb eines Zeitabschnitts.

- Die qualitative Kapazität stellt auf Art und Güte des Leistungsvermögens ab und erfasst die Nutzungsmöglichkeiten.

Als **Maßstab der quantitativen Kapazität** bietet sich die Leistungsmenge C an, die die betrachtete Einheit in einem Zeitabschnitt erbringen kann (z. B. Stück, Hektoliter). Sie wird durch die Intensität λ, die Einsatzzeit t und den Kapazitätsquerschnitt b festgelegt (vgl. Kern 1962, S. 135):

$$C = b \cdot t \cdot \lambda$$

Während mit der Intensität die Produktionsgeschwindigkeit (z. B. Stück pro Stunde) erfasst wird, berücksichtigt die Einsatzzeit den zeitlichen Umfang (z. B. Wochenarbeitsstunden) in dem die zum Einsatz gelangenden Potentialfaktoren tatsächlich zur Verfügung stehen. Der Kapazitätsquerschnitt gibt die Anzahl der im Betrachtungszeitraum in der betrachteten Einheit verfügbaren Potentialfaktoren derselben Art an (z. B. Anzahl der beschäftigten Mitarbeiter, die dieselbe Leistung erbringen können, Anzahl der bereitstehenden funktionsgleichen Anlagen).

Diese Form der Kapazitätsmessung ist dann anwendbar, wenn durch die betrachtete Einheit eine **homogene Leistung** erbracht wird, sich die dabei eingesetzten Potentialfaktoren nicht gegenseitig limitieren und die Bestimmungsgrößen autonom durch die Unternehmung disponiert werden können. Erbringt die Produktiveinheit **heterogene Leistungen**, dann kann für die einzelne Leistung die maximale Menge unter unterschiedlichen Annahmen angegeben werden:

- Werden die Mengen der einzelnen Leistungen aufgrund technischer, organisatorischer oder marktlicher Gegebenheiten stets in einer festen Relation erbracht, dann stehen auch Input und Output in einer festen Beziehung, so dass sich inputorientierte leistungsspezifische Kapazitätswerte bestimmen lassen (vgl. Liesegang 1995, S. 426 f.).

- Unterliegt die Mengenrelation der Leistungen im Zeitablauf Schwankungen, was bei Dienstleistungen häufig der Fall ist, dann bestehen mehrere Möglichkeiten:

  -- Angabe leistungsspezifischer Kapazitätswerte unter der Annahme, dass die anderen Leistungen in minimaler Menge (z. B. null) erbracht werden,

  -- Angabe eines Intervalls der Kapazitätswerte, dessen Untergrenze/Obergrenze durch die Leistung mit dem höchsten/niedrigsten Kapazitätsbedarf bestimmt ist,

  -- Angabe der zeitlichen Verfügbarkeit der Kapazitätseinheit durch den sogenannten Zeitfonds $ZF = b \cdot t^{max}$ (vgl. Zäpfel 1989a, S. 130).

Da Dienstleistungen als Zeitverwendungsangebote interpretiert werden können, ist die Angabe des Zeitfonds besonders relevant: „Es handelt sich also um die Angabe der ‚quantitativen Kapazität' durch eine Zeitspanne, die durch alternative Produktionsvorgänge qualitativ unterschiedlich ausgenutzt werden kann" (Steffen 1980, S. 174). Dies bedeutet, dass auch der Kapazitätsbedarf in Zeiteinheiten zu ermitteln ist. Als nachteilig erweist sich dabei vor allem für Dienstleistungen mit Kundenbeteiligung, dass der Zeitaufwand für die zu erstellende Leistung variieren kann.

Eine limitationale Beziehung der Leistungsabgabe mehrerer Potentialfaktoren liegt vor, wenn die Leistungsabgabe der einzelnen Potentialfaktoren die Leistungsabgabe aller anderen Potentialfaktoren voraussetzt. Die Situation ist häufig bei Produktiveinheiten gegeben, in denen menschliche und maschinelle Arbeitsleistungen miteinander kombiniert werden. In diesem Fall wird die Kapazität durch den Faktor determiniert, der im Betrachtungszeitraum am wenigsten zeitlich verfügbar ist:

$$ZF = b \cdot \min\left(t^{max}_{Mensch}, t^{max}_{Maschine}\right)$$

Bei dem Potentialfaktor mit der größeren zeitlichen Verfügbarkeit treten dann produktionsstrukturbedingte Unterauslastungen auf (vgl. Abbildung 5.4-1; Steffen 1980, S. 179 und S. 186), deren vollständige Harmonisierung i. d. R. an der begrenzten Teilbarkeit der Potentialfaktoren scheitern dürfte. Dies gilt bei Dienstleistungen nicht nur in Bezug auf das Potential menschlicher und maschineller Arbeitsleistungen, sondern auch im Hinblick auf die Kapazität der externen und der internen Faktoren.

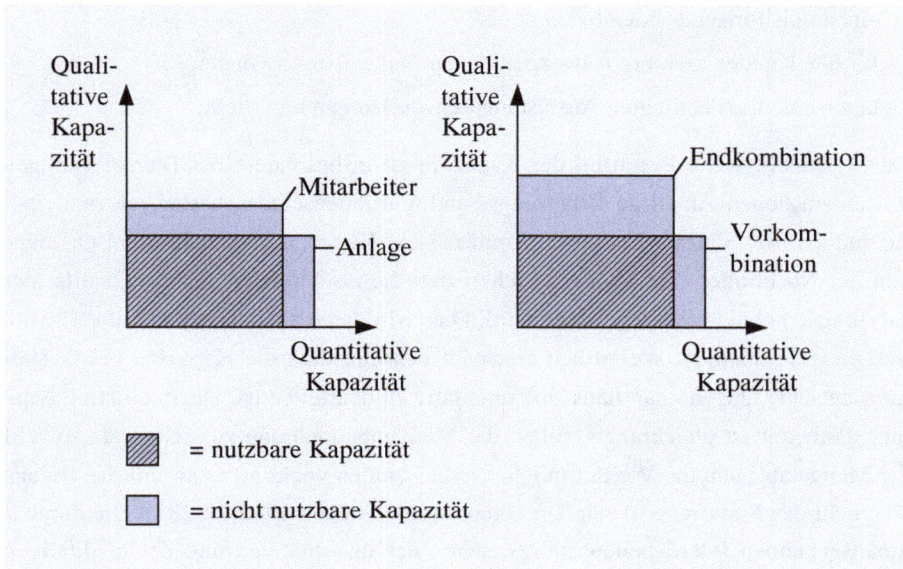

Abb. 5.4-1: Limitationale Beziehungen der Leistungsabgabe

Maßstab der qualitativen Kapazität sind Arten und Güte des Leistungsvermögens, die in unterschiedlichen Dimensionen gemessen werden können. Kern (1992, S. 22 f.) unterscheidet drei wesentliche Dimensionen, die sich im Dienstleistungskontext auf folgende Weise konkretisieren lassen:

- **präzisionale Kapazität** als Fähigkeit, für die Eigenschaften der am externen Faktor zu erbringenden Leistung Genauigkeitstoleranzen einzuhalten,

- **dimensionale Kapazität** als Fähigkeit, Leistungen an externen Faktoren, die bestimmte Bereiche von Eigenschaftsausprägungen aufweisen, erbringen zu können,

- **variationale Kapazität** als Fähigkeit, unterschiedliche Leistungen erbringen zu können.

Während die qualitative Kapazität der **Betriebsmittel** deren Eignung zur Ausführung unterschiedlicher Werkverrichtungen erfasst, setzt sie bei den **menschlichen Arbeitsleistungen** an deren Eignung oder Qualifikation an. Dabei ist nicht von individuellen Kapazitätsgrößen, sondern von einer **arbeitsplatzbezogenen Betrachtungsweise** auszugehen, bei der Kapazitäten und deren Einflussgrößen auf der Grundlage der an einem Arbeitsplatz bestehenden Anforderungen an einen geeigneten Mitarbeiter ermittelt werden (vgl. Steffen 1980, S. 176).

Herausforderungen der Dimensionierung ergeben sich aus den Sachverhalten, dass Kapazität

- ein akquisitorisches Potential aufweist,
- für den Kunden mehrere Ansatzpunkte zur Nutzenstiftung bietet,
- unterschiedlich bedingten Auslastungsschwankungen unterliegt.

Das **akquisitorische Potential** der Kapazität ist insbesondere bei Dienstleistungen mit einem hohen Anteil an Erfahrungs- und Vertrauenseigenschaften relevant (vgl. Zeithaml 1981, S. 186). In diesem Kontext stellt Kapazität in den Kaufentscheidungen der Nachfrager eine Sucheigenschaft dar, die als Indikator für die Qualität der Leistungsergebnisse herangezogen wird. Dies wird auch als **derivative Qualitätsbeurteilung** bezeichnet. Wesentlich erscheint deshalb, dass die Kapazität bei Gestaltungsentscheidungen quantitativ und qualitativ zu beurteilen ist. Die qualitative Leistungsfähigkeit ist gleichrangig neben die Mengenbetrachtung zu stellen, da sowohl die Menge als auch die Vielfalt möglicher Leistungen wichtige Auswahlkriterien aus der Sicht der Nachfrager darstellen können (vgl. Corsten 1992, S. 231). Die darüber hinausgehenden Interdependenzen zwischen der quantitativen und der qualitativen Dimension betreffen insbesondere die Qualitätsbeurteilung.

Um die Kapazität so gestalten zu können, dass die Kaufentscheidung der Nachfrager dadurch positiv beeinflusst wird, ist von der Kapazität als generelles Potential die **Leistungsbereitschaft** als sofort verfügbares Potential (vgl. Riebel 1954, S. 14) zu unterscheiden. Die Leistungsbereitschaft vermag es, **Nutzen auf zweierlei Art** zu stiften (vgl. Oettle 1970, S. 21 ff.):

- **Bereitstellungsnutzen**: Durch das Vorhalten einer bestimmten Leistungsbereitschaft kann dem potentiellen Kunden ein Bedürfnis nach Sicherheit befriedigt werden. Das Empfinden des Bereitstellungsnutzens wird dem potentiellen Kunden häufig erst durch negative Erfahrungen bewusst, nämlich dann, wenn zum Zeitpunkt der Nachfrage die Leistungsbereitschaft nicht in ausreichendem Umfang gegeben ist.

- **Beanspruchungsnutzen**: Durch den Konsum der abgegebenen Leistung entsteht dem Kunden ein Nutzen, der bedingt durch das Erfahren des Leistungserstellungsprozesses auch von der wahrgenommenen Leistungsbereitschaft abhängig ist. Der Beanspruchungsnutzen wird dann als maximal empfunden, wenn eine Leistungsbereitschaft vorliegt, die dem Kunden die Leistungsinanspruchnahme im gewünschten Umfang, in der geforderten Qualität zum gewünschten Zeitpunkt ermöglicht.

Damit wird die Leistungsbereitschaft zu einer eigenen **Qualitätsdimension** der Dienstleistung, die die Kaufentscheidung durch zwei Wirkungsmuster beeinflusst. Ab einem bestimmten Niveau trägt der Beanspruchungsnutzen zur Kundenzufriedenheit bei, die sich in Wiederkaufs- und Weiterempfehlungsabsichten niederschlägt. Auf der Grundlage des generierten Bereitstellungsnutzens können die Nachfrager

Präferenzen für die Unternehmung mit der für sie günstigsten Leistungsbereitschaft entwickeln, die sich in einer geringeren Nachfrageelastizität niederschlagen. Oettle (1970, S. 27 f.) spricht von einer **Zugriffselastizität der Nachfrage**, mit der erfasst wird, in welchem relativen Umfang sich die Nachfragemenge ändert (ΔVE), wenn die Leistungsbereitschaft in einem relativen Umfang verändert wird (ΔLB). Die Zugriffselastizität ist dann wie folgt definiert (vgl. Corsten 1988c, S. 104):

$$v_z = \frac{\dfrac{\Delta VE}{VE}}{\dfrac{\Delta LB}{LB}} = \frac{\Delta VE}{\Delta LB} \cdot \frac{LB}{VE}$$

Die Leistungsbereitschaft ist folglich unmittelbarer Gegenstand der Bewertung durch den Nachfrager und, da die Kapazität eine Rahmenbedingung für die Leistungsbereitschaft darstellt, somit ein Erfolgsfaktor der Kapazitätsgestaltung. Die aufzubauenden Kapazitäten sind deshalb aus Anbieter- und Nachfragersicht zu betrachten. Beide Perspektiven sind wesentlich und weisen darüber hinaus auch Wechselwirkungen auf, die beim Auftreten von Auslastungsschwankungen Bedeutung erlangen.

Kapazität und Leistungsbereitschaft werden in Erwartung von Art und Umfang der zukünftigen Nachfrage und der Leistungsfähigkeit der zur Nachfrageerfüllung zu nutzenden Potentialfaktoren (Personal, Anlagen) festgelegt. Dies hat zur Folge, dass auftretende Schwankungen der Nachfrage und der Leistungsfähigkeit mit **Auslastungsschwankungen** einhergehen (vgl. Corsten 1992, S. 232), d. h., es treten Über- und Unterauslastungen auf, die für Kunden und Anbieter nachteilig sind:

- **Überauslastungen** induzieren für den Kunden Qualitätseinschränkungen (z. B. längere Wartezeiten, überfüllte Räume, unzureichende Anzahl an Sitzplätzen, unpünktliche Lieferung) und für den Anbieter zusätzliche Kosten der Überforderung der Mitarbeiter (z. B. vermehrt fehlerhafte Aufgabenerfüllung, Demotivation, krankheitsbedingte Ausfälle) und der Überlastung der Anlagen (z. B. erhöhter Energieverbrauch und Verschleiß, erhöhte Fehlerhäufigkeit).

- **Unterauslastungen** können das Dienstleistungserlebnis für den Kunden beeinträchtigen, vor allem dann, wenn für das Erreichen einer Mindestqualität eine bestimmte Anzahl an Kunden erforderlich ist (z. B. Kommunikationsdienstleistungen, Online-Community-Spiele, Unterhaltungsdienstleistungen). Für den Anbieter entstehen Leerkosten (Fixkosten der Potentialfaktoren, die keine produktive Wirkung entfalten können).

Die Nachfrage ist eine **exogene Ursache** der Auslastungsschwankungen. Aufgrund der Notwendigkeit der Integration des externen Faktors steht die Leistungserstellung in funktionaler Abhängigkeit von seinem mengenmäßigen Aufkommen und der Ausprägungen des jeweils zu lösenden Problems. Dabei bestimmt das individuell zu lösende Problem den Kapazitätsbedarf pro Einheit des externen Faktors und die Faktormenge den Gesamtkapazitätsbedarf. Beide Einflussgrößen können langfristigen Trends, periodischen Schwankungen und Zufallsschwankungen unterliegen, die sich bei konstant gehaltener Kapazität in Über- und Unterauslastungen niederschlagen.

Endogene Ursachen der Auslastungsschwankungen resultieren aus dem Sachverhalt, dass die Leistungsabgabe nicht aller Potentialfaktoren im Zeitablauf konstant sein muss. Im Hinblick auf die menschliche Arbeitsleistung ergibt sich dies aus intra- und interpersonellen Schwankungen der Leistungsabgabe:

- Die Leistungsfähigkeit des Einzelnen ist u.a. von der Kompatibilität zwischen den Anforderungen der zu erfüllenden Aufgaben und dem Eignungsprofil des Mitarbeiters sowie von der Tageszeit abhängig (physiologische Arbeitskurve), zu der die Arbeit zu verrichten ist.

- Die einzelnen Mitarbeiter unterscheiden sich in ihren Fähigkeiten und ihrer Motivation, Arbeitsaufgaben mit unterschiedlichen Anforderungen zu erfüllen. Damit ergeben sich bei einem Einsatz mit wechselnder Besetzung veränderliche Leistungsstärken und -schwächen. Bei wechselnder Mehrpersonenbesetzung ist zusätzlich zu berücksichtigen, dass die Kompatibilität zwischen Mitarbeitergruppierung und vorgesehener Arbeitsteilung Einfluss auf die Leistungsabgabe hat.

Bei den Betriebsmitteln können etwa Verschleiß- und Regenerationsprozesse, die Qualität und die Verfügbarkeit eingesetzter Betriebsstoffe aber auch die Qualifikation des Bedienpersonals starken Einfluss auf die Leistungsabgabe ausüben.

Zur Handhabung der Auslastungsschwankungen wird teilweise vorgeschlagen, dass die zu errichtende Kapazität an der als möglich erachteten Spitzenbelastung/minimalen Leistungsabgabe auszurichten sei. Bei einer solchen Synchronisation wird eine Kapazität bereitgestellt, mit der auch bei extrem hohem Periodenbedarf und extrem niedriger Leistungsabgabe Leistungen ohne Verzögerungen erbracht werden können (vgl. Günther 1989, S. 31). Eine andere Extremallösung, die jedoch die Lagerfähigkeit der Leistung voraussetzt, ist in einer vollständigen Emanzipation von Auslastungsschwankungen zu sehen. Dabei wird die durchschnittliche Leistungsbereitschaft so bemessen, dass sie den durchschnittlichen Kapazitätsbedarf erfüllen kann. Bei Lagerfähigkeit der Leistungen, wird in Zeiträumen mit unterdurchschnittlichem Bedarf/überdurchschnittlicher Leistungsabgabe ein Lagerbestand aufgebaut, aus dem dann in Zeiträumen mit überdurchschnittlichem Bedarf/unterdurchschnittlicher Leistungsabgabe das Defizit zwischen nutzbarer Kapazität und Kapazitätsbedarf ausgeglichen wird. Reale Gegebenheiten erfordern i. d. R. eine Vorgehensweise, die zwischen diesen beiden Formen liegt (partielle Synchronisation/partielle Emanzipation). Die Kapazität wird dann so gestaltet, dass Anpassungen an die Schwankungen möglich sind. Dies erfolgt durch den Aufbau von Kapazitätsreserven, die im Bedarfsfall aktiviert werden können. **Konjunkturelle** und **saisonale Kapazitätsreserven** dienen dabei dem Auffangen periodisch wiederkehrender Schwankungen, während die **intensitätsmäßige Kapazitätsreserve** insbesondere zum kurzfristigen Ausgleich zufälliger Auslastungsschwankungen geeignet ist. Da sich die Kapazitätsgestaltung an der Optimalkapazität orientiert, d. h. an dem Leistungsumfang, bei dem die Stückkosten ihr Minimum aufweisen, besteht diese Kapazitätsreserve aus der Differenz zwischen Optimal- und Maximalkapazität. Die Maximalkapazität eines Potentialfaktors wird dann erreicht, wenn dieser ununterbrochen während der Einsatzzeit mit maximaler Intensität (Produktionsgeschwindigkeit) arbeitet. Dies geht jedoch mit überproportional höheren Stückkosten einher, weil

- bei den Mitarbeitern Erschöpfungszustände erreicht werden, die durch Pausen nicht mehr ausgeglichen werden können,
- an den Betriebsmitteln der Verbrauch an Betriebsstoffen ansteigt und stärkere Verschleißwirkungen einsetzen und
- die Fehlerhäufigkeit bei der Leistungserstellung ansteigt.

Des Weiteren ist zu berücksichtigen, dass sich eine Beschleunigung der Leistungserstellungsprozesse im Falle der Dienstleistungen, die Zeitverwendungsangebote darstellen, negativ auf den Kundennutzen auswirkt und bei längerfristiger Anwendung die Reputation des Dienstleistungsanbieters beschädigen kann. Aus diesen Gründen erscheint eine dauerhafte Nutzung der intensitätsmäßigen Kapazitätsreserve als ökonomisch unzweckmäßig.

Aufgrund der betrachteten Schwierigkeiten der Operationalisierung der Kapazität und der Herausforderungen werden die Berücksichtigung kundenseitiger Kapazitätswahrnehmung und -beurteilung im Rahmen der Kapazitätsgestaltung und die aktive Einwirkung auf die Kapazitätsbeurteilung des Nachfragers zu den **zentralen Aufgaben des Kapazitätsmanagements**. Hierzu ist es erforderlich, die Erwartungen der potentiellen Nachfrager zu erforschen, für die Gestaltungsaufgaben nutzbar zu machen und auf nicht erfüllbare Erwartungen einzuwirken. Als Bezugsgrößen der kundenseitigen Kapazitätsbeurteilung kommen dabei

- die Anbieter- oder Unternehmungskapazität als Ganzes,
- die Kapazität einzelner Potentialfaktorkombinationen und
- die Kapazität einzelner Potentialfaktoren

in Betracht. Dabei ist davon auszugehen, dass einerseits der Nachfrager die durch den Dienstleister angebotene Kapazität in jedem einzelnen Kontaktpunkt mit der erwarteten Kapazität vergleicht. Anderseits ergibt sich die Kapazitätsbeurteilung nicht aus der Amalgamation sämtlicher Einzelerfahrungen, sondern es sind die Kontaktpunkte im Sinne „kritischer Ereignisse" beurteilungsrelevant, denen vom Nachfrager eine hohe Bedeutung beigemessen wird (vgl. Hentschel 1992, S. 155 ff.; vgl. Abschnitt 3.4.4.2).

Im Rahmen der Kapazitätsbeurteilung erscheint es ebenfalls als zweckmäßig, zwischen Vor- und Endkombinationen zu unterscheiden, auch wenn erstere tendenziell schwieriger durch den Nachfrager beurteilt werden kann. Handelt es sich nicht um die erstmalige Inanspruchnahme der Leistungen des Anbieters, dann ist davon auszugehen, dass neben dem aktuellen auch das generelle und das in der Vergangenheit erfahrene Leistungsvermögen in die Kapazitätsbeurteilung einfließen. Dass ausschließlich die aktuelle Leistungsbereitschaft relevantes Bezugsobjekt ist, dürfte nur bei einem äußerst dringlichen Bedarf gegeben sein.

5.4.2 GAP-Modell des Kapazitätsmanagements als konzeptioneller Rahmen

Eine wesentliche Voraussetzung für ein zielgerechtes Kapazitätsmanagement sind Informationen darüber, ob die durch den Nachfrager wahrgenommene Leistungsfähigkeit als hinreichend oder unzureichend empfunden wird. Um Einblicke in die möglichen Ursachen für eine als unzureichend wahrgenommene Kapazität zu erlangen, greift Schnittka (1996, S. 54 ff.) auf das aus dem Qualitätsmanagement bekannte GAP-Modell von Parasuraman/Zeithaml/Berry (1985, S. 44) zurück. Im Gegensatz zum qualitätsbezogenen Ansatz identifiziert er lediglich vier GAPs, ohne dies zu begründen. Auch in den folgenden Überlegungen wird das qualitätsbezogene GAP-Modell für das Kapazitätsmanagement modifiziert. Dabei werden ebenfalls nur vier GAPs Gegenstand der Betrachtung sein, denn der im Originalmodell als GAP 4 aufgezeigte Zusammenhang zwischen Dienstleistungserstellung und kundengerichteter Kommunikation erweist sich bei näherer Betrachtung nicht als GAP. Hiermit wird vielmehr die Möglichkeit einer aktiven Einflussnahme des Anbieters durch eine entsprechend orientierte Kommunikationspolitik auf die Dienstleistungserstellung und auf die Erwartungen und Wahrnehmungen des Kunden beschrieben. Für das GAP-Modell des Kapazitätsmanagements ergibt sich dann der in Abbildung 5.4-2 dargestellte Aufbau (vgl. hierzu ausführlicher Corsten/Stuhlmann 1996a, S. 12 ff.).

Den Ausgangspunkt bildet die Überlegung, dass ein Kapazitätsmanagement nicht nur reaktiv, sondern antizipativ ausgerichtet sein muss, wenn zukünftige Entwicklungen des Kapazitätsbedarfs und -angebotes frühzeitig erkannt werden sollen und

gleichzeitig versucht werden soll, auf Nachfragererwartungen einzuwirken. Eine sol-
che Zweigleisigkeit korrespondiert mit dem Erfordernis einer durch die Gestaltung
der quantitativen und qualitativen Kapazität geschaffenen ausreichenden Flexibilität.
Einerseits hat diese eine Funktionssicherung durch Anpassung (reaktive Komponente) und anderseits aber auch stets eine Aktionsfähigkeit im Hinblick auf Risiken und
Chancen zu gewährleisten. Da der Flexibilitätsbedarf durch den Umfang und die
Vorhersehbarkeit der Auslastungsschwankungen bestimmt wird, erweist sich der
Aufbau eines Früherkennungssystems zur informativen Umweltkopplung als un-
umgänglich. Ein Kapazitätsmanagement auf der Grundlage des GAP-Modells be-
inhaltet deshalb stets das Erfordernis einer umfangreichen Informationsbasis in allen
Phasen, um mögliche Diskrepanzen identifizieren zu können.

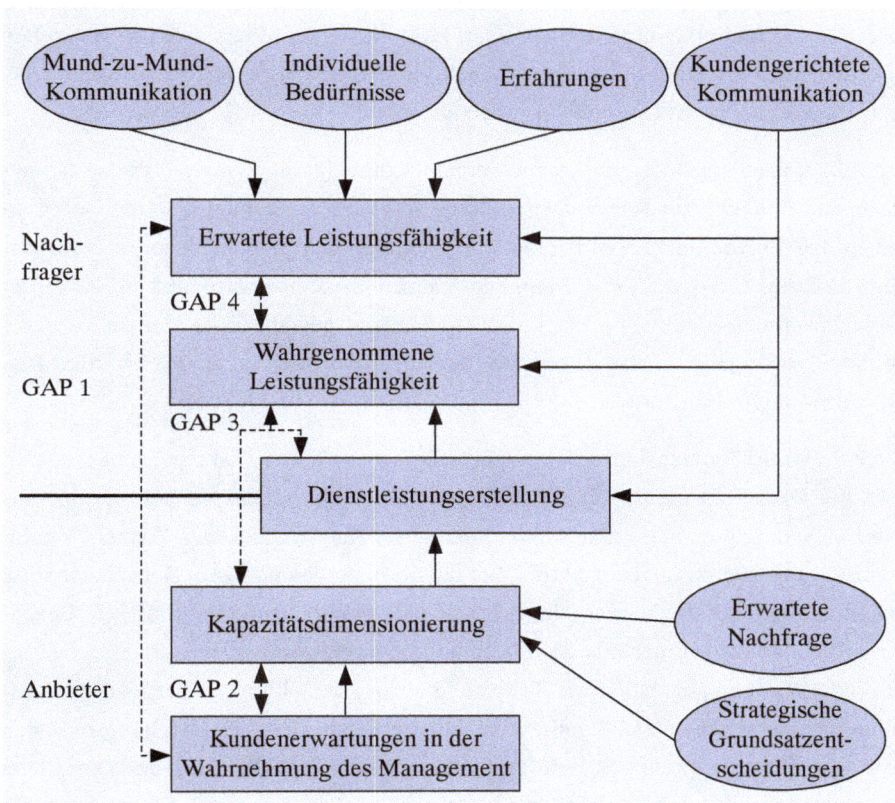

Abb. 5.4-2:　GAP-Modell des Kapazitätsmanagements (Corsten/Stuhlmann 1996a, S. 13)

Das GAP-Modell zielt darauf ab, mögliche Diskrepanzen in den Kapazitätswahr-
nehmungen von Kunde und Dienstleister sowie zwischen kundenseitigen Erwartun-

gen und kunden-/anbieterseitigen Wahrnehmungen zu analysieren, um daraus Gestaltungsempfehlungen für das Kapazitätsmanagement abzuleiten. Durch das GAP-Modell werden dabei die Aufgabenschwerpunkte „Identifikation der Kundenerwartungen", „Kapazitätsdimensionierung", „Dienstleistungserstellung" und „Kundengewichtete Kommunikation" betont. Um konkrete Maßnahmen zu den Aufgabenschwerpunkten abzuleiten und so aufeinander abzustimmen, dass die seitens des Kunden erwartete mit der von ihm wahrgenommenen Leistungsfähigkeit im Einklang steht, sind die im Modell erfassten einzelnen GAPs zu präzisieren.

GAP 1 (Wahrnehmungslücke des Anbieters) resultiert aus der Diskrepanz zwischen der vom Kunden erwarteten Leistungsfähigkeit und der Wahrnehmung dieser Erwartungen durch das Management. Damit wird erfasst, dass das Management die Nachfragererwartungen hinsichtlich Leistungsart, Bereitstellungszeiten und Ausstattung nicht hinreichend erkennt bzw. einschätzt. Es stellt sich die Frage, welche generellen Möglichkeiten sich dem Anbieter eröffnen, die Erwartungen der Nachfrager zu erkennen, zu erfassen und systematisch aufzubereiten.

GAP 2 (Umsetzungslücke des Anbieters) entsteht dadurch, dass strategische Grundsatzentscheidungen zur Kapazitätsgestaltung sowie unternehmungsexterne Gegebenheiten und Entwicklungen den Handlungsspielraum des Managements so beschränken, dass die Umsetzung der wahrgenommenen Kundenerwartungen im Zuge der Kapazitätsdimensionierung nicht in vollem Umfang gewährleistet werden kann. Es ist damit zu fragen, wie das Kapazitätsangebot zu gestalten ist, damit derartige Diskrepanzen minimiert werden.

GAP 3 (Wahrnehmungslücke des Nachfragers) thematisiert Diskrepanzen, die während der Dienstleistungserstellung entweder auf der taktischen oder auf der operativen Ebene durch die Kapazitätswahrnehmung des Kunden entstehen können. Die Integration der Nachfragerperspektive hat für die unternehmerische Kapazitätspolitik eine herausragende Bedeutung, da nicht nur unternehmungsinterne Einflüsse Beachtung finden dürfen. Einerseits übt die Integration des externen Faktors eine restringierende Wirkung aus, indem sie Teile des Leistungserstellungsprozesses der Disposition des Anbieters entzieht, anderseits aber werden auch neue Gestaltungsoptionen eröffnet, indem ursprünglich dem Anbieter obliegende Aktivitäten der Dienstleistungserstellung auf den Nachfrager übertragen werden. An dieser Stelle treten die konkreten Kontaktpunkte des Anbieters und Nachfragers auf. Es kommt folglich auch zur konkreten Kapazitätswahrnehmung durch den Nachfrager, die keineswegs auf die Phase der Dienstleistungserstellung beschränkt bleiben muss, sondern sich auch auf die Kapazitätsdimensionierung ausdehnen kann. Bei GAP 3 muss folglich eine **Differenzierung** vorgenommen werden, und zwar in

- **taktische Ebene** der Kapazitätsgestaltung, von der der Kunde wahrnehmen kann, ob und inwieweit die Kapazitätsdimensionierung in quantitativer und qualitativer Hinsicht ausreichend ist, und

- **operative Ebene** der Kapazitätsgestaltung, von der der Kunde wahrnehmen kann, inwieweit dem Anbieter die Abstimmung von Kapazitätsangebot und -nachfrage bei der eigentlichen Dienstleistungserstellung im konkreten situativen Kontext gelingt.

Es erscheint damit einsichtig, dass zur Handhabung dieser GAP Möglichkeiten der Einflussnahme auf das Verhalten des externen Faktors in der konkreten Endkombination und auf sein zeitliches, quantitatives und qualitatives Auftreten als Nachfrager zu identifizieren sind. Von besonderer Bedeutung ist in diesem Kontext eine kundengerichtete Kommunikation, die auf die Erwartungsbildung und die Wahrnehmung des Nachfragers vor und während der Inanspruchnahme der Dienstleistung Einfluss nimmt.

GAP 4 (wahrgenommene Leistungslücke) entsteht schließlich aus der subjektiven Bewertung der Leistungsfähigkeit des Anbieters durch den Nachfrager. Dabei können die Erwartungen des Nachfragers unerfüllt bleiben oder übertroffen werden. Ursachen für diese Diskrepanz sind die GAPs 1-3 und/oder die unzureichende Fähigkeit des Nachfragers, die Eignung der Kapazität für die Leistungserstellung zu beurteilen (vgl. Schnittka 1996, S. 63). Existiert eine solche Lücke, dann entscheidet letztlich der Toleranzbereich des Nachfragers über dessen Akzeptanz der Abweichung. Damit stellt die Identifikation von Toleranzbereichen und deren Einflussgrößen einen weiteren Ansatzpunkt für das Kapazitätsmanagement dar.

5.4.3 Ansatzpunkte zur Kapazitätsgestaltung

5.4.3.1 GAP 1: Wahrnehmungslücke des Anbieters

Den Ausgangspunkt, um die kapazitätsbezogenen Erwartungen der Nachfrager hinreichend präzise berücksichtigen zu können, bildet eine Fülle an Informationen, die sich aus Aktionen, Ergebnissen, Nebenbedingungen, Umfeld, Teilnehmern etc. zusammensetzt. Aus diesem zunächst wahrgenommenen unstrukturierten Informationsbündel greift der **Anbieter** unter Rückgriff auf seine Erfahrungen diejenigen heraus, die er als relevant für die zu erstellende Dienstleistung erachtet. Auf dieser Grundlage entwickelt der Anbieter seine Erwartungen an die Dienstleistungserstellung, die auch das Integrations- und Interaktionsverhalten des Nachfragers betreffen. Werden diese Charakteristika in eine Struktur gebracht, entsteht ein Schema, das die Dienstleistung und deren Erstellung beschreibt. Da es sich bei einem solchen Schema einer Dienstleistung um die Darstellung eines Prozesses handelt, wird auch von einem **Script des Anbieters** gesprochen (vgl. Smith/Houston 1983, S. 60), das als **Drehbuch des Dienstleistungsprozesses** interpretiert werden kann.

Der **Nachfrager** verfügt ebenfalls über eine Fülle von Informationen über die Dienstleistung und deren Erstellung. Diese **Informationsbasis** wird durch die Kommunikation mit anderen Nachfragern, kundengerichtete Kommunikation verschiedener Anbieter und die individuellen Bedürfnisse und Erfahrungen des Nachfragers generiert. Die durch Wahrnehmungen entstandenen Erfahrungen führen durch Lernprozesse zu **Erwartungen**, die die Vorstellungen über den Ablauf der in der Zukunft liegenden Dienstleistungen repräsentieren. Werden die zurückliegenden Erfahrungen des Nachfragers und die darauf fußenden Erwartungen durch wiederholtes Wahrnehmen bestätigt, verfestigen sie sich und bilden einen a priori-Standard. Auf der Grundlage dieser Erwartungen entwickelt der Nachfrager über die Aufspaltung des mit der Inanspruchnahme der Dienstleistung verfolgten Ziels in Subziele und Aktionen eine kognitive Abfolge von Aktionen, die notwendig ist, um das gewünschte Ergebnis zu erzielen. Die Standards betreffen zunächst jede einzelne Aktion, können darüber hinaus jedoch in einer übergreifenden Betrachtung auch zusammengefasst werden, so dass ein Erwartungsbündel entsteht, das das **Script des Nachfragers** beschreibt (vgl. Hubbert/Sehorn/Brown 1995, S. 7 ff.). Abbildung 5.4-3 verdeutlicht die dargestellten Zusammenhänge (vgl. Corsten/Stuhlmann 1996a, S. 18).

Dabei steht der Anbieter vor dem Problem, die Standards jedes einzelnen Nachfragers beim Aufbau seines eigenen Scripts berücksichtigen zu müssen. Nur bei einer hinreichenden Ähnlichkeit des Anbieter- und Nachfragerscriptes kann die Dienstleistungserstellung erfolgreich sein. In diesem Fall wird von einem **allgemeinen Script** gesprochen. Existiert hingegen eine Divergenz zwischen den Scripts, dann ist der erfolgreiche Abschluss der Dienstleistungserstellung gefährdet. In diesem Fall ist der Frage nachzugehen, ob eine Scriptanpassung möglich ist. Die Möglichkeit besteht dann, wenn Anbieter und/oder Nachfrager bereit und befähigt sind, ihre Scripts so zu korrigieren, dass durch eine Anpassung an den situativen Kontext eine hinreichende Ähnlichkeit der Scripts erreicht werden kann. Auf diese Weise entsteht dann ein **situatives Script**.

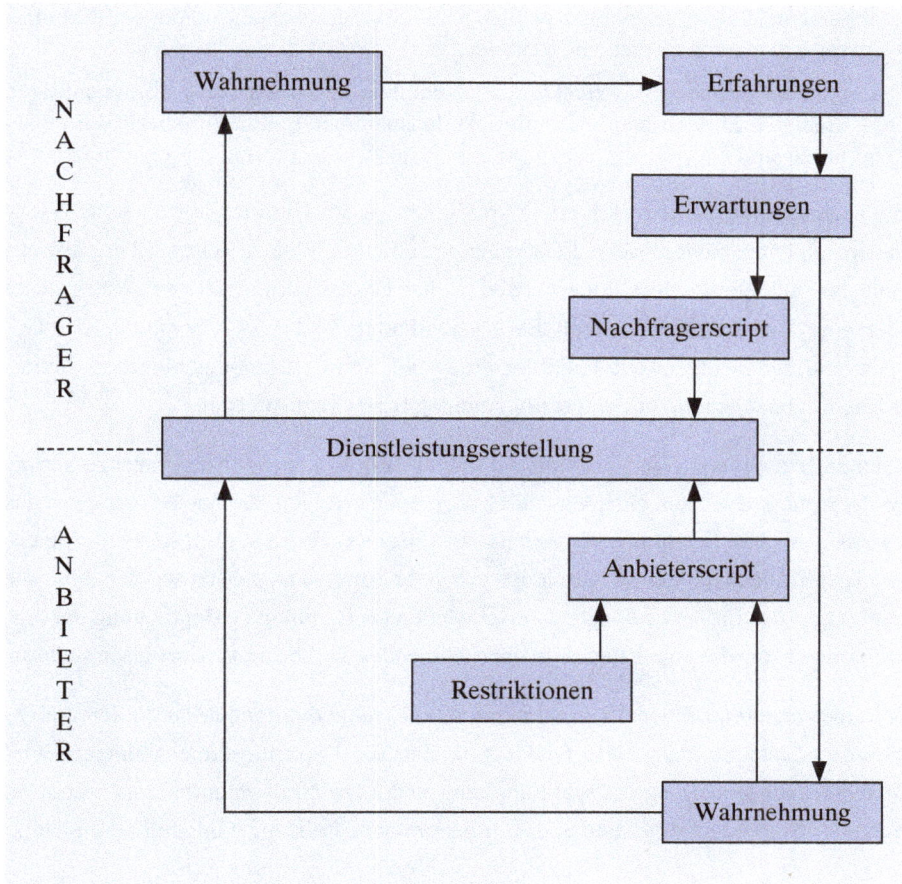

Abb. 5.4-3:   Anbieterscript und Nachfragerscript als Grundlage
              der Dienstleistungserstellung

Einen Ansatzpunkt zur Generierung situativer Scripts bildet die Analyse der **Abweichungsursachen** im Hinblick auf vier Gruppen (vgl. Smith/Houston 1983, S. 60 f.):

- nicht erfüllte Voraussetzungen für die Ausführung einzelner Aktionen,

- Fehler in der Ausführung einzelner Aktionen, die das Ergebnis beinträchtigen,

- Abweichung von den Rahmenbedingungen, unter denen die Aktionenfolge zweckmäßig ist,

- unterschiedliche Ereignisbezüge von Nachfrager- und Anbieterscripts.

Erwartet der Dienstleistungsanbieter Kunden mit heterogenen Nachfragerscripts, dann lassen sich für eine **erwartungsgerechte Scriptgestaltung** angebots- und nachfragebezogene Maßnahmen anwenden. **Angebotsbezogen** können

- allgemeine Scripts angeboten werden, die auf scriptbezogen homogene Nachfragersegmente ausgerichtet sind, und/oder

- allgemeine Scripts so flexibel gestaltet werden, dass alternative Aktionenfolgen alternative Aktionen und alternative Aktionsparameter situationsspezifisch zu selektieren sind.

Die segmentspezifische Ausrichtung ermöglicht es, im Hinblick auf einzelne Nachfragersegmente standardisierte Leistungen anzubieten. Je nach strategischer Ausrichtung des Anbieters würde dann entweder eine Fokussierung auf wenige Segmente oder eine Differenzierung durch Berücksichtigung der meisten Segmente der Gesamtnachfrage erfolgen. Die Flexibilisierung von Scripts erlaubt es hingegen, breitere Nachfragersegmente mit einem allgemeinen Script anzusprechen.

Bei **nachfragebezogenen Maßnahmen** steht die Zuordnung der Nachfrager zu Scripts im Zentrum. Diese kann einerseits durch Vorgaben erfolgen, die den Nachfragern das jeweils geeignete Script kriteriengeleitet zuweisen (z. B. Einstufungstests in Sprachschulen). Anderseits können durch den Anbieter Anreize so gesetzt werden, dass die Nachfrager das für sie geeignetste Script wählen (z. B. durch Verdeutlichung der Anforderungen, die die vom Kunden zu übernehmenden Teilleistungen an diesen stellen).

Bei einer unzureichenden Wahrnehmung der Kundenerwartungen durch den Anbieter ist zu beachten, dass diese Diskrepanz über die Kapazitätsdimensionierung und Dienstleistungserstellung fortschreiten kann und letztlich dann zum Tragen kommt, wenn der Nachfrager erwartete und wahrgenommene Leistungsfähigkeit vergleicht.

5.4.3.2 GAP 2: Umsetzungslücke des Anbieters

5.4.3.2.1 Festlegung der quantitativen Kapazität

Aufgabe der Kapazitätsdimensionierung ist es, die Höhe der Kapazität durch Verfügbarmachung der Potentialfaktoren so festzulegen, dass der zu erwartende Kapazitätsbedarf in einem Ausmaß befriedigt werden kann, bei dem das zugrundeliegende Formalziel erfüllt ist. Da über die Zusammensetzung des Potentialfaktorbestandes entschieden wird, liegt ein taktisches Problem vor, durch dessen Lösung die Maximierung des Kapitalwertes entscheidungsrelevanter Zahlungen angestrebt wird.

Im Kontext von Dienstleistungen ist dieses Problem häufig durch drei Besonderheiten gekennzeichnet:

- Die Informationen zum erwarteten Kapazitätsbedarf sind unvollständig, d. h., es besteht Unsicherheit über die zukünftige Nachfrage.

- Kapazitätsunterauslastungen können nicht dazu genutzt werden, durch Leistungserstellung auf Lager zukünftige Kapazitätsüberauslastungen auszugleichen. Die Kapazität stellt in diesem Sinne ein verderbliches Gut dar.

- Teilweise ist es auch nicht möglich, nachgefragte, aber aufgrund einer hohen Auslastung aktuell nicht erfüllbare Leistungen zu einem späteren Zeitpunkt zu erbringen. Nicht erfüllte Nachfrage geht dann mit entgangenen Umsätzen einher.

Eine solche Situation wird durch das sogenannte **Zeitungsverkäuferproblem** (syn.: Newsvendor Problem, Newsboy Problem) beschrieben (vgl. Edgeworth 1888, S. 120 ff., im Kontext des Zahlungsmittelbestandes von Banken, und Arrow/Harris/ Marschak 1951, S. 256 ff., im Kontext des Lagerbestandes), das analog zur Kapazitätsdimensionierung betrachtet werden kann:

Zeitungsverkäufer	**Dienstleistungsanbieter**
- Die Nachfrage $\tilde{Y}$ nach Tageszeitungen ist unsicher, die Realisationen y folgen einer bestimmten Verteilung.	- Der Bedarf $\tilde{R}$ nach Kapazitätseinheiten ist unsicher, die Realisationen r folgen einer bestimmten Verteilung.
- Tageszeitungen werden morgens zu einem Einstandspreis c beschafft und bis abends zu einem Absatzpreis r > c verkauft.	- Kapazitätseinheiten werden am Periodenanfang zu einem Kostensatz k bereitgehalten und in der Periode zu einem Preis $\bar{\pi}$ > k abgesetzt.
- Nicht abgesetzte Tageszeitungen können zum Altpapierpreis v < c veräußert werden.	- Ungenutzte Kapazitätseinheiten werden auf einem Sekundärmarkt zu einem niedrigeren Preis $\underline{\pi}$ < k am Periodenende abgesetzt.
- **Frage:** Welche Menge x an Tageszeitungen ist morgens zu beschaffen?	- **Frage:** Welche Kapazität C ist bereitzuhalten?
- **Ziel:** Maximierung des erwarteten Gewinns.	- **Ziel:** Maximierung des erwarteten Kapitalwerts.

Tab. 5.4-1:   Vergleichende Gegenüberstellung des Zeitungsverkäufer- und Kapazitätsdimensionierungsproblems

Wird davon ausgegangen, dass sich die Problemstellung in jeder zukünftigen Periode mit denselben Parameterwerten wiederholt, dann ist die optimale Lösung des einperiodigen Problems gleichzeitig die optimale Lösung des mehrperiodigen Problems. Die Zielfunktion des maximalen erwarteten Kapitalwertes berücksichtigt, dass der Bedarf nur bis zum Erreichen der Kapazitätsgrenze C vollständig erfüllt werden kann. Darüber hinausgehender Bedarf kann nicht bedient werden:

$$\max \quad \underbrace{\bar{\pi} \cdot E\left(\tilde{R} \mid r < C\right)}_{\substack{\text{erwarteter} \\ \text{Umsatz auf} \\ \text{dem Primärmarkt}}} + \underbrace{\underline{\pi} \cdot \left(C - E\left(\tilde{R} \mid r < C\right)\right)}_{\substack{\text{erwarteter} \\ \text{Umsatz auf} \\ \text{dem Sekundärmarkt}}} - \underbrace{k \cdot C}_{\text{Kosten}}$$

Dieser Sachverhalt lässt sich in eine Kostenfunktion überführen, wenn die Situation, in der der Bedarf genau der Kapazität entspricht, als Referenzpunkt gewählt wird. Der Gewinn ist in diesem Fall maximal und beträgt $(\tilde{\pi} - k) \cdot C$. Sowohl positive als auch negative Abweichungen gehen mit Gewinnreduktionen, d. h. Kosten einher:

- **Bedarfsüberdeckung** $(r < C)$: Der Bedarf wird vollständig erfüllt und die verbleibende Kapazität wird verramscht. Es entstehen Überdeckungskosten in Höhe von $k^o = k - \underline{\pi}$ pro überschüssiger Kapazitätseinheit.

- **Bedarfsunterdeckung** $(r > C)$: Der über die Kapazität hinausgehende Bedarf kann nicht erfüllt werden. Die Unterdeckungskosten (entgangener Umsatz) betragen $k^u = \bar{\pi} - k$ pro fehlender Kapazitätseinheit.

Als kostenorientierte Zielfunktion gilt somit:

$$\min \quad \underbrace{k^o \cdot E\left(C - \tilde{R} \mid r < C\right)}_{\substack{\text{erwartete Kosten der} \\ \text{Bedarfsüberdeckung}}} + \underbrace{k^u \cdot E\left(\tilde{R} - C \mid r > C\right)}_{\substack{\text{erwartete Kosten der} \\ \text{Bedarfsunterdeckung}}}$$

In Abhängigkeit von der Art der zugrundeliegenden Bedarfsverteilung werden die Erwartungswerte der Überdeckungs-/Unterdeckungsmengen unterschiedlich ermittelt (vgl. Tabelle 5.4-2).

Term	diskrete Bedarfs-verteilung (r, p_r)	kontinuierliche Bedarfs-verteilung $f(r)$
$E(C - \tilde{R} \mid r < C)$ (Überdeckung)	$\sum_{r=\underline{r}}^{C} (C - r) \cdot p_r$	$\int_{\underline{r}}^{C} (C - r) \cdot f(r) \cdot dr$
$E(\tilde{R} - C \mid r > C)$ (Unterdeckung)	$\sum_{r=C}^{\bar{r}} (r - C) \cdot p_r$	$\int_{C}^{\bar{r}} (r - C) \cdot f(r) \cdot dr$

Tab. 5.4-2:   Berechnung der Überdeckungs- und Unterdeckungsmengen

Für kontinuierliche Bedarfsverteilungen kann die optimale Kapazität analytisch durch Ableiten und Nullsetzen der Zielfunktion bestimmt werden (vgl. Arrow/Harris/ Marschak 1951, S. 257 ff.). Sie liegt vor, wenn die Wahrscheinlichkeit, dass der Bedarf die Kapazität nicht übersteigt, der kritischen Kostenrelation entspricht:

$$F\left(C^* = r\right) = \frac{k^u}{k^u + k^o}$$

Der Wert der optimalen Kapazität lässt sich dann mit Hilfe der inversen Bedarfsverteilungsfunktion F^{-1} bestimmen:

$$C^* = F^{-1}\left(\frac{k^u}{k^u + k^o}\right)$$

Ist der Bedarf z. B. gleichverteilt im Bereich zwischen der Untergrenze L und der Obergrenze U $\left(r \sim [L, U]\right)$, dann gilt:

$$F(r) = \frac{r - L}{U - L} \Rightarrow C^* = \frac{k^u}{k^u + k^o} \cdot (U - L) + L$$

Die Sicherheitskapazität S^* bezeichnet dann den Teil der Kapazität, der über den durchschnittlichen Bedarf hinausgeht:

$$S^* = \left(\frac{k^u}{k^u + k^o} - \frac{1}{2}\right) \cdot (U - L)$$

Aus dieser Lösung lassen sich mehrere Schlussfolgerungen für die optimale Kapazität ableiten, die auch für andere Bedarfsverteilungen gelten:

- Die optimale Kapazität liegt zwischen Ober- und Untergrenze des Bedarfs und steigt linear mit steigendem durchschnittlichem Bedarf.
- Je niedriger die Unterdeckungskosten sind, umso näher liegt die optimale Kapazität an der Bedarfsuntergrenze.
- Je niedriger die Überdeckungskosten sind, umso näher liegt die optimale Kapazität an der Bedarfsobergrenze.
- Je größer die Bedarfsunsicherheit (Abstand zwischen Bedarfsober- und -untergrenze) ist, umso größer ist die optimale Sicherheitskapazität.

5.4.3.2.2 Flexibilisierung der Potentiale

Eine grundsätzliche Möglichkeit, um die Schwankungen des Kapazitätsangebotes und der -nachfrage zu handhaben, auch wenn andere Gegebenheiten den Handlungsspielraum einschränken, besteht in dem Aufbau und der Nutzung von Flexibilität. Bei der Gestaltung der Kapazität eröffnen sich Flexibilitätspotentiale aus der Fähigkeit eines Potentialfaktors, unterschiedliche Leistungen zu erbringen (variationale Kapazität), sowie aus dem möglichen Ausmaß und der möglichen Geschwindigkeit, die quantitative Kapazität an Auslastungsschwankungen anzupassen.

5.4.3.2.2.1 Gestaltung der variationalen Kapazität

Die von den Mitarbeitern in Dienstleistungsunternehmungen im kundennahen Bereich (Front office) zu erfüllenden Aufgaben sind bedingt durch die Integration des externen Faktors durch eine große Heterogenität, einen hohen Anteil dispositiver und kreativer Leistungen sowie einem geringen Bestimmtheitsgrad der Tätigkeiten gekennzeichnet. Anderseits besitzen die im kundenfernen Bereich (Back office) zu erfüllenden Aufgaben einen Routinecharakter, d. h., es sind eher homogene, standardisierte Leistungen zu erbringen. Hieraus wird deutlich, dass nicht generell ein hoher Bedarf an variationaler Kapazität besteht, sondern vielmehr eine Abhängigkeit dieses Bedarfs von der Kundenbezogenheit der zu erfüllenden Aufgaben besteht.

Um zu differenzierenden Aussagen zu gelangen, kann bei den Mitarbeitern eine Klassifikation nach den Merkmalen Spezialisierungsgrad und Qualifikation vorgenommen werden. Wird dabei grob zwischen hoher und niedriger Qualifikation sowie zwischen funktions- bzw. objektbezogen spezialisierten Mitarbeitern unterschieden, dann lassen sich zu den möglichen Kombinationen folgende Aussagen formulieren:

a) **Funktionsbezogen spezialisierte, hochqualifizierte** Mitarbeiter weisen tendenziell eine geringe variationale Kapazität auf. Da die Flexibilität der Unternehmung hierdurch negativ berührt wird, erscheint es zweckmäßig, den Bestand an solchen Mitarbeitern niedrig zu halten und ihren Einsatz auf den Back-office-Bereich zu konzentrieren.

b) **Objektbezogen spezialisierte, hochqualifizierte** Mitarbeiter vermögen es, unterschiedliche Tätigkeiten sehr kompetent auszuüben. Es liegt somit eine hohe variationale Kapazität vor, die eine stellenbezogene Aufgabenbündelung bzw. einen variablen Einsatz des Mitarbeiters, insbesondere im Front-office-Bereich ermöglicht. Die Flexibilität der Unternehmung wird hierdurch positiv beeinflusst.

c) Bei **funktionsbezogen spezialisierten, niedrigqualifizierten** Mitarbeitern liegt die niedrigste variationale Kapazität vor; das Leistungsvermögen entfaltet sich vor allem bei einfachen Aufgaben mit hohem Wiederholungs- und Bestimmtheitsgrad. Derartige Aufgaben induzieren im arbeitsteiligen Dienstleistungserstellungsprozess so wenig Koordinationsbedarf, dass ihre Erfüllung durch den Kunden oder durch Maschinen Optionen der Kapazitätsgestaltung darstellen.

d) Bei **objektbezogen spezialisierten, niedrig qualifizierten** Mitarbeitern liegt eine mittlere variationale Kapazität vor. Sie können ein Spektrum relativ einfacher Aufgaben übernehmen, die im arbeitsteiligen Dienstleistungserstellungsprozess einen niedrigen Koordinationsbedarf induzieren. Die Erfüllung dieser Aufgaben durch den Kunden stellt eine Option für die Kapazitätsgestaltung dar.

Eine **höhere variationale Kapazität** im Personalbereich kann somit einerseits durch eine Personalakquisition erfolgen, die objektbezogen spezialisierte, hochqualifizierte Mitarbeiter (a) priorisiert. Bedingt durch die höhere Rollenflexibilität dieser Mitarbeiter sind sie variabel einsetzbar (zu Grenzen dieser Vorgehensweise vgl. Picot/Franck 1995, S. 20). Wird zwischen objekt- und funktionsbezogenen Aufgaben unterschieden, dann können Mitarbeiter, die mit letzteren Aufgaben betraut sind, beim Auftreten von Nachfragerspitzen als Ausgleichspotential für objektbezogene Aufgaben herangezogen werden (vgl. Becker, R. 1995, S. 255 f.). Dieses Vorgehen weist qualitative und quantitative Grenzen auf. Insbesondere bei Dienstleistungen mit umfangreichem Kundenkontakt sollte durch sorgfältige und umfassende Suche, Auswahl und Ausbildung der im Face-to-face-Bereich tätigen Mitarbeiter den spezifischen personellen Anforderungen im für den Nachfrager sichtbaren Teil der Leistungserstellung entsprochen werden (vgl. Rhyne 1988, S. 452).

Anderseits kann eine höhere variationale Kapazität durch die Verlagerung von repetitiven Aufgaben mit hohem Bestimmtheitsgrad, für die originär Mitarbeiter der Fälle (c) und (d) zuständig sind, auf den externen Faktor erreicht werden (**Externalisierung**). Der Nachfrager wird in diesem Kontext über seine Rolle als Konsument hinaus zu einem **Koproduzenten** der Dienstleistung (häufig auch als „prosumer" bezeichnet; vgl. Meyer/Blümelhuber 1994, S. 9). Die dadurch freiwerdende Personalkapazität kann dann zur Erfüllung anderer Aufgaben genutzt werden. Tendenziell ist davon auszugehen, dass vor allem bei Dienstleistungen, die regelmäßig einer hohen Spitzennachfrage unterliegen, die Beteiligung des Kunden umfangreich gestaltet werden sollte, da auf diese Weise leichter auf Nachfrageschwankungen reagiert werden kann (vgl. Heskett/Sasser/Hart 1991, S. 189 f.). Bei dieser Vorgehensweise sind jedoch drei **Herausforderungen** nicht zu vernachlässigen:

- Mit zunehmender Externalisierung wird die ohnehin durch das Auftreten des externen Faktors **eingeschränkte Dispositionsmöglichkeit** des Anbieters über den Leistungserstellungsprozess weiter reduziert.

- Aus der Kundenbeteiligung resultieren **ambivalente Unsicherheitseffekte**:

-- Die Unsicherheit bei der Leistungserstellung erhöht sich in dem Ausmaß, in dem unbekannt ist, ob und inwieweit der Nachfrager die Fähigkeit und die Bereitschaft mitbringt, den an ihn gestellten Anforderungen zu entsprechen.

-- Die Unsicherheit bei der Leistungserstellung reduziert sich in dem Umfang, in dem der Kunde durch sein Tätigwerden den Leistungsprozess selbst gestaltend beeinflusst und für dessen Ergebnis einen Teil der Verantwortung trägt.

- Durch den Aufbau eines Self-service kann die **Dienstleistungsqualität** in der **Wahrnehmung** des Kunden negativ beeinträchtigt werden. So können Korrekturen der Fehler, die dem Kunden bei der Erfüllung seiner Aufgaben unterlaufen sind, unangemessene Erwartungen des Kunden im Hinblick auf die selbst zu erfüllenden Aufgaben oder auch Vorbehalte, die Dienstleistung zum Teil selbst erbringen zu müssen, die wahrgenommene Qualität reduzieren (vgl. Collier 1987, S. 43).

Diese Herausforderungen bedingen im Vergleich zu einer Leistungserstellung, die ausschließlich durch die Mitarbeiter getragen wird, einen höheren Koordinationsbedarf. Die Autonomie des Kunden schränkt dabei die Anwendbarkeit der im innerbetrieblichen Zusammenhang üblichen hierarchischen Koordinationsinstrumente (z. B. persönliche Weisung, Planung, Regeln) ein. Vom Nachfrager werden nur solche Instrumente akzeptiert, die seine Autonomie höchstens in dem für die Leistungserstellung erforderlichen Umfang einschränken. Aus diesem Blickwinkel ist zu analysieren, inwieweit heterarchische Instrumente, insbesondere die marktliche Abstimmung durch Preisdifferenzierung, Anreize zu einer leistungserstellungskonformen Integration generieren kann.

Liegt eine hohe variationale Kapazität des Personals vor, dann können die einzelnen Mitarbeiter mehrere unterschiedliche Aufgaben erfüllen. Mit Blick auf eine einzelne Aufgabe besteht dann öfter die Situation, dass sie durch unterschiedliche Mitarbeiter oder auch durch den Kunden ausgeführt werden kann. Es ist davon auszugehen, dass jede Aufgabenerfüllung ein Bündel an Fähigkeiten erfordert, wobei sich die Fähigkeitsanforderungen von Aufgabe zu Aufgabe unterscheiden. Gleichzeitig weist jeder Mitarbeiter/Kunde ein Bündel an Fähigkeiten auf, wobei die Fähigkeiten aufgrund von Spezialisierung und Qualifikation interpersonell variierende Niveaus aufweisen. Damit ergibt sich ein **Aufgabenzuordnungsproblem**, durch dessen Lösung die Fragen beantwortet werden, welche Mitarbeiter welche Aufgaben ausführen und welche Aufgaben dem Kunden zugeordnet werden sollen, damit die bestehende Kapazität möglichst effektiv genutzt wird.

Wird davon ausgegangen, dass eine Aufgabenzuordnung dann am effektivsten ist, wenn die Fähigkeitsanforderungen der Aufgabe mit den Fähigkeiten des Mitarbeiters/der Kunden übereinstimmen, dann gehen Zuordnungen, die durch Unter- oder Überforderungen charakterisiert sind, mit erhöhten Kosten einher. Der Abstand zwischen Anforderungs- und Fähigkeitsprofil stellt somit eine Kosteneinflussgröße dar, die bei der Lösung des Aufgabenzuordnungsproblems so festzulegen ist, dass die Summe der Zuordnungskosten minimal ist. Im einfachsten Fall soll dabei jede Aufgabe genau einem Mitarbeiter oder dem Kunden zugeordnet und gleichzeitig jedem Mitarbeiter und dem Kunden genau eine Aufgabe zugewiesen werden (vgl. z. B. Scholz 2000, S. 650 ff.). Unter Nutzung der Symbole

- i $(i = 1,...,I)$ als Index der Mitarbeiter und des Kunden,

- j $(j = 1,...,J)$ als Index der Aufgaben,

- k_{ij} als Kosten der Zuordnung der Mitarbeiter/des Kunden i zu den Aufgaben j und
- y_{ij} als Entscheidung über die Zuordnung der Mitarbeiter/des Kunden i zu den Aufgaben j

lässt sich dieses Problem formal modellieren und algorithmisch lösen:

- Zielfunktion:

$$\min \sum_{i=1}^{I} \sum_{j=1}^{J} y_{ij} \cdot k_{ij}$$

- Nebenbedingungen:

 -- Eindeutige Aufgabenzuordnung:

 $$\sum_{i=1}^{I} y_{ij} = 1 \qquad \forall j$$

 -- Eindeutige Zuordnung der Mitarbeiter und des Kunden:

 $$\sum_{j=1}^{J} y_{ij} = 1 \qquad \forall i$$

 -- Binäre Zuordnungsentscheidung:

 $$y_{ij} \in \{0;1\} \qquad \forall i, j$$

Als exakte Lösungsverfahren können die ungarische Methode (vgl. Kuhn 1955, S. 83 ff.) oder das Stepping-Stone-Verfahren (vgl. Charnes/Cooper 1954, S. 49 ff.; Eisemann 1964, S. 154 ff.) herangezogen werden.

5.4.3.2.2.2 Gestaltung der Anpassbarkeit der quantitativen Kapazität

5.4.3.2.2.2.1 Personaleinsatzplanung bei schwankendem Bedarf

Aufgrund der notwendigen Integration des externen Faktors wird die zeitliche Verteilung der Nachfrage nach Dienstleistungen (insbesondere bei personenbezogenen Dienstleistungen) stark durch die zeitlichen Gewohnheiten und Möglichkeiten der potentiellen Kunden beeinflusst. Hierdurch entstehen **kurzfristige saisonale Schwankungen** der Nachfrage, die z. B. zu bestimmten Stunden eines Tages oder an bestimmten Tagen einer Woche mit Spitzenbelastungen einhergehen und in anderen Zeitabschnitten starke Unterauslastungen induzieren. Um diesen Schwankungen mit einer gegebenen Personalkapazität Rechnung tragen zu können, bietet sich eine **flexible Gestaltung der täglichen Arbeitszeit** an, wie sie etwa durch das Gleitzeitmodell oder durch das Modell der kapazitätsorientierten variablen Arbeitszeit (KA-POVAZ, Arbeit auf Abruf) ermöglicht wird. In beiden Fällen können die Länge und die Lage der täglichen Arbeitszeit variiert werden, wobei aus Unternehmungssicht die Abhängigkeiten zwischen den zu erfüllenden Aufgaben und aus Mitarbeitersicht die Möglichkeiten zur Anpassung der Arbeitszeit an die persönlichen Gegebenheiten zu berücksichtigen sind.

Im **Gleitzeitmodell** setzt sich die Arbeitszeit aus der **Kernzeit** (Pflichtarbeitszeit zwischen spätestmöglichem Beginn und frühestmöglichem Ende der Arbeitszeit) und der durch den Mitarbeiter innerhalb der vorgegebenen **Gleitspanne** vor und nach der Kernzeit (zwischen frühest- und spätestmöglichem Beginn/Ende der Arbeitszeit) selbst disponierbaren Zeit zusammen. Darüber hinaus besteht die Möglichkeit, das täglich zu erbringende Arbeitszeitbudget zu unter- oder überschreiten und den dadurch entstehenden **Zeitsaldo** innerhalb eines bestimmten Zeitraumes auszugleichen.

Mit diesem Modell kann den Abhängigkeiten zwischen den zu erfüllenden Aufgaben einerseits durch die Festlegung des Beginns und Endes der Kernarbeitszeit und anderseits durch Motivation der Mitarbeiter zur Selbstabstimmung bei arbeitsteiliger Aufgabenerfüllung außerhalb der Kernzeit Rechnung getragen werden. Die Festlegung der Gleitspanne vor und nach der Kernzeit sowie die getroffenen Regeln zum Ausgleich der Zeitsalden stecken den individuellen Dispositionsspielraum der Mitarbeiter ab. Da Kernarbeitszeit und Gleitspanne i. d. R. tagesunabhängig identisch festgelegt werden, ist das Gleitzeitmodell vor allem für Dienstleistungen geeignet, bei denen sich der Bedarfsverlauf an den einzelnen Arbeitstagen stark ähnelt, und zwar in den Randbereichen sehr niedrig und in den zentralen Bereichen sehr hoch ist. Dies ist beispielhaft in Abbildung 5.4-4 dargestellt

Die **kapazitätsorientierte variable Arbeitszeit** erlaubt es der Unternehmung unter Berücksichtigung arbeitsrechtlicher Regelungen (z. B. Teilzeit- und Befristungsgesetz (TzBfG)), den Arbeitsbeginn und das -ende personen- und tagesbezogen in Abhängigkeit von der konkreten Beschäftigungssituation festzulegen. Gemäß der für die Bundesrepublik Deutschland geltenden Bestimmung des § 12 TzBfG sind dabei folgende Besonderheiten zu beachten:

- In der Vereinbarung zur Arbeit auf Abruf muss eine bestimmte Dauer der wöchentlichen und täglichen Arbeitszeit festgelegt sein, andernfalls gilt eine wöchentliche Arbeitszeit von 10 Stunden und eine tägliche Arbeitszeit von mindestens 3 aufeinanderfolgenden Stunden.

- Der Arbeitgeber muss die Lage der Arbeitszeit mindestens 4 Tage im Voraus mitteilen.

- Durch Tarifvertrag kann auch zuungunsten des Arbeitnehmers von der wöchentlichen und täglichen Arbeitszeit und von der Vorankündigungsfrist abgewichen werden.

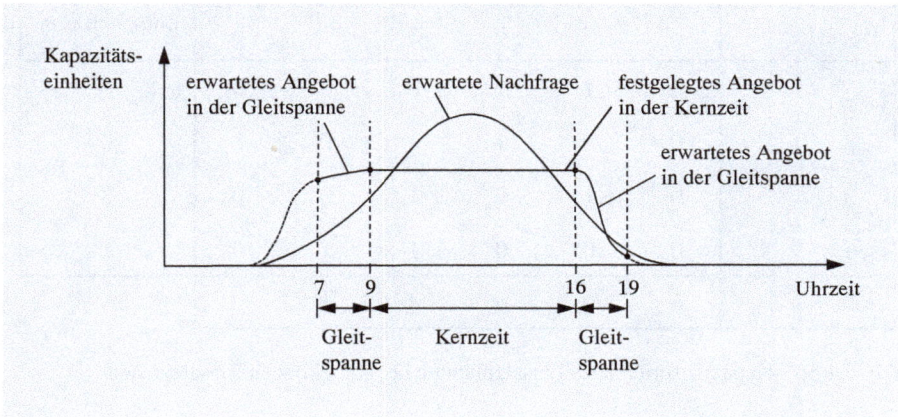

Abb. 5.4-4:   Grundprinzip des Gleitzeitmodells

Auf dieser Grundlage kann den Abhängigkeiten zwischen den zu erfüllenden Aufgaben sehr genau entsprochen werden, wohingegen die Berücksichtigung individueller Anforderungen der Arbeitnehmer eng begrenzt ist (z. B. durch Ausschluss von für den Arbeitnehmer sehr ungünstigen Arbeitszeiten).

Den Ausgangspunkt der Festlegung der kapazitätsorientierten flexiblen Arbeitszeiten bildet eine Einteilung des Arbeitstages in kleinere **Kurzschichten** (z. B. 8 Kurzschichten à 3 Stunden). Für alle Kurzschichten im Planungshorizont wird der **Kapazitätsbedarf** auf der Grundlage der Daten aus der Vergangenheit prognostiziert. Des Weiteren werden mehrere Schichtmuster festgelegt, die jeweils angeben, in welchen Kurzschichten eines Arbeitstages ein nach diesem Schichtmuster eingesetzter Mitarbeiter verfügbar oder nicht verfügbar ist. Die Menge aller Schichtmuster wird als **Schichtmusterplan** bezeichnet. Dieser umfasst die für die Einsatzplanung als möglich und zulässig erachteten zeitlichen Einsatzweisen der Mitarbeiter.

Ein zulässiger **Einsatzplan** gibt an, wie viele Mitarbeiter an dem betrachteten Arbeitstag entsprechend der einzelnen Schichtmuster eingesetzt werden müssen, um den Kapazitätsbedarf zu erfüllen. Bestehen dabei zwischen den Mitarbeitern keine Unterschiede in den Einsatzkosten, dann ist der Einsatzplan optimal, bei dem in der Summe die niedrigste Anzahl der Mitarbeiter zum Einsatz gelangt (vgl. Abbildung

5.4-5). Bestehen Kostenunterschiede, dann sind homogene Mitarbeitergruppen zu bilden, gruppenbezogene Schichtmuster zu generieren und die Summe der kosten-bewerteten Mitarbeiteranzahl über alle Schichtmuster zu minimieren.

Kurzschicht		1	2	3	4	5	6	Einsatz-entscheidung
Bedarf		3	9	6	3	1	0	
Schichtmuster	1	1	1	1	0	0	0	6
	2	0	0	1	1	0	1	0
	3	0	1	0	1	0	0	3
	4	0	0	0	1	1	0	1
Angebot		6	9	6	4	1	0	

Abb. 5.4-5:   Kapazitätsorientierte Einsatzplanung bei einheitlichen Einsatzkosten

Wird die Notation

- t $(t = 1,...,T)$ Index der Kurzschichten,
- i $(i = 1,...,I)$ Index der Schichtmuster,
- a_{ti} Eintrag des Schichtmusters i für die Kurzschicht t (mit $a_{ti} \in \{0;1\}$),
- b_t Bedarf in Kurzschicht t
- x_i Anzahl der nach Schichtmuster i eingesetzten Mitarbeiter

zugrunde gelegt, dann lässt sich das folgende **Grundmodell der flexiblen quantitativen Personaleinsatzplanung** formulieren (vgl. Dantzig 1954, S. 339 f., mit Bezug zu Edie 1954, S. 107 ff.):

- Zielfunktion:

$$\min \sum_{i=1}^{I} x_i$$

- Nebenbedingungen:

-- Bedarfserfüllung:

$$\sum_{i=1}^{I} a_{ti} \cdot x_i \geq b_t \qquad \forall t$$

-- Wertebereich der Entscheidungsvariablen:

$$x_i \in \mathbb{N} \qquad \forall i$$

Sind die Kapazitätsbedarfe als natürliche Zahlen gegeben, dann können optimale Lösungen des Modells mit Hilfe des Simplex-Algorithmus gefunden werden. Andernfalls können Ansätze zur gemischt-ganzzahligen Optimierung zur Anwendung gelangen (z. B. Branch and Bound).

5.4.3.2.2.2.2 Multiplikative Kapazitätsstrukturierung

Ein weiterer Ansatzpunkt zur Gestaltung der Anpassbarkeit der quantitativen Kapazität an Bedarfsschwankungen ist in der **begrenzten Teilbarkeit der Potentialfaktoren** zu sehen. Grundsätzlich erscheint es als einfacher realisierbar, die Anpassung an Bedarfsschwankungen mit einer größeren Anzahl klein dimensionierter Potentialfaktoren als mit einem einzelnen groß dimensionierten Potentialfaktor zu vollziehen. Eine Unternehmung kann z. B. bei auftretenden Spitzenbelastungen die Personalkapazität mit Hilfe von Teilzeitkräften an die veränderten Gegebenheiten anpassen. So ist es im Fremdenverkehrssektor durchaus üblich, zu einem großen Teil mit Teilzeitkräften, die darüber hinaus auch zeitlich versetzt zum Einsatz gelangen, zu arbeiten. In welchem Umfang dies möglich ist, hängt nicht zuletzt von den (lokalen) Arbeitsmarktbedingungen ab. In analoger Weise kann diese multiplikative Kapazitätsstrukturierung auch bei Betriebsmitteln vollzogen werden.

In beiden Fällen stellt sich jedoch die Frage, ob diese Vorgehensweise ökonomisch gerechtfertigt ist. Hierzu sind insbesondere die **Kostenwirkungen** vor dem Hintergrund der Bedarfsschwankungen zu analysieren. Dabei sind

- die variablen Kosten der einzelnen Potentialfaktoren, die pro abgegebener Leistungseinheit entstehen, und
- die sprungfixen Kosten der einzelnen Potentialfaktoren, die entstehen, solange für diese die Leistungsbereitschaft hergestellt ist (zu einem praktischen Beispiel vgl. Kunz 1979, S. 65 ff.),

als relevant anzusehen. Demgegenüber entstehen Bereitschaftskosten der Unternehmung unabhängig von dem Einsatz der betrachteten Potentialfaktoren und sind deshalb für die folgende Analyse irrelevant. Abbildung 5.4-6 gibt idealtypische Verläufe dieser Kostenkomponenten für die Fälle wieder, dass die Gesamtkapazität C durch (a) einen groß dimensionierten Potentialfaktor und (b) zwei kleiner dimensionierte Potentialfaktoren generiert wird.

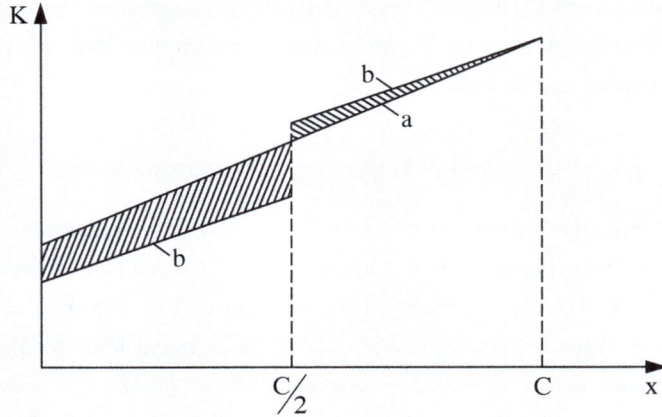

Abb. 5.4-6:   Idealtypische Kostenverläufe

Der Abbildung 5.4-6 liegen die Annahmen zugrunde, dass

- die Bereitschaftskosten des groß dimensionierten Potentialfaktors niedriger sind als die Summe der Bereitschaftskosten der klein dimensionierten Potentialfaktoren und

- die Gesamtkosten beider Alternativen an der Kapazitätsgrenze C gleich hoch sind.

In dieser Konstellation werden Mengen oberhalb (unterhalb) von C/2 günstiger durch die Alternative a (b) produziert. Liegen **keine Bedarfsschwankungen** vor, dann kann auf der Grundlage der zu erbringenden Leistungsmenge eine eindeutige Auswahl der Alternative erfolgen. Im Falle von **Bedarfsschwankungen** bleibt die Festlegung eindeutig, solange die Schwankungen innerhalb der Bereiche 0 bis C/2 bzw. C/2 bis C liegen. Beziehen sich die Schwankungen jedoch auf beide Leistungsmengenbereiche, dann werden für eine eindeutige Festlegung zusätzlich Informationen über die Wahrscheinlichkeit $f(x)$ benötigt, mit der ein konkreter Bedarf realisiert wird. Die Auswahl der Alternative orientiert sich folglich an den zu erwartenden Kosten. Die kleiner dimensionierten Potentialfaktoren (Alternative b) sind dann vorteilhaft, wenn gilt:

$$\int_0^C f(x) \cdot \left(K_a(x) - K_b(x) \right) \cdot dx > 0$$

Damit ist die multiplikative Strukturierung der Kapazität umso attraktiver, je niedriger der Erwartungswert und je größer die Streuung des Bedarfes sind.

Durch Modifikation der bisher zugrundeliegenden Annahmen lassen sich weitere **Schlussfolgerungen** ziehen. Sind bei Aufrechterhaltung der anderen Annahmen

- die Bereitschaftskosten des groß dimensionierten Potentialfaktors nicht kleiner als die Summe der Bereitschaftskosten der kleiner dimensionierten Potentialfaktoren, dann ist die multiplikative Strukturierung generell vorteilhaft;
- die Gesamtkosten des groß dimensionierten Potentialfaktors an der Kapazitätsgrenze niedriger als die Gesamtkosten der kleiner dimensionierten Potentialfaktoren, dann ist der Vorteilsbereich der multiplikativen Strukturierung kleiner, aber dennoch vorhanden.

Der Vorteilsbereich der multiplikativen Strukturierung erfährt bei Berücksichtigung weiterer Effekte zusätzliche **Einschränkungen**. Einerseits müssen sich die durch Anpassung der Leistungsbereitschaft induzierten Kosten nicht zeitlich synchron verändern, sondern bei Bereitschaftserhöhung und -reduktion können vorlaufende bzw. verzögerte Kostenänderungen eintreten. In diesen Fällen sind **präkurrente** bzw. **remanente Kosten** zu berücksichtigen (vgl. Reiß/Corsten 1990, S. 393). Andererseits ist langfristig zu erwarten, dass durch einen groß dimensionierten Potentialfaktor stärkere **Lernkurveneffekte** realisiert werden als mit dem Teil der kleiner dimensionierten Potentialfaktoren, die nur gelegentlich zum Einsatz gelangen.

5.4.3.3 GAP 3: Wahrnehmungslücke des Nachfragers

Da der menschlichen Wahrnehmung ein Informationsaufnahme- und -verarbeitungsprozess zugrunde liegt, ergeben sich für den Dienstleistungsanbieter in Hinblick auf GAP 3 zwei grundsätzliche Gestaltungsbereiche: Es bestehen einerseits Möglichkeiten, das für den Nachfrager direkt Wahrnehmbare zu gestalten. Anderseits können die durch den Nachfrager aufgenommenen Informationen mit Hilfe der Kommunikation um ergänzende Informationen über das für den Nachfrager nicht direkt Wahrnehmbare angereichert werden. Durch eine kundengerechte Kommunikation kann auf die Erwartungsbildung des Nachfragers vor der Inanspruchnahme der Dienstleistung Einfluss genommen werden, und während des Dienstleistungserstellungsprozesses bietet sich die Möglichkeit, auf dessen Wahrnehmung korrigierend einzuwirken, damit beispielsweise ein aus unvollständiger Information resultierender verfälschter Eindruck, dass Kapazität unzureichend bereitgestellt sei, beseitigt werden kann.

Wie bereits betont, ist zwischen der **Wahrnehmung der Kapazitätsdimensionierung** und der Wahrnehmung der Dienstleistungserstellung zu unterscheiden. Im zuerst genannten Fall bezieht sich die Wahrnehmung nicht auf den Prozess der Konzeptionierung im Back office, sondern nur auf deren Ergebnis, das sich im Front office durch Bereitstellung alternativer Erstellungsoptionen oder durch eine Kapazitätsharmonisierung zeigt. Demgegenüber bezieht sich die **Kapazitätswahrnehmung** im Rahmen der **Dienstleistungserstellung** im Front office auf den Umgang des Anbieters mit der momentanen Kapazitätsauslastungssituation (Nachfrage und Angebot) unter Berücksichtigung der Besonderheiten des für den einzelnen Kunden zu lösenden Problems. Diese Besonderheiten üben in kurzfristiger Perspektive einen Einfluss auf den Dienstleistungserstellungsprozess aus, der sich in Abhängigkeit vom Ausmaß der Besonderheiten bis ins Back office auswirken kann. Längerfristige Wirkungen entfalten sie dann, wenn sich der Anbieter dadurch veranlasst sieht, auch die Kapazitätsdimensionierung zu modifizieren.

Eine erste Gestaltungsmöglichkeit besteht somit in der Festlegung des für den Kunden einsehbaren und des vom Kunden beeinflussbaren Bereichs. Gestaltungshinweise werden hierzu im Kontext des **Blueprinting** (vgl. Lovelock 1988, Shostack 1984a, S. 135) im Hinblick auf die **Line of visibility** und die **Line of interaction** gegeben (vgl. Abschnitt 6.2.4).

Des Weiteren können Gestaltungsmöglichkeiten der Kapazitätsdimensionierung und -anpassung genutzt werden, um innerhalb des vom Kunden einsehbaren Bereichs Kapazitätsharmonie und Handhabbarkeit unterschiedlicher Auslastungssituationen zu demonstrieren. Dabei sind angebotsorientierte und nachfragegerichtete Maßnahmen zu unterscheiden (vgl. Corsten 1992, S. 242 ff.), von denen grundsätzliche Möglichkeiten in Abbildung 5.4-7 zusammengefasst sind.

Unzureichende Kapazität und fehlende Kapazitätsanpassungsmöglichkeiten werden für den Kunden insbesondere durch **Wartezeiten** offensichtlich. Da diese grundsätzlich als lästig erachtet werden, entfalten sie negative Wirkungen auf die Kundenzufriedenheit. Ein durch eine Warteschlange hervorgerufener negativer Eindruck erhöht die Wahrscheinlichkeit einer Einschätzung des Dienstleistungsergebnisses durch den Nachfrager als nicht zufriedenstellend. Dabei ist die Wahrscheinlichkeit einer nicht zufriedenstellenden Einschätzung des Dienstleistungsergebnisses umso höher, je früher die Wartesituation im Dienstleistungserstellungsprozess eintritt. Wird dem Nachfrager im Extremfall eine Störung der Kapazitätsharmonie bereits durch eine Warteschlange zu Beginn des Prozesses signalisiert, erfährt die Wahrnehmung des Kunden eine negative Prägung, die im Hinblick auf die Gesamtleistung nur schwierig zu korrigieren ist (vgl. Heskett/Sasser/Hart 1991, S. 180 ff.). Dies ist darauf zurückzuführen, dass Erlebnisse die ansonsten als neutral im Hinblick auf das Dienstleistungsergebnis eingeordnet worden wären, den Kunden in seiner negativen Wahrnehmung bestätigen und dessen Unzufriedenheit verstärken (vgl. Johnston 1995, S. 49 ff.). Diesen Effekten kann vor allem durch umfassende Maßnahmen, die frühzeitig positive Erlebnisse für den Nachfrager generieren, entgegengewirkt werden.

		Fokus der Kapazitätswahrnehmung	
		Kapazitätsdimensionierung	Dienstleistungserstellung
Fokus der Maßnahmen	angebotsorientiert	- flexible Arbeitsorganisation im Hinblick auf Arbeits- und Auftragsinhalte - flexible Ablaufstruktur - Ermöglichung unterschiedlicher Bereitschaftsstufen	- zeitliche Anpassung mit und ohne Zeitveränderung - intensitätsmäßige Anpassung - quantitative Anpassung
	nachfragegerichtet	- Auftragsgrößenbeschränkungen - Bildung von Kundensegmenten - segmentspezifische Preis- und Leistungsdifferenzierung	- terminliche Absprachen - Reservierung - Auslastungsabhängige Preisdifferenzierung

Abb. 5.4-7:   Grundsätzliche Möglichkeiten wahrnehmungsorientierter Kapazitätsgestaltung

Bei der Betrachtung der „Verhaltensweisen" der Warteschlangen und der Ableitung von Gestaltungsempfehlungen ist zwischen der

- objektiven Realität, die die **reine Wartezeit** betrifft, und der

- **Erfahrung des Wartens**, die sich in den subjektiven Empfindungen des Kunden bezüglich der Wartezeit widerspiegeln,

zu unterscheiden (vgl. Maister 1988, S. 177). Hierdurch lässt sich die unmittelbare Bedeutung des Aufkommens von Warteschlangen für GAP 3 von deren Einfluss auf GAP 4 trennen. Letzterer wird erst mittelbar wirksam, wenn die Beurteilung einer Wartesituation im subjektiven Empfinden zu einer Diskrepanz zwischen erwarteter und wahrgenommener Leistungsfähigkeit führt. Die Gestaltungsmaßnahmen sind somit auch auf die Beeinflussung des Wartezeiterlebens zu richten.

Um das **Wartezeiterleben** unmittelbar positiv zu beeinflussen, muss an den Warteschlangen in den frühen Phasen der Dienstleistungserstellung angesetzt werden, da diese die Wahrnehmung der nachfolgenden Phasen und der gesamten Leistung prägen.

Das persönliche Zeitempfinden des einzelnen Kunden unterliegt zahlreichen Einfluss-faktoren, zu denen auch die persönlich erwartete Wartezeit gehört, die zu der tatsäch-lich wahrgenommenen bzw. subjektiv empfundenen Wartezeit in Beziehung gesetzt wird und entsprechende (Un-)Zufriedenheit auslöst (vgl. Tom/Lucey 1995, S. 21 f.).

Hieraus ergeben sich Gestaltungsmöglichkeiten im Hinblick auf die Kommunikation der Wartezeiten, die Warteumgebung und den Warteprozess (vgl. Larson 1987, S. 895 und S. 901; Maister 1988, S. 178 ff.).

Die **Kommunikation der Wartezeiten** kann dazu genutzt werden, um einerseits die Erwartungen des Kunden an die realisierbare Wartezeit anzugleichen und anderseits Gefühlen der Unsicherheit, Hilflosigkeit und Ungeduld vorzubeugen (vgl. Hes-kett/Sasser/Hart 1991, S. 178; Maister 1988, S. 178 ff.):

- Dem wartenden Kunden sollte das Gefühl vermittelt werden, dass der Dienstleis-tungserstellungsprozess begonnen hat, um eventuell entstehenden Befürchtungen und möglicher Ungeduld entgegenzuwirken.

- Die Bekanntgabe einer voraussichtlichen Wartezeit an die Kunden wird, trotz eventueller anfänglicher Verärgerung, deren Empfindungen bezüglich des War-tens positiv beeinflussen. Es wird als angenehmer empfunden, eine unvermeidba-re lange Wartezeit zu kennen als eine kurze Zeit in einem Zustand der Unkenntnis zuzubringen.

- Eine Erklärung der entstandenen Wartesituation ist, auch wenn sie den Dienstleis-tungsanbieter exkulpieren kann, einer fehlenden Erklärung vorzuziehen. Ein Mangel an Erklärung ist einer der Hauptfaktoren der Unsicherheit und Hilflosig-keit der Kunden.

- Während des Wartens sollte dem Kunden ein regelmäßiger Fortschritt im Sinne der noch verbleibenden Wartezeit signalisiert werden.

Die Gestaltung der **Warteumgebung** zielt darauf ab, physische und psychische Un-annehmlichkeiten des Wartens abzumildern und dem Kunden eine positive Warteer-fahrung zu vermitteln (vgl. Maister 1988, S. 178 ff.):

- Ein zielgruppengemäßes Ambiente, Bequemlichkeit, günstige Platzaufteilung, Be-leuchtung, Belüftung und kostenlose Versorgung mit Getränken (evtl. kleineren Speisen) lassen die Wartezeit erträglich werden.

- Warten wird oftmals durch die Anwesenheit einer Gruppe Wartender als ange-nehmer empfunden, weil es deutlicher als (notwendiger) Teil der Dienstleistungs-erstellung wahrgenommen wird und zudem dem Affiliationsbedürfnis der Kunden entgegenkommt.

Darüber hinaus kann in die Gestaltung der Warteumgebung eine aktive Komponente seitens des Anbieters einschließen, wenn dieser die Wartenden aus einer Marketingperspektive als potentielle Kunden weiterer Leistungen betrachtet und durch positive Warteerfahrungen deren Absatz unterstützt.

Mit der Gestaltung des **Warteprozesses** wird festgelegt, nach welchen Kriterien die Bedienung der Warteschlange erfolgt und welche Teile der Dienstleistungserstellung bereits während des Wartens durch den Kunden übernommen werden können (vgl. Heskett/Sasser/Hart 1991, S. 178; Larson 1987, S. 896 ff.; Maister 1988, S. 178 ff.):

- Eine mit Aktivitäten ausgefüllte Wartezeit wird seitens des Kunden als kürzer empfunden als eine passive Wartezeit, weil sich weniger Raum bietet, sich die Leere seiner Zeit des Wartens zu vergegenwärtigen. Die Wartezeit kann deshalb im subjektiven Empfinden des Kunden verkürzt werden, wenn sie für die Verrichtung von Aktivitäten mit oder ohne Bezug zur Dienstleistung genutzt wird. Während des Wartens erbrachte Teile der Dienstleistung verkürzen dann den sich anschließenden Dienstleistungserstellungsprozess.

- Der Anbieter sollte dafür Sorge tragen, dass die Kunden die Wartezeiten als gerecht verteilt empfinden, was z. B. durch ein Nummernsystem oder das FCFS-Verfahren (First come, first served) gewährleistet werden kann. Ausnahmen von diesem Gleichbehandlungsinteresse der Kunden, z. B. durch Notfälle, sind dann i. d. R. leichter kommunizierbar.

- Gehen für den Kunden unterschiedlich bedeutsame Dienstleistungen mit unterschiedlichen Wartezeiten einher, dann können separate Wartebereiche geschaffen werden, denen die Kunden auf der Grundlage transparenter und nachvollziehbarer Kriterien zugeordnet werden (z. B. Schnellkassen im Supermarkt für Kunden mit bis zu 3 Artikeln). Je größer die Bedeutung der Dienstleistung für den einzelnen Kunden ist, umso größer ist tendenziell auch seine Toleranz hinsichtlich der Wartezeit. Auch hierbei ist die Wahrnehmung durch die Kunden entscheidend, denen für unterschiedliche Transaktionen verschiedene Abwicklungsalternativen angeboten werden.

- Wird eine Warteschlange durch mehrere alternative Stellen bedient, sollte für die Kunden Transparenz über die Kriterien geschaffen werden, nach denen die Zuordnung zu den Stellen erfolgt, Hierdurch wird dem Gleichbehandlungsinteresse Rechnung getragen und es entsteht keine zusätzliche Wartezeit durch nachträgliche Klärung der Bedienungsabfolge.

Bei der Gestaltung der **objektiven Wartezeit** kann an zwei Ursachen angesetzt werden:

- Unregelmäßige Nachfrageschwankungen, die die Kapazität übersteigen, induzieren **verkehrsbedingte Wartezeiten**. Ihnen ist mit marktpolitischen Handlungen (Beeinflussung des Nachfragers) oder mit dem Aufbau einer Sicherheitskapazität zu begegnen.

- Aus aufeinanderfolgenden Leistungsprozessen, deren Kapazität unzureichend harmonisiert ist, so dass regelmäßig Engpässe entstehen, resultieren **ablaufbe-**

dingte Wartezeiten. In diesem Fall sollten die Gestaltungsmaßnahmen an der Prozessfolge und der für die Prozesse installierten Kapazität ansetzen.

Um in beiden Fällen zielgerichtet die objektive Wartezeit beeinflussen zu können, bietet sich eine Interpretation des Dienstleistungserstellungsprozesses als Wartesystem an, das auf der Grundlage der **Warteschlangentheorie** (synonym: Bedienungstheorie) analysiert wird. Die Aussagen dieser Theorie können genutzt werden, um die Auswirkungen der für ein reales Wartesystem bestehenden Gestaltungsoptionen auf seine **Leistungskennzahlen** abzuschätzen. Im vorliegenden Kontext bedeutsame Leistungskennzahlen sind die durchschnittliche Warteschlangenlänge (Anzahl der Wartenden) und die durchschnittliche Wartezeit eines Kunden. Das **Wartesystem** wird mit Hilfe der Mengen an Eingangsströmen (eintreffende Kunden), Warteschlangen, Bedienstationen und Ausgangsströmen (abgehende Kunden) sowie der Beziehungen zwischen diesen Elementen modelliert. Von den dabei möglichen **Gestaltungsoptionen** sind für Dienstleistungen relevant:

- im Hinblick auf **Systeme mit einer Bedienstation** (Einkanalmodelle) das Ankunftsverhalten (Zustrom der Nachfrager), das Bedienverhalten (Kapazität, Schwankung der Bedienzeit), die Größe des Warteraumes (maximal mögliche Anzahl Wartender) und die Auswahlregel für den Wartenden, der als nächster zu bedienen ist, sowie

- im Hinblick auf **Systeme mit mehreren Bedienstationen** (Mehrkanalmodelle) zusätzlich die Anzahl der Bedienstationen, die Struktur ihrer Abfolge, die Regel für den Übergang zwischen Bedienstationen, die Struktur der Warteschlangen und die Regel für die Bedienstation, an der für den als nächsten zu bedienenden Wartenden Leistungen erbracht werden sollen.

Im **Einkanalmodell** werden die zuströmenden Kunden in die Warteschlange eingereiht. Sobald die Bedienstation frei ist, wird der nächste zu bedienende Kunde auf der Grundlage einer Regel aus der Schlange ausgewählt. An der Bedienstation wird dann die Dienstleistung erbracht, und für den Zeitraum der Leistungserstellung gilt die Bedienstation als belegt. Nach Abschluss der Leistungserstellung verlässt der Kunde das System, und die Bedienstation wird frei für den nächsten Kunden. Das Verhalten dieses Systems lässt sich am einfachsten analysieren, wenn

- das **Ankunftsverhalten** durch eine Poisson-verteilte Ankunftsrate λ (bzw. eine exponentialverteilte Zwischenankunftszeit T_a mit $\lambda = T_a^{-1}$) erfasst wird,

- das **Bedienverhalten** durch eine Poisson-verteilte Abfertigungsrate μ (bzw. eine exponentialverteilte Bedienzeit T_s mit $\mu = T_s^{-1}$) modelliert ist,

- die **Auswahlregel** FCFS (first come, first served) angewendet wird und

- der **Warteraum** keine relevanten Beschränkungen aufweist.

Langfristig ist dieses System im Gleichgewicht, wenn die Ankunftsrate kleiner als die Abfertigungsrate ist. Die durchschnittliche Auslastung $\rho = \lambda \cdot \mu^{-1}$ muss also niedriger als 100 % sein. Unter diesen Bedingungen gelten für

- die durchschnittliche **Länge der Warteschlange**

$$E[L] = \rho^2 \cdot (1-\rho)^{-1}$$

- die durchschnittliche **Wartezeit** eines Kunden in der Warteschlange

$$E[W] = \rho^2 \cdot (1-\rho)^{-1} \cdot \lambda^{-1}$$

Da sich die Auslastung ρ aus dem Verhältnis von Ankunfts- und Abfertigungsrate ergibt, zeigt sich, dass Warteschlangenlänge und Wartezeit umso größer sind, je mehr Ankunfts- (Kapazitätsbedarf) und Abfertigungsrate (Kapazität) aneinander angenähert werden, d. h. je höher die Auslastung ist. Der Anstieg beider Warteschlangenkennzahlen nimmt mit zunehmender Auslastung zu. Dass Warteschlangenlänge und Wartezeit proportional zueinander sind, nämlich derart, dass $E[L] = \lambda \cdot E[W]$ gilt, ist eine spezielle Ausprägung des **Gesetzes von Little** (1961, S. 383 ff.). Für eine auf das Warten bezogene Kapazitätsgestaltung ist folglich ein Zielbezug zu einer der beiden Größen ausreichend.

Für die **Kapazitätsgestaltung** ergeben sich aus diesem Grundmodell die Schlussfolgerungen, dass

- eine hohe Auslastung mit einer extrem langen Wartezeit einhergeht und
- die Wartezeit durch Erhöhung (Reduktion) der Kapazität um einen bestimmten Betrag bei einer hohen Auslastung stärker verkürzt (verlängert) wird als bei einer niedrigen Auslastung.

Zusätzliche Schlussfolgerungen lassen sich generieren, wenn das Ankunfts- und Bedienverhalten des Einkanalmodells mit Hilfe **allgemeiner Verteilungen** der Zwischenankunfts- und Bedienzeit modelliert wird, für die Mittelwerte $\left(E[T_a] = \lambda^{-1}, E[T_s] = \mu^{-1}\right)$ und Varianzen $\left(VAR[T_a], VAR[T_s]\right)$ bekannt sind. Dadurch wird es möglich, die Wartezeit zusätzlich in Abhängigkeit von der **Stärke der Schwankungen** im Ankunfts- und Bedienverhalten zu analysieren. Zur normierten Erfassung der Schwankungsstärke werden i. d. R. die Variationskoeffizienten $\left(C_a, C_s\right)$ herangezogen:

$$C[T] = \frac{\sqrt{Var[T]}}{E[T]}$$

Unter diesen Gegebenheiten lässt sich die durchschnittliche Wartezeit nicht mehr analytisch, sondern approximativ bestimmen (vgl. Buzacott/Shanthikumar 1993, S. 69). Eine häufiger verwendete Approximation wurde von Kingman (1961) für die Situation bei hoher Auslastung vorgeschlagen (vgl. Helber 2014, S. 32; Shanthikumar/Ding/Zhang 2007, S. 514):

$$E[W] \approx \frac{\rho \cdot \left(C_a^2 + C_s^2 \right)}{2 \cdot (1 - \rho) \cdot \mu}$$

Hieraus wird deutlich, dass eine Wartezeitreduktion durch

- Verringerung der Stärke der Schwankungen der Zwischenankunfts- und/oder Bedienzeiten,
- Senkung der Auslastung und
- Verkürzung der mittleren Bedienzeit

möglich ist (vgl. Helber 2014, S. 34).

Als **Grundformen der Mehrkanalmodelle**, sind

- die Parallelanordnung
  - -- mit zentraler Warteschlange und
  - -- mit dezentralen Warteschlangen,
- die Serienanordnung und
- das Netzwerk zu unterscheiden.

Bei einer **Parallelanordnung** befinden sich auf einer Stufe m Bedienstationen, die von den Kunden alternativ genutzt werden können. Wie die Kunden Zugang zu den Bedienstationen erhalten, kann durch Organisation des Warteprozesses grundsätzlich beeinflusst werden. Wird eine zentrale Warteschlange gebildet und aus dieser, wie bei Dienstleistungen üblich, der an der nächsten freiwerdenden Bedienstation zu Bedienende nach der FCFS-Regel ausgewählt, dann lässt sich die durchschnittliche Wartezeit eines Kunden approximieren. Hopp und Spearman (2011, S. 291) haben auf der Grundlage der Kingman-Approximation (für das Einkanalmodell) und der von Sakasegawa (1977, S. 71) vorgeschlagenen und von Whitt (1993, S. 122 ff.) modifizierten Approximation für m parallel angeordnete identische Bedienstationen mit zentraler Warteschlange die folgende Schätzfunktion hergeleitet:

$$E[W] \approx \frac{C_a^2 + C_s^2}{2} \cdot \frac{\rho^{\left(\sqrt{2 \cdot (m+1)} - 1 \right)}}{m \cdot (1 - \rho) \cdot \mu}$$

Die beim Einkanalmodell getroffenen Aussagen zu den Auswirkungen der Auslastung des Systems sowie der Stärke der Schwankungen der Zwischenankunfts- und Bedienzeit auf die mittlere Wartezeit gelten analog für mehrere parallel betriebene Bedienstationen. In dieser Konfiguration ist zusätzlich der Einfluss der Anzahl an Bedienstationen auf die Wartezeit relevant, um entsprechende Entscheidungen für die Gestaltung der objektiven Wartezeit abzuleiten (vgl. Abbildung 5.4-8).

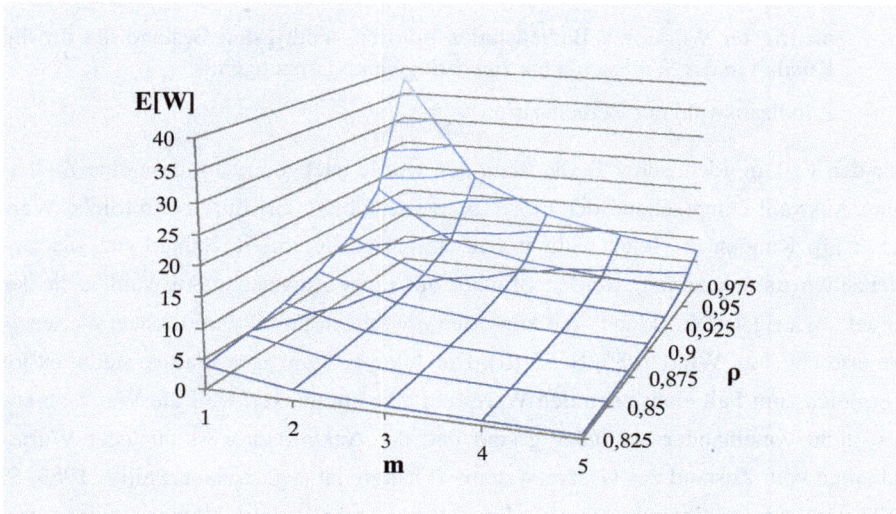

Abb. 5.4-8:   Durchschnittliche Wartezeit eines Kunden bei parallelen Bedienstationen mit zentraler Warteschlange $\left(C_a^2 + C_s^2 = 2\right)$

Aus dem Diagramm wird erwartungsgemäß deutlich, dass mit steigender Anzahl der Bedienstationen die Wartezeit reduziert wird. Der Reduktionseffekt ist dabei überproportional, d. h., mit Verdopplung der Anzahl der Bedienstationen wird die Wartezeit mehr als halbiert. Diese Wirkung ist relativ umso stärker, je niedriger die Auslastung und je höher die Stationenanzahl ist.

Bei einer **Parallelanordnung** der Bedienstationen mit **dezentralen Warteschlangen** wird das Systemverhalten zusätzlich durch die Regel beeinflusst, nach der die Aufteilung der Kunden auf die Warteschlangen erfolgt. Im Dienstleistungsbereich werden hierbei unterschiedliche Regeln praktiziert:

-   Zuordnung durch den Anbieter, z. B.

    -- starre Zuordnung: jedem Kunden ist dauerhaft eine Bedienstation zugeordnet,

    -- flexible Zuordnung:

- • Bedienstation mit der kürzesten Warteschlangenlänge
- • Bedienstation mit dem niedrigsten Arbeitsbestand (Workload)
- • Reihumauswahl der Bedienstationen,
- • Zufallsauswahl der Bedienstationen.

- Auswahl durch den Kunden, z. B.

-- kürzeste Länge: Bedienstation mit der niedrigsten Anzahl bereits in der Warteschlange befindlicher Kunden,

-- niedrigster Workload: Bedienstation mit dem niedrigsten Bestand der für die Kunden in der Warteschlange zu erbringenden Leistungen,

-- Zufallsauswahl der Bedienstation.

Für den Fall m identischer Bedienstationen wurde nachgewiesen, dass eine Zuweisung/Auswahl entsprechend der Regel „kürzeste Länge" die durchschnittliche Wartezeit pro Kunden in vielen realistischen Szenarien minimiert. Sobald sich die Bedienzeiten unterscheiden, werden oftmals mit einer Zuweisung/Auswahl nach der Regel „niedrigster Workload" die kürzesten erwarteten/durchschnittlichen Wartezeiten erreicht (vgl. Whitt 1986, S. 55 ff.). Die Analyse derartiger Wartesysteme ist im Vergleich zum Fall einer zentralen Warteschlange komplexer, weil die Warteschlangen nicht voneinander unabhängig sind und der Ankunftsprozess an jeder Warteschlange vom Zustand des Gesamtsystems abhängig ist (vgl. Nelson/Philips 1989, S. 181). Deshalb existieren bislang für den Fall von mehr als zwei Bedienstationen keine exakten funktionalen Beschreibungen des Systemverhaltens. Zur Bestimmung der mittleren Wartezeit eines Kunden bei Anwendung der **Kürzeste-Länge-Regel** wurde unter anderem eine Approximation vorgeschlagen, die bei allgemeinen Verteilungen von Zwischenankunfts- und Bedienzeiten mit Variationskoeffizienten von kleiner als eins akkurate Schätzwerte (relativer Fehler < 2 %) liefert. Bei höheren Variationskoeffizienten (z. B. 2) kann der Schätzfehler stark ansteigen (z. B. 20 % bei mittlerer Auslastung) (vgl. Nelson/Philips 1989, S. 182 ff.; Nelson/Philips 1993, S. 126 ff.):

$$E[W](\rho, m) \approx \frac{P_m(\hat{\rho})}{\mu \cdot (1 - \hat{\rho}^m)}$$

mit:

- Auslastung des Wartesystems:

$$\hat{\rho} = \frac{\rho \cdot (C_a^2 + C_s^2)}{2 + \rho \cdot (C_a^2 + C_s^2 - 2)}$$

- Erlang-Verzögerungsfunktion:

$$P_m(\rho) = \frac{(m \cdot \rho)^m}{m!} \cdot (1 - \rho) \cdot A(\rho)$$

- Wahrscheinlichkeit, dass ein eintreffender Kunde auf eine Bedienstation warten muss:

$$A(\rho) = \sum_{n=0}^{m-1} \frac{(m \cdot \rho)^n}{n!} + \frac{(m \cdot \rho)^m}{m!} \cdot (1 - \rho)$$

Tendenziell treffen die für die zentrale Warteschlange getroffenen Aussagen auch für den Fall der dezentralen Warteschlangen zu: Die **durchschnittliche Wartezeit** eines Kunden wird mit zunehmender

- Anzahl der Bedienstationen reduziert,
- Schwankungsstärke der Zwischenankunfts- und/oder Bedienzeiten erhöht,
- Auslastung des Wartesystems erhöht.

Simulationsanalysen zeigen, dass die Performance einer Parallelanordnung von Bedienstationen mit dezentralen Warteschlangen niedriger ist, als die bei einer zentralen Warteschlange. Das bedeutet, die durchschnittliche Wartezeit eines Kunden ist in einem dezentralen System länger. Der Unterschied ist von der angewendeten Zuordnungs-/Auswahlregel abhängig. Die Regeln „kürzeste Schlange" und „Schlange mit dem geringsten Arbeitsinhalt" gehen mit einer nur geringfügig schlechteren Performance einher (vgl. Nelson/Philips 1993, S. 125; zu einer Beispielsimulation vgl. Corsten/Corsten/Sartor 2005, S. 252 ff.). Bei einer starren Zuordnung der Kunden zu Bedienstationen ist der Unterschied hingegen deutlich spürbar groß (vgl. Helber 2014, S. 43 ff.), weil sich die Schwankungen der Zwischenankunfts- und Bedienzeiten in der zentralen großen Warteschlange stärker kompensieren als in mehreren kleinen dezentralen Warteschlangen.

Ist der von einer Bedienstation abgehende Kundenstrom gleichzeitig der einer anderen Bedienstation zugehende Kundenstrom, dann liegt eine **Serienanordnung** der Bedienstationen vor. Der Zulauf an Kunden dieses Wartesystems lässt sich wieder durch die Zwischenankunftzeit mit den Parametern Mittelwert $E[T_a]$ und Varianz $VAR[T_a]$ beziehungsweise Variationskoeffizient C_a beschreiben. Diese Parameter spiegeln gleichzeitig die Zwischenankunftzeit an der Bedienstation auf der ersten Stufe wider $E[T_{a1}] = E[T_a]$, $VAR[T_{a1}] = VAR[T_a]$ und $C_{a1} = C_a$. Die Zwischenankunftzeit an der Bedienstation auf der zweiten Stufe entspricht dann der Zwischenabgangzeit der Bedienstation auf der ersten Stufe $T_{a2} = T_{d1}$.

Da alle Kunden alle Stufen einmal durchlaufen, ist die mittlere Zwischenankunftszeit auf allen Stufen gleich $E\left[T_{ai+1}\right] = E\left[T_{ai}\right]$. Dies gilt jedoch nicht für die Stärke der Zwischenankunftszeit-Schwankungen. Diese entspricht der Stärke der Schwankungen der Zwischenabgangszeit der Vorgängerbedienstation und ist von deren Schwankungen der Zwischenankunfts- und Bedienzeit und deren Auslastung abhängig. Aufbauend auf den Ergebnissen von Marshall (1968, S. 623 f.) und Sevcik et al. (1977, S. 1 ff.) zeigt Whitt (1984, S. 502 ff.), dass die Approximation

$$C_d^2 \approx \left(1 - \rho^2\right) \cdot C_a^2 + \rho^2 \cdot C_s^2$$

die Schwankungsstärke der Zwischenabgangszeit einer Stufe mit geeigneter Genauigkeit abschätzt. Hieraus lassen sich zwei gestaltungsrelevante Aussagen ableiten:

- Bei einer niedrigen (hohen) Auslastung einer Stufe wird die Schwankungsstärke der Zwischenabgangszeit mehr (weniger) durch den Ankunfts- als durch den Bedienprozess bestimmt.
- Schwankt die Bedienzeit stärker (schwächer) als die Zwischenankunftszeit, dann erhöht (verringert) sich die Schwankungsstärke der Zwischenabgangszeit.

In einem seriellen Wartesystem lässt sich aufbauend auf dieser Approximation die **Schwankungsstärke der Zwischenankunftszeit** an den einzelnen Stufen rekursiv bestimmen:

$$C_{ai}^2 \approx \left(1 - \rho_{i-1}^2\right) \cdot C_{ai-1}^2 + \rho_{i-1}^2 \cdot C_{si-1}^2 \qquad\qquad \forall i > 1$$

Es wird deutlich, dass sich die Schwankungen der Zwischenankunfts- und Bedienzeiten in Abhängigkeit von der Gestaltung des Wartesystems ausbreiten. Sie werden durch Stufen mit schwach (stark) schwankenden Bedienzeiten und/oder hoher (niedriger) Auslastung gedämpft (verstärkt). Da sich Schwankungen am Anfang der Serienanordnung auf alle nachfolgenden Stufen auswirken, entfalten Maßnahmen zur Beeinflussung der Schwankungsstärke, die an den vorderen Stufen des Prozesses ansetzen, die größeren Wirkungen.

In mehrstufigen Dienstleistungsprozessen können aus den aufgezeigten Zusammenhängen Aussagen zur Gestaltung der Wartezeit abgeleitet werden. Ist dabei die Wartezeit relevant, die ein Kunde durchschnittlich im gesamten Prozess verbringt, dann kann die für das Einkanalmodell vorgeschlagene Approximation auf jede Stufe angewendet und zu einer Gesamtwartezeit (vgl. Shimshak 1979, S. 503) zusammengeführt werden:

$$E[W] \approx \sum_i \frac{\rho_i \cdot \left(C_{ai}^2 + C_{si}^2\right)}{2 \cdot \left(1 - \rho_i\right) \cdot \mu_i}$$

mit:

$$C_{ai}^2 \approx \begin{cases} C_a^2 & \text{für } i = 1 \\ \left(1 - \rho_{i-1}^2\right) \cdot C_{ai-1}^2 + \rho_{i-1}^2 \cdot C_{si-1}^2 & \text{sonst.} \end{cases}$$

Aus diesen Beziehungen wird deutlich, dass Wartezeitreduktionen maßgeblich durch

- Reduktion der Schwankungsstärke der System-Zwischenankunftszeit,

- Reduktion der Schwankungsstärke der Bedienzeiten, vor allem auf den Anfangs-stufen,

- Zuordnung der Bedienstationen zu den Stufen möglichst in der Reihenfolge zu-nehmender Schwankungsstärke der Bedienzeiten,

- Angleichung der Auslastung der einzelnen Stufen und

- Reduktion der Gesamtauslastung

erreicht werden können.

Ein **Netzwerk** liegt dann vor, wenn mehrere Bedienstationen so miteinander ver-knüpft sind, dass sich der Kundenzustrom an einer Bedienstation aus den Abgangs-strömen mehrerer Bedienstationen ergibt und der Abgangsstrom einer Bedienstation einen Teil der Kundenzuströme an den anderen Bedienstationen generiert. Derartige Warteschlangensysteme sind für Dienstleistungen mit mehrstufiger Leistungserstel-lung relevant, bei denen die Abfolge der Bedienstationen zumindest teilweise durch den Kunden gewählt werden kann (z. B. Buffettheken in Selbstbedienungsrestau-rants, Fahrgeschäfte in Freizeitparks, Möbelthemenbereiche im SB-Möbeleinzel-handel). In diesem Kontext sind offene Netzwerke relevant, bei denen die Kunden das Wartesystem über einen Eingang betreten und über einen Ausgang verlassen.

Die einzelnen Bedienstationen und Warteschlangen werden in der bisher angewende-ten Form modelliert. Zusätzlich sind der Zustrom der Kunden in das Netzwerk, der Abgang der Kunden aus dem Netzwerk und die Wahl der Bedienstationenfolge durch die Kunden zu berücksichtigen. Das Netzwerkmodell umfasst deshalb zusätzliche Parameter:

- Aus der Umwelt des Netzwerkes strömen die Kunden auf die Bedienstation i mit der Ankunftsrate γ_i zu.

- Nach dem Absolvieren der Bedienstation i steuern die Kunden die Bedienstation j mit der Übergangswahrscheinlichkeit p_{ij} an ($p_{ii} = 0 \; \forall i$).

- Die Kunden verlassen das Wartesystem nach dem Absolvieren der Bedienstation i mit der Wahrscheinlichkeit, dass sie keine weitere Bedienstation ansteuern $(1 - \sum_j p_{ij})$. .

Damit ergibt sich der Ankunftsprozess an der Bedienstation i aus dem Zustrom in das Netzwerk und den Zuströmen von den anderen Bedienstationen (vgl. Jackson 1963, S. 133 ff.):

$$\lambda_i = \gamma_i + \sum_j \lambda_j \cdot p_{ji} \qquad \forall i$$

Wird bei den Zwischenankunfts- und Bedienzeiten der einzelnen Stationen von Zufallszahlen ausgegangen, die einer allgemeinen Verteilung mit den Parametern Mittelwert $E[T]$ und Varianz $VAR[T]$ folgen, dann lässt sich die durchschnittliche Wartezeit eines Kunden im Netzwerk approximativ bestimmen (vgl. Shanthikumar/Buzacott 1981, S. 257 ff.).

Bei der Approximation der Schwankungsstärke der Zwischenankunftszeit an einer Bedienstation i ist zu berücksichtigen, dass sich der Ankunftsstrom aus mehreren Teilströmen gemäß der Wahrscheinlichkeiten γ_i und p_{ji} zusammensetzt. Unter Rückgriff auf Sevcik et al. (1977, S. 1 ff.) entwickeln Shanthikumar/Buzacott (1981, S. 257) die Approximation:

$$C_{ai}^2 \approx \sum_j \left(\frac{\lambda_j \cdot p_{ji}}{\lambda_i} \cdot \left(p_{ji} \cdot C_{dj}^2 + \left(1 - p_{ji}\right) \right) + \frac{\gamma_i}{\lambda_i} \right) \qquad \forall i$$

mit:

$$C_{dj}^2 \approx \left(1 - \rho_j^2\right) \cdot C_{aj}^2 + \rho_j^2 \cdot C_{sj}^2 \qquad \forall j$$

Die Bedienstationen sind netzwerkartig miteinander verbunden, so dass die Vorgänger-Bedienstationen einer Bedienstation gleichzeitig mit bestimmten Wahrscheinlichkeiten deren Nachfolger-Bedienstationen sind. Somit ergibt sich aus den beiden zuvor genannten Approximationen ein lineares Gleichungssystem:

$$\lambda_i \cdot C_{ai}^2 - \sum_j \left(\lambda_j \cdot p_{ji}^2 \cdot \left(1 - \rho_j^2\right) \cdot C_{aj}^2 \right) = \sum_j \left(\lambda_j \cdot p_{ji} \cdot \left(p_{ji} \cdot \rho_j^2 \cdot C_{sj}^2 + 1 - p_{ji} \right) \right) + \gamma_i \quad \forall i$$

Dessen simultane Lösung bestimmt die C_{ai}^2 aller Bedienstationen. Damit können die durchschnittlichen Wartezeiten eines Kunden an den einzelnen Bedienstationen, wie im Einkanalmodell aufgezeigt, approximiert werden:

$$E[W_i] \approx \frac{\rho_i \cdot \left(C_{ai}^2 + C_{si}^2\right)}{2 \cdot \left(1 - \rho_i\right) \cdot \mu_i} \qquad \forall i$$

Zur Approximation der **durchschnittlichen Gesamtwartezeit eines Kunden** im Warteschlangennetzwerk, sind die für die Bedienstationen ermittelten Wartezeiten zusammenzufassen. Dabei ist auch der Fall zu berücksichtigen, dass Bedienstationen durch die Kunden in einem Dienstleistungsprozess mehrfach in Anspruch genommen werden können (vgl. Jackson 1963, S. 134):

$$E[W] = \sum_i \left(\frac{\lambda_i}{\sum_{i'} \gamma_{i'}} \cdot E[W_i] \right)$$

Zur **wartezeitorientierten Gestaltung** der Netzwerke können aufbauend auf dieser Beschreibung des Wartesystemverhaltens die zum Einkanalmodell, Parallel- und Seriensystem getroffenen Aussagen analog angewendet werden. Durch die zusätzlich im Modell berücksichtigten **Übergangswahrscheinlichkeiten** zwischen den Bedienstationen ergeben sich weitere Gestaltungsoptionen. Der Dienstleistungsanbieter kann das Wahlverhalten der Kunden im Hinblick auf die **Bedienstationenfolge** so beeinflussen, dass Stationen, mit starken Schwankungen der Bedienzeit

- nicht so häufig von den einzelnen Kunden in Anspruch genommen werden,
- möglichst weit am Ende der Bedienstationenfolge erreicht werden und/oder
- Nachfolgestationen aufweisen, die eine Dämpfung der Schwankungen

herbeiführen. Die Einflussnahme kann dabei etwa durch Empfehlungen zu Bedienstationenfolgen für einzelne Kundensegmente, Anreize zur Wahl bestimmter Bedienstationenfolgen (z. B. entfernungsminimale räumliche Anordnung der besten Reihenfolge) oder expliziten Ausschluss ungünstiger Folgen vorgenommen werden.

5.4.3.4 GAP 4: Vom Nachfrager wahrgenommene Leistungslücke

Einen wesentlichen Ausgangspunkt zur Korrektur identifizierter Kapazitäts-GAPs bildet die Identifikation der Toleranzbereiche der Nachfrager im Hinblick auf ihre Erwartungen zum Dienstleistungserstellungsprozess und/oder das -ergebnis (vgl. Johnston 1995, S. 47). Toleranzbereiche geben einerseits Aufschluss darüber, in welcher Bandbreite ein Nachfrager kapazitätsbedingte Leistungslücken registriert, ohne sein Verhalten zu ändern. Anderseits definieren die Grenzen der Toleranzbereiche Standards, die der Anbieter zu erfüllen hat, um Unzufriedenheit in Folge nicht erfüllter Erwartungen zu vermeiden. Zufriedenheit der Kunden kann dann durch Erfüllen oder Übertreffen der Standards erreicht werden.

Während der Dienstleistungserstellung gelangt die Durchführung in den Mittelpunkt der Betrachtung, wobei eine vom Nachfrager als angemessen beurteilte Durchführung den Toleranzbereich definiert. Oberhalb und unterhalb der Toleranzbereiche sind jeweils Randbereiche zu identifizieren, die ein Unter- oder ein Überschreiten der durch die Toleranzbereiche ausgedrückten Standards beschreiben (vgl. Abbildung 5.4-9).

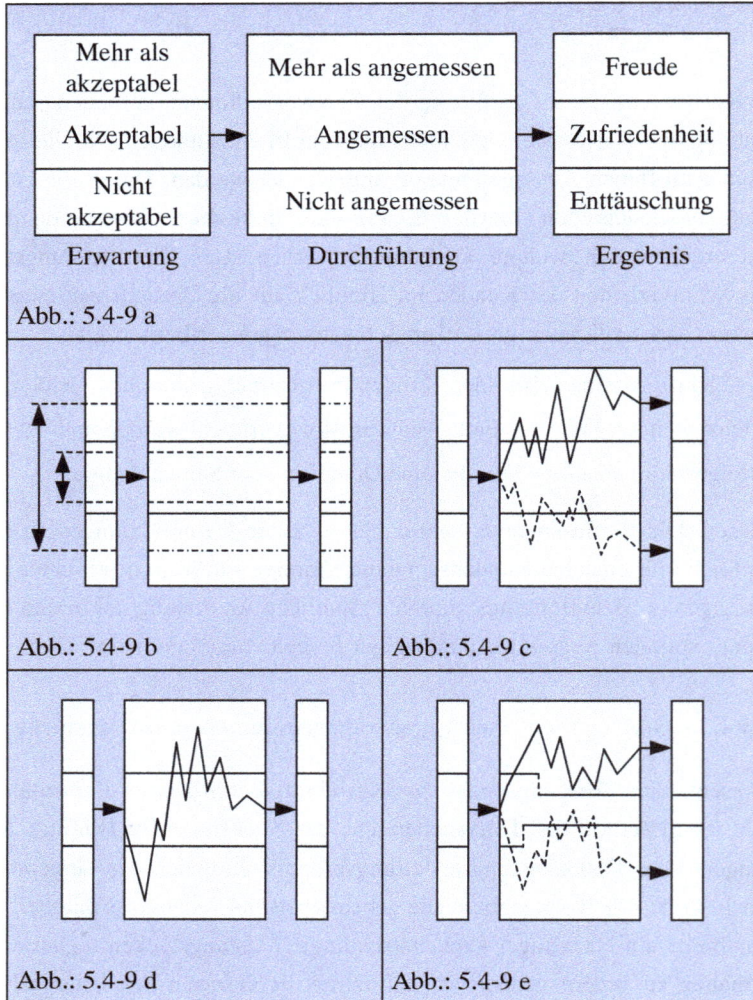

Abb. 5.4-9:   Toleranzbereiche

Im Rahmen der Beurteilung der Leistungsfähigkeit eines Anbieters lassen sich die folgenden Tendenzaussagen formulieren (vgl. Johnston 1955, S. 49 ff.):

- Ein hohes Involvement des Kunden verringert die Breite des Toleranzbereiches, während ein niedriges Involvement diese vergrößert (vgl. Abbildung 5.4-9 b).

- Positiv wirkende Aktivitäten oberhalb des Toleranzbereiches sollten während der Durchführung gezielt eingesetzt werden, da sie positive Ergebnisse bewirken können, wohingegen Aktivitäten unterhalb des Toleranzbereiches eliminiert werden sollten, da sie negative Ergebnisse bewirken können (vgl. Abbildung 5.4-9 c).

- Anfänglich während der Durchführung durch den Kunden registrierte Schwächen des Anbieters können zwar prinzipiell durch positive Ereignisse in ihrer Wirkung reduziert werden, jedoch sind tendenziell mehrere positive Ereignisse erforderlich, um ein anfängliches Negativereignis zu kompensieren (vgl. Abbildung 5.4-9 d). Dies erklärt sich daraus, dass Nachfrager i. d. R. eher negative als positive Ereignisse wahrnehmen und zudem vor allem negative Ereignisse eher verhaltensrelevant sind (vgl. Hentschel 1992, S. 189).

- Zu Beginn der Dienstleistungserstellung auftretende positive/negative Ereignisse können darüber hinaus einen Einfluss auf die Breite des Toleranzbereiches ausüben. Dies findet seinen Niederschlag darin, dass ein frühes positives Ereignis die obere Toleranzgrenze senkt und dazu führt, dass vorher als zufriedenstellend eingestufte Ereignisse nun positiver beurteilt werden. Frühe negative Ereignisse (z. B. Warteschlangen) sind hingegen unbedingt zu vermeiden, weil dadurch die untere Toleranzgrenze tendenziell angehoben wird, mit der Konsequenz, dass ursprünglich als akzeptabel beurteilte Ereignisse zukünftig negativer eingestuft werden (vgl. Abbildung 5.4-9 e).

Die Grenzen des Toleranzbereiches sind demzufolge als dynamisch anzusehen. Der Anbieter kann mit geeigneten positiven Ereignissen die Beurteilung der Dienstleistung nicht nur im Hinblick auf die Einordnung der nachfolgenden Teilprozesse zu steuern versuchen, sondern auch und vor allem im Hinblick auf die Einschätzung der Gesamtleistung. Dies ist deshalb von besonderer Bedeutung, weil der Gesamteindruck für eine eventuelle spätere Wiederinanspruchnahme der Dienstleistung als Kriterium herangezogen wird.

GAP 4 erweist sich damit als **unmittelbar verhaltensrelevante Komponente** des GAP-Modells: Die Anforderungen der Nachfrager werden über deren Erwartungen bzw. durch deren Wahrnehmung durch die Unternehmung in die Kapazitätsdimensionierung einbezogen. Diese kann im Hinblick auf ihr Ergebnis vom Kunden ebenso wahrgenommen werden wie die eigentliche Dienstleistungserstellung und steht damit in Verbindung zur Kundenerwartung. An jeder der auftretenden Schnittstellen sind grundsätzlich Diskrepanzen möglich, denen auf unterschiedliche Weise zu begegnen ist, die aber immer in mittelbarer und unmittelbarer Beziehung zur subjektiven Einschätzung durch den Kunden stehen. Das bedeutet letztlich, dass die Maßnahmen, die in Bezug auf die ersten drei GAPs ergriffen werden, auch einen Einfluss auf GAP 4 haben (zu dieser Hebelwirkung vgl. Hentschel 1992, S. 10).

Die erwartete Leistungsfähigkeit ist stets subjektiv durch individuelle Bedürfnisse und Erfahrungen geprägt und unterliegt dem Einfluss der Kommunikation mit anderen Nachfragern durch gegenseitigen, meist mündlichen Informationsaustausch. Insbesondere Erfahrungen der Vergangenheit können die Erwartungen hinsichtlich der Leistungsfähigkeit eines Anbieters entscheidend determinieren, vor allem dann, wenn es sich um eine Dienstleistung mit hohem Involvement handelt. Auf diese Weise manifestieren sich die Erwartungen an die Leistungsfähigkeit des Anbieters als heterogenes Bündel, das der ebenfalls gebündelten wahrgenommenen Leistungsfähigkeit gegenübergestellt wird. Die **Leistungsfähigkeit** setzt sich in der Wahrnehmung des Kunden aus einer

- **technischen Komponente**, die beschreibt, was für ein Ergebnis der Kunde erhält, und einer
- **funktionalen Komponente**, die beschreibt, wie der Kunde sein Ergebnis bekommt,

zusammen (vgl. Abschnitt 3.4.3.1). Dabei dürfte die technische Komponente einer objektiven Einschätzung eher zugänglich sein als die funktionale Komponente, die letztlich als subjektives Element der Bewertung der Leistungsfähigkeit zur Ursache der entstehenden Lücke wird. Verschärft wird diese Problematik, wenn der Nachfrager nicht vom gesamten wahrgenommenen Bündel an Informationen ausgeht, sondern eine selektive Wahrnehmung zur Grundlage seiner Beurteilung macht, d. h., es werden lediglich aus seiner subjektiven Sicht relevante Merkmale als Bestimmungsfaktoren der wahrgenommenen Leistungsfähigkeit ausgewählt. Auf diese Weise wird auch die bereits betonte Bedeutung der Warteschlangen für die Beurteilung der Dienstleistungen evident. Wenn der erste Kontakt eines Nachfragers mit einem Anbieter durch die Wahrnehmung einer Warteschlange geprägt wird, kann dieser ein erster **„moment of truth"** werden (vgl. Albrecht 1988, S. 26), der eine Prägung des Kunden im Hinblick auf die Dienstleistungserstellung nach sich ziehen kann. Ein Nachfrager könnte in seiner subjektiven Wahrnehmung eine Zeit als Wartezeit empfinden, obwohl die Erstellung der Dienstleistung aus Anbietersicht noch gar nicht begonnen hat. In diesem Fall würde der erste „moment of truth" von Anbieter und Nachfrager unterschiedlich wahrgenommen und könnte die beschriebene selektive Wahrnehmung seitens des Kunden bedingen, da der Anbieter sich des Beginns des Dienstleistungsprozesses gar nicht bewusst ist.

Einen bedeutenden Einfluss auf die Wahrnehmung der Leistungsfähigkeit kann die Unterbrechung der Dienstleistung ausüben, die einen sogenannten **„consumerist gap"** entstehen lassen kann (vgl. Laws 1986, S. 131 ff.), der als Teil von GAP 4 anzusehen ist, da die Erwartungen der Kunden beeinträchtigt werden können.

6 Gestaltung des Leistungsprozesses

6.1 Konzeptionelle Grundlagen

Im Dienstleistungsprozess werden die internen und externen Produktionsfaktoren auf der Grundlage eines technischen und/oder konzeptionellen Verfahrens nach Maßgabe des Formalziels so miteinander kombiniert, dass die angestrebten Leistungen erbracht werden können. Dabei ist es in der Dienstleistungsliteratur üblich, diese Faktorkombination in eine Vor- und eine Endkombination zu untergliedern, wie dies in Abbildung 2.2-1 auf S. 54 dargestellt ist (vgl. Altenburger 1979, S. 863 ff., Corsten 1984, S. 253 ff.; Corsten/Gössinger 2005b, S. 154 f.).

Auf der Stufe der **Vorkombination** werden Produktionsfaktoren kombiniert, um eine Leistungsbereitschaft zur Erfüllung von im quantitativen und qualitativen Ausmaß erwarteten Dienstleistungsnachfragen herbeizuführen. Im Unterschied zur **Kapazität** als generelles Leistungspotential (vgl. Kern 1962, S. 27) spiegelt die **Leistungsbereitschaft** das situativ verfügbare Leistungspotential wider, d. h. die bestimmungsgemäße Vorbereitung der zur Leistungserstellung erforderlichen internen Produktionsfaktoren. Die Vorkombination schafft somit die Rahmenbedingungen, unter denen konkrete Dienstleistungen erbracht werden.

Der Prozess der **Endkombination** wird durch das Einbringen des externen Produktionsfaktors initiiert. Dieser Prozess wird in der Literatur gedanklich teilweise in die sich partiell überlappenden Teilprozesse Dienstleistungsvereinbarung und -erstellung aufgespalten (vgl. z. B. Arbeitskreis 1975, S. 759; Berekoven 1983, S. 29 ff.; Fisk 1981, S. 192). Im **Dienstleistungsvereinbarungsprozess**, der die informatorische Grundlage für den Dienstleistungserstellungsprozess bildet (vgl. Kaas 1992, S. 884), erfolgt eine Abstimmung der Nachfrager- und Anbieterinteressen an der zu erbringenden Dienstleistung auf der Grundlage von Interaktionen (vgl. Haase 2003, S. 52 ff.; Weihrich/Dunkel 2003, S. 769 f.). Im Rahmen des **Dienstleistungserstellungsprozesses** wird für einen oder mehrere Nachfrager durch Nutzung der Leistungsbereitschaft (im Sinne eines aggregierten Produktionsfaktors) sowie weiterer interner Produktionsfaktoren die vereinbarte nutzenstiftende Änderung von Eigenschaften des externen Produktionsfaktors vollzogen. Dies erfolgt jedoch nicht ausschließlich durch interaktive Teilprozesse, an denen Nachfrager und Anbieter beteiligt sind, sondern es treten auch Teilprozesse auf, die entweder durch den Nachfrager oder durch den Anbieter autonom ausgeführt werden (vgl. Corsten/Gössinger 2004b, S. 129 f.; Freiling/Reckenfelderbäumer 1996, S. 23 ff.). Die Produktion der Marktleistung steht demnach in funktionaler Abhängigkeit vom mengenmäßigen, qualitativen, zeitlichen und räumlichen Auftreten des externen Faktors sowie der Eignung des Kunden, an der Erbringung von Teilleistungen interaktiv oder autonom mitzuwirken.

Aus den vorangegangenen Überlegungen resultiert, dass der externe Faktor eine grundlegende Voraussetzung für die Endkombination ist, d. h., die Endkombination ist nicht ohne zusätzliche, von der Unternehmung nicht autonom disponierbare Produktionsfaktoren realisierbar. Dies gilt sowohl für Individual- als auch für Kollektivdienstleistungen. Bei **Individualdienstleistungen** liegt i. d. R. eine Auftragsproduktion vor, bei der durch den Dienstleistungsanbieter in der Vorkombination das Individualitätsrisiko (zeitliches, quantitatives und qualitatives Auftreten der einzelnen Nachfrage) zu tragen ist. Die Leistungserstellung kann jedoch nur dann erfolgen, wenn der konkrete externe Faktor vorliegt. Im Kontext von **Kollektivdienstleistungen** geht es um die Bedienung mehrerer Personen in einem Leistungserstellungsprozess. Dabei werden i. d. R. im Hinblick auf Leistungszeitpunkt, -menge und -qualität stark standardisierte Leistungen für den „anonymen" Markt erbracht. Teilweise ist das Ausmaß der Standardisierung so hoch, dass für den technischen Vollzug der Leistungsprozesse die Präsenz Dritter nicht erforderlich ist. Als Beispiele hierfür seien genannt: Filmvorstellungen in Kinos, Konzert- und Theateraufführungen, Linienverkehrsleistungen. Dies geht anstelle des Individualitätsrisikos mit einem Absatzrisiko einher, d. h., die Leistung kann ungenutzt bleiben, weil im Erstellungszeitraum kein Abnehmer die Leistung nachfragt. In diesem Fall wird die technisch erbrachte Leistung nicht in eine Marktleistung umgewandelt und es bleibt nicht nur die erstellte Leistungsbereitschaft, sondern der gesamte Output der Produktion ohne Nutzen (vgl. Kern 1992, S. 84). Die im Rahmen der Endkombination (nicht) realisierten produktiven Wirkungen sind jedoch nicht allein auf diesen Prozess zurückzuführen, sondern auch auf die Vorkombination. Beide Prozesse stehen in einer hierarchischen Beziehung zueinander und sind im Hinblick auf die produktiven Wirkungen interdependent. Die Leistungserstellung lässt sich somit durch das in Abbildung 6.1-1 dargestellte Schema strukturieren.

Wird die analytische produktionstheoretische Durchdringung der Dienstleistungsprozesse als Ausgangspunkt für eine fundierte produktivitätsorientierte Gestaltung herangezogen, dann sind unterschiedliche in der Literatur vertretene Positionen zu berücksichtigen:

1. Autoren, die entweder explizit betonen, dass ihre produktionstheoretischen Überlegungen nicht auf die Dienstleistungserstellung anwendbar sind, oder den Produktionsbegriff auf industrielle Unternehmungen beschränken und damit Dienstleistungen ausschließen.

2. Autoren, die Dienstleistungen explizit in ihre industrieorientierten Aussagen einbeziehen, wobei zwei Teilklassen zu unterscheiden sind:

2.1 Autoren, die Dienstleistungen zwar explizit auf der Inputseite als Produktionsfaktoren erfassen, diese aber auf der Outputseite unberücksichtigt lassen.

2.2 Autoren, die Dienstleistungen sowohl auf der Input- als auch auf der Outputseite erwähnen.

3. Autoren, die einen weiten Produktionsbegriff zugrunde legen, so dass sich hierunter Leistungserstellungsprozesse aller Unternehmungen subsumieren lassen. Damit erfolgt eine implizite Einbeziehung der Dienstleistungen.

4. Autoren, die Ansätze für die Dienstleistungsproduktion entwickeln.

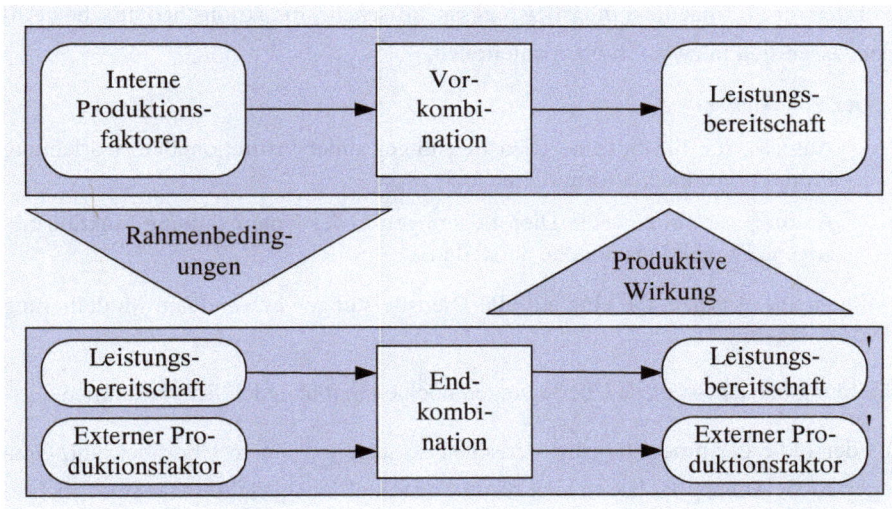

Abb. 6.1-1:   Grundstruktur der Dienstleistungsproduktion

Gemeinsam ist den Autoren der Gruppen 2 und 3, dass sie die Gültigkeit der betriebswirtschaftlichen Produktionstheorie, die für industrielle Produktionen formuliert wurde, auch für die Dienstleistungsproduktion unterstellen. Besonders deutlich kommen diese Positionen in Aussagen wie „Gegenstand der Produktionstheorie ist die Herstellung von Gütern." (Wittmann 1975, Sp. 3132) und „Die Dienstleistungen werden ganz analog den materiellen Gütern behandelt ... Soweit also Dienstleistungen als Ziel der Produktion in Frage kommen, brauchen sie im folgenden nicht besonders erwähnt zu werden." (Stackelberg 1932, S. 2). Autoren der Gruppe 1 schränken die Gültigkeit der mit ihren Analysen gewonnenen Aussagen ein, weil die Unterschiede zwischen Industrie- und Dienstleistungsproduktion entweder das Untersuchungsergebnis zu stark beeinflussen oder weil die Dienstleistungsproduktion als Erfahrungsobjekt nicht einbezogen wird. Da produktionstheoretische Modelle eine zweckmäßig abstrakte formale Abbildung realer Produktion sind, bestimmen die mit den Analysen angestrebten Zwecke das Ausmaß der Berücksichtigung der Dienstleistungsspezifika. Die genannten Positionen sind deshalb nicht als unvereinbar zu bezeichnen, sondern sie unterscheiden sich im zugrundeliegenden Abstraktionsgrad. Im vorliegenden Lehrbuch stehen Dienstleistungsspezifika im Zentrum der Betrachtung, so dass insbesondere die Ansätze der Autorengruppe 4 von Interesse sind.

Werden diese Ansätze einer näheren Betrachtung unterzogen, dann zeigt sich, dass eine umfassende Produktionstheorie, die die Beziehungen zwischen dienstleistungsspezifischen Inputs und Outputs zu erklären vermag, bislang nicht vorliegt. Die in der Literatur zu findenden dienstleistungsspezifischen produktionstheoretischen Ansätze lassen sich in zwei Gruppen unterteilen:

- spezielle Ansätze

    -- Autoren, die für einzelne Dienstleistungen unter institutioneller Ausrichtung Produktionsmodelle formulieren, und

    -- Autoren, die für einzelne Dienstleistungen in der Unternehmung funktionsbezogene Produktionsmodelle aufstellen,

- allgemeine Ansätze, die eine auf alle Dienstleistungen anwendbare Modellierung vorschlagen.

Abbildung 6.1-2 fasst diese Überlegungen noch einmal übersichtlich zusammen.

Aus der Fülle der produktionstheoretischen Ansätze (zu einem Überblick vgl. Gössinger 2005, Anhang B) lassen sich für **institutionell ausgerichtete Ansätze** mehrere Schwerpunkte identifizieren:

- Hochschulen (vgl. Albach/Fandel/Schüler 1978; Caspar 1970; Paff 1998; Schüler 1977; Stieger 1980; Verry/Davies 1976),

- Transportunternehmungen:

    -- Personentransport (vgl. Altfeld 1969; Behrens 2003; Müller-Merbach 1992),

    -- Gütertransport (vgl. Miethner 1968; Queissner 1978),

- Medizinische Einrichtungen (vgl. Baligh/Laughhunn 1969; Dowling 1976; Fandel/Prasiswa 1988; Feldstein 1967),

- Versicherungsunternehmungen (vgl. Brachmann 1994; Eisen 1971; Eszler 1997; Farny 1965; Seng 1989),

- Bankunternehmungen (vgl. Butz 1969; Deppe 1969; Haak 1982; Hinten 1973),

- Handelsunternehmungen (vgl. Breitfeld 1976; Holler 1990; Weber 1970).

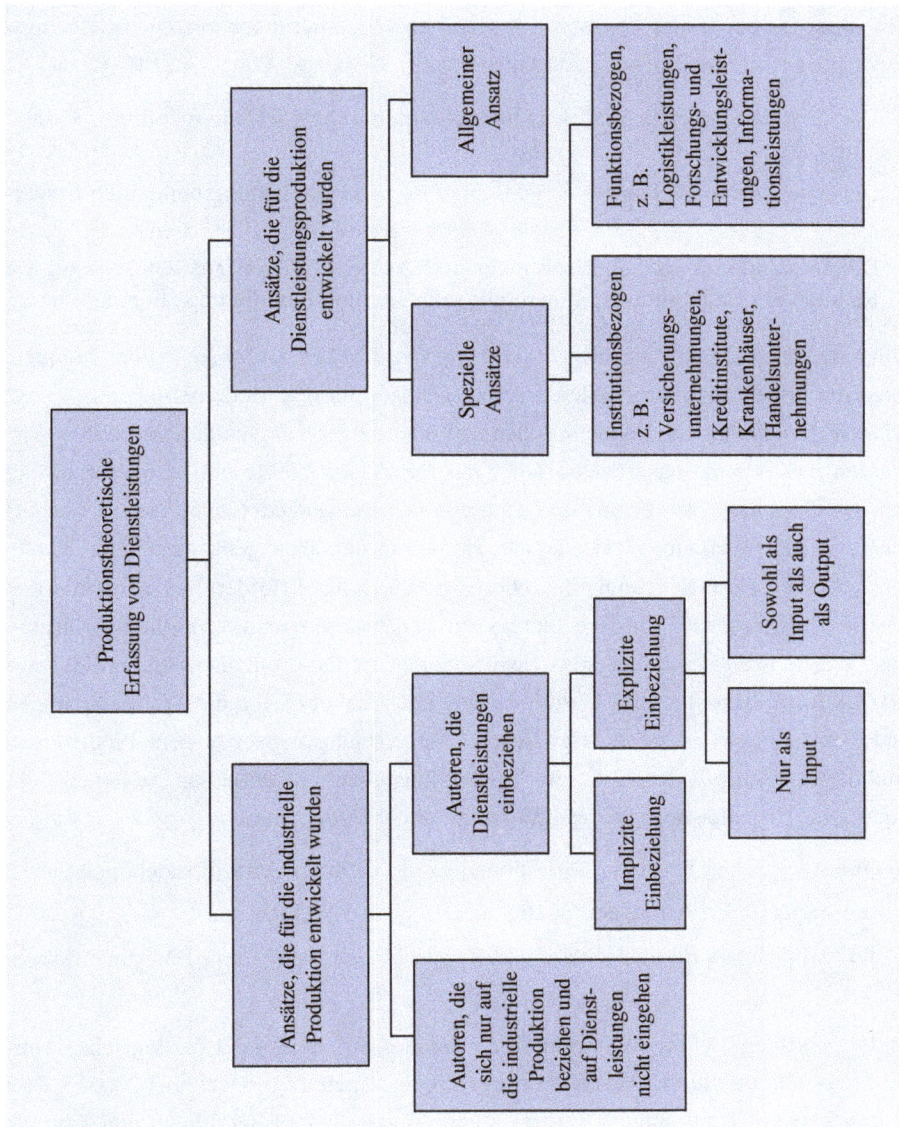

Abb. 6.1-2: Dienstleistungen in der Produktionstheorie

Als **funktionsbezogene Produktionsmodelle** sind zu nennen:

- Logistikleistungen (vgl. Isermann 1999; Corsten/Gössinger 2006),

- Instandhaltungsleistungen (vgl. Herzig 1975),

- Forschungs- und Entwicklungsleistungen (vgl. Machlup 1962; Mansfield 1965, 1968 und 1970; Schröder 1973),

- Informationsleistungen (vgl. Bode 1993; Müller 1987b; Seng 1989; Wild 1970).

Eine Analyse der in der Literatur vorgestellten Modellierungen zur Dienstleistungs-produktion lässt die folgenden Aussagen zu (vgl. Gössinger 2005, S. 22 ff.):

- Der formalen Spezifikation des Outputs kommt eine eher untergeordnete Bedeu-tung zu.

- Der externe Produktionsfaktor wird zwar in seiner Bedeutung einheitlich hervor-gehoben, jedoch zeigt seine formale Erfassung eher rudimentäre Züge.

- Die Interaktion zwischen Nachfrager und Anbieter und/oder deren Wirkung im Rahmen der Endkombination wird nur selten in die Modellierung aufgenommen.

Um eine entsprechende **Verallgemeinerung der Produktionstheorie** vorzunehmen, muss der Fokus der traditionellen produktionstheoretischen Modellierungen erweitert werden. Der Bezug auf die technischen und/oder naturgesetzlich determinierten Wir-kungen der Produktionsprozesse auf Transformationsobjekte und deren Erfassung auf der Grundlage von Input- und Output-Gütermengenänderungen (vgl. Dyckhoff 1994, S. 11 ff.) erlaubt eine adäquate Erfassung der oben genannten Sachverhalte nicht. Bei der Dienstleistungsproduktion ergibt sich das Erfordernis der Erweiterung aus der **Integrativität**, da sich hieraus für den Nachfrager die Möglichkeit ergibt, den Dienstleistungserstellungsprozess wahrzunehmen und mitzuwirken, und er folg-lich als Koproduzent an der Erstellung beteiligt ist, wobei sich die Wahrnehmungen und Beurteilungen in seinen Handlungen niederschlagen. Neben dem Produzenten sind damit weitere Akteure, die den Produktionsprozess beeinflussen, zu berücksich-tigen. Eine dienstleistungsbezogene Erweiterung erfordert somit

- eine Analyse der Produktion in Abhängigkeit von ihren Umweltbeziehungen,

- eine explizite Erfassung der Qualität der involvierten Güter und

- die realitätsnahe Berücksichtigung des Entscheidungsverhaltens relevanter Akteu-re.

Erste Vorschläge wurden vor dem Hintergrund des Schutzes der ökologischen Um-welt in die produktionstheoretische Analyse eingebracht (vgl. Dyckhoff 2003, S. 709 ff.). Neben der Erfassung umweltrelevanter Eigenschaften der Inputs und Outputs (vgl. Houtman 1998, S. 167 ff.) ist die Berücksichtigung eines mehrdimensionalen und multipersonalen Präferenzkonstruktes zu nennen (vgl. Behrens 1999, S. 309 ff.). In der folgenden Abbildung 6.1-3 wird ein erweiterter produktionstheoretischer Rahmen vorgestellt (vgl. Corsten/Gössinger 2004c, S. 513 ff.).

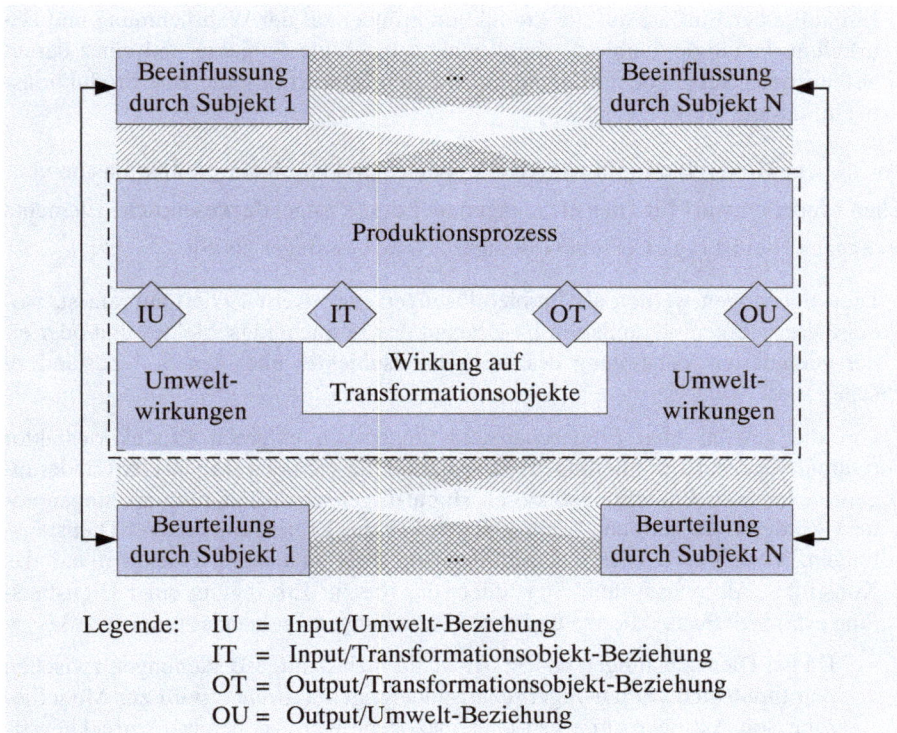

Legende: IU = Input/Umwelt-Beziehung
         IT = Input/Transformationsobjekt-Beziehung
         OT = Output/Transformationsobjekt-Beziehung
         OU = Output/Umwelt-Beziehung

Abb. 6.1-3: Entwurf eines erweiterten produktionstheoretischen Rahmens

Dabei wird die Grundaussage der Produktionstheorie, dass eine Produktion durch Gütereinsatz und -ausbringung Änderungen von Güterknappheiten in der Unternehmung bewirkt, in zwei Aspekten verallgemeinert:

- Nicht nur Gütermengen-, sondern auch Eigenschaftsänderungen können den Input und den Output bilden.

- Die bewirkten Änderungen können in der Unternehmung und darüber hinaus in einer allgemein definierten Umwelt ihren Niederschlag finden.

Ferner wird die Annahme der ausschließlichen Beeinflussung der Produktion durch einen vollständig rational handelnden Produzenten aufgelöst und unterstellt, dass mehrere beschränkt rational handelnde Subjekte einen Einfluss auf die Produktion ausüben können, der direkter oder indirekter Natur sein kann:

- Die direkt produktionsbeeinflussenden Handlungen der Subjekte sind dabei von ihrem Entscheidungsverhalten abhängig, dem aufgrund der Subjektivität der Wahrnehmung der Produktion und der Präferenzen unterschiedliche Beurteilungen der Produktion zugrunde liegen können.

- Ein indirekter Einfluss auf die Produktion gründet auf der Wahrnehmung und Beurteilung beteiligter Subjekte durch andere beteiligte Subjekte und einer darauf aufbauenden Subjektbeeinflussung (z.B. durch Interaktion), die eine Produktionsbeeinflussung zur Folge hat.

Vor diesem Hintergrund gibt es aktuelle Vorschläge zu einem produktionstheoretischen Modellentwurf für Dienstleistungen, der durch folgende wesentliche Elemente gekennzeichnet ist (vgl. Corsten/Gössinger 2004a; Gössinger 2005):

- Dienstleistungen werden als Problemlösungen (vgl. Kern 1979a) aufgefasst, wobei diese in einem veränderten Ist-Zustand des Betrachtungsobjektes und/oder einer veränderten Vorstellung des Wirtschaftssubjektes über den Soll-Zustand zu sehen sind.

- Um die gewünschten Eigenschaftsänderungen am externen Produktionsfaktor (Output-Eigenschaftsänderungen) herbeizuführen, müssen Eigenschaftsänderungen an internen Produktionsfaktoren (Input-Eigenschaftsänderungen) hingenommen werden (z.B. zeitliche Nichtverfügbarkeit zur Erbringung anderer Dienstleistungen, Verschleiß). Dieser Zusammenhang lässt sich durch Rückgriff auf das Konstrukt „Aktionensystem" herstellen, das die zur Erbringung einer Dienstleistung erforderlichen Aktionen und deren Beziehungen zueinander erfasst:

    -- Da bei Dienstleistungen häufig beidseitig mehrdeutige Beziehungen zwischen den Input- und Output-Eigenschaftsänderungen auftreten, wird zur Modellierung von Aktionen auf eigenschaftsbezogene Korrespondenzen zurückgegriffen.

    -- Zur Abbildung der Beziehungen zwischen den Aktionen wird auf die stochastische Netzplantechnik in der Form der Graphical Evaluation and Review Technique (GERT) zurückgegriffen, um zu erfassen, dass die Beziehungen zwischen den Aktionen aus folgenden Gründen mehrdeutig sein können:

        • Den Entscheidungsträgern stehen zur Fortsetzung des Transformationsprozesses mehrere Möglichkeiten offen, wobei die Entscheidungen autonom (durch den Nachfrager oder den Anbieter) oder interaktiv getroffen werden.

        • Die im Verlauf des Dienstleistungsprozesses herbeigeführten Eigenschaftsänderungen werden von den beteiligten Subjekten wahrgenommen und auf der Grundlage einer mehrdimensionalen Präferenzfunktion beurteilt. Das Beurteilungsergebnis wirkt auf die Entscheidungen und Handlungen der Subjekte zurück.

6.2 Produktivitätsanalyse

Dem Dienstleistungsbereich wird im Vergleich zur Industrie häufig eine allgemeine Produktivitätsschwäche oder -lücke attestiert (vgl. z. B. Gerstenberger 1987, S. 38 f.; Lützel 1987, S. 17), eine Sichtweise, die in der ökonomischen Literatur durchaus

Tradition hat (vgl. Fourastié 1954). Auf der Basis dieser These wird dann unmittelbar die Forderung abgeleitet, dass es gerade für hochentwickelte Volkswirtschaften eine der wichtigsten Herausforderungen sei, eine höhere Produktion im Dienstleistungsbereich zu erreichen (vgl. Drucker 1992, S. 65).

Eine differenziertere Betrachtung zeigt hingegen, dass von einer „globalen" Produktivitätslücke im Dienstleistungsbereich nicht ausgegangen werden kann (vgl. Tengler/Hennicke 1987, S. 157). Ein Grund hierfür ist in der Heterogenität dieses Bereiches zu sehen. Eine grobe Differenzierung zwischen sachbezogenen (z. B. Fernmeldewesen, Gütertransporte, Versorgungsunternehmungen) und personenbezogenen Dienstleistungen (z. B. Mediziner, Masseur, Rechtsanwalt, Lehrer) zeigt bereits, dass bei sachbezogenen Dienstleistungen Produktivitätsfortschritte zu konstatieren sind, die mit denen in der Industrie, etwa bedingt durch den Einsatz moderner Technologien und organisatorischer Maßnahmen (vgl. Lehmann 1989, S. 43; Quinn/Gagnon 1987, S. 75), durchaus vergleichbar sind. Demgegenüber scheinen die Produktivitätsentwicklungen bei personenbezogenen Dienstleistungen, für die die Teilnahme des Nachfragers am Produktionsprozess konstitutiv ist (uno-actu-Prinzip), in bescheidenerem Rahmen zu verlaufen und somit begrenztere Möglichkeiten für eine Produktivitätsentwicklung zu existieren. So ist dann auch Meyer (1987, S. 25) zuzustimmen, wenn er eine Produktivitätsschwäche, insbesondere bei personalintensiven Dienstleistungen, betont und nicht von einer generellen Produktivitätsschwäche des Dienstleistungsbereiches spricht.

6.2.1 Produktivitätsbegriff

Allgemein wird unter **Produktivität** die „Ergiebigkeit der betrieblichen Faktorkombination" (Gutenberg 1975, S. 28) verstanden und als Verhältnis zwischen Outputeinheiten und Inputeinheiten in einem Bezugszeitraum gemessen (vgl. Abbildung 6.2-1). Damit gibt die Produktivität die durchschnittliche Güterausbringung pro Einheit des Gütereinsatzes an (Durchschnittsprodukt). Da der Produktivitätsbegriff der realen güterwirtschaftlichen Sphäre entstammt (vgl. z. B. De Ron 1994, S. 133 f.), wird der Output durch Quantitäten, wie Stück, m, m^3, kg, hl etc., und der Input durch den Verzehr an menschlicher und maschineller Arbeitsleistung, Material etc. angegeben.

Eine so definierte Produktivität, die auch als **Technizität** bezeichnet wird, setzt voraus, dass im Zähler und im Nenner homogene addierbare Größen stehen. Da diese

Voraussetzung nur selten erfüllt ist, werden zur Gewinnung von Produktivitätsaussagen zwei unterschiedliche Wege beschritten:

- Ermittlung faktorbezogener Teilproduktivitäten und
- Ermittlung monetarisierter Produktivitäten durch Bewertung des Inputs und/oder Outputs mit Preisen.

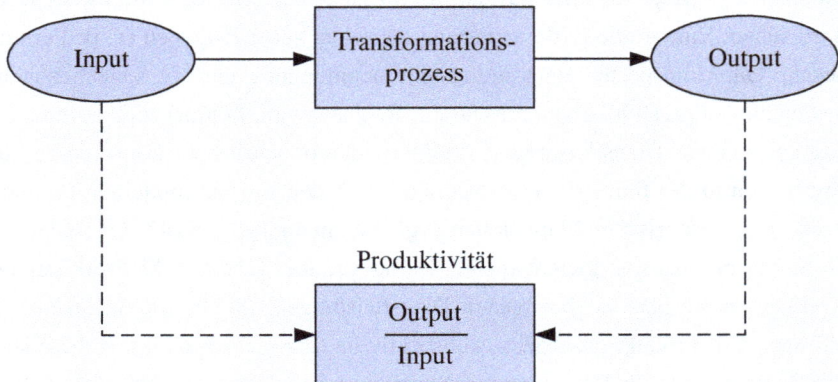

Abb. 6.2-1:   Produktivität (vgl. Sink 1985, S. 30)

Bei der Zerlegung der Gesamtproduktivität in Partial- bzw. **Teilproduktivitäten** (vgl. Adam 1998, S. 286 ff.; Behr 1993, Sp. 865 f.) wird der gesamte erzielte Output zu einer einzelnen Inputgüterart in Beziehung gesetzt. So lassen sich z. B. die Teilproduktivitäten Arbeits-, Maschinen-, Boden- und Energieproduktivität (Wirkungsgrad) unterscheiden. Sollen auf der Grundlage dieser Kennzahlen Gestaltungsaussagen abgeleitet werden, dann ist zu berücksichtigen, dass der Output durch das Zusammenspiel aller Inputgüter bewirkt wird (vgl. Adam 1998, S. 286). Folglich kann aus einer Teilproduktivitätsangabe keine Aussage darüber getätigt werden, welcher Anteil des Outputs durch das Wirken des untersuchten Produktionsfaktors ursächlich hervorgerufen wird. Es fließt immer die gemeinsame Wirkung der eingesetzten Faktoren in eine Teilproduktivitätskennzahl ein (vgl. Böhrs 1970, S. 9), so dass eine verursachungsgerechte Zuordnung des Outputs auf die ihn erzeugenden Faktoren nicht möglich ist. Die isolierte Betrachtung einer Teilproduktivität kann die für Produktivitätsänderungen relevanten Vorgänge nicht sichtbar machen. So kann etwa eine Steigerung der Arbeitsproduktivität durch eine höhere Faktorergiebigkeit, eine Zunahme der Kapitalintensität, eine Steigerung des technischen Fortschritts oder eine veränderte Kapazitätsauslastung bewirkt werden. Faktorbezogene Teilproduktivitäten sind damit lediglich **statistische Maßgrößen**, aber keine Zurechnungsgrößen (vgl. Rose 1964, S. 613). Dies zeigt, weshalb in Industrien mit hohem Kapitaleinsatz und hohem technischen Fortschritt die Arbeitsproduktivität steigt, während in Dienstleistungsbereichen, in denen die menschliche Arbeitsleistung dominant ist, die Arbeitsproduktivität gleich bleibt oder nur geringfügig steigt, wenn die technologischen Entwicklungen nur langsam voranschreiten.

Zur Bestimmung **monetarisierter Produktivitäten** wird die güterwirtschaftliche Sphäre verlassen und bewertete Outputgrößen (z. B. Umsatz, Ertrag, Wertschöpfung) bewerteten Inputgrößen (z. B. Kosten, Aufwand) gegenübergestellt (vgl. Weber 1983, S. 45 f.). In diesem Zusammenhang wird teilweise auch von einer **marktwirtschaftlichen** oder **ökonomischen Produktivität** gesprochen (vgl. Bösl 1987, S. 63). Werden sowohl für den Input als auch für den Output Mengen und Werte als Alternativen herangezogen, dann ergeben sich die in Tabelle 6.2-1 dargestellten grundsätzlichen Möglichkeiten, die in der Literatur auch vertreten werden (vgl. z. B. Bohr 1993, Sp. 866; Graser 1985, S. 14 ff.; Weber 1983, S. 43). Werden Input und Output bewertet, dann ist der Produktivitätsbegriff mit dem Wirtschaftlichkeitsbegriff identisch (vgl. Laßmann 1975, Sp. 3167) und folglich überflüssig. So betont dann auch Weber (1983, S. 43), dass eine Unterscheidung zwischen Produktivität und Wirtschaftlichkeit nicht lohnend sei.

Input \ Output	Mengen	Werte
Mengen	Produktivität i. e. S. (rein mengenmäßige Betrachtung; auch als Technizität bezeichnet)	gemischte Kennzahl (auch betriebswirtschaftliche Ergiebigkeit genannt): $\dfrac{\text{Ausbringungswerte}}{\text{Einsatzmenge}}$
Werte	gemischte Kennzahl: $\dfrac{\text{Ausbringungsmenge}}{\text{Einsatzwerte}}$	Produktivität i. w. S. (=Wirtschaftlichkeit): $\dfrac{\text{Ausbringungswerte}}{\text{Einsatzwerte}}$

Tab. 6.2-1:   Spektrum des Produktivitätsbegriffes

Grundsätzlich sind Bewertungen der Input- und/oder Outputmengen dann am aussagekräftigsten, wenn zwischen dem Wertmaßstab und der jeweiligen Menge eine proportionale Beziehung besteht. In diesem Fall bewegen sich Produktivität und Wirtschaftlichkeit immer in die gleiche Richtung, d. h., steigt die Produktivität, nimmt auch die Wirtschaftlichkeit zu. In den anderen Fällen muss eine Produktivitätserhöhung nicht immer wirtschaftlich sein, etwa dann, wenn eine Outputerhöhung bei gleichbleibenden Absatzpreisen mit überproportional steigenden Kosten verbunden ist (vgl. Littmann 1971, S. 1241 ff.). Die Bewertung mit Marktpreisen kann darüber hinaus mit Verzerrungen der Produktivitätszahlen einhergehen, die etwa durch Preisänderungen oder konjunkturelle Einflüsse hervorgerufen werden. Aus diesem Grunde ist eine Bereinigung mit Hilfe von Preisindizes vorzunehmen, wobei die Indexwahl nicht unproblematisch ist (vgl. Brümmerhoff 1976, S. 226).

Diese Überlegungen zeigen, dass es nicht zweckmäßig ist, die Begriffe Produktivität und Wirtschaftlichkeit synonym zu verwenden. Während die Produktivität als mengenorientierte Größe die betriebliche Leistungsfähigkeit widerspiegelt, vermischt die Wirtschaftlichkeit diese endogene Betrachtung mit exogenen Einflüssen der jeweiligen Verhältnisse auf dem Beschaffungs- und dem Absatzmarkt (vgl. auch Witte 1984, S. 21).

Im Rahmen von Produktivitätsanalysen ist der Aggregationsgrad der Produktivitätskennzahl entsprechend dem Zweck der Analyse festzulegen. Soll etwa die Leistungsfähigkeit von Unternehmungen verglichen werden, dann sind hoch aggregierte Kenngrößen zu ermitteln. Zur Identifikation von Schwachstellen innerhalb einer Unternehmung sind hingegen Kenngrößen für klar abgegrenzte Produktionseinheiten (vgl. Hahn 1994, S. 30) zweckmäßig. Ein zu hoher Aggregationsgrad geht mit der Gefahr einher, dass sich „hohe" und „niedrige" Produktivitäten der einzelnen Produktionseinheiten kompensieren und damit ein Handlungsbedarf verdeckt wird. Die Produktivitätskennzahl kann dann ihre Indikatorfunktion zur Problemwahrnehmung und die damit verbundene Auslösung von Gestaltungsmaßnahmen nicht erfüllen (vgl. Troßmann 1994, S. 526).

Die Produktivitätskennzahl besitzt für sich gesehen eine sehr geringe Aussagekraft; sie erlangt erst im Vergleich mit anderen Produktivitätswerten gestalterische Relevanz. Als Vergleichsbasis können dabei

- dieselbe Produktiveinheit in unterschiedlichen Perioden (Zeitvergleich),
- andere beobachtbare Produktiveinheiten in derselben Periode (Objektvergleich),
- eine Produktiveinheit mit Vorbildfunktion (Best-practice-Vergleich),
- Zielvorgaben (Soll-Ist-Vergleich)

herangezogen werden. Um zu allgemeingültigen Aussagen gelangen zu können, sollten in der Vergleichsbasis neben internen auch externe Bezugsobjekte enthalten sein (vgl. z. B. Kendrick 1977, S. 13; Zimmermann 1979, Sp. 522). Insbesondere bei Zeit- und Objektvergleichen kann die Aussagekraft der Produktivitätskennzahlen gesteigert werden, wenn die konkreten **Bedingungsgrößen** in die Überlegungen einbezogen werden. Als Beispiele seien genannt (vgl. z. B. Michaelis 1991, S. 59 f.):

- Organisation des Produktionsprozesses,

- Stand des technischen Fortschritts,

- optimale Kombination der Inputfaktoren

- Mechanisierungs- bzw. Automatisierungsgrad,

- Art und Weise der Aufgabenerfüllung,

- Fähigkeit und Bereitschaft der Mitarbeiter,

- Betriebsklima,

- Arbeitszeit.

Für einen durchzuführenden Soll-Ist-Vergleich ist bei personalintensiven Dienstleistungen neben der tatsächlich aufgewandten Arbeitszeit auch der Zeitstandard für bestimmte Arbeitsschritte als Vergleichsmaßstab erforderlich (vgl. Biermann 1988, S. 442). Hierfür bieten sich die Methoden der synthetischen Arbeitszeitermittlung (z. B. Universal Maintenance Standards, das auf dem Methods-Time Measurement basiert) an.

6.2.2 Herausforderungen

Wird das Ziel einer aussagekräftigen Produktivitätsanalyse für Dienstleistungen verfolgt, dann ist bei der Festlegung der Produktivitätskennzahlen sowie bei der Datengewinnung den Besonderheiten der Dienstleistungen Rechnung zu tragen. Hervorzuheben sind dabei

- das Erfordernis der Integration des externen Faktors,

- die bei vielen Dienstleistungen gegebene hohe Personalintensität und

- die relativ hohe Bedeutung der Qualität.

Die **Integration des externen Faktors** geht für die Produktivitätsanalyse mit zwei Konsequenzen einher:

- Der Produktionsprozess umfasst einen erwartungsbezogenen (Vorkombination) und einen nachfragerbezogenen Teil (Endkombination), wobei die Vorkombination das Leistungspotential der Endkombination und die Endkombination das Ausmaß der Realisation des Potentials determinieren. Durch diese wechselseitige Abhängigkeit ist die Aussagekraft einer isolierten Produktivitätsanalyse nur eines

Teils des Produktionsprozesses stark eingeschränkt. Deshalb empfiehlt es sich, Produktivitätswerte für die Vorkombination und für die Endkombination zu bestimmen.

- Die Produktivität der Endkombination ist durch den Dienstleistungserbringer nicht autonom gestaltbar. Der externe Faktor nimmt auf den Input und den Output der Leistungserstellung durch seine Qualität und den im Lösungsprozess entfalteten Aktivitätsgrad Einfluss.

Besonderheiten bei der Erfassung des Inputs von Dienstleistungen ergeben sich vor allem bei Dienstleistungen mit einer hohen **Personalintensität**, d. h., die **Arbeitsproduktivität** rückt ins Zentrum der Überlegungen. Der Input kann dabei grundsätzlich

- zeitbezogen
  - -- absolut durch die Zahl der Arbeitsstunden oder
  - -- relativ als Zeitstandard (Zeitaufwand pro Einheit),
- durch die Zahl der Beschäftigten oder
- durch den Arbeitswert

erfasst werden (vgl. Michaelis 1991, S. 31; Steffen 1980, S. 173 ff.; zu einem Literaturüberblick vgl. auch Gerhardt 1987, S. 179 ff.; zur Erfassung des Inputs bei der Kapital- und Materialproduktivität vgl. z. B. Laßmann 1975, Sp. 3156 f.; Weber 1983, S. 58 ff.).

Die Eignung dieser Möglichkeiten ist von der jeweiligen Zielsetzung der Produktivitätsanalyse abhängig. Während etwa beim Leistungsvergleich die tatsächlich geleisteten Arbeitsstunden heranzuziehen sind, erscheint die Beschäftigungszahl dann zweckmäßig, wenn eine Bestimmung des Arbeitskräftebedarfs das Untersuchungsziel ist (vgl. Bohr 1981, Sp. 1800). Der Arbeitswert erlaubt es prinzipiell, Produktivitäten für Leistungen mit unterschiedlichen Schwierigkeitsgraden differenzierter zu bestimmen, allerdings müssen der mit der Arbeitswerteermittlung einhergehende Aufwand und der dadurch erzielte Informationsgewinn in einer angemessenen Relation stehen. Wird darüber hinaus die grundsätzliche Problematik berücksichtigt, die mit der Messung des Arbeitswertes verbunden ist (vgl. Kern 1992, S. 176; Paasche 1979, Sp. 102; Wibbe 1979, Sp. 113), dann erscheint es zweckmäßig, die **Arbeitszeit als Hilfsmaßstab** zur Erfassung des Arbeitseinsatzes heranzuziehen.

Ein grundsätzliches Problem der zeitbezogenen und der beschäftigtenzahlbezogenen Inputerfassung ist die implizite Annahme, dass die Arbeiten immer von gleich qualifizierten Mitarbeitern ausgeführt werden (vgl. Bösl 1987, S. 90), Ein Sachverhalt, der auch als **Homogenitätsprämisse** bezeichnet wird. Ist die Homogenität nicht gegeben, dann können unterschiedliche Qualifikationen der Mitarbeiter entweder über Gewichtungsfaktoren (z. B. Gewichtung nach Laufbahnstufen oder Entlohnung) oder über zu bildende Qualifikationsgruppen (z. B. auf der Basis von Kriterien wie Ausbildung und Berufserfahrung) in die Analyse einbezogen werden (vgl. Semper 1982, S. 135 ff.). Beide Vorgehensweisen erfassen die Qualifikation personenunabhängig, was bei personenbezogenen Dienstleistungen nur dann unproblematisch ist, wenn personenbezogene Präferenzen der Nachfrager (bestimmte Mitarbeiter sollen die Leistung erbringen) vernachlässigbar schwach ausgeprägt sind. Andernfalls ist nicht sichergestellt, dass der Nachfrager immer eine qualitativ gleiche Leistung erhält, weil

- **interindividuelle Schwankungen** der Leistungsabgabe der Mitarbeiter und
- **wechselwirkungsbedingte Schwankungen** aufgrund der Interaktionen zwischen den Mitarbeitern und dem Nachfrager

auftreten können (vgl. Corsten 1986b, S. 25).

Ein Ansatzpunkt, um dieses Problem zu behandeln, kann darin gesehen werden, die Leistungsabgabe eines jeden Mitarbeiters als einen spezifischen Inputfaktor zu betrachten, so dass es dann so viele unterschiedliche Faktoreinsätze wie Mitarbeiter, Arbeitsplätze bzw. -systeme gibt. Hierdurch können **interindividuelle Schwankungen** bei der Inputmessung vollständig berücksichtigt werden. Sollen auch wechselwirkungsbedingte Schwankungen der Leistungsabgabe in die Inputmessung einfließen, dann kann die Leistungsabgabe des externen Faktors durch Bildung von Kundensegmenten mit homogenem Interaktionsverhalten konkretisiert werden. Sind **intraindividuelle Schwankungen** der Leistungsabgabe vernachlässigbar gering, dann ist bei dieser detaillierten Inputmessung davon auszugehen, dass die **Homogenitätsprämisse** i. d. R. hinreichend erfüllt wird (vgl. Hahn 1994, S. 30), und zwar sowohl für den Input als auch für den Output. Für die Produktivitätsanalyse bedeutet dies, dass die Betrachtung auf den einzelnen Arbeitsplatz bzw. das einzelne -system zu beziehen ist. Sind mehrere Mitarbeiter gleichzeitig an der Dienstleistungserstellung beteiligt, dann kann der Dienstleistungsprozess eines Arbeitsplatzes/-systems in Teilprozesse aufgespalten werden, für die entsprechend detaillierte Produktivitätskennzahlen ermittelbar sind. Dies setzt voraus, dass eine Arbeitsstunde hinsichtlich Leistungsart und -umfang als eindeutige Faktoreinheit definierbar ist.

Die Messung des Outputs kann aufgrund der hohen Bedeutung der **Qualität** nur bei hoher Homogenität der Leistung durch eindimensionale quantitative Angaben erfolgen. In der Literatur findet sich eine Fülle von Output- (Hilfs-) Kriterien (vgl. z. B. Andersson/Hartmann 1994, S. 181; Chew 1988, S. 112; Huber/Köse/Schneider 1993, S. 58). Als Beispiel seien Angaben zur Anzahl von Gerichtsfällen, Restaurantplätzen,

Kundenberatungen, Kreditentscheidungen, Steuererklärungen, Behandlungsfällen, Pflegetagen, Absolventen einer Bildungseinrichtung, Verhaftungen genannt.

Auf dieser Grundlage lassen sich entsprechende Produktivitätskennzahlen formulieren, wobei auch eine Gewichtung der einzelnen Outputgrößen erfolgen kann (z. B. die Krankenhaustage mit der Zusammensetzung nach Fachdisziplinen bzw. Krankheitsarten), so dass sich beispielsweise die folgenden Produktivitätskennzahlen ergeben:

- betreute Betten pro Beschäftigtem,

- behandelte Patienten pro Arbeitstag,

- unterrichtete Schüler pro Lehrer,

- Gerichtsfälle pro Richter,

- Anzahl der Kundenberatungen pro Arbeitsstunde.

Die so ermittelten Produktivitätsmaße zeichnen sich zwar durch ihre Einfachheit aus, gehen aber mit erheblichen Informationsverlusten einher, die **Fehlinterpretationen** induzieren können, was an folgenden Beispielen deutlich wird:

- Ist eine steigende Anzahl von Behandlungsfällen in einem Krankenhaus mit einem sinkenden Heilungsgrad verbunden, dann ist dies nicht als Produktivitätssteigerung zu interpretieren (vgl. Semper 1982, S. 181).

- Werden im Bildungsbereich als Output die unterrichteten Schüler und als Input die Unterrichtsstunden verwendet, dann steigt die Produktivitätszahl, wenn die Zahl der unterrichteten Schüler bei gleichem Input erhöht wird. Dieser Sachverhalt kann nicht als Produktivitätssteigerung interpretiert werden, weil die Qualität der erbrachten Leistung vernachlässigt wird.

Dieses Phänomen wird auch als **Produktivitätsparadoxon** bezeichnet (vgl. Corsten 1994b, S. 57), ein Sachverhalt, der insbesondere bei staatlich erbrachten Dienstleistungen zu beobachten ist. So werden etwa Aspekte wie Intensität der Betreuung, Eingehen auf einzelne Patienten oder Schüler bei dieser Vorgehensweise nicht berücksichtigt.

Darüber hinaus ist zu beachten, dass der externe Faktor in den Produktionsprozess involviert ist, so dass seine Qualität ebenfalls auf das Ergebnis einwirkt. Beispielsweise ist der Gesundheitszustand des Patienten zum Zeitpunkt der Aufnahme in ein Krankenhaus entscheidend für Art und Intensität der zu erbringenden medizinischen Teilleistungen. Analog determiniert die vor einem Masterstudium erworbene akademische Vorbildung das Ausmaß und die Qualität der zu erbringenden Lehrleistung. Die Aussagekraft von Produktivitätsanalysen kann deshalb dadurch gesteigert werden, dass die Erfüllung der Homogenitätsprämisse auch im Hinblick auf die Qualität des externen Faktors sichergestellt wird.

An diesen Überlegungen wird deutlich, dass eine einfache Gegenüberstellung von Output- und Inputmenge bei inhomogener Output- und/oder inhomogener Inputqualität nicht zu gehaltvollen Ergebnissen führen kann. Möglichkeiten zur Berücksichtigung von Qualitätsunterschieden sind einerseits in Qualitätsindizes, die als Korrekturfaktor für die eingesetzten/ausgebrachten eindimensional gemessenen Quantitäten herangezogen werden, und andererseits in einer mehrdimensionalen Messung und Gegenüberstellung von Input- und Output zu sehen.

6.2.3 Spezifische Verfahren der Produktivitätsmessung

6.2.3.1 Objektbezogene Quotienten

Bei der Bildung objektbezogener Input-Output-Quotienten wird die grundsätzliche Struktur der Produktivitätskennzahlen aufrechterhalten. Um den Besonderheiten bei Dienstleistungen Rechnung zu tragen, gelangen mehrere Kennzahlen, die zusätzlich dienstleistungsrelevante Informationen berücksichtigen, gleichzeitig zur Anwendung.

Gemäß der Zweistufigkeit der Dienstleistungsproduktion können als Ausgangspunkt der Überlegungen zwei klassische Produktivitätskennzahlen definiert werden (vgl. Abbildung 6.2-2):

- Produktivität der Vorkombination:

$$P_{VK} = \frac{LB}{I_{VK}}$$

- Produktivität der Endkombination:

$$P_{EK} = \frac{x_{EK}}{LB + I_{IN} + I_{EX}}$$

mit den Symbolen:

EK	=	Endkombination	LB	=	Leistungsbereitschaft
EX	=	Externer Faktor	P	=	Produktivität
I	=	Input	VK	=	Vorkombination
IN	=	weitere interne Inputfaktoren	x	=	Output

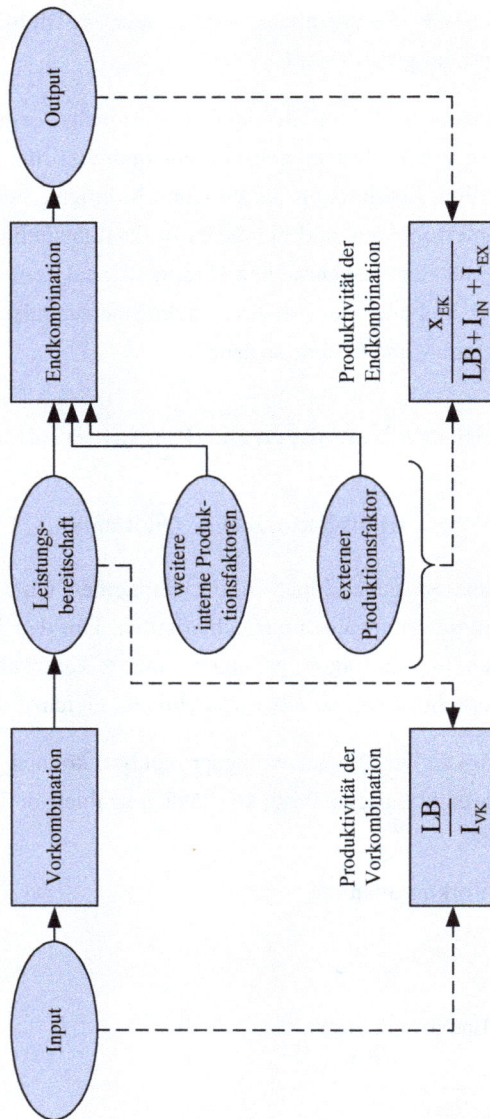

Abb. 6.2-2:   Grundsätzliche Struktur der Produktivitätsermittlung bei Dienstleistungen

Die **Produktivität der Vorkombination** gibt an, welcher Grad an Leistungsbereitschaft pro Inputeinheit generiert wird. Dabei ist zu beachten, dass der Dienstleistungsanbieter die Leistungsbereitschaft zwar autonom erstellt und anbietet, sie aber
nicht in vollem Umfang durch die Nachfrager in Anspruch genommen werden muss.
Deshalb ist nicht jede beliebige Leistungsbereitschaft zur Gewinnung von Produktivitätsaussagen relevant, sondern nur diejenige, die unter Berücksichtigung der erwar-

teten Nachfrage mit einem angestrebten **Nutzgrad** (i. S. v. Auslastung) einhergeht. Andernfalls könnte eine Produktivitätsmaximierung auch durch Maximierung der Leistungsbereitschaft erfolgen. Um dies zu verhindern, ist im Kontext der Dienstleistungen das Ausmaß in dem das erwartungsgemäß vorbereitete Produktionssystem es erlauben wird, nachgefragte Leistungen zu erbringen, dem zur Vorbereitung erforderlichen Faktoreinsatz gegenüberzustellen. Soll der Nutzgrad der quotialen Verknüpfung von erwarteter Inanspruchnahme LB_A und bereitgestellter Leistungsbereitschaft LB_B entsprechen, dann ergibt sich die Beziehung:

$$P_{VK} = \frac{LB_B}{I_{VK}} \cdot \frac{LB_A}{LB_B} = \frac{LB_A}{I_{VK}}$$

Die erwartete Inanspruchnahme berücksichtigt dabei, dass die tatsächliche Inanspruchnahme der Leistungsbereitschaft und ihre ökonomische Verwertung durch den externen Faktor bestimmt wird und damit ex ante nur abgeschätzt werden kann. Eine Abschätzungsmöglichkeit besteht in der deskriptiv-statistischen Analyse von Vergangenheitswerten der Nachfrage, so dass Erwartungswerte der Nachfrage evtl. ergänzt um varianzabhängige Sicherheitszuschläge eine Orientierung bieten. Die Leistungsbereitschaft dokumentiert sich dann in Indikatoren (z. B. Anzahl der Schulstunden, Anzahl der Theaterplätze).

Im Rahmen der Vorkombination interessiert zwar primär, wie die Leistungsbereitschaft durch die Unternehmung erstellt wird, jedoch ist auch die qualitative Beurteilung von Bedeutung, da sie letztlich für die Inanspruchnahme der Leistungsbereitschaft relevant ist. Deshalb ist darüber hinaus mit Hilfe von **Qualitätsindikatoren** zu erfassen, dass

- die Inanspruchnahme der Leistungsbereitschaft auf unterschiedliche Weise erfolgen kann (z. B. unterschiedliche Klassenstärken, unterschiedlicher Mix von Behandlungsfällen im Krankenhaus) und
- die zum Aufbau der Leistungsbereitschaft eingesetzten internen Produktionsfaktoren unterschiedlich auf das Leistungspotential wirken (z. B. Ausstattung mit Lern- und Lehrmitteln, Anzahl und Qualifikation der vorgesehenen Mitarbeiter) (vgl. Semper 1982, S. 168).

Diese Indikatoren lassen sich zu **Qualitätsindizes** QI zusammenfassen, wobei die Gewichtungen der einzelnen Indikatoren durch Befragungen von Nachfragern und Experten gewonnen werden können. Werden die Qualitätsindizes $QI(LB_K)$ und $QI(I_{VK})$ so definiert, dass sie bei einer hohen Qualität hohe Werte annehmen, dann ergibt sich für die Produktivität der Vorkombination:

$$P_{VK} = \frac{LB_A \cdot QI(LB_A)}{I_{VK} \cdot QI(I_{VK})}$$

Eine solche Kennzahl kann dann auch in die Ursachenanalyse für eine Zu- oder Abnahme der Inanspruchnahme einbezogen werden. In diesem Zusammenhang ist auch der Frage nachzugehen, ob ein realisierter Nutzgrad, der unterhalb des angestrebten Nutzgrades liegt, als eine vorübergehende oder eine längerfristige Erscheinung erachtet wird. Letzteres wird mit der Konsequenz einer Reduzierung der Leistungsbereitschaft verbunden sein. Dabei ist zu beachten, dass ein niedriger realisierter Nutzgrad nicht die Ursache, sondern das Ergebnis anderer Einflussgrößen ist, die im Rahmen der Ursachenanalyse offenzulegen sind (vgl. Grasser 1985, S. 138).

Bei der Produktivität der Endkombination ist die substitutionale Beziehung zwischen den intern zum Einsatz gelangenden Produktionsfaktoren (menschliche Arbeitsleistungen) und den Aktivitäten des externen Faktors zu berücksichtigen. Während durch eine Externalisierung der interne Input reduziert und der externe Input erhöht wird, ist bei einer Internalisierung die umgekehrte Situation gegeben. Hieraus ergibt sich für die Produktivität der Endkombination, dass diese bei unterschiedlicher Aufteilung des Inputs auf Dienstleistungsanbieter und -nachfrager c. p. gleich bleibt, obwohl der Anbieter einen niedrigeren oder höheren Input in den Produktionsprozess einbringt. Um diese Effekte in der Produktivitätsanalyse sichtbar zu machen, ist anstelle der Gesamtproduktivität der Endkombination die **Teilproduktivität der internen Faktoreinsätze** (in Anspruch genommene Leistungsbereitschaft, weitere interne Produktionsfaktoren) zu bilden. Der externe Faktor stellt dann eine Einflussgröße dar, deren Gestaltung für die Teilproduktivität eine entscheidende Bedeutung zukommt. Zusätzlich ist zur Gewinnung einer höheren Aussagekraft zu erfassen, dass

- sich die erstellte Dienstleistung (Output) in Abhängigkeit von Externalisierungs- oder Internalisierungsgrad verändert und damit letztlich eine andere Qualität besitzt,
- die Qualität der Leistungsbereitschaft und der weiteren internen Produktionsfaktoren den erreichbaren Externalisierungsgrad beeinflusst (z. B. sind die Mitarbeiter für zusätzliche Koordinationsaufgaben zu qualifizieren und benötigen technische Hilfsmittel, die vom Kunden bedient werden, eine nutzerfreundlichere Ausstattung),
- die Qualität des externen Faktors das Ausmaß der Externalisierung bestimmt (z. B. kann nicht bei jedem Kunden die Fähigkeit vorausgesetzt werden, bestimmte Teilleistungen selber zu erbringen).

Diesen Überlegungen kann durch Qualitätsindikatoren Rechnung getragen werden, so dass sich die folgende Struktur der Teilproduktivität interner Faktoreinsätze ergibt:

$$TP_E = \frac{x_{EK} \cdot QI(x_{EK})}{LB_A \cdot QI(LB_A) + I_{IN} \cdot QI(I_{IN})} \cdot \frac{1}{QI(I_{EX})}$$

6.2.3.2 Relative Effizienz zu vergleichender Objekte

Ein anderer Weg der Produktivitätsmessung wird mit der Anwendung der **Data Envelopment Analysis** (DEA) beschritten (vgl. Charnes/Cooper/Rhodes 1978, S. 429 ff.; Farrell 1957, S. 255 ff.). Bei der DEA werden durch den Vergleich der Output-Input-Verhältnisse die relativen Effizienzen beobachteter Objekte i $(i = 1, ..., I)$ bestimmt, die im vorliegenden Kontext entweder gesamte Dienstleistungsprozesse oder Teilprozesse der Dienstleistungen sind. Inputs $r_i \in \mathbb{R}^M$ und Outputs $x_i \in \mathbb{R}^N$ können dabei mengenmäßige, wertmäßige und qualitative Beschreibungsgrößen der zu vergleichenden Teilprozesse sein. Die zu vergleichenden Dienstleistungsprozesse stellen aus produktionswirtschaftlicher Sicht Realisationen einer unvollständig bekannten Technologie T dar:

$$T = \left\{ \binom{r}{x} \middle| \binom{r}{x} \text{ ist technisch möglich} \right\}$$

Ziel der DEA ist es, auf der Grundlage der beobachteten Prozesse eine umhüllende Technologie T^H zu schätzen, die alle empirisch festgestellten Realisationen einschließt, nicht weiter verkleinert werden kann und eine Teilmenge der unvollständig bekannten Technologie $(T^H \subset T)$ ist (vgl. Dyckhoff 2003, S. 177 f.).

Dem Problem heterogener Input- und Outputgrößen wird dabei durch die Gewichtungen ρ_m bzw. χ_n Rechnung getragen. Deren Werte werden nicht durch den Analysten festgelegt, sondern durch die Lösung des DEA-Modells bestimmt. Die relative Effizienz eines Prozesses i

$$e_i = \frac{\sum_{n=1}^{N} \chi_n \cdot x_{in}}{\sum_{m=1}^{M} \rho_m \cdot r_{im}}$$

lässt sich als Produktivitätskennzahl (Wirtschaftlichkeit) interpretieren. Bei $e_i = 1$ liegt ein effizienter Prozess vor (100 % produktiv); geringere e_i-Werte zeigen den Grad der Ineffizienz im Vergleich zu einem effizienten Prozess an (< 100 % produktiv).

6.2.3.2.1 Grundmodelle der Data Envelopment Analysis

Die Bestimmung des Effizienzwertes eines Prozesses i sowie der dabei geltenden Gewichtungen der Inputs und Outputs wird allgemein durch eine Maximierungsaufgabe beschrieben:

- Ziel ist es, durch Festlegung der Gewichtungen den maximalen Effizienzwert des betrachteten Prozesses zu ermitteln:

    $$\max e_i$$

- Nebenbedingungen:

    -- Die Effizienzwerte aller Prozesse sind nicht größer als eins:

    $$e_p \leq 1 \qquad \forall p = 1,...,I$$

    -- Die Werte der Gewichtungen betragen mindestens null:

    $$\chi_n \geq 0 \qquad \forall n$$

    $$\rho_m \geq 0 \qquad \forall m$$

Bei dieser Modellformulierung handelt es sich um eine lineare Quotientenprogrammierung, so dass die Lösung nicht direkt berechnet werden kann (vgl. Egbers 2012, S. 69). Unter der Annahme, dass alle Inputs und deren Gewichtungen positiv sind, lässt sich das Modell jedoch in ein **primales, inputorientiertes Modell** überführen:

- Der Nenner der Zielfunktion wird durch eine zusätzliche Nebenbedingung auf den Wert eins normiert.
- Die Nebenbedingungen zu den Effizienzwerten werden mit ihrem jeweiligen Nenner multipliziert und so umgestellt, dass alle Entscheidungsvariablen auf einer Seite der Ungleichung stehen.

Das transformierte Modell lautet dann:

$$\max e_i = \sum_{n=1}^{N} \chi_n \cdot x_{in}$$

$$\sum_{n=1}^{N} \chi_n \cdot x_{pn} - \sum_{m=1}^{M} \rho_m \cdot r_{pm} \leq 0 \qquad \forall p = 1,...,I$$

$$\sum_{m=1}^{M} \rho_m \cdot r_{im} = 1$$

$$\chi_n \geq 0 \qquad \forall n$$

$$\rho_m \geq 0 \qquad \forall m$$

Zur algorithmischen Lösung dieses primalen Modells kann das Simplex-Verfahren angewendet werden. Neben dem Effizienzwert e_i und den Werten der Gewichtungsfaktoren χ_n und ρ_m werden dabei die Schlupfvariablen z_p und die Prozessniveaus λ_p (Schattenpreise) ermittelt. Die Schlupfvariablen zeigen an, welche Prozesse eine gute Vergleichsgrundlage für den betrachteten Prozess darstellen (je niedriger, umso besser). Die Prozessniveaus geben die Parameterwerte an, mit denen effiziente Prozesse linearkombiniert werden müssen, um den zum betrachteten Prozess gehörigen Referenzprozess zu bestimmen (vgl. Coelli et al. 2005, S. 163 ff.).

Das primale Modell lässt sich dann sehr schnell lösen, wenn wenige Prozesse miteinander zu vergleichen sind. Umfasst eine DEA mehr Prozesse als Input- und Outputgrößen $(I > M + N)$, dann kann der Lösungsprozess dadurch beschleunigt werden, dass anstelle des primalen Maximierungsproblems das duale Minimierungsproblem formuliert und gelöst wird (zum Unterschied zwischen primalem und dualem Modell vgl. Corsten/Corsten/Sartor 2005, S.70 ff.).

Im **dualen Modell** bilden der Effizienzwert θ_i und die Prozessniveaus λ_p die Entscheidungsvariablen, und die Gewichtungsfaktoren χ_n und ρ_m können als Schattenpreise der Outputs bzw. Inputs bestimmt werden. Durch die explizite Berücksichtigung der Prozessniveaus ist es möglich, zusätzliche Annahmen über die Form der umhüllenden Technologie einzubeziehen. In den Grundmodellen wird davon ausgegangen, dass sich die beobachteten Prozesse in ihren Niveaus $\boldsymbol{\lambda} \in \mathbb{R}^I$ variieren und mit anderen Prozessen kombinieren lassen:

$$T^H = \left\{ \begin{pmatrix} \mathbf{r} \\ \mathbf{x} \end{pmatrix} \middle| \begin{pmatrix} \mathbf{r} \\ \mathbf{x} \end{pmatrix} = \begin{pmatrix} \mathbf{r}_1 & \cdots & \mathbf{r}_I \\ \mathbf{x}_1 & \cdots & \mathbf{x}_I \end{pmatrix} \times \boldsymbol{\lambda} \wedge \boldsymbol{\lambda} \in \Lambda \right\}$$

Die konkrete Form der Technologiehülle ist dabei von den Anforderungen Λ abhängig, die an die Prozessniveaus $\boldsymbol{\lambda}$ gestellt werden. So sind etwa für den **Fall konstanter Skalenerträge** die Bedingung (vgl. Charnes/Cooper/Rhodes 1978):

$$\Lambda = \left\{ \boldsymbol{\lambda} \mid \boldsymbol{\lambda} \in \mathbb{R}_{0+}^I \right\}$$

und für den **Fall variabler Skalenerträge** die Bedingung (vgl. Banker/Charnes/Cooper 1984):

$$\Lambda = \left\{ \boldsymbol{\lambda} \mid \boldsymbol{\lambda} \in \mathbb{R}_{0+}^I \wedge \sum_{i=1}^{I} \lambda_i = 1 \right\}$$

zu erfüllen (zu einem Überblick über die in der Literatur genannten Anforderungen vgl. Kleine 2002, S. 130 ff.). Im zuerst genannten Fall (**konstante Skalenerträge**) lautet das duale Modell:

- Zielfunktion: Ermittle den kleinsten Wert des Skalars θ_i:

    $\min \theta_i$

- Nebenbedingungen:

    -- Der Output des Prozesses i übersteigt den Output eines effizienten Prozesses nicht:

    $$x_{in} \leq \sum_{p=1}^{I} x_{pn} \cdot \lambda_p$$

    -- Der mit θ_i normierte Input des Prozesses i ist nicht niedriger als der Input eines effizienten Prozesses:

    $$\theta_i \cdot r_{im} \geq \sum_{p=1}^{I} r_{pm} \cdot \lambda_p \qquad \forall m$$

    -- Die Prozessniveaus sind nicht negativ:

    $$\lambda_p \geq 0 \qquad\qquad \forall p = 1,...,I$$

    -- Der Effizienzgrad ist nicht negativ:

    $$\theta_i \geq 0$$

Im Fall **variabler Skalenerträge** wird zusätzlich die Nebenbedingung, dass sich die Summe der Prozessniveaus zu eins ergänzt, berücksichtigt:

$$\sum_{p=1}^{I} \lambda_p = 1$$

In beiden Modellvarianten wird der kleinste θ_i-Wert ermittelt, mit dem der Input des betrachteten Prozesses auf das Input-Niveau eines effizienten Prozesses normiert wird, der dasselbe Outputniveau aufweist (vgl. Coelli/Rao/Battese 1998, S. 140 ff.). Der Wert von θ_i misst folglich die Produktivität als relative Abweichung zwischen den Inputmengen des betrachteten und effizienten Prozesses. Gilt $\theta_i = 1$, dann ist die Produktivität des betrachteten Prozesses gleich der des effizienten Prozesses, andernfalls beträgt sie das θ_i-fache $\left(0 < \theta_i < 1\right)$ der Produktivität des effizienten Prozesses. Die ermittelten λ_p-Werte geben an, zu welchem Anteil die Inputs und Outputs beobachteter effizienter Prozesse als Vergleichsbasis für die betrachtete Aktivität herangezogen werden.

Die Input-Output-Kombinationen der bekannten effizienten Prozesse und die Input-Output-Kombinationen, die auf der direkten Verbindung zwischen benachbarten effizienten Prozessen liegen, bilden den effizienten Rand der Menge bekannter Prozesse. Innerhalb dieser Hülle liegen dann die ineffizienten Prozesse.

Die ermittelten Produktivitätswerte sind von den Annahmen über die Form der Hülle abhängig. Im Fall konstanter Skalenerträge ist die Output-Input-Relation eines Prozesses auf dem effizienten Rand vom Outputniveau unabhängig. Demgegenüber nimmt diese Relation im Fall variabler Skalenerträge mit zunehmendem Outputniveau tendenziell ab. Um die Unterschiede zu verdeutlichen, wird auf Beispieldaten zurückgegriffen. In Tabelle 6.2-2 sind die Input- und Outputmengen fünf vergleichbarer Prozesse zusammengefasst.

i	1	2	3	4	5	6
r_{i1}	3	2	7	8	11	10
r_{i2}	3	4	3	6	10	11
x_i	1	1	2	2	3	3

Tab. 6.2-2:   Ausgangsdaten der DEA (Beispiel)

Die Ergebnisdaten für die Fälle konstanter und variabler Skalenerträge sind in Tabelle 6.2-3 erfasst.

Wird die Produktivität im Beispiel unter der Annahme konstanter Skalenerträge gemessen, dann sind die Prozesse 2 und 3 effizient sowie die Prozesse 1, 4, 5 und 6 ineffizient. Prozess 4 weist die stärkste und Prozess 1 die schwächste Ineffizienz auf. An den λ_p-Werten ist ersichtlich, dass für alle ineffizienten Prozesse eine Kombination der Prozesse 2 und 3 als Vergleichsbasis herangezogen wird.

Erfolgt die Produktivitätsmessung hingegen unter der Annahme variabler Skalenerträge, dann sind außer Prozess 4 alle Prozesse effizient. Die Ineffizienz der Prozesse 1, 5 und 6 bei konstanten Skalenerträgen ist somit allein durch das Outputniveau bedingt.

i	konstante Skalenerträge							variable Skalenerträge							σ_i
	θ_i^k	λ_1	λ_2	λ_3	λ_4	λ_5	λ_6	θ_i^y	λ_1	λ_2	λ_3	λ_4	λ_5	λ_6	
1	0,92	0	0,50	0,25	0	0	0	1,00	1,00	0	0	0	0	0	0,92
2	1,00	0	1,00	0	0	0	0	1,00	0	1,00	0	0	0	0	1,00
3	1,00	0	0	1,00	0	0	0	1,00	0	0	1,00	0	0	0	1,00
4	0,76	0	0,62	0,69	0	0	0	0,82	0	0,21	0,58	0	0	0,21	0,93
5	0,78	0	1,31	0,85	0	0	0	1,00	0	0	0	0	1,00	0	0,78
6	0,80	0	1,70	0,65	0	0	0	1,00	0	0	0	0	0	1,00	0,80

Tab. 6.2-3:   Ergebnisdaten der DEA (Beispiel)

Durch einen Vergleich der beiden Produktivitätswerte eines Prozesses lässt sich das Ausmaß des durch das Outputniveau bedingten Effizienzverlustes bestimmen. Das Verhältnis der Produktivitätswerte θ_i^k, θ_i^v wird als Skaleneffizienz σ_i bezeichnet. Gilt für einen Prozess $\sigma_i = 1$, dann ist er skaleneffizient. Skaleninneffiziente Prozesse liegen bei $\sigma_i < 1$ vor (z. B. Prozesse 1, 4, 5 und 6). In diesem Fall ist die Ineffizienz auf ein zu hohes/niedriges Outputniveau zurückzuführen, wenn die Summe der Prozessniveaus bei konstanten Skalenerträgen größer/kleiner als eins ist (vgl. z. B. Egbers 2012, S. 75 f.). Im Beispiel ist die Skaleninneffizienz des Prozesses 1 auf ein zu niedriges Outputniveau und die Skaleneffizienz der Prozesse 4, 5 und 6 auf ein zu hohes Outputniveau zurückzuführen.

6.2.3.2.2 Zweistufige Data Envelopment Analysis

Für eine differenziertere Produktivitätsanalyse der Dienstleistungen bietet es sich an, den Wechselwirkungen zwischen der Vorkombination und der Endkombination durch die Anwendung einer zweistufigen DEA Rechnung zu tragen. Hierzu kann auf die in der Literatur vorgeschlagenen Ansätze für mehrstufige Prozesse zurückgegriffen werden. Das Spektrum der Ansätze lässt sich mit Hilfe der Kriterien „Berücksichtigung der Stufenabhängigkeiten" (einseitig, wechselseitig) und „Verknüpfung der Teilproduktivitäten zur Gesamtproduktivität" (additiv, multiplikativ) klassifizieren (vgl. Egbers 2012, S. 102 ff.; Halkos/Tzeremes/Kourtzidis 2014, S. 3 ff.). In Tabelle 6.2-4 werden Ansätze aus der Literatur den einzelnen Klassen zugeordnet.

		Verknüpfung der Teilproduktivitäten zur Gesamtproduktivität	
		additiv	multiplikativ
Berücksichtigung von Stufenabhängigkeiten	einseitig	Chen et al. (2009) Chiou/Lan/Yen (2010) Liang et al. (2006)	Kao/Hwang (2008) Kao/Hwang (2010) Liang/Cook/Zhu (2008)
	wechselseitig	Cook et al. (2010) Yu (2008)	Kao (2009)

Tab. 6.2-4: Ansätze zur mehrstufigen DEA

Sind die Wirkungen der Endkombination auf die Produktivität der Vorkombination im Vergleich zu den umgekehrten Wirkungen relativ schwach, dann kann auf den Ansatz von Kao/Hwang (2010, S. 440 ff.) für allgemeine serielle Systeme mit konstanten Skalenerträgen zurückgegriffen werden. Alternativ können auch die von Egbers (2012, S. 111 ff.) thematisierten Ansätze zur Anwendung gelangen. Unter Berücksichtigung der Grundstruktur der Dienstleistungsproduktion ergibt sich das in Abbildung 6.2-3 dargestellte serielle System mit den Stufen Vorkombination (VK) und Endkombination (EK), dem Input der Vorkombination (r_1), dem Output der Vorkombination (z), der gleichzeitig Input der Endkombination ist, dem Input der Endkombination durch weitere interne/externe Faktoren (r_2) und dem Output der Endkombination (x).

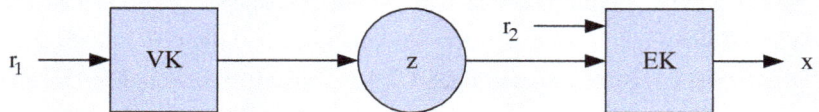

Abb. 6.2-3:   Allgemeines serielles System der Dienstleistungsproduktion

Zur Berechnung der Produktivität der Dienstleistung i im Vergleich zu den Dienstleistungen $p = 1,...,I$ ist in diesem Fall das primale DEA-Grundmodell so zu modifizieren, dass die Leistungsbereitschaft z als Zwischenprodukt berücksichtigt wird. Die Modifikation besteht in den zusätzlichen Nebenbedingungen zwischen den gestrichelten Linien (vgl. Kao/Whang 2010, S. 440).

max $e_i = \chi \cdot x_i$

$\rho_1 \cdot r_{1i} + \rho_2 \cdot r_{2i} = 1$

$\chi \cdot x_p - \left(\rho_1 \cdot r_{1p} + \rho_2 \cdot r_{2p} \right) \leq 0$ $\qquad \forall p$

VK: $\zeta \cdot z_p - \rho_1 \cdot r_{1p} \leq 0$ $\qquad \forall p$

EK: $\chi \cdot x_p - \left(\rho_2 \cdot r_{2p} + \zeta \cdot z_p \right) \leq 0$ $\qquad \forall p$

$\chi > 0, \; \rho_m > 0 \; \forall m, \; \zeta > 0$

Durch die Modifikation wird sichergestellt, dass analog zur Forderung für die gesamte Dienstleistung die Produktivität auf jeder Stufe der Dienstleistung nicht größer als eins sein kann.

Wird dieses primale lineare Programm mit dem Simplex-Verfahren gelöst, dann sind neben dem Produktivitätswert e_i der betrachteten Dienstleistung auch die Gewichtungsfaktoren χ^*, ρ_m^* und ζ^* optimal bestimmt. Die Teilproduktivitäten der Vorkombination und der Endkombination ergeben sich aus den Quotienten der jeweiligen stufenbezogenen gewichteten Inputs und Outputs

$$e_i^{VK} = \frac{\zeta^* \cdot z_i}{\rho_1^* \cdot r_{1i}} \qquad\qquad e_i^{EK} = \frac{\chi^* \cdot x_i}{\rho_2^* \cdot r_{2i} + \zeta^* \cdot z_i}$$

Das entsprechend modifizierte duale Programm lautet:

$$\min \qquad \theta_i$$

$$x_i \leq \sum_{p=1}^{I} x_p \cdot \lambda_p^{EK}$$

$$\theta_i \cdot r_{1i} \geq \sum_{p=1}^{I} r_{1p} \cdot \lambda_p^{VK}$$

$$\theta_i \cdot r_{2i} \geq \sum_{p=1}^{I} r_{2p} \cdot \lambda_p^{EK}$$

$$\sum_{p=1}^{I} \lambda_p^{VK} \cdot z_p - \sum_{p=1}^{I} \lambda_p^{EK} \cdot z_p \geq 0$$

$$\lambda_p^{EK}, \lambda_p^{VK} \geq 0 \qquad\qquad \forall p$$

Die Modifikation (zwischen den gestrichelten Linien) besteht in der Forderung, dass die Endkombination nicht mehr Leistungsbereitschaft nutzen kann als durch die Vorkombination zur Verfügung gestellt wird.

Die Beispieldaten in Tabelle 6.2-5 setzen sich aus den in Tabelle 6.2-2 gegebenen Werten, ergänzt um Daten zur Leistungsbereitschaft (z_i) zusammen. Durch Lösung des primalen und des dualen Modells mit diesen Daten ergeben sich die in Tabelle 6.2-6 zusammengefassten Werte.

i	1	2	3	4	5	6
r_{i1}	3	2	7	8	11	10
z_i	2	1	2	3	4	4
r_{i2}	3	4	3	6	10	11
x_i	1	1	2	2	3	3

Tab. 6.2-5:   Ausgangsdaten der zweistufigen DEA (Beispiel)

Durch Berücksichtigung der zusätzlichen Informationen über die Leistungsbereitschaft lassen sich differenziertere Produktivitätsaussagen ableiten: Aus der Gesamtsicht ist lediglich die Dienstleistung 3 effizient (100% produktiv). Die ohne Erfassung der Leistungsbereitschaft als effizient ausgewiesene Dienstleistung 2 (vgl. Tabelle 6.2-3) wird bei Einbeziehung dieser Informationen als ineffizient (75% produktiv) identifiziert (vgl. Tabelle 6.2-6). Die niedrige Produktivität ist dabei auf eine unzureichende Leistungsbereitschaft zurückzuführen (ineffiziente Vorkombination), die
jedoch im Rahmen der Endkombination effizient genutzt wird. Bei den Dienstleistungen 1, 4 und 5 ist die niedrige Produktivität durch eine ineffiziente Endkombination bedingt. In diesem Fall kann die effizient aufgebaute Leistungsbereitschaft ihre
produktive Wirkung bei der Leistungserstellung nicht vollständig entfalten, weil zu
große Mengen interner/externer Produktionsfaktoren genutzt und/oder zu kleine
Outputmengen erzeugt werden. Die Dienstleistung 6 weist sowohl in der Vorkombination als auch in der Endkombination niedrige Produktivitäten auf. Zur Bestimmung
der Produktivität der Vorkombination wird bei allen Dienstleistungen die Dienstleistung 1 herangezogen, während bei der Produktivitätsermittlung für die Endkombination überwiegend die Dienstleistung 3 als Referenz genutzt wird.

6.2.4 Prozessbezogene Produktivitätsanalyse

Die vorangegangenen Überlegungen offenbaren zwar die generelle Methodik einer
Produktivitätsanalyse für Dienstleistungen, liefern aber für eine differenzierte Analyse zur Herausarbeitung von Gestaltungsmaßnahmen, die im Rahmen des Produktivitätsmanagements zur Einsatz gelangen, nur erste Hinweise. Den Ausgangspunkt für
eine dienstleistungsspezifische Differenzierung bildet die Überlegung, dass sich jede
zu erfüllende Aufgabe als Prozess begreifen lässt, der weiter in Teilprozesse (oder
Unterprozesse) bis hin zu einzelnen Verrichtungen beliebig fein zerlegbar ist.

i	Produktivitäten			Prozessniveaus der Vorkombination						Prozessniveaus der Endkombination					
	e_i	e_i^{VK}	e_i^{EK}	λ_1^{VK}	λ_2^{VK}	λ_3^{VK}	λ_4^{VK}	λ_5^{VK}	λ_6^{VK}	λ_1^{EK}	λ_2^{EK}	λ_3^{EK}	λ_4^{EK}	λ_5^{EK}	λ_6^{EK}
1	0,50	1,00	0,50	0,50	0	0	0	0	0	0	0	0,50	0	0	0
2	0,75	0,75	1,00	0,50	0	0	0	0	0	0	0,60	0,20	0	0	0
3	1,00	1,00	1,00	1,00	0	0	0	0	0	0	0	1,00	0	0	0
4	0,50	1,00	0,50	1,00	0	0	0	0	0	0	0	1,00	0	0	0
5	0,45	1,00	0,45	1,50	0	0	0	0	0	0	0	1,50	0	0	0
6	0,45	0,60	0,75	1,50	0	0	0	0	0	0	0	1,50	0	0	0

Tab. 6.2-6: Ergebnisdaten der zweistufigen DEA (Beispiel)

Dies erlaubt eine bessere Zuordnung von Güterverzehr und -erzeugung im Verlauf der Dienstleistungserbringung. Voraussetzung ist hierfür eine eindeutige Abgrenzung der zu beurteilenden Prozesse (vgl. Corsten 1996a, S. 13 ff.; Gaitanides 1983, S. 63 ff.).

Die **Prozessanalyse** (vgl. z. B. Spiegel 2003) gelangt im Rahmen der Endkombination ins Zentrum des Interesses, weil der Nutzen, insbesondere bei personenbezogenen Dienstleistungen in der Form von Zeitverwendungsangeboten, untrennbar mit dem Leistungserstellungsprozess verbunden ist. Da eine Produktivitätsanalyse am aussagekräftigsten ist, wenn der Arbeitsanfall eine weitgehende Homogenität aufweist, ist es erforderlich, den Gesamtprozess zu zerlegen (vgl. Gerstenberg 1987, S. 33). Diese Vorgehensweise ist mit dem Vorteil verbunden, dass es tendenziell umso einfacher wird, die Produktivität zu messen, je kleiner die Bereiche sind, auf die sich die Ermittlung bezieht. Des Weiteren zeigen sich bei der Zerlegung der Prozesse bis hin zu Grundverrichtungen häufig hohe Wiederholungshäufigkeiten einzelner Verrichtungen. Dieser Sachverhalt führte dann auch in einigen Bereichen frühzeitig zur Entwicklung von Zeitstandards (vgl. z. B. Hackstein/Erdmann 1971, S. 148), die sich dann als Mengengrößen zur Quantifizierung des durch die einzelnen Aktivitäten bewältigten Arbeitsvolumens und des dafür zu leistenden Inputs heranziehen lassen. Diese Vorgehensweise geht mit dem Vorteil einher, dass sie bedingt durch ihren hohen Differenzierungsgrad Hinweise auf die Ursachen für Produktivitätsveränderungen zu geben vermag.

Darüber hinaus lassen sich so auch unterschiedliche **Ebenen der Produktivitätsmessung unterscheiden** (vgl. Picot/Reichwald 1979), wobei die weiteren Überlegungen an der Ebene des einzelnen Arbeitsplatzes oder der Arbeitssysteme ansetzen. Es erscheint aber nicht zweckmäßig, die Produktivitäten über die einzelnen Ebenen zu einer Gesamtproduktivität zu aggregieren, da hierdurch, unabhängig von den bereits angesprochenen Problemen einer Gesamtunternehmungsproduktivität, kompensatorische Effekte auftreten können.

Um weitergehende Einsichten in Dienstleistungserstellungsprozesse zu erlangen, sind deren Ablauf und dessen produktivitätswirksamen Besonderheiten zu erfassen. Im Kontext der Dienstleistungen bieten sich hierfür unterschiedliche **Verfahren der Prozessabbildung** an. Nach der Art der Analysemöglichkeiten kann zwischen informalen Verfahren und formalen Verfahren unterschieden werden. Der Fokus **informaler Verfahren** (z. B. Blueprinting) liegt auf der Visualisierung der Abläufe; aufgrund der kaum reglementierten Darstellungsweise bieten sie keine unmittelbaren Ansatzpunkte für eine quantitative Analyse. Demgegenüber ist die Ablaufdarstellung bei den **formalen Verfahren** (z. B. Netzplantechnik) einem umfangreichen Regelwerk unterworfen, um eine konsistente quantitative Analyse des Prozesses zu erlauben. Hierdurch werden jedoch die Visualisierungsmöglichkeiten eingeschränkt. Zwischen diesen beiden Extremen existieren **semi-formale Verfahren** (z. B. ereignisgesteuerte Prozessketten), mit denen versucht wird, eine Balance zwischen Visualisierungsmöglichkeiten und quantitativer Analysierbarkeit zu finden.

Das **Blueprinting** (vgl. Kingman-Brundage 1989, S. 30 ff.; Shostack 1982, S. 54 f.) wurde speziell als Instrument zur Unterstützung der Gestaltung und Analyse der Dienstleistungsprozesse entwickelt. Es dient der Erfassung und Klassifizierung sämtlicher im Rahmen der Dienstleistungserstellung auszuführenden Aktivitäten und ist damit rein deskriptiv. Da sich hiermit die Erstellungssequenz in einzelne Tätigkeitssequenzen zerlegen lässt, kann es auch als Grundlage für ein differenziertes Produktivitätsmanagements herangezogen werden.

In der ursprünglichen Version des Blueprinting werden die einzelnen Teilprozesse zunächst in ihrer zeitlichen Abfolge dargestellt und dann aufgrund der Kriterien „Sichtbarkeit für den Kunden" und „Kontakt mit dem Kunden" klassifiziert. Die Klassengrenzen werden als **Line of visibility** (Sichtbarkeitslinie) und **Line of interaction** (Kontaktlinie) bezeichnet. Die Line of visibility grenzt folglich das Back office (kundenferner Bereich) vom Front office (kundennaher Bereich) ab, während die Line of interaction zwischen anbieterautonom und kundenintegrativ durchgeführten Prozessen differenziert. Abbildung 6.2-4 gibt in Anlehnung an Stauss (1991c, S. 353) ein Beispiel für ein Restaurant-Blueprint wieder (zu einem Beispiel aus dem medizinischen Bereich vgl. Bischoff-Schilke 1992, S. 112 ff.).

Da durch die Aufnahme der Kontakt- und der Sichtbarkeitslinie deutlich wird, welche Aktivitäten durch den Nachfrager, durch die Interaktion zwischen Nachfrager und Anbieter und ausschließlich durch den Anbieter erbracht werden, erschließt sich für das Produktivitätsmanagement, welche Aktivitäten autonom durch die Unternehmung gestaltet werden können und bei welchen Aktivitäten nur eingeschränkte Eingriffsmöglichkeiten offenstehen. Darüber hinaus zeigt sich, welchen organisatorischen und sozialen Einflüssen der Dienstleistungserstellungsprozess unterliegt.

Neben den beiden ursprünglichen Klassifikationskriterien wurden im Laufe der Zeit ergänzende Kriterien in das Blueprinting einbezogen (zu einem Überblick vgl. z. B. Fließ 2001, S. 45):

- Kontakt zwischen direkt und indirekt mit der Leistungserstellung betrauten Mitarbeitern (Line of internal interaction): unterstützende vs. ermöglichende Aktivitäten,

- Aktivitätsauslöser (Line of order penetration): kundeninduzierte vs. erwartungsinduzierte Aktivitäten,

- Ausführungshierarchie (Line of implementation): operative vs. taktische Aktivitäten.

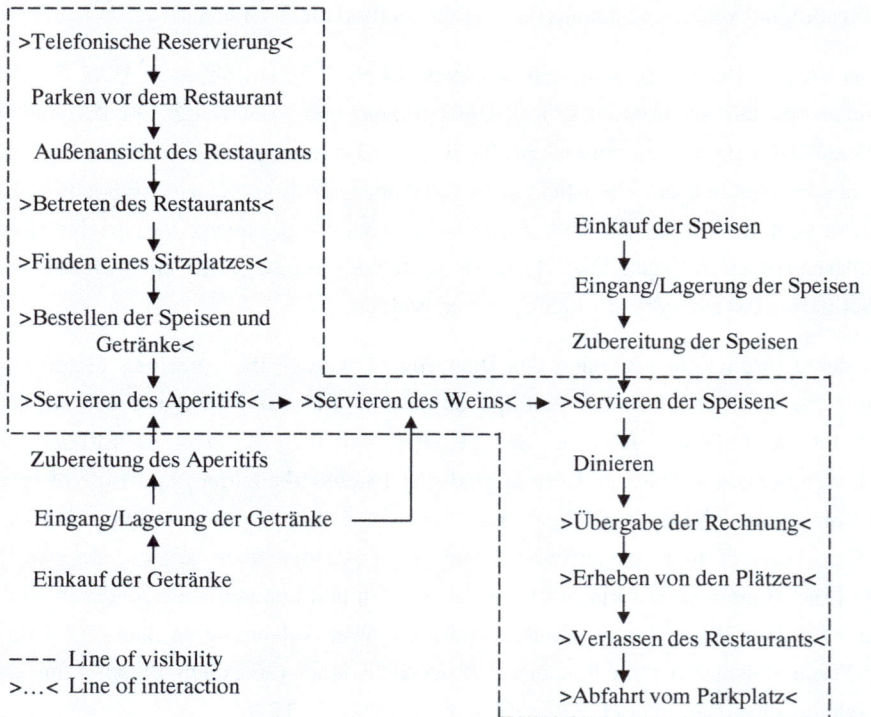

Abb. 6.2-4:   Beispiel eines Blueprints (Restaurant)

Auch wenn diese Unterscheidungen nicht ganz überschneidungsfrei sind, ermöglichen sie es, die Abläufe im Back office einer detaillierten Betrachtung zugänglich zu machen.

Soll die Produktivitätsgestaltung zusätzlich auf einer quantitativen Analyse aufbauen, kann der generierte Blueprint als Initialinformation für ein **formales Verfahren der Prozessabbildung** genutzt werden. Um den Dienstleistungsbesonderheiten, wie etwa

- die Vielfalt alternativ möglicher Abläufe,

- die zyklische Verknüpfung der Ablaufstrukturen,

- die ex ante Mehrdeutigkeit der Prozessergebnisses,

- die für unterschiedliche Entscheidungsträger bestehenden Entscheidungsalternativen und

- die Entscheidungen unterschiedlicher Entscheidungsträger in Abhängigkeit von der Produktionssituation

in operationaler Weise gerecht werden zu können, bietet sich die Anwendung einer höherentwickelten Netzplantechnik an. Eine entsprechende Möglichkeit, die bis auf die zuletzt genannte Anforderung alle anderen Anforderungen zu erfüllen vermag, ist in der **Graphical Evaluation and Review Technique** (GERT; vgl. Pritsker/Happ 1966, S. 267 ff.; Pritsker/Whitehouse 1966, S. 293 ff.; Whitehouse/Pritsker 1969, S. 45 ff.) zu sehen.

GERT ist ein **Vorgangspfeilnetz** mit **Knoten**, die Ereignisse oder Zustände darstellen, und Kanten, mit denen Aktivitäten erfasst werden. Die in einen Knoten eingehenden **Kanten** sind mit den logischen Operatoren „exclusive or" (X), „inclusive or" (I) oder „and" (A) verknüpft. Die ausgehenden Kanten werden deterministisch (D) oder stochastisch (S) aktiviert, so dass sich sechs Knotentypen ergeben (vgl. Tabelle 6.2-7).

Eingang / Ausgang	exclusive or (X)	inclusive or (I)	and (A)
deterministisch (D)			
stochastisch (S)			

Tab. 6.2-7:   Knotentypen in GERT-Netzplänen

Die durch die Knoten erfassten Aktivitäten können neben der Aktivierungswahrscheinlichkeit durch mehrere additive Parameter (z. B. Zeiten, Input-Mengen, Output-Mengen, Kosten, Eigenschaften), die auch stochastisch sein können, beschrieben werden.

Die Berechnung der GERT-Netzpläne (z. B. Wahrscheinlichkeit des Erreichens bestimmter Endzustände, Ausführungszeit, Güterverzehr, Güterentstehung, Gesamtkosten) erfolgt durch eine schrittweise durchgeführte Reduktion von elementaren reduzierbaren Knoten-Kanten-Strukturen zu aggregierten, weniger komplexen Strukturen mit äquivalenten Eigenschaften. Die entsprechenden Berechnungen können für die bei Dienstleistungen relevanten Ablaufstrukturen mit akzeptablem Aufwand exakt durchgeführt werden.

Zur Erfüllung weiterer dienstleistungsorientierter Anforderungen kann auf **erweiterte GERT-Netzpläne** zurückgegriffen werden (vgl. Corsten/Gössinger 2004a, S. 326 ff.; Gössinger 2005, S. 78 ff. und S. 141 ff.):

- Es werden zusätzlich Knoten i.S.v. **Entscheidungsknoten** und die davon ausgehenden Kanten als Entscheidungsalternativen berücksichtigt, deren Wahl mit einer Wahrscheinlichkeit erfolgt, die von der Produktionssituation anhängig ist (z. B. zeitabhängige Kantengewichte; vgl. Neumann/Steinhardt 1979, S. 220 ff.).

- Die **graphischen Darstellungsmöglichkeiten** werden dienstleistungsspezifisch erweitert. Einerseits ist bei Entscheidungsknoten zu kennzeichnen, ob die Entscheidung vom Nachfrager und/oder vom Anbieter getroffen wird (vgl. Tabelle 6.2-8); andererseits ist an den Kanten zu visualisieren, wer Akteur eines Prozesses ist (Anbieter und/oder Nachfrager) und für wen die Prozessausführung sichtbar ist (vgl. Tabelle 6.2-9).

Tab. 6.2-8:   Dienstleistungsspezifische Typen stochastischer Knotenausgänge in GERT-Netzplänen

Auf der Grundlage dieser Erweiterungen ist es möglich, zusätzlich zu der mit Blueprints abgebildeten Vorgangsfolge und Aktivitätenklassenabgrenzung die Freiheitsgrade des Ablaufs von Dienstleistungsprozessen und die zugehörigen Ablaufentscheidungen der Nachfrager und/oder Anbieter zu erfassen. Darüber hinaus ist es möglich, die zeitlichen, mengenmäßigen, wertmäßigen und eigenschaftsbezogenen Konsequenzen formalanalytisch sowohl für deterministische als auch stochastische Gegebenheiten zu ermitteln. Hieraus ergibt sich eine numerische Basis für erweiterte Produktivitätsanalysen. Diese erlauben es, die Produktivität

- der Dispositions- und Realisationsprozesse,

- der anbieterseitigen Prozesse, nachfragerseitigen Prozesse und interaktiven Prozesse sowie

- der Teilprozesse und höher aggregierten Prozesse

zu messen (vgl. Gössinger 2005, S. 184 ff.).

| | Autonome Prozessausführung durch… | | interaktive Prozess-ausführung |
	Nachfrager	Anbieter	
Sichtbarkeit ist gegeben für… beide Akteure			
einen Akteur			

Tab. 6.2-9: Dienstleistungsspezifische Kantentypen in GERT-Netzplänen

Das folgende Beispiel (vgl. Corsten/Salewski 2013, S. 105 ff.) einer Behandlung eines Patienten mit einer Radiusfraktur in der zentralen Notfallaufnahme eines Allgemeinkrankenhauses soll die Vorgehensweise verdeutlichen. Nachdem der Patient in einem Rettungswagen in die Notfallaufnahme eingeliefert und behandelt wurde, wird er auf eine Station verlegt, um dort weiterbehandelt zu werden. Da es sich um eine häufige Verletzung handelt, ist der notwendige Prozess standardisiert. Abbildung 6.2-5 gibt diesen Prozess in vereinfachter Form wieder.

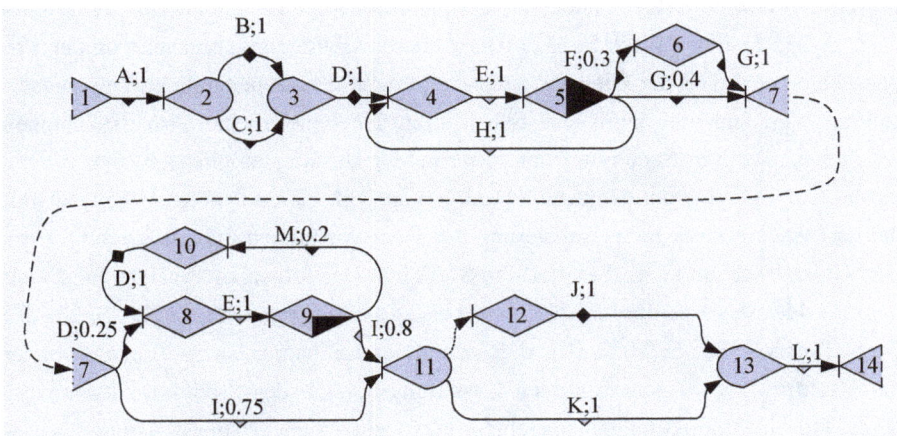

Abb. 6.2-5: Erweiterter GERT-Netzplan (Beispiel)

A	Ankunft des Rettungswagens	F	Einrenken des Arms	K	Bettsuche
B	Patientendaten-erfassung	G	Gipsen	L	Transport organisieren
C	Ersteinschätzung	H	Radiologisches Konsil	M	Gips öffnen / Gipsen
D	Röntgen	I	OP Terminierung		
E	Diagnose	J	Anästhesistische Aufklärung		

Tab. 6.2-10: Bezeichnung der Leistungselemente (Beispiel)

Die Kanten im Vorgangspfeilnetz sind mit Buchstaben versehen, die der Identifikation der Teilleistungen dienen (vgl. Tabelle 6.2-10), und mit den Aktivierungswahrscheinlichkeiten der Teilleistungen gekennzeichnet. Darüber hinaus sind die Kanten und die Entscheidungsknoten zusätzlich mit dienstleistungsspezifischen

- Typen stochastischer Knotenausgänge (vgl. Tabelle 6.2-8) und
- Kantentypen (vgl. Tabelle 6.2-9)

versehen.

6.3 Produktivitätsgestaltung

Ziel des Produktivitätsmanagements ist es, eine Produktivitätserhöhung zu erreichen oder, falls dies nicht möglich ist, zumindest ein Absinken zu vermeiden. Eine Variation der Produktivität kann dabei input- und/oder outputinduziert sein (vgl. Adam 1998, S. 287 f.; Jones 1988, S. 317). Die weiteren Überlegungen gehen von der Voraussetzung aus, dass der Dienstleistungsnachfrager auf die persönliche Leistungserstellung Wert legt und damit eine Substitution der menschlichen Arbeitsleistungen des Anbieters durch Sachmittel nur in geringem Umfang möglich ist, d. h., ihnen kommt lediglich eine unterstützende Funktion zu (vgl. hierzu Corsten 1985b). Damit bleiben Aspekte einer Industrialisierung der Dienstleistungen unberücksichtigt (vgl. z. B. Chini 1975, S. 45 ff.; Levitt 1976, S. 63 ff.). Der folgenden Analyse liegt vielmehr die Idee des Kundenkontakt-Ansatzes zugrunde (vgl. Chase 1978, S. 137 ff.; Chase/Tansik 1983, S. 1037 ff.), d. h., der Interaktionsprozess zwischen Anbieter und Nachfrager wird zum zentralen Gestaltungsbereich des Produktivitätsmanagements. Für ein Produktivitätsmanagement personenbezogener Dienstleistungen ergeben sich dann die in Abbildung 6.3-1 dargestellten Ansatzpunkte, wobei zu beachten ist, dass die angeführten Gestaltungsmaßnahmen nicht unabhängig voneinander gesehen werden dürfen.

Als ein erster Ansatzpunkt ist der externe Faktor zu nennen, wobei eine „angemessene" Integration dieses Faktors in den Erstellungsprozess im Zentrum des Interesses steht. Teilweise wird hierin sogar ein **Schlüssel zur Produktivitätssteigerung** gesehen und der Leistungsnehmer als eine **stille Reserve** für die Durchsetzung von Produktivitätssteigerungen aufgefasst (vgl. Gartner/Riessman 1978, S. 15 f.). Damit wird die Möglichkeit der Externalisierung von Aktivitäten auf den Nachfrager angesprochen, wobei sich die folgende **Ambivalenz** zeigt (vgl. hierzu Corsten/Dresch/ Gössinger 2005, S. 374):

- Bei einer **Externalisierung** erfolgt eine Übertragung menschlicher Arbeitsleistungen des Anbieters auf den Nachfrager. Hierdurch bedingt wird zwar auf der einen Seite der Input, der durch den Anbieter erbracht werden muss, reduziert und der Input des externen Faktors erhöht, auf der anderen Seite wird dadurch aber die Unsicherheit, die durch den Nachfrager in den Erstellungsprozess hineingebracht wird, tendenziell erhöht.

- Eine **Internalisierung** geht einerseits mit einer Reduzierung der Kundenaktivitäten im Produktionsprozess einher und vermindert damit die durch ihn induzierte Unsicherheit, andererseits erhöht sich dadurch der Aktivitätsumfang des Dienstleistungsanbieters, d. h., sein Input steigt.

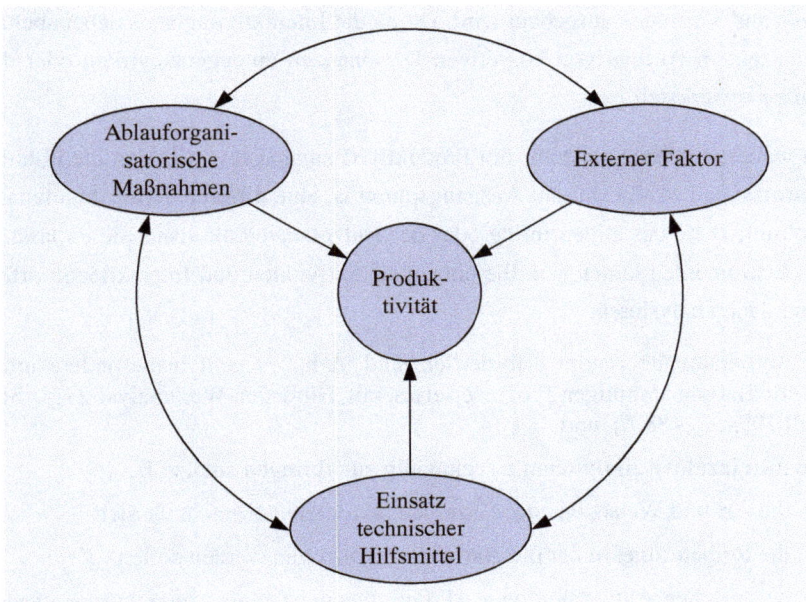

Abb. 6.3-1:   Elemente eines Produktivitätsmanagements

Diese Überlegung verdeutlicht, dass sich die Entscheidung über den Externalisie-rungs bzw. Internalisierungsgrad einer generellen Beantwortung entzieht und nur im konkreten Einzelfall gelöst werden kann. Grundsätzliche Voraussetzung einer Exter-nalisierung bzw. Internalisierung ist jedoch die Akzeptanz durch den Nachfrager (vgl. Lovelock/Young 1980, S. 56 ff.). So hängt die Möglichkeit zur Realisierung ei-ner Externalisierung entscheidend von der Bereitschaft und Fähigkeit der Nachfrager ab, weitere Aktivitäten im Rahmen der Bedarfsrealisation zu übernehmen (vgl. Corsten 1991, S. 172).

Darüber hinaus sind in diesen Zusammenhang der Aufbau und die Erhaltung einer gewünschten Bereitschaft und Fähigkeit der Mitarbeiter zu beachten, d. h., es sind **Personalentwicklungsmaßnahmen** erforderlich, wobei das Human-Ressourcen-Strategie-Konzept (vgl. Staffelbach 1986) einen Ansatz für eine strategiegerichtete und -gerechte Personalpolitik darstellt. Ziel ist es dabei, einerseits Fähigkeits- und Bereitschaftslücken zu identifizieren und anderseits einen gezielten Abbau dieser Defizite zu bewirken. Spezielle **Anforderungsprofile** ergeben sich aus der **Interak-tivität** mit den Marktpartnern, d. h., soziale und kommunikative Fähigkeiten erlan-gen eine zentrale Bedeutung. Ferner wirkt sich die Arbeitsmotivation und -zufriedenheit unmittelbar auf die Interaktivität aus. So sollte der Anbieter in der La-ge sein, eine **positive soziale Dynamik** (vgl. Normann 1987) mit dem Nachfrager zu entwickeln, so dass zwischen Leistungsgeber und -nehmer ein gegenseitiges Ver-ständnis und Vertrauen aufgebaut wird. Durch die Interaktivität ist es dabei aber auch möglich, einem Aufbau von kognitiven Dissonanzen entgegenzuwirken oder deren Abbau zu bewerkstelligen.

Einen weiteren Ansatzpunkt für ein Produktivitätsmanagement bilden die **ablaufor-ganisatorischen Maßnahmen**. Ausgangspunkt ist eine differenzierte Ablaufanalyse, die sich mit Hilfe des Blueprinting oder der Netzplantechnik visualisieren lässt. Mit diesen Instrumenten lassen sich die einzelnen Aktivitäten und Interaktionen offenle-gen und dann analysieren,

- ob Aktivitäten überhaupt erforderlich sind, d. h., es geht insbesondere um die Identifizierung unnötiger Prozesse, etwa mit Hilfe der Wertanalyse (vgl. Streit-ferdt 1994, S. 488 f.), und
- wie die einzelnen Aktivitäten zweckmäßig zu erbringen sind, z. B.
  -- die Art und Weise, wie die einzelnen Aktivitäten erbracht werden,
  -- die Reihenfolge, in der die Aktivitäten vollzogen werden sollen,
  -- bei welchen Aktivitäten oder Aktivitätssequenzen eine Interaktionsintensivie-rung oder -reduzierung erfolgen soll.

In diesem Zusammenhang zeigt sich deutlich, dass die einzelnen Gestaltungsmaßnahmen nicht als unabhängig voneinander gesehen werden dürfen. So haben ablauforganisatorische Maßnahmen unmittelbaren Einfluss auf den externen Faktor, und
zwar hinsichtlich

- Integration und
- Interaktivität

im Dienstleistungsprozess. Dieser Aspekt ist im Rahmen des Einsatzes der Gestaltungsmaßnahmen zu berücksichtigen, weil es nur so möglich ist, eventuell vorhandenen Komplementaritäten zwischen den Maßnahmen bewusst offenzulegen und gestalten zu können.

Darüber hinaus erscheint es bei den ablauforganisatorischen Gestaltungsmaßnahmen
zweckmäßig, zwischen kundennahen und kundenfernen Bereichen zu unterscheiden
(vgl. z. B. Chase/Tansik 1983, S. 1042; Corsten/Stuhlmann 1996a, S. 27 ff.). Im
kundenfernen Bereich werden Aktivitäten, die für die Erbringung einer Dienstleistung notwendig sind, ohne Präsenz des externen Faktors vollzogen. In diesem Bereich bieten sich ablauforganisatorische Maßnahmen an, wie sie auch aus der Industriebetriebslehre bekannt sind (vgl. Corsten 1985c, S. 287 ff.). Demgegenüber sind
die Gestaltungsspielräume im **kundennahen Bereich** geringer. Auf der Grundlage
einer vollständigen Beschreibung des Erstellungsprozesses lässt sich dann eine Funktionsanalyse durchführen, in der

- die Aktivitäten des Dienstleistungsanbieters,
- die Aktivitäten des Dienstleistungsnachfragers sowie
- ihre Abhängigkeiten untereinander

analysiert werden. Wird neben der **line of visibility**, aus der die Unterscheidung
kundenferne (Back office) und kundennahe (Front office) Bereiche resultiert, eine
line of interaction (Interaktionsschnittstelle; vgl. Meyer/Blümelhuber 1994, S. 12)
eingeführt, mit deren Hilfe die Schnittstelle von internen und externen Kontaktfaktoren im Dienstleistungserstellungssystem erfasst wird, dann lassen sich diese Sachverhalte, wie in Abbildung 6.3-2 dargestellt, in vereinfachter Form erfassen (vgl.
Corsten 1996c, S. 19).

Diese Abbildung verdeutlicht, dass es zwischen den Nachfragern und den Back-
office-Faktoren keinen unmittelbaren Kontakt gibt, sondern interne Kontaktfaktoren
immer dazwischen geschaltet sind. Diese Darstellung bietet darüber hinaus eine
Grundstruktur für ein zu erstellendes Blueprint. Auf dieser Grundlage können dann

Prüfungen der Funktionserfüllungen vorgenommen und so Ansatzpunkte für die Eliminierung unnötiger Prozesse und unproduktiver Warte- und Wegezeiten, sowie hinsichtlich der Zweckmäßigkeit der Reihenfolge der zu vollziehenden Aktivitäten offengelegt werden. Die identifizierten **Wartezeiten** können dabei unternehmungs-extern (z. B. Ausbleiben des externen Faktors) und/oder unternehmungsintern (z. B. interne Abstimmungsprobleme) induziert sein. Eine Gestaltung der durch den externen Faktor hervorgerufenen Wartezeiten zielt auf eine Einflussnahme des zeitlichen Anfalls der Nachfrage ab, um so extreme Schwankungen der Beschäftigung zu vermeiden (vgl. Corsten 1985c, S. 150). Unternehmungsintern induzierte Wartezeiten resultieren etwa aus einer unzureichenden Kapazitätsdimensionierung (vgl. Abschnitt 5.4.1) oder bedingen eine Veränderung der Reihenfolge der Aktivitäten und/oder der Zusammenarbeit der an der Dienstleistungserstellung beteiligten Mitarbeiter.

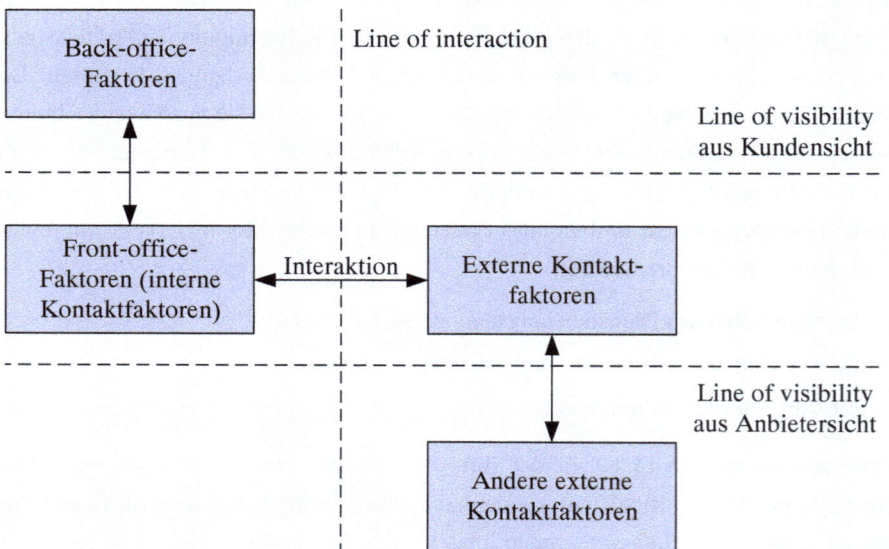

Abb. 6.3-2:   Faktoren des Leistungserstellungssystems

Um die Variationsbreite der zu erfüllenden Prozesse zu verringern, bietet sich darüber hinaus eine **Standardisierung** von Prozessen oder einzelner Prozessabschnitte an (vgl. Corsten 1996f, S. 16 ff.). Diese Vorgehensweise zielt auf eine Vereinfachung der Abläufe ab, die einerseits mit einer Verringerung der Ermessensspielräume für die Mitarbeiter verbunden ist und anderseits eine Lenkung des Nachfragerverhaltens anstrebt und damit auch Aspekte des Umschichtens von Aktivitäten zwischen Anbieter und Nachfrager impliziert.

Ein dritter Ansatzpunkt für ein Produktivitätsmanagement ist im Einsatz von Hilfsmitteln zu sehen. Bei personenbezogenen Dienstleistungen handelt es sich hierbei um **sachlich-technische Hilfsmittel** (z. B. EDV), die so eingesetzt werden, dass dabei einerseits die Interaktivität zwischen Nachfrager und Anbieter nicht leidet, sondern unterstützt wird und anderseits der Nachfrager dazu motiviert wird, im Rahmen des Erstellungsprozesses technische Hilfsmittel zu nutzen (vgl. Bischoff-Schilke 1992, S. 185). Ebenfalls lassen sich Abläufe transparenter und damit verständlicher machen, wie etwa durch die Visualisierung der Abläufe oder durch den Einsatz von Piktogrammen. Ein kombinativer Einsatz von Prozessstandardisierung und Hilfsmitteln für den Nachfrager kann ferner auf die Fähigkeitskomponente und die Aktivitätsgüte des Nachfragers positiven Einfluss haben und damit helfen, die nachfrageinduzierten Unsicherheiten im Erstellungsprozess zu reduzieren.

Literaturverzeichnis

Aaker, D.A.: Kriterien zur Identifikation dauerhafter Wettbewerbsvorteile, in: Wettbewerbsvorteile und Wettbewerbsfähigkeit, hrsg. v. H. Simon, Stuttgart 1988, S. 37-46

Abbott, L.: Qualität und Wettbewerb. Ein Beitrag zur Wirtschaftstheorie, München/ Berlin 1958

Adam, D.: Planung und Entscheidung. Modelle - Ziele - Methoden, 4. Aufl., Wiesbaden 1996

Adam, D.: Produktions-Management, 9. Aufl., Wiesbaden 1998

Adam, E.E.; Hershauer, J.C.; Ruch, W.A.: Measuring the Quality Dimension of Service Productivity. Missoury University-Columbia. Prepared for the National Science Foundation, Washington DC 1978

Adams, W.J.; Yellen, J.L.: Commodity Bundling and the Burden of Monopoly, in: Quarterly Journal of Economics, Vol. 90 (1976), S. 475-498

Adler, J.: Informationsökonomische Fundierung von Austauschprozessen im Marketing. Arbeitspapier Nr. 3 der Arbeitspapiere zur Marketingtheorie, hrsg. v. R. Weiber, Trier 1994

Ahlert, D.: Distributionspolitik. Das Management des Absatzkanals, 3. Aufl., Stuttgart/Jena 1996

Ahlert D.; Kawohl, J.: Best Practices des Solution Sellings. Projektbericht Nr. 1 der Westfälischen Wilhelms-Universität Münster, Münster 2008

Albach, H.: Dienstleistungsunternehmen in Deutschland, in: Zeitschrift für Betriebswirtschaft, 59. Jg. (1989), S. 397-420

Albach, H.; Fandel, G.; Schüler, W.: Hochschulplanung, Baden-Baden 1978

Albers, S.: Auswahl optimaler Produkteigenschaften, in: Handbuch Produktionsmanagement. Strategieentwicklung - Produktplanung - Organisation - Kontrolle, hrsg. v. S. Albers u. A. Herrmann, Wiesbaden 2000, S. 355-384

Albrecht, K.: At America's Service. How Corporations can Revolutionize the Way they Treat their Customers, Homewood 1988

Albrecht, K.; Bradford, L.J.: The Service Advantage - How to Identify and Fulfill Customer Needs, Homewood 1990

Albrecht, K.; Zemke, R.: Service-Strategien, Hamburg et al. 1987

Alderson, W.: Dynamic Marketing Behavior. A Functionalist Theory of Marketing, Homewood 1965

Alewell, K.; Rittmeier, B.: Dienstleistungsbetriebe als Gegenstand von Regionalförderungsmaßnahmen, Saarbrücken 1977

Allport, F.H.: Institutional Behaviour. Essays toward a Re-Interpreting of Contemporary Social Organization, New York 1933

Allport, F.H.: A Struturonomic Conception of Behaviour: Individual and Collective. Teil I: Structural Theory and the Master Problem of Social Psychology, in: Journal of Abnormal and Social Psychology, 64. Jg. (1962), H. 1, S. 3-30

Altenburger, O.A.: Potentialfaktoren als derivative Produktionsfaktoren der Dienstleistungsproduktion. Einige Gedanken zur Produktionstheorie der Dienstleistungen, in: Zeitschrift für Betriebswirtschaft, 49. Jg. (1979), S. 863-872

Altenburger, O.A.: Ansätze zu einer Produktions- und Kostentheorie der Dienstleistungen, Berlin 1980

Altfeld, J.: Anpassungsmöglichkeiten bei kurzfristigen Nachfrageänderungen im öffentlichen Personen-Nahverkehr, Diss. Hamburg 1969

Altobelli, C.F.; Bounken, R.B.: Wertkettenanalyse von Dienstleistungs-Anbietern, in: Handbuch Dienstleistungs-Marketing, Bd. 1 hrsg. v. A. Meyer, Stuttgart 1998, S. 282-296

Altrogge, G.: Flexibilität der Produktion, in: Handwörterbuch der Produktionswirtschaft, hrsg. v. W. Kern, 1. Aufl., Stuttgart 1979, Sp. 604-618

Alzenauer, T.; Krafft, M.: Submissionen, in: Handbuch Industriegütermarketing. Strategien - Instrumente - Anwendungen, hrsg. v. K. Backhaus u. M. Voeth, Wiesbaden 2004, S. 1057-1078

Andersson, T.D.; Hartman, T.E.: Reliability and Validity of DEA Models. Measures of Productivity and Efficiency related to the Choice of Variables for DEA, in: Eighth International Working Seminar on Production Economics, Pre-Prints, Vol. 1, o. Hrsg., Igls/Innsbruck 1994, S. 171-190

Arbeitskreis „Hax" der Schmalenbach-Gesellschaft: Unternehmerische Entscheidungen im Einkaufsbereich und ihre Bedeutung für die Unternehmensstruktur, in: Zeitschrift für betriebswirtschaftliche Forschung, 24. Jg. (1972), S. 765-783

Arbeitskreis „Marketing in der Investitionsgüter-Industrie" der Schmalenbach-Gesellschaft: Systems Selling, in: Zeitschrift für betriebswirtschaftliche Forschung, 27. Jg. (1975), S. 757-773

Arbinger, R.: Psychologie des Problemlösens. Eine anwendungsorientierte Einführung, Darmstadt 1997

Armistead, C.G.; Clark, G.: The „Coping" Capacity Management Strategy in Services and the Influence on Quality Performance, in: International Journal of Service Industry Management, Vol. 5 (1994), H. 2, S. 5-22

Arnold, U.: „Global Sourcing" - Ein Konzept zur Neuorientierung des Supply Management von Unternehmen, in: Globales Management - Erfolgreiche Strategien für den Weltmarkt, hrsg. v. M. Welge, Stuttgart 1990, S. 49-71

Arnold, U.: Beschaffungsmanagement, Stuttgart 1995

Arrow, K.J.; Harris, T.; Marschak, J.: Optimal Inventory Policy, in: Econometrica, Vol. 19 (1951), S. 250-272

Atul, G.; McDaniel, J.C.; Herath, S.K.: Quality Management in Service Firms. Sustaining Structures of Total Quality Service, in: Managing Service Quality, Vol. 15 (2005), S. 389-402

Bachmann, W.: Leistung und Leistungserstellung der Versicherungsunternehmen. Theoretische Ansätze und praktische Folgerungen im Lichte des Informationskonzeptes, Karlsruhe 1988

Backhaus, K. et al.: Multivariate Analysemethoden, 8. Aufl., Berlin/Heidelberg 1996

Bade, F.-J.: Regionale Beschäftigungsentwicklung und produktionsorientierte Dienstleistungen, Berlin 1987

Bain, J.S.: Industrial Organization, New York/London/Sydney 1968

Baker, T.K.: New Approaches to Yield Management: Comprehensive Overbooking/ Allocation Heuristics for the Hotel Industry, Diss. Ohio State University, Ann Arbor 1994

Baker, T.K.; Collier, D.A.: The Benefits of Optimizing Price to Manage Demand in Hotel Revenue Management Systems, in: Production and Operations Management, Vol. 12 (2003), S. 502-518

Baker, T.[K.]; Murthy, N.N.: A Framework for Estimating Benefits of Using Auctions in Revenue Management, in: Decision Sciences, Vol. 33 (2002), S. 385-413

Balderjahn, I.; Scholderer, J.: Konsumentenverhalten und Marketing. Grundlagen für Strategien und Maßnahmen, Stuttgart 2007

Baldwin, C.Y.; Clark, K.B.: Sun Wars. Competition within a Modular Cluster, 1985-1990, in: Competing in the Age of Digital Convergence, hrsg. v. D.B. Yoffie, Boston 1997, S. 123-157

Baligh, H.H.; Laughhunn, D.J.: An Economic and Linear Model of the Hospital, in: Health Services Research, Vol. 4 (1969), S. 293-303

Bamberger, I.; Wrona, T.: Der Ressourcenansatz und seine Bedeutung für die Strategische Unternehmensführung, in: Zeitschrift für betriebswirtschaftliche Forschung, 48. Jg. (1996), S. 130-153

Bänsch, A.: Käuferverhalten, 9. Aufl., München/Wien 2002

Banker, R.D.; Charnes, A.; Cooper, W.W.: Some Models for Estimating Technical and Scale Inefficiencies in Data Envelopment Analysis, in: Management Science, Vol. 30 (1984), S. 1078-1092

Barnard, C.I.: The Functions of the Executive, Cambridge 1938

Barnard, C.I.: Comments on the Job of the Executive, in: Harvard Business Review, Vol. 18 (1940), S. 295-308

Barney, J.: Firm Resources and Sustained Competitive Advantage, in: Journal of Management, Vol. 17 (1991), S. 99-120

Barth, K.: Handel, Produktion im, in: Handwörterbuch der Produktionswirtschaft, hrsg. v. W. Kern, 1. Aufl., Stuttgart 1979, Sp. 697-704

Barth, T.: Outsourcing unternehmensnaher Dienstleistungen. Ein konfigurierbares Modell für die optimale Gestaltung der Wertschöpfungskette, Frankfurt a.M. 2003

Bateson, J.E.[G.]: Perceived Control and the Service Experience, in: Handbook of Services Marketing & Management, hrsg. v. T.A. Swartz u. D. Iacobucci, Thousand Oaks/London/New Delhi 2000, S. 127-144

Bauer, E.: Markt-Segmentierung als Marketing-Strategie, Berlin 1976

Bauer, H.H.; Herrmann, A.: Preisfindung durch „Nutzenkalkulation" am Beispiel einer PKW-Kalkulation, in: Controlling, 5. Jg. (1993), S. 236-240

Baumol, W.J.: Macroeconomics of Unbalanced Growth: The Anatomy of Urban Crisis, in: American Economic Review, Vol. 57 (1967), S. 416-426

Beaucamp, A.: Standortanforderungen produktionsorientierter Dienstleistungsunternehmungen, Frankfurt a.M. 1995

Bebko, C.P.: Service Intangibility and its Impact on Consumer Expectations of Service Quality, in: Journal of Services Marketing, Vol. 14 (2000), H. 1, S. 9-26

Becker, F.G.: Marketingorientierte Ausrichtung der Personalentwicklung in Dienstleistungsunternehmen. Am Beispiel von Finanzdienstleistern, in: Internes Marketing. Integration der Kunden- und Mitarbeiterorientierung. Grundlagen, Implementierung, Praxisbeispiele, hrsg. v. M. Bruhn, Wiesbaden 1995, S. 391-413

Becker, R.: Kapazitätsplanung und -steuerung in Verwaltungsbetrieben, in: VOP: Verwaltungsführung, Organisation, Personal, o.Jg. (1995), S. 254-257

Becker, W.: Komplexitätskosten, in: Kostenrechnungspraxis, o. Jg. (1992), S. 171-173

Beckmann, M.J.: Decision and Team Problems in Airline Reservations, in: Econometrica, Vol. 26 (1958), S. 134-145

Behrens, S.: Grundlagen der prozeßorientierten Produktionstheorie, in: Die Theorie der Unternehmung in Forschung und Praxis, hrsg. v. H. Albach et al., Berlin/Heidelberg/New York 1999, S. 297-312

Behrens, S.: Produktionstheorie von Dienstleistungen, in: Moderne Produktionskonzepte für Güter- und Dienstleistungsproduktionen, hrsg. v. H. Wildemann, München 2003, S. 33-57

Beinhauer, M.; Schellhaas, K.-U.: Prozeßorientiertes Kostenmanagement im Bankenbereich, in: Kostenorientiertes Geschäftsprozeßmanagement. Methoden, Werkzeuge, Erfahrungen, hrsg. v. C. Berkau u. P. Hirschmann, München 1996, S. 313-341

Bell, D.: Die nachindustrielle Gesellschaft, Reinbek bei Hamburg 1979

Bell, M.L.: Tactical Service Marketing and the Process of Remixing, in: Marketing of Services, hrsg. v. J.H. Donnelly u. W.R. George, Chicago 1981a, S. 163-167

Bell, M.L.: A Matrix Approach to the Classification of Marketing Goods and Services, in: Marketing of Services, hrsg. v. J.H. Donnelly u. W.R. George, Chicago 1981b, S. 208-212

Bellinger, B.: Optimale Verkehrsbedienung durch kommunale Unternehmen, in: Nutzen-Kosten-Analyse und Programmbudget. Grundlage staatlicher Entscheidung und Planung, hrsg. v. H.C. Recktenwald, Tübingen 1970, S. 351-357

Bendixen, P.: Die Leistungserstellung der Güterverkehrsbetriebe, Diss. Hamburg 1966

Benkenstein, M.: Dienstleistungsqualität. Ansätze zur Messung und Implikationen für die Steuerung, in: Zeitschrift für Betriebswirtschaft, 63. Jg. (1993), S. 1095-1116

Benkenstein, M.: „Was heißt und zu welchem Ende studirt man?" ... Dienstleistungsmanagement, in: Management integrativer Leistungserstellung, hrsg. v. R. Gössinger u. G. Zäpfel, Berlin 2014, S. 99-120

Benkenstein, M.; Steiner, S.: Formen von Dienstleistungsinnovationen, in: Dienstleistungsinnovationen. Forum Dienstleistungsmanagement, hrsg. v. M. Bruhn u. B. Stauss, Wiesbaden 2004, S. 27-43

Benkenstein, M.; Waldschmidt, V.: Wertkettenanalyse und Service Value - Eine Diskussion im Lichte der Service Dominant Logic, in: Service Value als Werttreiber. Konzepte, Messung und Steuerung, hrsg. v. M. Bruhn u. K. Hadwich, Wiesbaden 2014, S. 205-221

Benkenstein, M.; Weichelt, K.: Divergenzen der Qualitätswahrnehmung zwischen Kunden und Mitarbeitern - Ansätze zur Gestaltung kundenwertgerechter Dienstleistungen, in: Dienstleistungsmanagement Jahrbuch 2000. Kundenbeziehungen im Dienstleistungsbereich, hrsg. v. M. Bruhn u. B. Stauss, Wiesbaden 2000, S. 47-72

Berczi, A.: Ein Vorschlag zur Verbesserung des Managements im öffentlichen Sektor durch systematische Messungen der operationalen Leistung, in: Annalen der Gemeinwirtschaft, 46. Jg. (1977), S. 233-253

Berekoven, L.: Die Besonderheiten der Werbung immaterieller Güter, in: Betriebswirtschaft und Marktpolitik, hrsg. v. E. Kosiol u. E. Sundhoff, Köln/Opladen 1968, S. 19-30

Berekoven, L.: Der Dienstleistungsbetrieb. Wesen - Struktur - Bedeutung, Wiesbaden 1974

Berekoven, L.: Der Dienstleistungsmarkt in der Bundesrepublik Deutschland, Göttingen 1983

Berekoven, L.; Eckert, W.; Ellenrieder, P.: Marktforschung - methodische Grundlagen und praktische Anwendungen, 6. Aufl., Wiesbaden 1993

Berry, L.L.: Relationship Marketing, in: Emerging Perspectives on Services Marketing, hrsg. v. L.L. Berry, G.L. Shostack u. G.D. Upah, Chicago 1983, S. 25-28

Berry, L.L.: Big Ideas in Services Marketing, in: Creativity in Services Marketing, Proceedings Series, hrsg. v. D.M. Schmalensee u. C. Marshall, Chicago 1986, S. 6-8

Berry, L.L.: Discovering the Soul of Service. The Nine Drivers of Sustainable Business Success, New York 1999

Berry, L.L.; Burke, M.C.; Hensel, J.S.: Improving Retailer Capability for Effective Consumerism Response, in: Journal of Retailing, Vol. 52 (1976), S. 3-14 und S. 94

Berry, L.L.; Parasuraman, A.: Marketing Service. Competing Through Quality, New York et al. 1991

Berry, L.L.; Yadav, M.S.: Oft falsch berechnet und verwirrend - die Preise für Dienstleistungen, in: Harvard Business Manager, 19. Jg (1997), H. 1, S. 57-67

Bertsch, L.H.: Expertensystemgestützte Dienstleistungskostenrechnung, Stuttgart 1991

Bertsch, L.H.: Yield Management, in: Handwörterbuch der Produktionswirtschaft, hrsg. v. W. Kern, H.-H. Schröder u. J. Weber, 2. Aufl., Stuttgart 1996, Sp. 2257-2270

Bester, H.: Theorie der Industrieökonomik, Berlin et al. 2000

Betge, P.: Kapazität und Beschäftigung, in: Handwörterbuch der Produktionswirtschaft, hrsg. v. W. Kern, H.-H. Schröder u. J. Weber, 2. Aufl., Stuttgart 1996, Sp. 852-861

Bettencourt, L.A.; Gwinner, K.: Customization of the Service Experience: The Role of the Frontline Employee, in: International Journal of Service Industry Management, Vol. 7 (1996), H. 2, S. 3-20

Beuermann, G.: Produktionsfaktoren, in: Handwörterbuch der Produktionswirtschaft, hrsg. v. W. Kern, H.-H. Schröder u. J. Weber, 2. Aufl., Stuttgart 1996, Sp. 1494-1505

Bezold, T.: Zur Messung der Dienstleistungsqualität. Eine theoretische und empirische Studie zur Methodenentwicklung unter besonderer Berücksichtigung des ereignisorientierten Ansatzes, Frankfurt a.M. et al. 1996

Bhagwati, J.N.: Splintering and Disembodiment of Services and Developing Nations, in: The World Economy, Vol. 7 (1984), S. 133-143

Bharadwaj, S.G.; Varadarajan, P.R.; Fahy, J.: Sustainable Competitive Advantage in Service Industries: A Conceptual Model and Research Propositions, in: Journal of Marketing, Vol. 57 (1993), H. 1, S. 83-99

Bhargava, H.K.: Mixed Bundling of Two Independently Valued Goods, in: Management Science, Vol. 59 (2013), S. 2170-2185

Biema, M.v.; Greenwald, B.: Managing Our Way to Higher Service-Sector Productivity, in: Harvard Business Review, Vol. 75 (1997), July-August, S. 87-95

Biermann, K.: Leistungserstellung, in: Handwörterbuch der Versicherung, hrsg. v. D. Farny et al., Karlsruhe 1988, S. 439-445

Bischoff-Schilke, K.: Technisierung personenbezogener Dienstleistungen, Hamburg 1992

Bitner, M.J.: Evaluating Service Encounters: The Effects of Physical Surroundings and Employee Responses, in: Journal of Marketing, Vol. 54 (1990), April, S. 69-82

Bitner, M.J.: Servicescapes: The Impact of Physical Surroundings on Customers and Employees, in: Journal of Marketing, Vol. 56 (1992), April, S. 57-71

Bitner, M.J.; Booms, B.H.; Tetreault, M.S.: Critical Incidents in Service Encounters, in: Designing a Winning Service Strategy, Proceedings Series, hrsg. v. M.J. Bitner u. L.A. Crosby, Chicago 1989, S. 89-99

Bitner, M.J.; Nyquist, J.D.; Booms, B.H.: The Critical Incident as a Technique for Analyzing the Service Encounter, in: Services Marketing in a Changing Environment, Proceedings Series, hrsg. v. T.M. Bloch, G.D. Upah u. V.A. Zeithaml, Chicago 1985, S. 48-51

Bitran, G.; Caldenty, R.: An Overview of Pricing Models for Revenue Management, in: Manufacturing & Service Operations Management, Vol. 5 (2003), S. 203-229

Bleicher, K.: Organisation: Strategien - Strukturen - Kulturen, 2. Aufl., Wiesbaden 1991

Bloech, J.: Die Position der Beschaffungsstrategie in der Unternehmungsführung, in: Beschaffung - ein Schwerpunkt der Unternehmungsführung, hrsg. v. G. Theuer, W. Schiebel u. R. Schäfer, Landsberg a.L. 1986, S. 115-129

Bloech, J.: Produktionsfaktoren, in: Handwörterbuch der Betriebswirtschaft, hrsg. v. W. Wittmann et al., 5. Aufl., Stuttgart 1993, Sp. 3405-3415

Blum, U.: Volkswirtschaftslehre. Studienhandbuch, München/Wien 1992

Böcker, F.; Dichtl, E.: Marketing, in: Allgemeine Betriebswirtschaftslehre, Bd. 3: Leistungsprozeß, hrsg. v. F.X. Bea, E. Dichtl u. M. Schweitzer, 5. Aufl., Stuttgart 1991, S. 121-182

Bode, J.: Betriebliche Produktion von Information, Wiesbaden 1993

Boer, L. de; Labro, E.; Morlacchi, P.: A Review of Methods Supporting Supplier Selection, in: European Journal of Purchasing & Supply Management, Vol. 7 (2001), S. 75-89

Bogaschewsky, R.: Natürliche Umwelt und Produktion. Interdependenzen und betriebliche Anpassungsstrategien, Wiesbaden 1995

Böhmann, T.; Junginger, M.; Krcmar, H. (2002): Modular Service Architectures - A Concept and Method for Engineering IT Services. Nr. 110 der Arbeitspapiere des Lehrstuhls für Wirtschaftsinformatik der Universität Hohenheim, hrsg. v. H. Krcmar, Stuttgart

Böhmann, T.; Krcmar, H.: Modulare Servicearchitekturen, in: Service Engineering. Entwicklung und Gestaltung innovativer Dienstleistungen, hrsg. v. H.-J. Bullinger u. A.-W. Scheer, 2. Aufl., Berlin/Heidelberg/New York 2006, S. 377-401

Bohr, K.: Produktionsfaktorsysteme, in: Handwörterbuch der Produktionswirtschaft, hrsg. v. W. Kern, 1. Aufl., Stuttgart 1979, Sp. 1481-1493

Bohr, K.: Wirtschaftlichkeit, in: Handwörterbuch des Rechnungswesens, hrsg. v. E. Kosiol, K. Chmielewicz u. M. Schweitzer, 2. Aufl., Stuttgart 1981, Sp. 1795-1805

Bohr, K.: Effizienz und Effektivität, in: Handwörterbuch der Betriebswirtschaft, hrsg. v. W. Wittmann et al., 5. Auflage, Stuttgart 1993, Sp. 855-869

Böhrs, H.: Produktivitätsermittlung industrieller Betriebe, München 1970

Bolsenkötter, H.: Betriebswirtschaftslehre der Hochschule, in: Zeitschrift für betriebswirtschaftliche Forschung, 29. Jg. (1977), S. 383-398

Booms, B.H.; Bitner M.J.: Marketing Strategies and Organization Structures for Service Firms, in: Marketing of Services, hrsg. v. J.H. Donnelly u. W.R. George, Chicago 1981, S. 47-51

Börsig, C.; Gabele, E.: Entscheidungskriterien von Verwendern und Werbeinhalte der Hersteller auf dem Markt für Standard-Anwendersoftware, in: Die Betriebswirtschaft, 38. Jg. (1978), S. 567-586

Bösl, K.-H.: Produktivitätsmessungen von produktbegleitenden Dienstleistungen im industriellen Anlagengeschäft, Diss. Nürnberg 1987

Botschen, G.; Mühlbacher, H.: Zielgruppenprogramm - Zielgruppenorientierung durch Nutzensegmentierung, in: Handbuch Dienstleistungs-Marketing, hrsg. v. A. Meyer, Stuttgart 1998, S. 681-692

Bottler, J.: Großhaushalte(n), Produktion in, in: Handwörterbuch der Produktionswirtschaft, hrsg. v. W. Kern, 1. Aufl., Stuttgart 1979, Sp. 689-696

Boulding, W. et al.: Conceptualizing and Testing a Dynamic Process Model of Service Quality. Report No. 92121, Marketing Science Institute, Cambridge 1992

Boulding, W. et al.: A Dynamic Process Model of Service Quality: From Expectations to Behavioral Intentions, in: Journal of Marketing Research, Vol. 30 (1993), S. 7-27

Boyd, E.A.; Bilegan, I.C.: Revenue Management and E-Commerce, in: Management Science, Vol. 49 (2003), S. 1363-1386

Brachmann, H.: Grundlagen einer Produktionslehre des Versicherungsbetriebes. Ein Beitrag zur Formulierung einer Versicherungsbetriebslehre, Thun/Frankfurt a.M. 1989

Brachmann, H.: Zur Kombination der Produktionsfaktoren Schadenvergütung, Sicherheitsmittel und Rückversicherung, in: Versicherungswirtschaft, 49 Jg. (1994), S. 998-1001

Brandt, D.R.: A Procedure for Identifying Value-Enhancing Service Components Using Customer Satisfaction Survey Data, in: Add Value to your Service, AMA Proceeding Series, hrsg. v. C. Surprenant, Chicago 1987, S. 61-65

Brandt, D.R.; Reffett, K.L.: Focusing on Customer Problems to Improve Service Quality, in: Designing a Winning Service Strategy, AMA Proceeding Series, hrsg. v. M.J. Bitner u. L.A. Crosby, Chicago 1989, S. 92-97

Brede, H.: Entwicklungstrends in Kostenrechnung und Kostenmanagement, in: Die Unternehmung, 47. Jg. (1993), S. 333-357

Breitfeld, R.: Anpassungsmodelle auf der Grundlage stochastischer Produktionsfunktionen. Faktoreinsatz und Leistungserstellung im Handelsbetrieb, Wiesbaden 1976

Bressand, A.: Dienstleistungen in der neuen „Weltwirtschaft": Auf der Suche nach einem konzeptionellen Bezugsrahmen, in: Perspektiven der Dienstleistungswirtschaft, hrsg. v. E. Pestel, Göttingen 1986, S. 73-82

Bretzke, W.-R.: Der Problembezug von Entscheidungsmodellen, Tübingen 1980

Breunig, B.: Die Überprüfung öffentlicher Aufträge nach dem geltenden Preisrecht, in: Wirtschaftswissenschaftliches Studium, 14. Jg. (1985), S. 418-420

Brink, H.-J.: Strategische Beschaffungsplanung, in: Zeitschrift für Betriebswirtschaft, 53. Jg. (1983), S. 1090-1113

Brockhoff, K.: Technischer Fortschritt II: im Betrieb, in: Handwörterbuch der Wirtschaftswissenschaften, hrsg. v. W. Albers et al., Stuttgart et al. 1977, S. 583-609

Brockhoff, K.: Forschung und Entwicklung. Planung und Kontrolle, München/Wien 1988a

Brockhoff, K.: Produktpolitik, 2. Aufl., Stuttgart/New York 1988b

Brockhoff, K.: Produktpolitik, 4. Aufl., Stuttgart/Jena 1999

Brogowicz, A.A.; Delene, L.M.; Lyth, D.M.: A Synthesised Service Quality Model with Managerial Implications, in: International Journal of Service Industry Management, Vol. 1 (1990), H. 1, S. 27-45

Brown, T.J.; Kirmani, A.: The Influence of Preencounter Affect on Satisfaction with an Anxiety-Provoking Service Encounter, in: Journal of Service Research, Vol. 1 (1999), S. 333-346

Bruggemann, A.: Zur Unterscheidung verschiedener Formen von „Arbeitszufriedenheit", in: Arbeit und Leistung, 28. Jg. (1974), S. 281-284

Bruggemann, A.: Zur empirischen Untersuchung verschiedener Formen von Arbeitszufriedenheit, in: Zeitschrift für Arbeitswissenschaft, 30. Jg. (1976), S. 71-74

Bruhn, M.: Qualitätsmanagement für Dienstleistungen. Grundlagen, Konzepte, Methoden, 2. Aufl., Berlin et al. 1997

Brümmerhoff, D.: Produktivität des öffentlichen Sektors, in: Finanzarchiv, Bd. 34 (1976), S. 226-243

Brüning, C.: Zum Verhältnis von öffentlichem Preisrecht und Vergaberecht, in: Zeitschrift für deutsches und internationales Bau- und Vergaberecht, 35. Jg. (2012). S. 642-645

Buchholz, W.: Krankenhaus im Wettbewerb, Berlin 1983

Buchmann, K.-H.: Quantitative Planung des Marketing-Mix auf der Grundlage empirisch verfügbarer Informationen, Berlin/New York 1973

Bucksch, R.; Rost, P.: Einsatz der Wertanalyse zur Gestaltung erfolgreicher Produkte, in: Zeitschrift für betriebswirtschaftliche Forschung, 37. Jg. (1985), S. 350-361

Buddeberg, H.: Betriebslehre des Binnenhandels, Wiesbaden 1959

Buggert, W.: Dysfunktionale Verhaltenswirkungen von Budgetierungssystemen, in: Controller Magazin, o. Jg. (1991), H. 1, S. 28-38

Bühner, R.: Betriebswirtschaftliche Organisationslehre, 9. Aufl., München/Wien 1999

Burghard, W.; Kleinaltenkamp, M.: Standardisierung und Individualisierung - Gestaltung der Schnittstelle zum Kunden, in: Customer Integration. Von der Kundenorientierung zur Kundenintegration, hrsg. v. M. Kleinaltenkamp, S. Fließ u. F. Jacob, Wiesbaden 1996, S. 163-176

Burmann, C.: Konsumentenzufriedenheit als Determinante der Marken und Händlerloyalität, in: Marketing - Zeitschrift für Forschung und Praxis, 13. Jg. (1991), S. 249-258

Burr, W.: Service Engineering bei technischen Dienstleistungen. Eine ökonomische Analyse der Modularisierung, Leistungstiefengestaltung und Systembündelung, Wiesbaden 2002

Burr, W.: Chancen und Risiken der Modularisierung von Dienstleistungen aus betriebswirtschaftlicher Sicht, in: Konzepte für das Service Engineering. Modularisierung, Prozessgestaltung und Produktivitätsmanagement, hrsg. v. T. Herrmann, U. Kleinbeck u. H. Krcmar, Heidelberg 2005, S. 17-44

Büschgen, H.E.: Kreditwirtschaft, Produktion in der, in: Handwörterbuch der Produktionswirtschaft, hrsg. v. W. Kern, 1. Aufl., Stuttgart 1979, Sp. 992-998

Busse von Colbe, W.: Budgetierung und Planung, in: Handwörterbuch der Planung, hrsg. v. N. Szyperski, Stuttgart 1989, Sp. 176-182

Busse von Colbe, W.; Laßmann, G.: Betriebswirtschaftstheorie. Bd. 1: Grundlagen, Produktions- und Kostentheorie, 4. Aufl., Berlin et al. 1988

Büttgen, M.: Yield Management, in: Die Betriebswirtschaft, 56. Jg. (1996), S. 260-263

Büttgen, M.: Marktorientiertes Informationsmanagement in Dienstleistungsunternehmen, Wiesbaden 2000

Büttgen, M.; Ludwig, M.: Mass-Customization von Dienstleistungen. Arbeitspapier des Instituts für Markt- und Distributionsforschung der Universität zu Köln, hrsg. v. R. Köhler, Köln 1997

Butz, E.: Die Anpassung des technisch-organisatorischen Bereichs von Kreditinstituten. Ein Beitrag zur allgemeinen Theorie des Bankbetriebes, Wiesbaden 1969

Buzacott, J.A.; Shanthikumar, J.G.: Stochastic Models of Manufacturing Systems, Upper Saddle River 1993

Buzzel, R.D.; Gale, B.T.: Das PIMS-Programm. Strategien und Unternehmenserfolg, Wiesbaden 1989

Cabot, R.: Suggestions for the Reorganization of Hospital Out-Patient Departments, with Special Reference to the Improvement of Treatment, in: Maryland Medical Journal. A Journal of Medicine and Surgery, Vol. 50 (1907), H. 3, S. 81-91

Cadotte, E.R.; Woodruff, R.B.; Jenkins, R.L.: Expectation and Norms in Models of Consumer Satisfaction, in: Journal of Marketing Research, Vol. 24 (1987), S. 305-314

Callahan, R.E.: Education and the Cult of Efficiency. A Study of the Social Forces that have Shaped the Administration of the Public Schools, Chicago/London 1962

Canton, I.D.: How Manufacturers Can Move into the Service Business, in: The Journal of Business Strategy, Vol. 9 (1988), H. 4, S. 40-44

Carlsson, B.: Flexibility and the Theory of the Firm, in: International Journal of Industrial Organization, Vol. 7 (1989), S. 179-203

Carlzon, J.: Alles für den Kunden, Frankfurt a.M./New York 1988

Carman, J.M.; Langeard, E.: Growth Strategies for Service Firms, in: Strategic Management Journal, Vol. 1 (1980), H. 1, S. 7-22

Carp, H.-J.: Der Transformationsprozeß in Dienstleistungsunternehmungen, Diss. Berlin 1974

Casagranda, M.: Industrielles Service-Management. Grundlagen - Instrumente - Perspektiven, Wiesbaden 1994

Caspar, R.: Ökonomische Konzeption einer rationalen Hochschulplanung, Weinheim/Berlin/Basel 1970

Cassel, D.; Kruber, K.-P.: Sektoraler Strukturwandel der Wirtschaft, in: Wirtschaftswissenschaftliches Studium, 3. Jg. (1974a), S. 314-318

Cassel, D.; Kruber, K.-P.: Prognosen des sektoralen Strukturwandels für die Bundesrepublik Deutschland, in: Wirtschaftswissenschaftliches Studium, 3. Jg. (1974b), S. 341-343

Chamberlin, E.H.: The Product As An Economic Variable, in: The Quarterly Journal of Economics, Vol. 67 (1953), S. 1-29

Charnes, A.; Cooper, W.W.: The Stepping Stone Method of Explaining Linear Programming Calculations in Transportation Problems, in: Management Science, Vol. 1 (1954), S. 49-69

Charnes, A.; Cooper, W.W.; Rhodes, E.: Measuring the Efficiency of Decision Making Units, in: European Journal of Operational Research, Vol. 2 (1978), S. 429-444

Chase, R.B.: Where Does the Consumer Fit in a Service Operation?, in: Harvard Business Review, Vol. 56 (1978), H. 6, S. 137-142

Chase, R.B.; Tansik, D.A.: The Customer Contact Model for Organization Design, in: Management Science, Vol. 29 (1983), S. 1037-1050

Chen, K.-M.; Liu, R.-J.: Interface Strategies in Modular Production Innovation, in: Technovation, Vol. 25 (2005), S. 771-782

Chen, Y. et al.: Additive Efficiency Decomposition in Two-Stage DEA, in: European Journal of Operational Research, Vol. 196 (2009), S. 1170-1176

Chenet, P.; Tynan, C.; Money, A.: Service Performance Gap: Re-evaluation and Redevelopment, in: Journal of Business Research, Vol. 46 (1999), S. 133-147

Chew, W.B.: Produktivität - was ist das eigentlich?, in: Harvardmanager, 10. Jg. (1988), H. 3, S. 111-118

Chiang, W.-C.; Chen, J.C.H.; Xu, X.: An Overview of Research on Revenue Management: Current Issues and Future Research, in: International Journal of Revenue Management, Vol. 1 (2007), S. 97-128

Chini, L.W.: Rationalisierung von Dienstleistungsunternehmen, in: Rationalisierung von Dienstleistungsunternehmen, hrsg. v. G. Horke u. L.W. Chini, Berichte des Instituts für Allgemeine Soziologie und Wirtschaftssoziologie, H. 9, Wien 1975, S. 20-73

Chiou, Y.-C.; Lan, L.W.; Yen, B.T.H.: A Joint Measurement of Efficiency and Effectiveness for Non-Storable Commodities: Integrated Data Envelopment Analysis Approaches, in: European Journal of Operational Research, Vol. 201 (2010), S. 477-489

Chisnall, P.M.: Strategic Industrial Marketing, Englewood Cliffs et al.1985

Chmielewicz, K.: Grundlagen der industriellen Produktgestaltung, Berlin 1967

Chmielewicz, K.: Produktgestaltung, in: Handwörterbuch der Produktionswirtschaft, hrsg. v. W. Kern, 1. Aufl., Stuttgart 1979, Sp. 1450-1465

Chudy, B.; Sant, R.: Customer Driven Competitive Positioning - An Approach Towards Developing an Effective Customer Service Strategy, in: The Ideal Product, The Ideal Customer, The Ideal Company? - New Perspectives in Customer Satisfaction Research, ESOMAR Conference Proceedings, London 1993, S. 125-146

Clark, C.: The Conditions of Economic Progress, 3. Aufl., London 1957

Clemons, E.K.; Hann, I.-H.; Hitt, L.M.: Price Dispersion and Differentiation in Online Travel: An Empirical Investigation, in: Management Science, Vol. 48 (2002), S. 534-549

Coelli, T.; Rao, D.S.P.; Battese, G.E.: An Introduction to Efficiency and Productivity Analysis, Boston/Dordrecht/London 1998

Coenenberg, A.G.: Kostenrechnung und Kostenanalyse, 2. Aufl., Landsberg a.L. 1993

Coenenberg, A.G.; Fischer, T.M.: Prozeßkostenrechnung - Strategische Neuorientierung in der Kostenrechnung, in: Die Betriebswirtschaft, 51. Jg. (1991), S. 21-38

Collier, D.A.: Service Management. Operating Decisions, Englewood Cliffs 1987

Conen, R.: Zum Problem der Effizienzermittlung industrieller Forschungs- und Entwicklungsbereiche, Diss. Mainz 1986

Cooper, R.G.: The New Product Process: An Empirically-Based Classification Scheme, in: R & D Management, Vol. 13 (1983), S. 1-13

Cooper, R.G.: New Product Strategies: What Distinguishes the Top Performers?, in: The Journal of Product Innovation Management, Vol. 1 (1984), S. 151-164

Corsten, H.: Zum Problem der Mehrstufigkeit in der Dienstleistungsproduktion, in: Jahrbuch der Absatz- und Verbrauchsforschung, 30. Jg. (1984), S. 253-272

Corsten, H.: Rationalisierungsmöglichkeiten in Dienstleistungsunternehmungen, in: Jahrbuch der Absatz- und Verbrauchsforschung, 31. Jg. (1985a), S. 23-48

Corsten, H.: Zum Problem der Rationalisierung in Dienstleistungsunternehmungen, Braunschweiger Wirtschaftswissenschaftliche Arbeitspapiere, Reihe: Dienstleistungsökonomie, Nr. 1, hrsg. v. H. Corsten, Braunschweig 1985b

Corsten, H.: Die Produktion von Dienstleistungen, Berlin 1985c

Corsten, H.: Produktionsfaktorsysteme, in: Das Wirtschaftsstudium, 15. Jg. (1986a), S. 173-179

Corsten, H.: Zur Diskussion der Dienstleistungsbesonderheiten und ihre ökonomischen Auswirkungen, in: Jahrbuch der Absatz- und Verbrauchsforschung, 32. Jg. (1986b), S. 16-41

Corsten, H.: Dienstleistungen in produktionstheoretischer Interpretation, in: Das Wirtschaftsstudium, 17. Jg. (1988a), S. 81-87

Corsten, H.: Zielbildung als interaktiver Prozeß, in: Das Wirtschaftsstudium, 17. Jg. (1988b), S. 337-344

Corsten, H.: Betriebswirtschaftslehre der Dienstleistungsunternehmungen, München/ Wien 1988c

Corsten, H.: Komponenten und Instrumente der produktionswirtschaftlichen Flexibilität, in: Das Wirtschaftsstudium, 17. Jg. (1988d), Studienblatt

Corsten, H.: Dienstleistungsmarketing. Elemente und Strategien, in: Jahrbuch der Absatz- und Verbrauchsforschung, 35. Jg. (1989), S. 23-40

Corsten, H.: Externalisierung und Internalisierung als strategische Optionen von Dienstleistungsunternehmungen, in: Dienstleistungsqualität. Konzepte - Methoden - Erfahrungen, hrsg. v. M. Bruhn u. B. Stauss, Wiesbaden 1991, S. 165-182

Corsten, H.: Kapazitätsplanung in Dienstleistungsunternehmungen, in: Kapazitätsmessung, Kapazitätsgestaltung, Kapazitätsoptimierung - eine betriebswirtschaftliche Kernfrage, Festschrift zum 65. Geburtstag von Werner Kern, hrsg. v. H. Corsten et al., Stuttgart 1992, S. 229-254

Corsten, H.: Dienstleistungsproduktion, in: Handwörterbuch der Betriebswirtschaft, hrsg. v. W. Wittmann et al., 5. Aufl., Stuttgart 1993, Sp. 765-776

Corsten, H.: Gestaltungsbereiche des Produktionsmanagement, in: Handbuch Produktionsmanagement, hrsg. v. H. Corsten, Wiesbaden 1994a, S. 5-21

Corsten, H.: Produktivitätsmanagement bilateraler personenbezogener Dienstleistungen, in: Dienstleistungsproduktion, hrsg. v. H. Corsten u. W. Hilke, Wiesbaden 1994b, S. 43-77

Corsten, H.: Versicherungsproduktion - Vergleichende Analyse des Versicherungsschutzkonzeptes und des Informationskonzeptes der Versicherung, in: Dieter Farny und die Versicherungswissenschaft, hrsg. v. R. Schwebler, Karlsruhe 1994c, S. 63-87

Corsten, H.: Global Sourcing - Ein Konzept zur Stärkung der Wettbewerbsfähigkeit von Unternehmungen, in: Die Unternehmung im internationalen Wettbewerb, hrsg. v. L. Schuster, Berlin 1994d, S. 187-210

Corsten, H.: Wettbewerbsstrategien - Möglichkeiten einer simultanen Strategieverfolgung, in: Handbuch Unternehmungsführung, hrsg. v. H. Corsten u. M. Reiß, Wiesbaden 1995a, S. 341-354

Corsten, H.: Verordnung über die Preise bei öffentlichen Preisen, in: Lexikon der Betriebswirtschaftslehre, hrsg. v. H. Corsten, 3. Aufl., München/Wien 1995b, S. 1002-1006

Corsten, H.: Kontrolle, in: Lexikon der Betriebswirtschaftslehre, hrsg. v. H. Corsten, 3. Aufl., München/Wien 1995c, S. 475-479

Corsten, H.: Grundlagen und Elemente des Prozeßmanagement, Nr. 4 der Schriften zum Produktionsmanagement, hrsg. v. H. Corsten, Kaiserslautern 1996a

Corsten, H.: Produktionsstrukturen - aktuelle Trends und künftige Entwicklungen, in: Zukunftsorientiertes Management. Handlungshinweise für die Praxis, hrsg. v. H. Bruch, M. Eickhoff u. H. Thiem, Frankfurt a.M. 1996b, S. 218 - 233

Corsten, H.: Ansatzpunkte für ein Ökologiemanagement in Banken, Nr. 7 der Schriften zum Produktionsmanagement der Universität Kaiserslautern, hrsg. v. H. Corsten, Kaiserslautern 1996c

Corsten, H.: Dienstleistungsproduktion, in: Handwörterbuch der Produktionswirtschaft, hrsg. v. W. Kern, J. Weber u. H.-H. Schröder, 2. Aufl., Stuttgart 1996d, Sp. 339-352

Corsten, H.: Controlling in Dienstleistungsunternehmungen, in: Lexikon des Controlling, hrsg. v. C. Schulte, München/Wien 1996e, S. 161-166

Corsten, H.: Rationalisierungsmanagement in Dienstleistungsunternehmungen, Nr. 6 der Schriften zum Produktionsmanagement, hrsg. v. H. Corsten, Kaiserslautern 1996f

Corsten, H.: Geschäftsprozeßmanagement - Grundlagen, Elemente und Konzepte, in: Management von Geschäftsprozessen. Theoretische Ansätze - Praktische Beispiele, hrsg. v. H. Corsten, Stuttgart/Berlin/Köln 1997, S. 9-57

Corsten, H.: Ansatzpunkte für ein integratives Dienstleistungsmanagement, in: Handbuch Dienstleistungsmanagement - Von der strategischen Konzeption zur praktischen Umsetzung, hrsg. v. M. Bruhn u. H. Meffert, Wiesbaden 1998a, S. 75-94

Corsten, H.: Ansatzpunkte für ein Rationalisierungsmanagement von Dienstleistungsanbietern, in: Handbuch Dienstleistungs-Marketing, hrsg. v. A. Meyer, Stuttgart 1998b, S. 607-624

Corsten, H.: Dienstleistungen in ökonomischer Sicht, in: Markt - Kunde - Vertrauen - Zukunft diakonischer Dienstleistungen, 3. Management-Symposium der Diakonischen Heime in Kästorf e.V. am 30./31. Oktober 1998, hrsg. v. E. Kahle, Lüneburg 1999a, S. 71-99

Corsten, H.: Beschaffung, in: Betriebswirtschaftslehre, hrsg. v. H. Corsten u. M. Reiß, 3. Aufl., München/Wien 1999b, S. 629-721

Corsten, H.: Der Integrationsgrad des externen Faktors als Gestaltungsparameter in Dienstleistungsunternehmungen - Voraussetzungen und Möglichkeiten der Externalisierung und Internalisierung, in: Dienstleistungsqualität. Konzepte - Methoden - Erfahrungen, hrsg. v. M. Bruhn u. B. Stauss, 3. Aufl., Wiesbaden 2000a, S. 145-168

Corsten, H.: Wettbewerbsstrategische Überlegungen zu virtuellen Unternehmungen. Nr. 36 der Schriften zum Produktionsmanagement, hrsg. v. H. Corsten, Kaiserslautern 2000b

Corsten, H.: Controlling der Dienstleistungsproduktion, in: Aktuelle Aspekte des Controllings. Festschrift für Hans-Jörg Hoitsch, hrsg. v. V. Lingnau u. H. Schmitz, Heidelberg 2002, S. 49-72

Corsten, H.; Corsten, H.; Gössinger, R.: Projektmanagement. Einführung, 2. Aufl., München/Wien 2008

Corsten, H.; Corsten, H.; Sartor, C.: Operations Research. Eine problemorientierte Einführung, München 2005

Corsten, H.; Corsten, M.: Einführung in das strategische Management, Konstanz/München 2012

Corsten, H.; Dresch, K.-M.; Gössinger, R.: Wettbewerbsstrategische Grundorientierungen für Dienstleistungsunternehmungen - Entwurf und Konkretisierung eines integrativen Konzeptes. Nr. 70 der Schriften zum Produktionsmanagement, hrsg. v. H. Corsten, Kaiserslautern 2004

Corsten, H.; Dresch, K.-M.; Gössinger, R.: Wettbewerbsstrategien für Dienstleistungen - Konzeptionelle Grundlagen und Ansatzpunkte für Konkretisierungen, in: Dienstleistungsökonomie. Beiträge zu einer theoretischen Fundierung, hrsg. v. H. Corsten u. R. Gössinger, Berlin 2005, S. 361-403

Corsten, H.; Dresch, K.-M.; Gössinger, R.: Modularisierung von Dienstleistungen - Eine koordinationsorientierte Analyse. Nr. 81 der Schriften zum Produktionsmanagement, hrsg. v. H. Corsten, Kaiserslautern 2006

Corsten, H.; Friedl, B.: Konzeption und Ausgestaltung des Produktionscontrolling, in: Einführung in das Produktionscontrolling, hrsg. v. H. Corsten u. B. Friedl, München 1999, S. 1-64

Corsten, H.; Gössinger, R.: Entwurf eines Konzeptes zur EDV-gestützten Organisation von Variantenstücklisten, Nr. 25 der Schriften zum Produktionsmanagement der Universität Kaiserslautern, hrsg. v. H. Corsten, Kaiserslautern 1998

Corsten, H.; Gössinger, R.: Dezentrale Koordination der Produktionsplanung und -steuerung als unternehmungsinterne Dienstleistung, in: Wettbewerbsfaktor Dienstleistung. Produktion von Dienstleistungen - Produktion als Dienstleistung, hrsg. v. H. Corsten u. H. Schneider, München 1999a, S. 255-282

Corsten, H.; Gössinger, R.: Die opportunistische Koordinierung als Leitidee für die Produktionsplanung und -steuerung, in: Innovation in der Produktionssteuerung, hrsg. v. A. Tuma, S. Franke u. H.-D. Haasis, Marburg 1999b, S. 143-160

Corsten, H.; Gössinger, R.: Auktionen zur marktlichen Koordination in Unternehmungsnetzwerken, in: Unternehmungsnetzwerke. Formen unternehmungsübergreifender Zusammenarbeit, hrsg. v. H. Corsten, München/Wien 2001, S. 59-81

Corsten, H.; Gössinger, R.: Rahmenkonzept zur integrativen Modellierung von Dienstleistungen, Nr. 58 der Schriften zum Produktionsmanagement, hrsg. v. H. Corsten, Kaiserslautern 2003a

Corsten, H.; Gössinger, R.: Eigenschaftsorientierte Modellierung von Kalkülen zur Flexibilitätsgestaltung in Dienstleistungsunternehmungen, Nr. 60 der Schriften zum Produktionsmanagement, hrsg. v. H. Corsten, Kaiserslautern 2003b

Corsten, H.; Gössinger, R.: Produktionstheoretische Untersuchung zur Output-Flexibilität von Dienstleistungen. Nr. 61 der Schriften zum Produktionsmanagement, hrsg. v. H. Corsten, Kaiserslautern 2003c

Corsten, H.; Gössinger, R.: Dienstleistungscontrolling - Konzeptioneller Rahmen und Gestaltungsfelder, in: Trendberichte zum Controlling. Festschrift für Heinz Lothar Grob, hrsg. v. F. Bensberg, J.v. Brocke u. M.B. Schultz, Heidelberg 2004a, S. 311-343

Corsten, H.; Gössinger, R.: Modellierung von Dienstleistungen - Perspektiven einer integrativen Vorgehensweise, in: Dienstleistungsinnovationen. Forum Dienstleistungsmanagement, hrsg. v. M. Bruhn u. B. Stauss, Wiesbaden 2004b, S. 127-148

Corsten, H.; Gössinger, R.: Überlegungen zur Produktionstheorie. Zugleich Stellungnahme und Ergänzung zu dem Beitrag „Neukonzeption der Produktionstheorie" von Harald Dyckhoff in der ZfB, 73. Jg. (2003), S. 705-732, in: Zeitschrift für Betriebswirtschaft, 74. Jg. (2004c), S. 511-522

Corsten, H.; Gössinger, R.: Kapazitätssteuerung im Revenue Management, in: Revenue Management, ZfB-Ergänzungsheft 1/2005, hrsg. v. G. Fandel u. H.B.v. Portatius, Wiesbaden 2005a, S. 31-52

Corsten, H.; Gössinger, R.: Überlegungen zu einer produktionstheoretischen Fundierung der Logistik. Nr. 77 der Schriften zum Produktionsmanagement, hrsg. v. H. Corsten, Kaiserslautern 2005b

Corsten, H.; Gössinger, R.: Produktionstheoretische Analyse logistischer Leistungserstellungsprozesse, in: Quantitative Methoden der Logistik und des Supply Chain Management, hrsg. v. M. Jacquemin, R. Pibernik u. E. Sucky, Hamburg 2006, S. 117-138

Corsten, H.; Gössinger R.: Produktionswirtschaft. Einführung in das industrielle Produktionsmanagement, 13. Aufl., München/Wien 2012

Corsten, H.; Gössinger, R.; Karls, J.: Dienstleistungsvereinbarungsprozesse - Entwurf eines Modells auf der Grundlage einer eigenschaftsorientierten Produktionstheorie, Nr. 69 der Schriften zum Produktionsmanagement, hrsg. v. H. Corsten, Kaiserslautern 2004

Corsten, H.; Gössinger, R.; Schneider, H.: Grundlagen des Innovationsmanagements, München 2006

Corsten, H.; Götzelmann, F.: Ökologische Aspekte des betrieblichen Leistungsprozesses, in: Das Wirtschaftsstudium, 18. Jg. (1989), Teil I: S. 350-355; Teil II: S. 409-414

Corsten, H.; Klose, M.: Integrative Wirkungen monetärer Dienstleistungen auf der Anbieterseite, in: Integration von Finanzdienstleistungen. BankAssurance - AssuranceBanking - Allfinanz, hrsg. v. H. Corsten u. W. Hilke, Wiesbaden 1999, S. 1-28

Corsten, H.; Klose, M.: Discourse on the Production Economics for Financial Services, in: The Current State of Business Disciplines, Volume Three: Finance, hrsg. v. S.B. Dahiya, Rohtak 2000, S. 1331-1341

Corsten, H.; Peckedrath, P.: Konzeption und Überprüfung eines numerischen Prognoseverfahrens auf heuristischer Basis. Nr. 41 der Schriften zum Produktionsmanagement, hrsg. v. H. Corsten, Kaiserslautern 2001

Corsten, H.; Reiß, M.: Betriebswirtschaftliche Vergleichsformen, in: Das Wirtschaftsstudium, 18. Jg. (1989), S. 615-620

Corsten, H.; Reiß, M.: Recycling in PPS-Systemen, in: Die Betriebswirtschaft, 51. Jg. (1991), S. 615-627

Corsten, H.; Salewski, H.: Dienstleistungsmodularisierung im Krankenhaus - Theoretischer Rahmen und Anwendung, in: Dienstleistungsmanagement im Krankenhaus I: Prozesse, Produktivität und Diversität, hrsg. v. R.B. Bouncken, M.A. Pfannstiel und A.J. Reuschl, Wiesbaden 2013, S. 95-115

Corsten H.; Salewski H.: Dienstleistungsmodularisierung auf der Grundlage pfadspezifischer Design Structure Matrizen - Entwurf eines Entscheidungsmodells zur revolvierenden Planung, in: Service Management. Research on Operations Management and Marketing, hrsg. v. H. Corsten, R. Gössinger u. A. Meyer, Konstanz/München 2014, S. 105-130

Corsten, H.; Stuhlmann, S.: Rechtzeitiges Kostenmanagement - Konzeptioneller Rahmen und Instrumente, Diskussionsbeiträge der Wirtschaftswissenschaftlichen Fakultät Ingolstadt, Nr. 62, Ingolstadt 1995

Corsten, H.; Stuhlmann, S.: Konzeptioneller Rahmen und Ansatzpunkte für ein Kapazitätsmanagement in Dienstleistungsunternehmungen, Nr. 8 der Schriften zum Produktionsmanagement, hrsg. v. H. Corsten, Kaiserslautern 1996a

Corsten, H.; Stuhlmann, S.: Chaostheoretische Überlegungen zur Dienstleistungsproduktion, Nr. 10 der Schriften zum Produktionsmanagement, hrsg. v. H. Corsten, Kaiserslautern 1996b

Corsten, H.; Stuhlmann, S.: Das GAP-Modell als Orientierungsrahmen für ein Kapazitätsmanagement in Dienstleistungsunternehmungen, in: Kapazitätsmanagement in Dienstleistungsunternehmungen. Theoretische Grundlagen und praktische Gestaltungsmöglichkeiten, hrsg. v. H. Corsten u. S. Stuhlmann, Wiesbaden 1997, S. 3-54

Corsten, H.; Stuhlmann S.: Capacity Management in Service Organisations, in: Technovation, Vol. 18 (1998a), S. 163-178

Corsten, H.; Stuhlmann, S.: Yield Management - Ein Ansatz zur Kapazitätsplanung und -steuerung in Dienstleistungsunternehmungen, Nr. 18 der Schriften zum Produktionsmanagement, hrsg. v. H. Corsten, Kaiserslautern 1998b

Corsten, H.; Stuhlmann, S.: Kapazitätsmanagement in Dienstleistungsunternehmungen, in: Handbuch Dienstleistungs-Marketing, hrsg. v. A. Meyer, Stuttgart 1998c, S. 483-506

Corsten, H.; Stuhlmann, S.: Kapazitätsmanagement von Anwaltskanzleien - Theoretischer Rahmen und empirische Ergebnisse, Nr. 24 der Schriften zum Produktionsmanagement, hrsg. v. H. Corsten, Kaiserslautern 1998d

Corsten, H.; Stuhlmann, S.: Zur Mehrstufigkeit in der Dienstleistungsproduktion, in: Handbuch Dienstleistungsmanagement - Von der strategischen Konzeption zur praktischen Umsetzung, hrsg. v. M. Bruhn u. H. Meffert, Wiesbaden 1998e, S. 143-164

Corsten, H.; Stuhlmann, S.: Yield Management als Ansatzpunkt für die Kapazitätsgestaltung von Dienstleistungsunternehmungen, in: Wettbewerbsfaktor Dienstleistung. Produktion von Dienstleistungen - Produktion als Dienstleistung, hrsg. v. H. Corsten u. H. Schneider, München 1999a, S. 79-107

Corsten, H.; Stuhlmann, S.: Kapazitätsmanagement, in: Marketing- und Managementhandbuch für Rechtsanwälte, hrsg. v. W. Hartung u. V. Römermann, München 1999b, S. 617-635

Corsten, H.; Stuhlmann, S.: Interaktion in der Dienstleistungsproduktion als Ansatzpunkt eines Kapazitätsmanagement, Nr. 32 der Schriften zum Produktionsmanagement, hrsg. v. H. Corsten, Kaiserslautern 2000a

Corsten, H.; Stuhlmann, S.: Yield Management als spezielle Ausgestaltung des GAP-Modells des Kapazitätsmanagement, Nr. 33 der Schriften zum Produktionsmanagement, hrsg. v. H. Corsten, Kaiserslautern 2000b

Cotterell, J.L.: Student Experiences Following Entry into Secondary School, in: Educational Research, Vol. 24 (1982), S. 296-302

Cubberley, E.P.: Public School Administration, Boston 1916

Dambrowski, J.: Budgetierungssysteme in der deutschen Unternehmenspraxis, Darmstadt 1986

Dana, J.D.: Using Yield Management to Shift Demand when the Peak Time is Unknown, in: RAND Journal of Economics, Vol. 30 (1999), S. 456-474

Danø, S.: Industrial Production Models. A Theoretical Study, Wien/New York 1966

Dantzig, G.E.: A Comment on Edie's "Traffic Delays at Toll Booths", in: Journal of the Operations Research Society of America, Vol. 2 (1954), S. 339-341

Darby, M.R.; Karni, E.: Free Competition and the Optimal Amount of Fraud, in: Journal of Law and Economics, Vol. 16 (1973), S. 67-88

Daudel, S.; Vialle, G.: Yield-Management. Erträge optimieren durch nachfrageorientierte Angebotssteuerung, Frankfurt a.M./New York 1992

David, W.: Die Abgrenzung materieller und immaterieller Güter im Jahresbeschluß und ihre Konkretisierung am Beispiel der Software, DBW-Depot 86-3-1, Stuttgart 1986

De Ron, A.: The Influence of Productivity Improvements upon the Firm's Results, in: Eighth International Working Seminar on Production Economics, Pre-Prints, Vol. 2, o.Hrsg., Igls/Innsbruck 1994, S. 129-146

Debreu, G.: Theory of Value. An Axiomatic Analysis of Economic Equilibrium, New York/London 1959

Dellmann, K.; Franz, K.-P.: Von der Kostenrechnung zum Kostenmanagement, in: Neuere Entwicklungen im Kostenmanagement, hrsg. v. K. Dellmann u. K.-P. Franz, Berlin/Stuttgart/Wien 1994, S. 15-30

Deppe, H.-D.: Der Bankbetrieb als Gegenstand von Wachstumsanalysen, in: Zeitschrift für Betriebswirtschaft, 34. Jg. (1964), S. 353-381

Deppe, H.-D.: Bankbetriebliches Wachstum, Stuttgart 1969

Deppe, H.-D.: Eine Konzeption wissenschaftlicher Bankbetriebslehre in drei Doppelstunden, in: Bankbetriebliches Lesebuch, Ludwig Mülhaupt zum 65. Geburtstag, hrsg. v. H.-D. Deppe, Stuttgart 1978, S. 3-98

Derichs, H.: Die Problematik der Produktivitätsmessung von Wirtschaftssektoren, München 1969

Desiraju, R.; Shugan, S.M.: Strategic Service Pricing and Yield Management, in: Journal of Marketing, Vol. 63 (1999), H. 1, S. 44-56

Dichtl, E.; Müller, S.: Anspruchsinflation und Nivellierungstendenzen als meßtechnisches Problem in der Absatzforschung, in: Marketing - Zeitschrift für Forschung und Praxis, 8. Jg. (1986), S. 233-236

Dichtl, M.: Standardisierung von Beratungsleistungen, Wiesbaden 1998

Diederich, H.: Zur Theorie des Verkehrsbetriebes, in: Betriebswirtschaftliche Umschau, 35. Jg. (1965), S. 230-232

Diederich, H.: Zur Theorie des Verkehrsbetriebes, in: Zeitschrift für Betriebswirtschaft, 36. Jg. (1966), Ergänzungsheft, S. 37-52

Diederich, H.: Kalkulation öffentlicher Aufträge, in: Handwörterbuch des Rechnungswesens, hrsg. v. E. Kosiol, K. Chmielewicz u. M. Schweitzer, 2. Aufl., Stuttgart 1981, Sp. 856-865

Dietl, H.: Institutionelle Koordination spezialisierungsbedingter wirtschaftlicher Abhängigkeit, in: Zeitschrift für Betriebswirtschaft, 65. Jg. (1995), S. 569-585

Diller, H.: Kundenbindung als Marketingziel, in: Marketing - Zeitschrift für Forschung und Praxis, 18. Jg. (1996), S. 81-94

Diller, H.: Preispolitik, 4. Aufl., Stuttgart 2008

Diller, H.; Kusterer, M.: Beziehungsmanagement. Theoretische Grundlagen und explorative Befunde, in: Marketing - Zeitschrift für Forschung und Praxis, 10. Jg. (1988), S. 211-220

DIN (Hrsg.): DIN 55350 Teil 11, Begriffe der Qualitätssicherung und Statistik, Grundbegriffe der Qualitätssicherung, Berlin 1987

Dirlewanger, G.: Die Preisdifferenzierung im internationalen Luftverkehr. Eine empirische Studie, Bern 1969

Domke-Damonte, D.: Interactive Effects of International Strategy and Throughput Technology on Entry Mode for Service Firms, in: Management International Review, Vol. 40 (2000), S. 41-60

Donabedian, A.: Evaluating the Quality of Medical Care, in: Milbank Memorial Fund Quarterly, Vol. 44 (1966), S. 166-203

Donabedian, A.: The Definition of Quality and Approaches to its Assessment and Monitoring, Vol. I, Ann Arbor 1980

Donaldson, B.: Supplier Selection Criteria on the Service Dimension, in: European Journal of Purchasing & Supply Management, Vol. 1 (1994), S. 209-217

Dowling, W.L.: Hospital Production. A Linear Programming Model, Lexington/Toronto/London 1976

Drucker, P.F.: Managing the Public Service Institution, in: Readings in Public and Nonprofit Marketing, hrsg. v. C.H. Lovelock u. C.B. Weinberg 1978, S. 67-74

Drucker, P.F.: Dienstleister müssen produktiver werden, in: Harvardmanager, 14. Jg. (1992), H. 2, S. 64-72

Dukan, D.F. et al.: Influences on Consumer Use of Word-of-Mouth Recommendation Sources, in: Journal of the Academy of Marketing Science, Vol. 25 (1997), S. 283-295

Dupuit, [A.J.E.J.]: De la mesure de l'utilité des travaux publics, in: Annales des ponts et chaussées, Vol. 8 (1844), S. 332-375

Durchholz, C.: Ko-Kreation von Werken im Dienstleistungsmanagement, Wiesbaden 2012

Dyckhoff, H.: Berücksichtigung des Umweltschutzes in der betriebswirtschaftlichen Produktionstheorie, in: Betriebswirtschaftslehre und Ökonomische Theorie, hrsg. v. D. Ordelheide, B. Rudolph u. E. Büsselmann, Stuttgart 1991, S. 275-309

Dyckhoff, H.: Theoretische Grundlagen einer umweltorientierten Produktionswirtschaft, in: Betriebswirtschaft und Umweltschutz, hrsg. v. G.R. Wagner, Stuttgart 1993, S. 81-105

Dyckhoff, H.: Betriebliche Produktion. Theoretische Grundlagen einer umweltorientierten Produktionswirtschaft, 2. Aufl., Berlin et al. 1994

Dyckhoff, H.: Grundzüge der Produktionswirtschaft. Einführung in die Theorie betrieblicher Wertschöpfung, 4. Aufl., Berlin et al. 2003

Dyckhoff, H.: Neukonzeption der Produktionstheorie, in: Zeitschrift für Betriebswirtschaft, 73. Jg. (2003), S. 705-732

Ebisch, H et al.: Preise und Preisprüfungen bei öffentlichen Aufträgen, Kommentar, 8. Aufl., München 2010

Edgeworth, F.Y.: The Mathematical Theory of Banking, in: Journal of the Royal Statistical Society, Vol. 51 (1888), S. 113-127

Edie, L.C.: Traffic Delays at Toll Booths, in: Journal of the Operations Research Society of America, Vol. 2 (1954), S. 107-138

Edvardsson, B.: Service Quality in Customer Relationships: A Study of Critical Incidents in Mechanical Engineering Companies, in: The Service Industries Journal, Vol. 8 (1988), S. 427-445

Egbers, A.: Produktivität logistischer Dienstleistungen. Entwicklung und Anwendung mehrstufiger DEA-Verfahren, Hamburg 2012

Ehrhardt, M.: Netzwerkeffekte, Standardisierung und Wettbewerbsstrategie, Wiesbaden 2001

Eichelberger, D.: Zum Einfluss der Qualität auf Kosten und Rentabilität, in: Die Unternehmung, 45. Jg. (1991), S. 32-46

Eichhorn, P.: Verwaltung, Produktion in der öffentlichen, in: Handwörterbuch der Produktionswirtschaft, hrsg. v. W. Kern, 1. Aufl., Stuttgart 1979, Sp. 2146-2155

Eichhorn, S.: Krankenhausbetriebslehre, Bd. 1, 3. Aufl., Stuttgart 1975

Eisemann, K.: The Generalized Stepping Stone Method for the Machine Loading Model, in: Management Science, Vol. 11 (1964), S. 154-176

Eisen, R.: Zur Produktionsfunktion der Versicherung, in: Zeitschrift für die gesamte Versicherungswissenschaft, Bd. 60 (1971), S. 407-419

Eisen, R.; Müller, W.; Zweifel, P.: Unternehmerische Versicherungswirtschaft. Konsequenzen der Deregulierung für Wettbewerbsordnung und Unternehmensführung, Wiesbaden 1990

Eisenführ, F.; Weber, M.: Rationales Entscheiden, 3. Aufl., Berlin et al. 1999

Ellinger, T.: Ablaufplanung, Stuttgart 1959

Ellinger, T.; Haupt, R.: Produktions- und Kostentheorie, Stuttgart 1982

Engelhardt, W.H.: Erscheinungsformen und absatzpolitische Probleme von Angebots- und Nachfrageverbunden, in: Zeitschrift für betriebswirtschaftliche Forschung, 28. Jg. (1976), S. 77-90

Engelhardt, W.H.: Effiziente Customer Integration im industriellen Service Management, in: Customer Integration. Von der Kundenorientierung zur Kundenintegration, hrsg. v. M. Kleinaltenkamp, S. Fließ u. F. Jacob, Wiesbaden 1996, S. 73-90

Engelhardt, W.H.; Freiling, J.: Die integrative Gestaltung von Leistungspotentialen, in: Zeitschrift für betriebswirtschaftliche Forschung, 47. Jg. (1995), S. 899-918

Engelhardt, W.H.; Günter, B.: Investitionsgüter-Marketing, Stuttgart et al. 1981

Engelhardt, W.H.; Kleinaltenkamp, M.; Reckenfelderbäumer, M.: Leistungsbündel als Absatzobjekte. Ein Ansatz zur Überwindung der Dichotomie von Sach- und Dienstleistungen, in: Zeitschrift für betriebswirtschaftliche Forschung, 45. Jg. (1993), S. 395-426

Engelhardt, W.H.; Paul, M.: Dienstleistungen als Teil der Leistungsbündel von Investitionsgüter-Herstellern, in: Handbuch Dienstleistungs-Marketing, hrsg. v. A. Meyer, Stuttgart 1998, S. 1323-1341

Engelhardt, W.H.; Schwab, W.: Die Beschaffung von investiven Dienstleistungen, in: Die Betriebswirtschaft, 42. Jg. (1982), S. 503-513

Engelter, K.A.: Das Rationalisierungspotential im Dienstleistungsbereich. Zu den Möglichkeiten der Substitution persönlicher Leistungsträger durch realtechnische Systeme im Bereich der Produktion immaterieller Güter, Frankfurt a.M. 1979

Ennew, C.T.; Binks, M.R.: Impact of Participative Service Relationships on Quality, Satisfaction and Retention: An Exploratory Study, in: Journal of Business Research, Vol. 46 (1999), S. 121-132

Ernenputsch, M.A.: Theoretische und empirische Untersuchungen zum Beschaffungsprozeß von konsumtiven Dienstleistungen, Bochum 1986

Eszler, E.: Zu einer allgemeinen Theorie der Versicherungsproduktion, in: Zeitschrift für die gesamte Versicherungswissenschaft, 86. Jg. (1997), S. 1-36

Everding, M.: Kostenmanagement in Kreditinstituten, Frankfurt a.M. 1995

Ewert, R.; Wagenhofer, A.: Interne Unternehmensrechnung, 6. Aufl., Berlin/Heidelberg/New York 2005

Fandel, G: Produktion I: Produktions- und Kostentheorie, 4. Aufl., Berlin et al. 1994

Fandel, G.: Beziehungen zwischen netzplantechnischer und aktivitätsanalytischer Beschreibung von Produktionszusammenhängen bei der Erstellung von Großprojekten, in: Die Theorie der Unternehmung in Forschung und Praxis, hrsg. v. H. Albach et al., Berlin et al. 1999, S. 279-295

Fandel, G.; Fistek, A.; Stütz, S.: Produktionsmanagement, 2. Aufl., Berlin/Heidelberg 2011

Fandel, G.; Giese, A.; Raubenheimer, H.: Supply Chain Management. Strategien - Planungsansätze - Controlling, Berlin/Heidelberg 2009

Fandel, G.; Prasiswa, A.: Planning and Organization of Economic Units in the Field of Out-Patient Medical Care, in: Management Problems in Health Care, hrsg. v. G. Fandel, Berlin et al. 1988, S. 113-138

Farny, D.: Produktions- und Kostentheorie der Versicherung, Karlsruhe 1965

Farny, D.: Grundlagen einer theoretischen Versicherungsbetriebslehre, in: Wirtschaft und Recht der Versicherung, Festschrift für P. Braess, hrsg. v. D. Farny, Karlsruhe 1969, S. 27-72

Farny, D.: AVB unter dem Gesichtspunkt der „Produktbeschreibung", in: Zeitschrift für die gesamte Versicherungswissenschaft, Bd. 64 (1975), S. 169-184

Farny, D.: Versicherungsbetriebe(n), Produktion in, in: Handwörterbuch der Produktionswirtschaft, hrsg. v. W. Kern, 1. Aufl., Stuttgart 1979, Sp. 2138- 2145

Farny, D.: Die deutsche Versicherungswirtschaft. Markt, Wettbewerb, Konzentration, Karlsruhe 1983

Farny, D.: Produktions- und Kostentheorie, in: Handwörterbuch der Versicherung, hrsg. v. D. Farny et al., Karlsruhe 1988a, S. 553-560

Farny, D.: Privatversicherung, in: Handwörterbuch der Wirtschaftswissenschaften, hrsg. v. W. Albers et al., Bd. 6, Stuttgart et al. 1988b, S. 233-256

Farny, D.: Versicherungsbetriebslehre, Karlsruhe 1989

Farny, D.: „Kapazität" von Versicherungsunternehmen, in: Kapazitätsmessung, Kapazitätsgestaltung, Kapazitätsoptimierung - eine betriebswirtschaftliche Kernfrage, Festschrift zum 65. Geburtstag von Werner Kern, hrsg. v. H. Corsten et al., Stuttgart 1992, S. 255-271

Farrell, M.J.: The Measurement of Productive Efficiency, in: Journal of the Royal Statistical Society (Series A: General), Vol. 120 (1957), S. 253-281

Faßnacht, M.: Preisdifferenzierung bei Dienstleistungen. Implementationsformen und Determinanten, Wiesbaden 1996

Faßnacht, M.: Preisdifferenzierungsintensität bei Dienstleistern. Ein ökonomischer Erklärungsansatz, in: Zeitschrift für Betriebswirtschaft, 68. Jg. (1998), S. 719-743

Faßnacht, M.: Eine dienstleistungsorientierte Perspektive des Handelsmarketing, Wiesbaden 2003

Faßnacht, M.; Homburg, C.: Preisdifferenzierung als Instrument eines Kapazitätsmanagement, in: Kapazitätsmanagement in Dienstleistungsunternehmungen. Grundlagen und Gestaltungsmöglichkeiten, hrsg. v. H. Corsten u. S. Stuhlmann, Wiesbaden 1997, S. 137-152

Faßnacht, M.; Köse, I.: Marketingstrategie und Preisfindung für Unternehmungsgründer, in: Dimensionen der Unternehmungsgründung. Erfolgsaspekte der Selbständigkeit, hrsg. v. H. Corsten, Berlin 2002, S. 159-199

Fassott, G.: Dienstleistungspolitik industrieller Unternehmen. Sekundärdienstleistungen als Marketinginstrument bei Gebrauchsgütern, Wiesbaden 1995

Feldstein, M.S.: Economic Analysis for Health Services Efficiency. Econometric Studies of the British National Health Service, Amsterdam 1967

Fell, M.: Outputmessung bei der Dienstleistungsproduktion im Bankbetrieb, Diss. Mannheim 1978

Feng, Y.; Gallego, G.: Perishable Asset Revenue Management with Markovian Time Dependent Intensities, in: Management Science, Vol. 46 (2000), S. 941-956

Ferguson, N.: The Cash Nexus. Money and Power in the Modern World, 1700-2000, London 2002

Ferrell, R.W.: Managing Opportunity, New York 1972

Fessmann, K.-D.: Organisatorische Effizienz in Unternehmungen und Unternehmungsteilbereichen, Düsseldorf 1980

Festinger, L.: A Theory of Cognitive Dissonance, Stanford 1957

Fieten, R.: Materialwirtschaft als Managementaufgabe, in: Beschaffung aktuell, o. Jg. (1979), H. 10, S. 18-27

Fieten, R.: Beschaffungsplanung im industriellen Großanlagengeschäft, in: Organisation, Planung, Informationssysteme, hrsg. v. E. Frese, P. Schmitz u. N. Szyperski, Stuttgart 1981, S. 137-159

Fieten, R.: Beschaffung, Organisation der, in: Handwörterbuch der Organisation, hrsg. v. E. Frese, 3. Aufl., Stuttgart 1992, Sp. 340-352

Fifer, R.M.: Cost Benchmarking Functions in the Value Chain, in: Planning Review, Vol. 17 (1989), H. 3, S.18-27

Fischer, M.; Herrmann, A.; Huber F.: Return on Customer Satisfaction. Wie rentabel sind Maßnahmen zur Steigerung der Zufriedenheit?, in: Zeitschrift für Betriebswirtschaft, 71. Jg. (2001), S. 1161-1190

Fischer, T.M.; Schmöller, P.: Kundenwert als Entscheidungskalkül für die Beendigung von Kundenbeziehungen, in: Kundenwert. Grundlagen - Innovative Konzepte - Praktische Umsetzungen, hrsg. v. B. Günter u. S. Helm, 2. Aufl., Wiesbaden 2003, S. 497-521

Fisher, A.G.B.: A Note on Tertiary Production, in: Economic Journal, Vol. 62 (1952), S. 820-834

Fisher, R.J.: Durable Differentiation Strategies for Services, in: The Journal of Services Marketing, Vol. 5 (1991), H. 1, S. 19-28

Fisk, R.P.: Toward a Consumption/Evaluation Process Model for Services, in: Marketing of Services, hrsg. v. J.H. Donnelly u. W.R. George, Chicago 1981, S. 191-195

Fitzsimmons, J.A.; Fitzsimmons, M.J.: Service Management for Competitive Advantage, New York et al. 1994

Fitzsimmons, J.A.; Fitzsimmons, M.J.: Service Management. Operations, Strategy and Information Technology, 3. Aufl., Boston et al. 2001

Flanagan, J.C.: The Critical Incident Technique, in: Psychological Bulletin, Vol. 51 (1954), S. 327-358

Fleck, A.: Hybride Wettbewerbsstrategien. Zur Synthese von Kosten- und Differenzierungsvorteilen, Wiesbaden 1995

Flick, F.K.: Der Qualitätswettbewerb im marktwirtschaftlichen System, Diss. Köln 1965

Fließ, S.: Interaktionsmuster bei der Integration externer Faktoren, in: Grundsatzfragen und Herausforderungen des Dienstleistungsmarketing, hrsg. v. A. Meyer, Wiesbaden 1996a, S. 1-19

Fließ, S.: Prozeßevidenz als Erfolgsfaktor der Kundenintegration, in: Customer Integration. Von der Kundenorientierung zur Kundenintegration, hrsg. v. M. Kleinaltenkamp, S. Fließ u. F. Jacob, Wiesbaden 1996b, S. 91-103

Fließ, S.: Industrielles Kaufverhalten, in: Technischer Vertrieb. Grundlagen des Business-to-Business-Marketing, hrsg. v. M. Kleinaltenkamp u. W. Plinke, 2. Aufl.,
Berlin et al. 2000, S. 251-369

Fließ, S.: Die Steuerung von Kundenintegrationsprozessen. Effizienz in Dienstleistungsunternehmen, Wiesbaden 2001

Fließ, S.: Qualitätsmanagement bei Vertrauensgütern, in: Marketing - Zeitschrift für
Forschung und Praxis, 26. Jg. (2004), Spezialausgabe „Dienstleistungsmarketing",
S. 33-44

Fließ, S.: Dienstleistungsmangement. Kundenintegration gestalten und steuern,
Wiesbaden 2009

Fließ, S.; Lasshof, B.; Meckel, M.: Möglichkeiten der Integration eines Zeitmanage-
ments in das Blueprinting von Dienstleistungsprozessen, Nr. 362 der Diskussionsbeiträge des Fachbereichs Wirtschaftswissenschaft an der Fern-Universität
Hagen, Hagen 2004

Forgas, J.P.: The Perception of Social Episodes: Categorical and Dimensional Repre-
sentations in Two Different Social Milieus, in: Journal of Personality and Social
Psychology, Vol. 34 (1976), S. 199-209

Forschner, G.: Investitionsgüter-Marketing mit funktionellen Dienstleistungen. Die
Gestaltung immaterieller Produktbestandteile im Leistungsangebot industrieller
Unternehmen, Berlin 1988

Fourastié, J.: Die große Hoffnung des zwanzigsten Jahrhunderts, Köln-Deutz 1954

Franz, J.: Die Labilität der Nachfrage bei investitionsintensiven, kundenpräsenzbe-
dingten Dienstleistungsbetrieben und die Möglichkeiten einer betriebspolitischen
Anpassung, Diss. München 1969

Franz, K.-P.: Die Prozeßkostenrechnung - Darstellung und Vergleich mit der Plan-
kosten- und Deckungsbeitragsrechnung, in: Finanz- und Rechnungswesen als
Führungsinstrument, hrsg. v. D. Ahlert, K.-P. Franz u. H. Göppl, Wiesbaden
1990, S. 109-136

Franz, K.-P.: Preisbildung bei öffentlichen Aufträgen, in: Das Wirtschaftsstudium,
20. Jg. (1991a), S. 831-835

Franz, K.-P.: Prozeßkostenrechnung - Renaissance der Vollkostenidee, in: Die Betriebswirtschaft, 51. Jg. (1991b), S. 536-540

Franz, K.-P.: Moderne Methoden der Kostenbeeinflussung, in: Handbuch Kostenrechnung, hrsg. v. W. Männel, Wiesbaden 1992, S. 1492-1505

Franz, K.-P.: Target Costing - Konzept und kritische Bereiche, in: Controlling, 5. Jg. (1993), S. 124-130

Freidank, C.-C.: Unterstützung des Target Costing durch die Prozeßkostenrechnung, in: Neuere Entwicklungen im Kostenmanagement, hrsg. v. K. Dellmann u. K.-P. Franz, Berlin/Stuttgart/Wien 1994a, S. 223-259

Freidank, C.-C.: Kostenrechnung. Einführung in die begrifflichen, theoretischen, verrechnungstechnischen sowie planungs- und kontrollorientierten Grundlagen des innerbetrieblichen Rechnungswesens, 5. Aufl., München/Wien 1994b

Freiling, J.: Kundenwert - eine vergleichende Analyse ressourcenorientierter Ansätze, in: Kundenwert. Grundlagen - Innovative Konzepte - Praktische Umsetzungen, hrsg. v. B. Günter u. S. Helm, 2. Aufl., Wiesbaden 2003, S. 87-108

Freiling, J.; Reckenfelderbäumer, M.: Integrative und autonome Prozeßkonstellationen als Basis und Herausforderung eines auf Handlungsebenen bezogenen Marketing - Eine strukturierende Systematisierung vor dem Hintergrund des Dienstleistungsbereichs, in: Grundsatzfragen und Herausforderungen des Dienstleistungsmarketing, hrsg. v. A. Meyer, Wiesbaden 1996, S. 21-67

Freimuth, J.: Varianten und Tendenzen des Gemeinkostenmanagements, in: Wirtschaftswissenschaftliches Studium, 16. Jg. (1987), S. 98-103

Frenz, W.: Beitrag zur Messung der Produktivität und deren Vergleich auf der Grundlage technischer Mengengrößen, Köln/Opladen 1963

Frese, E.: Kontrolle und Unternehmungsführung, Wiesbaden 1968

Frese, E.: Grundlagen der Organisation. Entscheidungsorientiertes Konzept der Organisationsgestaltung, 9. Aufl., Wiesbaden 2005

Freter, H.: Marktsegmentierung, Stuttgart 1983

Freter, H.: Marktsegmentierung im Dienstleistungsbereich, in: Handbuch Dienstleistungsmanagement. Von der strategischen Konzeption zur praktischen Umsetzung, hrsg. v. M. Bruhn u. H. Meffert, 2. Aufl., Wiesbaden 2001, S. 279-314

Fricke, R.: Grundlagen der Produktivitätstheorie, Frankfurt a.M. 1961

Friedl, B.: Grundlagen des Beschaffungscontrolling, Berlin 1990

Friedl, B.: Prozesskostenrechnung als Instrument eines programmorientierten Kostenmanagement, in: Neuere Entwicklungen im Kostenmanagement, hrsg. v. K.-P. Franz, Berlin/Stuttgart/Wien 1994, S. 135-166

Friedl, B.: Controlling, Stuttgart 2003

Friedl, B.: Kostenrechnung. Grundlagen, Teilrechnungen und Systeme der Kosten-rechnung, München/Wien 2004

Friege, C.: Preispolitik für Leistungsverbunde im Business-to-Business-Marketing, Wiesbaden 1995

Friese, M.: Kooperation als Wettbewerbsstrategie für Dienstleistungsunternehmen, Wiesbaden 1998

Frisch, R.: The Principle of Substitution. An Example of Its Application in the Choc-olate Industri (sic!), in: Nordisk Tidsskrift for Teknisk Økonomi, Vol. 1 (1935), S. 12-27

Frisch, R.: Theory of Production, Dordrecht 1965

Frisch, W.: Service-Management. Marktorientierung in der mittelständischen Unter-nehmenspolitik, Wiesbaden 1989

Fritz, W.: Marketing - ein Schlüsselfaktor des Unternehmenserfolges?, in: Marketing - Zeitschrift für Forschung und Praxis, 12. Jg. (1990), S. 91-110

Fröhling, O.: Prozeßkostenrechnung - Verfahren zur Gemeinkostensteuerung, in: Die Betriebswirtschaft, 50. Jg. (1990), S. 553-556

Fröhling, O.: Strategisches Management Accounting, in: Kostenrechnungspraxis, o.Jg. (1991), S. 7-12

Frost, F.A.; Kumar, M.: INTSERVQUAL - An Internal Adaptation of the GAP Model in a Large Service Organisation, in: Journal of Services Marketing, Vol. 14 (2000), S. 358-377

Fuchs, R.: Produktivität und Personalkosten, in: Zeitschrift für betriebswirtschaftli-che Forschung, 27. Jg. (1975), S. 413-427

Fuchs, V.R.: The Service Economy, New York 1968

Gaitanides, M.: Prozeßorganisation. Entwicklung, Ansätze und Programme prozeß-orientierter Organisationsgestaltung, München 1983

Gaitanides, M.; Westphal, J.: Strategische Gruppen und Unternehmenserfolg. Ergeb-nisse einer empirischen Studie, in: Zeitschrift für Planung, 3. Jg. (1991), S. 247-265

Gale, B.T.: Managing Customer Value: Creating Quality and Service that Customers Can See, New York 1994

Gallego, G.; Phillips, R.: Revenue Management of Flexible Products, in: Manufac-turing & Service Operations Management, Vol. 6 (2004), S. 321-337

Gälweiler, A.: Rationalisierungspotentiale als Faktoren der Kostensenkung, in: Rationalisierung, 30. Jg. (1979), S. 175-179

Gartner, A.; Riessman, F.: Der aktive Konsument in der Dienstleistungsgesellschaft. Zur politischen Ökonomie des tertiären Sektors, Frankfurt a.M. 1978

Garvin, D.A.: What Does „Product Quality" Really Mean?, in: Sloan Management Review, Vol. 25 (1984), Fall, S. 25-43

Garvin, D.A.: Die acht Dimensionen der Produktqualität, in: Harvardmanager, 10. Jg. (1988), H. 3, S. 66-74

Gaugler, E.: Personalplanung, in: Lexikon der Betriebswirtschaftslehre, hrsg. v. H. Corsten, 3. Aufl., München/Wien 1995, S. 732-736

Gausmann, O.: Kundenindividuelle Wertschöpfungsnetze. Gestaltungsempfehlungen unter Berücksichtigung einer auftragsorientierten Produktindividualisierung, Wiesbaden 2008

Gehlen, A.: Die Seele im technischen Zeitalter. Sozialpsychologische Probleme in der industriellen Gesellschaft, Hamburg 1957

Geiger, W.: Computergestützte Produktionsplanung und -steuerung im Mittelstand, Wiesbaden 1991

Gemünden, H.G.; Hölzle, K.: Schlüsselpersonen der Innovation. Champions und Promotoren, in: Handbuch Technologie- und Innovationsmanagement. Strategie - Umsetzung - Controlling, hrsg. v. S. Albers u. O. Gassmann, Wiesbaden 2005, S. 457-474

George, W.R.; Berry L.L.: Guidelines for the Advertising of Services, in: Managing Service Marketing, hrsg. v. J.E.G. Bateson, Chicago et al. 1989, S. 394-415

Gerhardt, J.: Dienstleistungsproduktion. Eine produktionstheoretische Analyse der Dienstleistungsprozesse, Bergisch Gladbach/Köln 1987

Gersch, M.: Die Standardisierung integrativ erstellter Leistungen, Arbeitsbericht Nr. 57 des Institutes für Unternehmungsführung und Unternehmensforschung der Ruhr-Universität Bochum, Bochum 1995a

Gersch, M.: Die Standardisierung integrativ erstellter Leistungen, Bochum 1995b

Gershuny, J.I.: Die Ökonomie der nachindustriellen Gesellschaft. Produktion und Verbrauch von Dienstleistungen, Frankfurt a.M. 1981

Gerstenberg, F.: Logistik-Produktivität. Differenzierte Meßverfahren, in: Logistik heute, 9. Jg. (1987), H. 5, S. 31-33

Gerstenberger, W.: Der Dienstleistungsbereich im Spannungsfeld divergierender Kräfte, in: Allgemeines Statistisches Archiv, 71. Jg. (1987), S. 38-45

Gilbert, X.; Strebel, P.: Strategies to Outpace the Competition, in: Journal of Business Strategy, Vol. 8 (1987), S. 28-36

Gilmore, J.H.; Pine, B.J.: The Four Faces of Mass Customization, in: Harvard Business Review, Vol. 75 (1997), H. 1, S. 91-101

Glaser, H.: Rationalisierungsplanung, in: Handwörterbuch der Planung, hrsg. v. N. Szyperski, Stuttgart 1989, Sp. 1697-1707

Glaser, H.: Prozeßkostenrechnung - Darstellung und Kritik, in: Zeitschrift für betriebswirtschaftliche Forschung, 44. Jg. (1992), S. 275-288

Göbl, M.: Die Beurteilung von Dienstleistungen. Grundlage für ein erfolgreiches Marketing am Beispiel Freier Berufe, Wiesbaden 2003

Goffman, E.: Asyle. Über die soziale Situation psychiatrischer Patienten und anderer Insassen, 4. Aufl., Frankfurt a.M. 1981

Gomber, P.; Schmidt, C.; Weinhardt, C.: Elektronische Märkte für die dezentrale Transportplanung, Wirtschaftsinformatik, 39. Jg. (1997), S. 137-145

Göpfert, J.: Budgetierung, in: Handwörterbuch der Betriebswirtschaft, hrsg. v. W. Wittmann et al., 5. Aufl., Stuttgart 1993, Sp. 589-602

Göpfert, J.: Modulare Produktentwicklung. Zur gemeinsamen Gestaltung von Technik und Organisation, Wiesbaden 1998

Görgens, E.: Die Drei-Sektoren-Hypothese, in: Das Wirtschaftsstudium, 4. Jg. (1975), S. 287-292

Gössinger, R.: Produktionstheoretische Modellierung des Dienstleistungs-Output der Endkombination. Nr. 53 der Schriften zum Produktionsmanagement, hrsg. v. H. Corsten, Kaiserslautern 2002

Gössinger, R.: An Analysis of Service Output Based on Production Theory, in: Modern Concepts of the Theory of the Firm. Managing Enterprises of the New Economy, hrsg. v. G. Fandel et al., Berlin et al. 2004, S. 210-221

Gössinger, R.: Dienstleistungen als Problemlösungen. Eine produktionstheoretische Analyse auf der Grundlage von Eigenschaften, Wiesbaden 2005

Gottl-Ottlilienfeld, F.v.: Grundriss der Sozialökonomik, II. Abteilung: Die natürlichen und technischen Beziehungen der Wirtschaftlichkeit, II. Teil: Wirtschaft und Technik, 2. Aufl., Tübingen 1923

Götzelmann, F.: Umweltschutzinduzierte Kooperation der Unternehmung. Anlässe, Typen und Gestaltungspotentiale, Frankfurt a.M. 1992

Gouthier, M.H.J.; Schmid, S.: Kunden und Kundenbeziehungen als Ressourcen von Dienstleistungsunternehmungen, in: Die Betriebswirtschaft, 61. Jg. (2001), S. 223-239

Grant, R.M.: The Resource-Based Theory of Competitive Advantage: Implications for Strategy Formulation, in: California Management Review, Vol. 33 (1991), H. 1, S. 114-135

Grapentine, T.: The History and Future of Service Quality Assessment, in: Marketing Research, Vol. 10 (1999), H. 4, S. 5-20

Graser, N.: Produktivität im Versicherungsbetrieb unter besonderer Berücksichtigung der Telekommunikation, Karlsruhe 1985

Graßy, O.: Industrielle Dienstleistungen. Diversifikationspotentiale für Industrieunternehmen, München 1993

Gratl, R.: Management virtueller Unternehmensnetzwerke unter besonderer Berücksichtigung der Erfolgsevaluation von Internet-Strategien, Diss. Universität St. Gallen, Bamberg 2002

Graumann, J.: Die Dienstleistungsmarke, München 1983

Grob, H.L.: Einführung in die Investitionsrechnung. Eine Fallstudiengeschichte, 4. Aufl., München 2001

Grochla, E.: Unternehmungsorganisation, Reinbek bei Hamburg 1976

Grochla, E.: Der Weg zu einer umfassenden betriebswirtschaftlichen Beschaffungslehre, in: Die Betriebswirtschaft, 37. Jg. (1977), S. 181-191

Grochla, E.: Grundlagen der Materialwirtschaft, 3. Aufl., Wiesbaden 1978

Grochla, E.; Kubicek, H.: Zur Zweckmäßigkeit und Möglichkeit einer umfassenden betriebswirtschaftlichen Beschaffungslehre, in: Zeitschrift für betriebswirtschaftliche Forschung, 28. Jg. (1976), S. 257-275

Grochla, E.; Schönbohm, P.: Beschaffung in der Unternehmung. Einführung in eine umfassende Beschaffungslehre, Stuttgart 1980

Grönroos, C.: Strategic Management and Marketing in the Service Sector. Research Report Nr. 8 der Swedish School of Economics and Business Administration, Helsingfors 1982

Grönroos, C.: Innovative Marketing Strategies and Organization Structures for Service Firms, in: Emerging Perspectives on Services Marketing, hrsg. v. L.L. Berry, G.L. Shostack u. G.D. Upah, Chicago 1983, S. 9-21

Grönroos, C.: The Six Criteria of Good Perceived Service Quality, in: Review of Business, Vol. 9 (1988), Winter, S. 45-50

Grönroos, C.: From Scientific Management to Service Management. A Management Perspective for the Age of Service Competition, in: International Journal of Service Industry Management, Vol. 5 (1994), H. 1, S. 5-20

Grönroos, C.: Service Management and Marketing. A Customer Relationship Management Approach, New York et al. 2000

Grönroos, C.: Value Co-Creation in Service Logic: A Critical Analysis, in: Marketing Theory, Vol. 11 (2011), S. 279-301

Grönroos, C.; Ojasalo, K.: Service Productivity: Toward a Conceptualization of the Transformation of Inputs into Customer Value in Services, Research Report Nr. 419 der Swedish School of Economics and Business Administration, Helsinki/Helsingfors 2000

Grubbström, R.W.; Olhager, J.: Productivity and Flexibility: Fundamental Relations Between Two Major Properties and Performance Measures of the Production System, in: International Journal of Production Economics, Vol. 52 (1997), S. 73-82

Grund, M.A.: Interaktionsbeziehungen im Dienstleistungsmarketing. Zusammenhänge zwischen Zufriedenheit und Bindung von Kunden und Mitarbeitern, Wiesbaden 1998

Gruschwitz, A.: Global Sourcing. Konzeption einer internationalen Beschaffungsstrategie, Stuttgart 1993

Gurnani, H.; Karlapalem, K.: Optimal Pricing Strategies for Internet-Based Software Dissemination, in: Journal of the Operational Research Society, Vol. 52 (2001), Nr.1, S. 64-70

Guiltinan, J.P.: The Price Bundling of Services: A Normative Framework, in: Journal of Marketing, Vol. 51 (1987), S. 74-85

Gummesson, E.: Service Management. An Evaluation and the Future, in: International Journal of Service Industry Management, Vol. 5 (1994), H. 1, S. 77-96

Gummesson, E.; Grönroos, C: Quality of Service - Lesson from the Products Sector, in: Add Value to your Service, AMA Proceeding Series, hrsg. v. C. Surprenant, Chicago 1987, S. 35-39

Günter, B.: Organisationales Beschaffungsverhalten, in: Handbuch Marketing-Kommunikation, hrsg. v. R. Berndt u. A. Hermanns, Wiesbaden 1993, S. 198-208

Günther, H.-O.: Produktionsplanung bei flexibler Personalkapazität, Stuttgart 1989

Gustavsson, S.-O.: Flexibility and Productivity in Complex Production Processes, in: International Journal of Production Research, Vol. 22 (1984), S. 801-808

Gutenberg, E.: Die Unternehmung als Gegenstand betriebswirtschaftlicher Theorie, Wiesbaden 1998 (unveränderter Nachdruck der Auflage Berlin/Wien 1929)

Gutenberg, E.: Grundlagen der Betriebswirtschaftslehre, Bd. 1: Die Produktion, 2. Aufl., Berlin/Göttingen/Heidelberg 1955

Gutenberg, E.: Einführung in die Betriebswirtschaftslehre, Wiesbaden 1975

Gutenberg, E.: Grundlagen der Betriebswirtschaftslehre, Bd. 1: Die Produktion, 23. Aufl., Berlin/Heidelberg/NewYork 1979

Gutenberg, E.: Grundlagen der Betriebswirtschaftslehre, Bd. 2: Der Absatz, 17. Aufl., Berlin/Heidelberg/New York 1984

Güthoff, J.: Dienstleistungsqualität als strategischer Vorteil, in: Wirtschaftswissenschaftliches Studium, 27. Jg. (1998), S. 610-615

Gutzwiller, F.: Qualitätssicherung ärztlicher Leistungen: Definitionen und Methoden, in: Die Qualität medizinischer Leistungen, konkrete Möglichkeiten der Qualitätsmessung, -kontrolle und -förderung, hrsg. v. F. Gutzwiller u. G. Kocher, Zürich 1982, S. 15-26

Haag, J.: Kundendeckungsbeitragsrechnung - Ein Prüfstein des Key-Account-Managements, in: Die Betriebswirtschaft, 52. Jg. (1992), S. 25-39

Haak, W.: Produktion in Banken. Möglichkeiten eines Transfers industriebetrieblich-produktionswirtschaftlicher Erkenntnisse auf den Produktionsbereich von Bankbetrieben, Frankfurt a.M./Bern 1982

Haase, K.; Salewski, F.; Skiera, B.: Preisdifferenzierung bei Dienstleistungen am Beispiel von „Call-by-Call"-Tarifen, in: Zeitschrift für Betriebswirtschaft, 68. Jg. (1998), S. 1053-1071

Haase, K.D.: Sicherheitsorgane, Produktion der, in: Handwörterbuch der Produktionswirtschaft, hrsg. v. W. Kern, 1. Aufl., Stuttgart 1979, Sp. 1833-1839

Haase, M.: Kommunikation in Produktionsprozessen: Information, Wissensentstehung und Wissensverwendung in der Theorie der Unternehmung, Nr. 14 der Arbeitspapiere der Berliner Reihe „Business-to-Business-Marketing", Berlin o.J. [2003]

Hackstein, R.; Erdmann, W.: Bestimmung der Produktivitätsveränderungen im Dienstleistungsbereich mit Hilfe von Zeitstandards - aufgezeigt am Beispiel einer Untersuchung in der Instandhaltung, in: Industrial Engineering, 1. Jg. (1971), S. 147-156

Hadwich, K.; Keller, C.: Interne Servicequalität in Unternehmen: Eine empirische Untersuchung der Einflussfaktoren und Auswirkungen, in: Zeitschrift für betriebswirtschaftliche Forschung, 67. Jg. (2015), S. 170-205

Hager, J.: Die Haftung des Produzenten für Entwicklungsrisiken, in: Management integrativer Leistungserstellung, hrsg. v. R. Gössinger u. G. Zäpfel, Berlin 2014, S. 191-202

Hahn, D.: Ziele des Produktionsmanagement, in: Handbuch Produktionsmanagement, hrsg. v. H. Corsten, Wiesbaden 1994, S. 23-49

Hahn, D.; Laßmann, G.: Produktionswirtschaft - Controlling industrieller Produktion, Bd. 1: Grundlagen, Führung und Organisation, Produkte und Produktprogramm, Material und Dienstleistungen, 2. Aufl., Heidelberg 1990

Hahn, D.; Laßmann, G.: Produktionswirtschaft - Controlling industrieller Produktion, Band 1 & Band 2, 3. Aufl., Heidelberg 1999

Halkos, G.E.; Tzeremes, N.G.; Kourtzidis, S.A.: A Unified Classification of Two-Stage DEA Models, in: Surveys in Operations Research and Management Science, Vol. 19 (2014), S. 1-16

Hall, W.K.: Survival Strategies in a Hostile Environment, in: Harvard Business Review, Vol. 58 (1980), H. 5, S. 75-85

Haller, M.: Risiko- und Versicherungsprobleme des privaten Haushalts - aus der Sicht der Privatversicherung, in: Zeitschrift für die gesamte Versicherungswissenschaft, Bd. 71 (1982), S. 383-437

Haller, S. : Methoden zur Beurteilung von Dienstleistungsqualität, in: Zeitschrift für betriebswirtschaftliche Forschung, 45. Jg. (1993), S. 19-41

Hamer, L.O.; Liu, B.S.-C.; Sudharshan, D.: The Effects of Intraencounter Changes in Expectations on Perceived Service Quality Models, in: Journal of Service Research, 1. Jg. (1999), S. 275-289

Hammann, P.: Sekundärleistungspolitik als absatzpolitisches Instrument, in: Neuere Ansätze in der Marketingtheorie. Festschrift zum 80. Geburtstag von Otto R. Schnutenhaus, hrsg. v. P. Hammann, W. Kroeber-Riel u. C.W. Meyer, Berlin 1974, S. 135-154

Hammann, P.; Erichson, B.: Marktforschung, 2. Aufl., Stuttgart/New York 1990

Hammann, P.; Lohrberg, W.: Beschaffungsmarketing, Stuttgart 1986

Hammer, M.; Champy, J.: Business Reengineering: die Radikalkur für das Unternehmen, Frankfurt a.M./New York 1994

Händel, S.: Wertanalyse bei Dienstleistungen in Wirtschaft, Staat und Wissenschaft, Essen 1978

Hanson, W.; Martin, R.K.: Optimal Bundle Pricing, in: Management Science, Vol. 36 (1990), S. 155-174

Harris, S.E.: The Economics of American Medicine, London/New York 1964

Hart, C.W.L.; Schlesinger, L.A.; Maher, D.: Guarantees Come to Professional Service Firms, in: Sloan Management Review, Vol. 33 (1992), Spring, S. 19-29

Hassemer, M.: Produktmitgestaltung durch den Kunden: Vertragstypologie und Immaterialgüterzuordnung, in: Management integrativer Leistungserstellung, hrsg. v. R. Gössinger u. G. Zäpfel, Berlin 2014, S. 203-220

Haupt, R.: ABC-Analyse, in: Handwörterbuch der Produktionswirtschaft., hrsg. v. W. Kern, 1. Aufl., Stuttgart 1979, Sp. 1-5

Haupt, R.: Kosteneinflußgrößen, in: Handwörterbuch der Betriebswirtschaft, hrsg. v. W. Wittmann et al., 5. Aufl., Stuttgart 1993, Sp. 2330-2339

Hauschildt, J.: Innovationsmanagement, 3. Aufl., München 2004

Hauschildt, J.; Chakrabarti, A.: Arbeitsteilung im Innovationsmanagement - Forschungsergebnisse, Kriterien und Modelle, in: Zeitschrift Führung + Organisation, 57. Jg. (1988), S. 378-388

Häußermann, H.; Siebel, W.: Dienstleistungsgesellschaften, Frankfurt a.M. 1995

Hayek, F.A.v.: Der Sinn des Wettbewerbs, in: Individualismus und wirtschaftliche Ordnung, hrsg. v. F.A.v. Hayek, Erlenbach/Zürich 1952, S. 122-140

Haywood-Farmer, J.: „A Conceptual Model of Service Quality", in: International Journal of Operations & Production Management, Vol. 8 (1988), H. 6, S. 19-29

Heene, A.; Looy, B.v.; Dierdonck, R.v.: Defining a Service Strategy, in: Services Management. An Integrated Approach, hrsg. v. B.v. Looy, P. Gemmel u. R.v. Dierdonck, 2. Aufl., Harlow et al. 2003, S. 453-474

Heinen, E.: Betriebswirtschaftliche Kostenlehre. Kostentheorie und Kostenentscheidungen, 6. Aufl., Wiesbaden 1983

Helber, S.: Operations Management Tutorial, Hildesheim 2014

Helm, S.: Der Wert von Kundenbeziehungen aus der Perspektive des Transaktions-kostenansatzes, in: Kundenwert. Grundlagen - Innovative Konzepte - Praktische Umsetzungen, hrsg. v. B. Günter u. S. Helm, 2. Aufl., Wiesbaden 2003, S. 109-130

Hempe, S.: Grundlagen des Dienstleistungsmanagements und ihre strategischen Implikationen, Bayreuth 1997

Henderson, L.J.: Physician and Patient as a Social System, in: New England Journal of Medicine, Bd. 212 vom 2.5.1935, S. 819-823

Henning, R. et al.: Economies in der Verkehrswirtschaft, in: Logistik und Verkehrs-wirtschaft im Wandel. Unternehmensübergreifende Versorgungsnetzwerke verändern die Wirtschaft. Festschrift für Gösta B. Ihde, hrsg. v. H. Merkel u. B. Bjelicic, München 2003, S. 399-417

Hentschel, B.: Die Messung wahrgenommener Dienstleistungsqualität mit SER-VQUAL. Eine kritische Auseinandersetzung, in: Marketing - Zeitschrift für Forschung und Praxis, 12. Jg. (1990), S. 230-240

Hentschel, B.: Dienstleistungsqualität aus Kundensicht. Vom merkmals- zum ereignisorientierten Ansatz, Wiesbaden 1992

Herder-Dorneich, P.; Kötz, W.: Zur Dienstleistungsökonomik, Systemanalyse und Systempolitik der Krankenhauspflegedienste, Berlin 1972

Herder-Dorneich, P.; Wasem, J.: Krankenhausökonomik zwischen Humanität und Wirtschaftlichkeit, Baden-Baden 1986

Herman, J.: Can SLAs Heal the Breach?, in: Business Communications Review, Vol. 27 (1997), H. 6, S. 24-26

Herrmann, A.; Johnson, M.D.: Die Kundenzufriedenheit als Bestimmungsfaktor der Kundenbindung, in: Zeitschrift für betriebswirtschaftliche Forschung, 51. Jg. (1999), S. 579-598

Herrmann, A.; Seilheimer, C.: Erklärungsansätze zur Dynamik des Vergleichsmaß-stabs im Rahmen des Lücken-Modells der Kundenzufriedenheit, in: Wirtschafts-wissenschaftliches Studium, 29. Jg. (2000), S. 14-20

Herzberg, F.: Work and the Nature of Man, New York 1966

Herzberg, F.; Mausner, B.; Snyderman, B.B.: The Motivation to Work, 2. Aufl., New York 1959

Heskett, J.L.: Management von Dienstleistungsunternehmen: erfolgreiche Strategien in einem Wachstumsmarkt, Wiesbaden 1988

Heskett, J.L. et al.: Dienstleister müssen die ganze Service-Gewinn-Kette nutzen, in: Harvard Business Manager, 16. Jg. (1994a), H. 4, S. 50-61

Heskett, J.L. et al.: Putting the Service-Profit Chain to Work, in: Harvard Business Review, Vol. 72 (1994b), March-April, S. 164-174

Heskett, J.L.; Sasser, W.E.; Hart, C.W.L.: Bahnbrechender Service. Standards für den Wettbewerb von morgen, Frankfurt a.M./New York 1991

Hilke, W.: Dienstleistungs-Marketing aus der Sicht der Wissenschaft, Diskussionsbeiträge des Betriebswirtschaftlichen Seminars der Albert-Ludwigs-Universität Freiburg i.Br., Freiburg i.Br. 1984

Hilke, W.: Grundprobleme und Entwicklungstendenzen des Dienstleistungs-Marketing, in: Dienstleistungs-Marketing, Schriften zur Unternehmensführung, Bd. 35, hrsg. v. W. Hilke, Wiesbaden 1989, S. 5-44

Hill, D.; Gandhi, N.: Services Advertising. A Framework to its Effectiveness, in: Journal of Services Marketing, Vol. 6 (1992), H. 4, S. 63-76

Hinten, P.v.: Ansatzpunkte zur Konzipierung einer bankbetrieblichen Kostentheorie, Diss. München 1973

Hinterhuber, H.H.: Strategische Unternehmungsführung. Bd. I: Strategisches Denken, 7. Aufl., Berlin/New York 2004

Hippel, E.v.: The Sources of Innovation, New York/Oxford 1988

Ho, W.; Xu, X.; Dey, P.K.: Multi-Criteria Decision Making Approaches for Supplier Evaluation and Selection: A Literature Review, in: European Journal of Operational Research, Vol. 202 (2010), S. 16-24

Hofer, C.W.; Schendel, D.E.: Strategy Formulation. Analytical Concepts, St. Paul et al. 1978

Hoffjan, A.; Hövelborn, T.; Strickmann, C.: Das Preisrecht bei öffentlichen Aufträgen - Status quo und empirische Befunde vor dem Hintergrund aktueller Reformbemühungen, in: Zeitschrift für öffentliche und gemeinwirtschaftliche Unternehmen, 36. Jg. (2013), S. 3-16

Hoffman, K.D.; Howe, V.: Developing the Micro Service Audit via the Integration of Script-Theoretic and Blueprinting Procedures, in: Marketing Toward the Twenty-first Century, Proceedings of the Annual Meeting of the Southern Marketing Association in Atlanta (GE), 6.-9.11.1991, hrsg. v. R.L. King, Richmond 1991, S. 379-383

Hoitsch, H.-J.; Lingnau, V.: Kosten- und Erlösrechnung. Eine controllingorientierte Einführung, 5. Aufl., Berlin et al. 2004

Holler, A.: Einflußfaktoren auf die Prozeßqualität bei beratungsintensiven Dienstleistungen. Mit einer empirischen Analyse zur Qualitätsproblematik der Anlagenberatung, Freiburg i.Br. 1999

Holler, H.: Produktionsfunktion und Handelsbetrieb, Frankfurt a.M. et al. 1990

Höller, H.: Verhaltenswirkungen betrieblicher Planungs- und Kontrollsysteme. Ein Beitrag zur verhaltensorientierten Weiterentwicklung des betrieblichen Rechnungswesens, München 1978

Holscher, C.: Sozio-Marketing. Eine Untersuchung der außengerichteten Funktionen sozialwirtschaftlich tätiger Einzelwirtschaften, Diss. Augsburg 1976

Holst, J.: Der Wandel im Dienstleistungsbereich. Mit Prozeßmanagement zur schlanken Organisation, in: Controlling, 4. Jg. (1992), S. 260-267

Holthoff, A.: Rationalität und Wirtschaftlichkeit als Imperative für die Betriebsführung von Elektrizitätsversorgungsunternehmungen, Berlin 1988

Holzwarth, J.: Strategische Kostenrechnung?, Stuttgart 1993

Homburg, C.; Daum, D.: Marktorientiertes Kostenmanagement. Kosteneffizienz und Kundennähe verbinden, Frankfurt a.M. 1997

Homburg, C.; Faßnacht, M.: Wettbewerbsstrategien von Dienstleistungs-Anbietern, in: Handbuch Dienstleistungs-Marketing, hrsg. v. A. Meyer, Stuttgart 1998, S. 527-541

Homburg, C.; Faßnacht, M.: Kundennähe, Kundenzufriedenheit und Kundenbindung bei Dienstleistungsunternehmen, in: Handbuch Dienstleistungsmanagement. Von der strategischen Konzeption zur praktischen Umsetzung, hrsg. v. M. Bruhn u. H. Meffert, 2. Aufl., Wiesbaden 2001, S. 441-463

Homburg, C.; Faßnacht, M.; Günther, C.: Erfolgreiche Umsetzung dienstleistungsorientierter Strategien von Industriegüterunternehmen, in: Zeitschrift für betriebswirtschaftliche Forschung, 54. Jg. (2002), S. 487-508

Homburg, C.; Garbe, B.: Industrielle Dienstleistungen. Bestandsaufnahme und Entwicklungsrichtungen, in: Zeitschrift für Betriebswirtschaft, 66. Jg. (1996), S. 253-282

Homburg, C.; Krohmer, H.: Marketingmanagement. Strategie - Instrumente - Umsetzung - Unternehmensführung, Wiesbaden 2003

Homburg, C.; Krohmer, H.: Marketingmanagement. Strategie - Instrumente - Umsetzung - Unternehmensführung, 3. Aufl., Wiesbaden 2009

Homburg, C.; Schäfer, H.: Die Erschließung von Kundenwertpotenzialen durch Cross-Selling, in: Kundenwert. Grundlagen - Innovative Konzepte - Praktische Umsetzungen, hrsg. v. B. Günter u. S. Helm, 2. Aufl., Wiesbaden 2003, S. 163-187

Homburg, C.; Simon, H.: Wettbewerbsstrategien, in: Handwörterbuch des Marketing, hrsg. v. B. Tietz, R. Köhler u. J. Zentes, 2. Aufl., Stuttgart 1995, Sp. 2754-2762

Hope, C.; Mühlemann, A.: Service Operations Management. Strategy, Design and Delivery, London et al. 1997

Hopp, W.J.; Spearman, M.L.: Factory Physics, Long Grove 2011

Horbel, C.; Weismann, F.: Wert für den Kunden - Ein Überblick über begriffliche Konzeptionen, in: Aktuelle Beiträge zur Dienstleistungsforschung, hrsg. v. S. Roth, Wiesbaden 2013, S. 171-194

Horovitz, J.: Service entscheidet. Im Wettbewerb um den Kunden, Frankfurt a.M./ New York 1989

Horváth, P.: Controlling, 6. Aufl., München 1996

Horváth, P.: Das Controllingkonzept. Der Weg zu einem wirkungsvollen Controllingsystem, Stuttgart 2009

Horváth, P.; Herter, R.N.: Benchmarking - Vergleich mit den Besten der Besten, in: Controlling, 4. Jg. (1992), S. 4-11

Horváth, P.; Lamla, J.: Cost Benchmarking und Kaizen Costing, in: Handbuch Kosten- und Erfolgs-Controlling, hrsg. v. T. Reichmann, München 1995, S. 64-88

Horváth, P.; Seidenschwarz, W.: Zielkostenmanagement, in: Controlling, 4. Jg. (1992), S. 142-150

Houtman, J.: Elemente einer umweltorientierten Produktionstheorie, Wiesbaden 1998

Hubbert, A.R.; Sehorn, A.G.; Brown, S.W.: Service Expectations: The Consumer versus the Provider, in: International Journal of Service Industry Management, Vol. 6 (1995), H. 1, S. 6-21

Huber, F.; Kopsch, A.: Produktbündelung, in: Handbuch Produktmanagement. Strategieentwicklung - Produktplanung - Organisation - Kontrolle, hrsg. v. S. Albers u. A. Herrmann, Wiesbaden 2000, S. 575-605

Huber, M.; Köse, A.; Schneider, M.: Wirtschaftlichkeit und Leistungsniveau deutscher Krankenhäuser im internationalen Vergleich. Gutachten für die Deutsche Krankenhausgesellschaft, Augsburg 1993

Hübner, C.: Multiplikation, in: Strategische Marketingoptionen - Änderungsstrategien auf Geschäftsfeldebene, hrsg. v. P.W. Meyer u. R. Mattmüller, Stuttgart/Berlin/Köln 1993, S. 186-228

Hunkel, M.: Segmentorientierte Preisdifferenzierung für Verkehrsdienstleistungen - Der Weg zum optimalen Fencing, Diss. Darmstadt 2001

Isermann, H.: Grundlagen eines systemorientierten Logistikmanagements, in: Logistik. Gestaltung von Logistiksystemen, hrsg. v. H. Isermann, 2. Aufl., Landsberg a.L. 1998, S. 21-60

Isermann, H.: Produktionstheoretische Fundierung logistischer Prozesse, in: Planung und Steuerung von Input-Output-Systemen, ZfB-Ergänzungsheft 4/1999, hrsg. v. H. Albach u. O. Rosenberg, Wiesbaden 1999, S. 67-87

Jackson, J.R.: Jobshop-Like Queuing Systems, in: Management Science, Vol. 10 (1963), S. 131-142

Jacob, F.: Produktindividualisierung. Ein Ansatz zur innovativen Leistungsgestaltung im Business-to-Business-Bereich, Wiesbaden 1995

Jacob, H.: Zur optimalen Planung des Produktionsprogramms bei Einzelfertigung, in: Zeitschrift für Betriebswirtschaft, 41. Jg. (1971), S. 495-516

Jacob, H.: Unsicherheit und Flexibilität, in: Zeitschrift für Betriebswirtschaft, 44. Jg. (1974), S. 299-326

Jacobsen, S.E.: Production Correspondences, in: Econometrica, Vol. 38 (1970), S. 754-771

Jehle, E.: Wertanalyse. Ein System zum Lösen komplexer Probleme, in: Wirtschaftswissenschaftliches Studium, 20. Jg. (1991), S. 287-294

Jehle, E.: Wertanalyse, in: Lexikon der Betriebswirtschaftslehre, hrsg. v. H. Corsten, 3. Aufl., München/Wien 1995, S. 1025-1031

Jenner, T.: Überlegungen zur Integration von Kunden in das Innovationsmanagement, in: Jahrbuch der Absatz- und Verbrauchsforschung, 46. Jg. (2000), S. 130-147

Jiao, J.; Ma, Q.; Tseng, M.M.: Towards High Value-Added Products and Services: Mass Customization and Beyond, in: Technovation, Vol. 23 (2003), S. 809-821

Johns, N.: Computerized Yield Management Systems: Lessons from the Airline Industry, in: Yield Management. Strategies for the Service Industries, hrsg. v. A. Ingold, U. McMahon-Beattie u. I. Yeoman, 2. Aufl., London 2006 (3. Nachdruck), S. 140-148

Johnson, E.M.; Scheuing, E.E.; Gaida, K.A.: Profitable Service Marketing, Homewood 1986

Johnston, R.: Operations: From Factory to Service Management, in: International Journal of Service Industry Management, Vol. 5 (1994), H. 1, S. 49-63

Johnston, R.: The Zone of Tolerance. Exploring the Relationship between Service Transactions and Satisfaction with the Overall Service, in: International Journal of Service Industry Management, Vol. 6 (1995), H. 2, S. 46-61

Jones, P.: Quality, Capacity and Productivity in Service Industries, in: The Management of Service Operations, hrsg. v. R. Johnston, Berlin et al. 1988, S. 309-321

Jones, T.O.; Sasser, W.E. Jr.: Why Satisfied Customers Defect, in: Harvard Business Review, Vol. 73 (1995), H. 6, S. 88-99

Judd, R.C.: The Case for Redefining Services, in: Journal of Marketing, Vol. 28 (1964), S. 58-59

Jugel, S.; Zerr, K.: Dienstleistungen als strategisches Element eines Technologie-Marketing, in: Marketing - Zeitschrift für Forschung und Praxis, 11. Jg. (1989), S. 162-172

Juran, J.M.: Juran on Leadership for Quality. An Executive Handbook, New York 1989

Kaas, K.P.: Marketing und Neue Institutionenlehre. Arbeitspapier Nr. 1 aus dem Forschungsprojekt Marketing und ökonomische Theorie, hrsg. v. K.P. Kaas, Frankfurt a.M. 1991

Kaas, K.P.: Kontraktgütermarketing als Kooperation zwischen Prinzipalen und Agenten, in: Zeitschrift für betriebswirtschaftliche Forschung, 44. Jg. (1992), S. 884-901

Kaas, K.P.; Runow, H.: Wie befriedigend sind die Ergebnisse der Forschung zur Verbraucherzufriedenheit, in: Die Betriebswirtschaft, 44. Jg. (1984), S. 451-459

Kakarott, A.: Strategische Preis- und Kapazitätsplanung für neue Produkte, Münster 1991

Kao, C.: Efficiency Decomposition in Network Data Envelopment Analysis: A Relational Model, in: European Journal of Operational Research, Vol. 192 (2009), S. 949-962

Kao, C.; Hwang, S.N.: Efficiency Decomposition in a Two-Stage Data Envelopment Analysis: An Application to Non-Life Insurance Companies in Taiwan, in: European Journal of Operational Research, Vol. 185 (2008), S. 418-429

Kao, C.; Hwang, S.N.: Efficiency Measurement for Network Systems: IT Impact on Firm Performance, in: Decision Support Systems, Vol. 48 (2010), S. 437-446

Kar, A.K.; Pani, A.K.: Exploring the Importance of Different Supplier Selection Criteria, in: Management Research Review, Vol. 37 (2014), S. 89-105

Karbach, R.: Automationsbedingte Veränderungen des Einsatzes menschlicher Arbeitskraft im Bankbetrieb und Konsequenzen für die bankbetriebliche Geschäftspolitik, Diss. Göttingen 1986

Karmarkar, U.S.; Pitbladdo, R.: Service Markets and Competition, in: Journal of Operations Management, Vol. 12 (1995), S. 397-411

Karten, W.: Versicherungsbetriebslehre, in: Handwörterbuch der Betriebswirtschaft, hrsg. v. E. Grochla u. W. Wittmann, 4. Aufl., Stuttgart 1976, Sp. 4246-4255

Katz, D.; Kahn, R.L.: The Social Psychology of Organizations, New York/London/Sidney 1966

Kaufer, E.: Industrieökonomik, München 1980

Kaufmann, E.J.: Marketing für Produktivdienstleistungen, Zürich/Frankfurt a.M./Thun 1977

Kawlath, A.: Theoretische Grundlagen der Qualitätspolitik, Wiesbaden 1969

Kellogg, D.L.; Nie, W.: A Framework for Strategic Service Management, in: Journal of Operations Management, Vol. 13 (1995), S. 323-337

Kelly, F.; Steinberg, R.: A Combinatorial Auction with Multiple Winners for Universal Service, in: Management Science, Vol. 46 (2000), S. 586-596

Kendrick, J.W.: Understanding Productivity. An Introduction to the Dynamics of Productivity Change, Baltimore/London 1977

Kent, R.A.: Faith in Four Ps: An Alternative, in: Journal of Marketing Management, Vol. 1 (1986), H. 1, S. 145-154

Kern, M.: Theorien des internationalen Strukturwandels, in: Das Wirtschaftsstudium, 10. Jg. (1981), S. 595-600

Kern, W.: Die Messung industrieller Fertigungskapazitäten und ihrer Ausnutzung. Grundlagen und Verfahren, Köln/Opladen 1962

Kern, W.: Industriebetriebslehre, in: Handwörterbuch der Betriebswirtschaft, hrsg,. v. E. Grochla u. W. Wittmann, 4. Aufl., Stuttgart 1975a, Sp. 1849-1858

Kern, W.: Kapazität und Beschäftigung, in: Handwörterbuch der Betriebswirtschaft, hrsg. v. E. Grochla u. W. Wittmann, 4. Aufl., Stuttgart 1975b, Sp. 2083-2090

Kern, W.: Der Betrieb als Faktorkombination, in: Allgemeine Betriebswirtschaftslehre in programmierter Form, hrsg. v. H. Jacob, 3. Aufl., Wiesbaden 1976a, S. 121-204

Kern, W.: Die Produktionswirtschaft als Erkenntnisbereich der Betriebswirtschaftslehre, in: Zeitschrift für betriebswirtschaftliche Forschung, 28. Jg. (1976b), S. 756-767

Kern, W.: Produkte, Problemlösungen als, in: Handwörterbuch der Produktionswirtschaft, hrsg. v. W. Kern, 1. Aufl., Stuttgart 1979a, Sp. 1433-1441

Kern, W.: Produktionswirtschaft, in: Handwörterbuch der Produktionswirtschaft, hrsg. v. W. Kern, 1. Aufl., Stuttgart 1979b, Sp. 1647-1660

Kern, W.: Produktionswirtschaft, Kontrolle und Revision der, in: Handwörterbuch der Revision, hrsg. v. A.G. Coenenberg u. K.v. Wysocki, Stuttgart 1983, Sp. 1428-1436

Kern, W.: Die Kosten bei wirtschaftlicher Betriebsführung, in: Betriebswirtschaftslehre und Unternehmenspraxis, hrsg. v. E. Schulte u. T. Siegel, Berlin 1986, S. 101-110

Kern, W.: Faktorqualitäten in produktionsbezogenen Optimierungsmodellen, in: Praxisorientierte Betriebswirtschaftslehre, hrsg. v. H.G. Bartels, G. Beuermann u. R. Thome, Berlin 1987, S. 145-160

Kern, W.: Aufgaben und Dimensionen von Kapazitätsrechnungen, in: Finanz- und Rechnungswesen als Führungsinstrument, hrsg. v. D. Ahlert, K.-P. Franz u. H. Göppl, Wiesbaden 1990, S. 221-235

Kern, W.: Industrielle Produktionswirtschaft, 5. Aufl., Stuttgart 1992

Kern, W.: Kapazität, in: Handwörterbuch des Rechnungswesens, hrsg. v. K. Chmielewicz u. M. Schweitzer, 3. Aufl., Stuttgart 1993, Sp. 1055-1063

Kern, W.: Arbeitsunterlagen zur Produktionswirtschaftslehre, Vorlesung an der Universität zu Köln (unveröffentlichtes Manuskript), Köln o. J.

Kern, W.; Fallaschinski, K.: Betriebswirtschaftliche Produktionsfaktoren, in: Das Wirtschaftsstudium, Teil I: 7. Jg. (1978), S. 580-583; Teil II: 8. Jg. (1979a), S. 15-18

Kern, W.; Schröder, H.-H.: Forschung und Entwicklung in der Unternehmung, Reinbek bei Hamburg 1977

Kieser, A.; Kubicek, H.: Organisation, 3. Aufl., Berlin/New York 1992

Kilger, W.: Produktionsfaktor, in: Handwörterbuch der Betriebswirtschaft, hrsg. v. E. Grochla u. W. Wittmann, 4. Aufl., Stuttgart 1975, Sp. 3097-3101

Kilger, W.: Die Theorie der industriellen Produktion auf der Grundlage dispositiv variierbarer Prozeßparameter, in: Neuere Entwicklungen in der Unternehmenstheorie. Erich Gutenberg zum 85. Geburtstag, hrsg. v. H. Koch, Wiesbaden 1982a

Kilger, W.: Potentielle Unwirtschaftlichkeitszentren industrieller Betriebe, in: Rationalisierung, hrsg. v. W. Kilger et al., Würzburg/Wien 1982b, S. 48-75

Kimes, S.E.: Yield Management: A Tool for Capacity-Constrained Service Firms, in: Journal of Operations Management, Vol. 8. (1989), S. 348-363

Kimes, S.E.; Chase, R.B.: The Strategic Levers of Yield Management, in: Journal of Service Research, Vol. 1 (1998), S. 156-166

Kimes, S.E.: Implementing Restaurant Revenue Management, in: The Cornell Hotel and Restaurant Administration Quarterly, Vol. 40 (1999), H. 3, S. 16-21

Kimms, A.; Klein, R.: Revenue Management im Branchenvergleich, in: Revenue Management, ZfB Special Issue 1/2005, hrsg. v. G. Fandel u. H. Botho von Portatius, Wiesbaden 2005, S. 1-30

Kingman, J.F.C.: The Single Server Queue in Heavy Traffic, in: Mathematical Proceedings of the Cambridge Philosophical Society, Vol. 57 (1961), S. 902-904

Kingman-Brundage, J.: The ABC's of Service System Blueprinting, in: Designing a Winning Service Strategy, Proceedings of the 7th Services Marketing Conference, Arlington, 1988, hrsg. v. J. Bitner u. L.A. Crosby, Chicago 1989, S. 30-33

Kirsch, W.; Kutschker, M.: Das Marketing von Investitionsgütern. Theoretische und empirische Perspektiven eines Interaktionsansatzes, Wiesbaden 1978

Kistner, K.-P.: Produktions- und Kostentheorie, 2. Aufl., Heidelberg 1993

Klatt, S.: Zur Theorie der Industrialisierung, Köln/Opladen 1959

Klatt, S.: Die Qualität als Objekt der Wirtschaftswissenschaften, in: Jahrbücher für Sozialwissenschaften, Bd. 12 (1961), S. 19-57

Klatt, S.: Die ökonomische Bedeutung der Qualität von Verkehrsleistungen, Berlin 1965

Klaus, P.G.: Auf dem Weg zu einer Betriebswirtschaftslehre der Dienstleistungen: Der Interaktionsansatz, in: Die Betriebswirtschaft, 44. Jg. (1984), S. 467-475

Klein, R.: Revenue Management: Quantitative Methoden zur Erlösmaximierung in der Dienstleistungsproduktion, in: Betriebswirtschaftliche Forschung und Praxis, 53. Jg. (2001), S. 245-259

Klein, R.; Steinhardt, C.: Revenue Management. Grundlagen und Mathematische Methoden, Berlin/Heidelberg 2008

Kleinaltenkamp, M.: Die Dynamisierung strategischer Marketing-Konzepte - Eine kritische Würdigung des „Outpacing Strategies"-Ansatzes von Gilbert und Strebel, in: Zeitschrift für betriebswirtschaftliche Forschung, 39. Jg. (1987), S. 31-52

Kleinaltenkamp, M.: Investitionsgüter-Marketing als Beschaffung externer Faktoren, in: Dienstleistungsmarketing. Eine Bestandsaufnahme, Tagungsband zum 2. Workshop für Dienstleistungsmarketing, Innsbruck, Februar 1993, hrsg. v. E.M. Thelen u. G.B. Mairamhof, Frankfurt a.M. et al. 1993, S. 101-126

Kleinaltenkamp, M.: Customer Integration - Kundenintegration als Leitbild für das Business-to-Business-Marketing, in: Customer-Integration. Von der Kundenorientierung zur Kundenintegration, hrsg. v. M. Kleinaltenkamp, S. Fließ u. F. Jacob, Wiesbaden 1996, S. 13-24

Kleinaltenkamp, M.: Kundenintegration, in: Wirtschaftswissenschaftliches Studium, 26. Jg. (1997), S. 350-354

Kleinaltenkamp, M.: Kundenbindung durch Kundenintegration, in: Handbuch Kundenbindungsmanagement. Grundlagen, Konzepte, Erfahrungen, hrsg. v. M. Bruhn u. C. Homburg, Wiesbaden 1998, S. 256-272

Kleinaltenkamp, M.: Blueprinting - Grundlage des Managements von Dienstleistungsunternehmen, in: Neue Aspekte des Dienstleistungsmarketing. Konzepte für Forschung und Praxis, hrsg. v. H. Woratschek, Wiesbaden 2000, S. 3-28

Kleinaltenkamp, M.; Dahlke, B.: Der Wert des Kunden als Informant - auf dem Weg zu einem „knowledge based customer value", in: Kundenwert. Grundlagen - Innovative Konzepte - Praktische Umsetzungen, hrsg. v. B. Günter u. S. Helm, 2. Aufl., Wiesbaden 2003, S. 223-247

Kleinaltenkamp, M.; Haase, M.: Externe Faktoren in der Theorie der Unternehmung, in: Die Theorie der Unternehmung in Forschung und Praxis, hrsg. v. H. Albach et al., Berlin/Heidelberg/New York 1999, S. 167-194

Kleinaltenkamp, M.; Marra, A.: Kapazitätsplanung bei der Integration externer Faktoren, in: Kapazitätsmanagement in Dienstleistungsunternehmungen. Grundlagen und Gestaltungsmöglichkeiten, hrsg. v. H. Corsten u. S. Stuhlmann, Wiesbaden 1997, S. 55-80

Kleine, A.: DEA-Effizienz. Entscheidungs- und produktionstheoretische Grundlagen der Data Envelopment Analysis, Wiesbaden 2002

Kleinhückelsknoten, H.-D.; Schnetkamp, G.: Erfolgsfaktoren für Marketingstrategien, in: Handbuch des Marketing, hrsg. v. M. Bruhn, München 1989, S. 257-276

Klemperer, P.: Auction Theory: A Guide to the Literature, in: Journal of Economic Surveys, Vol. 13 (1999). S. 227-286

Klinge, R.C.: Kapazitätsplanung in Dienstleistungsunternehmen. Planungs- und Gestaltungsprobleme, Wiesbaden 1997

Klodt, H. et al.: „Standort Deutschland: Strukturelle Herausforderung im neuen Europa", Kieler Studien, Bd. 265, Tübingen 1994

Klodt, H.: Auf dem Weg in die Dienstleistungsgesellschaft. Geht die industrielle Basis verloren?, in: Wirtschaftswissenschaftliches Studium, 24. Jg. (1995), S. 297-301

Kloock, J.: Produktionskosten, Kontrolle der, in: Handwörterbuch der Produktionswirtschaft, hrsg. v. W. Kern, 1. Aufl., Stuttgart 1979, Sp. 1525-1539

Kloock, J.: Produktion, in: Vahlens Kompendium der Betriebswirtschaftslehre, Bd. 1, hrsg. v. M. Bitz et al., 2. Aufl., München 1989, S. 253-310

Kloock, J.: Prozeßkostenrechnung als Rückschritt und Fortschritt der Kostenrechnung, in: Kostenrechnungspraxis, o.Jg. (1992), Teil 1: S. 182-193, Teil 2: S. 237-245

Knigge, J.: Franchise-Systeme im Dienstleistungsbereich, Berlin 1973

Knigge, J.: Franchising, in: Handwörterbuch des Marketing, hrsg. v. B. Tietz, R. Köhler u. J. Zentes, 2. Aufl., Stuttgart 1995, Sp. 701-710

Knoblich, H.; Beßler, H.: Informationsbetriebe, in: Die Betriebswirtschaft, 45. Jg. (1985), S. 558-575

Knyphausen, D. zu; Ringlstetter, M.: Wettbewerbsumfeld, Hybride Strategien und Economies of Scope, in: Beiträge zum Management strategischer Programme, hrsg. v. W. Kirsch, München 1991, S. 540-557

Koch, H.: Budgetierung, in: Handwörterbuch der Finanzwirtschaft, hrsg. v. H.E. Büschgen, Stuttgart 1976, Sp. 222-232

Koopmans, T.C.: Analysis of Production as an Efficient Combination of Activities, in: Activity Analysis of Production and Allocation. Proceedings of a Conference, hrsg. v. T.C. Koopmans, New York/London 1951, S. 33-97

Koppelmann, U.: Beschaffungsmarketing - Überlegungen zum entscheidungsorientierten Beschaffungsverhalten, in: Zukunftsaspekte der anwendungsorientierten Betriebswirtschaftslehre, hrsg. v. E. Gaugler, H.G. Meissner u. N. Thom, Stuttgart 1986, S. 303-316

Koppelmann, U.: Beschaffungsmarketing, 4. Aufl., Berlin et al. 2004

Korpiun, M.: Erfolgsfaktoren personendominanter Dienstleistungen. Eine quantitative Analyse am Beispiel der Friseurdienstleistung, Frankfurt a.M. et al. 1998

Kossbiel, R.P.: Zertifizierung des IBM-Einkaufs nach ISO 9000, in: Beschaffung aktuell, o.Jg. (1993), H. 9, S. 29-31

Kotha, S.: Mass Customization: Implementing the Emerging Paradigm for Competitive Advantage, in: Strategic Management Journal, Vol. 16 (1995), Special Issue, S. 21-42

Kotler, P.: Marketing Management. Analysis, Planning, and Control, 2. Aufl., Englewood Cliffs 1972

Kotler, P.: Marketing Management. Analysis, Planning, Implementation and Control, 8. Aufl., Englewood Cliffs 1994

Kotler, P.; Roberto, E.: Social Marketing, Düsseldorf et al. 1991

Kowalkowski, C.: What does a Service-Dominant Logic really mean for Manufacturing Firms? in: CIRP Journal of Manufacturing Science and Technology, Vol. 3 (2010), S. 285-292

Kraemer, W.: Effizientes Kostenmanagement. EDV-gestützte Datenanalyse und -interpretation durch den Controlling-Leitstand, Wiesbaden 1993

Krafft, M.: Der Kunde im Fokus: Kundennähe, Kundenzufriedenheit, Kundenbindung und Kundenwert?, in: Die Betriebswirtschaft, 59. Jg. (1999), S. 511-530

Krah, C.: Zeitstruktur und Konsum, Diss. Freiburg i.Br. 1986

Kreikebaum, H.: Zentralbereiche, in: Handwörterbuch der Organisation, hrsg. v. E. Frese, 3. Aufl., Stuttgart 1992, Sp. 2603-2610

Kreikebaum, H.: Strategische Unternehmensplanung, 5. Aufl., Stuttgart/Berlin/Köln 1993

Krelle, W.: Produktionstheorie, Tübingen 1969

Kroeber-Riel, W.; Weinberg, P.: Konsumentenverhalten, 8. Aufl., München 2003

Kromschröder, B.; Lehmann, M.: Die Leistungswirtschaft des Versicherungsbetriebes, in: Information und Produktion, Festschrift zum 60. Geburtstag von W. Wittmann, hrsg. v. S. Stöppler, Stuttgart 1985, S. 171-209

Krüger, W.: Organisation der Unternehmung, 3. Aufl., Stuttgart/Berlin/Köln 1994

Krüger, W.; Homp, C.: Kernkompetenzen: Charakteristika, Formen und Wirkungsweise. Arbeitspapier Nr. 2/96 der Professur für Betriebswirtschaftslehre II: Organisation. Unternehmungsführung. Personalwirtschaft an der Universität Gießen, hrsg. v. W. Krüger, Gießen 1996

Krüger, W.; Homp, C.: Kernkompetenz-Management. Steigerung von Flexibilität und Schlagkraft im Wettbewerb, Wiesbaden 1997

Krumbiegel, J. et al.: Business Process Reengineering in der Universität, in: Personal, 47. Jg. (1995), S. 526-533

Kühn, H.-J.: Produktivitätsvergleich im Dienstleistungsbetrieb, Diss. Wien 1970

Kühn, M.: Flexibilität in logistischen Systemen, Heidelberg 1989

Kunz, B.R.: Die Kosten des Hotels in ihrer Struktur und in ihren Abhängigkeiten, 2. Aufl., Bern/Stuttgart 1979

Küpper, H.-U.: Controlling. Konzeption, Aufgaben und Instrumente, 3. Aufl., Stuttgart 2001

Küpper, W.: Zinssätze für Kalkulationen bei Geldwertänderungen. Die Bemessung kalkulatorischer Zinssätze bei Preiskalkulation aufgrund von Selbstkosten unter Berücksichtigung von Geldwertänderungen, Thun/Frankfurt a.M. 1984

Kupsch, P.: Unternehmungsziele, Stuttgart/New York 1979

Kuster, J.; Liestmann, V.; Sander, B.: Modularisierung von technischen Dienstleistungen, in: Industrie Management, 19. Jg. (2003), H. 4, S. 40-43

Kutschker, M.: Ressourcenbasierte Internationalisierung, in: Globalisierung. Herausforderung an die Unternehmensführung zu Beginn des 21. Jahrhunderts. Festschrift für E. Pausenberger, hrsg. v. F. Giesel u. M. Glaum, München 1999, S. 49-75

Laakmann, K.: Value-Added Services - Ausgestaltungsformen und Wirkungen, in: Grundsatzfragen und Herausforderungen des Dienstleistungsmarketing, hrsg. v. A. Meyer, Wiesbaden 1996, S. 125-156

Lachhammer, J.: Kostenrechnung im Dienstleistungsbetrieb, Teil I: Die Auswahl des geeigneten Systems, in: Kostenrechnungspraxis, o.Jg. (1979), S. 125-131

Lachhammer, J.; Oelmaier, M.: Kostenrechnung im Dienstleistungsbetrieb, Teil II: Möglichkeiten der Realisation, dargestellt am Beispiel eines Flughafens, in: Kostenrechnungspraxis, o.Jg. (1979), S. 221-230

Ladner, O.: Organisation und Rationalisierung in Dienstleistung und Verwaltung, in: REFA-Nachrichten, 27. Jg. (1974), S. 301-305

Lambrecht, A.: Tarifwahl bei Internetzugang. Existenz, Ursachen und Konsequenzen von Tarifwahl-Biases, Wiesbaden 2005

Lambrecht, A.; Skiera, B.: Paying Too Much and Being Happy About It: Existence, Causes, and Consequences of Tariff-Choice Biases, in: Journal of Marketing Research, Vol. 43 (2006a), S. 212-223

Lambrecht, A.; Skiera, B.: Ursachen eines Flatrate-Bias - Systematisierung und Messung der Einflussfaktoren, in: Zeitschrift für betriebswirtschaftliche Forschung, 58. Jg. (2006b), S. 588-617

Lancaster, K.J.: A New Approach to Consumer Theory, in: Journal of Political Economy, Vol. 74 (1966), S. 132-157

Langeard, E.: Grundfragen des Dienstleistungsmarketing, in: Marketing - Zeitschrift für Forschung und Praxis, 3. Jg. (1981), S. 233-240

Langeard, E. et al.: Service Marketing: New Insights from Consumers and Managers, Cambridge 1981

Larson, R.C.: Perspectives on Queues: Social Justice and the Psychology of Queueing, in: Operations Research, 35. Jg. (1987), S. 895-905

Laßmann, G.: Produktivität, in: Handwörterbuch der Betriebswirtschaft, hrsg. v. E. Grochla u. W. Wittmann, 4. Aufl., Stuttgart 1975, Sp. 3164-3169

Laßmann, G.: Betriebsplankosten- und Betriebsplanerfolgsrechnung, in: Handbuch Kostenrechnung, hrsg. v. W. Männel, Wiesbaden 1992, S. 300-319

Laßmann, G.: Kostenfunktionen und -verhalten, in: Handwörterbuch der Produktionswirtschaft, hrsg. v. W. Kern, H.-H. Schröder u. J. Weber, 2. Aufl., Stuttgart 1996, Sp. 946-959

Laux, H.: Koordination in der Unternehmung, in: Handwörterbuch der Betriebswirtschaft, hrsg. v. W. Wittmann et al., 5. Aufl., Stuttgart 1993, Sp. 2308-2320

Laux, H.; Liermann, F.: Grundlagen der Organisation. Die Steuerung von Entscheidungen als Grundproblem der Betriebswirtschaftslehre, 4. Aufl., Berlin et al. 1997

Laws, E.: Identifying and Managing the Consumerist Gap, in: The Service Industries Journal, Vol. 6 (1986), S. 131-143

Layer, M.: Kapazität: Begriff, Arten und Messung, in: Handwörterbuch der Produktionswirtschaft, hrsg. v. W. Kern, 1. Aufl., Stuttgart 1979, Sp. 871-882

Lefton, M.; Rosengren, W.R.: Organisations and Clients: Lateral and Longitudinal Dimensions, in: American Sociological Review, Vol. 31 (1966), S. 802-810

Legg, D.; Baker, J.: Advertising Strategies for Service Firms, in: Add Value To Your Service, hrsg. v. C. Suprenant, Chicago 1987, S. 163-168

Lehmann, A.: Dienstleistungsmanagement zwischen industriell-orientierter Produktion und zwischenmenschlicher Interaktion - Reflexe in der Versicherung, St. Gallen 1989

Lehmann, A.: Dienstleistungsmanagement. Strategien und Ansatzpunkte zur Schaffung von Servicequalität, Stuttgart/Zürich 1993

Leigh, T.W.; Rethans, A.J.: Experiences with Script Elicitation within Consumer Decision making Contexts, in: Advances in Consumer Research, Vol. 10 (1983), S. 667-672

Lele, M.M.: How Service Needs Influence Product Strategy, in: Sloan Management Review, Vol. 28 (1986), H. 1, S. 63-70

Lemke, F.; Clark, M.; Wilson, H.: Customer Experience Quality: An Exploration in Business and Consumer Contexts Using Repertory Grid Technique, in: Journal of the Academic Marketing Science, Vol. 39 (2011), S. 846-869

Lemke, H.-J.: Mit Wertkettenanalyse und Zero-Base-Budgeting zum marktorientierten Unternehmen, in: Kostenrechnungspraxis, o.Jg. (1992), S. 271-274

Leonard, D.; Rayport, J. F.: Spark Innovation through Empathic Design, in: Harvard Business Review, Vol. 75 (1997), S. 102-115

Lerch, A.: Peak-Load Pricing. Preisbildung bei periodisch schwankender Nachfrage, in: Wirtschaftswissenschaftliches Studium, 27. Jg. (1998), S. 539-541

Lettl, C.: Die Rolle von Anwendern bei hochgradigen Innovationen. Eine explorative Fallstudienanalyse in der Medizintechnik, Wiesbaden 2004

Leumann, P.: Die Matrix-Organisation. Unternehmensführung in einer mehrdimensionalen Struktur. Theoretische Darstellung und praktische Anwendung, 2. Aufl., Berlin/Stuttgart 1980

Levitt, T.: The Industrialization of Service, in: Harvard Business Review, Vol. 54 (1976), September-October, S. 63-74

Lewis, B.R.: How are Customers' Expectations Changing, in: The Ideal Product, The Ideal Customer, The Ideal Company? - New Perspectives in Customer Satisfaction Research, ESOMAR Conference Proceedings, London 1993, S. 1-19

Liang, L.; Cook, W.D.; Zhu, J.: DEA Models for Two-Stage Processes: Game Approach and Efficiency Decomposition, in: Naval Research Logistics, Vol. 55 (2008), S. 643-653

Liang, L. et al.: DEA Models for Supply Chain Efficiency Evaluation, in: Annals of Operations Research, Vol. 145 (2006), S. 35-49

Lienhard, P.; Meyer, S.; Stanik, M.: Strategisches Dienstleistungsmanagement. Integration von Kunde, Kompetenz und Strategie, in: Industrie Management, 19. Jg. (2003), H. 4, S. 36-39

Liesegang, D.G.: Kapazität, in: Lexikon der Betriebswirtschaftslehre, hrsg. v. H. Corsten, 3. Aufl., München/Wien 1995, S. 424-429

Liljander, V.: Modeling Perceived Service Quality Using Different Comparison Standards, in: Journal of Consumer Satisfaction, Dissatisfaction and Complaining Behaviour, Vol. 7 (1994), S. 126-142

Liljander, V.; Strandvik, T.: Different Comparison Standards as Determinants of Service Quality, in: Journal of Consumer Satisfaction, Dissatisfaction and Complaining Behavior, Vol. 6 (1993), S. 118-132

Liljander, V.; Strandvik, T.: The Nature of Customer Relationships in Services, in: Advances in Services Marketing and Management, hrsg. v. T.A. Swartz, D.E. Bowen u. S.W. Brown, Vol. 4, London 1995, S. 141-167 (verfügbar: http:// www. shh.fi/~liljande/advance4pdf.pdf; Zugriff am 24.01.2007)

Lindenmeier, J.; Tscheulin, D.K.: Kundenzufriedenheitsrelevante Effekte der Überbuchung im Rahmen des Revenue-Managements, in: Revenue Management, ZfB Special Issue 1/2005, hrsg. v. G. Fandel u. H. Botho von Portatius, Wiesbaden 2005, S. 101-123

Lippmann, H.: Funktionales Beschaffungsmarketing. Ein Beitrag zu einer einzelwirtschaftlichen Beschaffungslehre, Diss. Augsburg 1979

Little, J.D.C.: A Proof of the Queuing Formula: $L=\lambda W$, in: Operations Research, Vol. 9 (1961), S. 383-387

Littlewood, K.: Forecasting and Control of Passenger Bookings, in: Proceedings of the Twelfth Annual AGIFORS Symposium, 16.-20.10.1972, Nathanya (Israel), hrsg. v. AGIFORS, New York 1972, S. 193-204

Littmann, H.E.: Produktivität, in: Management-Enzyklopädie, Bd. 4: „Lagerhaltung" bis „Publizität", München 1971, S. 1240-1250

Löbler, H.: Position and Potential of Service-Dominant Logic-Evaluated in an "ism" Frame for further Development, in: Marketing Theory Vol. 11 (2011), S. 51-73

Lohrberg, W.: Grundprobleme der Beschaffungsmarktforschung, Bochum 1978

Lovelock, C.H.: Classifying Services to Gain Strategic Marketing Insights, in: Managing Services - Marketing, Operations and Human Resources, hrsg. v. C.H. Lovelock, Englewood Cliffs 1988, S. 44-57

Lovelock, C.H.: Dienstleister können Effizienz und Kundenzufriedenheit verbinden, in: Harvard Business Manager, 15. Jg. (1993), 2. Quartal, S. 68-75

Lovelock, C.H.; Young, R.F.: Das Kundenverhalten beachten, die Produktivität steigern, in: Harvardmanager, 2. Jg. (1980), H. 4, S. 54-64

Løwendahl, B.R.: Strategic Management of Professional Service Firms, Kopenhagen 1997

Luchs, B.; Roberts, K.: Benchmarking, in: Unternehmenspolitik und Unternehmensstrategie, hrsg. v. H. Siegwart, F. Malik u. J. Mahari, Stuttgart/Zürich/Wien 1995, S. 187-198

Luciani, S.: Implementing Yield Management in Small and Medium Sized Hotels: an Investigation of Obstacles and Success Factors in Florence Hotels, in: International Journal of Hospitality Management, Vol. 18 (1999), S. 129-142

Lücke, W.: Kostentheorie, in: Handwörterbuch der Betriebswirtschaft, hrsg. v. E. Grochla u. W. Wittmann, 4. Aufl., Stuttgart 1975, Sp. 2341-2360

Lüder, K.: Strategische Standortplanung transnationaler industrieller Großunternehmen, in: Internationalisierung der Unternehmung als Problem der Betriebswirtschaftslehre, hrsg. v. W. Lück u. V. Trommsdorf, Berlin 1982, S. 415-438

Luk, S.T.K.; Layton, R.: Perception Gaps in Customer Expectations: Managers Versus Service Providers and Customers, in: The Service Industries Journal, Vol. 22 (2002), Nr. 2, S. 109-128

Lützel, H.: Statistische Erfassung von Dienstleistungen, in: Allgemeines Statistisches Archiv, 71. Jg. (1987), S. 17-37

Macharzina, K.: Unternehmensführung. Das internationale Managementwissen. Konzepte - Methoden - Praxis, 3. Aufl., Wiesbaden 1999

Machlup, F.: The Supply of Inventors and Inventions, in: The Rate and Direction of Inventive Activity: Economic and Social Factors, hrsg. v. National Bureau of Economic Research, Princeton 1962, S. 143-167

MacKie-Mason, J.K.; Varian, H.R.: Generalized Vickrey Auctions, Working Paper des Department of Economics der University of Michigan, Ann Arbor 1994

MacMillan, I.C.; McGrath, R.G.: Discover Your Products' Hidden Potential, in: Harvard Business Review, Vol. 74 (1996), H. 3, S. 58-73

Macneil, I.R.: Contracts: Adjustment of Long-Term Economic Relations under Classical, Neoclassical, and Relational Contract Law, in: Northwestern University Law Review, Vol. 72 (1978), S. 854-905

Maddox, R.N.: Two-Factor Theory and Consumer Satisfaction: Replication and Extension, in: Journal of Consumer Research, Vol. 8 (1981), June, S. 47-102

Mag, W.: Faktorkombinationen, Bildung von, in: Handwörterbuch der Produktionswirtschaft, hrsg. v. W. Kern, 1. Aufl., Stuttgart 1979, Sp. 547-560

Magrath, A.J.: When Marketing Services, 4 Ps are not Enough, in: Business Horizons, Vol. 29 (1986), May/June, S. 44-50

Mahoney, J.T.; Pandian, R.: The Resource-based View within the Conversation of Strategic Management, in: Strategic Management Journal, Vol. 13 (1992), S. 363-380

Maister, D.H.: The Psychology of Waiting Lines, in: Managing Services - Marketing, Operations and Human Resources, hrsg. v. C.H. Lovelock, Englewood Cliffs 1988, S. 176-183

Maleri, R.: Betriebswirtschaftliche Probleme der Dienstleistungsproduktion, Diss. Universität Mannheim (Wirtschaftshochschule), Mannheim 1970

Maleri, R.: Grundzüge der Dienstleistungsproduktion, Berlin/Heidelberg/New York 1973

Maleri, R.: Grundlagen der Dienstleistungsproduktion, 3. Aufl., Berlin et al. 1994

Mangold, G.; Babakus, E.: Service Quality: The Front-Stage versus the Back-Stage Perspective, in: Journal of Services Marketing, Vol. 5 (1991), H. 4, S. 59-70

Mangold, W.G.; Miller, F.; Brockway, G.R.: Word-of-Mouth Communication in the Service Marketplace, in: The Journal of Services Marketing, Vol. 13 (1999), H. 1, S. 73-89

Männel, W.: Eigenfertigung und Fremdbezug, in: Handwörterbuch der Betriebswirtschaft, hrsg. v. E. Grochla u. W. Wittmann, 4. Aufl., Stuttgart 1974, Sp. 1231-1237

Männel, W.: Die Wahl zwischen Eigenfertigung und Fremdbezug, 2. Aufl., Stuttgart 1981 (Nachdruck Lauf a.d.P. 1996)

Männel, W.; Estorff, R.v.: Kostenrechnung in Dienstleistungsbetrieben, in: Kostenrechnungspraxis, o.Jg. (1987), S. 38-39

Männel, W.: Bedeutsame Ansätze, Konzepte und Instrumente des Kostenmanagement, in: Kostenrechnungspraxis, o.Jg. (1992), S. 340-343

Mansfield, E.: Rates of Return from Industrial Research and Development, in: American Economic Review, Papers and Proceedings (1965), S. 310-322

Mansfield, E.: Industrial Research and Technological Innovation, New York 1968

Mansfield, E.: Ertragsraten der industriellen Forschung und Entwicklung, in: Forschungsökonomie und Forschungspolitik, hrsg. v. J. Naumann, Stuttgart 1970, S. 323-341

March, J.G.; Simon, H.A.: Organizations, New York/London/Sydney 1958

Marettek, A.: Arbeitsschritte zur Durchführung der Zero-Base-Budgeting-Analyse, in: Wirtschaftswissenschaftliches Studium, 11. Jg. (1982), S. 257-263

Marra, A.: Standardisierung und Individualisierung im Marktprozeß. Marktprozeß-theoretische Fundierung des Business-to-Business-Marketing, Wiesbaden 1999

Marshall, K.T.: Some Relationships Between the Distributions of Waiting Time, Idle Time and Interoutput Time in the GI/G/1 Queue, in: SIAM Journal of Applied Mathematics, Vol. 16 (1968), S. 324-327

Martin, C.R.; Horne, D.A.: Restructuring towards a Service Orientation. The Strategic Challenges, in: International Journal of Service Industry Management, Vol. 2 (1992), H. 1, S. 25-38

Marty, F.E.: Capacity as a Determinant of the Supply for Physicians' Services, Diskussionsbeitrag Nr. 5/98 des Department of Economics der Universität Bern, Bern 1998

Marzen, W.: Das Faktorsystem im Handel, in: Zeitschrift für Betriebswirtschaft, 57. Jg. (1987), S. 53-58

Matthes, W.: Dynamische Einzelproduktionsfunktion der Unternehmung (Produktionsfunktion vom Typ F), Nr. 2/1979 der betriebswirtschaftlichen Arbeitspapiere des Seminars für Fertigungswirtschaft an der Wirtschafts- und Sozialwissenschaftlichen Fakultät der Universität zu Köln, Köln 1979

Matthes, W.: Zur Axiomatik des Controlling, in: Controlling als akademische Disziplin. Eine Bestandsaufnahme, hrsg. v. J. Weber u. B. Hirsch, Wiesbaden 2002, S. 131-143

Mattmüller, R.; Killinger, S.: Filialisierung und Franchising von Dienstleistungen - zur Multiplikationseignung unterschiedlicher Dienstleistungstypen und ihren Umsetzungsformen (unveröffentlichtes Manuskript), o.O. 1997

Mayer, R.: Strategien erfolgreicher Produktgestaltung. Individualisierung und Standardisierung, Wiesbaden 1993

Maynes, E.S.: The Concept and Measurement of Product Quality, in: Household Production and Consumption, hrsg. v. N.E. Terleckyj, New York/London 1975, S. 529-560

McAffee, R.P.; McMillan, J.: Auctions and Bidding, in: Journal of Economic Literature, Vol. 25 (1987), S. 699-738

McColl-Kennedy, J.R.; White, T.: Service Provider Training Programmes at Odds with Customer Requirements in Five-star Hotels, in: Journal of Services Marketing, Vol. 11 (1997), S. 249-264

McLaughlin, C.R.; Coffey, S.: Measuring Productivity in Services, in: International Journal of Service Management, Vol. 1 (1990), April, S. 46-64

McManus, J.C.: The Costs of Alternative Economic Organizations, in: Canadian Journal of Economics, Vol. 8 (1975), S. 334-350

Meffert, H.: Thesen zu den Problembereichen des Dienstleistungsmarketing, in: Dienstleistungsmarketing, Arbeitspapier Nr. 19, Wissenschaftliche Gesellschaft für Marketing und Unternehmensführung, hrsg. v. H. Meffert u. H. Wagner, Münster 1984, S. 3-9

Meffert, H.: Größere Flexibilität als Unternehmenskonzept, in: Zeitschrift für betriebswirtschaftliche Forschung, 37. Jg. (1985), S. 121-137

Meffert, H.: Marketing. Grundlagen der Absatzpolitik, 7. Aufl. (Nachdruck), Wiesbaden 1989

Meffert, H.: Marketingforschung und Käuferverhalten, 2. Aufl., Wiesbaden 1992

Meffert, H.: Marktorientierte Führung von Dienstleistungsunternehmen - neuere Entwicklungen in Theorie und Praxis, in: Die Betriebswirtschaft 54. Jg. (1994), S. 519-541

Meffert, H.: Marktorientierte Führung von Dienstleistungsunternehmen - State of the Art und Entwicklungsperspektiven, in: Handbuch Dienstleistungsmanagement, hrsg. v. M. Bruhn u. H. Meffert, Wiesbaden 1998, S. 955-982

Meffert, H.: Kundenbindung als Element moderner Wettbewerbsstrategien, in: Handbuch Kundenbindungsmanagement. Grundlagen - Konzepte - Erfahrungen, hrsg. v. M. Bruhn u. C. Homburg, 2. Aufl., Wiesbaden 1999, S. 115-133

Meffert, H.: Marketing. Grundlagen marktorientierter Unternehmensführung, 9. Aufl., Wiesbaden 2000

Meffert, H.: Zukünftige Forschungsfelder im Dienstleistungsmarketing, in: Die Unternehmung, 55. Jg. (2001), S. 327-339

Meffert, H.; Birkelbach, R.: Qualitätsmanagement in Dienstleistungszentren - Konzeptionelle Grundlagen und typenspezifische Ausgestaltung, in: Dienstleistungsqualität. Konzepte - Methoden - Erfahrungen, hrsg. v. M. Bruhn u. B. Stauss, 3. Aufl., Wiesbaden 2000, S. 169-199

Meffert, H.; Bruhn, M.: Dienstleistungsmarketing. Grundlagen - Konzepte - Methoden, 5. Aufl., Wiesbaden 2006

Meffert, H; Bruhn, M.: Dienstleistungsmarketing. Grundlagen - Konzepte - Methoden, 6. Aufl., Wiesbaden 2009

Meier, M.C.: Strategisches Material-Ressourcen-Management, Zürich 1988

Meier, R.: Kapazitätsmanagement von Dienstleistungsanbietern. Theoretische Erkenntnisse und Konkretisierung an einem Fallbeispiel im Call-Center, München 1997

Mengele, J.: Horizontale Kooperation als Markteintrittsstrategie im internationalen Marketing, Wiesbaden 1994

Mengen, A.: Konzeptgestaltung von Dienstleistungsprodukten. Eine Conjoint-Analyse im Luftfrachtmarkt unter Berücksichtigung der Qualitätsunsicherheit beim Dienstleistungskauf, Stuttgart 1993

Mengen, A.: Qualitätssicherheit aufbauen. Konzeptgestaltung von Dienstleistungsprodukten, in: Absatzwirtschaft, 37. Jg. (1994), H. 5, S. 94-100

Mesarovic, M.D.; Macko, B.: Foundations for a Scientific Theory of Hierarchical Systems, in: Hierarchical Structures, hrsg. v. L.L. Whyte, A.G. Wilson und D. Wilson, New York 1969, S. 29-50

Metters, R.; Vargas, V.: Yield Management for the Nonprofit Sector, in: Journal of Service Research, Vol. 1 (1999), S. 215-226

Metz, M.: Kundenfreundliches Verhalten als qualitatives Instrument des Bankbetriebs, Frankfurt a.M. 1985

Meurer, C.: Strategisches internationales Marketing für Dienstleistungen. Dargestellt am Beispiel des Management-Consulting, Frankfurt a.M. et al. 1993

Meyer, A.: Bedeutung und Besonderheiten der Dienstleistungsbetriebe, in: Industrielle Organisation, 37. Jg. (1968), S. 116-122

Meyer, A.: Dienstleistungs-Marketing. Erkenntnisse und praktische Beispiele, Augsburg 1983

Meyer, A.: Marketing für Dienstleistungs-Anbieter. Vergleichende Analyse verschiedener Dienstleistungsarten, in: Zukunftsorientiertes Marketing für Theorie und Praxis, hrsg. v. A. Hermanns u. A. Meyer, Berlin 1984, S. 197-213

Meyer, A.: Produktdifferenzierung durch Dienstleistungen, in: Marketing - Zeitschrift für Forschung und Praxis, 7. Jg. (1985), S. 99-107

Meyer, A.: Die Automatisierung und Veredelung von Dienstleistungen - Auswege aus der dienstleistungsinhärenten Produktivitätsschwäche, in: Jahrbuch der Absatz- und Verbrauchsforschung, 33. Jg. (1987), S. 25-46

Meyer, A.: Freie Berufe und Betriebswirtschaft. Probleme, Lösungsansätze, empirische Ergebnisse, Augsburg 1989

Meyer, A.: Dienstleistungs-Marketing, in: Die Betriebswirtschaft, 51. Jg. (1991), S. 195-209

Meyer, A.: Automatisierte Dienstleistungen durch Informationstechnik, in: Handbuch des Electronic Marketing. Funktionen und Anwendungen der Informations- und Kommunikationstechnik im Marketing, hrsg. v. A. Hermanns u. V. Flegel, München 1992a, S. 825-835

Meyer, A.: Das Absatzmarktprogramm, in: Integrierte Marketingfunktionen, hrsg. v. P.W. Meyer, 3. Aufl., Stuttgart/Berlin/Köln 1992b, S. 52-83

Meyer, A.: Servicepolitik, in: Vahlens großes Marketinglexikon, hrsg. v. H. Diller, München 1992c, S. 1048-1054

Meyer, A.: Dienstleistungs-Marketing, in: Marketing-Systeme. Grundlagen des institutionalen Marketing, hrsg. v. P.W. Meyer u. A. Meyer, 2. Aufl., Stuttgart 1993a, S. 173-220

Meyer, A.: Kommunikationspolitik von Dienstleistungsunternehmen, in: Handbuch Marketing-Kommunikation. Strategien - Instrumente - Perspektiven, hrsg. v. R. Berndt u. A. Hermanns, Wiesbaden 1993b, S. 897-921

Meyer, A.: Kommunikationspolitik von Dienstleistungs-Anbietern: Bedeutung und Gestaltungsbereiche, in: Handbuch Dienstleistungs-Marketing, hrsg. v. A. Meyer, Stuttgart 1998, S. 1065-1093

Meyer, A.; Blümelhuber, C.: Interdependenzen zwischen Absatz und Produktion in Dienstleistungsunternehmen und ihre Auswirkungen auf konzeptionelle Fragen des Absatzmarketing, in: Dienstleistungsproduktion, hrsg. v. H. Corsten u. W. Hilke, Wiesbaden 1994, S. 5-41

Meyer, A.; Blümelhuber, C.: Wettbewerbsorientierte Strategien im Dienstleistungsbereich, in: Handbuch Dienstleistungsmanagement. Von der strategischen Konzeption zur praktischen Umsetzung, hrsg. v. M. Bruhn u. H. Meffert, 2. Aufl., Wiesbaden 2001, S. 371-397

Meyer, A.; Dornach, F.: Das Deutsche Kundenbarometer 1993, hrsg. v. Deutsche Marketing-Vereinigung e.V. u. Deutsche Bundespost POSTDIENST, Düsseldorf/Bonn 1993

Meyer, A.; Jakić, A.: Co-Creation of Value: Eine Social-Media-Perspektive, in: Management integrativer Leistungserstellung, hrsg. v. R. Gössinger u. G. Zäpfel, Berlin 2014, S. 247-259

Meyer, A.; Mattmüller, R.: Qualität von Dienstleistungen. Entwurf eines praxisorientierten Qualitätsmodells, in: Marketing - Zeitschrift für Forschung und Praxis, 9. Jg. (1987), S. 187-195

Meyer, A.; Mattmüller, R.: Marketing, in: Betriebswirtschaftslehre, hrsg. v. H. Corsten u. M. Reiß, 3. Aufl., München/Wien 1999, S. 809-890

Meyer, A.; Mattmüller, R.: Marketing, in: Betriebswirtschaftslehre, Bd. 1, hrsg. v. H. Corsten u. M. Reiß, 4. Aufl., München/Wien 2008, S. 541-615

Meyer, A.; Oevermann, D.: Kundenbindung, in: Handwörterbuch des Marketing, hrsg. v. B. Tietz, R. Köhler u. J. Zentes, Stuttgart 1995, Sp. 1340-1351

Meyer, A.; Schaffer, M.: Die Kundenbeziehung als ein zentraler Unternehmenswert - Kundenorientierung als Werttreiber der Kundenbeziehung, in: Kundenwert. Grundlagen - Innovative Konzepte - Praktische Umsetzungen, hrsg. v. B. Günter u. S. Helm, 2. Aufl., Wiesbaden 2003, S. 61-86

Meyer, A.; Streich, K.: Preispolitik für Dienstleistungen, in: Handbuch Dienstleistungs-Marketing, hrsg. v. A. Meyer, Stuttgart 1998, S. 846-865

Meyer, A.; Westerbarkey, P.: Bedeutung der Kundenbeteiligung für die Qualitätspolitik von Dienstleistungsunternehmen, in: Dienstleistungsqualität. Konzepte - Methoden - Erfahrungen, hrsg. v. M. Bruhn u. B. Stauss, Wiesbaden 1991, S. 83-103

Meyer, P.W.: Die machbare Wirtschaft. Grundlagen des Marketing, Essen 1973

Meyer, P.W.: Der Integrierte Marketingansatz und seine Konsequenz für das Marketing, in: Integrierte Marketingfunktionen, hrsg. v. P.W. Meyer, 3. Aufl., Stuttgart/Berlin/Köln 1992, S. 13-30

Meyer, P.W.; Meyer, A.: Handel oder Dienstleistung - Die Bank im Spannungsfeld zweier Marketing-Systeme. Standortbestimmung und kritische Anmerkungen zum Marketing der Banken und Sparkassen, in: Jahrbuch der Universität Augsburg 1984, Augsburg 1985, S. 135-143

Meyer, P.W.; Meyer, A.: Dienstleistungen - Die große Hoffnung für Wirtschaft und Wirtschaftswissenschaften in den neunziger Jahren?, in: Jahrbuch der Absatz- und Verbrauchsforschung, 36. Jg. (1990), S. 124-139

Meyer, P.W.; Tostmann, T.: Dienstleistungsmarketing, in: Jahrbuch der Absatz- und Verbrauchsforschung, 24. Jg. (1978), S. 286-294

Meyer, P.W.; Tostmann, T.: Die Revolution findet nicht statt, in: Absatzwirtschaft, 22. Jg. (1979), H. 10, S. 22-27

Meyer-Piening, A.: Zero Base Budgeting (ZBB) als Planungs- und Führungsinstrument, in: Der Betrieb, 33. Jg. (1980), S. 1277-1281

Meyer-Piening, A.: Zero-Base-Budgeting, in: Zeitschrift für Organisation, 51. Jg. (1982), S. 257-266

Meyer-Piening, A.: Zero Base Planning - Zukunftssicherndes Instrument der Gemeinkostenplanung, Köln 1990

Michaelis, U.: Produktivitätsbestimmung in indirekten Bereichen, Berlin et al. 1991

Miethner, M.: Kosteneinflußfaktoren in Güternahverkehrsbetrieben, Diss. Hamburg 1968

Miles, R.E.; Snow, C.C.: Organizational Strategy, Structure and Process, New York 1978

Miller, D.; Friesen, H.: Porters (1980) Generic Strategies and Performance: An Empirical Examination with American Data. Part I: Testing Porter, in: Organization Studies, Vol. 7 (1986), S. 37-55; Part II: Performance Implications, in: Organization Studies, Vol. 7 (1986), S. 255-261

Mills, P.K.; Margulies, N.: Toward a Core Typology of Service Organizations, in: Academy of Management Review, Vol. 5 (1980), S. 255-265

Mills, P.K.; Morris, J.H.: Clients as „Partial" Employees of Service Organizations: Role Development in Client Participation, in: Academy of Management Review, Vol. 11 (1986), S. 726-735

Minasian, J.R.: The Economics of Research and Development, in: The Rate and Direction of Inventive Activity: Economic and Social Factors, hrsg. v. National Bureau of Economic Research, Princeton 1962, S. 93-141

Mises, L.v.: Nationalökonomie. Theorie des Handelns und Wirtschaftens, Genf 1940

Mitchell, B.M.; Vogelsang, I.: Telecommunications Pricing: Theory and Practice, Cambridge et al. 1991

Mordi, O.: Das Produktkonzept der Versicherung: Eine alternative Interpretation, in: Zeitschrift für die gesamte Versicherungswissenschaft, 74. Jg., H. 1 (1985), S. 81-93

Müller, W.: Ansätze für eine Theorie der Informationsverarbeitung in der Unternehmung, Habilitationsschrift an der Universität Hamburg, Hamburg/Berlin 1973

Müller, W.: Das Produkt der Versicherung, in: Geld und Versicherung. Festgabe für Wilhelm Seuß, hrsg. v. M. Jung, R.R. Lucius u. W.G. Seifert, Karlsruhe 1981, S. 155-171

Müller, W.: Neubegründung der Theorie der Versicherungsproduktion, Frankfurt a.M. 1987a (unveröffentlichtes Manuskript)

Müller, W.: Zur informationstheoretischen Erweiterung der Betriebswirtschaftslehre - Ein Modell der Informationsproduktion, in: Neuere Entwicklungen in der Produktions- und Investitionspolitik, Festschrift zum 60. Geburtstag von Herbert Jacob, hrsg. v. D. Adam, Wiesbaden 1987b, S. 119-136

Müller, W.: Was ist Versicherung?, in: Zeitschrift für die gesamte Versicherungswissenschaft, Bd. 77 (1988a), S. 309-326

Müller, W.: Das Versicherungsprinzip - Zum Gefahrengemeinschaftsmythos in Versicherungstheorie und -praxis, in: Sozialvertrag und Sicherung, hrsg. v. G. Rolf, P.B. Spahn u. G. Wagner, Frankfurt a.M./New York 1988b, S. 129-146

Müller, W.; Eckert, J.: Informationsproduktion und Entscheidungsprozeß, in: Neuere Entwicklungen in den Wirtschaftswissenschaften, hrsg. v. E. Helmstädter, Berlin 1978, S. 455-478

Müller, W.; Nickel, H.: Das Marketing von Informationsprodukten am Beispiel von Versicherungen, in: Marktorientierte Unternehmensführung, hrsg. v. J. Mazanec u. F. Scheuch, Wien 1984, S. 731-752

Müller-Bungart, M.: Revenue Management with Flexible Products. Models and Methods for the Broadcasting Industry, Berlin/Heidelberg/New York 2007

Müller-Merbach, H.: Die heimliche Dominanz des Investitions- und Kapazitätsmanagements in Verkehrsbetrieben, in: Kapazitätsmessung, Kapazitätsgestaltung, Kapazitätsoptimierung - eine betriebswirtschaftliche Kernfrage, hrsg. v. H. Corsten et al., Stuttgart 1992, S. 273-294

Murmann, B.: Qualität mehrstufiger Dienstleistungsinteraktionen. Besonderheiten bei Dienstleistungsunternehmen mit direktem und indirektem Kundenkontakt, Wiesbaden 1999

Murray, K.B.: A Test of Services Marketing Theory. Consumer Information Acquisition Activities, in: Journal of Marketing, Vol. 55 (1991), January, S. 10-25

Nagengast, J.: Outsourcing von Dienstleistungen industrieller Unternehmen - Eine theoretische und empirische Analyse, Hamburg 1997

Naumann, E.: Creating Customer Value: The Path to Sustainable Competitive Advantage, Cincinnati 1994

Nelson, P.: Information and Consumer Behavior, in: Journal of Political Economy, Vol. 78 (1970), S. 311-329

Nelson, P.: Advertising an Information, in: Journal of Political Economy, Vol. 82 (1974), S. 729-754

Nelson, R.D.; Philips, T.K.: An Approximation to the Response Time for Shortest Queue Routing, in: Performance Evaluation Review, Vol. 17 (1989), S. 181-189

Nelson, R.D.; Philips, T.K.: An Approximation for the Mean Response Time for Shortest Queue Routing With General Interarrival and Service Times, in: Performance Evaluation, Vol. 17 (1993), S. 123-139

Nerdinger, F.W.: Die Erstellung von Dienstleistungen im Rahmen der Integration zwischen Dienstleister und Kunde, in: Management integrativer Leistungserstellung, hrsg. v. R. Gössinger u. G. Zäpfel, Berlin 2014, S. 223-245

Neumann, K.; Steinhardt, U.: GERT Networks and the Time-Oriented Evaluation of Projects, Berlin/Heidelberg/New York 1979

Newell, A.; Simon, H.A.: Human Problem Solving, Englewood Cliffs 1972

Nicolai, A.; Kieser, A.: Trotz eklatanter Erfolgslosigkeit: Die Erfolgsfaktorenforschung weiter auf Erfolgskurs, in: Die Betriebswirtschaft, 62. Jg. (2002), S. 579-596

Nieschlag, R.; Dichtl, E.; Hörschgen, H.: Marketing, 18. Aufl., Berlin 1996

Noch, R.: Dienstleistungen im Investitionsgüter-Marketing. Strategien und Umsetzung, München 1995

Normann, R.: Dienstleistungsunternehmen, Hamburg et al. 1987

Northcraft, G.B.; Chase, R.B.: Managing Service Demand at the Point of Delivery, in: Academy of Management Review, Vol. 10 (1985), S. 66-75

o.V.: Dienstleistungen legen zu, in: iwd Informationsdienst des Instituts der deutschen Wirtschaft (Hrsg.), 16. Jg. (1990), H. 29, S. 4-5

o.V.: Dienstleistungen. Vom Rest zum Renner, in: iwd Informationsdienst des Instituts der deutschen Wirtschaft (Hrsg.), 19. Jg. (1993), H. 50, S. 4-5

o.V.: Dienstleistungen. Neues Leitbild, in: iwd Informationsdienst des Instituts der deutschen Wirtschaft (Hrsg.), 21. Jg. (1995a), H. 37, S. 4-5

o.V.: Ohne Industrie weniger Dienste-Jobs, in: iwd Informationsdienst des Instituts der deutschen Wirtschaft (Hrsg.), 21. Jg. (1995b), H. 46, S. 4-5

Oertzen Becker, U.v: Das deutsche Vergaberecht im Wandel der Zeit(en), in: Exzellente öffentliche Beschaffung. Ansatzpunkte für einen wirtschaftlichen und transparenten öffentlichen Einkauf, hrsg. v. M. Eßig und dem Bundesverband Materialwirtschaft, Einkauf und Logistik, Wiesbaden 2013, S. 43-57

Oess, A.: Total Quality Management. Die ganzheitliche Qualitätsstrategie, 2. Aufl., Wiesbaden 1991

Oettle, K.: Die Dienstbereitschaft in einzelwirtschaftlicher und gesamtwirtschaftlicher Sicht, in: Dienstleistungen in Theorie und Praxis, Festschrift zum 70. Geburtstag von Otto Hintner, hrsg. v. H. Linhardt, P. Penzkofer u. P. Scherpf, Stuttgart 1970, S. 16-36

Olhager, J.: Manufacturing Flexibility and Profitability, in: International Journal of Production Economics, Vol. 30/31 (1993), S. 67-78

Oliver, R.L.: A Cognitive Model of the Antecedents and Consequences on Satisfaction Decisions, in: Journal of Marketing Research, Vol. 17 (1980), S. 460-469

Opitz, O.: Zum technischen Optimierungsproblem des Unternehmers, in: Schweizerische Zeitschrift für Volkswirtschaft und Statistik, 106. Jg. (1970), S. 369-382

Opitz, O.: Zum Problem der Aktivitätsanalyse, in: Zeitschrift für die gesamte Staatswissenschaft, Bd. 127 (1971), S. 238-255

Orton, J.D.; Weick, K.E.: Loosely Coupled Systems: A Reconceptualization, in: Academy of Management Review, Vol. 15 (1990), S. 203-223

Ossadnik, W.: Controlling, 3. Aufl., München/Wien 2003

Ossadnik, W.: Controlling, 4. Aufl., München 2009

Otto-Arnold, C.: Dienstleistungen in der Gesamtwirtschaft, Berlin 1978

Paasche, J.: Arbeitsbewertung, Durchführung der, in: Handwörterbuch der Produktionswirtschaft, hrsg. v. W. Kern, 1. Aufl., Stuttgart 1979, Sp. 99-104

Paff, A.: Eine produktionstheoretisch fundierte Kostenrechnung für Hochschulen. Am Beispiel der Fernuniversität Hagen, Frankfurt a.M. et al. 1998

Parasuraman, A.; Berry, L.L.; Zeithaml, V.A.: An Empirical Examination of Relationships in an Extended Service Quality Model, Working Paper Report Nr. 90-122, Marketing Science Institute, Cambridge 1990

Parasuraman, A.; Zeithaml, V.A.; Berry, L.L.: A Conceptual Model of Service Quality and its Implications for Future Research, in: Journal of Marketing, Vol. 49 (1985), Fall, S. 41-50

Parasuraman, A.; Zeithaml, V.A.; Berry, L.L.: SERVQUAL: A Multiple-Item Scale for Measuring Consumer Perceptions of Service Quality, in: Journal of Retailing, Vol. 64 (1988), H. 1, S. 12-40

Parnas, D.L.: On the Criteria to Be Used in Decomposing Systems into Modules, in: Communications of the ACM, Vol. 15 (1972), S. 1053-1058

Parsons, T.: Suggestions for a Sociological Approach to the Theory of Organizations-I, in: Administrative Science Quarterly, Vol. 1 (1956), June, S. 63-85

Parsons, T.: Structure and Process in Modern Societies, New York 1960

Parsons, T.: How are Clients Integrated in Service Organizations?, in: Organizations and Clients. Essays in the Sociology of Service, hrsg. v. W.R. Rosengren u. M. Lefton, Columbus 1970, S. 1-16

Parsons, T.: Einige theoretische Betrachtungen zum Bereich der Medizinsoziologie, in: Sozialstruktur und Persönlichkeit, hrsg. v. T. Parsons, 4. Aufl., Frankfurt a.M. 1981, S. 408-449 (Erstveröffentlichung: Social Structure and Personality, Glencoe 1964)

Parsons, T.; Smelser, N.J.: Economy and Society. A Study in the Integration of Economic and Social Theory, London et al. 1984 (Erstveröffentlichung: London et al. 1956)

Pawlowski, T.: Begriffsbildung und Definition, Berlin 1980

Peemöller, V.H.: Zielkostenrechnung für die frühzeitige Kostenbeeinflussung, in: Kostenrechnungspraxis, o.Jg. (1993), S. 375-380

Peppers, D.; Rogers, M.: Enterprise One to One. Tools for Competing in the Interactive Age, New York et al. 1997

Perrey, J.: Nutzenorientierte Marktsegmentierung. Ein integrativer Ansatz zum Zielgruppenmarketing im Verkehrsdienstleistungsbereich, Wiesbaden 1998

Petrick, A. et al.: Using Flexible Products to Cope With Demand Uncertainty in Revenue Management, in: OR Spectrum, Vol. 34 (2012), S. 215-242

Pfaffmann, E.: Knowledge Maturity of Products, Modularity, and the Vertical Boundaries of the Firm, in: Competence, Governance, and Entrepreneurship. Advances in Strategy Research, hrsg. v. N.J. Foss u. V. Mahnke, Oxford et al. 2000, S. 250-275

Pfeiffer, W.: Absatzpolitik bei Investitionsgütern der Einzelfertigung. Möglichkeiten und Grenzen des Einsatzes absatzpolitischer Instrumente im Sondermaschinenbau, Stuttgart 1965

Phillips, L.W.; Chang, D.R.; Buzzel, R.D.: Product Quality, Cost Position and Business Performance: A Test of Some Key Hypotheses, in: Journal of Marketing, Vol. 47 (1983), H. 1, S. 26-43

Phlips, L.: The Economics of Price Discrimination, Cambridge 1989

Picot, A.: Rationalisierung im Verwaltungsbereich als betriebswirtschaftliches Problem, in: Zeitschrift für Betriebswirtschaft, 49. Jg. (1979), S. 1145-1165

Picot, A.: Transaktionskostenansatz in der Organisationstheorie: Stand der Diskussion und Aussagewert, in: Die Betriebswirtschaft, 42. Jg. (1982a), S. 267-284

Picot, A.: Zur Steuerung der Verwaltung in Unternehmungen - Notwendigkeit, Probleme, Ansätze, in: Neue Systeme der Bürotechnik. Beiträge zur Büroarbeitsgestaltung aus Anwendersicht, hrsg. v. R. Reichwald, Berlin 1982b, S. 365-395

Picot, A.: Ein neuer Ansatz zur Gestaltung der Leistungstiefe, in: Zeitschrift für betriebswirtschaftliche Forschung, 43. Jg. (1991), S. 336-357

Picot, A.: Neue Formen der Arbeitsteilung und des Wettbewerbs, in: Dienstleistung der Zukunft. Märkte, Unternehmen und Infrastrukturen im Wandel, hrsg. v. H.-J. Bullinger, Wiesbaden 1995, S. 399-407

Picot, A.; Franck, E.: Prozeßorganisation - Eine Bewertung der neuen Ansätze aus Sicht der Organisationslehre, Freiberger Arbeitspapiere, Freiberg 1995

Picot, A.; Freudenberg, H.: Neue organisatorische Ansätze zum Umgang mit Komplexität, in: Komplexitätsmanagement, hrsg. v. D. Adam, Wiesbaden 1998, S. 69-86

Picot, A.; Reichwald, R.: Untersuchung zur Wirtschaftlichkeit der Schreibdienste in Obersten Bundesbehörden. Abschlußbericht, Forschungsbericht 01 HB 198 A-AK-TAP, hrsg. v. Bundesministerium für Forschung und Technologie, München/Hannover 1979

Pieske, R.: Fallstudie: Benchmarking - Eine neue Optik für die unternehmensbezogene Analyse und Optimierung, in: Praxis der Strategieentwicklung: Konzepte - Erfahrungen - Fallstudien, hrsg. v. H.-C. Riekhof, 2. Aufl., Stuttgart 1994, S. 337-355

Piller, F.T.: Mass Customization. Ein wettbewerbsstrategisches Konzept im Informationszeitalter, Wiesbaden 2000

Pindyck, R.S.; Rubinfeld, D.L.: Mikroökonomie, München/Wien 1998

Pine, B.J.: Maßgeschneiderte Massenfertigung. Neue Dimensionen im Wettbewerb, Wien 1984

Platz, H.P.: Die Überwindung informationswirtschaftlicher Engpässe in der Unternehmung, Berlin 1980a

Platz, H.P.: Produktivitätspotential, in: IBM-Nachrichten, 30. Jg. (1980b), S. 25-31

Plinke, W.: Grundlagen des Marktprozesses, in: Technischer Vertrieb. Grundlagen des Business-to-Business Marketing, hrsg. v. M. Kleinaltenkamp u. W. Plinke, 2. Aufl., Berlin et al. 2000, S. 3-98

Pohl, H.-J.: Kritik der Drei-Sektoren-Theorie, in: Mitteilungen aus der Arbeitsmarkt- und Berufsforschung, 3. Jg. (1970), S. 313-325

Pohlmeier, W.; Ulrich, V.: Determinanten des Gesundheitszustands. Ein empirischer Ansatz zur Outputmessung im Gesundheitswesen bei partieller Information, in: Zeitschrift für Wirtschafts- und Sozialwissenschaften, 112. Jg. (1992), S. 219-238

Porter, M.E.: Wettbewerbsvorteile. Spitzenleistungen erreichen und behaupten, Frankfurt a.M./New York 1989

Porter, M.E.: Wettbewerbsstrategien. Methoden zur Analyse von Branchen und Konkurrenten, 9. Aufl., Frankfurt a.M. 1997

Porter, M.E.: Strategy and the Internet, in: Harvard Business Review, Vol. 79 (2001), H. 3, S. 62-78

Porter, M.E.: Wettbewerbsstrategie. Methoden und Analyse von Branchen und Konkurrenten, 11. Aufl., Frankfurt a. M./New York 2008

Porter, M.E.: Wettbewerbsvorteile. Spitzenleistungen erreichen und behaupten, 7. Aufl., Frankfurt 2010

Porter, M.E.; Fuller, M.B.: Coalitions and Global Strategy, in: Competition in Global Industries, hrsg. v. M.E. Porter, Boston 1986, S. 315-343

Post, D.; Spann, M.: Improving Airline Revenues with Variable Opaque Products: "Blind Booking" at Germanwings, in: Interfaces, Vol. 42 (2012), S. 329-338

Potts, G.W.: Exploit Your Products' Service Life Cycle, in: Harvard Business Review, Vol. 66 (1988a), H. 5, S. 32-36

Potts, G.W.: Raising Productivity in Customer Services, in: Long Range Planning, Vol. 21 (1988b), Nr. 2, S. 15-22

Préel, B.; de la Rochefordière, C.: Indikatoren einer Symbiose zwischen Industrie und Dienstleistungen in Frankreich, in: Die Tertiärisierung der Industrie, hrsg. v. W. Clement, Wien 1988, S. 207-236

Priemer, V.: Bundling im Marketing - Potentiale - Strategien - Kaufverhalten, Frankfurt a.M. et al. 2000

Pritsker, A.A.B.; Happ, W.W.: GERT: Graphical Evaluation and Review Technique. PART I. Fundamentals, in: The Journal of Industrial Engineering, Vol. 17 (1966), S. 267-274

Pritsker, A.A.B.; Whitehouse, G.E.: GERT: Graphical Evaluation and Review Technique. PART II. Probabilistic and Industrial Engineering Applications, in: The Journal of Industrial Engineering, Vol. 17 (1966), S. 293-301

Pruyn, A.; Smidts, A.: Effects of Waiting on the Satisfaction with the Service: Beyond objective time measures, in: International Journal of Research in Marketing, Vol. 15 (1998), S. 321-334

Puhlmann, M.: Die organisatorische Gestaltung der integrierten Materialwirtschaft in industriellen Mittelbetrieben. Konzeptionelle und empirische Grundlagen, Bergisch Gladbach/Köln 1985

Pusch, H.-D.: Versicherungsschutzproduktion als Input/Output-Prozess - Eine entscheidungsorientierte Betrachtung, Diss. Hamburg 1976

Queissner, E.: Kostentheoretische Grundlagen und Entscheidungsmodelle zur Gütertransportplanung, Frankfurt a.M. 1978

Quinn, J.B.; Gagnon, C.E.: Die Dienstleistungen werden automatisiert, in: Harvardmanager, 9. Jg. (1987), H. 2, S. 74-81

Rasche, C.; Wolfrum, B.: Ressourcenorientierte Unternehmensführung, in: Die Betriebswirtschaft, 54. Jg. (1994), S. 501-517

Rasmussen, T.: Entwicklungslinien des Dienstleistungssektors - Internationaler Strukturvergleich und Perspektiven für die Bundesrepublik Deutschland, Göttingen 1977

Rasmussen, T.: Sektorale Strukturpolitik in der Bundesrepublik Deutschland. Theoretische Vorgaben, Maßnahmen und Ergebnisse, Göttingen 1983

Rassenti, S.J.; Smith, V.L.; Bulfin, R.L.: A Combinatorial Auction Mechanism for Airport Time Slot Allocation, in: Bell Journal of Economics, Vol. 13 (1982), S. 402-417

Rathmell, J.M.: Marketing in the Service Sector, Cambridge 1974

Rayport, J. F.; Jaworski, B. J.: e-Commerce, New York 2001

Read, D.: Experienced Utility. Utility Theory from Jeremy Bentham to Daniel Kahneman, in: Thinking & Reasoning, Vol. 13 (2007), S. 45-61

Reckenfelderbäumer, M.: Marketing-Accounting im Dienstleistungsbereich. Konzeption eines prozeßkostengestützten Instrumentariums, Wiesbaden 1995

Reese, J.: Kapazitätsbelegungsplanung, in: Handwörterbuch der Produktionswirtschaft, hrsg. v. W. Kern, H.-H. Schröder u. J. Weber, 2. Aufl., Stuttgart 1996, Sp. 862- 873

Regan, W.J.: The Service Revolution, in: Journal of Marketing, Vol. 27 (1963), H. 3, S. 57-62

Reichard, C.: Betriebswirtschaftslehre der öffentlichen Verwaltung, Berlin/New York 1977

Reichheld, F.F.; Sasser, W.E.: Zero-Migration: Dienstleister im Sog der Qualitätsrevolution, in: Harvard Manager, 13. Jg. (1991), H. 4, S. 108-116

Reichheld, F.F.; Teal, T.: The Loyalty Effect. The Hidden Force Behind Growth, Profits and Lasting Value, Boston 1996

Reichmann, T.; Fröhling, O.: Fixkostenmanagementorientierte Plankostenrechnung versus Prozeßkostenrechnung - Zwei Welten oder Partner?, in: Controlling, 3. Jg. (1991), S. 42-44

Reichmann, T.; Schwellnuß, G.; Fröhling, O.: Fixkostenmanagementorientierte Plankostenrechnung - Kostentransparenz und Entscheidungsrelevanz gleichermaßen sicherstellen, in: Controlling, 2. Jg. (1990), S. 60-67

Reichwald, R.: Produktivitätsbeziehungen in der Unternehmensverwaltung - Grundüberlegungen zur Modellierung und Gestaltung der Büroarbeit unter dem Einfluß neuer Informationstechnologien, in: Betriebswirtschaftliche Entscheidungen bei Stagnation, hrsg. v. L. Pack u. D. Börner, Wiesbaden 1984, S. 197-213

Reichwald, R.; Möslein, K.: Wertschöpfung und Produktivität von Dienstleistungen? - Innovationsstrategien für die Standortsicherung, in: Dienstleistung der Zukunft. Märkte, Unternehmen und Infrastrukturen im Wandel, hrsg. v. H.-J. Bullinger, Wiesbaden 1995, S. 324-376

Reichwald, R.; Piller, F.[T.]; Meier, R. (2002): E-Service Customization-Strategien zur effizienten Individualisierung von Dienstleistungen, in: Electronic Services. Dienstleistungsmanagement Jahrbuch 2002, hrsg. v. M. Bruhn u. B. Stauss, Wiesbaden, S. 225-242.

Reiß, M.: Bausteine einer betrieblichen Kontrolle, in: Das Wirtschaftsstudium, 13. Jg. (1984), S. 499-504

Reiß, M.: Mit Blut, Schweiß und Tränen zur schlanken Organisation, in: Harvard Manager, 14. Jg. (1992), H. 2, S. 57-62

Reiß, M.: Matrixsurrogate, in: Zeitschrift Führung + Organisation, 63. Jg. (1994), S. 152-156

Reiß, M.: Führung, in: Betriebswirtschaftslehre, hrsg. v. H. Corsten u. M. Reiß, 3. Aufl., München/Wien 1999, S. 209-303

Reiß, M.; Corsten, H.: Betriebswirtschaftliches Kostenmanagement, in: Wirtschaftswissenschaftliches Studium, 19. Jg. (1990), S. 390-396

Reiß, M.; Corsten, H.: Gestaltungsdomänen des Kostenmanagements, in: Handbuch Kostenrechnung, hrsg. v. W. Männel, Wiesbaden 1992, S. 1478-1491

Rhyne, D.M.: The Impact of Demand Management on Service System Performance, in: The Service Industries Journal, Vol. 8 (1988), S. 446-458

Riebel, P.: Die Elastizität des Betriebes. Eine produktions- und marktwirtschaftliche Untersuchung, Köln/Opladen 1954

Riebel, P.: Kuppelproduktion, Köln/Opladen 1955

Riebel, P.: Einzelkosten- und Deckungsbeitragsrechnung, 4. Aufl., Wiesbaden 1982

Riepe, C.: Produkteigenschaften und das Nachfrageverhalten von Konsumenten. Eine vergleichende Analyse von Lancasters „Neuer Nachfragetheorie" und „Multi-Attribute Attitude"-Modellen, Thun/Frankfurt a.M. 1984

Ringbom, S.; Shy, O.: The "Adjustable-curtain" Strategy: Overbooking of Multiclass Service, in: Journal of Economics, Vol. 77 (2002), S. 73-90

Ritter, A.: Optimierung der Produktionskapazität bei zyklischer Nachfrage, Berlin 1988

Roever, M.: Gemeinkosten-Wertanalyse - Erfolgreiche Antwort auf die Gemeinkostenproblematik, in: Zeitschrift für Betriebswirtschaft, 50. Jg. (1980), S. 686-690

Roever, M.: Gemeinkosten-Wertanalyse, in: Zeitschrift für Organisation, 51. Jg. (1982), S. 249-253

Rollberg, R.: Lean Management und CIM aus Sicht der strategischen Unternehmensführung, Wiesbaden 1996

Roolfs, G.: Gemeinkostenmanagement unter Berücksichtigung neuerer Entwicklungen in der Kostenlehre, Bergisch Gladbach/Köln 1996

Rosada, M.: Kundendienststrategien im Automobilsektor. Theoretische Fundierung und Umsetzung eines Konzeptes zur differenzierten Vermarktung von Sekundärdienstleistungen, Berlin 1990

Rose, K.: Produktivität, in: Handwörterbuch der Sozialwissenschaften, Bd. 8, hrsg. v. E. v. Beckerath et al., Stuttgart/Tübingen/Göttingen 1964, S. 613-619

Rosengren, W.R.; Lefton, M.: Hospitals and Patients, New York 1969

Rosenstiel, L.v.; Neumann, P.: Einführung in die Markt- und Werbepsychologie, 2. Aufl., Darmstadt 1991

Roth, A.E.: The Economist as Engineer: Game Theory, Experimentation, and Computation as Tools for Design Economics, in: Econometrica, Vol. 70 (2002), S. 1341-1378

Roth, K.: Informationsbeschaffung von Organisationen. Analyse des Informationsverhaltens von Organisationen am Beispiel von Entscheidungsprozessen auf Investitionsgütermärkten, Diss. Mannheim 1976

Roth, S.: Positionierung und Interaktion. Simulation wettbewerblicher Positionierungsprozesse, Wiesbaden 1999

Roth, S.: Preistheoretische Analyse von Dienstleistungen, in: Dienstleistungsökonomie. Beiträge zu einer theoretischen Fundierung, hrsg. v. H. Corsten u. R. Gössinger, Berlin 2005, S. 241-272

Roth, S.: Leistungsbündelung bei Preisverhandlungen, in: Management integrativer Leistungserstellung, hrsg. v. R. Gössinger u. G. Zäpfel, Berlin 2014, S. 305-332

Roth, S.; Pfisterer, L.: Die Bedeutung von Nutzungsprozessen für den Service Value, in: Service Value als Werttreiben. Konzepte, Messung und Steuerung, hrsg. v. M. Bruhn u. K. Hadwich, Wiesbaden 2014, S. 223-243

Roth, S.; Robbert, T.: Drip-Pricing im Preismanagement von Dienstleistungen, in: Service Management. Research on Operations Management and Marketing. Post-Proceedings zur Frühjahrstagung 2013 der Erich-Gutenberg-Arbeitsgemeinschaft Köln e.V., hrsg. v. H. Corsten, R. Gössinger u. A. Meyer, Konstanz/München 2014, S. 55-76

Rothstein, M.: An Airline Overbooking Model, in: Transportation Science, Vol. 5 (1971), S. 180-192

Rouse, M.J.; Dallenbach, U.S.: Rethinking Research Methods for the Resource-Based Perspective: Isolating Sources of Sustainable Competitive Advantage, in: Strategic Management Journal, Vol. 20 (1999), S. 487-494

Rück, H.R.G.: Dienstleistungen - Ein Definitionsansatz auf Grundlage des „Make or buy"-Prinzips, in: Dienstleistungsmarketing. Konzeptionen und Anwendungen, hrsg. v. M. Kleinaltenkamp, Wiesbaden 1995, S. 1-31

Rühli, E.: Koordination, in: Handwörterbuch der Organisation, hrsg. v. E. Frese, 3. Aufl., Stuttgart 1992, Sp. 1164-1175

Rühli, E.: Ressourcenmanagement: Strategischer Erfolg dank Kernkompetenzen, in: Die Unternehmung, 49. Jg. (1995), S. 91-105

Sacerdoti, E.D.: The Nonlinear Nature of Plans, in: Advance Papers of the Fourth International Joint Conference on Artificial Intelligence, Tbilisi, 3.-8.9.1975, o.Hrsg., o.O. 1975, S. 206-214

Sakasegawa, H.: An Approximation Formula $L_q \simeq \alpha \cdot \rho^3 / (1 - \rho)$, in: Annals of the Institute for Statistical Mathematics, Vol. 29 (1977), Part A, S. 67-75

Sanche, N.: Strategische Erfolgsposition: Industrieller Service. Eine empirische Untersuchung zur Entwicklung industrieller Dienstleistungsstrategien, Bamberg 2002

Sanchez, R.: Strategic Product Creation: Managing New Interactions of Technology, Markets, and Organizations, in: European Management Journal, Vol. 14 (1996), H. 2, S. 121-138

Sander, M.: Marketing - Management. Märkte, Marktinformationen und Marktbearbeitung, Stuttgart 2004

Sarel, D.; Marmorstein, H.: Managing the Delayed Service Encounter: The Role of Employee Action and Prior Customer Experience, in: The Journal of Services Marketing, Vol. 12 (1998), H. 3, S. 195-208

Sasser, W.E.; Hart, C.W.L.; Heskett, J.L.: The Service Management Course. Cases and Readings, New York et al. 1991

Satterthwaite, M.A.; Williams, S.R.: The Rate of Convergence to Efficiency in the Buyer's Bid Double Auction as the Market Becomes Large, in: Review of Economic Studies, Vol. 56 (1989), S. 477-498

Schade, C.: Standardisierung von Beratungsleistungen. Eine ökonomische Analyse integrativer Produktionsprozesse, in: Grundsatzfragen und Herausforderungen des Dienstleistungsmarketing, hrsg. v. A. Meyer, Wiesbaden 1996, S. 69-96

Schade, C.; Schott, E.: Kontraktgüter als Objekte eines informationsökonomisch orientierten Marketing, Arbeitspapier Nr. 1 des DFG-Forschungsprojektes „Grundfragen einer informationsökonomischen Theorie des Marketing", Frankfurt 1991

Schafmeister, G.: Wertschöpfungskonfigurationen bei Sportdienstleistern: Unter besonderer Berücksichtigung von problemlösenden Unternehmen, in: Dienstleistungsmarketing, hrsg. v. A. Meyer, Wiesbaden 2004, S. 169-187

Schank, R.; Abelson, R.: Scripts, Plans, Goals and Understanding. An Inquiry into Human Knowledge Structures, Hillsdale 1977

Schanz, G.: Einführung in die Methodologie der Betriebswirtschaftslehre, Köln 1975

Scharitzer, D.: Das Dienstleistungs-,Produkt', in: Der Markt, 32 Jg. (1993), S. 94-107

Scharitzer, D.: Dienstleistungsqualität - Kundenzufriedenheit, Wien 1994

Scharitzer, D.: „SERVMORPH" - Die Produktgestaltung bei Dienstleistungen - Konzeptionelle Vorschläge und Strategien zur Entwicklung von Dienstleistungsangeboten unter besonderer Berücksichtigung von Innovations- und Variationsentscheidungen, in: Dienstleistungsmarketing. Konzeptionen und Anwendungen, hrsg. v. M. Kleinaltenkamp, Wiesbaden 1995, S. 171-191

Scheiter, S.; Binder, C.: Kennen Sie Ihre rentablen Kunden?, in: Harvardmanager, 14. Jg. (1992), H. 2, S. 17-22

Schertler, W.; Popp, W.: Attraktivitätsanalyse von Dienstleistungen, München 1983

Scheuch, F.: Dienstleistungsmarketing, 2. Aufl., München 2002

Scheuch, F.; Hasenauer, R.: Leistung - Dienstleistung - Dienstleistungsbetrieb, in: Jahrbuch der Absatz- und Verbrauchsforschung, 15. Jg. (1969), S. 125-134

Schierenbeck, H.: Prozessorientierte Standard-Einzelkostenrechnung und Produktivitätssteuerung im Kundengeschäft der Banken, in: Neuere Entwicklungen im Kostenmanagement, hrsg. von K. Dellmann u. K.-P. Franz, Berlin/Stuttgart/Wien 1994, S. 647-679

Schildknecht, R.: Total Quality Management: State of the Art. Eine Bestandsaufnahme in deutschen Unternehmen, in: Zeitschrift für industrielle Qualitätssicherung, 38. Jg. (1993), S. 19-24

Schlüchtermann, J.: Planung in zeitlich offenen Entscheidungsfeldern, Wiesbaden 1996

Schmalensee, R.: Gaussian Demand and Commodity Bandling, in: Journal of Business, Vol. 57 (1984), S. S211-S230

Schmitt, B.H.; Mangold, M.: Customer Experience Management als zentrale Erfolgsgröße der Markenführung, in: Moderne Markenführung. Grundlagen Innovative Ansätze, Praktische Umsetzungen, hrsg. v. F.R. Esch, 4. Aufl., Wiesbaden 2005, S. 287-303

Schmitz, G.: Marketing für professionelle Dienstleistungen. Bedeutung und Dynamik der Geschäftsbeziehungen, dargestellt am Beispiel Wirtschaftsprüfung, Wiesbaden 1997

Schmitz, W.; Müller, S.: Wettbewerbsvorteile durch Informationstechnik. Elektronische Vertriebssysteme im Luftverkehr, in: Wirtschaftswissenschaftliches Studium, 19. Jg. (1990), S. 353-356

Schneeweiß, C.: Planung 1: Systemanalytische und entscheidungstheoretische Grundlagen, Berlin et al. 1991

Schneeweiß, C.: Zur Erweiterung der Produktionstheorie auf die Dienstleistungsproduktion, in: Aktuelle Aspekte des Controllings. Festschrift für Hans-Jörg Hoitsch, hrsg. v. V. Lingnau u. H. Schmitz, Heidelberg 2002, S. 199-224

Schneider, B.; Bowen, D.E.: Winning the Service Game, Boston 1995

Schneider, D.: Betriebswirtschaftslehre, Band 3: Theorie der Unternehmung, München/Wien 1997

Schneider, H.: Produktion als Dienstleistungsprozeß - Ein theoretischer Rahmen -, in: Wettbewerbsfaktor Dienstleistung. Produktion von Dienstleistungen - Produktion als Dienstleistung, hrsg. v. H. Corsten u. H. Schneider, München 1999, S. 215-238

Schnittka, M.: Dienstleistungskapazität als Gegenstand des Marketing. Überlegungen auf Basis eines subjektiven Kapazitätsbegriffs, Arbeitsbericht Nr. 62 des Instituts für Unternehmungsführung der Ruhr-Universität Bochum, Bochum 1996

Schnittka, M.: Kapazitätsmanagement im Einzelhandel - Eine kundenorientierte Analyse, in: Kapazitätsmanagement in Dienstleistungsunternehmungen. Grundlagen und Gestaltungsmöglichkeiten, hrsg. v. H. Corsten u. S. Stuhlmann, Wiesbaden 1997, S. 235-261

Schnittka, M.: Kapazitätsmanagement von Dienstleistungsunternehmen. Eine Analyse aus Anbieter- und Nachfragersicht, Wiesbaden 1998

Schreyögg, G.: Unternehmensstrategie. Grundfragen einer Theorie strategischer Unternehmensführung, Berlin/New York 1984

Schreyögg, G.: Theorien organisatorischer Ressourcen, in: Theorien der Organisation. Die Rückkehr der Gesellschaft, hrsg. v. G. Ortmann, J. Sydow u. K. Türk, Opladen 1997, S. 481-486

Schreyögg, G.: Organisation. Grundlagen moderner Organisationsgestaltung. Mit Fallstudien, 4. Aufl., Wiesbaden 2003

Schröder, H.-H.: Zum Problem einer Produktionsfunktion für Forschung und Entwicklung, Meisenheim a.Gl. 1973

Schröder, H.-H.: Wertanalyse als Instrument optimierender Produktgestaltung, in: Handbuch Produktionsmanagement, hrsg. v. H. Corsten, Wiesbaden 1994, S. 151-169

Schüler, W.: Input-Oriented and Output-Oriented Models of Universities: A Production-Theoretical Approach, in: Production Theory and Its Applications. Proceedings of a Workshop, hrsg. v. H. Albach u. G. Bergendahl, Berlin/Heidelberg/New York 1977, S. 123-145

Schulte, C.: Logistik. Wege zur Optimierung des Material- und Informationsflusses, 2. Aufl., München 1995

Schultz, T.W.: The Economic Value of Education, New York/London 1963

Schulze, H.S.: Internes Marketing von Dienstleistungsunternehmungen. Fundierungsmöglichkeiten mittels ausgewählter Konzepte von Dienstleistungsunternehmungen, Frankfurt a.M. 1992

Schulze, H.S.: Erhöhung der Dienstleistungsqualität durch transaktionsanalytisch orientierte Personalschulungen, in: Dienstleistungsqualität. Konzepte - Methoden - Erfahrungen, hrsg. v. M. Bruhn u. B. Stauss, 2. Aufl., Wiesbaden 1995, S. 319-344

Schüring, K.-H.: Die Bedeutung des immateriellen Vorbereitungsgrades für Produkt- und Programmplanung, Frankfurt a.M. 1978

Schwake, E.: Überlegungen zu einem risikoadäquaten Marketing als Steuerungskonzeption von Versicherungsunternehmen, Karlsruhe 1987

Schweitzer, M.; Küpper, H.-U.: Produktions- und Kostentheorie. Grundlagen - Anwendungen, 2. Aufl., Wiesbaden 1997

Schweitzer, M.; Küpper, H.-U.: Systeme der Kosten- und Erlösrechnung, 8. Aufl., München 2003

Schweizer, M.: Das Marketing der Anbieter ökonomischer Chancen, in: Marketing-Systeme, Grundlagen des institutionalen Marketing, hrsg. v. P.W. Meyer u. A. Meyer, 2. Aufl., Stuttgart 1993, S. 139-172

Schwenker, B.: Dienstleistungsunternehmen im Wettbewerb. Marktdynamik und strategische Entwicklungslinien, Wiesbaden 1989

Seckendorff, J.v.: Messung ärztlicher Leistungen im Krankenhaus, München 1983

Seelos, H.-J.: Zum semantischen Differential der Gesundheitsproduktion, in: Zeitschrift für öffentliche und gemeinwirtschaftliche Unternehmen, Bd. 16 (1993), S. 303-315

Seelos, H.-J.: Kapazitätsmanagement im Krankenhaus, in: Kapazitätsmanagement in Dienstleistungsunternehmungen. Grundlagen und Gestaltungsmöglichkeiten, hrsg. v. H. Corsten u. S. Stuhlmann, Wiesbaden 1997, S. 221-234

Seidenschwarz, W.: Target Costing. Ein japanischer Ansatz für das Kostenmanagement, in: Controlling, 3. Jg. (1991a), S. 198-203

Seidenschwarz, W.: Target Costing und Prozeßkostenmanagement, in: Prozeßkostenmanagement. Methodik, Implementierung, Erfahrungen, hrsg. v. d. IFUA Horváth & Partner GmbH, Stuttgart/München 1991b, S. 47-70

Seidenschwarz, W.: Target Costing, München 1993

Seidenschwarz, W.: Target Costing - Verbindliche Umsetzung marktorientierter Strategien, in: Controlling, 6. Jg. (1994), S. 74-83

Semper, L.: Produktivitätsanalysen für kommunale Dienstleistungen. Theoretische Grundlagen und empirische Ergebnisse, Diss. Augsburg 1982

Senftleben, H.U.: Neue methodische Zugänge zur ärztlichen Qualitätssicherung, in: Qualitätssicherung ärztlicher Leistungen, hrsg. v. F.W. Schwartz u. H.K. Seibmann, Köln 1981, S. 72-79

Seng, P.: Informationen und Versicherungen. Produktionstheoretische Grundlagen, Wiesbaden 1989

Sevcik, K.C. et al.: Improving Approximations of Aggregated Queueing Network Subsystems, in: Computer Performance, hrsg. v. K.M. Chandy u. M. Reiser, Amsterdam 1977, S. 1-22

Shanthikumar, J.G.; Buzacott, J.A.: Open Queueing Network Models of Dynamic Job Shops, in: International Journal of Production Research, Vol. 19 (1981), S. 255-266

Shanthikumar, J.G.; Ding, S.; Zhang, M.T.: Queueing Theory for Semiconductor Manufacturing Systems: A Survey and Open Problems, in: IEEE Transactions on Automation Science and Engineering, Vol. 4 (2007), S. 513-522

Shelanski, H.A. et al.: Economics at the FTC: Drug and PBM Mergers on Drip Pricing, in: Review of Industrial Organization, Vol. 41 (2012), S. 303-319

Shemwell, D.J.; Cronin, J.J.: Service Marketing Strategies for Coping with Demand/Supply Imbalances, in: Journal of Services Marketing, Vol. 8 (1994), H. 4, S. 14-23

Shen, Z.-J.M.; Su, X.: Customer Behavior Modeling in Revenue Management and Auctions: A Review and New Research Opportunities, in: Production and Operations Management, Vol. 16 (2007), S. 713-728

Shephard, R.W.: Theory of Cost and Production Functions, Princeton 1970

Shimshak, D.G.: A Comparison of Waiting Time Approximations in Series Queueing Systems, in: Naval Research Logistics Quarterly, Vol. 26 (1979), S. 499-509

Shostack, G.L.: Breaking Free from Product Marketing, in: Journal of Marketing, Vol. 41 (1977), April, S. 73-80

Shostack, G.L.: How to Design a Service, in: European Journal of Marketing, Vol. 16 (1982), January-February, S. 49-63

Shostack, G.L.: Designing Services that Deliver, in: Harvard Business Review, Vol. 62 (1984a), H. 1, S. 133-139

Shostack, G.L.: Planung effizienter Dienstleistungen, in: Harvardmanager, 6. Jg (1984b), H. 3, S. 93-99

Shostack, G.L.: Service Positioning Through Structural Change, in: Journal of Marketing, Vol. 51 (1987), January, S. 34-43

Siebig, J.: Beurteilung der Wirtschaftlichkeit im Krankenhaus, Stuttgart et al. 1980

Silberer, G.: Die Bedeutung und Messung von Kauferlebnissen im Handel, in: Handelsforschung 1989. Grundsatzfragen. Jahrbuch der Forschungsstelle für den Handel Berlin (FvH) e.V., hrsg. v. V. Trommsdorff, Wiesbaden 1989, S. 59-76

Simmonds, K.: Strategisches Management Accounting. Ein Paradigma entsteht, in: Controlling, 1. Jg. (1989), S. 264-269

Simon, H.: Management strategischer Wettbewerbsvorteile, in: Zeitschrift für Betriebswirtschaft, 58. Jg. (1988), S. 461-480

Simon, H.: Preismanagement, Analyse - Strategie - Umsetzung, 2. Aufl., Wiesbaden 1992

Simon, H.: Industrielle Dienstleistung und Wettbewerbsstrategie, in: Industrielle Dienstleistungen, hrsg. v. H. Simon, Stuttgart 1993, S. 3-22

Simon, H.; Fassnacht, M.: Preismanagement, Strategie - Analyse - Entscheidung - Umsetzung, 3. Aufl., Wiesbaden 2008

Simon, H.; Homburg, C.: Kundenzufriedenheit als strategischer Erfolgsfaktor - Einführende Überlegungen, in: Kundenzufriedenheit. Konzepte - Methoden - Erfahrungen, hrsg. v. H. Simon u. C. Homburg, 3. Aufl., Wiesbaden 1998, S. 17-31

Simon, H.A.: Administrative Behavior. A Study of Decision-Making Processes in Administrative Organization, New York 1945 (Fourth Printing 1949)

Simon, J.L.: An Almost Practical Solution to Airline Overbooking, in: Journal of Transport Economics and Policy, Vol. 2 (1968), S. 201-202

Simon, J.L.: Airline Overbooking. The State of the Art - A Reply, in: Journal of Transport Economics and Policy, Vol. 6 (1972), S. 254-256

Simon, J.L.; Visvabhanathy, G.: The Auction Solution to Airline Overbooking. The Data Fit the Theory, in: Journal of Transport Economics and Policy, Vol. 11 (1977), S. 277-283

Simon, W.: Dienstleistungen verändern die Wertschöpfungsstruktur der Industrie - Keine Frage, dennoch viele Fragen, in: Allgemeines Statistisches Archiv, 71. Jg. (1987), S. 47-55

Sink, D.S.: Productivity Management: Planning, Measurement und Evaluation, Control and Improvement, New York et al. 1985

Skiera, B.: Mengenbezogene Preisdifferenzierung bei Dienstleistungen, Wiesbaden 1999

Skiera, B.; Spann, M.: Gewinnmaximale zeitliche Preisdifferenzierung für Dienstleistungen, in: Zeitschrift für Betriebswirtschaft, 68. Jg. (1998), S. 703-717

Skiera, B.; Spann, M.; Walz, U.: Erlösquellen und Preismodelle für den Business-to-Consumer Bereich im Internet, in: Wirtschaftsinformatik, 47. Jg. (2005), S. 285-293

Smith, R.A.; Houston, M.J.: Script-based Evaluations of Satisfaction with Services, in: Emerging Perspectives on Services Marketing, hrsg. v. L.L. Berry, G.L. Shostack u. G.D. Upah, Chicago 1983, S. 59-62

Sosa, M.E.; Eppinger, S.D.; Rowles, C.M.: Identifying Modular and Integrative Systems and Their Impact on Design Team Interactions, in: Transactions of the ASME, Vol. 125 (2003), S. 240-252

Spann, M.: Interactive Pricing, in: Interactive Marketing im Web 2.0+. Konzepte und Anwendungen für ein erfolgreiches Marketingmanagement im Internet, hrsg. v. H.H. Bauer, D. Große-Leege u. J. Rösger, 2. Aufl., München 2008, S. 151-164

Spann, M. et al.: Interaktive Preismaßnahmen bei Low-Cost-Fluglinien, in: Revenue Management, ZfB Special Issue 1/2005, hrsg. v. G. Fandel u. H. Botho von Portatius, Wiesbaden 2005, S. 1-30

Spann, M.; Mang, S.: Versioning, in: Handbuch Produktmanagement. Strategieentwicklung - Produktplanung - Organisation - Kontrolle, hrsg. v. S. Albers u. A. Herrmann, 3. Aufl., Wiesbaden 2007, S. 681-698

Spann, M.; Skiera, B.; Schäfers, B.: Reverse-Pricing-Verfahren und deren Möglichkeiten zur Messung von individuellen Suchkosten und Zahlungsbereitschaften, in: Zeitschrift für betriebswirtschaftliche Forschung, 57. Jg. (2005), S. 107-128

Spann, M.; Zeithammer, R.; Häubl, G.: Optimal Reverse-Pricing Mechanisms, in: Marketing Science, Vol. 29 (2010), S. 1058-1070

Specht, G.; Schmelzer, H.J.: Qualitätsmanagement in der Produktentwicklung, Stuttgart 1991

Spiegel, T.: Prozessanalyse in Dienstleistungsunternehmen. Hierarchische Integration strategischer und operativer Methoden im Dienstleistungsmanagement, Wiesbaden 2003

Stabell, C.B.; Fjeldstad, O.D.: Configuring Value for Competitive Advantage: On Chains, Shops, and Networks, in: Strategic Management Journal, Vol. 19 (1998), No. 5, S. 413-437

Stackelberg, H.v.: Grundlagen einer reinen Kostentheorie, Erweiterter Sonderdruck aus der Zeitschrift für Nationalökonomie, Bd. 3, H. 4, Wien 1932

Stadtler, H.: Hierarchische Produktionsplanung bei losweiser Fertigung, Heidelberg 1988

Staffelbach, B.: Strategisches Personalmanagement, Bern 1986

Staffelbach, B.: Strategisches Marketing von Dienstleistungen, in: Marketing - Zeitschrift für Forschung und Praxis, 10. Jg. (1988), S. 277-284

Stangl, U.; Koppelmann, U.: Beschaffungsmarktforschung - ein prozessuales Konzept, in: Zeitschrift für betriebswirtschaftliche Forschung, 36. Jg. (1984), S. 347-370

Stark, H.; Werner, W.: Lieferantenwahl, in: Beschaffung aktuell, o.Jg. (1989), H. 3, S. 26-30

Statistisches Bundesamt (Hrsg.): Statistisches Jahrbuch 1995 für die Bundesrepublik Deutschland, Stuttgart 1995

Statistisches Bundesamt (Hrsg.): Statistisches Jahrbuch 2006 für die Bundesrepublik Deutschland, Wiesbaden 2006

Stauss, B.: Qualitätsstandards als Steuerungsgrößen für öffentliche Unternehmen, in: Die Betriebswirtschaft, 47. Jg. (1987), S. 594-606

Stauss, B.: Beschwerdepolitik als Instrument des Dienstleistungsmarketing, in: Jahrbuch der Absatz- und Verbrauchsforschung, 35. Jg. (1989), S. 41-62

Stauss, B.: Dienstleister und die vierte Dimension, in: Harvardmanager, 13. Jg. (1991a), H. 2, S. 81-89

Stauss, B.: Augenblicke der Wahrheit, in: Absatzwirtschaft, 34. Jg. (1991b) H. 6, S. 96-105

Stauss, B.: „Augenblicke der Wahrheit" in der Dienstleistungserstellung: Ihre Relevanz und ihre Messung mit Hilfe der Kontaktpunkt-Analyse, in: Dienstleistungsqualität. Konzepte - Methoden - Erfahrungen, hrsg. v. M. Bruhn u. B. Stauss, Wiesbaden 1991c, S. 345-365

Stauss, B.: Service-Qualität als strategischer Erfolgsfaktor, in: Erfolg durch Service-Qualität, Tagungsbericht 7.-8. Oktober 1991, Bad Homburg, hrsg. v. B. Stauss, München 1991d, S. 7-35

Stauss, B.: Dienstleistungsqualität contra Kostensenkung, in: Betriebswirtschaftliche Blätter, 41. Jg. (1992), S. 111-116

Stauss, B.: Qualitätsmanagement und Marketing, in: Qualitätsmanagement und Zertifizierung, 3. Ingolstädter Fakultätstagung, hrsg. v. B. Stauss, Ingolstadt 1993, S. 5-25

Stauss, B.: Der Einsatz der „Critical Incident Technique" im Dienstleistungsmarketing, in: THEXIS Fachbuch Marketing, hrsg. v. T. Tomczak u. C. Belz, St. Gallen 1994, S. 233-250

Stauss, B.: Regaining Service Customers - Costs and Benefits of Regain Management, Diskussionsbeiträge der Wirtschaftswissenschaftlichen Fakultät Ingolstadt, Nr. 86, Ingolstadt 1997

Stauss, B.: Kundenzufriedenheit, in: Marketing - Zeitschrift für Forschung und Praxis, 21. Jg. (1999), S. 5-24

Stauss, B.: Internes Marketing als personalorientierte Qualitätspolitik, in: Dienstleistungsqualität. Konzepte - Methoden - Erfahrungen, hrsg. v. M. Bruhn u. B. Stauss, 3. Aufl., Wiesbaden 2000a, S. 203-222

Stauss, B.: Rückgewinnungsmanagement: Verlorene Kunden als Zielgruppe, in: Dienstleistungsmanagement Jahrbuch 2000. Kundenbeziehungen im Dienstleistungsbereich, hrsg. v. M. Bruhn u. B. Stauss, Wiesbaden 2000b, S. 449-471

Stauss, B.: Plattformstrategie im Dienstleistungsbereich, in: Service Engineering. Entwicklung und Gestaltung innovativer Dienstleistungen, hrsg. v. H.-J. Bullinger u. A.-W. Scheer, 2. Aufl., Berlin et al. 2006, S. 321-340

Stauss, B.; Friege, C.: Kundenwertorientiertes Rückgewinnungsmanagement, in: Kundenwert. Grundlagen - Innovative Konzepte - Praktische Umsetzungen, hrsg. v. B. Günter u. S. Helm, 2. Aufl., Wiesbaden 2003, S. 523-544

Stauss, B.; Hentschel, B.: Verfahren der Problementdeckung und -analyse im Qualitätsmanagement von Dienstleistungsunternehmen, in: Jahrbuch der Absatz- und Verbrauchsforschung, 36. Jg. (1990a), S. 232-259

Stauss, B.; Hentschel, B.: Die Qualität von Dienstleistungen. Konzeption, Messung und Management, Diskussionsbeiträge der Wirtschaftswissenschaftlichen Fakultät Ingolstadt, Nr. 10, Ingolstadt 1990b

Stauss, B.; Neuhaus, P.: Das Qualitative Zufriedenheitsmodell (QZM). Diskussionsbeiträge der Wirtschaftswissenschaftlichen Fakultät Ingolstadt, Nr. 66, Ingolstadt 1995

Stauss, B.; Neuhaus, P.: The Dissatisfaction Potential of Satisfied Customers - The Qualitative Satisfaction Model, in: Advances of Services Marketing, hrsg. v. H. Mühlbacher u. J.-P. Flipo, Wiesbaden 1997, S. 111-131

Stauss, B.; Neuhaus, P.: Das Qualitative Zufriedenheitsmodell (QZM), in: Kundenorientierte Unternehmungsführung. Kundenorientierung - Kundenzufriedenheit - Kundenbindung, hrsg. v. H.H. Hinterhuber u. K. Matzler, 3. Aufl., Wiesbaden 2002, S. 81-95

Stauss, B.; Schulze, H.S.: Internes Marketing, in: Marketing - Zeitschrift für Forschung und Praxis, 12. Jg. (1990), S. 149-158

Stavenhagen, G.: Geschichte der Wirtschaftstheorie, 4. Aufl., Göttingen 1969

Stefani, G.: Die Produktivität der öffentlichen Unternehmen, in: Annalen der Gemeinwirtschaft, 42. Jg. (1973), S. 127-185

Steffen, R.: Analyse industrieller Elementarfaktoren in produktionstheoretischer Sicht, Berlin 1973

Steffen, R.: Die Bestimmung von Kapazitäten und ihrer Nutzung in der industriellen Fertigung, in: Zeitschrift für betriebswirtschaftliche Forschung, 32. Jg. (1980), S. 173-190

Steffen, S.: Wettbewerbsstrategien für deutsche Speditionen. Am Beispiel des Marktes für Kühlgut-Logistik, Wiesbaden 1996

Steven, M.: Kapazitätsgestaltung und -optimierung, in: Handwörterbuch der Produktionswirtschaft, hrsg. v. W. Kern, H.-H. Schröder u. J. Weber, 2. Aufl., Stuttgart 1996, Sp. 874-883

Steven, M.: Produktionstheorie, Wiesbaden 1998

Steven, M.; Große-Jäger, S.: Industrielle Dienstleistungen in Theorie und Praxis, in: Wirtschaftswissenschaftliches Studium, 32. Jg. (2003), S. 27-33

Steward, D.V.: The Design Structure System: A Method for Managing the Design of Complex Systems, in: IEEE Transactions on Engineering Management, Vol. 28 (1981a), S. 71-74

Steward, D.V.: Systems Analysis and Management: Structure, Strategy and Design, in: New York/Princeton 1981b

Stibora, J.J.; de Vaal, A.: Services and Services Trade. A Theoretical Inquiry, Amsterdam 1995

Stieger, H.: Zur Ökonomie der Hochschule, Gießen 1980

Stiff, R.; Gleason, S.E.: The Effects of Marketing Activities on the Quality of Professional Services, in: Marketing of Sevices, hrsg. v. J.H. Donelly u. W.R. George, Chicago 1981, S. 78-81

Stigler, G.J.: United States v. Loew's Inc.: A Note on Block-Booking, in: Supreme Court Review, Vol. 1 (1963), S. 152-157

Stork, A.: Kapazitätsplanung als Grundlage von Investitionsentscheidungen. Möglichkeiten und Problematik ihrer Durchführung, dargestellt am Beispiel des Kraftfahrzeuggewerbes, Diss. Darmstadt 1963

Strebel, H.: Umwelt und Betriebswirtschaft, Berlin 1980

Streitferdt, L.: Entscheidungsregeln zur Abweichungsauswertung. Ein Beitrag zur betriebswirtschaftlichen Abweichungsanalyse, Würzburg/Wien 1983

Streitferdt, L.: Kostenmanagement, in: Handwörterbuch des Rechnungswesens, hrsg. v. K. Chmielewicz u. M. Schweitzer, 3. Aufl., Stuttgart 1993, Sp. 1216-1227

Streitferdt, L.: Kostenmanagement im Produktionsbereich, in: Handbuch Produktionsmanagement, hrsg. v. H. Corsten, Wiesbaden 1994, S. 477-495

Strothmann, K.H.: Beschaffungspolitik im Wandel, Reinfelden/Echterdingen 1976

Stuhlmann, S.: Die Genese des externen Faktors in der Dienstleistungsproduktion, Nr. 22 der Schriften zum Produktionsmanagement, hrsg. v. H. Corsten, Kaiserslautern 1998

Stuhlmann, S.: Die Bedeutung des externen Faktors in der Dienstleistungsproduktion, in: Wettbewerbsfaktor Dienstleistung. Produktion von Dienstleistungen - Produktion als Dienstleistung, hrsg. v. H. Corsten u. H. Schneider, München 1999, S. 23-58

Stuhlmann, S.: Kapazitätsgestaltung in Dienstleistungsunternehmungen. Eine Analyse aus der Sicht des externen Faktors, Wiesbaden 2001

Sundaram, D.S.; Webster, C.: The Role of Nonverbal Communication in Service Encounters, in: Journal of Services Marketing, Vol. 14 (2000), S. 378-391

Sureshchandar, G.S.; Rajendran, C.; Anantharaman R.N.: A Conceptual Model for Total Quality Management in Service Organizations, in: Total Quality Management, Vol. 12 (2001a), S. 343-363

Sureshchandar, G.S.; Rajendran, C.; Anantharaman, R.N., A Holistic Model for Total Quality Service, in: International Journal of Service Industry Management, Vol. 12, (2001b), S. 378-412

Swoboda, B.; Weiber, R.: Grundzüge betrieblicher Leistungsprozesse. Marketing, Innovation, Produktion, Logistik und Beschaffung, München 2013

Sydow, J.: Strukturwandel der Dienstleistungsarbeit als Folge des Einsatzes neuer Informations- und Kommunikationstechnik?, in: Strukturwandel der Dienstleistungsrationalisierung, hrsg. v. R. Rock, P. Ulrich u. F. Witt, Frankfurt a.M./New York 1990, S. 11-36

Sydow, J.: Strategische Netzwerke. Evolution und Organisation, Wiesbaden 1992

Sydow, J.: Franchisingnetzwerke - Ökonomische Analyse einer Organisationsform der Dienstleistungsproduktion und -distribution, in: Zeitschrift für Betriebswirtschaft, 64. Jg. (1994), S. 95-113

Sydow, J.: Netzwerkorganisation. Interne und externe Restrukturierung von Unternehmungen, in: Wirtschaftswissenschaftliches Studium, 24. Jg. (1995), S. 629-634

Szasz, T.S.; Hollender, M.H.: A Contribution to the Philosophy of Medicine, in: A.M.A. Archives of Internal Medicine, o.Jg. (1956), S. 585-592

Szyperski, N.: Wirtschaftliche Verwaltung für leistungsfähige Unternehmungen, in: Betriebswirtschaftliche Forschung und Praxis, 26. Jg. (1974), S. 455-465

Szyperski, N.; Eschenröder, G.: Information-Ressource-Management. Eine Notwendigkeit für die Unternehmungsführung, in: Management betrieblicher Informationsverarbeitung, hrsg. v. R. Kay, München/Wien 1983, S. 11-37

Tacke, G.: Nichtlineare Preisbildung: Höhere Gewinne durch Differenzierung, Wiesbaden 1989

Talluri, K.; Ryzin, G.[J.]v.: Revenue Management Under a General Discrete Choice Model of Consumer Behavior, in: Management Science, Vol. 50 (2004), S. 15-33

Talluri, K.T.; Ryzin, G.J.v.: The Theory and Practice of Revenue Management, New York 2005 (First Paperback Printing)

Taube, R.: Möglichkeiten der Effizienzmessung von öffentlichen Verwaltungen. Eine ökonometrische Untersuchung am Beispiel von Krankenhäusern der Bundesrepublik Deutschland, Berlin 1988

Tellis, G.J.: Beyond the Many Faces of Price: An Integration of Pricing Strategies, in: Journal of Marketing, Vol. 50 (1986), S. 146-160

Tempelmeier, H.: Material-Logistik. Grundlagen der Bedarfs- und Losgrößenplanung in PPS-Systemen, 2. Aufl., Berlin 1992

Tengler, H.; Hennicke, M.: Dienstleistungsmärkte in der Bundesrepublik Deutschland, Stuttgart 1987

Theisen, P.: Grundzüge einer Theorie der Beschaffungspolitik, Berlin 1970

Theisen, P.: Beschaffungsplanung - Grundbegriffe und Aufgaben, in: Das Wirtschaftsstudium, 16. Jg. (1987), S. 423-429

Thiele, M.: Kernkompetenzorientierte Unternehmensstrukturen. Ansätze zur Neugestaltung von Geschäftsbereichsorganisationen, Wiesbaden 1997

Thomas, D.R.E.: Strategy is Different in Service Business, in: Harvard Business Review, Vol. 56 (1978), July-August, S. 158-165

Thomas, D.R.E.: Strategie in Dienstleistungsunternehmen, in: Harvard Manager, 5. Jg. (1983), H. 2, S. 42-48

Thompson, J.D.: Organizations and Output Transactions, in: The American Journal of Sociology, Vol. 68 (1962), S. 309-324

Thwaites, D.: Closing the Gaps: Service Quality in Sport Tourism, in: Journal of Services Marketing, Vol. 13 (1999), S. 500-516

Toffler, A.: The Third Wave, New York 1980

Tom, G.; Lucey, S.: Waiting Time Delays and Customer Satisfaction in Supermarkets, in: Journal of Services Marketing, Vol. 9 (1995), H. 5, S. 20-29

Treis, B.: Beschaffungsmarketing, in: Marketing-Enzyklopädie, Bd. 1, München 1974, S. 249-260

Trommsdorff, V.: Konsumentenverhalten, Stuttgart 1989

Trommsdorf, V.: Konsumentenverhalten, 4. Aufl., Stuttgart 2002

Troßmann, E.: Beschaffung und Logistik, in: Allgemeine Betriebswirtschaftslehre, Bd. 3: Leistungsprozeß, hrsg. v. F.X. Bea, E. Dichtl u. M. Schweitzer, 5. Aufl., Stuttgart 1991, S. 7-68

Troßmann, E.: Kostentheorie und Kostenrechnung, in: Handwörterbuch der Betriebswirtschaft, hrsg. v. W. Wittmann et al., 5. Aufl., Stuttgart 1993a, Sp. 2385-2401

Troßmann, E.: Kostenfunktionen, in: Handwörterbuch des Rechnungswesens, hrsg. v. K. Chmielewicz u. M. Schweitzer, 3. Aufl., Stuttgart 1993b, Sp. 1194-1208

Troßmann, E.: Kennzahlen als Instrument des Produktionscontrolling, in: Handbuch Produktionsmanagement, hrsg. v. H. Corsten, Wiesbaden 1994, S. 517-536

Troßmann, E.; Trost, S.: Was wissen wir über steigende Gemeinkosten? - Empirische Belege zu einem vieldiskutierten betrieblichen Problem, in: Kostenrechnungspraxis, o.Jg. (1996), S. 65-74

Trottmann, E.: Der Kostenbegriff im Versicherungsbetrieb, Diss. Mannheim 1968

Tscheulin, D.K.; Lindenmeier, J.: Yield Management - Ein State-of-the-Art, in: Zeitschrift für Betriebswirtschaft, 73. Jg. (2003), S. 629-662

Tübergen, F.: Untersuchung über Möglichkeiten zur Berücksichtigung unterschiedlicher Erzeugnisqualitäten bei der Produktivitätsmessung (erläutert am Beispiel einer spanabhebenden, feinmechanischen Fertigung), Köln/Opladen 1963

Tulving, E.: Episodic and Semantic Memory, in: Organization of Memory, hrsg. v. E. Tulving u. W. Donaldson, New York 1972, S. 381-403

Uhlenbruck, N.: Dienstleistungen als Innovationspotential für Unternehmungen des verarbeitenden Gewerbes, Bergisch Gladbach/Köln 1986

Ulrich, K.: The Role of Product Architecture in the Manufacturing Firm, in: Research Policy, Vol. 24 (1995), S. 419-440

Ulrich, K.; Tung, K.: Fundamentals of Product Modularity, in: Issues in Design-Manufacture-Integration, hrsg. v. A. Sharon, New York 1991, S. 73-79

Ulrich, R.: Informationsmanagement im Versicherungsunternehmen, Berlin 1987

Urban, G.L.; Hauser, J.R.: Design and Marketing of New Products, Englewood Cliffs 1980

Välikangas, L.; Lehtinen, U.: Strategic Types of Services and International Marketing, in: International Journal of Service Industry Management, Vol. 5 (1994), H. 2, S. 72-84

Vargo, S.L.: Customer Integration and Value Creation: Paradigmatic Traps and Perspectives, in: Journal of Service Research, Vol. 11 (2008), No. 2, S. 211-215

Vargo, S.L.; Lusch, R.F.: Evolving to a New Dominant Logic for Marketing, in: Journal of Marketing, Vol. 68 (2004), No. 1, S. 1-17

Vargo, S.L.; Lusch, R.F.: From Goods to Service(s): Divergences and Convergences of Logics, in: Industrial Marketing Management, Vol. 37 (2008), No. 3, S. 254-259

Vargo, S.L. et al.: Alternative Logiken für Dienstleistungen. Von hybriden Systemen zu Serviceökosystemen, in: Am Puls wirtschaftlicher Entwicklung, hrsg. v. D. Spath u. W. Ganz, München 2011, S. 137-153

Varian, H.R.: Economic Mechanism Design for Computerized Agents, in: Proceedings of the First USENIX Workshop on Electronic Commerce, New York, 11.-12.07. 1995, hrsg. v. USENIX Association, Berkeley 1995, S. 13-21

Varian, H.R.: Grundzüge der Mikroökonomik, 5. Aufl., München/Wien 2001

Venkatesan, M.; Anderson, B.B.: Time Budgets and Consumer Services, in: Service Marketing in a Changing Environment, hrsg. v. T.M. Block, G.D. Upah u. V.A. Zeithaml, Chicago 1985, S. 52-55

Verband der Chemischen Industrie e.V. (Hrsg.): Leistungsvereinbarungen. Ein Instrument zur Steuerung von Dienstleistungen, Frankfurt a.M. 1998

Verry, D.; Davies, B.: University Costs and Outputs, Amsterdam/Oxford/New York 1976

Vershofen, W.: Zum Problem der Qualität, in: Markt und Verbrauch, 15. Jg. (1943), S. 7-16

Vickrey, W.: Counterspeculation, Auctions and Competitive Sealed Tenders, in: Journal of Finance, Vol. 16 (1961), S. 8-37

Vickrey, W.: Airline Overbooking. Some further Solutions, in: Journal of Transport Economics and Policy, Vol. 6 (1972), S. 257-270

Vikas, K.: Controlling im Dienstleistungsbereich mit Grenzplankostenrechnung, Wiesbaden 1988

Vikas, K.: Besonderheiten der Kosten-, Leistungs-, Erlös- u. Ergebnisrechnung in Dienstleistungsbetrieben, in: Handbuch Kostenrechnung, hrsg. v. W. Männel, Wiesbaden 1992a, S. 1043-1056

Vikas, K.: Grenzplankostenrechnung im Dienstleistungsbereich, in: Grenzplankostenrechnung, hrsg. v. A.-W. Scheer, 2. Auflage, Wiesbaden 1992b, S. 229-259

Vikas, K.: Dienstleistungskalkulation, in: Kostenorientiertes Geschäftsprozeßmanagement. Methoden, Werkzeuge, Erfahrungen, hrsg. v. C. Berkau u. P. Hirschmann, München 1996, S. 27-42

Voeth, M.; Rabe, C.: Preisverhandlungen, in: Handbuch Industriegütermarketing, hrsg. v. K. Backhaus u. M. Voeth, Wiesbaden 2004, S. 1015-1038

Vollmar, T.: Yield-Management - Begriff, Inhalt und Einsatzmöglichkeiten im Dienstleistungsbereich. Arbeitspapiere zum Marketing Nr. 28 des Seminars für Angewandte Wirtschaftslehre der Ruhr-Universität Bochum, Bochum 1994

Vormbaum, H.: Die Produktionsfunktion in betriebswirtschaftlicher Sicht, in: Industrielle Produktion, hrsg. v. K. Agthe et al., Baden-Baden/Bad Homburg v.d.H. 1967, S. 53-63

Waack, K.D.: Hotel-Marketing, Diss. Nürnberg 1978

Wagner, A.: Mikroökonomik, 4. Aufl., Stuttgart 1997

Walterspiel, G.: Gemeinsame Besonderheiten Investitions-intensiver und Kundenpräsenz-bedingter Dienstleistungsbetriebe, in: Zeitschrift für betriebswirtschaftliche Forschung, 18. Jg. (1966), S. 12-27

Walther, S.: Erfolgsfaktoren von Innovationen in mittelständischen Unternehmen. Eine empirische Untersuchung, Frankfurt a. M. et al. 2004

Wangenheim, F.v.; Bayón, T.: Behavioral Consequences of Overbooking Service Capacity, in: Journal of Marketing, Vol. 71 (2007), S. 36-47

Wangenheim, F.v.; Bayón, T.: Verhaltenseffekte bei Überbuchung von Servicekapazitäten, in: Revenue Management aus der Kundenperspektive, hrsg. v. T. Tomczak und W. Heidig, Wiesbaden 2014, S. 105-128

Wäscher, D.: Gemeinkosten-Management im Material- und Logistikbereich, in: Zeitschrift für Betriebswirtschaft, 57. Jg. (1987), S. 297-315

Weber, C.A.; Current, J.R.: A Multiobjective Approach to Vendor Selection, in: European Journal of Operational Research, Vol. 68 (1993), S. 173-184

Weber, C.A.; Current, J.R.; Benton, W.C.: Vendor Selection Criteria and Methods, in: European Journal of Operational Research, Vol. 50 (1991), S. 2-18

Weber, H.H.: Grundzüge einer monopolistischen Absatztheorie, Köln et al. 1970

Weber, H.K.: Rentabilität, Produktivität, Liquidität der Unternehmung. Bedeutung - Ermittlung - Aussagewert, Stuttgart 1983

Webster, F.E.; Wind, Y.: Organizational Buying Behavior, Englewood Cliffs 1972

Weiber, R.: Dienstleistungen als Wettbewerbsinstrument im internationalen Anlagengeschäft, Berlin 1985

Weiber, R.; Ferreira, K.: Wertschöpfung des Anbieters im konsumentenseitigen Wertschaffungsprozess, in: Management integrativer Leistungserstellung, hrsg. v. R. Gössinger u. G. Zäpfel, Berlin 2014, S. 261-286

Weiber, R.; Hörstrup, R.: Von der Kundenintegration zur Anbieterintegration. Die Erweiterung anbieterseitiger Wertschöpfungsprozesse auf kundenseitige Nutzungsprozesse, in: Kundenintegration, hrsg. v. M. Bruhn u. B. Strauss, Wiesbaden 2009, S. 281-312

Weiber, R.; Jacob, F.: Kundenbezogene Informationsgewinnung, in: Technischer Vertrieb. Grundlagen des Business-to-Business-Marketing, hrsg. v. M. Kleinaltenkamp u. W. Plinke, 2. Aufl., Berlin et al. 2000, S. 523-612

Weiber, R.; McLachlan, C.: Wettbewerbsvorteile im Electronic Business, in: Handbuch Electronic Business. Informationstechnologien - Electronic Commerce - Geschäftsprozesse, hrsg. v. R. Weiber, Wiesbaden 2000, S. 117-148

Weihrich, M.; Dunkel, W.: Abstimmungsprobleme in Dienstleistungsbeziehungen. Ein handlungstheoretischer Zugang, in: Kölner Zeitschrift für Soziologie und Sozialpsychologie, 55. Jg. (2003), S. 758-781

Weinberg, B.D.: Don't Keep your Internet Customers Waiting too Long at the (Virtual) Front Door, in: Journal of Interactive Marketing, Vol. 14 (2000), H. 1, S. 30-39

Weinberg, P.: Verhaltenswissenschaftliche Aspekte der Kundenbindung, in: Handbuch Kundenbindungsmanagement. Grundlagen - Konzepte - Erfahrungen, hrsg. v. M. Bruhn u. C. Homburg, Wiesbaden 1998, S. 39-53

Weiss, U.: Marktforschung der Kreditinstitute - Die Erforschung des Marktes der privaten Haushaltungen und ihr Einfluß auf die Verhaltensweisen der Institute, Berlin 1966

Weizsäcker, V.v.: Über Rechtsneurosen, in: Der Nervenarzt, 2. Jg. (1929), S. 569-581

Weizsäcker, V.v.: Soziale Krankheit und Soziale Gesundung, Berlin 1930

Weizsäcker, V.v.: Über medizinische Anthropologie. Vortrag gehalten 1927 in der Kölner Kantgesellschaft, in: Arzt und Kranker, hrsg. v. V. von Weizsäcker, Leipzig 1941, S. 35-61

Weizsäcker, V.v.: Natur und Geist, München 1964

Welge, M.K.; Al-Laham, A.: Strategisches Management. Grundlagen - Prozess - Implementierung, 4. Aufl., Wiesbaden 2003

Well, B.v.: Standardisierung und Individualisierung von Dienstleistungen. Zur Organisation wissensintensiver Unternehmensnetzwerke, Wiesbaden 2001

Wendt, O.; Schwind, M.: Reinforcement Learning zur Lösung multidimensionaler Yield-Management-Probleme. Arbeitsbericht des Instituts für Wirtschaftsinformatik an der Universität Frankfurt, Frankfurt a.M. 2002

Werkmann, G.: Strategie und Organisationsgestaltung, Frankfurt a.M./New York 1989

White, R.E.: Generic Business Strategies. Organizational Context and Performance: An Empirical Investigation, in: Strategic Management Journal, Vol. 7 (1986), S. 217-231

Whitehouse, G.E.; Pritsker, A.A.B.: GERT: Part III - Further Statistical Results; Counters, Renewal Times, and Correlations, in: AIIE Transactions, Vol. 1 (1969), S. 45-50

Whitt, W.: The Queueing Network Analyzer, in: The Bell System Technical Journal, Vol. 62 (1983), S. 2779-2815

Whitt, W.: Approximations for Departure Processes and Queues in Series, in: Naval Research Logistics Quarterly, Vol. 31 (1984), S. 499-521

Whitt, W.: Deciding Which Queue to Join: Some Counterexamples, in: Operations Research, Vol. 34 (1986), S. 55-62

Whitt, W.: Approximations for the GI/G/m Queue, in: Production and Operations Management, Vol. 2 (1993), S. 114-161

Wibbe, J.: Arbeitsbewertung, Methoden der, in: Handwörterbuch der Produktionswirtschaft, hrsg. v. W. Kern, 1. Aufl., Stuttgart 1979, Sp. 104-115

Wild, J.: Input-, Output- und Prozeßanalyse von Informationssystemen, in: Zeitschrift für betriebswirtschaftliche Forschung, 22. Jg. (1970), S. 50-72

Wild, J.: Zur Problematik der Nutzenbewertung von Informationen, in: Zeitschrift für Betriebswirtschaft, 41. Jg. (1971), S. 315-334

Wild, J.: Grundlagen der Unternehmungsplanung, Reinbek bei Hamburg 1974

Wilde, K.D.; Hippner, H.: Database Marketing in Dienstleistungs-Unternehmungen, in: Handbuch Dienstleistungs-Marketing, hrsg. v. A. Meyer, Stuttgart 1998, S. 319-347

Wildemann, H.: Transaktionskostenreduzierung durch Fertigungssegmentierung, in: Die Betriebswirtschaft, 55. Jg. (1995), S. 783-795

Williams, J.: The Logical Structure of the Service Dominant Logic of Marketing, in: Marketing Theory, Vol. 12 (2012), S. 471-483

Williamson, O.E.: Transaction-Cost Economics: The Governance of Contractual Relations, in: Journal of Law and Economics, Vol. 22 (1979), S. 233-261

Wimmer, F.: Die Produktwahrnehmung und Qualitätsbeurteilung durch den Verbraucher, in: Qualität. Die Herausforderung, hrsg. v. A. Lisson, New York 1987, S. 503-523

Wimmer, F.: Produktgestaltung, in: Lexikon der Betriebswirtschaftslehre, hrsg. v. H. Corsten, 3. Aufl., München/Wien 1995, S. 770-773

Wimmer, F.; Roleff, R.: Beschwerdepolitik als Instrument des Dienstleistungsmanagements, in: Handbuch Dienstleistungsmanagement, hrsg. v. M. Bruhn u. H. Meffert, Wiesbaden 1998, S. 265-285

Wingfield, A.; Byrnes, D.L.: The Psychology of Human Memory, New York 1981

Wirtz, J. et al.: Revenue Management: Resolving Potential Customer Conflicts, in: Journal of Revenue and Pricing Management, Vol. 2 (2003), S. 216-226

Wirtz, J.; Heidig, W.: Wahrgenommene Preisfairness und Ansätze zur Konfliktlösung im Revenue Management, in: Revenue Management aus der Kundenperspektive, hrsg. v. T. Tomczak u. W. Heidig, Wiesbaden 2014, S. 83-103

Witte, E.: Organisation für Innovationsentscheidungen, Göttingen 1973

Witte, E.: Produktivitätsmängel im Büro, in: Bürokommunikation. Ein Beitrag zur Produktivitätssteigerung, hrsg. v. E. Witte, Berlin et al. 1984, S. 17-37

Witte, H.: Zur Bestimmung der Qualität von Verkehrsleistungen, in: Schweizerische Zeitschrift für Verkehrswissenschaft, 33. Jg. (1978), Nr. 3, S. 2-5

Wittmann, W.: Unternehmung und unvollkommene Information - Unternehmerische Voraussicht, Ungewißheit und Planung, Köln/Opladen 1959

Wittmann, W.: Produktionstheorie, in: Handwörterbuch der Betriebswirtschaft, hrsg. v. E. Grochla u. W. Wittmann, 4. Aufl., Stuttgart 1975, Sp. 3131-3156

Wittmann, W.: Betriebswirtschaftslehre, in: Handwörterbuch der Wirtschaftswissenschaften, hrsg. v. W. Albers et al., Bd. 1, Stuttgart et al. 1977, S. 584-609

Wittmann, W.: Betriebswirtschaftliches Informationswesen, in: Zukunftsaspekte der anwendungsorientierten Betriebswirtschaftslehre, hrsg. v. E. Gaugler, H.G. Meissner u. N. Thom, Stuttgart 1986, S. 513-526

Wolfe, M.: The Concept of Economic Sectors, in: The Quarterly Journal of Economics, Vol. 69 (1955), S. 402-420

Woll, A.: Allgemeine Volkswirtschaftslehre, 12. Aufl., München 1996

Woodruff, R.B.; Cadotte, E.R.; Jenkins, R.L.: Modeling Consumer Satisfaction Processes Using Experience - Based Norms, in: Journal of Marketing Research, Vol. 20 (1983), S. 296-304

Woratschek, H.: Preisbestimmung von Dienstleistungen. Markt- und nutzenorientierte Ansätze im Vergleich, Frankfurt a.M. 1998

Woratschek, H.: Neue Forschungsperspektiven im Dienstleistungsmarketing unter besonderer Berücksichtigung von Kooperation und Wettbewerb, in: Tendenzen im Dienstleistungsmarketing - vom Marketing zum Management, hrsg. v. S. Fließ, Wiesbaden 2003, S.221-238

Woratschek, H.: Qualitätsmanagement im Dienstleistungsbereich. Eignung der Qualitätsmessung für das Kennzahlen-Controlling, in: Controlling - Zeitschrift für erfolgsorientierte Unternehmensführung, 16. Jg. (2004), H. 2, S.73-84

Woratschek, H.: Theoretische Analyse der Qualitätsmessung von Dienstleistungen, in: Dienstleistungsökonomie. Beiträge zu einer theoretischen Fundierung, hrsg. v. H. Corsten u. R. Gössinger, Berlin 2005, S. 273-300

Woratschek, H.; Pastowski, S.: Dienstleistungsmanagement und Standortentscheidungen im internationalen Kontext - Möglichkeiten und Grenzen des Einsatzes betriebswirtschaftlicher Verfahren, in: Management internationaler Dienstleistungen, hrsg. v. M. Gardini u. H. Dahlhoff, Wiesbaden 2004, S. 215-240

Woratschek, H.; Roth, S.; Pastowski, S.: Geschäftsmodelle und Wertschöpfungskonfigurationen im Internet, in: Marketing Zeitschrift für Forschung und Praxis, 24. Jg. (Spezialausgabe „E-Marketing"), (2002), S. 57-72

Woratschek, H.; Stadtelmann, M.: Wertschöpfungsorientiertes Benchmarking bei integrativer Leistungserstellung, in: Management integrativer Leistungserstellung, hrsg. v. R. Gössinger u. G. Zäpfel, Berlin 2014, S. 597-618

Wright, M.; Russell, D.: Some Philosophical Problems for Service-Dominant Logic in Marketing, in: Australasian Marketing Journal, Vol. 20 (2012), S. 218-223

Xia, W.; Wu, Z.: Supplier Selection with Multiple Criteria in Volume Discount Environments, in: Omega, Vol. 35 (2007), S. 494-504

Yoshikawa, T.; Innes, J.; Mitchell, F.: Prozeßorientierte Funktionsanalyse der Gemeinkostenbereiche, in: Controlling, 7. Jg. (1995), S. 190-198

Yu, M.-M.: Assessing the Technical Efficiency, Service Effectiveness, and Technical Effectiveness of the World's Railways Through NDEA Analysis, in: Transportation Research Part A, Vol. 42 (2008), S. 1283-1294

Zapf, H.: Industrielle und gewerbliche Dienstleistungen, Wiesbaden 1990

Zäpfel, G.: Überlegungen zum Inhalt des Fachs „Produktionswirtschaftslehre", gezeigt an einem punktuellen Vergleich Industrie- und Krankenhausbetrieb, in: Die Betriebswirtschaft, 38. Jg. (1978), S. 403-420

Zäpfel, G.: Produktionswirtschaft. Operatives Produktions-Management, Berlin/New York 1982

Zäpfel, G.: Taktisches Produktions-Management, Berlin/New York 1989a

Zäpfel, G.: Strategisches Produktions-Management, Berlin/New York 1989b

Zäpfel, G.: Robuste Produktionsplanung zur Bewältigung von Absatzungewißheiten, in: Zeitschrift für Betriebswirtschaft, 65. Jg. (1995), S. 77-95

Zehle, K.-O.: Yield-Management. Eine Methode zur Umsatzsteigerung für Unternehmen der Tourismusindustrie, Enator-Deutschland-GmbH-Studie, Hamburg 1990

Zeithaml, V.A.: How Consumer Evaluation Processes Differ between Goods and Services, in: Marketing of Services, hrsg. v. J.H. Donnelly u. W.R. George, Chicago 1981, S. 186-190

Zeithaml, V.A.: How Consumer Evaluation Processes Differ between Goods and Services, in: Services Marketing, hrsg. v. C.H. Lovelock, 2. Aufl., Englewood Cliffs 1991, S. 39-47

Zeithaml, V.A.; Berry, L.L.; Parasuraman, A.: Kommunikations- und Kontrollprozesse bei Erstellung von Dienstleistungsqualität, in: Dienstleistungsqualität. Konzepte - Methoden - Erfahrungen, hrsg. v. M. Bruhn u. B. Stauss, Wiesbaden 1991, S. 107-136

Zelewski, S.: Grundlagen, in: Betriebswirtschaftslehre, hrsg. v. H. Corsten u. M. Reiß, 2. Aufl., München/Wien 1996, S. 1-140

Zelewski, S.: Auktionsverfahren zur Koordinierung von Agenten auf elektronischen Märkten, in: Unternehmen im Wandel und Umbruch. Transformation, Evolution und Neugestaltung privater und öffentlicher Institutionen, Tagungsband der 59. Wissenschaftlichen Jahrestagung des Verbandes der Hochschullehrer für Betriebswirtschaft e.V., Halle (Saale), 20.-24.05.1997, hrsg. v. M. Becker et al., Stuttgart 1998, S. 305-337

Zemplin, H.G.: Anpassungsmaßnahmen im Fall von Überkapazitäten, in: Zeitschrift für betriebswirtschaftliche Forschung, Kontaktstudium, 31. Jg. (1979), S. 51-60

Zentes, J.: Marketing, in: Vahlens Kompendium der Betriebswirtschaftslehre, Bd. 1, hrsg. v. M. Bitz et al., 2. Aufl., München 1989, S. 311-382

Zimmermann, G.: Ergiebigkeitsmaße für die Produktion, in: Handwörterbuch der Produktionswirtschaft, hrsg. v. W. Kern, 1. Aufl., Stuttgart 1979, Sp. 520-528

Zink, K.J.: Qualität als Herausforderung, in: Qualität als Managementaufgabe. Total Quality Management, hrsg. v. K.J. Zink, Landsberg a.L. 1989, S. 9-46

Zink, K.J.; Schick, G.: Quality Circles (Problemlösungsgruppen). Qualitätsforderung durch Mitarbeitermotivation, München/Wien 1984

Zur, E.: Kalkulation im öffentlichen Auftragswesen, in: Handbuch Kostenrechnung, hrsg. v. W. Männel, Wiesbaden 1992, S. 605-616

Zweifel, P.: Dienstleistungen aus ökonomisch-theoretischer Sicht, in: Allgemeines Statistisches Archiv, 71. Jg. (1987), S. 1-16

Stichwortverzeichnis

www.ingramcontent.com/pod-product-compliance
Lightning Source LLC
Chambersburg PA
CBHW081218220326
41598CB00037B/6825